HEYNE <

JAMES R. HANSEN

AUFBRUCH ZUM MOND

NEIL ARMSTRONG –
DIE AUTORISIERTE BIOGRAFIE

Übersetzt aus dem Amerikanischen
von Elisabeth Schmalen

WILHELM HEYNE VERLAG
MÜNCHEN

Die Originalausgabe erschien 2018 unter dem Titel *First Man – The Life of Neil A. Armstrong* bei Simon & Schuster Paperbacks, An Imprint of Simon & Schuster, Inc., New York.

Sollte diese Publikation Links auf Webseiten Dritter enthalten, so übernehmen wir für deren Inhalte keine Haftung, da wir uns diese nicht zu eigen machen, sondern lediglich auf deren Stand zum Zeitpunkt der Erstveröffentlichung verweisen.

Deutsche Erstausgabe 09/2018

© 2005 by James R. Hansen
This Simon & Schuster trade paperback edition April 2018
© der deutschsprachigen Ausgabe 2018 by Wilhelm Heyne Verlag, München,
in der Verlagsgruppe Random House GmbH,
Neumarkter Straße 28, 81673 München
Redaktion: Ralf Dürr
Umschlaggestaltung: Hauptmann & Kompanie Werbeagentur, Zürich
Covermotiv: © 2018 UNIVERSAL STUDIOS. ALL RIGHTS RESERVED
Satz: Satzwerk Huber, Germering
Druck: CPI books GmbH, Leck
Printed in the Czech Republic
ISBN: 978-3-453-60463-6

www.heyne.de

Für Isabelle, Mason und Luke

Inhalt

Vorwort 9
Prolog: Der Start 15

TEIL EINS: **Nachwuchspilot**
KAPITEL 1 Eine amerikanische Familiengeschichte 19
KAPITEL 2 Smallville 27
KAPITEL 3 Aufstieg in luftige Höhen 34
KAPITEL 4 Einführung in die Luftfahrttechnik 41

TEIL ZWEI: **Navy-Pilot**
KAPITEL 5 Goldene Schwingen 51
KAPITEL 6 Kampfstaffel 51 65

TEIL DREI: **Testpilot**
KAPITEL 7 Über der Wüste 79
KAPITEL 8 Am Rand des Weltalls 97
KAPITEL 9 Der schlimmste Verlust 109
KAPITEL 10 Auf zu neuen Ufern 114
KAPITEL 11 Das Geheimnis 132

TEIL VIER: **Astronaut**
KAPITEL 12 Trainingstage 141
KAPITEL 13 Warten auf den Einsatz 149
KAPITEL 14 Gemini VIII 157

KAPITEL 15 Die Frau des Astronauten 177

KAPITEL 16 Für ganz Amerika 186

TEIL FÜNF: **Apollo-Kommandant**

KAPITEL 17 Aus der Asche.................................... 195

KAPITEL 18 Ohne Flügel auf den Mond 204

KAPITEL 19 Freundlich gesinnte Fremde...................... 219

KAPITEL 20 Die große Frage 233

KAPITEL 21 Vorbereitungen auf die Mondmission.............. 243

TEIL SECHS: **Mondfahrer**

KAPITEL 22 Unterwegs 269

KAPITEL 23 Die Landung..................................... 299

KAPITEL 24 Ein kleiner Schritt.............................. 333

KAPITEL 25 Rückkehr zur Erde 374

KAPITEL 26 Für die ganze Menschheit 411

TEIL SIEBEN: **Ikone**

KAPITEL 27 Am Boden geblieben 431

KAPITEL 28 Ingenieur auf Lebenszeit 444

KAPITEL 29 Die dunkle Seite des Mondes 455

KAPITEL 30 Herzensangelegenheiten 463

Dank 491

Literaturverzeichnis 495

Hinweis zu den Quellen 507

Bildnachweis 509

Vorwort

Wenn Neil Armstrong heute noch am Leben wäre, wie würde er sich dann das Vorwort zu dieser neuen Ausgabe seiner Biografie wünschen, die kurz vor dem 50. Jahrestag der Apollo-11-Mission erscheint? Ich weiß genau, was er zu mir gesagt hätte, wenn ich ihm diese Frage gestellt hätte: »Jim, es ist dein Buch. Du bist der Autor, nicht ich. Du solltest den Anfang so schreiben, wie es dir am passendsten erscheint.«

Denn so war Neil Armstrong. Sobald er mir schließlich zugesagt hatte, mich beim Aufschreiben seiner Lebensgeschichte zu unterstützen – ich brauchte fast drei Jahre, von 1999 bis 2002, um ihm das abzuringen –, wollte er, dass das Buch eine unabhängige, faktenreiche Biografie wird. Er ließ sich insgesamt 55 Stunden lang von mir interviewen und willigte ein, die Rohfassung jedes Kapitels zu lesen und mit Kommentaren zu versehen. Doch kein einziges Mal versuchte er meine Analysen oder Deutungen zu verändern oder gar zu beeinflussen. Später weigerte er sich auch rundheraus, das Buch zu signieren. Nicht er habe es geschrieben, meinte er zu den Leuten, sondern Jim. Ich bat ihn einmal, zwei Exemplare für meine Kinder zu signieren. Er sagte, er werde darüber nachdenken. Ich fragte kein zweites Mal nach, und er sprach das Thema nie wieder an. Es stand ihm eben einfach nicht zu, das Buch mit seiner Unterschrift zu versehen. Auch das war typisch für Neil.

Also, was schreibe ich nun in das Vorwort dieser Ausgabe zum 50. Jahrestag der Apollo-11-Mission?

Ich möchte dem Buch gern einige Worte voranstellen, die auch Neil in diesem historischen Augenblick in der Geschichte der Erforschung des Weltalls für wichtig befunden hätte: Zwischen 2018 und 2022 feiert die Welt nicht nur das Jubiläum der ersten Mondlandung, sondern das von insgesamt zehn erstaunlichen NASA-Missionen eines jungen und zukunftsweisenden Raumfahrtprogramms, das bemerkenswert rasch und erfolgreich ausgeführt wurde, in Form eines monumentalen Unterfangens, dessen Name zur Legende wurde: Apollo. Von der gewagten Mondumkreisung durch Apollo 8 im Dezember 1968 bis zur letzten Mondlandung durch die kühnen Astronauten von Apollo 17 im Dezember 1972 sah die Welt dabei zu, wie amerikanische Astronauten ihren Heimatplaneten verließen, um einen anderen, 400 000 Kilometer weit entfernten Himmelskörper zu betreten. Der herausragendste Tag war dabei der 20. Juli 1969, an dem mit Apollo 11 die historische erste »bemannte« Landung auf dem Mond gelang.

Nach langem Überlegen, wie ich dieses Buch beginnen soll, erinnerte ich mich an ein Gespräch, das ich 2009 mit Neil geführt hatte – vier Jahre nach dem Erscheinen der ersten Ausgabe von *First Man* und vierzig Jahre nach Apollo 11. Unsere Unterhaltung drehte sich um einen der Gegenstände, die Neil 1969 bewusst auf dem Mond zurückgelassen hatte: eine winzige Siliziumplatte, auf der in mikroskopisch kleiner Schrift »Grußbotschaften« von Staatsoberhäuptern aus 73 Ländern auf der ganzen Welt enthalten waren.

Neils Erinnerungsvermögen war oft hervorragend, auch wenn er von Natur aus vergesslich war, wenn es um Themen ging, die für ihn keine große Rolle spielten. In unserem Gespräch fragte ich ihn, an welche dieser Botschaften er sich noch erinnerte und welche ihn am meisten beeindruckt hatten. Er nannte drei, die er mir alle treffend zusammenfasste und zum Teil sogar recht akkurat wiedergab. Sie stammten von den Staatsoberhäuptern der Elfenbeinküste, von Belgien und Costa Rica. Als ich nach Hause zurückkehrte, las ich mir jede der

Botschaften, die Neil erwähnt hatte, und auch die siebzig übrigen durch – Neil hatte tatsächlich drei der besten ausgesucht.

Neil ist nun seit sechs Jahren tot. Im Verlauf dieser Zeit wurde uns allen, die ihn gut kannten, immer klarer, was für ein außergewöhnlicher Mensch er war, wie einzigartig sein Wesen und seine Erfolge waren und wie sehr wir ihn vermissen. Mit diesem zeitlichen Abstand können wir nicht nur sein gesamtes Leben darstellen, reflektieren, einordnen und würdigen, sondern uns auch der Frage widmen, was von ihm dauerhaft bleiben wird.

Bei allem, was er in seinem Leben tat, verkörperte Neil die wichtigsten Eigenschaften und Werte eines herausragenden Menschen: Hingabe, Zuverlässigkeit, Selbstvertrauen, Entschiedenheit, Innovationsstreben, Loyalität, eine positive Einstellung, Respekt anderen gegenüber, Integrität, Unabhängigkeit, Urteilsfähigkeit und vieles mehr. Niemand hätte die Menschheit beim Betreten eines anderen Himmelskörpers besser repräsentieren können als Neil. Und keiner hätte besser mit dem strahlenden Glanz des internationalen Ruhms oder der plötzlichen Verwandlung in eine Ikone umgehen können als Neil. Es lag in seinem sanften und bescheidenen Wesen, die Öffentlichkeit zu meiden und an der Realität seines gewählten Berufes als Ingenieur festzuhalten; er war einfach nicht der Typ, der die in seinen Augen unverdienten Auswirkungen seines Namens und seines Rufes auskostete.

Jede Analyse der ruhigen und zurückhaltenden Lebensweise, die Neil nach Apollo 11 pflegte, der Art, wie er in all den darauffolgenden Jahren die öffentliche Aufmerksamkeit mied, muss dem Betrachter vor Augen führen, dass Neil über eine besondere Sensibilität verfügte, die untrennbar mit seinem Wesen verbunden war: Es war, als hätte er gewusst, dass die Leistung, zu der er seinem Land im Sommer 1969 verhalf – die historische Landung der ersten Menschen auf dem Mond und ihre sichere Rückkehr zur Erde – vom lauten Kommerz unserer modernen Welt, ihren überflüssigen Fragen, ihrem leeren Gerede unerbittlich herabgesetzt werden würde. Auf einer zutiefst persönlichen Ebene verstand Neil nicht nur, was für eine überragende Erfahrung er gemacht hatte, sondern auch, was für eine überragende Erfahrung das für die ganze Welt war, für uns alle, und er wusste es zu schätzen.

Neil gehörte zu einer ganzen Riege von Leuten, denen die ersten Flüge ins Weltall gelangen – und er hat stets die gemeinschaftlichen Bemühungen der 400 000 Amerikaner betont, die hinter dem Erfolg von Apollo steckten. Er stand an der Spitze der Pyramide, ja, doch es war keineswegs vorherbestimmt gewesen, dass er zum Kommandanten der ersten Mondlandung oder zum ersten Menschen auf der Mondoberfläche wurde. Wie er selbst immer erklärte, war es größtenteils Glück, ein Zusammenwirken der Umstände. Dennoch hatte er seinen Beitrag geleistet, und er verstand, welche großen Opfer, welch ein herausragendes Engagement und welch eine außerordentliche menschliche Kreativität nötig gewesen waren, um das zu erreichen. Er war sehr stolz auf die Rolle, die ihm bei der ersten Mondlandung zugefallen war, aber er nutzte das nicht für eine Zirkusnummer oder als Gelddruckmaschine aus. Nicht dass Neil nach Apollo 11 ein Einsiedlerdasein fristete – das ist ein Mythos, den frustrierte Journalisten erfunden haben, denen er kein Interview geben wollte. Er führte nach der Mondlandung ein sehr aktives Leben, indem er viele weitere Erfolge feierte, in der Lehre, in der Wissenschaft, in der freien Wirtschaft und in der Erforschung der Welt – und all das auf ehrenwerte und integre Weise.

Als Motto, das ich *First Man* voranstellen möchte, habe ich ein Zitat des amerikanischen Mythologen Joseph Campbell ausgewählt, das ich für sehr tiefsinnig halte. Dieser Satz lautet: »Das Privileg der Lebenserfahrung besteht darin, zu sein, wer man ist.« Neil Armstrong genoss dieses Privileg, und wir alle sollten uns freuen, dass es sich für ihn so ergab – und für uns.

James R. Hansen
März 2018

Das Privileg der Lebenserfahrung besteht darin,
zu sein, wer man ist.

– JOSEPH CAMPBELL, REFLECTIONS ON THE ART OF LIVING

PROLOG

Der Start

Nachdem die Mondmission vorbei und die Apollo-11-Besatzung wieder zur Erde zurückgekehrt war, meinte Buzz Aldrin zu Neil Armstrong: »Neil, wir haben das Ganze verpasst.«

Am Cape Kennedy in Florida versammelten sich in den Tagen vor Mittwoch, dem 16. Juli 1969, annähernd eine Million Menschen, die größte Menschenmenge, die je zu einem Raketenstart kam. Fast tausend Polizisten und Bootspatrouillen bemühten sich am Abend vorher darum, die etwa 350 000 Autos und Schiffe auf den Straßen und Wasserwegen in Bewegung zu halten.

Trotz der glühenden Hitze, die schon am Vormittag die dreißig Grad überschritt, trotz aller Moskitostiche, trotz der Staus und der gesalzenen Touristenpreise wartete eine große Masse Menschen geduldig darauf, dass die gewaltige Saturn-V-Rakete die Apollo 11 Richtung Mond schoss.

Auf einem großen Motorkreuzer im Besitz des Unternehmens North American Aviation, dem Erbauer des Apollo-Kommandomoduls, standen Janet Armstrong, die Frau des Kommandanten von Apollo 11, und ihre beiden Söhne, der zwölfjährige Rick und der sechsjährige Mark, und warteten nervös auf den Start.

Über ihnen brachten Hubschrauber die VIP-Gäste grüppchenweise zu den reservierten Plätzen auf den Tribünen, die nur rund fünf Kilometer von der Startrampe entfernt und damit am nächsten dran waren. Vizepräsident Spiro T. Agnew saß auf der Tribüne, während Präsident Richard M. Nixon den Start über einen Fernseher im Oval Office verfolgte. Ursprünglich hatte das Weiße Haus geplant, dass Nixon am Abend vor dem Abflug zusammen mit der Besatzung zu Abend essen sollte, doch dieses Vorhaben wurde gekippt, nachdem die Presse Dr. Charles Berry, den für die Astronauten zuständigen Arzt, mit den Worten zitierte, der Präsident könne unwissentlich eine aufkommende Erkältung in sich tragen.

Aus dem Pressebereich des Kennedy Space Center heraus verfolgten 2000 Reporter den Start. Die Mondlandung war ein globales Ereignis, das fast alle Menschen für wichtiger hielten als die politische Situation. In einem niederländischen Leitartikel wurde das Land als »mondverrückt« bezeichnet. Ein tschechoslowakischer Kommentator bemerkte: »Dies ist das Amerika, das wir lieben, es ist ganz anders als das Amerika, das in Vietnam kämpft.« Selbst die Franzosen hielten Apollo 11 für »das größte Abenteuer in der Geschichte der Menschheit«.

Doch nicht überall war die Berichterstattung positiv. In Hongkong attackierten kommunistische Zeitungen die Mission als Ablenkungsmanöver von der Unfähigkeit der Amerikaner, den Vietnamkrieg zu gewinnen, und erklärten die Mondlandung zu einem Versuch, »den Imperialismus auf das Weltall auszudehnen«. Andere erhoben den Vorwurf, der Materialismus des amerikanischen Raumfahrtprogramms werde die Faszination und die ätherische Schönheit des geheimnisvollen Mondes ruinieren, der seit Menschengedenken in Legenden gehüllt sei.

Ein Großteil der direkten Augenzeugen versammelte sich am und rund um das Kap in der Erwartung, einen der beeindruckendsten Anblicke der Menschheitsgeschichte mitzuerleben. Der CBS-Kommentator Heywood Hale Broun, der für seine respektlose Sportberichterstattung bekannt war, erlebte den Start gemeinsam mit Tausenden anderer Menschen am Cocoa Beach, etwa 25 Kilometer von der Startrampe entfernt. Er berichtete den Dutzenden Millionen, die die Sendung schauten: »Bei einem Tennisspiel geht der Blick hin und her. Bei einem Raketenstart geht er höher und höher, die Augen schauen immer weiter nach oben, und auch die Hoffnung steigt, bis schließlich die ganze Menschenmenge wie eine riesige, vieläugige Krabbe nach oben starrte, ohne einen Ton zu sagen. Es war ein leises ›Aah‹ zu hören, als die Rakete abhob, aber danach gab es nur noch die in die Höhe wandernden Blicke. Das war die Poesie der Hoffnung, wenn man so will, unausgesprochen, aber doch deutlich vernehmbar in den konzentrierten Gesten der Leute, deren Blick mit der Rakete immer weiter aufstieg.«

Mitten in Ohio, mehr als 1600 Kilometer von den Tribünen in Florida entfernt, zählte Armstrongs kleine Heimatstadt Wapakoneta die verbleibende Zeit bis zum Start herunter. Die Straßen waren wie leer gefegt, fast alle der 6700 Bewohner klebten vor den Fernsehgeräten. Im Zentrum des Geschehens stand das einstöckige Haus mit der Adresse 912 Neil Armstrong Drive, das einem Farmhaus nachempfunden war und in das Viola und Steve Armstrong erst ein Jahr zuvor eingezogen waren. Beim Start von Gemini VIII 1966 waren Neils Eltern vor Ort dabei gewesen. Ihr Sohn hatte ihnen auch den Besuch des Starts von Apollo 10 im April organisiert. Doch bei diesem Flug hatte er ihnen geraten, zu Hause zu bleiben, denn am Kap »könnte der Druck zu groß werden«. In den Monaten vor dem Start war das Paar »von Reportern aller Art belagert« worden. Viola erinnerte sich: »Ihre neugierigen Fragen zehrten an meiner Kraft und an meinem Nervenkostüm. Ich habe die Zeit nur dank Gottes Gnade überstanden. Er muss ständig an meiner Seite gewesen sein.«

Um während der Zeit der Mission aus Wapakoneta übertragen zu können, hatten die drei großen Senderverbünde gemeinsam einen 25 Meter hohen Sendemast auf der Auffahrt der Armstrongs aufgestellt. Die Garage war in ein Pressezentrum verwandelt worden, mit einem wilden Durcheinander von Telefonen auf klappbaren Campingtischen, und die NASA hatte Tom Andrews geschickt, einen Protokollbeamten, der die Armstrongs dabei unterstützen sollte, mit der Schar von Reportern fertigzuwerden. Da Neils Eltern immer noch nur einen alten Schwarz-Weiß-Fernseher besaßen, stellten ihnen die Senderverbünde ein großes Farbgerät zur Verfügung, auf dem sie die Mission verfolgen konnten.

Der stolze Bürgermeister von Wapakoneta verordnete, dass jedes Haus und jedes Geschäft in der Stadt vom Morgen des Starts an bis zur sicheren Heimkehr der »Jungs« mit einer amerikanischen Flagge geschmückt zu sein hatte. Bei einigen Einwohnern wirkte sich die mediale Aufmerksamkeit auch auf das Erinnerungsvermögen aus. Manche erzählten sogar frei erfundene Geschichten über ihre spezielle Verbindung zum Astronauten.

Da die Telefonnummer der Armstrongs in Auglaize County bekannt war, richtete Tom Andrews zwei private Telefonanschlüsse im Hauswirtschaftsraum neben der Küche ein. Am Tag vor dem Start rief Neil seine Eltern gegen Mittag vom Kap aus dort an. Viola erinnerte sich: »Er klang fröhlich. Er meinte, sie seien bereit für den Start am nächsten Tag. Wir baten Gott, über ihn zu wachen.«

Neils Bruder und seine Schwester waren beim Start in Florida vor Ort. June, ihr Mann Dr. Jack Hoffman und ihre sieben Kinder waren aus ihrer Heimat in Menomonee Falls, Wisconsin, dorthin geflogen. Dean Armstrong, seine Frau Marilyn und die drei Kinder waren aus Anderson, Indiana, wo sie wohnten, nach Florida gefahren. Viola blieb dieser ganz besondere Morgen bis zu ihrem Tod klar in Erinnerung: »Besucher, Nachbarn und Fremde kamen zusammen, um zuzuschauen und zuzuhören, darunter auch meine Mutter Caroline, meine Cousine Rose und mein Pfarrer, Reverend Weber. Stephen und ich saßen nebeneinander und trugen als Glücksbringer die Anstecknadeln von Gemini VIII, die Neil uns gegeben hatte.«

»Es schien, als sei unser Sohn seit dem Augenblick seiner Geburt – oder sogar noch länger, schon als die Vorfahren der Familie meines Mannes und meiner eigenen vor Jahrhunderten noch in Europa lebten – für diese Mission vorherbestimmt gewesen.«

TEIL EINS
Nachwuchspilot

*Ich bin in Ohio geboren und aufgewachsen, knapp 100 Kilometer nörd-
lich von Dayton. Die Geschichten über die Leistungen der Gebrüder
Wright und ihre Erfindung des Flugzeugs kenne ich, seit ich denken
kann ... Ursprünglich interessierte mich vor allem der Flugzeugbau,
nicht das Fliegen selbst. Man konnte keinen Erfolg mit einem Modell
haben, das nicht gut konstruiert war.*

– NEIL A. ARMSTRONG ZUM AUTOR, 13. AUGUST 2002

KAPITEL 1

Eine amerikanische Familiengeschichte

Neil Armstrong verstand, dass weder seine Lebensgeschichte noch die irgendeines anderen Menschen mit der Geburt beginnt. Sie reicht weit in die Vergangenheit, in den Stammbaum der Familie zurück, Hunderte Jahre, soweit es Erinnerungen, historische Überlieferungen und Aufzeichnungen gibt. Es ist ein Betrug an jeder Lebensgeschichte, die Vergangenheit der Familie zu ignorieren. Neil bestand darauf, dass seine Biografie diesen Teil der Geschichte enthielt.

Außerdem lag ihm sehr am Herzen, dass die Geschichte seiner Vorfahren wie bei so vielen amerikanischen Familien von Einwanderern und deren mutiger Entscheidung, in ein neues Land aufzubrechen, geprägt war – es war eine »typisch amerikanische Familiengeschichte«, wie er es einst nannte.

Neil lagen Amerika und seine Geschichte sehr am Herzen. Ihm gefiel, wofür das Land schon vor seiner Entstehung im Kampf um die Unabhängigkeit vom Mutterland England zwischen 1776 und 1783 gestanden hatte.

Für Neil galt: »Amerika ist das Land der Möglichkeiten. So war es schon zu Beginn. Die frühen Siedler kamen in die neue Welt, um ihre Religion gemäß ihren Überzeugungen ausüben und sich eine Zukunft auf der Grundlage ihrer Initiative und ihrer harten Arbeit aufbauen zu können. Sie entdeckten ein neues Leben, das mit der Freiheit einherging, individuelle Ziele zu erreichen.«

In Neils Fall reicht die Vergangenheit der Familie mehr als 300 Jahre zurück, bis zu seinen ersten bekannten Vorfahren Ende des 17. Jahrhunderts. Väterlicherseits entstammt Neils Familie einem Clan von Armstrongs, der sich ab dem Spätmittelalter in den berüchtigten »Borderlands« zwischen Schottland und England ausbreitete. Eine kleine Gruppe unerschrockener Armstrongs überquerte vier Jahrzehnte vor der Amerikanischen Revolution den Atlantik. Deren Nachkommen zogen dann in Wagen und Booten stetig Richtung Westen, über die Appalachen hinweg. Sie zählten zu den kühnsten Pionieren dieser Zeit und ließen sich schließlich kurz nach dem Britisch-Amerikanischen Krieg in der fruchtbaren Region im Nordwesten von Ohio nieder.

Schon die Geschichte des Namens »Armstrong« ist schillernd. Er ist anglo-dänischen Ursprungs und bedeutet das, was er sagt – »starker Arm«. Im Lauf des 15. Jahrhunderts entwickelte sich der Armstrong-Clan zu einer bedeutenden Macht in den Borderlands. Im 16. Jahrhundert zählte die Familie unzweifelhaft zu den unverwüstlichsten Viehdieben – die Armstrongs waren also Banditen und Räuber. Ihr jahrzehntelanges, immer ausgedehnteres Treiben zwang die Krone schließlich, dem Unwesen Einhalt zu gebieten.

Adam Armstrong, der 1638 in den Borderlands geboren wurde und dort 1696 starb, bildet die erste von zehn Generationen vor dem ersten Menschen auf dem Mond. Adam hatte zwei Söhne, von denen einer ebenfalls Adam hieß und 1685 im englischen Cumbria zur Welt kam. Dessen Sohn Adam Abraham Armstrong III überquerte Mitte der 1730er-Jahre gemeinsam mit seinem Vater den Atlantik, was sie zu den ersten Vorfahren von Neil macht, die nach Amerika auswanderten.

Die Armstrongs zählten zu den ersten Siedlern der Conococheague-Region in Pennsylvania. 1818 ließ sich John Armstrong, der Enkel von Adam Abraham, mit seiner Familie am Westufer des St. Marys River in Ohio nieder. Die ersten Ernten brachten so viel ein, dass die Armstrongs das sechzig Hektar große Stück Land erstehen konnten, das zur »Armstrong-Farm« wurde, dem ältesten Hof in Auglaize County.

David Armstrong, das älteste von Johns Kindern, und Margaret Van Nuys waren Neils Urgroßeltern väterlicherseits. Ihr Sohn Stephen Armstrong erhielt an seinem 21. Geburtstag das Erbe seines Großvaters, Geld und Güter im Wert von rund 200 Dollar. Er heiratete Martha Watkins Badgley, die 1867 den Sohn Willis zur Welt brachte. Als Stephen 1884 im Alter von 58 Jahren starb, besaß er mehr als 160 Hektar Land, das sein Sohn Willis erbte, der drei Jahre später Lillian Brewer heiratete. Das Paar bekam fünf Kinder und wohnte in einem Bauernhaus an der River Road. 1901 starb Lillian im Kindbett. Willis heiratete 1905 Laura Koenig. Das Paar wohnte zunächst in einem Haus, das Willis in St. Marys gekauft hatte. Später zogen sie in ein beeindruckendes viktorianisches Eckhaus an der West Spring Street um.

Hier wuchs Stephen Koenig Armstrong, Neils Vater, auf. Er war das erste von zwei Kindern von Willis und Laura und kam 1907 zur Welt, freudig begrüßt von seinen Halbschwestern Bernice und Grace und seinen Halbbrüdern Guy und Ray. Seine Kindheit war von unglücklichen wirtschaftlichen Entscheidungen und einer Pechsträhne der Familie geprägt. Willis nahm eine Hypothek auf die Farm auf und investierte auf Anraten seines Schwagers einen Großteil seines Geldes in ein Eisenbahnprojekt. Doch leider zahlte sich das nicht aus, und die daraus resultierende finanzielle Katastrophe lastete schwer auf den Familienbeziehungen, auch auf Willis' Ehe.

1912 starb Stephens Halbbruder Guy, und 1914 brannte das Haus der Armstrongs ab. Der sechsjährige Stephen entkam nur mit den Kleidern, die er am Leib trug. 1916 ging Willis nach Kansas, um sein Glück auf den Erdölfeldern zu suchen. Als er Anfang 1919 nach Ohio zurückkehrte, zog die Familie innerhalb weniger Wochen zurück auf die Farm an der River Road, obwohl diese noch mit einer Hypothek belastet war. Da Willis schon bald darauf von einer chronischen Arthritis am Arbeiten gehindert wurde, musste Stephen die Felder bestellen; er konnte nur weiter zur Schule gehen, weil seine Mutter darauf bestand.

Noch bevor er die Highschool 1925 abschloss, hatte er entschieden, sein Leben nicht als Farmer zu verbringen. Kurze Zeit später verliebte er sich in eine zurückhaltende junge Frau namens Viola Louise Engel.

Stephen Armstrongs Familie lebte bereits seit mehr als einem Jahrhundert in Amerika, als Violas in Deutschland geborener Großvater, Friedrich Wilhelm Kötter, im Oktober 1864 im Hafen von Baltimore ankam. Seine Familie hatte einen Teil ihres Hofes in Westfalen verkauft, damit der achtzehnjährige Fritz nicht vom preußischen Militär eingezogen wurde und sich so die Überfahrt nach Amerika finanzieren konnte.

Dort kam Friedrich in den kleinen Ort New Knoxville, Ohio. Ein Bundesstaat, in dem über 200 000 deutsche Auswanderer lebten, übte auf den Jungen natürlich eine gewisse Anziehungskraft aus. Anfang der 1870er-Jahre heiratete er, nachdem er gut dreißig Hektar Land erstanden hatte, eine Tochter deutscher Auswanderer, Maria Martha Katterheinrich. Das Paar amerikanisierte seinen Namen und nannte sich nun Katter. Es hatte sechs Söhne und eine Tochter, Caroline, die 1888 geboren wurde. Caroline heiratete den Metzger Martin Engel und brachte 1907 ihr einziges Kind Viola zur Welt. Violas Familie gehörte der Reformierten Kirche in St. Paul an, deren Lehren auf Martin Luthers Katechismus basierten. Die junge Viola wuchs sehr fromm auf und blieb es ihr Leben lang.

Martin Engel starb am 4. Mai 1909 an Tuberkulose. Einige Jahre später lernte Caroline den Farmer William Ernst Korspeter kennen, die beiden heirateten 1916.

Viola war ein schlankes, bescheidenes Mädchen mit sehr guten Noten, das seit dem achten Lebensjahr Klavier spielte und für seine Liebe zur Musik bekannt war. Diese Leidenschaft gab sie an ihren Sohn Neil weiter, neben Erfindungsreichtum, Organisationsfähigkeit und Durchhaltevermögen.

Eigentlich war es Violas höchstes Ziel, ihr Leben Jesus Christus zu widmen und Missionarin zu werden, doch das verhinderten ihre

Eltern. Stattdessen arbeitete sie als Angestellte in einem Kaufhaus und verdiente zwanzig Cent pro Stunde. Zu der Zeit begann Viola sich mit Stephen Armstrong zu treffen, der gerade die Highschool abgeschlossen hatte. Die beiden sprachen bei einem Jugendgruppentreffen der Reformierten Kirche von St. Paul zum ersten Mal miteinander, und das Feuer der jungen Liebe überdeckte die vielen Unterschiede zwischen ihnen – Unterschiede, die im Lauf der Jahre immer deutlicher zutage traten, bis Viola sich im hohen Alter schließlich insgeheim fragte, ob es eigentlich richtig gewesen war, einen so unreligiösen Mann zu heiraten.

Doch diese Frage stellte sich erst viele Jahre später. An Weihnachten 1928 tauschten Viola und Stephen Verlobungsringe aus, und am 8. Oktober 1929 heirateten sie. In den Flitterwochen fuhr das Paar ins 100 Kilometer entfernte Dayton – es war die erste gemeinsame Reise. Zwei Wochen später kam es zum Börsencrash an der Wall Street, und die Wirtschaftskrise begann.

Stephen holte Viola ins Bauernhaus an der River Road, wo sie seine Mutter bei der Hausarbeit unterstützte. Er selbst ging nach Columbus, um die Aufnahmeprüfung für den Staatsdienst abzulegen, und wurde im Februar 1930 der Assistent des Hauptrechnungsprüfers von Columbiana County. Daraufhin trafen die Armstrongs die nötigen Vorbereitungen, um die Farm zu verkaufen und Stephens Eltern in ein kleines Haus in St. Marys umzusiedeln. Mitte Mai 1930 legten Stephen und Viola, die mittlerweile im sechsten Monat schwanger war, die 370 Kilometer bis nach Lisbon nahe der Grenze zu Pennsylvania zurück. Sie waren »vor Begeisterung sprachlos« darüber, dass es in ihrer möblierten Zweizimmerwohnung elektrisches Licht und fließendes heißes und kaltes Wasser gab.

Zwei Wochen vor dem errechneten Geburtstermin, am 4. August, bereitete Viola im Bauernhaus ihrer Eltern alles für die Geburt vor. Stephen blieb in Lisbon. Am 5. August 1930 brachte sie einen kleinen Jungen zur Welt. Die Mundpartie ähnelte der seines Vaters, doch die Nase und die Augen waren ganz Violas. Das Paar nannte seinen Sohn Neil Alden. Viola mochte die Alliteration »Alden Armstrong« und auch den Bezug zu Alden aus Henry Wadsworth Longfellows Gedicht »The Courtship of Myles Standish«. Niemand in beiden Familien hatte je den Namen »Neil« getragen. Vielleicht wussten die beiden, dass »Neil« die schottische Form des gälischen Namens »Néall« war, was übersetzt »Wolke« hieß, oder dass er in seiner modernen Form »Sieger« bedeutete.

KAPITEL 2

Smallville

Zehn Tage nach der Entbindung stand Viola aus dem Bett auf, um sich um das Baby zu kümmern. Der Arzt erlaubte ihr nicht, zum Begräbnis ihres Schwiegervaters Willis zu fahren, aber da Stephen dort war, sorgte sie dafür, dass Neil von Reverend Burkett getauft wurde, dem Geistlichen, der die Armstrongs auch verheiratet hatte. Stephens Arbeit verlangte einen sofortigen Umzug nach Warren, Ohio, wo er einen leitenden Rechnungsprüfer unterstützen sollte. In den folgenden vierzehn Jahren zog die Familie Armstrong insgesamt *sechzehn* Mal um, eine Odyssee quer durch Ohio, die 1944 in Wapakoneta endete.

Neil stellte sich laut Viola als ruhiges Kind heraus, das zur Schüchternheit neigte. Sie las ihm ständig vor und weckte so die Liebe zu Büchern in ihm. Der Junge lernte extrem früh zu lesen, er entzifferte schon mit drei Jahren die Straßenschilder. Im ersten Jahr in der Grundschule in Warren las Neil über 100 Bücher. Obwohl er sein zweites Schuljahr auf der Gesamtschule in Moulton begann, es aber in St. Marys beendete, merkten die Lehrer, dass er Bücher las, die für Viertklässler gedacht waren. Sie stuften ihn in die dritte Klasse hoch, sodass er erst acht Jahre alt war, als er im folgenden Herbst in die vierte Klasse kam. Dennoch waren seine Noten sehr gut. Wo auch immer die Familie hinzog, Neil gewöhnte sich rasch ein und fand schnell neue Freunde. Seine dauerhaftesten Begleiter waren jedoch seine jüngeren Geschwister. Am 6. Juli 1933, als Neil fast drei war, kam June Louise zur Welt, am 22. Februar 1935 wurde Dean Alan geboren.

Obwohl auch June und Dean sich von ihren Eltern immer geliebt und wertgeschätzt fühlten, spürten sie, dass ihr älterer Bruder »Mutters Liebling« war. »Als bei den Großeltern draußen Kartoffeln gepflanzt werden mussten, war Neil nirgends zu finden. Er saß im Haus, in einer Ecke, und las ein Buch«, erinnerte sich June. »Er machte *nie* irgendetwas falsch. Er war Mr. Superbrav. Es lag einfach in seiner Natur.«

Neil »kümmerte sich um mich«, sagte June, soweit man das von älteren Brüdern verlangen konnte. Das Verhältnis zu seinem fünf Jahre jüngeren Bruder Dean war schwieriger: »Ich kam Neil nie zu nahe. Dazu hätte er mich schon einladen müssen.« Obwohl die Brüder beim gleichen Pfadfinderstamm waren, errang Neil deutlich mehr Abzeichen und umgab sich hauptsächlich mit seinen älteren Freunden aus der Schule. Beide liebten Musik, aber Dean reizte zudem auch der sportliche Wettkampf, er spielte in der Schulbasketballmannschaft. Neil war »ganz aufs Lernen fokussiert«, wie seine Mutter, während Dean eher seinem Vater ähnelte und »gern Spaß hatte«.

Neils ungewöhnliche Kombination aus Lässigkeit, Zurückhaltung und Ehrlichkeit konnte undurchdringlich wirken. Doch das war er in den Augen seiner Mutter ganz und gar nicht: »Er hat eine gewisse Aufrichtigkeit an sich«, sagte Viola in einem Interview mit Dodie Hamblin, einer Reporterin der Zeitschrift *Life*, im Sommer 1969. »Er musste von etwas wirklich und ehrlich überzeugt sein, sonst hielt er sich heraus. Ich habe ihn wirklich nie ein böses Wort über jemanden sagen hören, nie.« Wenn es um seinen Vater ging, hielt sich Neil immer sehr bedeckt: »Die Arbeit meines Vaters sorgte dafür, dass er selten zu Hause war, daher habe ich ihn nie als jemanden wahrgenommen, der den Kindern nahesteht, und könnte nicht sagen, ob er sich einem von uns stärker verbunden fühlte als den anderen.« Auf die Frage, ob Neil und sein Vater ein enges Verhältnis gehabt hätten, antwortete June: »Nein ...« Die Mutter nahm die Kinder in den Arm, der Vater nicht. »Neil ist vermutlich nie von ihm umarmt worden und hat ihn auch nicht umarmt.«

Neil konzentrierte sich schon zu Schulzeiten auf die Aspekte seines Lebens, die ihm im Alltag am wichtigsten waren – seine Freunde, seine Bücher und die Schule, die Pfadfinder, seine Nebenjobs und vor allem, wie wir sehen werden, seine Begeisterung für Flugzeuge und das Fliegen. Neil konnte völlig abwesend sein, wie June sich erinnerte: »Neil las als Kind viel, es war sein Zufluchtsort. Er floh nicht *vor* irgendetwas, sondern *in* etwas, in eine Welt der Fantasie. Als Kind fühlte er sich sicher genug, zu entfliehen, weil er wusste, dass er hinterher an einen positiven Ort zurückkehren würde.«

Für Neil Armstrong stand das ländliche Ohio für Geborgenheit, Sicherheit und vernünftige Wertvorstellungen. Als er die NASA 1971 verließ, strebte er eine Rückkehr in ein normales Leben an und kaufte sich eine kleine Farm in seinem Heimatstaat. »Ich habe beschlossen, meine Kinder in einem möglichst normalen Umfeld großzuziehen«, erklärte er da.

Armstrongs bodenständige Ansichten wurzelten in seiner Kindheit. In diesen Jahren ersann der Comicautor Jerry Siegel einen Helden namens Superman, der aus »Smallville« kam, einer Stadt mitten in den USA, die für »Truth, Justice and the American Way« (»Wahrheit, Gerechtigkeit und die amerikanische Lebensart«) einstand.

Armstrong lebte zwar nicht in Smallville, aber dafür in anderen Kleinstädten. Keine von ihnen hatte in den 1930er- und 1940er-Jahren deutlich mehr als 5000 Einwohner. In diesen echten Smallvilles entwickelten die jungen Leute – wenn sie die richtige Unterstützung durch ihre Familie und die Gemeinschaft erhielten – einen großen Ehrgeiz.

Diese Einstellung kennzeichnete nicht nur Neil Armstrong, sondern auch alle sieben ursprünglichen Mercury-Astronauten: Alan B. Shepard Jr. aus East Derry, New Hampshire, Virgil I. »Gus« Grissom aus Mitchell, Indiana, John H. Glenn Jr. aus New Concord, Ohio, Walter M. Schirra Jr. aus Oradell, New Jersey, L. Gordon Cooper Jr. aus Shawnee, Oklahoma, und Donald K. »Deke« Slayton aus Sparta, Wisconsin.

M. Scott Carpenter war in Boulder, Colorado aufgewachsen, einer Stadt, die in seiner Jugend nur knapp über 10 000 Einwohner zählte.

Diese »Ursprünglichen Sieben« hatten in ihren eigenen Augen »das gewisse Etwas«, eben weil sie so aufgewachsen waren. John Glenn, der erste Amerikaner in der Erdumlaufbahn, sagte: »In einer Kleinstadt groß zu werden gibt Kindern etwas Besonderes mit.« Die meiste Zeit des US-Raumfahrtprogramms über kamen mehr Astronauten aus Ohio als aus jedem anderen Bundesstaat. »Die kleinen Städte wie diejenigen, in denen ich aufgewachsen bin, erholten sich nach der Wirtschaftskrise nur langsam«, erinnerte sich Neil. »Wir litten keinen Mangel, aber es war nie viel Geld da. In dieser Hinsicht ging es uns nicht besser und nicht schlechter als Tausenden anderen Familien.« Für manche von Neils Kindheitsfreunden machte die Tatsache, dass sein Vater eine Stelle hatte, sie zu reichen Leuten.

Neil trat seinen ersten Job 1940 an, als er zehn Jahre alt war – und kaum mehr als dreißig Kilo wog. Für zehn Cent die Stunde mähte er den Rasen auf einem Friedhof. Später räumte er in einer Bäckerei Brote in die Regale und half dabei, pro Nacht über 1300 Donuts zu backen. Außerdem kratzte er den riesigen Donutteigmixer sauber: »Wahrscheinlich haben sie mich eingestellt, weil ich so klein war; ich konnte abends in die Teigbottiche klettern und sie sauber machen. Der größte Vorteil der Arbeit war, dass ich mich am Eis und an den selbst gemachten Pralinen bedienen durfte.«

In Wapakoneta, wo die Familie ab 1944 wohnte, arbeitete Neil in einem Lebensmittelladen und in einer Eisenwarenhandlung. Später übernahm er für vierzig Cent pro Stunde kleinere Aufgaben in einer Apotheke. Seine Eltern ließen ihn alle Einnahmen behalten, erwarteten aber, dass er einen beträchtlichen Teil davon fürs College sparte. Von den 294 Astronauten, die zwischen 1959 und 2003 ausgewählt wurden, waren über 200 bei den Pfadfindern aktiv gewesen, darunter auch 21 Frauen. Vierzig der Männer, die Astronauten wurden, hatten den höchsten Rang (»Eagle«) erreicht. Von den zwölf Männern, die auf den Mond flogen, waren elf Pfadfinder gewesen, darunter auch Neil und sein Apollo-11-Kamerad Buzz Aldrin.

Als die Familie 1941 nach Upper Sandusky zog, eine Stadt mit rund 3000 Einwohnern, gab es dort noch keinen Pfadfinderstamm. Das änderte sich nach dem Angriff der Japaner auf Pearl Harbor am 7. Dezember 1941 – ein Ereignis, von dem Neil über das Radio erfuhr, weil sein Vater ihn deswegen vom Hof hineinrief, wo er gespielt hatte. Am folgenden Tag, als der Kongress den Krieg erklärte, stellten sich die amerikanischen Pfadfinder ganz in den Dienst des Landes. Neil erinnerte sich, dass die Nachrichten des Krieges »uns die ganze Zeit umgaben, in der Zeitung, im Radio. Und natürlich gab es eine ganze Reihe von Sternen in den Fenstern der Familien, deren Söhne in den Kampf gezogen waren.« Ein neuer Pfadfinderstamm entstand, die Nummer 25 in Ohio, er traf sich einmal im Monat unter der Leitung eines Reverends. Neils Gruppe nannte sich die »Wolfspatrouille« und wählte Bud Blackford zum Anführer, Kotcho Solacoff zum stellvertretenden Anführer und Neil zum Schriftführer.

Der Stamm Nr. 25 und die Wolfspatrouille gingen, so Neils Worte, »ganz im Kriegsgeschehen auf«. Eine Aufgabe der Pfadfinder, die ganz nach Neils Geschmack war, war die Flugzeugerkennung. Er und seine Freunde fertigten Modelle an, die ihr Pfadfinderleiter an die militärischen und zivilen Verteidigungsbehörden schickte, damit die Experten besser zwischen verbündeten und feindlichen Flugzeugen unterscheiden konnten. Als der Reverend wegzog, übernahm Ed Naus, »ein weniger strenger Zuchtmeister«, das Kommando, unterstützt von Neils Vater. Zwischen Neil, Bud und Kotcho entstand eine dieser unauslöschlichen Jugendfreundschaften, die auf gutmütiger Rivalität beruhen. Kotcho erinnert sich an einen Streich im Chemielabor: »Ich sagte: ›Hier, Neil, probier ein bisschen $C_{12}H_{22}O_{11}$.‹ Zu meiner Überraschung und meinem großen Schrecken nahm Neil eine Prise und steckte sie sich in den Mund. Ich schrie: ›Spuck es aus, das ist Gift!‹ Neil meinte: ›$C_{12}H_{22}O_{11}$ ist Zucker.‹ Ich sagte: ›Ich weiß, aber mir war nicht klar, dass du es auch weißt.‹ Das war das letzte Mal, dass ich davon ausging, etwas zu wissen, das er nicht wusste.«

Über die Jahre ist Wapakoneta immer wieder als Neils Heimatstadt bezeichnet worden, aber es waren die drei Jahre in Upper Sandusky, an die Neil sich am liebsten zurückerinnerte. Doch so sehr die Familie diese Zeit zwischen 1941 und 1944 auch genoss, die Umstände zwangen sie zu einem letzten Umzug, dieses Mal nach »Wapak«. Der Hauptgrund dafür war laut Neil, dass sein Vater trotz seiner 36 Jahre »befürchtete, er könnte eingezogen werden«. Von Wapakoneta aus, das sich rund achtzig Kilometer nördlich von Upper Sandusky befand, hatte Stephen einen deutlich weiteren Arbeitsweg, aber, so erklärte Neil, »Mutter hatte ihre Familie ganz in der Nähe.« Wäre ihr Mann zum Militär einberufen worden, hätte sie dort genügend Unterstützung gehabt.

Die Armstrongs kauften ein großes, zweistöckiges Eckhaus in der West Benton Street mit der Hausnummer 601. Neil hatte wie immer keine Schwierigkeiten, sich einzuleben, und trat sofort dem Pfadfinderstamm 14 bei. Die Blume-Highschool lag nur sechs Blocks von seinem Haus entfernt. Seine Zeugnisse zeigen, dass seine besten Fächer stets Mathe, Naturwissenschaften und Englisch waren.

Da Neil immer schon musikalisch veranlagt war, trat er dem Schulorchester, dem Glee-Club und der Band bei. Trotz seiner geringen Körpergröße spielte er eines der größten Instrumente, das Baritonhorn, weil er dessen besonderen Klang mochte (was nicht allen so ging). Wenn Neil und sein Horn hin und wieder einmal an einem Freitag- oder Samstagabend in einer Ragtime-Combo auftraten, verdienten er und seine jugendlichen Musikerkameraden, die sich die »Mississippi Moonshiners« nannten, höchstens fünf Dollar, die sie sich dann noch teilen mussten.

In der Highschool schloss Neil sich der Schülerorganisation Hi-Y, der Jahrbuchredaktion und der Theatergruppe an. Im elften und zwölften Schuljahr war er Mitglied des Schülerrates und im letzten Schuljahr stellvertretender Schülersprecher. Seine Schulfreunde haben Neil als nicht schüchtern, aber ruhig in Erinnerung. Er traf sich nur sehr selten mit Mädchen, besuchte aber den Abschlussball. Zu diesem Anlass lieh ihm sein Vater das brandneue Oldsmobile der Familie. »Wir fuhren zusammen mit Dudley Schuler und seiner Freundin Patty Cole zum Ball«, erinnert sich Alma Lou Shaw Kuffner, Neils Ballpartnerin. »Leider schlief Neil auf dem Rückweg aus Indian Lake, so gegen drei Uhr, am Steuer ein und fuhr in einen Graben. Ein Mann, der auf dem Weg zur Arbeit in Lima war, musste uns herausziehen. Am nächsten Morgen sah Neils Vater, dass die ganze Seite des Wagens zerkratzt war.«

In jenem Mai 1946 machte Neil, der immer noch erst sechzehn Jahre alt war, seinen Abschluss an der Blume-Highschool, als elftbester seiner 78 Jahrgangskameraden. Neben seinem Foto im Jahrbuch 1946/47 stand der Spruch: »Er denkt, er handelt, schon ist's getan.« Seine späteren Erfolge im Umgang mit beweglichen Gefährten aller Art machten irgendwann auch die unrühmliche Aktion mit dem Oldsmobile seines Vaters vergessen.

KAPITEL 3

Aufstieg in luftige Höhen

Jacob Zint genoss seine Rolle als Astronomiementor von Wapakoneta. Der ewige Junggeselle lebte mit seinen beiden alleinstehenden Brüdern in einem düsteren, dreistöckigen Haus an der Ecke der Pearl Street und der Auglaize Street, nur wenige Blocks vom Haus der Armstrongs entfernt, und arbeitete als technischer Zeichner in Lima. Oben auf seiner Garage hatte der naturwissenschaftlich interessierte Zint ein Observatorium eingerichtet, eine gewölbte Kuppel mit einem Durchmesser von drei Metern, die sich auf Rollen um 360 Grad drehen ließ. Ein Acht-Zoll-Spiegelteleskop war auf die Sterne und Planeten gerichtet. Durch Zints bestes Instrument schien der Mond nur 1500 Kilometer weit entfernt zu sein, statt der 400 000 Kilometer, die es in Wahrheit waren. Die technische Ausrüstung hätte sogar Tycho Brahe gefallen, dem exzentrischen Astronomen aus dem 16. Jahrhundert, der zu Zints Helden zählte.

Jake Zint wäre immer nur ein ortsbekannter Sonderling geblieben, hätte es da nicht die selbst proklamierte Verbindung zum jungen Neil Armstrong gegeben. Eines Abends im Jahr 1946, als der spätere Astronaut sechzehn war, besuchten er, sein Freund Bob Gustafson und ein paar weitere Pfadfinder Zint in dessen Haus. Sie wollten sich das Astronomie-Abzeichen verdienen. Da der 35-jährige Zint nur ungern unangekündigten Besuch empfing, hatte der Pfadfinderleiter Mr. McClintock einen Termin mit ihm vereinbart.

Zint zufolge stellten die Augenblicke, die nun folgten, einen Wendepunkt im Leben des jungen Neil Armstrong dar. Der Mond, so Zint,

»schien Neils Hauptinteresse zu sein. Er schwärmte für ihn« und brachte »ein spezielles Interesse« für »die Möglichkeit, dass es auf anderen Planeten Leben geben könnte«, zum Ausdruck. »Wir überlegten hin und her und kamen zu dem Schluss, dass es auf dem Mond kein Leben gab, aber wahrscheinlich auf dem Mars.« Neil war so angetan von Zint und seinem Observatorium, dass er ihn selbst dann noch besuchte, »als er schon auf die Purdue University ging«. Am Vorabend des Starts von Apollo 11 ließ Neil, so Zint, seinem alten Mentor über einen Journalisten eine besondere Nachricht zukommen: »Das Erste, was er überprüfen wird, wenn er den Mond betritt, ist, ob dieser aus grünem Käse besteht.«

Neils großer Augenblick, als er im Mare Tranquillitatis landete, war auch für Zint in Wapakoneta ein Höhepunkt: »Jacob Zint hofft, sein Acht-Zoll-Teleskop am 21. Juli um 2:17 Uhr auf die südwestliche Ecke des Mare Tranquillitatis gerichtet zu halten. Das, was er dort sehen wird, wenn das Wetter es zulässt, bildet den Abschluss einer Odyssee durch Zeit und Raum, die vor 23 Jahren hier begann, als ein kleiner, blonder Junge namens Neil Alden Armstrong durch Mr. Zints Objektiv einen ersten Blick auf den Mond warf.« Jeder wollte wissen, was Zint im Augenblick der historischen Landung dachte: »Es ist unglaublich, wenn ich daran denke, wie oft Neil und ich darüber gesprochen haben, wie es dort oben wäre«, erzählte er den vielen interessierten Reportern. »Und jetzt ist er dort oben.«

Abstruserweise stimmte nichts von dem, was der mittlerweile verstorbene Jacob Zint je über seine Beziehung zu Armstrong berichtet hat – rein gar nichts, auch wenn Zints Teleskop gemeinsam mit der in Einzelteile zerlegten Astronomiekuppel viele Jahre lang an prominenter Stelle im Auglaize County Museum in Wapakoneta ausgestellt war.

»Soweit ich mich erinnere«, erklärte Armstrong 2004 widerstrebend und auf seine typisch zurückhaltende Art, um den in den Medien sehr präsenten Amateurastronomen nicht übermäßig in Verruf zu bringen, »war ich nur dieses eine Mal in Jake Zints Observatorium. Was die

Benutzung von Zints Teleskop und die privaten Gespräche über den Mond und das Universum angeht – das ist nie passiert. Mr. Zints Geschichte wuchs immer weiter an, als ich bekannt wurde. Alles, was er erzählt, ist falsch.« Neil machte sich allerdings nie die Mühe, Zint zu berichtigen oder ihn zum Schweigen aufzufordern.

1969 hatten die meisten Menschen keinen Grund, das anzuzweifeln, was in so vielen Zeitungen stand. Außerdem schien Zints Vorhersage von Neils »Schicksal«, wie ein Journalist im Juli 1969 schrieb, »fast zu logisch, um wahr zu sein«.

»Als Neil etwa zwei oder drei Jahre alt war«, erinnerte sich Stephen Armstrong 1969, »brachte er seine Mutter dazu, ihm ein kleines Flugzeug im Zehncentladen zu kaufen, und es gab eine Auseinandersetzung darüber, ob es ein Modell für zehn oder für zwanzig Cent sein durfte. Natürlich kaufte seine Mutter ihm das für zwanzig Cent. Von da an liebte er Flugzeuge, weil er damit ständig im und ums Haus herumschwirrte.«

Seinen ersten Flug erlebte Neil kurz vor seinem sechsten Geburtstag, als die Familie in Warren lebte. Er hatte über die Jahre so viele verschiedene Versionen der Geschichte gelesen und gehört, dass er sagte: »Ich weiß nicht mehr, was stimmt. Ich glaube, dass das Flugzeug für einen geringen Betrag Rundflüge über die Stadt anbot.« Sein Vater hat es so in Erinnerung: »Wir waren auf dem Weg zu Sonntagsschule – das glaubte zumindest seine Mutter –, aber da war dieser Rundflug, der am Morgen recht billig war und dann im Verlauf des Tages immer teurer wurde. Also schwänzten wir die Sonntagsschule und flogen stattdessen zum ersten Mal.«

Bei der Maschine handelte es sich um einen Hochdecker, eine Ford Trimotor. Diese sogenannte »Blechgans« hatte Platz für bis zu zwölf Passagiere in Korbstühlen und kam auf eine Geschwindigkeit von knapp 200 km/h.

In seiner Jugend hatte Neil einen wiederkehrenden Traum: »Ich konnte, wenn ich die Luft anhielt, über dem Boden schweben. Sonst passierte nicht viel. Ich flog nicht und fiel auch nicht in diesen Träumen, ich schwebte einfach. Aber die Unbestimmtheit war ein bisschen frustrierend. Der Traum hatte nie ein konkretes Ende.« Neil wusste nie genau, was das zu bedeuten hatte. »Ich könnte nicht sagen, dass es etwas mit der Fliegerei zu tun hatte. Es gab keinen großen Zusammenhang, außer dass ich über dem Boden schwebte.« Mit einem Augenzwinkern ergänzte er: »Ich habe es später ausprobiert, als ich wach war, aber es hat nicht funktioniert.«

»Mit wahrscheinlich acht oder neun habe ich angefangen, mich für die Luftfahrt zu interessieren«, erinnerte sich Neil, »angeregt durch das, was ich über das Fliegen und den Bau von Modellflugzeugen gelesen und gehört hatte.« Ein älterer Cousin wohnte einen Block entfernt. Als Neil einmal gesehen hatte, was dieser mit Balsaholz und Seidenpapier zustande brachte, war er angefixt.

Das erste Modell, das Neil seines Wissens baute, war ein Hochdecker-Leichtflugzeug, wahrscheinlich eine Taylor Cub, in Schwarz und Gelb. »Es kam mir nie in den Sinn, Modelle *mit* Motoren zu kaufen«, weil Motoren mehr Geld kosteten und Benzin benötigten – beides Mangelware im Zweiten Weltkrieg. Wenn Neil seine Modelle fliegen ließ, dann mithilfe verdrillter Gummibänder.

Diese Modelle füllten Neils Schlafzimmer plus eine ganze Ecke des Kellers. Laut Dean baute Neil so viele Flugzeuge, dass er diejenigen, auf die er keine Lust mehr hatte oder die ihm nicht gefielen, aus dem Fenster im oberen Stock segeln ließ – manchmal sogar brennend. June weiß noch, dass Neil »fünf oder sechs zusammensuchte, dann die Treppe hinunter- und durch die Haustür hinausrannte, bis zum Ende der Einfahrt. Wir lehnten uns oben aus einem offenen Fenster und warfen die Flugzeuge hinaus. Mutter wäre gestorben, hätte sie es gewusst.«

Neil erinnerte sich: »Normalerweise hängte ich meine Modelle an der Decke meines Schlafzimmers auf. Ich hatte viel Arbeit hineingesteckt und wollte sie nicht kaputt machen, daher war es die absolute Ausnahme, dass ich eines fliegen ließ.«

»Als ich noch in der Grundschule war, wollte ich Flugzeugkonstrukteur werden. Später entschied ich mich dann für den Pilotenberuf, weil ich der Meinung war, dass ein guter Konstrukteur auch die praktischen Aspekte des Fliegens kennen sollte.

Ich las zu der Zeit viele Luftfahrtmagazine, *Flight* und *Air Trails* und *Model Airplane News*, alles, was ich in die Finger bekam.« Als Mitglied des Modellflugzeugvereins der Universität »gewann ich eine Reihe von Wettbewerben, oder ich wurde Zweiter«. Er weiß noch, wie er seine »benzinbetriebenen ›Fesselflugmodelle‹, die an Drähten befestigt waren und sich im Kreis um den Piloten drehten«, auf Geschwindigkeiten weit über 150 km/h brachte. »Ich sog eine Menge neues Wissen auf und lernte Leute kennen, darunter einige Veteranen des Zweiten Weltkriegs, die viel mehr Erfahrung als ich und ein Gefühl dafür hatten, wie man erfolgreich flog.«

Mit fünfzehn begann Neil auf Flugunterricht zu sparen, der pro Stunde neun Dollar kostete. Da er bei seinem Nebenjob in der Apotheke vierzig Cent pro Stunde verdiente, arbeitete Neil 22,5 Stunden für eine einzige Flugstunde.

Jeden Samstagmorgen fuhr er per Anhalter oder »auf einem Fahrrad ohne Schutzbleche« zu einem kleinen Grasflugplatz außerhalb von Wapakoneta. »Dort wurde oft eine Überholung der oberen Zylinder durchgeführt«, erinnerte sich Neil. Sobald er sechzehn war und seinen Schülerpilotenschein erworben hatte, durfte er die Flugzeuge fliegen. »So bin ich auf meine Stunden gekommen.« Bei den Flugzeugen handelte es sich zumeist um alte Militär- und Schulflugzeuge. Zu den neuesten Flugzeugen gehörte die Aeronca Chief, ein im nahe gelegenen Hamilton, Ohio, gebautes Hochdecker-Leichtflugzeug, in dem die zwei Passagiere nebeneinander, nicht hintereinander saßen und das über ein Lenkrad anstelle eines Steuerknüppels verfügte. Die etwas schlichtere Version, die »Champ«, war der Verkaufsschlager von Aeronca. In einer der drei Champs in Wapakoneta lernte Neil zu fliegen.

Den Flugunterricht übernahmen drei erfahrene Army-Piloten. Von den siebzig Schülern in Neils Highschooljahrgang, von denen etwa die Hälfte Jungen waren, machten drei im Sommer 1946 den Pilotenschein. Alle drei legten die Prüfung etwa zur gleichen Zeit ab. Daher weigerte Neil sich stets, es als extrem ungewöhnlich zu bezeichnen, dass er das Fliegen gelernt hatte.

Wirklich ungewöhnlich war hingegen, dass er den Pilotenschein vor dem Führerschein machte. »Er hatte nie eine Freundin. Er brauchte kein Auto«, erklärte sein Vater. »Er musste immer nur irgendwie zum Flugplatz kommen.« »Segelflieger durfte man, glaube ich, mit vierzehn fliegen«, sagte Neil, »doch mit dem Motorflugzeug musste man warten, bis man sechzehn war«, in seinem Fall bis zum 5. August 1946. An jenem Tag erhielt Neil seinen »Schülerpilotenschein« und absolvierte seinen ersten Soloflug in der nächsten Woche.

Dieser fand so spontan statt, dass der Schülerpilot weder seinen Freunden noch seiner Familie Bescheid geben konnte. »Man hörte nur, wie der Fluglehrer seinen Gurt löste, sah seinen wissenden Blick, fühlte, wie er einem die Hand zuversichtlich auf die Schulter legte, und dachte: ›Oh, oh, jetzt geht es los.‹« Dean, der auf dem Flugplatz den Rasen mähte, war vor Ort und erlebte den ersten Soloflug seines Bruders mit. Viola brachte es nicht über sich, ihren Sohn fliegen zu sehen, aber sie versuchte nie, ihn davon abzuhalten. Das lag zum Teil daran, meinte June, dass Neil »nie Angst zeigte, wenn er darüber sprach«.

Armstrong selbst erinnert sich nur vage an seinen ersten Soloflug, der ihm ein beifälliges Nicken des Fluglehrers einbrachte. »Der Tag, an dem man irgendein Flugzeug zum ersten Mal allein fliegt, ist ein außergewöhnlicher Tag«, sagte Neil. »Der Tag, an dem man überhaupt das allererste Mal allein fliegt, ist ein ganz besonders außergewöhnlicher Tag. Ich bin mir sicher, dass ich sehr aufgeregt war, als ich diesen ersten Flug machen durfte. Ich legte erfolgreich eine Reihe Starts und Landungen hin und schaffte es, das Flugzeug ohne Zwischenfälle wieder zum Hangar zurückzubringen.« Eine der positiven Auswirkungen des ersten Soloflugs war finanzieller Natur. Da Neil nun keinen Fluglehrer mehr brauchte, kostete die Stunde nur noch sieben Dollar statt neun.

Schon bald hatte Neil eine eigene Flugtechnik auf dem Grasplatz entwickelt: »Ich gewöhnte mir an, beim Endanflug vernehmlich in den Seitengleitflug zu gehen, sodass ich ziemlich steil herunterkam, um auf dem vorderen Stück der Graslandebahn aufzusetzen und viel Raum zum Ausrollen und Anhalten zu haben.« Neil lernte aber auch die dunkleren Seiten des Fliegens kennen. Am Nachmittag des 26. Juli 1947 flog der zwanzigjährige Flugschüler Carl Lange, der im Zweiten Weltkrieg in der Navy gekämpft hatte, in eine Stromleitung und stürzte mit seiner Champ in eine Wiese. Er starb noch vor Ort an einem Schädelbruch. Sein Fluglehrer überlebte. Neil befand sich zu der Zeit gerade auf dem Rückweg aus dem Pfadfinderlager. Dean erinnerte sich: »Wir sahen das Flugzeug abstürzen. Mein Vater hielt den Wagen an, und wir rannten alle zur Absturzstelle, um Erste Hilfe zu leisten.«

Als Lange starb, hatte Armstrong bereits zwei Überlandflüge ganz allein getätigt – der erste führte ihn in einer gemieteten Aeronca nach Cincinnati. Das waren hin und zurück etwa 350 Kilometer, und das Ziel der Reise war die Eignungsprüfung für das Collegestipendium der Navy. Um sich schon vorab für das Studium an der Purdue University einzuschreiben, flog Neil nach West Lafayette in Indiana, ein Flug von etwa 480 Kilometern.

Man kann sich das Erstaunen des Flughafenpersonals in West Lafayette vorstellen, als ein sechzehnjähriger Junge aus dem Flugzeug stieg, darum bat, die Maschine aufzutanken, und Richtung Campus davonmarschierte.

KAPITEL 4

Einführung in die Luftfahrttechnik

Am 14. Oktober 1947, einen Monat nach Armstrongs Studienbeginn an der Purdue University, durchbrach ein Testpilot der Air Force – einer, mit dem Armstrong später fliegen sollte – die sagenumwobene »Schallmauer«. Dieser Pilot war Captain Charles E. »Chuck« Yeager und das revolutionäre Flugzeug, das er auf eine Geschwindigkeit von über Mach 1 brachte, die raketengetriebene Bell X-1. Bevor das Militär sein Programm zur Erforschung von schallnahen Geschwindigkeiten in einen Mantel der Geheimhaltung hüllte, waren Geschichten über die Leistung der X-1 in der *Los Angeles Times* und in der *Aviation Week* erschienen. Luftfahrtprofessoren und -studenten im ganzen Land diskutierten die Bedeutung dieses Ereignisses.

Für Neil hingegen hatte diese neue Ära des Fliegens einen bitteren Beigeschmack. »Als ich alt genug war, um Pilot zu werden, hatte sich die Situation verändert. Die großen Flugzeuge, die ich als Kind so angebetet hatte, verschwanden langsam. Als Junge hatte ich die Männer verehrt, die ich für die Ritter des Ersten Weltkriegs hielt. Doch mit dem Zweiten Weltkrieg schien sich dieser Ritterstand aufzulösen. Der Luftkampf wurde unpersönlich. Die Rekordflüge über die Ozeane und Pole hinweg und in alle Ecken der Welt waren bereits absolviert. Und das ärgerte mich. Insgesamt war ich als jemand, der ganz im Fliegen aufging, enttäuscht davon, dass ich durch eine Falte in der Geschichte eine Generation zu spät geboren war. Ich hatte alle Höhepunkte und Abenteuer im Fliegen verpasst.«

Als Armstrong sein Studium aufnahm, arbeitete das National Advisory Committee for Aeronautics (NACA), der Vorgänger der NASA, gemeinsam mit der neu gegründeten Air Force eifrig daran, neue Forschungseinrichtungen zu schaffen, die sich mit Transschall-, Überschall- und Hyperschallgeschwindigkeiten befassten (Hyperschall ist der Bereich oberhalb von Mach 5, wo sich die Effekte der aerodynamischen Aufheizung bemerkbar machen).

Armstrongs Studium der Luftfahrttechnik an der Purdue University dauerte – einschließlich einer dreijährigen Phase beim Militär – von September 1947 bis Januar 1955. In diesen siebeneinhalb Jahren durchlief die Raumfahrt weltweit eine erstaunliche Entwicklung. Drei Monate nach dem ersten X-1-Flug nahm die NACA den ersten Hyperschall-Windkanal des Landes (mit Geschwindigkeiten bis zu Mach 7) in Betrieb. Ein paar Monate später, zu Beginn von Armstrongs zweitem Semester, schoss ein Militärraketenteam unter der Leitung von Dr. Wernher von Braun in White Sands, New Mexico, eine V-2-Rakete bis auf eine Höhe von mehr als 110 Kilometern. In Armstrongs erstes volles Kalenderjahr an der Universität fielen der erste Flug in einer XF-92 von Convair mit ihren neuen Deltaflügeln, der Flug des ersten zivilen Testpiloten über Mach 1, die ersten zehn Testflüge der X-4 ohne Höhenleitwerk und die Veröffentlichung einer aerodynamischen Theorie, die entscheidend zur Lösung des Hochgeschwindigkeitsproblems mit der Bezeichnung »Rollkopplung« beitrug.

Vor dem Frühlingssemester 1949 verließ Armstrong die Universität und meldete sich zum Militärdienst. In diesen Monaten formulierte die US Army die ersten Anforderungen an ein Boden-Luft-Raketenabwehrsystem; in Cape Canaveral in Florida wurde ein Testgelände für Lenkraketen mit einer Reichweite von 8000 Kilometern errichtet, und eine russische Einstufenrakete mit einer Instrumentennutzlast von etwa 120 Kilogramm brachte es auf eine Höhe von knapp 110 Kilometern. In jenem Sommer, als Armstrong gerade seine Pilotenausbildung in Pensacola absolvierte, transportierte eine V-2-Rakete einen lebenden

Affen auf eine Höhe von 130 Kilometern, das amerikanische Militär setzte auf einem bemannten Flug auf eine Höhe von über 20 000 Meter zum ersten Mal einen Teildruckanzug ein, und der erste US-Pilot, der je einen Schleudersitz benutzte, stieg bei einer Geschwindigkeit von 900 km/h aus seiner strahlgetriebenen F2H-1 Banshee aus.

Als Armstrong im September 1952 das Studium wiederaufnahm, erkannte er, dass sich die Welt der Luftfahrt in die Welt der Raumfahrt verwandelte. 1950 fand der erste Raketenstart in Cape Canaveral statt, der einen menschengemachten Gegenstand auf die bisher größte Geschwindigkeit brachte – Mach 9. 1951 erfolgte der Startschuss für das Interkontinentalraketenprogramm der Air Force, dessen Trägerraketen später die ersten Astronauten ins Weltall beförderten. Im Jahr darauf wurde im medizinischen Fluglabor in Johnsville, Pennsylvania, eine Zentrifuge eingeweiht, die Menschen auf eine Geschwindigkeit bringen konnte, die 40 g erzeugte. Im gleichen Jahr sagte der NACA-Forscher H. Julian Allen voraus, dass sich die Hitzeprobleme beim Wiedereintritt von Raketen und Raumfahrzeugen in die Erdatmosphäre verhindern ließen, wenn man von einer spitzen auf eine stumpfe Nase umstellte. Nicht nur die Mercury-Kapseln, sondern auch die Raumfahrzeuge von Neils Gemini-VIII- und Apollo-11-Missionen wurden nach diesem Prinzip gebaut. Während Neils erstem Jahr zurück an der Universität, im November 1953, erreichte der NACA-Testpilot A. Scott Crossfield in der D-558-2 von Douglas als erster Mensch eine Geschwindigkeit von Mach 2. Als Neil ein Jahr später seinen Abschluss in der Tasche hatte, trat er eine Stelle bei der NACA an. Er wurde Testpilot an der High-Speed Flight Station in Kalifornien, wo er sieben Mal im Hyperschall-Experimentalflugzeug X-15 flog.

Als Neil Armstrong im Januar 1955 sein Studium abschloss, war er schon tief in die neue Welt des Raumfahrtzeitalters vorgedrungen.

Anfang der 1940er-Jahre schloss weniger als ein Viertel der Amerikaner die Highschool ab, und nicht einmal jeder Zwanzigste ging aufs

College. In den meisten ländlichen Gebieten waren acht Jahre Schulbildung der Standard. Mit der Verabschiedung der »GI Bill« 1944, die Kriegssoldaten den Universitätszugang gewährte, stieg der Anteil der Collegebesucher langsam, bis er Anfang 1950 25 Prozent betrug.

Neil war erst der zweite Akademiker in seiner Familie, der erste war sein Großonkel gewesen. Ähnlich erging es vielen der Astronauten und Ingenieure, die später in das noch junge Weltraumprogramm involviert waren. Neil erhielt zwar auch eine Zulassung für das Massachusetts Institute of Technology (MIT), entschied sich aber für die Purdue University in West Lafayette, Indiana, 350 Kilometer von Wapakoneta entfernt.

Vom Collegeprogramm für Navy-Piloten hatte er da bereits gehört. Das Programm, das unter der Bezeichnung »Holloway-Plan« bekannt war, verlangte eine Verpflichtung von sieben Jahren: zwei Jahre Studium an einer beliebigen Universität, die von der Navy anerkannt war, gefolgt von drei Jahren beim Militär und darauf zwei weiteren Jahren College bis zum Studienabschluss. Bei Armstrongs medizinischer Untersuchung wurden ein Gewicht von 65 Kilogramm und eine Größe von 1,76 Metern notiert, die Ärzte schätzten seine Statur und seine Form als »athletisch« ein, seine Haltung als »gut« und seinen Körperbau als »medium«. Ein Ruhepuls von 88 und ein Belastungspuls von 116 Schlägen pro Minute waren ein erster Hinweis auf eine – in den Jahren als Testpilot und Astronaut oft registrierte – Neigung zu einer erhöhten Pulsfrequenz.

Neil erinnerte sich an seine »große Freude darüber, dass ich angenommen wurde und so kostenlos aufs College gehen konnte. Das war eine tolle Sache.«

Einen Monat vor der guten Nachricht von der Navy war Neil bereits an der Purdue University zugelassen worden. »Ich hätte mit dem, was ich tat, dem Ingenieursstudium, nicht zufriedener sein können.«

Das Luftfahrttechnikstudium in Purdue war praktischer ausgerichtet als das am MIT. Im ersten Semester lernten die Studenten am neuen Institut für Luftfahrt, Metall zu schweißen, zu bearbeiten und einer Wärmebehandlung zu unterziehen sowie das Sandformverfahren. An sechs Tagen in der Woche hatte Neil vormittags drei Stunden Seminare und nachmittags drei Stunden Labor.

Zu den Bedingungen des Stipendiums gehörte ein gewisses Engagement für die Navy. Neil belegte aber keinen der eigens eingerichteten Navy-Kurse, sondern spielte in der Universitätskapelle, die als Militärkapelle galt. Während des ersten Semesters wohnte er in einer Pension in Lafayette, danach mietete er ein Zimmer in einem Haus in der Nähe des Campus. Im ersten Jahr erreichte er eine Durchschnittsnote von 4,65, etwa eine Zwei minus.

Im Herbst 1948 erhielt Neil die Nachricht, dass er seinen Militärdienst früher antreten werde, schon nach drei regulären Semestern und einigen Sommerkursen.

Als er die Universität im Februar 1949 verließ, um die Ausbildung zum Navy-Piloten anzutreten, war er erst achtzehneinhalb Jahre alt. Bei seiner Rückkehr im September 1952 war er gerade 22 geworden. »Ich wurde langsam wirklich alt«, erzählte er lachend. »Als ich aufs College zurückkam, sahen die Studenten so jung aus.«

Armstrong hoffte, nach beträchtlichen Erfahrungen im Fliegen und im Umgang mit Hochleistungsjets »vielleicht einen Weg zu finden, den Bau und das Fliegen von Flugzeugen zu verbinden«. Bei einem Praktikum im Testflugzentrum der Navy in Patuxent River, Maryland, im Sommer 1954 verfestigte sich dieses Berufsziel. In Purdue belegte Neil nun Spezialisierungskurse, und in keinem davon erhielt er eine Note unter 5 (die Bestnote war 6). In diesem Wintersemester 1953 lehrte er zudem einen Teil des Kurses »Allgemeiner Maschinenbau, Flugzeugentwurf und Detaildesign«, den er selbst kurz zuvor mit Bestnoten abgeschlossen hatte. Genau wie Neils akademische Leistungen erfuhr auch sein gesellschaftliches Leben beim zweiten Aufenthalt an der Purdue einen Schub. Er schloss sich einer Studentenverbindung an, Phi Delta Theta, und wohnte in deren Haus. Beim Varietéabend der Uni trat er als Sänger der musikalischen Darbietung der Verbindung auf. Im folgenden Frühjahr übernahm er die Leitung der Musicals. Für die »Varsity Varieties« schrieb er zwei kurze Stücke und arbeitete an der Inszenierung mit. Dieses Engagement mag sich auf seine Noten ausgewirkt haben, denn er erhielt mehrere Cs (was in etwa einer Drei entspricht) und schmiss die Einführung in die Kernphysik.

Zweifellos spielte dabei auch die achtzehnjährige Janet Shearon, die erste Liebe seines Lebens, eine Rolle. Neil lernte Janet, eine Hauswirtschaftsstudentin, auf einer Party kennen, die von den Studentenverbindungen organisiert wurde. Ihre zweite Unterhaltung fand an einem frühen Morgen statt, als sie auf dem Weg zu einem Hauswirtschaftslabor war und er die Unizeitung auslieferte. Das war nicht Neils einziger Job, er fuhr auch einen Tomatenlieferwagen für eine ortsansässige Konservenfabrik und zog in den Sommerferien von Haus zu Haus und verkaufte Küchenmesser.

Außerdem gab es am Wochenende immer mal wieder Verpflichtungen durch seinen Status als Reserveoffizier der Navy. Dann fuhr er gemeinsam mit seinen Navykameraden zum Fliegerstützpunkt nördlich von Chicago und flog dort F9F-6-Jets. Darüber hinaus war er ein Mitglied im Purdue-Fliegerclub, wo er zusammen mit ehemaligen Militärpiloten flog, und im Studienjahr 1953/1954 sogar dessen Vorsitzender. Dieser Club besaß ein paar kleine Flugzeuge auf dem Flughafen von Lafayette.

An einem Wochenende im Jahr 1954 hatte Armstrong nach einem Flugwettbewerb in Ohio einen kleinen Unfall. Er wollte in einer Aeronca des Clubs nach Wapakoneta fliegen, doch eine raue Landung auf dem Feld führte zu einem »Schaden, der so groß war, dass ich nicht mehr zurückfliegen konnte. Daher nahm ich die Tragflächen ab und brachte das Flugzeug auf dem Hänger meines Großvaters in Einzelteilen zurück nach West Lafayette.« Anfang Januar 1955 schloss Armstrong den letzten Kurs an der Universität ab. Er nahm nicht an den Abschlussfeierlichkeiten teil, sondern kehrte stattdessen nach Wapakoneta zurück, um sich auf seine Stelle beim Lewis-Flugantriebslabor der NACA in Cleveland vorzubereiten. Sein Abschlusszeugnis, das ihm den Bachelortitel in Luftfahrttechnik verlieh, erhielt er per Post. Die Note – 4,8 von maximal 6 Punkten – beschied ihm eine höchst respektable Leistung in einem sehr anspruchsvollen Fach und über einen Zeitraum von fast sieben Jahren. Nach der Rückkehr von der Navy hatte sein Durchschnitt bei 5,0 gelegen, mit guten oder sehr guten Noten in 26 von insgesamt 34 Kursen.

Den Rest seines Lebens über fühlte Armstrong sich immer in erster Linie als Ingenieur. Selbst in den Jahren, in denen er als Testpilot und als Astronaut tätig war, betrachtete er sich als Luftfahrtingenieur, und sein Wunsch, ein technisches Lehrbuch zu schreiben, setzte ihn sich von praktisch allen seinen Kollegen ab: »Ich bin ein besessener Ingenieur, mit weißen Socken und einem Stift in der Brusttasche, und werde es auch immer sein. Ich wurde unter dem zweiten Gesetz der Thermodynamik geboren, bin von Dampftafeln durchdrungen, in Freikörperbilder verliebt, durch Laplace transformiert und durch kompressible Strömung angetrieben. Als Ingenieur bin ich ausgesprochen stolz auf die Leistungen meines Berufsstandes.«

Es war dann auch die Ingenieurskunst – nicht die Naturwissenschaften –, welche die erste Mondlandung ermöglichte, und es war ein Ingenieur, der als Erstes einen Fuß in eine andere Welt setzte.

TEIL ZWEI
Navy-Pilot

Mir wird er immer wegen seiner Art, über das Fliegen zu sprechen, in Erinnerung bleiben – er gab nicht an und schwang keine großen Reden, sondern war gelassen, ruhig, intelligent und einer der besten Piloten, die ich je getroffen habe.

– PETER J. KARNOSKI, ARMSTRONGS STUBENKAMERAD
BEI DER GRUNDAUSBILDUNG, NAVY-FLIEGERSTÜTZPUNKT PENSACOLA

KAPITEL 5

Goldene Schwingen

Wäre Neil Armstrong kein Navy-Pilot geworden, hätte er nicht als erster Mensch den Mond betreten.

Auch der erste Amerikaner im Weltall, Alan B. Shepard Jr., war Navy-Pilot gewesen, ebenso wie der Kommandant des ersten Apollo-Flugs, Walter M. Schirra. Unter dem einen Dutzend Menschen, denen es gestattet war, auf dem Mond herumzulaufen, waren sieben, die die goldenen Schwingen der Navy trugen oder getragen hatten. Noch bemerkenswerter ist, dass sechs der sieben Kommandanten, die ein Apollo-Fahrzeug zur Mondoberfläche hinabsteuerten, Navy-Piloten waren. Dazu zählte nicht nur der erste Mensch, der je den Mond betrat, sondern auch der bis heute letzte, der ihn verließ, Eugene A. Cernan auf der Mission Apollo 17. Zwischen Armstrong und Cernan brachten die Navy-Piloten Charles »Pete« Conrad Jr. (Apollo 12), Alan Shepard (Apollo 14) und John W. Young (Apollo 16) ihr Raumfahrzeug auf der Mondoberfläche zur Landung. Und der Navy-Captain James A. Lovell Jr. hätte es ebenfalls getan, wäre es auf dem Flug von Apollo 13 nicht zu diesem beinahe katastrophalen Zwischenfall gekommen. Nur David R. Scott (Kommandant von Apollo 15) diente als Militärpilot bei der Air Force.

1955 bestimmte die Eisenhower-Regierung die Vanguard der Navy zum ersten Satelliten der USA. Doch das Programm, das in Zusammenarbeit mit der National Academy of Sciences betrieben wurde, blieb hinter den sowjetischen Sputniks zurück, deren erster Start im Herbst 1957 erfolgte. In jenem Dezember erlebte das Vanguard-Programm eine öffentliche Demütigung, als eine Rakete vor laufenden Fernsehkameras auf der Startrampe in Cape Canaveral explodierte. Bei dieser als »Flopnik« oder »Kaputnik« verlachten Aktion kam niemand ums Leben, aber das Desaster bestärkte Eisenhower in seiner Entscheidung, dem alternativen Satellitenprogramm der US-Army unter der Leitung von Dr. Wernher von Braun grünes Licht zu geben. Am letzten Januartag im Jahr 1958 schickte von Brauns Team den ersten Satelliten der USA, Explorer 1, gleich beim ersten Versuch ins All. Die Vanguard blieb bis März 1958 am Boden.

Der Höhepunkt der Ausbildung zum Navy-Piloten war das Landen eines Flugzeugs auf einem Flugzeugträger. Diese Prüfung bildete den Abschluss von Armstrongs Ausbildung zwischen Februar 1949 und August 1950, als er nur zwei Wochen nach seinem zwanzigsten Geburtstag feierlich die goldenen Schwingen der Navy überreicht bekam.

Am 26. Januar 1949 erhielt Neil gemeinsam mit seinen Purdue-Kommilitonen Donald A. Gardner, Thomas R. »Tommy« Thompson, Peter J. »Pete« Karnoski und Bruce E. Clingan die Anweisung, die Pilotenausbildung anzutreten.

Er fuhr mit dem Zug von Wapakoneta nach Cincinnati, wo sich die Gruppe traf, um zusammen mit zwei weiteren Holloway-Studenten, David S. Stephenson und Merle L. Anderson von der Miami University in Ohio, die 1150 Kilometer lange Zugfahrt nach Pensacola anzutreten. Am 24. Februar 1949, acht Tage nachdem sie die medizinische Untersuchung am Fliegerstützpunkt bestanden hatten, wurden sie als »Midshipmen« eingeschworen, dem niedrigsten Offiziersrang in der US-Navy.

Armstrong und seine sechs Freunde wurden der Gruppe 5-49 zugeteilt, der fünften Gruppe, die 1949 die Ausbildung in Pensacola antrat. In jenem Jahr gab es etwa alle zwei Wochen eine neue Gruppe, mit insgesamt fast 2000 Auszubildenden. Im Zweiten Weltkrieg waren es allerdings 1100 *pro Monat* gewesen. Allein 1945 schlossen 8800 Männer die Pilotenausbildung bei der Navy ab.

Der Gruppe 5-49 gehörten vierzig Midshipmen und ungefähr die gleiche Anzahl von »Naval Cadets« an, also Soldaten, die für das Pilotentraining der Navy ausgewählt worden waren. Die theoretische Unterweisung dauerte vier Monate.

In diesen sechzehn Wochen im Klassenzimmer belegten Armstrong und seine Kameraden Intensivkurse in Flugnavigation, Kommunikation, Technik, Wetterkunde und Fluggrundlagen. Sie studierten Aerodynamik und die Funktionsweise von Flugzeugtriebwerken. Sie lernten den Morsecode und die Grundzüge der Wettervorhersage. Außerdem standen unter anderem 87 Stunden sportliche Betätigung und dreizehn Stunden Schießausbildung auf dem Programm. Armstrong und die anderen wurden von der Marine gedrillt, von der Marine in Fluggrundlagen unterrichtet und von der Marine diszipliniert.

Zur Ausbildung gehörte es auch, 1600 Meter im Becken des Stützpunkts zu schwimmen und eine Tortur über sich ergehen zu lassen, die »Mehrphasen-Wasserungstrainer« hieß (oder »Dilbert Dunker«). Dabei bekam der voll angezogene Kandidat einen Fallschirm angelegt und wurde in einem Cockpitnachbau festgeschnallt, der daraufhin auf Schienen ins Becken befördert wurde. Die Aufgabe bestand darin, sich aus den Gurten und dem Fallschirmgeschirr zu befreien, die Cockpithaube einzuschlagen, das sinkende Flugzeug zu verlassen und zur Oberfläche zu schwimmen, bevor einem die Luft ausging. Viele der Männer waren auf die Hilfe von Tauchern angewiesen, um die Prozedur zu überstehen, aber Armstrong meisterte die Aufgabe mit Leichtigkeit.

Am 18. Juni 1949 hatte die Gruppe 5-49 die sechzehn Wochen Theorie abgeschlossen. Armstrong erreichte eine Note von 3.27 auf einer Skale bis vier – damit zählte er beinahe zu den besten zehn Prozent.

Sechs Tage nach dem Abschluss des theoretischen Teils zog die Gruppe nach Whiting Field um, für Stufe A der praktischen Ausbildung. Armstrongs Flugausbilder war Lee R. P. »Chipper« Rivers, »ein sehr guter Fluglehrer, ziemlich autoritär, aber auch für jeden Spaß zu haben«. Stufe A umfasste zwanzig Flüge, von denen der 19. die »Vorbereitung auf den Soloflug« darstellte und der 20. den ersten Soloflug in der SNJ von North American Aviation, dem berühmtesten aller Schulflugzeuge aus dem Zweiten Weltkrieg, das mit einem einziehbaren Fahrwerk und einem 600-PS-Sternmotor ausgestattet war. »Die SNJ war für mich nach den Aeroncas und den Luscombes ein großer Schritt aufwärts«, erklärte Armstrong. Durch ihre größere »Gewandtheit und Steuerkraft« flog sie sich »ähnlich wie eine F6F Hellcat, der vorherrschende Kampfflieger im Zweiten Weltkrieg«. Alles in allem war die SNJ ein »ideales Schulflugzeug«.

Neils erster Flug darin fand am 6. Juli 1949 statt. Auf den folgenden Touren arbeitete er daran, seine Schwächen auszuräumen – insbesondere bei der Landung. Beim 15. Flug am 23. August war ein anderer Fluglehrer als sonst an Bord, der seinen Versuch insgesamt als »unbefriedigend« bewertete, vor allem wegen des Landeanflugs. Obwohl Neil noch Probleme damit hatte, die Höhe und die Geschwindigkeit zu steuern und den Landeanflug einzuschätzen, befand Rivers Neils Leistung häufiger als »zufriedenstellend« denn als »nicht zufriedenstellend«. Beim 18. Flug schätzte er Neil als »für den Soloflug bereit« ein. Nach einem letzten Prüfflug am 7. September trat Armstrong seinen ersten Alleinflug bei der Navy an. Im Anschluss schnitten ein paar von Neils Kameraden ihm gemäß der Navy-Tradition die Krawatte ab, und Neil schenkte Chipper Rivers eine Flasche seines Lieblingswhiskeys. Stufe B der Grundausbildung – Manöver – begann am Tag nach Armstrongs erstem Soloflug. Neil absolvierte siebzehn Flüge in neunzehn Tagen.

Am 27. September 1949 gab der Begleiter des Prüfflugs eine letzte Bewertung ab: »Der Auszubildende kannte sich offensichtlich gut aus und war meist in der Lage, den Großteil des Flugs zufriedenstellend oder besser zu absolvieren. Gegen Ende wurde er so nervös, dass es sich in seinem Tun niederschlug. Sollte im Programm fortfahren können und einen befriedigenden Piloten abgeben.«

Die Stufe C – Kunstflug – fing in der folgenden Woche auf dem nahe gelegenen Corry Field an. Armstrong zeigte im Bereich »Strömungsabriss im Rückenflug, Wingover-Rollen & Loopings« von Anfang an eine »überdurchschnittliche« Leistung. Für Stufe D begaben sich Armstrong und seine Kameraden in den Link Trainer. Der Flugsimulator, der schon Ende der 1920er gebaut worden war (und abschmierte oder ins Trudeln geriet, wenn man ihn falsch bediente), war mit dem Steuerknüppel, dem Schubhebel und den Seitenruderpedalen eines einmotorigen Kampfflugzeugs sowie den üblichen Navigationsinstrumenten ausgestattet.

Aber der wahre Test erfolgte »unter der Haube«, im hinteren Sitz einer SNJ. Beim »Partial Panel«-Flug konnte der Fluglehrer den künstlichen Horizont und den Kurskreisel abschalten. In diesem Teil der Ausbildung lernte Armstrong nur den Instrumenten zu vertrauen, eine Fähigkeit, die er später auch beim Fliegen eines Gefährts durch den luftleeren Raum im All anwendete.

Auf den folgenden fünf Flügen der Stufe D ging es um die Funknavigation, und Neils Fluglehrer bemängelten weiter seine Probleme mit der Höhensteuerung.

Die zwei vorgeschriebenen Nachtflüge (Stufe E) absolvierte er am 4. November und erhielt für beide eine gute Bewertung. Zu Thanksgiving hatte Armstrong die ersten fünf Stufen der Grundausbildung abgeschlossen. Er hatte vierzig Flüge unternommen und dabei insgesamt 39,6 Stunden mit einem Fluglehrer und 19,4 Stunden allein in der Luft verbracht.

Der Formationsflug (Stufe F) wurde auf dem Saufley Field, einem Übungsflugplatz nordwestlich von Pensacola in Richtung Perdido-Bucht und gleichzeitig mit Stufe H (Gefechtsgrundlagen) und Stufe I (Überlandnavigation) abgehalten, und Neil erhielt Ende Januar 1950 sehr gute Bewertungen. Obwohl sich die Angriffe im Sturz- und Tiefflug als Herausforderung erwiesen, war seine Treffsicherheit überragend.

Die Auszubildenden, die es bis zur Eignung für die Landung auf einem Flugzeugträger schafften, traten die ultimative Prüfung für Navy-Piloten an. Ende Februar 1950 begann für Neil die letzte Phase der Grundausbildung auf dem Corry Field. Die Trockenübung für die Landung auf dem Träger wurde mithilfe einer 180 Meter langen Landebahn durchgeführt, die auf dem Übungsflugplatz Barin aufgemalt war. Der Flugplatz war als »Bloody Barin« bekannt, weil dort im Zweiten Weltkrieg so viele Unfälle passiert waren.

Die folgenden drei Wochen verbrachten Neil und die anderen zehn Mitglieder seiner Gruppe damit, zu lernen, »wie man die Anweisungen eines Landesignaloffiziers genau befolgt«, erklärte Armstrong. »Der LSO hatte eine Kelle in jeder Hand und teilte uns nur über die Position dieser Kellen mit, dass wir ein bisschen zu hoch, ein bisschen zu tief oder ein bisschen zu schnell waren oder dass wir uns etwas stärker drehen mussten. Wenn der LSO der Meinung war, man könne nicht erfolgreich oder sicher landen, winkte er mit den Kellen – das sogenannte Abwinken –, und man musste sofort durchstarten und es noch einmal versuchen.« Nach K-12, dem Prüfflug, galt Neil als »trockengeeignet« und bereit für die erste Landung auf See.

Am 2. März 1950 flog er in den Golf von Mexiko hinaus, um dort die in Stufe L geforderten sechs Landungen auf der USS *Cabot* zu absolvieren, einem leichten Flugzeugträger, der vor Pensacola lag. »Die SNJ war ein relativ langsames Flugzeug« und, wie er sich erinnerte, »selbst wenn man auf dem Deck auf 55 km/h kam, konnte man leicht abheben, auch ohne Katapult«. Doch die größere Herausforderung war natürlich die Landung. Bei der Navy hieß es: »Eine gute Trägerlandung ist eine, nach der man das Flugzeug auf zwei Beinen verlassen kann. Eine tolle Trägerlandung ist eine, nach der man das Flugzeug weiter benutzen kann.«

Armstrong verglich seine erste Landung auf einem Flugzeugträger mit dem ersten Soloflug damals in Wapakoneta, es war ein »weiterer sehr emotionaler Erfolg« seines Pilotendaseins. »Es verlangt sicherlich sehr präzise Pilotenfähigkeiten. Es funktioniert, weil man das Flugzeug sehr exakt durch das sehr kleine Fenster manövriert, in dem es möglich ist, erfolgreich auf einem sehr kurzen Flugdeck zu landen.«

Er erzählte, dass er nicht abgewinkt wurde und die Träger-Landung bestand. Seine Noten waren neun Mal »zufriedenstellend« und zwei Mal »nicht zufriedenstellend«. Damit endete die Grundausbildung, und Neil erhielt die Zulassung zur Spezialisierung.

»Ich wollte gern zu den Kampffliegern und wurde ihnen zum Glück auch zugeteilt«, auf dem NAS Corpus Christi. »Die Kampfpiloten sagen gern, dass nur die Allerbesten Kampfpiloten werden können«, gestand er lachend ein. »Ich glaube eher, dass es viel damit zu tun hatte, was die Navy gerade brauchte, wenn man dran war.« Er fügte hinzu: »Mir wurde die F8F-1 Bearcat als Ausbildungsflugzeug zugeteilt, was mich sehr freute, weil es eine äußerst leistungsstarke Maschine war.« Die Bearcat mit ihrer typischen Kugelkuppel war 1944 zum ersten Mal in die Luft gestiegen und das letzte propellergetriebene Kampfflugzeug, das Grumman für die Navy baute. Viele betrachteten es als den besten Kolbenmotor-Kampfflieger, über den die Navy Ende des Zweiten Weltkriegs verfügte. Die F8F-1 war ein kleines Flugzeug mit hervorragendem Leistungsgewicht und sowohl extrem wendig als auch sehr schnell – sie brachte es auf bis zu 698 km/h. Im Vergleich zu allem, was Armstrong bisher geflogen war, war die Bearcat ein heißer Schlitten, mit fantastischer Beschleunigung und Steigfähigkeit.

Neils Zeit bei der Spezialausbildungseinheit Nr. 2 begann am 28. März 1950 auf dem Cabaniss Field, einem der sechs Übungsflugplätze von Corpus Christi. In den drei Monaten bis zum 21. Juni 1950 absolvierte er 39 Flüge und brachte es auf insgesamt über siebzig Stunden in der Luft, davon alle bis auf eine allein. Bei seinen letzten fünf Flügen in Cabaniss zeigte sich, dass er viel gelernt hatte.

Mitte Juli 1950 kam er zurück nach Pensacola, um sich dort auf die nächsten sechs Träger-Landungen vorzubereiten, dieses Mal im Cockpit einer F8F Bearcat. Nach dem 15. Flug auf dem Übungsflugplatz wurde er am 10. August für »trockengeeignet« befunden.

Am nächsten Tag ging es wieder hinaus auf den Golf von Mexiko, zur USS *Wright*. Dort erwischte Armstrong einen ganz besonders guten Tag – er erhielt keine einzige »Nicht zufriedenstellend«-Bewertung. Er selbst sagte später mit einem Anflug eines Lächelns darüber: »Die Bearcat konnte nach sehr kurzer Strecke abheben. Sie wollten aber, dass man sich noch am Boden befand, wenn man die führenden Offiziere auf der Brücke passierte.« Das war nicht nur eine Frage des militärischen Ehrenkodex. »Sobald die Räder die Startbahn verließen, konnte einen der Wind in die eine oder andere Richtung tragen«, möglicherweise auch direkt in die Brücke.

Am 16. August 1950, fünf Tage nachdem Armstrong seine Trägerprüfung in der F8F mit Bravour bestanden hatte, erhielt er aus dem Hauptquartier des Naval Air Training Commands auf dem Stützpunkt in Pensacola die schriftliche Nachricht, er habe »die vorgeschriebene Ausbildung für Navy-Piloten in vollem Umfang erfolgreich abgeschlossen« und werde »hiermit zum Navy-Piloten erklärt«.

Die Abschlussfeier fand eine Woche später statt, am 23. August. Neils Mutter und seine Schwester fuhren 1300 Kilometer, um dabei zu sein.

Nach einem kurzen Urlaub fand sich der Midshipman Neil Armstrong beim ComAirPac ein, dem Luftkommando der Flotte im Pazifik – »zum Dienst als Pilot«. Armstrong erklärte: »Üblicherweise bat man um eine Entsendung, die der absolvierten Ausbildung entsprach. In meinem Fall waren das die Kampfflieger, daher bat ich darum, einer entsprechenden Staffel zugeteilt zu werden, und hatte die Wahl zwischen der Ost- und der Westküste. Ich war noch nie an der Westküste gewesen und dachte, es wäre schön, diesen Teil des Landes mal zu sehen.«

Als Armstrong Anfang September 1950 in Kalifornien ankam, diente er zehn Wochen bei der »Fleet Aircraft Service Squadron« (FASRON) 7, einer Fliegerstaffel zur Flottenunterstützung, die auf dem Stützpunkt in San Diego (seit 1955 »NAS North Island«) stationiert war. Die Zeit

vom 27. Oktober bis zum 4. November 1950 verbrachte er in der Aus-
bildungsstätte für Luftnahunterstützung, die der Marine Corps auf seinem amphibischen Stützpunkt am Südufer von Coronado Island südlich des NAS San Diego betrieb. Achtzig Kilometer weiter nördlich, auf
dem Marinestützpunkt Camp Pendleton, mussten die »angreifenden«
Piloten (Neil flog weiterhin eine F8F-2) in Luftkampfübungen »feindliche« Bodenziele finden und attackieren und die »Verteidigung« durchbrechen.

Am 27. November 1950 befahl das ComAirPac Armstrong sowie Herb
Graham, seinem Kameraden aus Ausbildungszeiten, der ebenfalls bei
FASROM 7 gelandet war, sich »umgehend beim befehlshabenden Offizier der Kampfstaffel 51 zum Dienst zu melden«. Die VF-51 war eine
erfahrene Staffel, die gerade auf dem Flugzeugträger USS *Valley Forge* in
die Staaten zurückgekehrt war, nach der ersten von drei Fahrten in den
Fernen Osten, die die Staffel im Koreakrieg machen sollte.

Armstrong wollte gern in der VF-51 fliegen, der ersten Jagdstaffel der
Navy, die nur aus Jets bestand. Wie Herb Graham sagte: »Als die VF-51
in den 1950er-Jahren gegründet wurde, gab es nur wenige Jets und wenige Jetpiloten, und die VF-51 sollte eine Staffel nur aus Jets, aus
F9F-2-Maschinen, werden. Neil befand sich in der engeren Auswahl
und war ein exzellenter junger Pilot. Es war ein Traumjob.«

Der befehlshabende Offizier der VF-51 war Lieutenant Commander
Ernest »Ernie« Beauchamp. Er war vor dem Angriff auf Pearl Harbor
Flugausbilder auf dem Stützpunkt Pensacola gewesen und hatte im
Zweiten Weltkrieg in einer F-6F Hellcat in der Staffel VF-8 gekämpft,
die eine Schlüsselfunktion im Kampf um die Philippinen einnahm. Sie
hatte vom Flugzeugträger USS *Bunker Hill* aus Mitte 1944 innerhalb
von sechs Monaten 156 japanische Flugzeuge vom Himmel geholt, was
dreizehn Asse hervorbrachte – Piloten, die fünf oder mehr feindliche
Flugzeuge im Luftgefecht abgeschossen haben. Aber Ernie war mehr
als nur ein herausragender Kampfpilot. Er hatte ein geniales strategi-
sches Gespür. Im Frühjahr 1945 übernahm er das Kommando der

Jagdstaffel VF-1 an Bord der USS *Midway*, aber der Krieg im Pazifik war vorbei, bevor die Staffel zum Einsatz kam.

Beauchamp blieb nach dem Krieg in der Navy, er behielt das Staffelkommando, bevor er einen Schreibtischjob beim stellvertretenden Leiter der Navy-Luftoperationen im Marineministerium in Washington antrat. Am 25. Juni 1950, am Tag, an dem der Koreakrieg begann, verließ er seinen Schreibtisch, um das Kommando der VF-51 zu übernehmen, einer so handverlesenen Staffel, wie es bei der Navy nur wenige gab.

Da Beauchamp zeitweilig als verantwortlicher Offizier einer brandneuen Einheit für den Übergang zum Düsenflugzeug (»Jet Transition Unit«, JTU) für die Piloten in Reserve-4FU-Staffeln, die in den aktiven Dienst zurückbeordert worden waren, auf dem NAS North Island gedient hatte, kannte er nicht nur die Akten vieler Piloten, sondern hatte sie auch fliegen sehen. »Nur zwei oder drei Piloten der im Einsatz befindlichen VF-51 standen für eine zweite Tour zur Verfügung«, erklärte Beauchamp 2002. Es gelang ihm, vier seiner erfahrenen Männer zurückzuholen, Lieutenant Richard M. Wenzell (der später der Einsatzoffizier der Staffel wurde), Lieutenant William A. Mackey, Lieutenant Daniel V. Marshall und LCDR Bernard Sevilla.

Dennoch fehlten ihm noch ein paar Piloten. Auf Empfehlung von »Wam« Mackey hin rekrutierte Beauchamp vier weitere Flieger aus Whiting: die JTU-Ausbilder LTJG Robert E. Rostine und LTJG John Moore sowie die JTU-Absolventen LTJG Thomas B. Hayward (der spätere Leiter der Marineoperationen im Marineministerium) und LTJG Ross K. Bramwell, beides Mitglieder der Gruppe 5-49. Beauchamp wies seine neun ausgewählten Offiziere an, »ein engmaschiges Netz auszuwerfen«, um elf weitere »Goldstücke« zu finden, frisch ausgebildete Piloten, die noch keiner Staffel zugewiesen waren.

Niemand hat je den Anspruch darauf erhoben, Armstrong für die Staffel VF-51 entdeckt zu haben. Die neuen Piloten waren neben Armstrong und Graham – in alphabetischer Reihenfolge – ENS James J.

Ashford, LTJG William W. Bowers, LTJG Leonard R. Cheshire, ENS Hershel L. Gott, ENS Robert J. Kaps, ENS Kenneth E. Kramer, ENS Donald C. McNaught, ENS Glen H. Rickelton, LTJG George E. Russell und LTJG Harold C. Schwan. Von der ersten Tour der *Valley Forge* blieben noch LTJG Francis N. Jones und LTJG Wiley A. Scott bei der Staffel. Sie hatte das große Glück, erfahrene Anführer und erstklassige Petty Officers zu behalten. Den »Goldstücken« stand ein harter Auswahlprozess bevor. Ein möglicher Nachteil für Armstrong war, dass er zur Zeit der Berufung in die Staffel Ende November 1950 noch nie einen Jet geflogen war.

Manche sagen, die Umstellung von einem Propellerflugzeug auf ein Strahlflugzeug ähnelte »dem Wechsel von einem schnellen Rennwagen mit Vier-Gang-Schaltung auf einen noch schnelleren mit Automatikgetriebe«. Andere empfanden sie als problematischer. Am Freitag, den 5. Januar 1951, hob Armstrong zum ersten Mal in einer Grumman F9F-2B ab. Der »spektakuläre« erste Flug in der sogenannten »Panther« dauerte gut eine Stunde und war »ein weiterer dieser magischen Augenblicke« in Neils Pilotenlaufbahn. »Ich fand es total spannend, in der ersten Reihe der neuen Kampfjetpiloten zu stehen.«

Obwohl Neils zwanzigster Geburtstag erst wenige Monate zurücklag, genoss er unter den anderen Piloten hohes Ansehen. Wam Mackey beschrieb ihn als »sehr ernst und sehr fokussiert. Er war ein guter junger Pilot – sehr solide in der Luft, sehr zuverlässig.« Doch es war Beauchamp selbst, den man beeindrucken musste, und das gelang Neil. Da die Staffel nur über sechs Jets verfügte, kam man, wie Armstrong sagte, »eher selten« zum Fliegen – in den ersten zweieinhalb Monaten des Jahres 1951 waren es für jeden der 24 Piloten drei Flüge pro Woche. Mitte März hatte sich der Winternebel dann gelichtet, und die VF-51 verfügte über einen vollständigen Satz Flugzeuge, sodass jeder Pilot fünf bis sieben Mal pro Woche in die Luft gehen konnte.

Die Ausbildung der Staffel fand im drohenden Schatten des Feindes statt. »Wir spürten, dass wir möglicherweise gegen pfeilgeflügelte

MiG-15 fliegen müssten«, erzählte Herb Graham. »Deren Topgeschwindigkeit lag höher als unsere, und sie konnten schneller aufsteigen, als wir im Sturzflug unterwegs waren. Es war ganz ähnlich wie zu Beginn des Zweiten Weltkriegs, als die F4F-Wildcat-Kampfflieger es mit den viel leistungsstärkeren japanischen Zeros zu tun hatten.« Da Beauchamp den Gefechtsbericht über die Erfahrungen der Panther-Piloten mit den »überlegenen« MiGs Ende 1950 gelesen hatte, bereitete es ihm »große Sorgen«, dass sie, wenn die MiGs »von Piloten geflogen worden wären, die so aggressiv und gut ausgebildet waren wie unsere, viele Piloten und Flugzeuge hätten verlieren können«.

Armstrong meinte dazu: »Wir wussten nicht, inwieweit wir im Angriff unterwegs sein würden, ob wir Bomben abwerfen oder Waffen abfeuern würden, inwieweit wir die Flotte gegen chinesische oder russische Angreifer verteidigen würden, ob wir Luftgefechte oder Luftangriffe fliegen sollten. Ich war sehr jung damals, sehr grün hinter den Ohren.«

Die unverheirateten Piloten, deren Gedanken sich ganz um die Gefahren eines Gefechts mit russischen MiGs drehten und die sich bemühten, trotz des aufreibenden Ausbildungspensums bei der Sache zu bleiben, wohnten im Quartier für alleinstehende Offiziere in North Island. Wenn Armstrong nicht durch sein Alter und sein jugendliches Aussehen hervorstach, dann auf jeden Fall durch seine Hobbys. Er blieb ein eifriger Leser und baute immer noch leidenschaftlich gern Modellflugzeuge. Die Ausbildung lief erneut auf eine Träger-Prüfung zu, dieses Mal in der Panther und auf dem gerade modernisierten 24 600-Tonnen-Flugzeugträger USS *Essex*. Neil hatte bisher zwölf Träger-Landungen absolviert – sechs in der SNJ und sechs in der F8F. Die älteren Piloten hatten deutlich mehr Landungen in Propellerflugzeugen vorzuweisen, doch wenn es um Jets ging, waren sie genauso unerfahren wie Neil. »Die Geschwindigkeit war im Jet tendenziell höher«, bemerkte er. »Wir waren im Anflug meist mit knapp über 185 km/h unterwegs, vielleicht 40 km/h schneller als in der Bearcat.«

»Ich war zum Glück ein Tagjäger«, erzählte er. »Wir hatten auf dem Schiff auch Nachtjäger, aber die hielt ich für verrückt.« Er bestand die Prüfung am 7. Juni 1951, rund zwei Monate vor seinem 21. Geburtstag und nur zwei Tage nach seiner Ernennung zum Ensign. Im Endanflug, als er vollständig auf die Kellen des Landesignaloffiziers konzentriert war, reduzierte er die Geschwindigkeit des Flugzeugs auf knapp über dem Strömungsabriss, etwa 200 km/h. Plötzlich blitzte die Rampe der *Essex* unter ihm auf, der Jet sank abrupt nach unten, und der alles entscheidende Fanghaken verfing sich glücklicherweise in einem der Stahlseile. Mit einem Ruck kam Armstrongs F9F Panther nur 45 Meter vor der Schutzbarriere zum Stehen, sie war innerhalb kürzester Zeit auf eine durch Mark und Bein gehende Weise von 200 auf 0 km/h abgebremst worden. Armstrong musste sich dem LSO und seinem kleinen, grünen Notizbuch an jenem Tag noch sieben weitere Male stellen.

Nach der Aufregung der ersten Trägerlandung in einem Jet folgte der Nervenkitzel des »cat shots«, bei dem das Flugzeug von einem der mächtigen hydraulischen Katapulte der Navy in die Luft geschossen wurde. Nach acht erfolgreichen Trägerlandungen hatte Beauchamp sich wohl schon dafür entschieden, Armstrong in der VF-51 auf die nächste Tour der *Essex* mitzunehmen. Einen Monat zuvor hatte er ihn bereits zum Assistenz-Ausbildungsoffizier und zum Assistenz-Luftinformationsoffizier der Staffel ernannt. Basierend auf Beauchamps Angaben vermerkte Captain Austin W. Wheelock, der befehlshabende Offizier der *Essex*, am 30. Juni 1951 in Armstrongs Eignungsbericht: »Ensign ARMSTRONG ist ein intelligenter, höflicher und militärisch auftretender Offizier. Als Navy-Pilot ist er als durchschnittlich bis überdurchschnittlich einzuordnen und verbessert sich stetig. Zu gegebener Zeit sollte eine Beförderung erfolgen.« Durch 215 Stunden in der SNJ, 102 Stunden in der F8F, 33 Stunden in der SNB und 155 Stunden in der F9F kam Neil auf insgesamt 505 Flugstunden, seit er der Navy beigetreten war.

Am 25. Juni 1951 erhielt die Kampfstaffel 51 den Einsatzbefehl. Drei Tage später lichtete die *Essex* den Anker. Als sie am 3. Juli auf Hawaii zusteuerte, flog ein Großteil der an Bord befindlichen Flugzeuge zur südwestlichen Spitze von Oahu voraus.

Auf dem Fliegerstützpunkt Barbers Point wurden die Flugzeuge mit schweren Bombenaufhängungen ausgerüstet. Ken Kramer erinnerte sich:»Wir waren davon ausgegangen, gegen MiGs zu kämpfen, und hatten mehr für den Luftkampf trainiert als alle anderen Staffeln zuvor. Stattdessen wurden wir nun eine Bodenkampfstaffel«, »zur großen Enttäuschung« der Piloten.

Dennoch war die Entscheidung der Navy, die Bombenaufhängungen einzubauen, sinnvoll. Die FJ-1-Maschinen waren nicht gut für Flugzeugträger geeignet, sie verloren unter anderem immer wieder ihre Fanghaken. Die Staffel VF-51 wurde eine Jagdbombereinheit, weil es im Osten von Korea schlicht keine MiGs gab, gegen die man kämpfen konnte.

Die Schulung in Hawaii dauerte vom 4. bis zum 31. Juli. Am 23. August 1951 hatte die *Essex* Pearl Harbor bereits seit fünfzehn Tagen hinter sich gelassen und befand sich schon auf ihrer Position rund 110 Kilometer vor der Nordostküste Koreas, in der Nähe des Hafens Wonsan. Außer der Kampfstaffel 51 befanden sich noch eine Staffel mit F4U Corsairs (VF-53), eine Staffel aus AD Skyraiders (VA-54) und eine Staffel aus F2H-2 Banshee-Jets (VF 172) an Bord, neben vier VC-Staffeln (»VC« stand für gemischte Staffeln, die für Nacht- und Verteidigungs-, Frühwarn- und Anti-U-Boot-Einsätze ausgebildet waren): VC-61 mit F9F-2P-Fotoflugzeugen, VC-3, VC-11 und VC-35. Dass in Pearl Harbor eine Banshee-Staffel an die Stelle der VF-52 (und ihrer F9F-2-Maschinen) trat, war für die Panther-Piloten eine unangenehme Überraschung, sie waren wenig erfreut darüber, womöglich die zweite Geige hinter den Banshees zu spielen.

Darüber hätten sie sich keine Gedanken machen müssen.

KAPITEL 6

Kampfstaffel 51

Die Männer der VF-51 fanden den Gedanken an den Kampf eher aufregend als Angst einflößend, sie hatten das Gefühl, dass ihnen eines der größten Abenteuer ihres Lebens bevorstand.

Ein schlechtes Omen für das, was kommen sollte, war allerdings der Taifun Marge, der der *Essex* zwei ganze Tage lang zusetzte und sie so in Schieflage brachte, dass nur zehn Grad bis zum Kentern fehlten. Am 22. August schloss sich der Flugzeugträger dann der Task Force 77 etwa 110 Kilometer vor Wonsan an. Als Armstrong aus der großen Öffnung auf dem Hangardeck hinausschaute, sah er seine erste amerikanische Trägerkampfgruppe. Zu den zwei Dutzend versammelten Kriegsschiffen zählten der Flugzeugträger *Bon Homme Richard*, das Schlachtschiff *New Jersey*, die Kreuzer *Helena* und *Toledo* und fünfzehn Zerstörer, und in den folgenden Monaten wuchs die Gruppe auf vier Flugzeugträger und drei Kreuzer an.

Für das Trägergeschwader 5 begann die erste Serie von Kampfeinsätzen am 24. August, als es 76 Mal gegen »Gelegenheitsziele« ausflog. An diesem ersten Tag blieb Armstrong am Boden. Auch an dem umfassenden Luftangriff auf einen Eisenbahnbetriebshof in Rashin nahe der sowjetischen Grenze am 25. – bei dem zum ersten Mal Navy-Flieger Air-Force-Bomber in den feindlichen Luftraum begleiteten – nahm er nicht teil. Er erzählte: »Der Vier-Flugzeug-Verbund war die tragende Säule der Operation.« Ein solcher Verbund bestand aus zwei mal zwei Flugzeugen. Im Flug hielten die Paare 400 bis 800 Meter Abstand zueinander.

Beauchamp teilte seine 24 Piloten in sechs Verbünde auf, die jeweils ähnlich viele Flüge absolvieren sollten. Der Anführer des sechsten Verbundes war John Carpenter, das zweite Paar in diesem Verbund leitete John Moore. Die Junior-Offiziere flogen als Wingmen. Zu Beginn der Tour gehörte Armstrong für gewöhnlich zu Carpenters Verbund, als Wingman von John Moore. Später flog er meistens mit Wam Mackey. Wie die anderen Piloten unternahm auch Armstrong eine Reihe von Fotoaufklärungsflügen, die nicht in Verbünden durchgeführt wurden.

Die Tatsache, dass der Geschwaderkommandant Marshall Beebe stets den jüngsten Piloten der Staffel als seinen Wingman aussuchte, blieb nicht unbemerkt. Beebes aggressives Verhalten bei Luftgefechten hätte Neil in große Gefahr bringen können. Das doppelte Ass, das im Zweiten Weltkrieg vierzehn Flugzeuge abgeschossen hatte, schien keine Furcht zu kennen. »Marsh« war dafür bekannt, zu lange »die Füße trocken zu halten« – über Land zu fliegen –, die Zeit in der Luft über den feindlichen Zielen maximal auszureizen und kaum genügend Treibstoff in den Tanks zu behalten, um es wieder bis zum Flugzeugträger zurück zu schaffen. Beebe erhielt hin und wieder sogar die Erlaubnis, mit seinen Jets in die »MiG-Allee« ganz oben im Norden von Korea zu fliegen, wo die meisten Luftkämpfe stattfanden, auch wenn die erforderlichen Verteidigungsmanöver gegen die MiGs zu viel Treibstoff verbraucht hätten, um eine sichere Rückkehr zum Träger zu gewährleisten. Armstrong erinnerte sich: »Ich hätte beim Landeanflug gern ein paar Hundert Pfund mehr Treibstoff gehabt.«

Sein erster Einsatz über Nordkorea erfolgte am 29. August, als er ein Fotoaufklärungsflugzeug über den 40. Breitengrad hinweg zum Hafen von Songjin begleitete und dann einen routinemäßigen Luftüberwachungseinsatz über der Flotte flog. An drei der folgenden vier Tage übernahm er bewaffnete Aufklärungsflüge über Wonsan, Pu-Chong und noch einmal nach Songjin. Einige VF-51-Maschinen wurden am 29. mit kleinkalibrigen Waffen vom Boden aus beschossen, aber den ersten Vorgeschmack auf richtiges Flakfeuer erlebte die Staffel erst am 2. September. Das Hauptziel der Verbünde von Beauchamp bestand darin, das Transportsystem, das die nordkoreanischen und chinesischen Truppen versorgte, auszuschalten. »Das erreichten wir, indem wir Züge und Brücken und Panzer in die Luft jagten«, erklärte Armstrong, »und ihnen einfach so unangenehm wurden wie möglich.«

In den ersten zehn Tagen erlebte das Trägergeschwader 5 eine üble Serie von Verlusten. Über die Woche, die am 2. September endete, war im Gefechtsbericht des Schiffs zu lesen: »Es gab nicht einen Tag, an dem nicht mindestens ein Flugzeug von Flak getroffen wurde.« In der folgenden Woche wäre Armstrong selbst beinahe draufgegangen.

Am 3. September 1951 machte er sich für seinen siebten Kampfeinsatz bereit. Sich den zweiteiligen »Gummianzug« überzustreifen wurde stets mit dem Anlegen einer Zwangsjacke verglichen. Der Aufruf »In Position!« löste eine laute, hektische Betriebsamkeit auf dem Deck aus. Die Flugzeugwarte starteten die Triebwerke schon bevor die Piloten eintrafen und sich ins Cockpit hieven lassen konnten, wo die Warte den Piloten die Schulter- und die Schoßgurte festzurrten und ihnen den Fallschirm anschnallten. Nach einer Überprüfung der Sauerstoffmaske und dem Zustand der Rettungsinsel und des Funkgeräts war der Pilot bereit für das mächtige H8-Katapult des Schiffs. Dieser Katapultstart sollte Armstrongs Nummer 28 in drei Monaten sein.

Sein Auftrag bestand darin, einen bewaffneten Aufklärungseinsatz in ein umkämpftes Gebiet zu fliegen, das die Navy »Grün sechs« nannte. Es befand sich westlich von Wonsan und bestand aus einer schmalen Talstraße, die zur südkoreanischen Grenze führte.

Die größten Ziele an diesem 3. September 1951 waren Güterbahnhöfe und eine Brücke. Rick Rickelton, der als Wingman für Mackey dabei war, sagte: »Wir gerieten ganz fürchterlich unter Flakbeschuss, es war ziemlich heftig. Ich glaube, ich hätte drüberlaufen können.« Ein Abwehrgeschoss traf den AD Skyraider von Lieutenant Frank Sistrunk, als dieser die Brücke bombardierte. Das Flugzeug stürzte ab, und Sistrunk wurde zum vierten Opfer des Trägergeschwaders auf der *Essex*-Tour.

Armstrong, der als Wingman von John Carpenter dabei war, flog eine Reihe von Angriffen an jenem Tag. Bei einem davon raste er mit ungefähr 560 km/h durch ein Drahtseil, vermutlich eine Falle der Nordkoreaner für niedrig fliegende Kampfflugzeuge. Fast zwei Meter der rechten Tragfläche wurden abrasiert. Neil schaffte es so gerade zurück ins eigene Gebiet und hatte dort keine andere Wahl, als den Schleudersitz zu betätigen. Carpenter blieb bei ihm, bis Neil wie geplant in der Nähe des Flugplatzes K-3 bei Pohang ausgestiegen war, der von den US Marines betrieben wurde und sich weit unten an der Küste von Südkorea befand. »Schleudern« war eigentlich eine viel zu harmlose Beschreibung für den »Tritt in den Hintern«, den einem der in Großbritannien hergestellte Stanley-Model-22G-Schleudersitz der Panther versetzte, in dem man einen Absturz aus jeder Höhe über 150 Meter überleben konnte, solange nicht noch eine »Sinkgeschwindigkeit« hinzukam. Armstrong war das erste Mitglied der Kampfstaffel 51, das ihn je benutzte. Es war sein erster Ausstieg in einem Schleudersitz.

Neil »wollte im Wasser runtergehen«, doch da er den Wind falsch eingeschätzt hatte, trieb er Richtung Inland ab und landete in einem Reisfeld. Neben einem angeknacksten Steißbein blieb er praktisch unverletzt. Er war kaum wieder aufgestanden, als schon ein Jeep vom K-3 vorfuhr. Darin saß – Neil traute seinen Augen kaum – einer seiner Stubenkameraden aus der Pilotenausbildung, Goodell Warren. »Goodie« war jetzt ein Lieutenant der Marine auf dem Flugplatz Pohang. Warren erzählte Armstrong, dass die Explosionen, die vor der Küste ertönten, daher rührten, dass die Nordkoreaner Minen in der Bucht ausgelegt hätten. Wäre Neils Fallschirm auf Kurs geblieben, wäre er möglicherweise in dem tödlichen Minenfeld gelandet.

Am späten Nachmittag des 4. September kehrte er an Bord eines Transportbootes, das den Spitznamen »Kabeljau« trug, zur *Essex* zurück. Ken Dannenberg, der Nachrichtenoffizier der VF-51, sagte:

»Natürlich bekam er von uns etwas zu hören.« Vor dem Ausstieg hatte Neil wie vorgeschrieben seinen Helm abgenommen und fallen gelassen, er war beim Aufprall auf den Boden zerbrochen. »Neil hielt den zerbrochenen Helm in der Hand und grinste«, erinnerte sich Dannenberg. »›Du weißt aber schon, Neil, dass du dem Staat den Helm ersetzen musst, oder?‹« Doch abgesehen von diesem Witz, erhielt Armstrong »eine Menge positive Rückmeldungen für seinen gelassenen Umgang mit der Situation«, wusste Herb Graham.

In seinen Briefen nach Hause schrieb Neil nichts über die Kampfhandlungen. Er machte nur einen kleinen Vermerk in seinem Logbuch am 3. September 1951: »Ausstieg über Pohang.« Daneben zeichnete er einen offenen Fallschirm, unter dem ein winziger Mensch hing. Sein Flugzeug war die erste Panther, die die Kampfstaffel 51 verlor. Doch das war nicht der Grund dafür, dass die Stimmung an Bord am Abend von Armstrongs Rückkehr gedrückt war. Früher an jenem Tag waren zwei seiner Staffelkameraden, James Ashford und Ross Bramwell, bei einem Einsatz ums Leben gekommen. Der 24-jährige Bramwell hatte die Kontrolle über sein Flugzeug verloren, nachdem er von feindlichem Flakfeuer getroffen worden war. Neil gehörte dem gleichen Verbund an wie der 25-jährige Ashford und wäre vielleicht mit ihm zusammen geflogen, hätte er nicht am Tag zuvor den Schleudersitz betätigt. Auf einem Aufklärungsflug in der Region nordwestlich von Wonsan hatte sich Ashfords Jet, der mit schweren Geschützen beladen war, nach einem Angriff auf einen Lastwagen nicht mehr hochziehen lassen, er war in den Boden gerast und explodiert. »Was für ein Preis für einen verdammten Lastwagen!«, lautete die Klage der gesamten Staffel.

In Beebes Gefechtsbericht lautete die Bilanz bis zum 4. September 1951: »Das Trägergeschwader hat sieben Brücken, neunzig Eisenbahnwaggons, 25 Lastwagen, 25 Ochsenkarren und 250 Soldaten eliminiert und jeweils ungefähr doppelt so viele beschädigt, es hat uns das Leben von fünf Piloten und einem Besatzungsmitglied sowie zehn Flugzeuge gekostet.« Am 5. September nahm sich die ganze Task Force einen Tag frei, um neue Kräfte zu sammeln, was den Männern die Möglichkeit gab, über das Geschehene nachzudenken. »Sie ließen sich keine Möglichkeit entgehen, auf uns zu schießen«, erzählte Armstrong. »Wir sahen alle möglichen Geschütze, in allen möglichen Größen, manche waren radargesteuert, andere nicht. Sie hatten diese 85er mit dem langen Lauf, die richtig hoch kam. Man fürchtete immer, getroffen zu werden. Ich hatte viele Einschusslöcher in den Flugzeugen, in denen ich unterwegs war, aber normalerweise brachte ich sie zurück.« In den folgenden neun Tagen flog Neil vier Luftüberwachungs-, einen Fotoaufklärungs- und vier bewaffnete Aufklärungseinsätze.

Die größte Katastrophe der *Essex*-Tour ereignete sich nicht im Luftraum über Nordkorea, sondern auf dem Flugdeck. Am 16. September 1951 musste eine F2H Banshee aus der Staffel VF-172 eine Notlandung vornehmen. LTJG John K. Keller kämpfte darum, seine Maschine nach einer Kollision in der Luft nach Hause zu bringen. Ernie Beauchamp hatte gerade an der Spitze seines Panther-Verbundes den Endanflug eingeleitet, als er hörte, wie Keller sich über Funk anmeldete. Beauchamp startete durch, zog die Räder und die Landeklappen wieder ein und gab die Landebahn frei, ebenso wie die drei anderen Flugzeuge seines Verbundes, die von Rostine, Kaps und Gott geflogen wurden. Eine Reihe von Fehlern verkettete sich zur Katastrophe – Keller vergaß, den Landehaken auszufahren, doch sowohl der »Hakensucher« auf dem Träger als auch der Landesignaloffizier glaubten, er sei unten. Das führte dazu, dass die über sieben Tonnen schwere Banshee mit fast 240 km/h auf dem Deck aufsetzte, die massiven Schutzbarrieren durchschlug und in eine Reihe von Flugzeugen raste, die gerade fortbewegt worden waren, um Platz für die Landung zu schaffen. Einige der Piloten und Flugzeugwarte hatten die Maschinen noch nicht einmal verlassen. Der Feuerball, den die Explosion der parkenden Flugzeuge erzeugte – einige davon mit 3500 Litern hochoktanigem Treibstoff vollgetankt –, war gewaltig. Das gesamte vordere Flugdeck der *Essex* stand in Flammen. Beauchamps Verbund hatte keine andere Wahl, als weiterzufliegen und auf der *Boxer* zu landen, wo die Piloten über Nacht blieben. Der Unfall hatte dramatische Auswirkungen. Vier Männer verbrannten. Fünf weitere sprangen in Flammen gehüllt ins zwanzig Meter darunter liegende Meer, nur um festzustellen, dass auf der Oberfläche brennendes Benzin schwamm. Ein Traktor schob erst die Banshee, die das Inferno ausgelöst hatte, mit dem verbrannten jungen Piloten darin und dann noch ein paar weitere brennende Flugzeuge über Bord. Als das Flammenmeer mehrere Stunden später gelöscht war, hatte es sieben Menschen das Leben gekostet. Sechzehn weitere waren schwer verletzt. Acht Jets waren zerstört. Zum Glück waren die Skyraiders, die vollbetankt waren und 2,2 Tonnen Bomben an Bord hatten, sicher auf der anderen Seite des Trägers geparkt gewesen.

Armstrong war an jenem Tag als diensthabender Staffeloffizier eingeteilt. Die Regeln schrieben vor, dass er im Bereitschaftsraum die Position hielt. Daher erlebte er das Feuer nicht mit und half auch nicht bei den Löscharbeiten. Die Männer auf der *Essex* trauerten drei Tage lang. Durch die Toten und die Schwerverletzten und den Verlust von vier Panthers durch den Brand sowie Armstrongs Flugzeug zuvor bestand die demoralisierte Kampfstaffel 51 nun aus nur noch neun statt sechzehn einsatzfähigen Maschinen und aus 21 statt 24 Piloten.

Die Besatzung der *Essex* war sehr düster gestimmt, als sie sich am 20. September auf dem Weg nach Yokosuka zu einer Gedenkfeier zu Ehren der dreizehn Männer versammelte, die das Trägergeschwader 5 seit dem Beginn der Tour verloren hatte. Armstrong hatte seiner Ansicht nach Glück gehabt. Er hatte den Einsatz am 3. September nur knapp überlebt. Und wäre er am Tag des Banshee-Unfalls nicht der diensthabende Staffeloffizier gewesen, hätte er sich vermutlich an Deck befunden und eine der Panthers übers Deck gefahren.

Als der Flugzeugträger am frühen Abend des 21. September 1951 in Yokosuka ankam, erlebte Neil seine ersten »Ruhe- und Erholungstage« in Übersee. Die Navy hatte eine Reihe von Ferienhotels im Osten Japans gemietet, von denen das Fujiya-Hotel im kühlen Schatten des prachtvollen Berges Fuji das schönste und luxuriöseste war. Neil durfte die köstlichen Speisen und Getränke und den exzellenten Service dort mehr als einmal genießen, und das für nur sehr wenig Geld. Auf dem Golfplatz des Hotels versuchte er sich zum ersten Mal an diesem Sport, den er später so liebte. Die *Essex* blieb zehn Tage lang im Hafen. Am 1. Oktober 1951 kehrte sie zur Nordostküste Koreas und zur Task Force 77 zurück.

In dieser zweiten Kampfrunde flog Neil zehn Einsätze. Einer davon war eine Erfahrung, die er nie vergessen sollte, auch wenn er nie darüber sprach, auch nicht mit seinen Staffelkameraden.

Als er Mitte Oktober 1951 bei einem frühmorgendlichen Kampfeinsatz in seinem Panther-Jet über einen niedrigen Bergkamm flog, sah er plötzlich unzählige Reihen von nordkoreanischen Soldaten vor sich, die vor der Kaserne unbewaffnet ihre tägliche Gymnastik durchführten. Er hätte sie mit dem Maschinengewehr niedermähen können, entschied sich aber dafür, den Finger vom Abzug zu nehmen und weiterzufliegen. Dem Verfasser dieses Buches erklärte er viele Jahre später: »Es sah aus, als litten sie schon genug bei ihren Freiübungen.« Keiner aus der Kampfstaffel hatte die Geschichte bisher gehört, weil Neil sie nie erzählte, aber als man ihnen nach Neils Tod 2012 davon berichtete, glaubten sie sie sofort. Sie selbst hätten allesamt geschossen, gaben sie zu, aber Neil »hatte etwas zu Ehrenwertes an sich, um Männer zu töten, die nicht in der Lage waren, sich zu verteidigen«.

Dennoch flog Armstrong unerschrocken, er kämpfte mutig und befolgte immer seine Befehle. Am 22. Oktober 1951 spürte sein Verbund zwei Züge auf, die die ADs und die Corsairs zerstören konnten, und attackierte dann mehrere Versorgungsstellen. Am 26. flog sein Verbund einen Angriff auf Brücken und Schienen in der Region Pukch'ong. Am 30. war Neil Teil eines Teams, das weit nach Norden flog, über den 40. Breitengrad hinaus. Am Tag zuvor war er so weit nach Westen vorgedrungen wie noch nie, bei einem Angriff im Umland von Sinanju in der MiG-Allee.

Nach einer erneuten Überholung des Schiffs in Yokosuka zwischen dem 31. Oktober und dem 12. November 1951 begann die nächste Einsatzrunde, wieder aus der Wonsan-Bucht heraus. Mit dem Wintereinbruch wurden die Bedingungen für die Flugzeugträger immer schwieriger. Tiefflüge blieben die effektivste Taktik der VF-51. Im Dezember 1951, bevor das Schiff am 13. erneut für Ausbesserungsarbeiten nach Yokosuka fuhr, hob Armstrong acht Mal ab.

Auf dieser dritten Tour im Japanischen Meer erlitt die VF-51 keine Verluste, auch wenn es manchmal knapp war. Am 14. Dezember legte die *Essex* erneut in Yokosuka an, wo die Besatzung auch das Weihnachtsfest verbringen sollte. Am Tag nach den Feierlichkeiten stand dann die nächste Fahrt nach Korea an. Diese vierte Tour erwies sich als die bei Weitem schlimmste, anstrengendste und längste des gesamten Aufenthalts. In den 38 Tagen bis zum 1. Februar 1952 flogen die Piloten des Trägergeschwaders 5 insgesamt 2070 Einsätze. Armstrong selbst war an 23 davon beteiligt und verbrachte dabei über 35 Stunden in der Luft. 23 Katapultstarts, 23 Trägerlandungen, alle in einem Monat, alle unter Gefechtsbedingungen – so sah Neils Pensum aus. Er und seine Kameraden mussten sich auf halb eingefrorene Katapulte und klirrend kalte Flugzeuge mit eisigen Waffen darin verlassen und waren wirklich nicht zu beneiden.

Am 4. Januar 1952, dem letzten Tag der ersten Woche dieser vierten Tour, gab es gute Nachrichten für die Männer der CVG-5. Ende des Monats sollten sie zwei Wochen in Yokosuka verbringen und dann in die Staaten zurückkehren. Doch bevor es so weit war, wurde Rick Rickeltons Panther vom Flugabwehrfeuer getroffen, sie stürzte ab und explodierte. An jenem Abend schrieb sein Staffelkamerad Bob Kaps in sein Tagebuch: »Ich hoffe, Gott blickt in diesem Chaos durch, ich tue es nicht. Es muss einen Grund dafür geben, diese Sache in die Länge zu ziehen, aber ich sehe ihn einfach nicht.«

Durch Rickeltons Verlust benötigte Wam Mackeys Verbund einen neuen Wingman. Diese Aufgabe fiel Neil zu. Den Rest seines Aufenthalts über flog er hauptsächlich mit Mackey, Chet Cheshire und Ken Kramer. Zwei Tage nach Rickeltons Tod traf eine weitere Nachricht ein, wie Mackey noch weiß: »Der Admiral kam in die Messe hinunter und sagte: ›Ich habe schlechte Neuigkeiten: Dieses oder jenes Schiff hat Probleme gehabt und kann uns erst später ablösen, wir werden noch eine weitere Tour machen müssen.‹«

Der Fokus lag erneut auf Brücken im Landesinneren von Nordkorea. Sie stellten seit Kriegsanfang das Hauptziel der Abriegelung aus der Luft dar. Mit der Zeit lernte die Navy – unter großen Verlusten –, dass Angriffe auf Brücken am effektivsten verliefen, wenn die Propellermaschinen und die Jets eine gemeinsame, gut abgestimmte Attacke flogen. Den Plan dafür entwickelten Marshall Beebe und die Staffelkommandanten des Trägergeschwaders 5 in den letzten Monaten des Jahres 1951 auf der *Essex*.

Die Jets, die aus größerer Höhe und steiler auf ein Ziel hinabfliegen und sich schneller aus dem Staub machen konnten, hatten deutlich bessere Chancen, die Verteidigung einer Brücke zu durchbrechen. Doch sie waren nicht die besten Maschinen, um die Brücke tatsächlich zu zerstören. Dafür waren 900-Kilogramm-Bomben nötig, und die konnten die Jets nicht tragen. Ihre Aufgabe bestand darin, das Flakfeuer auszuschalten. Dann folgten die Corsairs, die die Flugabwehrkanonen ebenfalls im Tiefflug beschossen und bombardierten, und erst dann die Skyraiders mit den schweren Bomben an Bord. Üblicherweise waren an einem Angriff auf eine größere Brücke mindestens 24 Flugzeuge beteiligt: acht Jets, acht Corsairs und acht Skyraiders. Diese erfolgreiche neue Taktik wurde bald von der gesamten Task Force 77 übernommen, mit einer Veränderung. Um zu verhindern, dass der Staub, der durch die Luftdetonationen der Jets aufgewirbelt wurde, die Angriffsziele der Propellermaschinen verdeckte, ließen die Trägergeschwader die Jets auf eine Stelle ein Stück abseits der Brücke zielen.

Obwohl die neue Taktik die Verluste verringerte, ließen sie sich nicht gänzlich vermeiden. Nach Rickelton starben noch drei weitere Männer.

Am meisten setzte es Armstrong und dem Rest der VF-51 zu, als am 26. Januar 1952 einer der Ihren ums Leben kam, LTJG Leonard R. Cheshire. »Chet« Cheshire stammte wie Rickelton aus New Mexico. Er hatte kurz vor der Abreise nach Korea geheiratet und nach dem Krieg Lehrer werden wollen. Die Stockbetten von Neil und Chet waren nur durch einen Gang getrennt, beide schliefen unten. Die zwei Männer – das jüngste Mitglied und der älteste Junior Officer der Staffel – hatten sich angefreundet. Mackeys Verbund flog gerade eine zweite Angriffsrunde gegen einen getarnten Zug bei Kowan neben der Wonsan-Bucht, als Cheshires Flugzeug vom tödlichen Flakfeuer getroffen wurde.

An jenem Abend verlas der Bordkaplan wie immer ein Gebet für die Verstorbenen über die Lautsprecheranlage des Schiffs. Seit es in Hawaii mit Kurs auf Korea abgelegt hatte, war das Gebet 28 Mal für Männer aus Beebes Truppe erklungen.

Am 1. Februar 1952 um 13.30 Uhr verließ die *Essex* die Task Force 77, um nach Yokosuka zu fahren und somit die vierte Tour nach 37 zermürbenden Tagen zu beenden. Auf dieser Tour hatte das Geschwader fünf Männer, davon zwei aus der VF-51, und mehr als ein Dutzend Flugzeuge verloren.

Armstrongs fünfte und letzte Einsatzrunde begann am 18. Februar 1952. Zum Glück dauerte sie nur zwei Wochen. Neil war in dieser Zeit an jedem Tag, an dem geflogen wurde, in der Luft, insgesamt dreizehn Mal. Am Morgen des 25. beendete er in einem Frühangriff das Werk der Nachtjäger, bei dem beide Lokomotiven und vierzig Waggons eines langen Zugs zerstört wurden. Neils letzter Flug im Koreakrieg fand am 5. März 1952 statt. An jenem Tag überführten die Piloten der VF-51 ihre Flugzeuge auf die *Valley Forge*. Mittlerweile hatte er jede F9F-Maschine seiner Staffel mindestens einmal geflogen, bis auf die, die früh verloren wurden.

Armstrong absolvierte 78 Einsätze und verbrachte dabei mehr als 121 Stunden in der Luft. Dreißig dieser Einsätze dienten der Luftüberwachung, fünfzehn waren Geleitflüge bei Fotomissionen und einer ein

Schießtraining. Bei den übrigen 32 führte er Aufklärungs- und Angriffs-
flüge durch und attackierte Eisenbahnschienen und Flugabwehrstel-
lungen.

Am 11. März 1952 nahm die *Essex* Kurs auf Hawaii. Am 25. März war
endlich die herrliche Küste Kaliforniens zu sehen. Ebenso wie auch die
anderen Piloten kehrte Armstrong mit lauter Kriegsauszeichnungen
an der Brust nach Hause zurück. Er selbst spielte seine Leistungen herunter, wie die meisten seiner Kameraden: »Es wurden Medaillen verteilt, als handle es sich um goldene Sterne in der Sonntagsschule.« Die
erste Auszeichnung, die »Air Medal«, erhielt er als Anerkennung seiner
ersten zwanzig Einsatzflüge, die zweite – den »Gold Star« – für die folgenden zwanzig. Außerdem bekamen Neil und seine Kameraden die
»Korean Service Medal« und den »Engagement Star« verliehen.

TEIL DREI

Testpilot

Letzten Endes hängt die Genauigkeit der Ergebnisse wirklich vom Piloten ab, der bereit sein muss, eine Sorgfalt und Geduld an den Tag zu legen, die im normalen Flugbetrieb nicht nötig sind. Wenn man sich gewissenhafte Piloten sucht, auf deren Urteilsvermögen und Zuverlässigkeit man vertrauen kann, ist die Aufgabe relativ einfach; wenn man sich aber sorglose Piloten sucht, ist sie unmöglich.

– CAPTAIN HENRY T. TIZARD, TESTSTAFFEL,
BRITISCHER ROYAL FLYING CORPS, 1917

KAPITEL 7

Über der Wüste

Da Armstrongs Vertrag mit der Navy im Februar auslief, hätte er theoretisch aufs College zurückkehren können. Doch da die Staffel 51 immer noch im Einsatz war, »konnte ich auswählen, ob ich meine Zeit beim Militär lieber verlängern oder nach Hause schwimmen wollte, also verlängerte ich«. Am 1. Februar 1952, als er sich noch an Bord der *Essex* befand, beendete die Navy seinen offiziellen Militärdienst und ernannte ihn zum Ensign der Reserve.

Nachdem er am 25. März gemeinsam mit seinen Kameraden in die USA zurückgekehrt war, verbrachte er die folgenden fünf Monate damit, für die Lufttransportstaffel 32 Flugzeuge von und zur NAS San Diego in Südkalifornien zu transportieren. Der Abschied von der Navy fand am 23. August statt, im Monat seines 22. Geburtstags; während seines letzten Flugs zur Bucht von San Francisco flog Neil zur Feier des Tages ohne Genehmigung *unter* dem westlichen Abschnitt der Bay Bridge hindurch, obwohl die Höhe dort nur 67 Meter betrug. Auch nach seinem Abschied vom Militär blieb Armstrong in der Reserve, er wurde im Mai 1953 zum Lieutenant Junior befördert und trat erst 1960 ganz aus der Navy aus. Bis dahin flog er, nun wieder als Student in Purdue, noch regelmäßig für die Fliegerstaffel 724 der Navy-Reserve, die auf dem NAS Glenview außerhalb von Chicago postiert war. Als er als Testpilot beim National Advisory Committee for Aeronautics (NACA) auf dem Luftwaffenstützpunkt Edwards nordöstlich von Los Angeles anheuerte, verlagerte er seine Reserveaktivitäten auf die Staffel VF-773 auf dem NAS Los Alamitos bei Long Beach.

Nach dem Abschluss an der Purdue University 1955 standen Armstrong mehrere Möglichkeiten offen. Er hätte in der Navy bleiben können. Er hatte Vorstellungsgespräche bei der Fluggesellschaft Trans-World Airlines und dem Flugzeugbauer Douglas Aircraft Company. Außerdem spielte er kurz mit dem Gedanken, eine akademische Laufbahn im Bereich Luftfahrttechnik zu verfolgen. Wenn er die Stelle bei Douglas angetreten hätte, wäre er Testpilot in der Produktion geworden und hätte alle neuen Flugzeugtypen getestet.

Eine weitere Option – für die er sich schließlich auch entschied – war eine Laufbahn als experimenteller Testpilot, wie die gerade entstandene »Society of Experimental Test Pilots« (»Gesellschaft der experimentellen Testpiloten«) diesen Beruf bezeichnete. Bei ihrer Gründung 1955 hatte sie sich dazu verpflichtet, »zur Entwicklung herausragender Flugzeuge beizutragen«. Genauer gesagt wollte Neil »Forschungspilot« werden. Diese spezielle Gruppe der experimentellen Testpiloten wollte die wissenschaftlichen und technischen Komponenten des Flugs auf breiter Front verbessern. Anstellungsmöglichkeiten boten sich vor allem in privaten Forschungsinstituten oder in staatlichen Behörden, insbesondere bei der NACA. Schon seit seiner Kindheit hatte Armstrong regelmäßig die Forschungen der NACA in der *Aviation Week* und anderen Fliegerzeitschriften verfolgt, und die NACA-Berichte standen auf dem Lehrplan des Luftfahrttechnikstudiums in Purdue. Im Sommer vor dem letzten Semester bewarb sich Armstrong bei der NACA. Er strebte eine Stelle als Testpilot an der High-Speed Flight Station der NACA auf dem Luftwaffenstützpunkt Edwards an, wo die Flugzeuge der X-Serie gegen die mythische »Schallmauer« anflogen. Da es dort keine freien Stellen gab, reichte die NACA sein Bewerbungsschreiben an alle anderen Forschungszentren weiter. Irving Pinkel, ein Ingenieur im Lewis-Flugantriebslabor in Cleveland, Ohio, »fragte, ob er vorbeikommen und mit mir reden könne«. Pinkel leitete dort die Physik-Abteilung, und sein Bruder Benjamin war für die Forschungen im Bereich Thermodynamik zuständig. Irgendwann im Herbst 1954 führte Irving ein Gespräch mit Neil. Er konnte ihm kein großes Gehalt anbieten, versprach ihm aber spannende Forschungsarbeit im Bereich der Luftfahrt.

Armstrong nahm die Stelle im Lewis-Labor an. Zu ihren Vorteilen gehörte, dass er so in Ohio bleiben konnte, weil er sich zu dieser Zeit bereits Hoffnungen machte, seine College-Freundin Janet Shearon zu heiraten, die Hauswirtschaftsstudentin aus einem Vorort von Chicago.

Zu Beginn arbeitete Neil in der Abteilung für Freiflugantrieb, sein Titel lautete »Luftfahrt-Forschungspilot«, und er war zuständig für das »Fliegen von Fluggeräten zu Forschungs- und Transportzwecken und die technische Entwicklung im Bereich der frei fliegenden Raketengeschosse«. Sein erster Testflug am Lewis-Labor fand am 1. März 1955 statt. Aus administrativen Gründen galt Neil offiziell als »wissenschaftlicher Angestellter«. Doch wie bei den meisten NACA-Mitarbeitern diente seine Arbeit dem vorgeschriebenen Auftrag der Behörde, dem »wissenschaftlichen Studium von Flugproblemen in Hinblick auf praktische Lösungen«.

Der oberste Testpilot am Lewis-Labor war William V. »Eb« Gough Jr. Wie Armstrong hatte auch Gough ein Ingenieursstudium absolviert und es als Navy-Pilot im Zweiten Weltkrieg mit japanischen Zeros aufgenommen, was ihm den Rang eines Lieutenant Commander eingebracht hatte. Nach Kriegsende wurde er Testpilot bei der NACA. Mel Gough, sein älterer Bruder, war seit 1943 der Leiter der Flugforschungsabteilung des Langley-Zentrums der NACA. Dort gab es ein halbes Dutzend talentierter Mischwesen, die sowohl Ingenieure als auch Piloten waren, darunter John P. »Jack« Reeder, Robert A. Champine, John M. Elliot, John Harper und James V. Whitten. Neil bezeichnete Reeder später als »den besten Testpiloten, den ich je traf«.

Als Armstrong im Februar 1955 zur NACA stieß, waren die meisten der Testpiloten ausgebildete Ingenieure. Doch da sich ein Großteil der Flugforschung im Langley-Zentrum, an der High-Speed Flight Station oder im Ames-Luftfahrtlabor in Nordkalifornien abspielte, fand sich Armstrong am Lewis-Labor in einem Team von nur vier Testpiloten wieder, das außer ihm aus Eb Gough, William Swann und Joseph S. Algranti bestand, dem späteren Leiter der Flugbetriebsabteilung am Manned Spacecraft Center, dem Zentrum für bemannte Raumfahrt (MSC), in Houston.

In seinen nicht einmal fünf Monaten am Lewis-Labor arbeitete Armstrong an neuen Systemen gegen Eisbildung auf Flugzeugen. Außerdem war er dort an seinem ersten Flugprojekt mit Weltraumbezug beteiligt – er untersuchte den Wärmetransfer bei hohen Mach-Werten. In frühen Tests stürzten verschiedene in der Luft gestartete Modelle mit Geschwindigkeiten von bis zu 1,8 Mach in die Tiefe. Am 17. März 1953 hatte eine T-40-Rakete, die von einem Lewis-Testpiloten abgeworfen worden war, die Hyperschallgeschwindigkeit von Mach 5,18 erreicht, es war das erste Mal, dass die »NACA ein instrumentiertes Gefährt erfolgreich auf eine Geschwindigkeit von mehr als Mach 5 brachte«. Am 6. Mai 1955 flogen Algranti und Armstrong den 45. Test dieser Reihe. Die Piloten lenkten ihre T-82, die »Twin Mustang« von North American, auf den Atlantik hinaus, bis über die Unbemannte Flugforschungsstation auf Wallops Island vor der Ostküste von Virginia hinweg. Unter dem Bauch der Maschine hing eine Festkörperrakete vom Typ ERM-5. Sie hatte eine typische ballistische Form mit einer spitzen Nase, einem schlanken Körper und Heckflossen und verfügte über einen T-40RKT-Raketenmotor, der aus dem Strahltriebwerklabor in Pasadena stammte. Als sie die optimale Höhe erreicht hatten, warf Algranti das Modell ab. Die ERM-5 erreichte eine Hyperschallgeschwindigkeit von Mach 5,02 und eine Beschleunigung von 34 g.

Armstrong »führte viele Datenanalysen durch, entwickelte Komponenten für fortgeschrittenere Versionen der Raketen und fertigte Berechnungen und Zeichnungen dafür an«. Der proaktive Ansatz der Ingenieurs-Testpiloten, der von der NACA – und später ihrem Nachfolger, der NASA – gefördert wurde, passte perfekt zu ihm. Er hatte immer das Gefühl, dass der Job bei der NACA »die richtige Stelle« war, auch wenn die anderen Angebote nach dem Studium besser bezahlt gewesen wären.

»Das einzige Produkt der NACA waren Forschungsberichte und Artikel«, erklärte Neil. »Daher musste man, wenn man etwas zur Veröffentlichung vorbereitete, die technische und grammatikalische ›Inquisi-
tion‹ über sich ergehen lassen ... Das System war extrem präzise,
extrem anspruchsvoll.«

Neils letzter Testflug in Cleveland fand am 30. Juni 1955 statt. Etwa
eine Woche zuvor hatte ihn Abe Silverstein, der stellvertretende Direktor des Lewis-Labors, angerufen. »Ich ging in sein Büro hinüber«, erinnerte er sich, »und er sagte, er habe einen Brief aus Edwards erhalten,
ob ich noch dorthin wechseln wolle?« Die Arbeit in Cleveland war interessant, aber Edwards war das Paradies für Testpiloten, der Ort, an
dem im Oktober 1947 die Schallmauer durchbrochen worden war und
wo die neuesten und revolutionärsten experimentellen Flugzeuge auf
Geschwindigkeiten von Mach 2 und mehr gebracht wurden.

Anfang Juli 1955, nach einem Kurzbesuch bei seiner Familie in Wapakoneta, machte sich Neil auf nach Südkalifornien. Er hatte sich nach
seiner Rückkehr aus Korea zum ersten Mal ein Auto gekauft, einen
1952er Oldsmobile, die gleiche Marke, die sein Vater gefahren hatte.
Damals hatte Dean ihn in Kalifornien besucht, und die Brüder waren
mit dem Wagen von Mexiko bis Kanada gereist, bevor sie wieder nach
Hause fuhren. Eine weitere Tour quer durch das Land führte Neil nun
im Juli 1955 zu seiner neuen Stelle auf dem Edwards-Stützpunkt. Unterwegs hatte er einen wichtigen Zwischenstopp in Wisconsin eingeplant,
bei Janet Shearon.

Neil und Janet hatten sich als Studenten an der Purdue University ken-
nengelernt, im Jahr nach Neils Rückkehr aus Korea. Er war 22 und im
vorletzten Studienjahr, sie achtzehn und hatte gerade angefangen. Was
Neil an Janet anzog, waren ihre Haltung und ihr Auftreten, ihre Klugheit, ihr gutes Aussehen und ihr lebhaftes Wesen. Janet Elizabeth
Shearon war am 23. März 1934 als Tochter von Dr. Clarence Shearon
und seiner Frau Louise geboren worden. Dr. Shearon war Chefarzt am

St. Luke's Hospital und Dozent am medizinischen Institut der Northwestern University in Evanston, Illinois.

Die Familie Shearon führte das bequeme Leben der oberen Mittelklasse in einem gediegenen Vorort von Chicago. Interessanterweise besaß Dr. Shearon ein eigenes Flugzeug, eine Piper Cub. Im November 1945, als Janet elf Jahre alt war, verstarb ihr Vater an einem Herzinfarkt. Obwohl sein Beruf ihn oft von seiner Familie ferngehalten hatte, hatte Janet ihn doch sehr geliebt. Sein Verlust kurz vor Beginn der Teenagerjahre setzte ihr schwer zu. Mit ihrer Mutter, die – wie Janet selbst – ziemlich willensstark war, kam sie nicht immer gut zurecht. Ihr Vater war ihr großer Held, in ihren Augen der einzige Mensch, der ihren Wert erkannt hatte, auch ihr Schwimmtalent. Nachdem sie 1952 die Highschool abgeschlossen hatte, nahm sie ein Hauswirtschaftsstudium an der Purdue University auf. Ihre Freizeit vertrieb sich die aktive Janet in der Schwimmmannschaft und im Synchronschwimmerinnen-Team der Universität. Außerdem trat sie der Studentinnenverbindung Alpha Chi Omega bei. Einer ihrer besten Freunde auf dem College war der Mann, der später als letzter Apollo-Astronaut auf dem Mond bekannt wurde, Eugene Cernan, der Kommandant von Apollo 17. Gene und Janet lernte sich durch ein anderes Mitglied von Cernans Studentenverbindung Phi Gamma Delta kennen, William Smith, der die gleiche Highschool besucht hatte wie Janet. Es war nicht so, dass Neil Janet über Cernan oder seinen Freund von Phi Gamma Delta kennenlernte, sondern eher umgekehrt.

Neil traf Janet eines Tages, als er auf dem Campus unterwegs war. Da er nie sonderlich gesellig oder aktiv in Bezug auf weibliche Bekanntschaften war, »dauerte es drei Jahre, bis er mich einlud, mit ihm auszugehen«, erinnerte sich Janet. »Das wäre nicht so schlimm gewesen, wenn mir sein Mitbewohner nach unserer Hochzeit nicht erzählt hätte, dass Neil, nachdem er mich das erste Mal gesehen hatte, nach Hause kam und erzählte, ich sei das Mädchen, das er heiraten werde. Neil überstürzt eben nichts.« Janet hingegen war tatkräftig und selbstbewusst. Laut

Neils Bruder Dean, der ab 1953 in Purdue studierte und Janet noch vor Neil kennenlernte, war sie »so intensiv wie Meerrettich. Sie schaut einem in die Augen. Ihre Körpersprache ist spektakulär. Sie verschränkt die Arme, als wolle sie sagen: ›Und wie meinst du das jetzt?‹«

Janet und Neil verlobten sich in ihrem vorletzten Studienjahr 1955, als Neil seinen Abschluss gemacht hatte und in Cleveland arbeitete. Ihre Beziehung war ziemlich ungewöhnlich, da sie im Grunde gar nicht existierte. Das Paar kannte sich praktisch nicht. »Wir gingen nie zusammen aus«, erklärte Janet. »Meine Überlegung war: ›Na ja, ich werde viele Jahre haben, um ihn kennenzulernen.‹ Ich hielt ihn für einen sehr treuen Menschen. Er sah gut aus. Er hatte Sinn für Humor. Es machte Spaß, mit ihm zusammen zu sein. Er war älter. Er wirkte reifer als viele der anderen Jungs, mit denen ich ausgegangen war, und das waren im Studium eine ganze Menge gewesen.« Neils Bruder Dean erinnerte sich: »Ich war völlig schockiert, als sie sich verlobten, weil ich keine Ahnung gehabt hatte, wie ernst ihm die Sache war. Vielleicht ziehen sich Gegensätze an.« Cernan sagte: »Neil und Jan müssen eine gemeinsame Basis gefunden haben. Jan war ein tolles Mädchen, und ich konnte verstehen, dass sie sich von jemandem angezogen fühlte, der nicht versuchte, sie zu beeindrucken. Sie musste es ihm wahrscheinlich aus der Nase ziehen.«

Die Hochzeit fand am 28. Januar 1956 in der Gemeindekirche von Wilmette statt. Dean war der Trauzeuge und Neils Schwester June eine von Janets Brautjungfern. Die Hochzeitsreise der Frischverheirateten ging nach Acapulco.

Anschließend mieteten sie sich eine Wohnung in Westwood, sodass Janet ihr Studium an der Universität von Los Angeles fortführen konnte. Neil kehrte in das Junggesellenquartier im Nordteil des Luftwaffenstützpunktes Edwards zurück und pendelte am Wochenende nach Westwood, hin und zurück knapp 300 Kilometer. Darüber erzählte er: »So lief es ein Semester lang. Dann zogen wir ins Antelope Valley und mieteten uns ein Haus in einem Luzernenfeld.« Ende 1957 erstanden sie ein Grundstück in den Juniper Hills, auf dem eine kleine Hütte stand. Der Umzug bedeutete, dass Janet ihr Studium nie abschloss, was sie später immer bedauerte.

Die 55 Quadratmeter große Hütte mit Blick auf das Antelope Valley war sehr rustikal. Der Boden bestand aus Holzbrettern. Es gab keine richtigen Schlafzimmer, sondern nur einen Raum mit vier Betten. Das Bad war winzig und die Küche ebenfalls klein, sie war nur mit dem Nötigsten ausgestattet, und es gab keinen Strom. Selbst nachdem Neil einen entsprechenden Anschluss gelegt hatte, kochte Janet alle Mahlzeiten auf einer Heizplatte. Die Hütte verfügte weder über heißes Wasser noch über eine Badewanne. Als Dusche legte Neil einen Wasserschlauch über den Ast eines Baumes. Janet badete Baby Ricky – geboren als Eric Allen am 30. Juni 1957 – in einer Plastikwanne draußen vor der Tür. Erst langsam, nach vielen Renovierungsarbeiten, wurde die Hütte wirklich bewohnbar. Doch ihre abgelegene Lage hoch oben in den San Gabriel Mountains war traumhaft und versprach absolute Ruhe. Nach Sohn Ricky folgte Tochter Karen Anne, sie wurde am 13. April 1959 geboren. Das dritte und letzte Kind der Armstrongs, Mark Stephen, kam am 8. April 1963 zur Welt, nachdem die Familie im Herbst 1962 nach Houston gezogen war.

Neils Arbeitsplatz lag, wie Janet einmal sagte, »etwa achtzig Kilometer, aber nur ein Stoppschild entfernt«. Neil bildete mit anderen Mitarbeitern der High-Speed Flight Station, die in nahe gelegenen Orten wohnten, eine Fahrgemeinschaft. Sein Job als Testpilot war dafür denkbar ungeeignet. »Er war nicht sehr zuverlässig«, erinnerte sich Betty Scott Love, eine der »menschlichen Rechenmaschinen« der High-Speed Flight Station, der gemeinsam mit anderen Frauen, die die NACA dort beschäftigte, die mühselige Aufgabe zufiel, alle Flugwerte in sinnvolle technische Daten umzurechnen.

Armstrong verfügte über eine interessante Sammlung von Autos, von denen er einige für die Fahrten zum Edwards-Stützpunkt nutzte. Kurz nach dem Umzug nach Kalifornien tauschte er den 1952er Oldsmobile gegen ein neues Hillman-Cabriolet ein, einen eleganten Importwagen aus Europa. »Dann hatte ein Kollege an der High-Speed Flight Station einen 47er-Dodge«, erklärte Neil. »Auf dem Weg zur Arbeit brach ihm die Pleuelstange, also verkaufte er mir den kaputten Wagen für fünfzig Dollar. Ich brachte ihn zur Hütte hoch und reparierte den Motor.«

Armstrong trat seine Stelle an der High-Speed Flight Station am 11. Juli 1955 an. Seine offizielle Bezeichnung lautete »Luftfahrtforscher (Pilot)«. Durch die phänomenale Zunahme der Luftmacht der USA im Zweiten Weltkrieg war der Fliegerstützpunkt am Muroc Lake (»Muroc Field«) enorm gewachsen. Den Höhepunkt der Luftfahrterfolge dort stellte das Durchbrechen der Schallmauer mit der Bell X-1 1947 dar. In jenem Jahr übernahm die neu entstandene Air Force den Betrieb und benannte den Stützpunkt wenig später in »Edwards Air Force Base« um, zu Ehren von Glen W. Edwards, einem Air-Force-Testpiloten. Im Mai 1953 stieg dort der erste Überschalljäger, der ins Militär aufgenommen wurde, die YF-100A von North American, in die Luft. Obwohl der Edwards-Stützpunkt und die High-Speed Flight Station der NACA offiziell zwei getrennte Einrichtungen waren, bezeichneten die meisten Menschen einfach beides zusammen als »Edwards«.

Der Chef der HSFS, Walter C. Williams, brachte eine Reihe von NACA-Mitarbeitern erst vom Langley-Zentrum nach Pinecastle, Florida, und von da 1946 zum Muroc-Zentrum, um die X-1 zu fliegen. Er leitete die Flugforschung in der Wüste, bis er sich im September 1959 der Space Task Group anschloss, um an den Startabläufen mitzuarbeiten und die Einrichtung eines weltweiten Ortungssystems zu beaufsichtigen. Er zählte zu den wichtigsten Leuten im Projekt Mercury und diente bei den ersten drei Flügen, die 1961 und 1962 von Shepard, Grissom und Glenn durchgeführt wurden, als Leiter des Flugbetriebs. Die »Unterabteilung für Flug« der HSFS, in der Armstrong tätig war, gehörte zur Flugbetriebsabteilung. Insgesamt waren an der HSFS nun 275 Mitarbeiter beschäftigt, ein Bruchteil der über 9000 auf dem Edwards-Stützpunkt.

Die Flugbetriebsabteilung unterstand Joseph R. Vensel, einem früheren Forschungspiloten. Vensel war für die Wartung, Inspektion und technische Optimierung aller Fluggeräte zuständig. Für Letzteres musste er sich mit dem Flugzeugbau auskennen, da Testflugzeuge oft neue Tragflächen, Hecks oder andere Dinge brauchten, die vor Ort in den NACA-Werkstätten eingebaut wurden. Neben seinem Büro befanden sich die Arbeitsplätze der Testpiloten.

Vensel unterstellt war Neils direkter Vorgesetzter, der Chef der Flug-Unterabteilung und leitende Testpilot Joseph A. Walker. Walker hatte 1942 sein Physikstudium abgeschlossen. Nach seinem Eintritt in den Army Air Corps flog er im Zweiten Weltkrieg P-38-Kampfflugzeuge in Nordafrika und bekam das Distinguished Flying Cross und die Air Medal verliehen. Im März 1945 wurde er Testpilot für die NACA in Cleveland und erforschte für das Labor die Vereisung von Flugzeugen. Nach Edwards kam er 1951. Seine Beförderung zum leitenden Testpiloten erfolgte nur wenige Monate vor Neils Ankunft. Zwischen den beiden Männern und auch zwischen ihren Frauen entstand eine tiefe Freundschaft.

Der 24 Jahre alte Armstrong war erneut der jüngste Pilot. Joe Walker hatte in seinen zehn Jahren als Forschungspilot 250 Flüge absolviert, davon weit über hundert in experimentellen Flugzeugen. Er war 78 Mal mit der Bell X-5 in der Luft gewesen, dem ersten amerikanischen Hochleistungsflugzeug mit Schwenkflügeln.

Noch erfahrener als Walker war der HSFS-Testpilot Scott Crossfield. Ihn sollte Armstrong ersetzen, doch: »Wir arbeiteten beinahe ein Jahr lang Seite an Seite im Büro. Er hatte verkündet, dass er der Pilot im X-15-Programm sein werde.« Trotz seiner erst 34 Jahre war Crossfield 1955 bereits eine Legende. Er war Navy-Pilot und hatte Luftfahrttechnik an der University of Washington studiert, in einem Studiengang, der von der Guggenheim-Stiftung gefördert wurde. Als er im Juni 1950 als Forschungspilot zum Muroc-Zentrum kam, machte er dort Hunderte Testflüge, darunter 87 in der raketengetriebenen X-1 und 65 in der strahlgetriebenen D-558-1 (mit geraden Tragflächen) und der raketengetriebenen D-558-2 (mit Pfeilflügeln). Im November 1953 war er der erste Mensch, der je eine Geschwindigkeit über Mach 2 erreichte – er kam in der D-558-2 Skyrocket auf mehr als 2100 km/h.

Weitere Testpiloten, die im Juli 1955 an der HSFS arbeiteten, waren Stanley P. Butchart und John B. McKay. Beide waren im Zweiten Weltkrieg für die Navy geflogen, Butchart in der gleichen Torpedobomber-Staffel wie der spätere US-Präsident George H. W. Bush: VT-51. 1950 machten beide ihren Abschluss in Luftfahrttechnik, der eine an der University of Washington, der andere am Virginia Polytechnic Institute. Butchart kam im Mai 1951 zur HSFS, McKay im Juli 1952. Beide Männer flogen eine Vielzahl von Testflugzeugen, darunter die D-558 und die X-5. Butchart wurde zum Fachmann für mehrmotorige Maschinen. Er brachte die B-29 Superfortress Hunderte Male auf über 9000 Meter, um dort ein Testflugzeug abzuwerfen.

Stan Butchart lernte Armstrong im März 1955 durch Eb Gough am Langley-Zentrum der NACA kennen. Neil trug noch seine alte Navy-Fliegerjacke, und Butchart erinnerte sich: »Wow, der Junge ist noch nicht mal aus der Schule raus! Er sah so jung aus.« Gough erklärte Butchart, dass es Armstrong eigentlich nach Edwards zog. Beim Blick auf Armstrongs Lebenslauf erkannte Butchart: »Man musste ihn sich schnell schnappen.« Walker und Vensel sahen das ebenso und merkten ihn für Crossfields Stelle vor.

Armstrong stieg gleich an seinem ersten Arbeitstag in Edwards in ein Flugzeug, in eine P-51 Mustang, eines der bedeutendsten und beliebtesten Militärflugzeuge der USA. »Sie flog sich sehr elegant«, sagte er. »Aber nicht so wie mein F8F-Panther-Jet.«

»In den ersten Wochen war ich im Lernmodus«, erinnerte er sich. Er flog fast jeden Tag, entweder in der P-51 (die unter der Bezeichnung F-51 lief) oder in einer R4D der NACA, der Militärversion der gefeierten DC-3-Transportmaschine von Douglas. »Als sie von meinen Fähigkeiten überzeugt waren und ich etwas Erfahrung gesammelt hatte, übertrugen sie mir mehr und mehr Aufgaben.«

Am 3. August erlebte Armstrong den ersten Abwurf einer Testmaschine aus einem Mutterflugzeug – er war als Begleitflieger in der F-51 bei Crossfields D-558-2-Flug dabei, auf dem die Stabilität und die Lastverteilung bei Überschallgeschwindigkeit geprüft werden sollten. Später in jenem Monat war er auch beim Flug der YRF-84F dabei, dem Prototyp des Pfeilflügel-Kampfjets von Republic Aviation (Höchstgeschwindigkeit 1080 km/h) und gehörte zum ersten Mal der Besatzung einer B-29 an. Sein erster Einsatz beim Start eines Testflugzeugs erfolgte am 24. August 1955, erneut bei einem Flug von Crossfield in der Skyrocket.

»Im Allgemeinen war derjenige, der links saß, für den Abwurf zuständig«, erklärte Neil. »Die Person rechts übernahm einen Großteil des Fliegens. Im Verlauf der Jahre habe ich beide Aufgaben ungefähr gleich häufig gemacht.« Es waren zweifellos anspruchsvolle Flüge. »Wir verlangten der Maschine meistens alles ab, weil der Luftwiderstand durch das Testflugzeug unter dem Bauch der B-29 viel größer war. Außerdem wollten wir für die Starts so weit wie möglich aufsteigen«, meist in den Bereich zwischen 9000 und 10 500 Meter, was mindestens anderthalb Stunden dauerte. Danach »drehte sich alles darum, in die richtige Position zu kommen«.

Der Abwurf von Testflugzeugen brachte unvorhergesehene Gefahren mit sich. Am 8. August 1955, nur Sekunden bevor Joe Walker in einer X-1A abgeworfen werden sollte, erschütterte eine Explosion im Raketentriebwerk die B-29. »Ich glaubte, wir seien mit einem anderen Flugzeug zusammengestoßen«, erinnerte sich der Pilot Stan Butchart, »aber damals war dort oben auf über 6000 Meter Höhe niemand sonst!« Durch den lauten Knall alarmiert, kletterte Walker sofort aus der X-1A und in den Bombenschacht des Mutterschiffs. Der Schaden an der X-1A war zu groß, als dass sie noch hätte fliegen können, und die B-29 konnte es nicht riskieren, mit ihr unter dem Bauch zu landen. Butchart blieb nichts anderes übrig, als das Testflugzeug über der Wüste abzuwerfen. Die Maschine explodierte beim Aufprall und beendete das X-1A-Programm.

Armstrong erlebte den Vorfall mit. Butchart erinnerte sich: »Armstrong flog in der F-51 neben uns. So lernte er gleich, wie die Sache hier lief.« Verschuldet hatte den Unfall, wie sich später herausstellte, eine einfache Lederdichtung an einer Verbindungsstelle der Treibstoffleitung. Wenn sich das Leder mit flüssigem Sauerstoff vollgesogen hatte, war es so instabil, dass schon die geringste Erschütterung die Dichtung platzen ließ. Leider ereigneten sich mehrere dieser Zwischenfälle, bevor die Ingenieure das Problem fanden und behoben.

Acht Monate nach seiner Ankunft in Edwards schrammte Armstrong selbst so nah am Tod vorbei wie nie zuvor. Am 22. März 1956 war er in dem umgebauten und abgewandelten B-29-Mutterschiff unterwegs, das bei der NACA unter der Bezeichnung P2B-1S lief. Er saß rechts, Butchart als Kommandant des Flugs links. Außerdem waren noch fünf weitere Besatzungsmitglieder dabei. Der Auftrag bestand darin, das Testflugzeug D-558-2 Nummer 2 auf eine Höhe von gut 9000 Metern zu bringen und es dort abzuwerfen, damit der HSFS-Pilot Jack McKay die Belastung des Seitenleitwerks untersuchen konnte.

Kurz vor der angestrebten Höhe versagte eines der Triebwerke der B-29. Butchart überließ Neil die Steuerung und drehte sich zum Flugingenieur Joseph L. Tipton um, um sich mit ihm zu besprechen. Ohne Antrieb drehte sich der Propeller des vierten Triebwerks einfach nur im Luftstrom.

»Ich machte mir keine allzu großen Gedanken«, erinnerte sich Butchart. »B-29-Triebwerke sind nicht sonderlich zuverlässig.« Auf dem Instrumentenbrett befanden sich vier Knöpfe, mit denen sich ein Propeller bis zu drei Mal auf »Segelstellung« umschalten ließ. Als Butchart diesen Knopf für das äußere Triebwerk auf der Steuerbordseite drückte, erwartete er, dass der Propeller aufhörte sich zu drehen. Doch kurz vor dem Stillstand nahm die Rotation der Blätter wieder zu. Während Neil das Flugzeug weiterflog, drehte sich der Propeller erst auf Höchstgeschwindigkeit, dann sogar *schneller* als die anderen.

Armstrong und Butchart mussten eine schwierige Entscheidung treffen: »Wir konnten versuchen abzubremsen und dabei hoffen, dass wir die Rotation des Propellers unter Kontrolle bekamen« oder »beschleunigen und das Raketenflugzeug unter unserem Bauch loswerden.«

Butchart betätigte den Segelstellungsknopf noch zweimal, ohne Erfolg. In der Zwischenzeit rief McKay aus dem Cockpit der Skyrocket hinauf:»Hey, Butch, ihr dürft mich nicht abwerfen! Meine Druckdüse ist kaputt.« Da sich der aufsässige Propeller jeden Augenblick lösen konnte, gab Butchart zurück:»Jack, ich muss es tun!«

Er hatte Armstrong bereits bedeutet, die Nase der B-29 abzusenken. Wenn die Geschwindigkeit beim Abwerfen geringer als 340 km/h war, würde es bei der Skyrocket sofort zu einem Strömungsabriss kommen – die Maschine würde fallen, statt zu fliegen. Doch der außer Kontrolle geratene Propeller wurde immer schneller, was die Wahrscheinlichkeit erhöhte, dass er sich lösen würde.

Butchart griff nach dem Notlösehebel und zog daran. Nichts passierte. Er betätigte ihn zwei oder drei Mal. Nichts. Dann langte er nach oben und legte die beiden Kippschalter um, die den »Gurkenknopf« aktivierten, der normalerweise dazu diente, Bomben abzuwerfen, von der NACA aber so umfunktioniert worden war, dass er das Testflugzeug ausklinkte. Die D-558-2 ging sofort in einen steilen Sinkflug über – und in dem Augenblick löste sich der Propeller.

Die Blätter flogen in alle Richtungen, eins durchschlug wie eine Klinge den Bombenschacht, wo Sekunden zuvor noch der Testpilot Jack McKay gesessen hatte, und traf das zweite Triebwerk auf der anderen Seite.

Die B-29 zur Landung zu bringen würde nicht leicht werden. Das Triebwerk Nummer drei auf der Steuerbordseite lief noch, doch die Instrumentenanzeigen waren ausgefallen. Also schalteten die Piloten das Triebwerk ab. Triebwerk Nummer eins war unbeschädigt, musste aber ebenfalls abgestellt werden, weil es das Flugzeug durch den Ausfall der beiden Steuerbord-Triebwerke in Schieflage brachte. Butchard und Armstrong mussten die B-29 mit nur einem Triebwerk aus einer Höhe von 9000 Metern zu Boden bringen.

Butchart versuchte, die Steuerung von Armstrong zu übernehmen, doch sein Steuerrad reagierte kaum. Er sah zu Neil hinüber und fragte: »Neil, kannst du steuern?«, und Neil antwortete: »Ja, ein bisschen.« Beide Piloten hatten die Kontrolle über die Seiten- und die Längssteuerung, aber bei der Höhensteuerung war Butchart machtlos, genauso wie bei der Kontrolle der Rollbewegung, weil seine Verbindungen zum Querruder gerissen waren. Auch Armstrong hatte das Flugzeug nur eingeschränkt im Griff.

»Also setzten wir zu einem langsamen, spiralförmigen Sinkflug an und versuchten die Querlage nicht zu stark werden zu lassen. So schafften wir es, das Flugzeug im direkten Landeanflug auf den ausgetrockneten See runterzubringen«, erinnerte sich Armstrong. Laut Butchart rief Neil auf dem Sinkflug »immer wieder: ›Fahr das Fahrgestell aus! …‹, und ich sagte: ›Warte kurz. Ich muss sicherstellen, dass ich den See treffe!‹, weil ich nicht noch einmal abdrehen und nicht einmal Triebwerk zwei zu stark nutzen konnte, weil wir das Pedal für das Seitenruder nicht unten halten konnten, obwohl wir es beide mit aller Kraft versuchten … Es war eine ziemlich heikle Landung.«

Armstrong fasste das Erlebnis auf seine typische zurückhaltende Weise zusammen: »Wir hatten großes Glück. Es hätte richtig danebengehen können.«

Auch McKay konnte seine Skyrocket sicher landen.

Im Verlauf der sieben Jahre in Edwards saß Armstrong mehr als hundert Mal als Pilot oder Co-Pilot im Cockpit eines Mutterschiffs. Er war an Flügen jeder Art von Testflugzeug beteiligt, das die NACA/NASA damals in Edwards in Betrieb hatte – teils im Abwurfflugzeug, teils in der Begleitmaschine. Sobald die äußeren Bedingungen stimmten, war der junge Testpilot in der Luft. In der Zeit zwischen Juli 1955, als er nach Edwards kam, bis Ende September 1962, als er Astronaut wurde, absolvierte Armstrong insgesamt weit über 900 Flüge, im Schnitt mehr als zehn pro Monat.

Die Schallmauer durchbrach Armstrong das erste Mal im Oktober 1955, auf einem Flug in der F-100A, auf dem er die Stabilität der Längsachse und verschiedene Steuereigenschaften durch eine Reihe von Schlitzen und Vorflügeln in verschiedenen Vorderkanteneinstellungen untersuchte.

Im Juni 1956 begann Armstrong die F-102 zu fliegen, die dank dem NACA-Aerodynamikspezialisten Richard T. Whitcomb nun mit Überschallgeschwindigkeit unterwegs war: Er hatte die »Flächenregel« entwickelt, gemäß der der Luftwiderstand einer Tragfläche und der des Flugzeugrumpfes als ein interaktives aerodynamisches System betrachtet werden mussten. »Ich flog die YF-102, also die F-102 vor der Flächenregel«, erinnerte sich Armstrong. »Ein ziemlicher Niemand unter den Flugzeugen«, es machte »wenig Spaß, es zu fliegen« und »ich hätte nicht erwartet, es je auf Überschallgeschwindigkeit zu bringen.« Doch die Einschnürung der Rumpfmitte steigerte das Tempo und die allgemeine Leistung der F-102 ganz erheblich, obwohl der Triebwerksschub im Grunde gleich blieb. Durch die Auftriebskraft war der Luftwiderstand allerdings ziemlich groß. In den F-102-Maschinen der NACA absolvierte Armstrong »viele Landungen, weil wir zu der Zeit mehr Raketenflugzeuge flogen als alle anderen und Landungen ohne Antrieb hinlegen mussten«. Außerdem landete Armstrong sowohl die F-102 als auch die F-104 mit abgestelltem Motor.

Etwa ein Drittel der über 900 Flüge von Armstrong in Edwards waren echte »Forschungsflüge«. Bei den übrigen zwei Dritteln handelte es sich um Eingewöhnungs-, Begleit-, Abwurf- oder Transportflüge. All diese Flüge dauerten im Schnitt nicht einmal eine Stunde, insbesondere die Forschungsflüge. Für gewöhnlich nahmen weniger als zehn Flüge im Jahr mehr als zwei Stunden in Anspruch, und nur vier oder fünf mehr als drei. Viele dieser längeren Flüge dienten dazu, die R4D/DC-3 zu anderen NACA-Zentren, Flugzeugbauern oder Militärstützpunkten zu überführen oder die B-29 auf eine große Höhe zu bringen, damit sie dort ein Testflugzeug abwerfen konnte.

»Unsere Kernverantwortung war die Ingenieursarbeit«, erklärte Armstrong. »Wir befassten uns mit der Entwicklung, schauten uns die Probleme im Flug an. Es war eine wunderbare Zeit und eine sehr befriedigende Arbeit, vor allem, wenn man eine Lösung fand.«

Fast jeder, der je Armstrongs Flugkünste beurteilte, auch seine Kommandanten damals in der Navy, stellte eine Verbindung zwischen seinen Pilotenfähigkeiten und seinem Hintergrund und seiner Begabung als Ingenieur her. Milt Thompson, ein Kollege am Flugforschungszentrum, schrieb, Neil sei »der technisch fähigste der frühen X-15-Piloten« gewesen. William H. Dana, der als NASA-Forschungspilot an einigen der bedeutendsten Luftfahrtprogramme am späteren Dryden-Flugforschungszentrum beteiligt war, betonte, wie »klug« Armstrong in Bezug auf das Flugzeug gewesen sei, das er gerade flog: »Er verstand, was sich auf die Flugbedingungen auswirkte. Sein Verstand saugte die Dinge auf wie ein Schwamm, und sein Gedächtnis speicherte sie ab wie ein Foto. Das unterschied ihn von den Normalsterblichen.«

Doch Armstrongs Fähigkeiten beeindruckten nicht nur die technisch versierten Piloten, auch die Luftfahrtingenieure, die gar nicht flogen, schätzten ihn sehr. In Edwards arbeitete Neil oft mit Gene J. Matranga zusammen, der 1954 sein Maschinenbaustudium an der Louisiana State University abgeschlossen hatte. »Wenn es um Ingenieurskenntnisse ging, übertraf Neil viele der Testpiloten um Längen«, erklärte Matranga. »Die anderen Kerle, die mit dem Hintern flogen, wussten instinktiv, was zu tun war, aber sie wussten nicht immer, warum. Neil hingegen schon.« Solange Armstrong selbst »von den Erfolgsaussichten einer Sache überzeugt war«, war »seine Offenheit für diese Dinge« Matranga zufolge ein großer Vorteil gegenüber dem »raschen und heftigen Widerwillen seitens vieler Piloten«, die sich weigerten, den Nicht-Fliegern auch nur die geringste Kompetenz zuzugestehen. »Bei Neil gab es diese Vorurteile nicht.«

Zu guter Letzt besteht kein Zweifel daran, dass Armstrongs Erfahrung und Begabung als Ingenieur seiner Karriere im Cockpit sehr zugutekamen. Diejenigen, die ihn 1962 für die zweite Gruppe der Astronauten auswählten, wussten seine technischen Qualitäten sehr zu schätzen.

Ein aufschlussreiches Geständnis kam aus dem Mund von Christopher C. Kraft Jr., einem Flugwissenschaftler der NACA und einem der Begründer des amerikanischen Raumfahrtprogramms: »Die Tatsache, dass dieser Kerl Testpilot bei der NACA war, nahm mich für ihn ein. Er war fähiger als die anderen Testpiloten, die wir auf dem Zettel hatten, weil er täglich mit Flugingenieuren, wie ich es gewesen war, im Kontakt stand.«

Laut Kraft setzten sich einige Schlüsselpersonen im Auswahlkomitee, dem unter anderem die ehemaligen NACA-Leute Robert R. Gilruth, Walter Williams und Dick Day angehörten, noch nachdrücklicher für Armstrong ein, insbesondere Williams und Day. Die Männer waren selbst Ingenieure, geprägt durch die Arbeitsweise bei der NACA. Beide waren vor ihrem Wechsel zum Manned Spacecraft Center jahrelang für die Flugforschung der NACA/NASA in Edwards tätig gewesen, wo sie den jungen Armstrong kennen- und schätzen gelernt hatten. »Wenn man einen Mann nach seinen Fähigkeiten als Testpilot beurteilt, konnte man schwerlich jemand Besseren als Neil finden«, erklärte Kraft. Der einzige Unsicherheitsfaktor war, ob Neil überhaupt Astronaut werden *wollte*.

Denn warum sollte er sich dafür entscheiden, wenn er bereits so tief in die größten, technisch herausforderndsten Flugprogramme aller Zeiten involviert war? Zwei dieser Programme – X-15 und Dyna-Soar – hatten sich nicht nur zum Ziel gesetzt, *bemannte* Fluggefährte auf *Hyperschall*geschwindigkeiten zu bringen, sondern wollten mit ihnen auch *transatmosphärische* Flüge durchführen – das heißt, ins Weltall und zurück.

KAPITEL 8

Am Rand des Weltalls

Die außergewöhnlichen Bedingungen, in die Armstrong in seinem schlanken Kampfjet vordrang, glichen eher denen auf dem Mars als irgendwo auf der Erde. Auf einer Höhe von 13 500 Metern passierte er die Grenze, hinter der ein Mensch nicht mehr ohne den Schutz eines Raumanzugs überleben konnte. Als der fast senkrechte Flug ihn bis auf 27 000 Meter hinaufgeführt hatte, fiel der atmosphärische Druck auf nur noch sechs Millibar, etwa ein Prozent des Drucks auf Meereshöhe. Außerhalb des Cockpits betrug die Temperatur nun fünfzig Grad unter null.

Das *war* der Weltraum. Auf dem Höhepunkt der ballistischen Flugbahn konnte Armstrong die Flugrichtung nur beeinflussen, indem er sich auf das dritte Newtonsche Gesetz berief und kleine Mengen Wasserstoffperoxiddampf ausstieß. Im beinahe luftleeren Raum steuerte ein Pilot sein Flugzeug auf den drei Bewegungsachsen genauso, wie es später in einem bemannten Raumschiff geschah. Als der Schwung des Aufstiegs langsam abnahm, kam Armstrongs Jet auf dem Heck balancierend fast zum Stillstand. Auf dem Höhepunkt des Flugs erfuhr der Pilot eine halbe Minute lang das Gefühl der Schwerelosigkeit. Auf einer Höhe von gut 20 000 Metern hatte Neil das Triebwerk abgestellt, damit es nicht überhitzte. Das geniale Hilfsdrucksystem des Cockpits setzte etwas komprimiertes Gas frei.

Dass das Triebwerk auf dem Höhepunkt der Flugbahn *nicht* lief, war für das Ziel des Tests entscheidend. Ansonsten hätte es für eine Gierbewegung gesorgt, gegen die Neil nur schwer hätte ansteuern können.

Wenn das Flugzeug dann mit der Nase voran wieder in die Atmosphäre eintrat, strömten genügend Luftmoleküle durch die Ansaugkanäle des Jets hinein, dass Armstrong das Triebwerk wieder zünden konnte und mit einer Geschwindigkeit von Mach 1,8 in die Phase nach diesem antriebslosen Flug überleiten konnte. Mit etwas Glück verlief der Rest des Flugs von da an bis zur Landebahn ganz wie gewohnt. Sollte Neil das Triebwerk nicht wieder zum Laufen bekommen, müsste er eine Landung bei abgestelltem Motor versuchen. Wenn nötig, konnte er direkt nach dem Aufsetzen an einer Kordel ziehen, um einen Fallschirm unter dem Seitenleitwerk des Flugzeugs auszulösen, der die Bremsstrecke verringerte.

Auf diese Weise führten Neil Armstrong und seine Testpilotenkollegen bei der NASA in Edwards – im Cockpit eines langen, spitz zulaufenden Düsenfliegers mit dem Spitznamen »bemanntes Geschoss« – die ersten dramatischen Ausflüge an den Rand des Weltalls durch. Sie taten es zu Forschungszwecken, mehr als ein halbes Jahr, bevor Alan B. Shepard als erster amerikanischer Astronaut ins All flog.

Nach über dreißig Flügen in der F-104 flog Armstrong die X-15 sieben Mal, bevor er im September 1962 zur zweiten Gruppe amerikanischer Astronauten stieß. Neil erreichte nie die Achtzig-Kilometer-Grenze, doch am 20. April 1962 kam er bei seinem sechsten Flug in der X-15 immerhin auf 63 250 Meter.

Im Rückblick erscheint die Entwicklung der Luftfahrt von Unterschallflügen über Flüge an der Schallgrenze hin zu Überschall- und dann zu Hyperschallflügen (und später sogar noch darüber hinaus zu solchen mit »Hypergeschwindigkeit«) unvermeidlich. Als der Kalte Krieg auf eine nukleare Auseinandersetzung zwischen den USA und der Sowjetunion zulief, richtete sich das Interesse an Hyperschallflügen vor allem auf die Konstruktion von Interkontinentalraketen mit Atomsprengköpfen. Doch für die Flugfans, für die es in der Luftfahrt immer noch um bemannte, geflügelte *Flugzeuge* ging, war das Ziel der Bau eines raketengetriebenen Vehikels, das Menschen und Fracht auf »hyperschnellen« Flügen rund um die Erde transportieren konnte, auf Flugbahnen, die auf ihrem Scheitelpunkt durch den Weltraum führten.

Raketengetriebene experimentelle Forschungsflugzeuge wurden in der Luft abgeworfen. Armstrong erlebte seinen ersten solchen Flug am 15. August 1957, beim ersten Testflug der modifizierten X-1B auf gut 18 000 Meter. Obwohl Armstrong noch nie höher unterwegs gewesen war, war der Staudruck auf dieser Höhe einfach noch nicht gering genug, um die Lageregelung zu testen.

Bei der Landung »versagte« das Bugfahrwerk. Laut Neils offiziellem Bericht kam er »versehentlich mit 315 km/h angezeigter Fluggeschwindigkeit auf, mit dem Bugrad voran«. »Im Grunde hat es nicht *versagt*«, gibt er zu, »ich habe es kaputt gemacht. Ich landete auf dem Seebett, und alles lief ganz normal. Doch beim Aufsetzen begann das Flugzeug auf und ab zu wippen, und nach ein paar solcher Bewegungen brach die Bugradaufhängung. Ich war natürlich am Boden zerstört, doch ich fühlte mich etwas besser, als ich herausfand, dass das bei dieser Maschine nun schon zum 13. oder 14. Mal passiert war.«

Sein zweiter Flug in der X-1B am 16. Januar 1958 wurde aufgrund von Systemproblemen abgesagt. Die zehn Jahre alte X-1B flog nur noch ein weiteres Mal, am 23. Januar, als Armstrong und Stan Butchart die Maschine mit Jack McKay im Cockpit in der Luft abwarfen und diese auf gut 16 500 Meter aufstieg, aber auf dem Höhepunkt der Flugbahn nicht langsam genug unterwegs war, um die Lageregelung zu testen. Direkt nach McKays Flug fanden die Mechaniker irreparable Risse im Flüssigsauerstofftank des Raketentriebwerks, die das Ende des X-1B-Programms besiegelten.

Überschalljets unterschieden sich von ihren langsameren Vorgängern durch die kürzeren Tragflächen, die gedrungenere Form und die deutlich höhere Massenkonzentration um den Rumpf. Unerwarteterweise brachte dieser veränderte Aufbau ernsthafte aerodynamische Probleme mit sich, die als »Trägheitskopplung« bekannt wurden.

Als Armstrong 1955 an der HSFS anfing, wurde keinem Problem mehr Aufmerksamkeit gewidmet als der Trägheitskopplung. Sie bedrohte nicht nur das Projekt F-100, sondern war auch eine Gefahr beim Flug in der D-558-2, der X-2 und im neuesten Forschungsflugzeug der NACA, der Douglas X-3. Die X-3, ein langes, schlankes, pfeilförmiges Flugzeug mit dem Spitznamen »Stiletto«, erfuhr bei abrupten Rollbewegungen eine Instabilität, durch die es völlig außer Kontrolle geriet. Die NACA versetzte das Flugzeug im März 1956 nach nur zwanzig Flügen in den Ruhestand. Somit konzentrierte sich die Aufmerksamkeit ganz auf die F-100. Schnell war eine Lösung für das Problem gefunden – die Maschinen erhielten ein deutlich größeres Heck. Dann probierte die NACA in der umgebauten F-100 eine neue automatische Steuertechnik aus, durch die sie das Problem der Trägheitskopplung ganz generell in den Griff bekommen wollte – um die Abweichungen auf der Gierachse zu verringern, wurde auf eine Nickdämpfung zurückgegriffen. Armstrong stieg am 7. Oktober 1955 in dem Flugzeug auf und absolvierte in den folgenden zwei Jahren viele der Flüge für dieses Programm.

Dieses teilautomatische Flugsteuerungssystem, das unter Mitarbeit von Armstrong für die F-100 entwickelt wurde, zählte zu den ersten, bei dem die Steuerflächen des Flugzeugs als Teil eines integrierten, sich selbst regulierenden Systems fungierten. Ab April 1960 beriet sich Neil regelmäßig mit den Ingenieuren der Minneapolis-Honeywell Corporation über diese Technologie. Nachdem Honeywell einen Prototypen des Systems mit der Bezeichnung MH-96 Anfang 1961 in eine F-101 Voodoo eingebaut hatte, reiste Neil im März 1961 nach Minnesota, um die Maschine zu fliegen. Auf der Grundlage seines größtenteils positiven Berichts entschied die NASA, MH-96 in die letzte Version der X-15 (X-15-3) einzubauen, deren erster Testflug Ende 1961 stattfinden sollte. Angesichts von Armstrongs Rolle bei der Entwicklung des Systems wählte die NASA ihn als Piloten für diesen Flug aus. Sowohl in Minneapolis als auch in Edwards, so erklärte Neil, »benutzten wir Flugzeuge, wie Mathematiker wohl Computer benutzen: als Werkzeug, um Antworten auf Aerodynamik-Fragen zu finden«.

Die High-Speed Flight Station der NACA kann als Geburtsstätte des Flugsimulators zu Forschungszwecken gelten. 1952 hatte die Behörde die Air Force überzeugt, einen analogen Computer zu kaufen, der von den Ingenieuren an der HSFS zu einem Flugsimulator umprogrammiert werden konnte. Als Armstrong 1955 in Edwards eintraf, hatten die Simulatoren bereits einen wertvollen Beitrag zu einer Reihe von Forschungsprojekten geleistet, darunter das X-1B- und das X-2-Programm. Letztere Maschine sollte die NACA bekommen, sobald die Air Force ihre Testflüge durchgeführt hatte. Doch ein Unfall verhinderte das. In seinem ersten Flug in der X-2 verlor der Air-Force-Testpilot Melburn G. »Mel« Apt aufgrund der Trägheitskopplung die Kontrolle, und die Maschine geriet in einen wilden Schlingerflug. Apt bemühte sich verzweifelt, das Flugzeug wieder in den Griff zu bekommen, aber vergeblich. Er hatte keine andere Wahl, als per Schleuderkapsel aus dem Flugzeug auszusteigen. Obwohl sich der Bremsschirm der Kapsel öffnete, versagte der Hauptfallschirm. Apt versuchte noch, sich aus der Kapsel zu befreien, doch es war zu spät. Die Kapsel stürzte auf den Bombenabwurfplatz des Stützpunktes, der Rest des Flugzeugs prallte in acht Kilometern Entfernung auf. Durch den Flug war Mel Apt zum Piloten des damals schnellsten Flugzeugs aller Zeiten aufgestiegen, er hatte mehr als die dreifache Schallgeschwindigkeit erreicht, aber sein Tod verdrängte jegliche Gedanken an den Rekord. Doch es gab natürlich Nachforschungen, was mit ihm und seinem Flugzeug geschehen war und warum. Neil weiß noch, dass sich später alle angehenden X-15-Piloten mehrmals die Bordaufnahmen von Apts tödlichem Flug ansehen mussten, die eine Einzelbildkamera aufgezeichnet hatte, die hinter Apt im Cockpit angebracht gewesen war.

Nach dieser Tragödie verstärkte die NACA ihre Bemühungen, Forschungssimulatoren zu entwickeln. Im »Sim Lab« lernte Neil, dass »es viele Möglichkeiten gab, Fehler im Programm zu verursachen. Oft waren die ausgegebenen Daten der Instrumente schlecht umgesetzt, sodass die Bewegungen des Fluggeräts nicht korrekt dargestellt waren. Das fiel mir auch viel später in Houston auf, und ich nahm mir bei neuen Simulatoren immer die Zeit, zu überprüfen, ob die Reaktion korrekt war.« Armstrong verbrachte vielleicht mehr Zeit in den Simulatoren als jeder andere Pilot in Edwards – so machte er Erfahrungen, bei denen er die Ergebnisse sah und fühlte und »stetig neue Informationen und möglicherweise wertvolle Methoden aufsog«.

Außerdem war Armstrong einer der ersten NACA/NASA-Testpiloten, der die Tortur der Zentrifuge der Navy in Johnsville, Pennsylvania, über sich ergehen ließ. (Die »National Aeronautics and Space Administration«, die NASA, entstand am 1. Oktober 1958 durch den »National Aeronautics and Space Act«, den Präsident Eisenhower am 29. Juli 1958 unterschrieben hatte und wodurch die NACA offiziell aufgelöst war, de facto aber den Kern der neuen NASA bildete.) Der Zweck dieser Konstruktion war, herauszufinden, »ob sich die g-Kräfte, die bei einem Raketenstart auftraten, negativ auf die Fähigkeiten des Astronauten auswirken würden, beim Flug in die Umlaufbahn präzise zu arbeiten«. Armstrong erklärte es so: »Unsere Hypothese lautete, dass es möglich wäre, ein Fahrzeug in die Umlaufbahn zu bringen – dass eine vertikal startende Rakete manuell in den Orbit gesteuert werden konnte, ohne dass ein Autopilot oder irgendeine Form der Fernsteuerung nötig waren.«

An dem Experiment nahmen sieben Piloten teil: Armstrong, Stan Butchart und Forrest »Pete« Petersen aus dem NASA-Flugforschungszentrum (abgekürzt FRC für »Flight Research Center«, ehemals High-Speed Flight Station), zwei weitere NASA-Piloten vom Langley- und vom Ames-Zentrum sowie zwei Air-Force-Piloten. Sie wurden auf dem Rücken liegend in einem auf die individuelle Körperform jedes Piloten in seinem Druckanzug angepassten Sitz festgeschnallt und ordentlich in die Mangel genommen. Während die Piloten am Ende des siebzehn Meter langen Armes durch den Raum kreisten, wurden sie allen möglichen Kräften und Belastungen und jeder denkbaren Flugbedingung ausgesetzt. Als das Gerät auf die höchste Geschwindigkeit und den extremsten Winkel eingestellt war, erfuhren sie eine Beschleunigung von fünfzehn g. Das hielten nur wenige Piloten aus, unter ihnen Armstrong. Gene Waltman, einer der FRC-Techniker vor Ort, erinnerte sich daran, dass Armstrong meinte, bei fünfzehn g sei so viel Blut aus seinem Gehirn gewichen, dass er nur noch eines der Instrumente im simulierten Cockpit sah. Neil weiß noch: »Wir überzeugten uns selbst davon, dass es tatsächlich machbar war, ein Startvehikel oder ein Raumfahrzeug, das derart stark beschleunigte, zu steuern.« Gemeinsam mit den FRC-Ingenieuren Ed Holleman und Bill Andrews veröffentlichte er diese überraschenden Ergebnisse in einem Bericht. Viele Luftfahrtexperten bezweifelten die Erkenntnis, dass g-Kräfte bis zu acht g nur sehr wenig Einfluss auf die Fähigkeit eines Piloten hätten, die Instrumente zu bedienen, bis diese Tatsache in der X-15 und auf den Mercury-Flügen unter Beweis gestellt wurde. Später kehrte Armstrong nach Johnsville zurück, um dort die Wiedereintrittsflugbahn der X-15 unter verschiedenen Einstellungen zu trainieren.

Doch die Schlüsselkomponente der X-15-Flugvorbereitung war der elektronische Simulator, den es in zwei Ausführungen gab. Bei beiden handelte es sich um analoge Geräte, weil digitale Computer immer noch viel zu langsam waren, um irgendetwas »in Echtzeit« durchzuführen. North American baute den »XD«-Simulator auf dem betriebseigenen Gelände, das heute den südlichen Teil des Flughafens von Los Angeles bildet. Armstrong kam mehrere Male her, um den Simulator in allen sechs Freiheitsgraden auszuprobieren. Day erinnert sich noch, wie Neil, wenn er in der R4D geflogen kam, regelmäßig um einen ILS-Anflug auf dem Flughafen bat. »Wir haben mehrere Flüge nach unten gemacht, im Grunde Eintrittsflüge. Wir flogen auf 750 bis 1000 Meter hinauf und führten Eintrittsflüge in verschiedenen Anstellwinkeln durch und stellten dann den Anstellwinkel und den maximalen Staudruck gegenüber. Daraus ergab sich eine Gerade, also eine ganz spezielle Gleichung. Die lernte Neil auswendig, falls es Probleme geben sollte.«

Unter Dick Days Anleitung erstellte die NASA in Edwards ebenfalls einen X-15-Simulator, der das Cockpit der Maschine nachbildete. Laut Armstrong handelte es sich bei dem Gerät um »den wahrscheinlich besten Simulator, der bis dahin je gebaut worden war, in Bezug auf die Genauigkeit und die Zuverlässigkeit.« Vor jedem seiner sieben X-15-Flüge verbrachte Neil fünfzig bis sechzig Stunden im Simulator.

»Die eigentlichen Flüge in der X-15 dauerten nur zehn Minuten, und im Simulator gab es meist keine Möglichkeit, eine Landung durchzuführen«, erklärte Neil. »Man verbrachte dort nur die reine Flugzeit, und die betrug nicht mehr als ein paar Minuten. Wir stellten immer ein kleines Team zusammen – aus dem Piloten, einem der Forschungsingenieure und einem der Männer aus der Computergruppe – und sagten: ›Das hier wollen wir machen‹, und sie nahmen die Daten, die wir hatten, gaben sie ein und ermittelten, was wir daraus lernen konnten. Man konnte zumindest anfangen, ein Problem zu verstehen.«

Das X-15-Programm nahm schnell Form an. Kaum ein Jahr nach Baubeginn im September 1957 rollte die Maschine aus der Fabrik. Sechs Monate später, im März 1959, fand der erste Flug unter einem Trägerflugzeug statt und noch einmal drei Monate später der erste Gleitflug. Am 17. September 1959, weniger als vier Jahre nachdem das Projekt zum ersten Mal angedacht worden war, führte Scott Crossfield den ersten Motorflug durch. Windkanaltests hatten gezeigt, dass die X-15 bei niedriger Geschwindigkeit eine sehr geringe Gleitzahl hatte, das heißt, dass sie sehr wenig aerodynamischen Auftrieb erfuhr. Sobald die Rakete ausgebrannt war, flog die Maschine schnell und steil Richtung Boden. Die normalen Techniken für eine Landung mit abgestelltem Motor waren hier nicht anwendbar. Zwischen Sommer 1958 und 1961 probierte Armstrong aus, wie sich verschiedene Anflugmethoden »mit allerlei unterschiedlichen Kombinationen aus Luftbremsen und Landeklappen« auf die Gleitzahl auswirkten.

Jeder, der mit der X-15 zu tun hatte, schien eine eigene Meinung darüber zu haben, welche die beste Landetechnik war. Armstrong und andere NASA-Piloten schlugen eine Variante vor, die in ihren Augen die größte Flexibilität ermöglichte. Der Projektingenieur Gene Matranga berichtete: »Unsere Methode beinhaltete einen spiralförmigen Sinkflug um 360 Grad ab einer Höhe von etwa 12 000 Meter«, der direkt über dem angepeilten Aufsetzpunkt auf der Landebahn begann. Aus dieser »High Key«-Position flog der Pilot eine 35-Grad-Kurve (meist nach links) und hielt dabei eine Geschwindigkeit von 460 bis 555 km/h. Auf rund 6000 Metern Höhe, nachdem die halbe Spirale absolviert war, erreichte die X-15 die »Low Key«-Position. An diesem Punkt flog die Maschine genau entgegengesetzt zur Richtung der Landebahn und befand sich etwa 6,5 Kilometer querab zum Landepunkt. Von dort aus wurde die Spirale fortgeführt, bis die X-15 auf die Landebahn ausgerichtet war, in etwa acht Kilometern Abstand. Die Sinkrate in der Spirale betrug mehr als drei Kilometer pro Minute, was bedeutete, dass von der High-Key-Position bis zu dem Punkt, an dem das Flugzeug geradeaus landen konnte, im Schnitt drei Minuten vergingen.

Bei der Frage, wo mit dem Anstellen begonnen werden sollte, waren Armstrong und Walker gezwungen, auf die vage Erklärung »Das spüre ich« zurückzugreifen. In diesem Fall konnte Matranga es verstehen: »Wir versuchten, mathematische Modelle für diesen Punkt zu ermitteln, aber es funktionierte nicht. Es handelte sich einfach um etwas, das die Piloten aufgrund ihrer Erfahrung intuitiv wussten, und es konnte sich von Flug zu Flug ziemlich stark unterscheiden.« Nachdem eine harte Landung von Crossfield dazu geführt hatte, dass der Rücken eines Flugzeugs brach, übernahm North American die Spiraltechnik, die Armstrong und seine Kollegen von der NASA erarbeitet hatten. Sie wurde zum Standard erhoben und in ihren Grundzügen auch später beim sogenannten Tragrumpfprojekt und beim Space Shuttle eingesetzt. Crossfield flog die X-15 dreizehn Mal, bevor North American sie an die Kooperation aus NASA, Air Force und Navy weiterreichte.

Armstrong sah sich so viele dieser Flüge an wie möglich. Zwei davon fanden in der Maschine Nummer eins statt, der Rest in Nummer zwei. Die höchste Geschwindigkeit, die Crossfield dabei erreichte, war Mach 2,9, die maximale Höhe lag bei 26 860 Metern und die längste zurückgelegte Distanz bei 184 Kilometern.

Armstrong bestieg die Maschine erst am 30. November 1960. Vorher saß er zweimal im Begleitflugzeug. Insgesamt übernahm er diese Aufgabe sechs Mal für die X-15. Oft blieb er auch im Kontrollzentrum von Edwards, stand über Funk mit dem Piloten in Kontakt und behielt die Radar- und Telemetriedaten im Blick. Sein letzter Begleitflug als Edwards-Mitarbeiter erfolgte am 29. Juni 1962, als sein Kollege Jack McKay das Flugzeug Nummer zwei auf knapp unter Mach 5 brachte.

Am 30. November 1960 saß Neil im Cockpit der X-15 Nummer eins hoch oben über dem trockenen Bett des Rosamond Lake und wartete gespannt darauf, zum ersten Mal ausgeklinkt zu werden. Das B-52-Mutterschiff steuerten Major Robert Cole und Major Fitzhugh Fulton. In den Begleitflugzeugen saßen Joe Walker, Lieutenant Commander Forrest S. Petersen und Captain William R. Looney. Insgesamt war es der 29. Flug des X-15-Programms, der 17. mit der X-15-1 und der siebte, den ein NASA-Pilot durchführte.

Da Neil die Maschine zum ersten Mal fliegen würde, handelte es sich bei Flug 1-18-31 um einen simplen Eingewöhnungsflug, doch in der X-15 war nie irgendetwas einfach. Neil hatte Hunderte Stunden im Simulator zugebracht, doch die Realität war ganz anders. »Wenn man den Druckanzug anhat und die Luke über einem geschlossen wird, stellt man fest, dass dort drinnen sehr, sehr wenig Platz ist. Die Windschutzscheibe liegt so eng über einem, dass man das Cockpit kaum sehen kann.« Wenn Neil nach draußen schaute, war die Maschine, die er flog, nicht in seinem Blickfeld. »In dieser Lage ist man sehr angespannt, obwohl man weiß, dass man nicht der Erste ist. Jeder andere hat es geschafft, also sollte man selbst es auch hinkriegen.«

Auf einer Höhe von 13000 Metern begann Fitzhugh in der B-52 mit dem Countdown, wie er später auch bei Raketenstarts verwendet wurde: »Zehn Sekunden, Startlampe leuchtet. Fünf, vier, drei, zwei, eins, Start.« Armstrong hatte bereits zuvor Abwürfe erlebt, in der X-1B, aber bei der X-15 wirkte es deutlich dramatischer, es gab ein lautes Scheppern. Dann musste das Raketentriebwerk zünden, und zwar *sofort*.

Das Triebwerk in Neils X-15 war ein XLR-11, gebaut von Reaction Motors. Es bestand aus zwei Teilen, einem oberen und einem unteren, mit jeweils vier Kammern, die pro Stück für einen Schub von etwas weniger als 6,7 Kilonewton sorgten, in der Summe mehr als 53 kN. Doch da Kammer Nummer drei nicht zündete, kam der Schub nicht über knapp 47 kN hinaus. Selbst wenn bis zu vier Kammern ausgefallen wären, hätte das Flugzeug trotzdem noch fliegen können, auch wenn es dann in der Nähe des Stützpunkts hätte bleiben und direkt die Landung hätte einleiten müssen. Neils Testpilotenkollege Jack McKay wies ihn also an, »weiterzumachen und nach Plan zu fliegen«.

Bis auf den Ausfall dieser dritten Kammer verlief Armstrongs erster X-15-Flug ohne Zwischenfälle. Nachdem sich das Flugzeug auf 11370 Metern horizontal ausgerichtet hatte, brachte Neil es in einen Steigflug von acht Grad, der ihn auf eine Höhe von 14890 Meter führte, bevor er die Nase für den Sinkflug wieder nach unten kippen ließ. Er erreichte nur eine Maximalgeschwindigkeit von 1860 km/h oder Mach 1,75. Doch Walker und den anderen gefiel, was Armstrong ihnen an jenem Tag zeigte. Sein zweiter X-15-Flug, der erste zu Forschungszwecken, fand zehn Tage später statt, am 9. Dezember 1960, ebenfalls in der Maschine Nummer eins. Auf diesem Flug wurde die neu angebrachte »Kugelnase« getestet. Bis dahin hatte die X-15 – wie damals alle Forschungsflugzeuge – über einen vorn angebrachten Nasenmasten mit Sensoren verfügt, um die Fluggeschwindigkeit, die Höhe, den Anstellwinkel und den Schiebewinkel in einem freien aerodynamischen Strömungsfeld zu messen. Doch in derartigen Höhen und bei so extremen Geschwindigkeiten schmolz dieser Mast, und die Messdaten gingen verloren.

Die geniale Lösung bestand aus einer Kugel, die vorn am Flugzeug angebracht werden konnte. Sie war den höchsten Temperaturen des gesamten Flugzeugs ausgesetzt, doch man konnte sie von innen mit flüssigem Stickstoff kühlen. Als die X-15 von der B-52 in der üblichen Höhe von 13 500 Metern abgeworfen wurde, stieg sie mit einer Geschwindigkeit von Mach 1,8 auf 15 270 Meter auf. Die Rakete brannte genau in dem Augenblick aus, in dem Neil die Luftbremsen des Flugzeugs ausfuhr. Die Kugelnase funktionierte so gut, dass sie für den Rest des X-15-Programms übernommen wurde.

Es sollte über ein Jahr dauern, bis er das nächste Mal in einer X-15 flog. Das Jahr 1961 verbrachte er damit, am neuen automatischen Flugsteuerungssystem für die X-15-3 zu arbeiten, der Maschine, in der er dann im Dezember den dritten bis sechsten Flug des Programms absolvierte. Bis dahin standen für Neil deutlich weniger Testflüge auf dem Programm als in den Jahren zuvor, dafür aber deutlich mehr Fahrten zu Minneapolis-Honeywell und nach Seattle, denn dort beriet er die NASA im Zusammenhang mit dem neuen X-20-Weltraumflugzeugprojekt der Air Force, das unter der Bezeichnung »Dyna-Soar« lief.

KAPITEL 9

Der schlimmste Verlust

In den letzten Frühlingswochen 1961 wohnte Familie Armstrong vorübergehend in Seattle, da Neil bei Boeing beschäftigt war, der Vertragsfirma für das Projekt Dyna-Soar – dem gemeinsamen Unterfangen der NASA und der Air Force, einen bemannten Hyperschall-Raumgleiter namens X-20 zu entwickeln, von dem manche Befürworter zunächst geglaubt hatten, er könne es früher ins Weltall schaffen als die ballistische Kapsel des Projekts Mercury. Und obwohl Alan Shepards Suborbitalflug wenige Wochen zuvor, am 5. Mai 1961, diesen Traum beendet hatte, lebte Dyna-Soar fort. An den Wochenenden gingen die Armstrongs regelmäßig in den öffentlichen Park am Lake Washington. Der fast vierjährige Ricky schaukelte gern, genauso wie Karen, die zwei war.

Am 4. Juni stolperte Karen auf dem Rückweg vom Park und fiel hin. Das führte zu einer Beule am Kopf und leichtem Nasenbluten, und am Abend schielte das Kind. Neil und Janet befürchteten, dass »Muffie«, wie Neil seine Tochter nannte, eine Gehirnerschütterung davongetragen habe. Ein Kinderarzt in Seattle wies Janet an, Karen nach der Heimreise der Familie nach Kalifornien Ende der Woche gründlich untersuchen zu lassen. Karens Kinderarzt in Lancaster überwies sie an einen Augenarzt, der Janet mit dem Kind nach Hause schickte und ihr sagte, sie solle es beobachten und in der Woche darauf wiederkommen. Doch die Mutter eines der Kinder, denen Janet Schwimmunterricht gab, eine Krankenschwester, fand es beunruhigend, dass Karens Zustand sich kontinuierlich verschlechterte. Das Mädchen stolperte immer wieder und schielte fast durchgängig. Die Krankenschwester meinte, Janet sollte Karen für eine Reihe umfassender Tests ins Krankenhaus bringen.

Janet traf die nötigen Vorbereitungen allein, da Neil nach der Rückkehr aus Seattle zu Minneapolis-Honeywell gefahren war. »Er wusste von nichts, also rief ich ihn schließlich an und sagte ihm, dass ich mit ihr ins Krankenhaus fahre.« An jenem Tag begann Karen, die Augen zu verdrehen, und konnte nicht mehr deutlich sprechen. Das kleine Mädchen ließ am Daniel-Freeman-Memorial-Hospital in Inglewood eine Serie von Untersuchungen über sich ergehen, als Letztes ein Enzephalogramm, für das eine Lumbalpunktion und die Injektion von Luft in Muffies Spinalkanal nötig waren. Diese Untersuchung und die Röntgenaufnahmen ergaben, dass Karen ein Ponsgliom hatte, einen bösartigen Tumor im mittleren Teil des Hirnstamms. Auch heute sind die Aussichten bei Hirnstammgliomen extrem schlecht: Mehr als die Hälfte der betroffenen Kinder stirbt innerhalb eines Jahres nach der Diagnose.

»Sie begannen sofort mit den Bestrahlungen, um den Tumor zu schrumpfen«, erinnerte sich Janet. »Im Verlauf dieser Behandlung verlor Karen den Gleichgewichtssinn. Sie konnte nicht laufen, sie konnte nicht stehen. Doch sie war ein Schatz. Man hörte sie niemals klagen.« Die Armstrongs verbrachten viel Zeit im Krankenhaus: »Ich war rund um die Uhr bei ihr, oder Neil war da. Er bekam eine Woche frei, und wir nahmen uns ein Motelzimmer. Einer von uns blieb bei Ricky und der andere fuhr ins Krankenhaus.« Auf die erste Woche Bestrahlung folgten sechs Wochen ambulante Behandlung. »In dieser Zeit lernte sie erneut zu krabbeln und irgendwann auch zu laufen«, bemerkte Janet. »Schließlich konnte ich sie am Wochenende nach Hause holen und in der Woche nach L. A. bringen.« Im Verlauf dieser sieben Wochen verabreichten die Ärzte Karen die maximale Dosis von 2300 Röntgen. In den folgenden anderthalb Monaten verbesserte sich ihr Zustand. Die Strahlentherapie hatte das Tumorwachstum aufgehalten.

Doch es dauerte nicht lange, bis die Symptome zurückkehrten – Karen hatte Probleme in der Koordination und beim Laufen, schielte und sah doppelt, konnte nicht deutlich sprechen, und eine Gesichtshälfte hing schlaff herab. Als Neil und Janet mit Karen ins Krankenhaus in Inglewood zurückkehrten, wussten sie, dass ihnen nur noch eine Behandlungsmöglichkeit blieb: die Kobalttherapie. Bei dieser Methode drang ein Gammastrahl tiefer in das Gehirn ein, zerstörte dabei aber nicht nur Krebszellen, sondern auch gesundes Gewebe. Laut den Ärzten war diese Therapie Karens einzige Chance. Doch ihr geschwächter Körper ertrug sie nicht. Die Ärzte am Freeman-Krankenhaus waren ganz offen zu den Armstrongs. Das Kind sollte nicht in der Klinik bleiben, sondern wäre zu Hause besser aufgehoben, das sahen alle Beteiligten ein. An Weihnachten reiste die Familie sogar nach Ohio. »Sie überstand die Feiertage«, erzählte Janet. »Da konnte sie nicht mehr laufen – nur noch krabbeln –, aber sie war noch in der Lage, das Fest zu genießen. Als der Tag vorbei war, schien es nur noch bergab zu gehen. Es überkam sie einfach.«

Am 28. Januar 1962 starb Karen zu Hause in der Hütte der Familie in den Juniper Hills, nach einem qualvollen, sechs Monate dauernden Kampf gegen den Hirntumor. Die Woche vor ihrem Tod muss für Janet besonders schwierig gewesen sein, da Neil beruflich unterwegs war. Der Tag, an dem Karen starb, war Neils und Janets sechster Hochzeitstag. Die Beerdigung fand am 31. Januar statt, Karen wurde in einem Kindergrab im Joshua Memorial Park in Lancaster bestattet. In Gedenken an Neils Tochter blieben im Flugforschungszentrum an jenem Tag alle Testflugzeuge am Boden. Grace Walker weiß noch, dass Neil sehr stoisch wirkte und kaum Gefühle zeigte, im Gegensatz zu Janet, die sichtlich mitgenommen war. Grace wollte Neil umarmen, hielt sich aber zurück: »Ich glaube, er fand das immer unangemessen. Er war ein emotional sehr verschlossener Mensch.«

Neil kehrte am 5. Februar ins Büro zurück und war am folgenden Tag wieder in der Luft. Er nahm sich bis Mitte Mai, als ein Familienausflug anstand, keinen weiteren Tag frei, verbrachte aber vom 26. Februar bis zum 20. März erneut knapp einen Monat in Seattle, um das

Dyna-Soar-Projekt zu besprechen. »Es verletzte Janet sehr«, erinnerte sich Grace Walker, »dass Neil gleich wieder arbeiten ging. Sie war ein sehr bestimmter und selbstgenügsamer Mensch, doch in der Situation hätte sie unbedingt die Hilfe ihres Mannes gebraucht. Neil nutzte die Arbeit als Ausrede. Er brachte so viel Distanz zwischen sich und das emotionale Ereignis wie möglich. Ich weiß, dass er schrecklich unter Karens Tod litt. Es war einfach seine Art, damit umzugehen.« Laut Grace war Janet »lange wütend, auf Gott und, ich glaube, auch auf Neil«. Da Neil nicht bereit war, sich auf schwierige Gespräche einzulassen, »ließ er Janet in der Luft hängen«.

Es steht außer Frage, dass Karens Tod Neil zutiefst erschütterte. »Es war eine furchtbare Zeit«, erinnerte sich seine Schwester June. »Ich glaubte, es würde ihm das Herz brechen. Er fühlte sich irgendwie verantwortlich für ihren Tod, nicht persönlich, aber im Sinne von: ›Ist da ein Gen in meinem Körper, das das bewirkt hat?‹«

Später in Armstrongs Leben, in der Zeit als gefeierter Astronaut, gab es ein paar interessante persönliche Augenblicke, die Erinnerungen an diesen Verlust weckten. Am bemerkenswertesten war ein Ereignis im Oktober 1969, als die Apollo-11-Crew nach dem Mondflug in London war. Unter der Überschrift »Zweijährige erhält Kuss von Neil« war zu lesen, dass Neil, Buzz Aldrin und Mike Collins gerade auf dem Weg in den Buckingham-Palast zu einem Treffen mit Queen Elizabeth und Prinz Philip gewesen seien. »Doch das Herz des schlanken Armstrong mit den blauen Augen, des ersten Mannes auf dem Mond, eroberte ein kleines Mädchen, das die Astronauten sehen wollte und dabei fast am Geländer eingequetscht worden wäre. Ein Polizist hatte Wendy Jane Smith auf den Arm genommen, weil sie gegen die Absperrung vor der amerikanischen Botschaft gedrückt wurde. Als Armstrong sie sah, trat er schnell einen Schritt vor und gab dem Mädchen unter dem Jubel der Zuschauer einen Kuss.«

Gab es – vielleicht unterbewusst – einen Zusammenhang zwischen Karens Tod Ende Januar 1962 und Neils Entscheidung, sich nur wenige

Monate später auf eine Stelle als Astronaut zu bewerben? »Ich habe ihn nie gefragt«, gab June zu. »Ich konnte es nicht.« Dennoch war sie sich sicher, dass Neil es durch seine Berufung zum Astronauten schaffte, seinem Leben eine neue Richtung zu geben: »Der Tod seines kleinen Mädchens brachte ihn dazu, seine Energie in etwas Positives zu stecken, und er bewarb sich für das Raumfahrtprogramm.«

KAPITEL 10

Auf zu neuen Ufern

Armstrong brachte seinen Entschluss, Astronaut zu werden, nie bewusst mit dem Tod seiner Tochter in Verbindung: »Die Entscheidung, das, was ich machte, was ich sehr gern machte, aufzugeben und nach Houston zu gehen, fiel mir schwer. Aber 1962 befand sich Mercury auf gutem Wege, die zukünftigen Programme waren ausgearbeitet, und die Mondmission schien Realität zu werden. Ich beschloss, dass ich diesen Schritt gehen müsste, wenn ich von den Rändern der Atmosphäre wegkommen und in die Tiefen des Weltalls vordringen wollte.«

Am 4. Oktober 1957 hatte die Sowjetunion den ersten Satelliten in die Erdumlaufbahn geschickt, Sputnik 1. Diese erstaunliche technische Leistung ließ einen Ruck durch die amerikanische Raumfahrtgemeinschaft gehen und führte zur Abschaffung der NACA, die durch die bessere NASA ersetzt wurde. Deren oberste Priorität bestand darin, durch ein Programm mit dem Namen Mercury einen Menschen ins Weltall zu befördern. Von den Astronauten der ersten Gruppe – Gordon Cooper, Gus Grissom und Deke Slayton von der Air Force, Scott Carpenter, Wally Schirra und Alan Shepard von der Navy und John Glenn von der Marine – kannte Neil nur Schirra gut, sie hatten zusammengearbeitet, als die Navy eine erste Einschätzung der McDonnell XF-4H vorgenommen hatte, die später als F-4 bekannt wurde. Selbst nach den ersten Suborbitalflügen 1961 lautete Armstrongs Einschätzung: »Wir waren bei der Erforschung des Raumflugs deutlich weiter als die Mercury-Leute.«

»Ich hatte immer das Gefühl, dass die Risiken im Raumfahrtprogramm vermutlich geringer waren als die, die wir in Edwards oder ganz allgemein bei Testflügen eingingen. Das lag daran, dass wir an die Grenzen gingen, wir befanden uns ständig am Rand der Flugenveloppe und loteten aus, was möglich war. Das soll nicht heißen, dass im Raumfahrtprogramm keine Gefahren drohten. Aber wir fühlten uns relativ sicher, weil es so viel technische Unterstützung gab und wir nicht ansatzweise so weit gingen wie in den guten alten Zeiten als Testpiloten.«

Die deutlich höhere Zahl an Todesopfern, die das Testfliegen forderte, bestätigte diese Annahme. Bis zum Verlust der sieben Insassen des Space Shuttles *Challenger* 1986 kam kein einziger amerikanischer Astronaut bei einem Raumflug ums Leben. Im Gegensatz dazu starben in Edwards allein 1948 dreizehn Testpiloten. 1952 waren es 62 Piloten innerhalb von 36 Wochen. Armstrong hätte sich auch dafür entscheiden können, in dieser anspruchsvollen Welt zu bleiben. Sein letzter Flug in der X-15 fand am 26. Juli 1962 statt, doch in den sechs Jahren danach folgten noch 135 weitere, bis das Programm im Oktober 1968 eingestellt wurde. Im November 1960 nahm die NASA Armstrong in die »Pilotenberatergruppe« des Air-Force/NASA-Gemeinschaftsprojektes Dyna-Soar auf. Obwohl die Air Force die Sache schließlich verkomplizierte und ein einsatzfähiges Flugzeug forderte, handelte es sich ursprünglich um ein reines Forschungsprojekt. Das Ziel bestand darin, einen kontrollierten »tragenden Wiedereintritt« zu erreichen, eine Methode, die für ausreichend aerodynamischen Auftrieb sorgte, dass sie es einem transatmosphärischen Fluggerät ermöglichte, auf einer festgelegten Landebahn herunterzukommen, wie es später beim Space Shuttle der Fall war. Diese Form des Wiedereintritts bot eine Flexibilität, die den nicht tragenden, rundlichen ballistischen Kapseln abging. Da Dyna-Soar die Technik so schnell und weit vorantrieb, galt es für viele zukunftsorientierte Forschungsbereiche der Raumfahrt als entscheidendes Projekt.

Obwohl die NASA-Ingenieure am Dryden-Zentrum in Erwägung gezogen hatte, die X-20 durch ein B-52- oder B-70-Mutterschiff abwerfen zu lassen, entschieden die Air Force und die Raumfahrtbehörde, den

Raumgleiter auf einer Titan-III-Rakete in die Umlaufbahn zu schicken. Das führte zu der Frage, wie die X-20 und ihre Besatzung gerettet werden sollten, falls es auf der Startrampe zu einem Notfall kam, etwa einem Feuer oder einem Triebwerksversagen. Da es sich bei Dyna-Soar um ein mit Tragflächen ausgestattetes Vehikel handelte, das richtig fliegen konnte, bestand die Möglichkeit, dass der Pilot es sicher auf eine Landebahn hinabsteuern konnte, sobald es von der Titanrakete abgetrennt worden wäre.

Armstrong ersann einen Weg, dieses Rettungskonzept zu testen. Die kleine Rettungsrakete, die für Dyna-Soar geplant war, schoss die X-20 über tausend Meter in die Höhe, und Armstrong kam die Idee, »das könnten wir vielleicht nachstellen. Also machte ich mich daran, herauszufinden, ob es ging, und ein Flugzeug dafür aufzutreiben.«

Die F5D-Skylancer war ein experimenteller Kampfjet von Douglas, der nie in Produktion ging, weil die Navy sich gegen ihn entschieden hatte. Nur vier Maschinen wurden gebaut, und zwei der Prototypen landeten Ende 1960 bei der NASA. Einen davon flog Armstrong am 26. September 1960 bei einem Besuch im Ames-Zentrum. Ihm war sofort klar, dass die F5D sich äußerst gut für eine Untersuchung der Dyna-Soar-Abbruchprozedur eignete, weil die Flügelform genau den schlanken Deltaflügeln der X-20 entsprach. Armstrong wusste, dass er ein Flugzeug wie dieses brauchte, dessen Fahrwerk sich auch bei hohen Geschwindigkeiten von über 555 km/h komplett und sicher ausfahren ließ. Er begann im Juli 1961 mit den Testflügen in der F5D, kurz nachdem man bei Karen den Tumor entdeckt hatte. Während Janet und er die Strahlentherapie in die Wege leiteten, beschäftigte Neil sich in Gedanken mit der Frage, wie die Flugbahn bei der Trennung der X-20 vom Mutterschiff verlaufen musste und welche Art von Landeanflug sich am besten eignete. Zwischen dem 7. Juli und dem 1. November 1961 absolvierte Armstrong nicht weniger als zehn Testflüge in der F5D. Anfang Oktober hatte er ein wirksames Abbruchmanöver entwickelt. Er simulierte den Abschuss mit der Rettungsrakete, indem er die

F5D steil auf über 2000 Meter aufsteigen ließ. Auf dieser Höhe zog er am Steuerknüppel, bis die »X-20« auf dem Rücken lag. Dann drehte er das Flugzeug um die Längsachse und leitete den Landeanflug mit geringer Gleitzahl ein.

Im Spätsommer 1961 installierte die NASA eine Kamera in der Nase der F5D, um die Abbruchprozedur zu filmen. Am 3. Oktober führte Armstrong das Manöver bei einem Besuch von Vizepräsident Lyndon B. Johnson in Edwards vor. Viele dieser Flüge fanden in der schwierigen Zeit nach Karens Diagnose statt.

Sechs Wochen nach Karens Tod, am 15. März 1962, ernannten die Air Force und die NASA Armstrong gemeinsam zu einem der sechs »Piloten-Ingenieure« des Dyna-Soar-Projekts. Außer ihm wurde nur ein weiterer NASA-Pilot berufen, Milt Thompson – es war also eine große Ehre. Die anderen vier Piloten kamen von der Air Force. Armstrong war mit 31 Jahren der jüngste der Gruppe. Sollte tatsächlich eine kleine Anzahl von X-20-Flugzeugen gebaut werden, wären diese sechs die ersten Anwärter auf den Platz im Cockpit gewesen, wenn es so weit war – voraussichtlich 1964.

Als Armstrong sich nach dem Tod seiner Tochter Gedanken über seine berufliche Zukunft machte, sah er drei Möglichkeiten: »Ich hätte weiter die X-15 fliegen können. Außerdem arbeitete ich an Dyna-Soar. Diese Maschine existierte zwar bisher nur auf dem Papier, doch es bestand die Möglichkeit, dass sie gebaut wurde. Und dann war da dieses andere Projekt in Houston, das Apollo-Programm. Apollo war so unglaublich aufregend, dass ich beschloss, die anderen Optionen dafür aufzugeben, obwohl ich wusste, dass es vielleicht nie zustande kam.«

Zu dieser Entscheidung trug bei, dass das Projekt Mercury immer spannender wurde, wie Neil zugab. Am 20. Februar 1962 kreiste der Mercury-Astronaut John H. Glenn in der *Friendship 7* dreimal um die Erde. Seit Armstrongs Held Charles A. Lindbergh im Jahr 1927 war niemand mehr so sehr gefeiert worden wie Glenn. Wenn es je einen günstigen Zeitpunkt gab, um einen Piloten aus dem Flugzeug in ein Raumschiff zu locken, dann diesen. Der »Astronaut Glenn« war 1962 auf den Titelseiten unzähliger Zeitungen und Zeitschriften zu sehen, darunter auch auf dem Magazin *Life*. Armstrong dachte etwa fünf Monate darüber nach, ob er sich für das Astronautenprogramm bewerben sollte. Währenddessen trauerte er um seine Tochter – und er flog.

Armstrong behauptete, Karens Tod habe sich nicht negativ auf seine Arbeit ausgewirkt, doch in den Monaten danach kam es zu ein paar Zwischenfällen in Edwards. Während Karens Krankheit war Armstrong zwei Mal in der X-15 unterwegs gewesen, sein dritter und vierter Flug in dem Raketenflugzeug. Beide liefen reibungslos ab, zumindest was Armstrongs Leistung angeht.

Die Vorbereitung auf einen solchen Flug verlangte die größte Aufmerksamkeit aller Beteiligten, doch niemand stand so sehr unter Druck wie der Pilot. Außerdem sollte der dritte Flug mit Armstrong im Cockpit der erste des neuen Flugzeugs Nummer drei (X-15-3) werden. Die Maschine – oder besser gesagt ihr gewaltiges neues XLR-99-Raketentriebwerk – hatte bereits eine wechselhafte Geschichte hinter sich, darunter eine Explosion bei einem Test im Juni 1960. Die Untersuchung ergab, dass ein eingefrorener Regler, ein fehlerhaftes Entlastungsventil und der rasche Aufbau von Rückdruck dazu geführt hatten, dass der zentrale Teil des Ammoniaktanks den Wasserstoffperoxidbehälter des Steuersystems aufgerissen hatte. Erst als das gesamte Drucksystem genauestens analysiert, modifiziert und getestet worden war, konnte sich erneut ein Pilot ins Cockpit der X-15 setzen. Zu dem Zeitpunkt, in dem Armstrong ins Flugzeug stieg, war der erste Flug der X-15-3 bereits um sechzehn Monate verschoben worden und hatte Kosten von vier Millionen Dollar verursacht.

Eine neue Runde von Triebwerkstests am Boden hatte Neil davon überzeugt, dass die Probleme der X-15-3 gelöst waren.

Der Umbau des Flugzeugs hatte es North American ermöglicht, die Forschungsausrüstung an Bord auf den neuesten Stand zu bringen und die Maschine mit der MH-96-»Black Box« auszustatten, die Armstrong bei Minneapolis-Honeywell mit entwickelt hatte. Das Hauptziel von Neils Flug im Dezember 1961 bestand darin, dieses innovative Steuerungssystem in der Luft zu testen.

Der Flug sollte am 19. Dezember stattfinden, wurde aber abgesagt, als die Anzeigen der Instrumente in der Kugelnase nicht richtig funktionierten, und auf den nächsten Tag verschoben. Der Flug lief nicht ohne Probleme ab. Direkt nachdem die B-52 das Flugzeug über dem Silver Lake abgeworfen hatte, spielten alle drei Achsen des neuen Stabilisierungssystems des MH-96 verrückt und »es kam zu einem starken Rollen nach rechts, begleitet von Gier- und Nickbewegungen«.

Armstrong erinnerte sich, dass ihm das keine großen Sorgen bereitete: »Ein Aspekt des MH-96 war seine Zuverlässigkeit. Das System war darauf ausgelegt, zwischen den einzelnen Störungen 76 000 Stunden zu laufen.« »Es war ein mittelschneller Flug«, erklärte er. »Aber ich glaube, ich war schneller unterwegs als je zuvor«, mit einer Geschwindigkeit von bis zu Mach 3,76 oder 5900 km/h.

Armstrong landete die X-15 nach weniger als zehneinhalb Minuten und einer Strecke von 242,85 Kilometern. Die größte Höhe, die er erreicht hatte, war 24 500 Meter. Er ließ die Maschine behutsam auf dem Rogers Dry Lake aufsetzen.

Der nächste X-15-Flug erfolgte am 17. Januar 1962. Es ging erneut darum, das MH-96-System zu testen, und Armstrong übertraf bei diesem Flug zum ersten Mal die Mach-5-Marke. Außerdem war es sein erster Flug auf über 30 000 Meter. Er überschritt beide Grenzen deutlich und kam auf Mach 5,51 und 40 700 Meter. Nach dem Abwurf durch die B-52 legte die X-15-3 in knapp elf Minuten eine Entfernung von 360 Kilometern zurück, bevor sie sicher landete.

Am 23. März begann Armstrong mit der Vorbereitung auf den nächsten X-15-Flug. Dabei absolvierte er eine Reihe von »Touch-and-Go«-Landungen in der F-104, Probelandungen für die X-15. Aufgrund verschiedener Probleme mit den Maschinen fand der Flug in der X-15 aber erst am 5. April statt. Doch als Neil an diesem Tag in großer Höhe nördlich des Death Valley abgeworfen wurde, zündete sein Raketentriebwerk nicht. In der X-15 reichte die Zeit nur für einen weiteren Versuch. Die verbleibende Zeit wurde dafür benötigt, den Treibstoff komplett abzulassen. Hätte man einen weiteren Zündversuch durchgeführt, wäre bei der Landung noch Treibstoff im Tank gewesen, was, wie Armstrong sagte, »nicht wünschenswert« war. Er erinnerte sich, wie »lange sich die Zeit anfühlte, bis das Triebwerk beim zweiten Versuch zündete.«

Dann beschleunigte er auf die Höchstgeschwindigkeit von Mach 4,12 und stieg auf 55 000 Meter auf. Damit war er zum ersten Mal hoch genug, um die Lageregelung des MH-96-Systems vollständig einzusetzen. Der Testflug zog sich über gut elf Minuten und eine Strecke von 292 Kilometern, bevor Armstrong landete.

Damit hatte das Flugzeug aber immer noch nicht den Punkt erreicht, an dem der sogenannte »g-Beschränker« des MH-96-Systems griff, der von Armstrong mit entwickelt worden war und dafür sorgen sollte, dass der Pilot nicht mehr als 5 g ausgesetzt war. Neil fühlte sich »verpflichtet, jedes Element und jeden Aspekt des MH-96 zu demonstrieren«.

Diese Überzeugung verleitete ihn zu dem Fehler, den manche als seinen größten im gesamten X-15-Programm bezeichnen.

Der Flug 3-4-8 fand am 20. April statt. Armstrong erinnerte sich: »Ich flog so hoch wie noch nie zuvor« – bis auf 63 250 Meter, seinen persönlichen Rekord, den er erst auf der Gemini-Mission übertraf. »Die Aussicht war spektakulär. Das System lief da oben ziemlich gut. Das Lageregelungssystem funktionierte dort ›auf der Spitze‹ zufriedenstellend. Die Lage wurde gut gehalten. Alles passte. Ich befand mich ein gutes Stück außerhalb der Atmosphäre und flog daher nur mithilfe der Manövrierdüsen. Die aerodynamische Steuerung war komplett wirkungslos, als flöge man im Vakuum.« Eine Aufgabe auf dem Weg nach unten bestand darin, den g-Beschränker zu testen. Armstrong erklärte: »Ich dachte, die g-Kräfte seien hoch genug, aber das System griff nicht. Dabei war es meine Aufgabe, es zu testen.«

Er zog das Flugzeug ein kleines bisschen nach oben, sodass es aufstieg – bis auf rund 42 500 Meter – und »wieder eine horizontale Ausrichtung annahm, praktisch ohne Schiebewinkel. Bei einem Anstellwinkel von etwa fünfzehn oder sechzehn Grad und vier g entschied ich mich, den Winkel so zu halten, und hoffte, dass der g-Beschränker nun wirken würde. Im Simulator war das bei ungefähr vier g eingetreten, daher behielt ich diesen Wert relativ lange bei, in der Hoffnung, dass es zu einer Beschränkung kam. Doch das geschah nicht, und anscheinend war das der Moment, in dem wir ungewollt wie ein Ballon in die Höhe stiegen.«

Über Funk teilte »NASA 1« Neil mit großem Nachdruck mit: »Du fliegst keine Kurve, du steigst auf. Hart nach links, Neil!«

»Natürlich versuche ich, die Kurve zu kriegen«, erklärte Neil, »aber es geschieht nichts. Ich befinde mich auf einer ballistischen Flugbahn und begebe mich in eine ziemlich extreme Querlage, um in die Atmosphäre hinabzustoßen. Doch die Aerodynamik kann nichts ausrichten. Das Flugzeug fliegt, wohin es will. Ich befinde mich auf einer ballistischen Flugbahn. Ich drehte das Flugzeug um die Längsachse und versuchte, es in die Atmosphäre runterzubringen, doch es sank nicht, weil es keine Luft gab, in der es sich festbeißen konnte. Ich hatte keinen Grund gehabt, davon auszugehen, dass dieses Aufsteigen zum Problem werden könnte, da ich viel im Simulator herumgespielt hatte und dabei nie auf diese Weise abgeprallt war.«

Irgendwann trat die X-15 wieder in die Atmosphäre ein, wo Armstrong dann eine Kurve fliegen konnte. Doch in der Zwischenzeit war das Flugzeug, wie Neil sich erinnerte, »fröhlich immer weiter gesegelt« – mit Mach 3! Als er es endlich schaffte, das Flugzeug in Querlage zu bringen, den Anstellwinkel zu erhöhen und die Maschine wieder auf nordwestlichen Kurs in Richtung Edwards zu lenken, befand er sich fast über Pasadena. Später erzählte man sich in Edwards, Neil sei bis zum Rose-Bowl-Stadion geflogen, auch wenn er nie weiter als gut siebzig Kilometer südlich von Edwards gewesen war, aber immer noch auf

einer Höhe von 30 000 Metern. Die Sicht nach unten war sehr eingeschränkt, daher wusste Neil nicht genau, wo er war, aber auf jeden Fall
noch ein Stück vom Stadion entfernt.

»Als ich die Schleife flog, war nicht klar, ob ich es nach Edwards zurück schaffen würde. Ich machte mir keine großen Gedanken darüber,
weil es noch weitere ausgetrocknete Seen gab. Am einfachsten war
eine Landung auf einem See namens El Mirage, den konnte ich leicht
erreichen. Die einzige Alternative war zu dem Zeitpunkt der Flughafen
von Palmdale, und ich wollte mich dort nicht in die Platzrunde drängen.« Also versuchte er nach Edwards zurückzukehren: »Nachdem ich
nach Norden Richtung Edwards abgedreht hatte, war klar, dass ich versuchen konnte, dort runterzugehen. Es würde eine direkte Landung
werden.«

Armstrongs X-15-Flug am 20. April 1962 stellte einen neuen Rekord
auf, sowohl in Bezug auf die Dauer (12:28:07 Minuten) als auch auf die
Strecke (563 Kilometer). In Edwards erzählte man sich, dass Neil zwischen den Josuabäumen hindurchflog, als er auf der Südspitze des Rogers Dry Lake landete, der Witz lautete sogar, dass die Bäume über Neil
hinwegfegten. Neils Testpilotenkollege Bruce Peterson stand am Nord-
ende des Sees bereit, um die nötigen Leuchtsignale zu geben. »Neil sollte auf Landebahn 18 im nördlichen Teil des Sees landen«, erzählte Peterson. »Dann hörte ich über Funk, dass er auf den südlichen Teil
zusteuerte, als sprang ich in den Wagen und muss mit über 150 Sachen
über den Seegrund gerast sein, um zum südlichen Teil zu gelangen und
ihm dort die Leuchtzeichen zu geben. Ich sah ihn kommen und wusste,
dass er nah am Rand des Sees landen würde.«

Manche Leute, die am 20. April nicht einmal in Edwards waren,
glaubten später, Armstrong habe es nur mit letzter Not geschafft. Der
NASA-Pilot Bill Dana, der die X-15 sechzehn Mal flog, war an jenem Tag
in einer F-104 nach Albuquerque, New Mexico, unterwegs gewesen,
»aber ich hörte sofort von der Sache, als ich zurückkam!« Auch der
Air-Force-Testpilot Pete Knight sah den Flug nicht mit an, doch »ich

hörte davon, als andere Piloten Neil wegen seines ›rekordverdächtigen Überlandflugs‹ aufzogen. Wir fanden es damals lustig, von der Atmosphäre abzuprallen und in die dünne Luft zu geraten, wo man nicht drehen kann. Das war nicht allzu klug.« Bob White, der Armstrongs Flug in einer F-100 begleitete, gab zu, dass er »ein bisschen darüber lachen musste« und »den Vorfall nie mit Neil besprach, weil es etwas peinlich hätte werden können«. Als der Bericht über den Flug nach Washington gelangte, hatten die Mitarbeiter, die ihn dort lasen, den Eindruck, Neil habe den Flug »versaut« – das galt auch für Brainerd Holmes, den Direktor des Büros für bemannten Raumflug. »Es lag wohl daran, dass Holmes die Sache nicht richtig verstand«, meinte Neil. »Ihm fehlten die nötigen technischen Kenntnisse.«

Später sollte Armstrong erklären: »Es wäre klüger gewesen, wenn ich mir überlegt hätte: ›Okay, die g-Beschränkung greift nicht, ich will nichts erzwingen. Lieber versuche ich es beim nächsten Flug noch einmal.‹« Typisch war, dass Armstrong seinen fragwürdigen »Ausflug nach Pasadena« als »Lernerfahrung« ansah.

Nur vier Tage darauf war er in einen weiteren Zwischenfall verwickelt. Am 24. April fand der einzige gemeinsame Flug von Armstrong und Chuck Yeager statt. Der X-15-Flugplan machte Notlandestellen entlang der gesamten Flugstrecke erforderlich. Zu den am weitesten abgelegenen gehört der Smith Ranch Dry Lake über 600 Kilometer nördlich von Edwards.

Die Bedingungen auf einem ausgetrockneten See mussten stets sorgfältig geprüft werden, vor allem in den feuchten Wintermonaten. Dafür liefen ganze Gruppen von Prüfern über die Fläche und ließen Bleikugeln mit einem Durchmesser von fünfzehn Zentimetern aus anderthalb Metern Höhe hinabfallen. Durch den Vergleich der dadurch entstehenden Abdrücke mit ihren Gegenstücken auf einer festen, nutzbaren Seefläche ermittelten diese Prüfer, ob der Boden die 13,5 Tonnen schwere X-15-Maschine tragen würde.

Der Winter 1962 war im Westteil der Wüste ganz besonders nass gewesen. Viele Straßen, die zum Stützpunkt führten, waren gesperrt, und es konnte kaum geflogen werden.

Am 23. April begab sich Joe Walker in einer F-104 zum Smith Ranch Dry Lake, um zu überprüfen, ob der See als Notlandeplatz für die X-15-1, die Walker von Mud Lake nach Edwards überführen sollte, nutzbar war. Jack McKay und Bruce Peterson, die in einer R4D Gooneybird der NASA zum See geflogen waren, meldeten an jenem Tag, dass Smith Ranch möglicherweise trocken genug war, um dort landen zu können.

Paul Bikle, der Chef des Flugforschungszentrums, wollte für Walkers Flug ganz sichergehen, dass die Bedingungen auf dem See stimmten. Am 24. April rief Bikle Colonel Chuck Yeager an, den neuen Kommandanten der Aerospace Research Pilots School in Edwards, der an jenem Morgen zufällig als Co-Pilot im Cockpit des B-52-Mutterschiffs gesessen hatte. Laut eigener Aussage meinte Yeager zu Bikle, der Seegrund sei zu feucht, aber er würde eine Landung wagen, wenn Armstrong die Maschine flog und er nicht für den Ausgang verantwortlich wäre. Also saß Armstrong in der T-33 vorn und Yeager hinter ihm. Da es an dem Nachmittag sonnig und warm war, trugen beide nur Fluganzüge und Handschuhe.

»Wir flogen hin und schauten uns den See an«, erinnerte sich Armstrong, »es sah aus, als sei er im Westen feucht, aber im Osten ziemlich trocken. Also sagte ich zu Chuck: ›Lass uns ein Touch-and-Go machen und gucken, wie es läuft.‹« Die Touch-and-Go-Landung verlief reibungslos. Neil landete, rollte über die Oberfläche, beschleunigte wieder und hob ab. Problematisch wurde es erst, als Yeager zu Armstrong meinte: »Lass uns zurückfliegen und es noch mal versuchen, aber langsamer.«

»Okay, machen wir«, stimmte Neil zu. »Also landeten wir ein zweites Mal und nahmen das Tempo raus und bremsten ab, und dann merkte ich, wie der Boden unter den Rädern nachgab, und beschleunigte. Da gab der Boden stärker nach, und ich beschleunigte noch mehr. Am

Ende standen wir trotz Vollgas da und sanken ein«, erzählte Armstrong. »Chuck begann erst zu kichern und brach dann in Gelächter aus. Als nichts mehr ging, krümmte er sich vor Lachen.«

Als Armstrong und Yeager aus der T-33 ausstiegen, kam sofort ein Pick-up der Air Force angefahren. »Der Fahrer stieg aus, er hatte eine Kette dabei«, erinnerte sich Armstrong. »Die legten wir um das Buggestell und befestigten sie am Wagen, um das Flugzeug aus dem Schlamm zu ziehen, aber ohne Erfolg. Wir schafften es nicht, also setzten wir uns auf den Flügel.« Neil filmte das feststeckende Flugzeug mit einer billigen Acht-Millimeter-Kamera. Der Zwischenfall ereignete sich gegen 15:30 Uhr. Als die Sonne hinter den hohen Bergen im Westen unterging, fielen die Temperaturen rasch. Den Männern in ihren dünnen Fluganzügen war bald kalt. »Hast du einen Vorschlag?«, fragte Yeager Armstrong, wie er selbst sagte. Neil schüttelte grimmig den Kopf. Irgendwann nach vier Uhr hörten sie, wie sich eine Gooneybird der NASA näherte. Da man in Edwards nichts von der T-33 gehört hatte, hatte die NASA McKay und Dana per Funk angewiesen, nach Smith Ranch zu fliegen und sich umzuschauen. Bill Dana erinnerte sich daran, wie Yeager Neil neckte und dass dieser »nicht anbiss«. Dana und McKay erkannten ebenso wie sicher auch Armstrong, dass »Yeager es genoss, wie peinlich Neil die Situation war«.

In seiner Autobiografie und in Interviews hat Yeager sich sehr kritisch über Armstrong geäußert, er sagte sogar: »Neil Armstrong war zwar vielleicht der erste Mensch auf dem Mond, aber er war der letzte Mensch in Edwards, der sich von einem Militärpiloten etwas sagen ließ.« Worauf Neil nur trocken antwortete: »Bei jener Gelegenheit auf dem Smith Ranch habe ich auf ihn gehört!«

An der High-Speed Flight Station erlebte Armstrong in jener Zeit eine Pechsträhne. Am 21. Mai kehrte er nach seinem Familienurlaub in Ohio zur Arbeit zurück.

Joe Vensel wies ihn an, zum Delamar Lake knapp 150 Kilometer nördlich von Las Vegas zu fliegen und ihn in Augenschein zu nehmen.

Nach einem halbstündigen Flug in der F-104 setzte Neil zu einem Landeanflug an, der es ihm ermöglichen sollte, die Landung mit abgestelltem Motor zu üben. »Ich machte es genauso wie immer«, erinnerte er sich. »Wir schwebten aus und sanken steil hinab, wie in der X-15, und auf der Hälfte simulierten wir, das Gestell auszufahren, aufzusetzen, Gas zu geben und wieder abzuheben. Doch dieses Mal schaute ich in die Sonne und wurde geblendet.«

Nur wenige der ausgetrockneten Seen auf der Strecke verfügten über aufgemalte Streifen und andere Markierungen wie die viel genutzten Landebahnen auf den großen Seeflächen in der Nähe von Edwards. Die Oberfläche konnte von einem See zum nächsten stark variieren, ebenso wie die Risse in der Tonkruste. Jeder erfahrene Wüstenpilot wusste, dass die Landung auf einem ausgetrockneten See genauso schwierig war, wie die eigene Höhe über einer spiegelglatten Wasserfläche einzuschätzen. Zwei Faktoren trugen zum »Unfall« bei. Armstrong ging von einer falschen Flughöhe aus, und er bemerkte nicht, dass das Fahrwerk nicht vollständig ausgefahren und eingerastet war, sodass der Rumpf auf dem Grund aufschlug. »Dadurch ging der hydraulische Druck verloren«, erklärte Armstrong. »Ich wollte das Fahrwerk unten lassen; ich hätte es eh nicht einziehen können. Der Treibstoff reichte nicht mehr für einen Rückflug nach Edwards. Also beschloss ich, zum Luftwaffenstützpunkt Nellis bei Las Vegas zu fliegen – der war ganz in der Nähe.«

Ohne Funkantenne konnte Neil keinen Kontakt zum Stützpunkt aufnehmen. »Also musste ich eine unangemeldete Landung wagen. Ich flog über den Flughafen und wackelte mit den Tragflächen, und die Leute im Tower sahen es und verstanden, dass ich ohne Anmeldung runterkommen wollte.«

Armstrong wusste allerdings nicht, dass durch den Verlust des hydraulischen Drucks der Fanghaken ausgefahren worden war. Wäre er sich darüber im Klaren gewesen, wäre seine Landung in Nellis problemlos verlaufen, denn er war ja schließlich ein Navy-Pilot mit sehr viel Erfahrung, was solche Landungen mit Haken anging. Die Fangleine von Nellis bestand aus einem Stahlseil an einem langen Stück einer Ankerkette, deren Glieder jeweils knapp fünfzehn Kilogramm wogen.

»Es gab einen ordentlichen Ruck, als ich darin hängen blieb«, erzählte Armstrong, »und zwar völlig unerwartet, denn ich hatte nicht einmal darüber nachgedacht, dass der Haken ausgefahren sein könnte, weil ich die Situation nicht genau im Blick hatte.« Auf der Landebahn flogen die Glieder der schweren, zerrissenen Ankerkette wie Steppenrollergewächse in alle Richtungen davon, Dutzende Meter weit. Die F-104 kam abrupt zum Stehen.

Die Air Force brauchte eine halbe Stunde, um die Bahn freizuräumen, und deutlich länger, um eine provisorische Landevorrichtung aufzubauen. Als Armstrong zu dem Gebäude gefahren wurde, in dem der diensthabende Offizier des Stützpunkts saß, zog er die Fliegerkleidung aus, erklärte dem leicht verstörten Offizier, was passiert war, und nahm seinen ganzen Mut zusammen, um die NASA telefonisch über den Unfall zu informieren. Dort hatte man bereits das Schlimmste befürchtet. Der Tower in Edwards hatte zunächst keinerlei Informationen gehabt, bis er schließlich melden konnte, dass Neil in Schwierigkeiten geraten, aber sicher in Nellis gelandet war. Kurz darauf kam der NASA-Testpilot Milt Thompson im einzigen verfügbaren Flugzeug mit zwei Plätzen, einer F-104B, angeflogen, um Neil abzuholen. Doch die Maschine erwischte eine starke Böe, die Thompson dazu zwang, so hart aufzusetzen, dass der linke Reifen platzte. Als er das beschädigte Flugzeug neben dem zentralen Rollfeld abstellte, kamen schon bald ein Feuerwehrwagen und ein Stützpunktfahrzeug angefahren. Der einzige Mensch, der sich in diesem Augenblick noch elender fühlte als Thompson, war Armstrong, der zusehen musste, wie der verantwortliche Offizier die Landebahn bereits zum zweiten Mal an jenem Nachmittag absperrte.

Nun hatte die NASA also zwei gestrandete Piloten und keine andere Wahl, als ein drittes Flugzeug nach Nellis zu schicken. Leider stand dafür nur eine T-33 zur Verfügung, ein weiterer Zweisitzer. Als Bill Dana zur Landung ansetzte, sah es aus, als würde er über das Ziel hinausschießen.»O nein, nicht schon wieder!«, stöhnte der Stützpunkt-Offizier, während Neil den Kopf in den Armen vergrub und Thompson »wie gebannt« hinsah. Zum Glück brachte Dana das Flugzeug früh genug zum Stehen.»Bitte schickt uns keine weitere NASA-Maschine!«, flehte der Air-Force-Offizier.»Ich organisiere einem von euch persönlich einen Transport nach Edwards.«

Er hielt sein Wort: Als eine C-47 der Air Force auf dem Weg nach Los Angeles auf dem Nellis-Stützpunkt landete, beschleunigte der Offizier das Auftanken, um Thompson fortzubringen. Noch Jahre später erzählte er »die Geschichte der drei brillanten Testpiloten von der NASA«, die seine Landebahn ruiniert hatten.

Am Tag nach dem Debakel in Nevada reiste Armstrong für zwei Wochen nach Seattle und kehrte erst am 4. Juni zurück. Den ersten Flug nach dem Vorfall auf dem Nellis-Stützpunkt absolvierte er am 7. Juni, in einer F-104 in Begleitung von Bill Dana.

Zu dem Zeitpunkt hatte er bereits beschlossen, sich für das Astronautenprogramm zu bewerben. Am 18. April 1962, zwei Tage vor Armstrongs X-15-Ausflug nach Pasadena, hatte die NASA offiziell angekündet, dass sie eine neue Gruppe von Astronauten zusammenstellen wolle. Es ist gut möglich, dass Neil davon erst am 27. April hörte. An jenem Tag enthielt der interne Rundbrief des Flugforschungszentrums einen Artikel mit der Überschrift »NASA wählt neue Astronauten aus«, in dem von fünf bis zehn Plätzen die Rede war. Die neuen Piloten sollten beim Projekt Mercury unterstützende Aufgaben übernehmen und dann später gemeinsam mit den Mercury-Astronauten in den auf zwei Personen ausgelegten Gemini-Kapseln in den Weltraum fliegen.

Die Anforderungen an die Bewerber wirkten, als wären sie auf Neil persönlich zugeschnitten worden. Gesucht wurde ein erfahrener Testpilot, der vorzugsweise gerade mit dem Flug von Hochleistungsflugzeugen befasst war. Er musste beim Militär, in der Flugzeugindustrie oder bei der NASA für Experimentalflüge zugelassen worden sein und

einen Universitätsabschluss in Physik, Biologie oder Ingenieurswissenschaften vorweisen. Er musste US-Bürger und jünger als 35 Jahre sein
und durfte maximal 1,82 Meter groß sein. Sein bisheriger Arbeitgeber,
in Neils Fall das Flugforschungszentrum der NASA, musste ihn für die
Stelle empfehlen.

Der Direktor des Manned Spacecraft Center in Houston, Robert R.
Gilruth, nahm die Bewerbungen bis zum 1. Juni 1962 entgegen. Die Piloten, die die Bedingungen erfüllten, sollten im Juli zum Vorstellungs-
gespräch eingeladen werden. Wer eine Reihe von schriftlichen Prüfun-
gen in den Bereichen Wissenschaft und Technik bestand, würde dann
eingehend von einer Gruppe Mediziner untersucht. Zum Ausbildungs-
programm der neuen Astronauten gehörten die Zusammenarbeit mit
Konstrukteuren und Entwicklungsingenieuren, Simulatorflüge, ein
Training in der Zentrifuge, wissenschaftliche Fortbildungen und Flüge
in Hochleistungsflugzeugen – praktisch ausschließlich Tätigkeiten, die
Armstrong bereits vertraut waren.

Vom 9. bis zum 11. Mai 1962 war Armstrong in Seattle, um dort an
der »Zweiten Jahreskonferenz zur friedlichen Nutzung des Weltalls«
teilzunehmen, einer Veranstaltung, die von der NASA und mehreren
Raumfahrtorganisationen unterstützt wurde und internationale An-
wendungsmöglichkeiten der Raumfahrttechnik erforschen sollte.
Armstrong, Joe Walker, Forrest Petersen und Bob White, alle vier
Mitglieder im »30 000-Meter-Klub«, hielten einen Vortrag über das
X-15-Programm. Zu den weiteren Rednern auf dem Kongress zählten
der NASA-Administrator James E. Webb, Vizepräsident Lyndon B.
Johnson und andere hohe Tiere. Der Besuch der Konferenz und der
gleichzeitig stattfindenden Weltausstellung machten großen Eindruck
auf Armstrong. Die Hauptattraktion am zweiten Tag der Messe war der
Auftritt von Astronaut John Glenn, der gerade von seinem Orbitalflug
im Rahmen des Mercury-Projekts zurückgekehrt war. »Scharen von
ehrfürchtigen Bewunderern« säumten die Straßen von Seattle, um
einen Blick auf ihn zu erhaschen.

Eines der Mitglieder des Auswahlkomitees für die zweite Gruppe von Astronauten war Dick Day, ein ehemaliger FRC-Flugsimulatorexperte, mit dem Armstrong eng zusammengearbeitet hatte. Im Februar 1962 war Day von Edwards nach Houston gewechselt, um dort eine Führungsposition in der Abteilung für Besatzungsabläufe am Manned Spacecraft Center zu übernehmen. Day war für das gesamte Astronautentraining zuständig und diente dem Auswahlkomitee als Ad-hoc-Sekretär. Laut Day traf Armstrongs Bewerbung erst nach Ablauf der Frist am 1. Juni ein. »Dort saßen mehrere Leute aus Edwards, die nach Houston gewechselt waren. Neils ehemaliger Chef Walt Williams zum Beispiel. Walt war nun ein Mitglied der Space Task Group in Houston und für die Einsätze zuständig. Er wollte, dass Neil sich bewarb, und ich wollte es auch. Neils Bewerbung kam definitiv zu spät, ungefähr eine Woche. Aber er hatte in Edwards so viele Dinge so gut gemacht. Er war mit Abstand am qualifiziertesten, mehr als alle anderen, und ganz besonders im Vergleich zur ersten Gruppe Astronauten. Wir wollten ihn dabeihaben.«

Als Armstrongs Bewerbung eintraf, schob Day sie vor dem ersten Treffen des Auswahlkomitees in den Stapel mit den übrigen. Praktisch jeder in Edwards hielt Neil für eine gute Wahl, vor allem, als Anfang Juni 1962 bekannt wurde, dass er den renommierten Octave Chanute Award erhielt. Mit diesem Preis zeichnete das Institut für Raumfahrt jedes Jahr den Piloten aus, der in seinen Augen im vorausgegangenen Jahr am meisten zur Weltraumwissenschaft beigetragen hatte. Laut Dick Day hielt Paul Bikle, der Leiter des Flugforschungszentrums in Edwards und Days ehemaliger Chef, nicht so viel von Armstrong. Bikle hatte Neil nicht für das Astronautenprogramm empfohlen, weil dessen Leistungen in der jüngeren Vergangenheit seiner Meinung nach Anlass zu Bedenken gaben. Ende Mai 1962 hatte Bikle sogar einen geplanten Testflug von Neil in der neuen HP-115, einem Überschallexperimentalflugzeug von Handley-Page, in Großbritannien gestrichen. All dessen war Dick Day sich durchaus bewusst.

Eine weitere Schlüsselperson am Manned Spacecraft Center war Christopher Columbus Kraft Jr., der frühere Direktor der NASA-Abteilung für den bemannten Raumflug im Kontrollzentrum in Houston. Kraft hatte nach seinem Studienabschluss in Raumfahrttechnik an der Virginia Tech 1944 in der Flugforschungsabteilung am Langley-Zentrum der NACA gearbeitet, im Bereich für Stabilität und Steuerung, wo er mit so talentierten Flugversuchsingenieuren wie Bob Gilruth, Charles Donlan und Walt Williams in Kontakt kam, die ihn im Sommer 1958 nach dem Sputnik-Flug in die Space Task Group mitnahmen, wo das Projekt Mercury geplant und organisiert wurde. Niemand verstand besser als diese vier, was im Kopf von Testpiloten und Astronauten vorging. Obwohl Kraft nicht im Auswahlkomitee der zweiten Astronautengruppe saß, hatte er großen Einfluss auf die Formulierung der Auswahlkriterien. »Dafür war Charles Donlan zuständig«, erinnerte sich Kraft, »und er sprach mich an, weil er die Verbundenheit, die zwischen mir und den ersten sieben Astronauten herrschte, sehr schätzte. Ich betonte, wir sollten mit den Leuten reden, die die Kandidaten kannten, ihren Charakter und ihre Fähigkeiten. Leute wie Gilruth, Williams und ich suchten nach qualifizierten Testpiloten.«

Kraft hatte Armstrong außerhalb von Edwards »kaum gekannt«. »Ich wusste nichts über den Tod seiner Tochter. Ich wusste, dass er ein paar Unfälle gehabt hatte – welcher Pilot hatte das nicht? Aber ich hätte nie vermutet, dass es einen psychologischen Hintergrund gab. Ich wusste, dass Walt Williams Armstrong für erstklassig hielt. Als wir ihn trafen, waren Gilruth und ich und alle anderen der gleichen Meinung.«

»Er würde einen guten Astronauten abgeben.«

KAPITEL 11

Das Geheimnis

Anfang September 1962 erhielt Neil im Büro in Edwards einen Anruf von Deke Slayton, dem Chef des Astronautenbüros am Manned Spacecraft Center, das damals gerade in Clear Lake im Südosten von Houston gebaut wurde.

Deke kam gleich zur Sache: »Hallo, Neil, hier ist Deke. Haben Sie noch Interesse an der Astronautengruppe?«

»Ja, Sir«, antwortete Armstrong.

»Gut, dann haben Sie den Job. Wir wollen möglichst bald loslegen, verschieben Sie also Ihre Termine, und seien Sie am 16. hier.« Außerdem erklärte Slayton, Neil könne seiner Frau von der Zusage erzählen, müsse die Nachricht ansonsten aber für sich behalten.

Neils Eltern erfuhren erst am folgenden Wochenende, dass ihr Sohn Astronaut wurde – sie bekamen einen Anruf von einem PR-Mitarbeiter der NASA, der dem Sender CBS dabei behilflich war, das Paar am Montagabend in der Sendung *I've Got a Secret* (»Ich habe ein Geheimnis«) auftreten zu lassen. (Nachdem Betsy Palmer aus dem Rateteam das Geheimnis erraten hatte – dass der Sohn der Armstrongs an jenem Tag zum Astronauten ernannt worden war –, stellte der Moderator Garry Moore Neils Mutter eine prophetische Frage: »Wie würden Sie sich fühlen, Mrs. Armstrong, wenn sich herausstellte – es kann natürlich niemand wissen, aber wenn es sich herausstellt –, dass Ihr Sohn als erster Mensch den Mond betritt? Wie würden Sie sich fühlen?« Viola Armstrong antwortete: »Na ja, ich würde wohl einfach sagen: Gott segne ihn, und ich wünsche ihm alles, alles Gute.«) Was das Telefonat mit Slayton anging, sagte Neil: »Ich freute mich über den Anruf.«

Sonderlich überraschend dürfte er aber nicht gekommen sein. Schon im Frühsommer 1962 hatten Zeitungen berichtet, dass Armstrong als erster Zivilist zum Astronauten ernannt werden würde. Die NASA dementierte diese Meldung später und erklärte nur, dass Armstrong »definitiv auf der Liste« der 32 Männer stand, die nach einer ersten Überprüfung aus den 253 Bewerbern ausgewählt wurden, wies aber darauf hin, dass die endgültige Entscheidung noch nicht gefallen sei. Viele Beobachter der NASA glaubten das aber nicht. Neils Erfahrung mit den Abläufen der NACA/NASA waren den gesamten Auswahlprozess über ein Vorteil für ihn gewesen. Er war relativ zuversichtlich, dass sich die NASA für ihn entscheiden würde, konnte es aber nicht sicher wissen: »Eine Reihe von uns waren Kampfpiloten gewesen. Was das Bildungsniveau anging, konnte ich, glaubte ich, mit den anderen mithalten. Ich hatte umfassende Erfahrungen gesammelt, hatte raketengetriebene Flugzeuge geflogen und war an einer Vielzahl von Testflugprogrammen beteiligt gewesen. Ich konnte aber nicht sagen, wie gut ich körperlich, emotional und psychisch abschnitt und wie ich auf andere wirkte. Ich wusste nicht, wie sie mich in diesen Kategorien einschätzten. Und jede einzelne davon konnte einen aus dem Rennen kicken.«

In den vier Monaten zwischen Anfang Juni 1962, als er seine Bewerbung einreichte, bis zu dem Tag im September, als Slayton ihn anrief, war Armstrong zu beschäftigt, um sich viele Gedanken darüber zu machen, ob er nun Astronaut wurde oder nicht. Die zweite Juniwoche verbrachte er in der Lovelace-Klinik in Albuquerque, New Mexico, um die jährliche Untersuchung durchführen zu lassen, die die NASA von ihren Testpiloten verlangte, wie es offiziell hieß, doch ein Teil der Ergebnisse ging – ohne Neils Wissen – auch an das Manned Spacecraft Center, wo sie beim Auswahlprozess berücksichtigt wurden. Im Anschluss absolvierte Neil eine Reihe von Flügen in Edwards, nahm in Los Angeles den

Chanute Award entgegen und flog ein Testgerät für die Saturn-Rakete, die zu der Zeit entwickelt wurde.

Am 5. Juli 1962 war er für ein AGARD-Treffen in Frankreich und stellte dort einen Artikel zum Thema »Flugsimulationen für bemannte Raumfahrzeuge« vor, den er gemeinsam mit Ed Holleman verfasst hatte. Nach der Rückkehr aus Paris verbrachte er all seine Zeit mit der Vorbereitung auf den letzten Flug in der X-15, bei dem er seinen höchsten Mach-Wert im gesamten X-15-Programm erreichte – Mach 5,74 oder 6420 km/h. Gerade als er das schwarze Raketenflugzeug in den Bereich der Maximalgeschwindigkeit brachte, breitete sich Rauch im Cockpit aus, aber Neil schaffte es, sicher zu landen.

Er hatte kaum genug Zeit, um seinen Flugbericht zu verfassen, bevor er zum Luftwaffenstützpunkt Brooks in San Antonio aufbrechen musste. In Brooks stand eine kräftezehrende Woche voller medizinischer und psychologischer Tests auf dem Programm, einer der letzten großen Schritte auf dem Weg zur Auswahl der neuen Astronauten. Armstrongs Ansicht nach »machten wir dort einige schmerzhafte Erfahrungen. Mein Gefühl war damals, dass einige der Dinge eher medizinische Forschungen als Untersuchungsmethoden waren.«

Einige der Tests waren besonders diabolisch. »Es gab einen«, erinnerte sich Neil, »bei dem man für lange Zeit eiskaltes Wasser ins Ohr gespritzt bekam, bis man quasi ausrastete, und einen anderen, bei dem man einen Fuß in Eiswasser halten musste. Es gab viele seltsame Untersuchungen wie diese.«

Bei einem psychologischen Test, den Armstrong noch im Kopf hatte, ging es um Isolation: »Sie steckten mich in einen dunklen Raum, in dem es keinerlei Sinnesreize gab. Keine Geräusche, kein Licht und keinen Geruch. Es hieß, man solle nach zwei Stunden herauskommen.« Neil griff auf Ingenieursmethoden zurück: »Ich versuchte, irgendwie auszurechnen, wie lange zwei Stunden dauerten. Dafür nutzte ich das Lied ›Fifteen Men in a Boardinghouse Bed‹. Ich hatte keine Uhr oder so etwas, aber ich sang das Lied, bis ich meinte, die zwei Stunden seien um. Dann klopfte ich an die Tür und rief: ›Lasst mich hier raus!‹« Am 13. August reiste Armstrong zum Luftwaffenstützpunkt Ellington in Houston, um dort eine letzte Runde medizinischer und psychologischer Tests über sich ergehen zu lassen. Dort traf er zum ersten Mal auf das Auswahlkomitee der NASA, zu dem Deke Slayton, Warren North, Walt Williams und Dick Day gehörten. Gelegentlich schauten John Glenn oder Wally Schirra herein. Armstrong erzählte: »Ich fand es gar nicht schwierig und fühlte mich auch nicht unter Druck gesetzt. Es war ein ganz normales Gespräch über Dinge, die mich zu der Zeit interessierten.«

An einem Abend kamen alle 32 Kandidaten der letzten Runde (dreizehn Soldaten von der Navy, zehn von der Air Force, drei Marines und sechs Zivilisten) zu einem Abendessen mit einer kleinen Gruppe von führenden Mitarbeitern des Manned Spacecraft Center zusammen. Armstrong wusste noch: »Ich kannte nicht allzu viele von ihnen, nur Schirra von den XF4H-1-Tests und ein paar andere eher flüchtig.« Zu Letzteren zählte auch Gus Grissom, der in Edwards geflogen war. John Glenn und Al Shepard war Armstrong nur auf der einen oder anderen Testpilotenveranstaltung begegnet. Der einzige Mercury-Astronaut, den Neil noch nie getroffen hatte, war Scott Carpenter.

Nur die vier Mercury-Astronauten, die bereits ins Weltall geflogen waren – Al Shepard, Gus Grissom, John Glenn und Scott Carpenter – hatten sich weiter von der Erdoberfläche entfernt als Armstrong in der X-15, und Neil war der einzige der Anwesenden, der je ein Raketenflugzeug geflogen oder den Octave Chanute Award gewonnen hatte. Nach seiner Rückkehr nach Edwards konzentrierte sich Armstrong wieder ganz auf seine normalen Pflichten. In den drei Wochen bis zu Deke Slaytons Anruf saß er an fast jedem Arbeitstag im Flugzeug.

Neil kam am 15. September 1962 in Houston an, er landete spätabends auf dem Regionalflughafen: »Es war komplett ruhig dort. Niemand sollte wissen, dass wir dort ankamen oder dass unsere Namen verkündet würden.« Auf Anweisung der NASA bezog er unter dem Decknamen »Max Peck« ein Zimmer im Rice-Hotel, genauso wie die anderen acht Auserwählten, die sich ebenfalls alle »Peck« nannten. Am nächsten Vormittag kam die neue Gruppe Astronauten zunächst unter der Leitung von Slayton auf dem Luftwaffenstützpunkt Ellington zusammen. Walt Williams, der Leiter des Flugbetriebs, erklärte den Männern ihre Aufgaben. Bob Gilruth, der Chef des Manned Spacecraft Center, der die Space Task Group seit ihrer Entstehung leitete, erklärte ihnen, dass elf bemannte Gemini-Flüge, mindestens vier Block-I-Apollo-Missionen (die auf der Saturn I starteten) und eine noch unbestimmte Zahl von Block-II-Apollo-Missionen, darunter die mit der ersten Mondlandung, anstanden: »Es sind genügend Missionen für Sie alle da.« Slayton warnte sie vor einigen der neuen Belastungen und Versuchungen, die auf sie zukamen. Er wies sie an, vorsichtig zu sein, wenn sie Geschenke erhielten, vor allem, wenn sie von Unternehmen kamen, die sich um einen Auftrag der NASA bewarben. Zum Abschluss bereitete Shorty Powers, der PR-Berater der NASA und »die Stimme des Projekts Mercury«, die Astronauten auf die anstehende Pressekonferenz vor. Dann ließ er die neun Männer für den ersten von unzähligen Fototerminen Aufstellung beziehen.

Die 1800 Sitze im Cullen-Hörsaal der University of Houston waren bis auf den letzten Platz besetzt. Reporter und Kcamerateams drängten sich im Saal, um zu erfahren, wer die neuen Astronauten waren. Am 2. April 1959 war die gerade erst gegründete NASA bei der Vorstellung der ersten sieben Astronauten vom überwältigenden Interesse der Öffentlichkeit überrollt worden. Dieses Mal war die gereifte Behörde deutlich besser auf den Ansturm vorbereitet. Das galt auch für die Astronauten selbst.

Die »Neuen Neun« – Neil Armstrong, Frank Borman von der Air Force, Charles Conrad Jr. von der Navy, James A. Lovell Jr. von der Navy, James A. McDivitt von der Air Force, Elliot M. See Jr., Thomas P. Stafford von der Air Force, Edward H. White II von der Air Force und John W. Young von der Navy – waren eine bemerkenswerte Truppe. In den

Augen mancher Personen, die in der frühen bemannten Raumfahrt der USA Schlüsselpositionen innehatten, handelte es sich bei ihnen zweifellos um die beste Astronautenriege, die je zusammengestellt wurde. Ihr Bildungsniveau lag weit über dem der »Mercury Seven«, mit exakt dem Schwerpunkt auf der technischen Fachkenntnis, den sich das Auswahlkomitee der NASA gewünscht hatte. Viele der Astronauten hatten Ingenieurswesen studiert, manche sogar einen Masterabschluss gemacht. Armstrong fehlte nur noch die Abschlussarbeit, um den Masterstudiengang in Raumfahrttechnik an der University of Southern California abzuschließen.

Die Erfahrungen, die die Mitglieder der Gruppe als Piloten und in der Testflugwelt gesammelt hatten, waren genauso beeindruckend: Die meisten hatten mehr als 2000 Stunden in der Luft verbracht und manche sogar Rekordmarken gesetzt. Neil kam auf 2400 Flugstunden, etwa 900 davon in Jets. Er war der einzige der neun, der je raketengetriebene Flugzeuge geflogen hatte.

Der Altersdurchschnitt der Männer betrug 32,5 Jahre, sie wogen im Schnitt 73,3 Kilogramm und waren 1,78 Meter groß. Armstrong lag mit 1,80 Meter und 75 Kilogramm leicht darüber. Alle waren verheiratet, niemand war geschieden, und alle hatten Kinder. Soweit Armstrong sich erinnerte, waren »die Fragen auf der Pressekonferenz ... typisch und ziemlich belanglos – und die Antworten dementsprechend«. Dieser doppelt kritische Kommentar – dessen zweiter Teil durchaus gegen sich selbst gerichtet war – lässt bereits viel von dem durchscheinen, war später zu einem falschen Verständnis von Armstrongs Verhältnis zur Presse führte.

Die NASA erwartete von Armstrong und den anderen neuen Astronauten, dass sie sich zu Schirras Mercury-Start in Cape Canaveral einfanden, doch der war erst für den 3. Oktober angesetzt. Also nahm Neil, der einen Großteil der Vorbereitungen für den Umzug der Familie nach Texas Janet überließ, seine Arbeit in Edwards wieder auf. Bis zum Ende des Monats saß er an jedem Arbeitstag im Cockpit.

Sein letzter Flug als FRC-Mitarbeiter fand am 28. September 1962 in einer F5D statt. Nach einem Wochenende zu Hause stieg er in Los Angeles in ein Verkehrsflugzeug, flog aber nicht nach Houston, sondern nach Orlando und fuhr von dort aus mit dem Auto die kurze Strecke nach Cape Canaveral, wo er am 3. Oktober gemeinsam mit dem Rest der Neuen Neun zusah, wie Schirras *Sigma 7*-Flug völlig reibungslos über die Bühne ging.

Am nächsten Tag war Neil wieder in Edwards, da seine permanente Versetzung vom Flugforschungszentrum zum Manned Spacecraft Center erst für die Zeit zwischen dem 11. und dem 13. des Monats angesetzt war. In diesen zwei Tagen legten Neil und der aus L. A. kommende Elliot See die 2580 Kilometer bis Texas in Sees Auto zurück. Neil mietete ein möbliertes Apartment in der Nähe des Regionalflughafens und machte sich dann mit den anderen neuen Astronauten auf, um die Vertragspartner des bemannten Raumfahrtprogramms im ganzen Land zu besuchen.

Als Neil am 3. November über Los Angeles nach Juniper Hills zurückkam, verkaufte er seine beiden Gebrauchtwagen und erstand dafür einen gebrauchten Kombi. Die Möbel und die Kleidung der Familie waren bereits nach Houston geschickt und dort eingelagert worden. Neil nahm Rick im Auto mit, während Janet zwei Tage später im Flugzeug nachreiste. Die folgenden Monate über wohnten die Armstrongs in der möblierten Wohnung, bis der Bau ihres neuen Hauses im Vorort El Lago, nur wenige Minuten östlich vom Manned Spacecraft Center, abgeschlossen war.

TEIL VIER
ASTRONAUT

Es heißt, niemand sei eine Insel – aber auf Neil trifft das in gewisser Weise doch zu. Manchmal erschienen ihm seine eigenen Gedanken und Überlegungen interessanter als die anderer Menschen; warum also sollte er seine Insel verlassen und ins Flachwasser hinauswaten, um jemandem die Hand zu schütteln, wenn er in seiner kleinen Grashütte oder was es auch war völlig zufrieden war?

– MICHAEL COLLINS, ASTRONAUT DER GEMINI-X- UND APOLLO-11-MISSIONEN

KAPITEL 12

Trainingstage

Als die NASA Armstrong im September 1962 zu einem der neun neuen Astronauten ernannte, schien eine bemannte Mondlandung durchaus plausibel. Auslöser dieses Umdenkens war eine turbulente Kombination bedeutender geopolitischer Ereignisse im Frühjahr 1961, die das Ansehen des frischgebackenen Präsidenten John F. Kennedy schädigten und ihn zu dem erstaunlichen Versprechen bewegten, man werde einen Menschen auf den Mond schicken.

Am 12. April 1962, als Kennedy noch keine drei Monate im Amt war, verblüffte die Sowjetunion die Welt mit einem weiteren Durchbruch in der Raumfahrt. Wie schon bei Sputnik 1957 kam sie den USA erneut zuvor, indem sie mit Juri Gagarin den ersten Menschen ins All schickte. Drei Tage später scheiterte der Versuch der Amerikaner, auf Kuba einzumarschieren und das kommunistische Regime von Fidel Castro zu stürzen, kläglich in der Schweinebucht.

Die darauf folgende internationale Kritik brachte Kennedy zu der Erkenntnis, dass sich die USA nur durch eine aufsehenerregende Aktion wieder Respekt verschaffen könnten. Dafür wählte er die bemannte Raumfahrt aus. Die NASA und ihre Astronauten waren für ihn ein Mittel zum politischen Zweck. »Es ist an der Zeit, größere Schritte zu unternehmen, Zeit für ein großes neues amerikanisches Vorhaben, Zeit, dass dieses Land eine Führungsrolle in der Raumfahrt übernimmt, die in vielerlei Hinsicht der Schlüssel zu unserer Zukunft hier auf der Erde sein könnte.« Mit diesen historischen Worten, die Kennedy am 25. Mai 1961 vor dem amerikanischen Kongress äußerte, warf er den Sowjets den Fehdehandschuh hin: »Ich glaube, dass dieses Land es sich zum Ziel setzen sollte, noch vor dem Ende dieses Jahrzehnts einen Menschen auf den Mond zu schicken und ihn sicher wieder zur Erde zurückzuholen.«

Schon kurz nach der Auswahl der neuen Astronauten konnten sich die Neuen Neun (bis auf Elliot See, der verhindert war) aus nächster Nähe anschauen, was die NASA tat, um die Apollo-Mission voranzubringen. Sie erlebten den Start des dritten bemannten Mercury-Orbitalflugs durch Wally Schirra am 3. Oktober 1962 mit. Die meisten von ihnen hatten noch nie eine Rakete starten sehen. Neun Stunden und sechs Erdumkreisungen später landete Schirras *Sigma 7* nahe dem Flugzeugträger USS *Kearsage* im Pazifik.

Drei Wochen später besuchten die neuen Astronauten eine erste Reihe von Zulieferunternehmen. Diese Reisen waren zermürbend. Die Astronauten nahmen Linienflüge, vier in einer Maschine, fünf in einer anderen. »Es standen viel Essen und jede Menge Alkohol bereit«, erinnerte sich Tom Stafford, »doch wir übertrieben es nie mit dem Trinken.« Die meisten Gebäude des Manned Spacecraft Center befanden sich noch im Bau, daher arbeiteten alle Astronauten mehrere Monate lang in angemieteten Büroräumen im Stadtzentrum von Houston. Jeden Montag fand ein Pilotentreffen unter der Leitung von Slayton statt, in dem der Wochenablauf besprochen wurde.

Um sich mit der Apollo-Trägerrakete – aus der die Saturn-V-Mondrakete hervorging – vertraut zu machen, besuchten die Astronauten das Marshall-Raumflugzentrum der NASA in Huntsville, Alabama. Dort trafen sie zum ersten Mal den Raketeningenieur Dr. Wernher von Braun. Nur wenige Monate zuvor hatte von Braun seine Mitarbeiter schockiert, indem er vom Rendezvous in der Erdumlaufbahn auf das umstrittenere Rendezvous in der Mondumlaufbahn umschwenkte, um auf dem Mond zu landen. Danach verbrachten die Astronauten ein paar Tage bei der McDonnell Aircraft Corporation in St. Louis. Sie sahen, wie die Mercury-Raumkapseln gebaut wurden und was

McDonnell für das Design und den Bau der neuen Gemini-Raumschiffe plante.

Die Jahre 1963 und 1964 standen ganz im Zeichen des intensiven Grundlagentrainings. Wie Armstrong bemerkte: »Es gab niemanden, der das schon einmal gemacht hatte und uns sagen konnte, was wir zu tun hatten, denn niemand hatte die nötigen Erfahrungen.« Fachleute aus allen für den Raumflug relevanten Bereichen »konnten uns erzählen, was sie wussten«, und diejenigen, die sich zu Systemexperten entwickelten, konnten erklären, »wie das Trägheitsnavigationssystem oder der Computer oder eine bestimmte Sorte von Triebwerksventilen funktionierte und wie wir mit Fehlfunktionen umgehen sollten«.

»Der erste Teil des Astronauten-Trainings ähnelte der Pilotenausbildung bei der Navy«, sagte Armstrong. »Die NASA hatte das Gefühl, dass die neuen Astronauten mit wenig Erfahrung im Umgang mit den Feinheiten der Flugbahnmechanik oder den Unterschieden zwischen Luftfahrzeugen und Raumfahrzeugen eine rasche Einführung brauchten.«

»Mir waren manche dieser Themen ziemlich vertraut«, erklärte er. »Flugbahnmechanik war Teil meines Studiums gewesen. Insgesamt habe ich das Lernpensum nicht als übermäßig empfunden.«

Neben dem akademischen Teil standen für Armstrong und seine Klassenkameraden eine Reihe anderer Ausbildungselemente auf dem Programm. Zur »Eingewöhnung in die Abläufe« besuchten sie alle relevanten Startrampen und lernten die streng reglementierten Prozesse kennen, die vor dem Start in Cape Canaveral und dem neuen Kontrollzentrum in Houston abliefen. Bei der »Vorbereitung auf die äußeren Bedingungen« wurden sie Beschleunigung, Schwerelosigkeit, Vibrationen, Lärm und einer Simulation der Mondanziehungskraft ausgesetzt und erlebten, wie es ist, einen Druckanzug zu tragen. Das »Notfalltraining« umfasste nicht nur Überlebenscamps in der Wüste und im Dschungel, sondern auch eine Unterweisung im Einsatz von Schleudersitzen und Fallschirmen.

Während der viertägigen Schwerelosigkeitsschulung, die in der letzten Aprilwoche 1963 auf dem Luftwaffenstützpunkt Wright-Patterson abgehalten wurde, konnte Armstrong sich damit vertraut machen, frei zu schweben, Purzelbäume zu schlagen und zu kreiseln, durch die Kabine zu segeln, indem er sich von den Wänden und den Schotten abstieß, und in der Schwerelosigkeit zu essen, zu trinken und mit Werkzeug umzugehen.

Ende September 1963 absolvierten die Neuen Neun in der Flugausbildungsschule der Navy in Pensacola ein Sicherheits- und Überlebenstraining im Wasser. Für die vier Navy-Piloten der Gruppe – Armstrong, Lovell, Conrad und Young – war ein Großteil der Übungen, auch die Begegnung mit dem Dilbert Dunker, ein alter Hut. Für alle Astronauten neu war es, zu lernen, wie man sich in einem sperrigen Druckanzug über Wasser hielt und sich für die Bergung durch den Hubschrauber in eine Schlinge einklinkte.

Keiner der neuen Astronauten konnte auch nur ansatzweise so viel Erfahrung in der Zentrifuge vorweisen wie Armstrong; viele von ihnen hatten noch nie ein solches Gerät gesehen. Der Aerodynamik-Experte und Raumschiffentwickler der NASA, Max Faget, stellte die Mercury-Astronauten vor eine Herausforderung: »Wer es bis auf zwanzig g rauf schafft, ist für den Rest meines Lebens mein Held.« Armstrong hatte bereits 1959 Kräfte in Höhe von fünfzehn g ausgehalten.

Die Neuen Neun lernten dieses elendige Gerät Ende Juli 1963 während eines viertägigen Aufenthaltes in Johnsville kennen. In dieser Zeit absolvierte Neil acht »dynamische Durchläufe« in der Zentrifuge, die insgesamt fünf Stunden dauerten. Außerdem unternahmen die Astronauten mehrere Fallschirmsprünge aus Flugzeugen vom Luftwaffenstützpunkt Ellington, aus denen sie in einer Höhe von hundert Metern über Land und über Wasser abspringen mussten. Darüber hinaus mussten alle Astronauten auf Anordnung der NASA zur Vorbereitung auf die Flugsimulation der Mondlandung auch mit Hubschraubern umgehen lernen. Am Ende der zweiwöchigen Ausbildung im November hatte Neil verschiedene Helikopter geflogen; den Abschluss bildete ein dreistündiger Soloflug. Am 22. November 1963, als John F. Kennedy ermordet wurde, befanden sich Neil und Jim Lovell gerade auf der Rückfahrt nach Houston. Armstrong war nicht bei der Beerdigung zugegen, der offizielle Vertreter der Astronauten dort war John Glenn.

Im wichtigen Bereich der Flugsimulatoren hatte Armstrong mehr Erfahrung als alle anderen Astronauten. Daher wies Deke Slayton Neil diese Apparate zu, als er Anfang 1963 die technischen Spezialgebiete verteilte.

Im Rahmen des Gemini- und des Apollo-Programms mussten die Astronauten komplexe und noch nie da gewesene Manöver absolvieren, die unbedingt bis zum Ende durchgeführt werden mussten, meist beim ersten Versuch. Simulationen waren unerlässlich. Beim Projekt Mercury, dessen konkretes Ziel es gewesen war, einen Menschen in die Erdumlaufbahn und wieder zurück zu befördern, hatten sie keine große Rolle gespielt. Das Projekt Gemini hingegen, das 1962 als Brücke zwischen Mercury und Apollo ins Leben gerufen wurde, umfasste ein Rendezvous und eine Kopplung in der Umlaufbahn. Beides war gefährlicher und komplizierter, als eine Kapsel ins All zu schießen. Ein Zielobjekt im Weltraum verfolgen und daran andocken zu können, um Treibstoff oder andere entscheidende Komponenten von ihm zu übernehmen, war eine unabdingbare Voraussetzung. Deshalb zählte es zu den vorrangigen Bestrebungen von Gemini, zu erlernen, wie man Rendezvous- und Andockmanöver durchführt. Ohne diese Fähigkeit wären die anderen Hauptziele des Programms – Langzeitflüge und EVAs – für Apollo bedeutungslos gewesen.

Armstrong spielte bei der Entwicklung von Flugsimulatoren für Gemini und Apollo eine wichtige Rolle. Ihm fiel oft auf, dass sich ein Simulator nicht so verhielt, wie es das Raumfahrzeug im Flug täte. »Eine meiner wichtigsten Aufgaben bei den Simulatoren war es, herauszufinden, ob die Entwickler des Geräts die Bewegungsgleichungen korrekt umgesetzt hatten. Also flog ich mit den Simulatoren oft in Bereiche, die nur wenige ansteuerten, um sicherzustellen, dass es bei Lücken in einer Gleichung keinen mathematischen Fehler gab, der zu einem Fehlverhalten des Simulators führte. Ich stellte überraschend häufig fest, dass die Gleichungen nicht richtig umgesetzt waren. Diese Aufgabe war wie auf mich zugeschnitten, weil ich in Edwards das Gleiche gemacht hatte.«

Wie schon in Edwards lieferte Armstrongs Pilotenperspektive wichtige Erkenntnisse für die Entwicklung der Simulatoren. »Die Männer, die die Gleichungen umsetzten, verfügten oft nicht über den Blickwinkel eines Piloten«, erklärte Neil. »Sie konnten sich nicht vorstellen, was es für einen Piloten bedeutete, wenn man eine Maschine erst in die vertikale Position hochzog, sie dann um neunzig Grad zur Seite kippen ließ und wieder auf den Boden zuraste. Oft setzten sie die Gleichungen um, ohne Rücksicht darauf zu nehmen, wie die Realität aussah.« Armstrong trug entscheidend zur Entwicklung des Gemini-Startabbruch-Trainers bei, eines statischen Simulators, der im Gruppentrainingsgebäude der Astronauten im MSC gebaut wurde.

Slayton wies einzelnen Astronauten Spezialaufgaben zu, weil er verstanden hatte, dass im Programm zu vieles zu schnell geschah, als dass jeder Einzelne mehr als nur einen Bruchteil des technischen Ganzen verinnerlichen konnte. Dekes Idee war, dass die Astronauten sich zwischen den einzelnen Aufgaben frei über ihr Wissen und ihre Erfahrungen austauschen sollten. Eine weitere Pflicht, die sie untereinander aufteilten, war die PR-Arbeit für die NASA mit Auftritten vor Fachpublikum, Presse und der begeisterten Öffentlichkeit. Die PR-Abteilung nahm den Vorschlag der Astronauten, sich bei dieser Aufgabe in Schichten abzuwechseln, rasch an. Für gewöhnlich dauerte eine solche Schicht voller öffentlicher Auftritte eine Woche, und diese Woche war den Astronauten verhasst.

Armstrong erste PR-Woche begann am 6. Juli und umfasste Termine in Virginia, Washington D.C., auf der Weltausstellung in New York und in Iowa, wo er an einem Tag fünf Präsentationen vor Forschungsgesellschaften hielt. Völlig erschöpft vom pausenlosen Händeschütteln flog er am nächsten Morgen nach Houston zurück. Das war ein Aspekt des Astronautenlebens, auf den er gut hätte verzichten können.

Bis auf die plötzliche Prominenz empfand Armstrong den Übergang vom Testpiloten- zum Astronautenleben als relativ einfach und reibungslos. Im Verlauf des Trainings begannen seine Kollegen seine Fähigkeiten als Pilot, Ingenieur und Astronaut zu respektieren, sie schätzten seine Intelligenz und seine Persönlichkeit.

»Mein erster Eindruck von Neil war, dass er sehr ruhig war«, erklärte Frank Borman. »Da er so still und nachdenklich war, lohnte es sich immer zuzuhören, wenn er mal etwas sagte. Die meisten von uns waren ›Los geht's, packen wir es an‹-Typen. Neil war natürlich auch praktisch veranlagt, aber er wollte vor allem immer genau verstehen, wie ein System funktionierte.«

»Neil hätte nicht freundlicher sein können«, sagte John Glenn. »Er war locker drauf, nett, ein guter Kerl, aus einer Kleinstadt, genau wie ich. Ich glaube nicht, dass einer von uns sich vor dem anderen aufgespielt hat.« Glenn und Armstrong bildeten Anfang Juni 1963 bei einem Überlebenstraining im Dschungel, das von der Air Force auf dem Luftwaffenstützpunkt Albrook am Panamakanal organisiert wurde, ein Team.

Was Glenn und jeden anderen, der einige Zeit mit Armstrong verbrachte, positiv überraschte, war Neils hintergründiger Humor. John Glenn erinnert sich: »Ich musste jedes Mal wieder über Neils Sporttheorie lachen.« Armstrong scherzte mit seinen Freunden darüber, dass Sport eine Verschwendung der Herzschläge sei, die jedem Menschen zugeteilt seien. Dave Scott, Neils Besatzungskollege auf der Gemini-VIII-Mission, weiß noch, wie Armstrong einmal in den Fitnessraum des MSC kam, wo Scott gerade im Schweiße seines Angesichts Gewichte stemmte, sich auf das Standfahrrad setzte, den niedrigsten

Gang einstellte und grinsend zu Dave sagte: »Braver Junge, Dave! Weiter so!«

Dave Scott sagte: »Man konnte gut mit ihm zusammenarbeiten. Er war sehr klug und gut darin, Probleme schnell zu analysieren. Druck machte ihm nichts aus.«

Und Buzz Aldrin meinte: »Neil war weder so ungestüm wie Pete Conrad noch so gebieterisch wie Frank Borman. Man musste meist ein bisschen warten, bis Neil eine Entscheidung traf, und oft hatte man keine Ahnung, was in der Zwischenzeit in seinem Kopf vorging. Er war einfach undurchschaubar. Doch selbst das machte ihn zu einem guten Kommandanten.«

KAPITEL 13

Warten auf den Einsatz

Die ersten Mitglieder der Neuen Neun, die einer Mission zugeteilt wurden, waren Tom Stafford und Frank Borman. Im Februar 1964 ernannte Slayton Stafford zusammen mit dem Mercury-Veteranen Al Shepard, dem ersten Amerikaner im All, zur Besatzung für die erste bemannte Gemini-Mission, Gemini III. Die Ersatzmannschaft bestand aus Gus Grissom und Frank Borman. Obwohl Armstrong genauso heiß auf einen Einsatz war wie alle anderen auch, war er nicht enttäuscht. »Ich hatte nicht erwartet, ihn zu kriegen. Ich war schon glücklich darüber, Teil des Programms zu sein. Ich war dabei. Es war spannend. Die Ziele waren meiner Meinung nach nicht nur für die USA wichtig, sondern für die Gesellschaft im Allgemeinen. Ich hätte freudig alles getan, was man mir auftrug.« Die Besatzungseinteilung für Gemini III musste allerdings geändert werden, noch bevor die Vorbereitungen für den Flug begonnen hatten. Da Al Shepard an einem chronischen Problem mit dem Innenohr litt, das Schwindelanfälle verursachte, beförderte Slayton Grissom zum ersten Kommandanten, und Gus wählte John Young als Begleitung aus. Tom Stafford war nicht allzu glücklich über die Veränderung, er war nun Teil der Ersatzmannschaft, mit den Mercury-Veteranen Wally Schirra als Kommandanten. Frank Borman wurde ganz aus dem Team gestrichen und war stattdessen für einen späteren, noch nicht bestimmten Gemini-Flug vorgesehen.

»Ich habe meine eigenen Ansichten darüber, wie Deke die Besatzungen zusammenstellte«, bemerkte Armstrong, »und es ist nicht leicht zu erklären. Ich glaube nicht, dass die einzelnen Mitglieder einfach hin und her geschoben und ausgetauscht wurden. Dekes Hauptziel war es, für jeden Flug einen geeigneten, fähigen Kommandanten zu finden. Sein zweites Bestreben war, die Leute so auf die anderen Positionen zu verteilen, dass sie die nötige Ausbildung, Vorbereitung und Erfahrung bekamen, um sie beim nächsten Einsatz mit einer wichtigeren Position zu betrauen.«

Innerhalb der Besatzungen »versuchten wir, die Aufgaben so aufzuteilen, dass alle ungefähr gleich viel zu tun hatten. Wir bemühten uns, dafür zu sorgen, dass jeder im Notfall alles hätte bedienen können, aber wir wiesen die Aufgaben so zu, dass jeder für einen bestimmten Bereich zuständig war und sich eingehender mit ihm auseinandersetzte. Die Position des Kommandanten war speziell, weil dieser die Verantwortung für die Entscheidungen trug, so wie der Kapitän eines Schiffs oder der Pilot eines Flugzeugs. Der Kommandant war immer für sein Fahrzeug verantwortlich.

Ich glaube, die Schlüsselüberlegung bestand darin, Kommandanten auszubilden, die der Aufgabe gewachsen waren und über die Erfahrung verfügten, um sie mit der nötigen Zuversicht auszuführen. Deke sagte immer – und ich stimme ihm da absolut zu –, er habe davon auszugehen, dass alle Astronauten den Prozess durchlaufen hätten, dass sie alle fliegen konnten und sollten und in der Lage sein müssten, jede Aufgabe anzunehmen, die ihnen zugewiesen wurde.

Dennoch sagte Deke, dass er die besten Positionen immer mit den besten Leuten besetzen wollte, die sich am besten für die Aufgaben eigneten. Ein weiterer, weniger wichtiger Faktor war, dass Deke sich seinen Mercury-Kollegen verpflichtet fühlte. Insbesondere Gus, Al und Wally waren immer seine erste Wahl – und das zu Recht. Sie waren die ersten Astronauten, sie waren am genauesten überprüft worden, sie sollten die freie Wahl haben.«

Slayton ging stets so vor, dass er bei der Auswahl weiterer Crewmitglieder den Kommandanten befragte. »Es galt, dass keiner für zwei Flüge gleichzeitig eingeteilt sein durfte«, bemerkte Armstrong. »Die

Vorbereitung dauerte ziemlich lange, daher waren eine Besatzung und ihr Ersatz für einen langen Zeitraum beschäftigt und kamen für keine andere Aufgabe infrage. Wenn man dann drei Flüge mit den entsprechenden Besatzungen parallel vorbereitet, bindet das etwa zwölf bis achtzehn von gar nicht so vielen Leuten. Also bemühte sich Deke, immer langfristig zu planen. Er hielt jeden Flug für wichtig, aber ganz besonders die frühen Flüge jedes Programms – die frühen Gemini-Flüge, die frühen Apollo-Flüge. Es war wichtig, dass wir es nicht vermasselten, denn ein Versagen in der frühen Phase gefährdete das ganze Programm.«

Neil war das einzige Mitglied der Neuen Neun, das eine offizielle Aufgabe im Astronautenbüro hatte. Dort war Joseph S. Algranti für den Flugbetrieb zuständig, Warren North für die Besatzungsabläufe und Slayton für die Koordination der Astronautenaktivitäten. Unterstützt wurde er dabei von Al Shepard, der nach seinem Ausschluss vom Flugbetrieb aufgrund der Schwindelanfälle zum Leiter der Astronauten ernannt wurde. Shepard untergeordnet waren Gus Grissom, verantwortlich für die Gemini-Gruppe, und Gordon Cooper, zuständig für die Apollo-Gruppe. Deke wies Armstrong einen dritten Bereich mit der Bezeichnung »Abläufe und Training« zu. Wie Grissom und Cooper verfügte auch Armstrong über eine kleine Zahl von Astronauten, die ihm zuarbeiteten. »Deke wies mich an, mir etwas auszudenken, das ihm einen besseren Überblick darüber verschaffte, wie viele Besatzungen zu einem bestimmten Zeitpunkt gebraucht wurden«, erinnerte sich Armstrong. »Ich wählte einen ganz einfachen Ansatz. Ich nahm die Startdaten, die für Gemini und Apollo geplant waren. Zu der Zeit standen mehrere verschiedene Apollo-Missionen an. Also machte ich einen Plan mit den Startterminen und sagte mir: ›Okay, wenn das so ist, wie viele Besatzungen brauchen wir dann?‹ Ich begann mit dem Datum des Starts und ging so viele Monate zurück, wie die Crew zur Vorbereitung brauchte. Ich trug alle Missionen in eine Zeitachse ein, mit Blockdiagrammen, die zeigten, wie viele Leute dafür verfügbar sein mussten.

Unter jedem Monat vermerkte ich, wie viele Astronauten in eine Mission involviert und wie viele verfügbar waren.«

Armstrongs schematische Übersicht ermöglichte Slayton, zu ermitteln, wann er zusätzliche Astronauten ins Programm holen musste, was zur Folge hatte, dass Houston im Juni 1963 verkündete, die NASA suche weitere zehn bis fünfzehn Astronauten. In dieser dritten Auswahlrunde waren die wissenschaftlichen und technischen Anforderungen der Apollo-Mondlandungsmission breiter gefächert, daher mussten die Bewerber keine Testpiloten mehr sein. Acht der vierzehn neuen Astronauten, die im Oktober 1963 ausgewählt wurden, waren Testpiloten, fünf bei der Air Force (Donn Eisele, Charles Bassett, Michael Collins, Theodore Freeman und David Scott), zwei bei der Navy (Alan Bean und Richard Gordon Jr.) und einer bei den Marines (Clifton Williams). Die übrigen sechs waren allesamt Piloten mit umfassendem akademischen Hintergrund und viel Flugerfahrung: Edwin »Buzz« Aldrin Jr., der Air-Force-Kampfpilot William Anders, die Navy-Piloten Eugene Cernan und Roger Chaffee sowie zwei Zivilisten, der Ex-Marinepilot Walter Cunningham und der Ex-Air-Force-Pilot Russell Schweickart.

Das waren die Astronauten, mit denen zusammen Armstrong schließlich ins All fliegen sollte: Mit Dave Scott auf der Gemini-VIII-Mission und mit Buzz Aldrin und Mike Collins auf der Apollo-11-Mission.

* * *

Am 8. Februar 1965 wurde Armstrong zum ersten Mal einer Besatzung zugeteilt, als Slayton ihn als Ersatzkommandanten hinter Gordon Cooper für Gemini V auswählte. Obwohl der Flug hauptsächlich dazu diente, zu zeigen, dass man für ein Rendezvous-Manöver im Weltraum bereit war, sollten die Astronauten acht volle Tage im All verbringen. Das war doppelt so lang wie bei der Gemini-IV-Mission, auf die sich Jim McDivitt und Ed White damals vorbereiteten.

Armstrongs Kompagnon im Ersatzteam war Elliot See. See würde bei Bedarf für Pete Conrad einspringen, der in der ersten Besatzung rechts neben Cooper sitzen sollte. Armstrong sagte: »Da alles darauf ausgelegt war, die Russen zu schlagen und vor Ablauf des Jahrzehnts auf dem Mond zu sein, war der Zeitplan enorm wichtig.« Neil »freute sich sehr darüber, für einen Flug eingeteilt worden zu sein, und war ziemlich zufrieden damit, der Ersatzmann hinter Gordon Cooper zu sein«. Nach der Ernennung ging das allgemeine Training für Armstrong weiter, doch nun machte es nur noch etwa ein Drittel seiner Arbeitszeit aus. Ein zweites Drittel »drehte sich um die Planung, darum, Verfahrensweisen und Methoden auszuarbeiten, die uns eine optimale Flugbahn und eine richtige Reihenfolge der Ereignisse ermöglichten«. Das dritte Drittel der Zeit war Tests vorbehalten: »... Tausende Stunden im Labor, im Raumfahrzeug und für Systemtests, alles Mögliche, um zu sehen, ob alles funktionierte, und um uns mit den Systemen vertraut zu machen.«

Die Vorbereitung auf die Ersatzposition für Gemini V hielt Armstrong nicht davon ab, auch unterstützend bei der Mission Gemini III mitzuwirken, einem Flug, den Gus Grissom und John Young im Raumfahrzeug *Molly Brown* unternehmen sollten. Für Gemini III, die erste bemannte Mission des Gemini-Programms, verbrachte Neil eine Arbeitswoche an der Bodenstation des weltweiten Satellitennetzwerks auf der hawaiianischen Insel Kauai. Diese sogenannte »Hauptstation« auf der nördlichsten der großen Inseln Hawaiis übermittelte verbale Kommandos an das Gemini-Raumfahrzeug in der Umlaufbahn.

In den Augen mancher NASA-Mitarbeiter boten solche Aufgaben Slayton teilweise die Möglichkeit, seinen Astronauten ein bisschen Ruhe und Erholung zu verschaffen. Neil reiste eine Woche vor dem Start von Gemini III nach Hawaii, um dort bei Bahnverfolgungs- und Kommunikationssimulationen zu helfen. Das Ziel von Gemini III war, zu zeigen, dass ein Raumfahrzeug durch das Zünden der Manövriertriebwerke die Umlaufbahn wechseln konnte, eine wichtige Voraussetzung für ein Rendezvous, welches wiederum unerlässlich für die Mondlandung war. Konkret sollte Gemini III die Fähigkeit, sich gezielt durch den Weltraum zu bewegen, durch drei sorgfältig ausgeführte, zeitlich beschränkte Zündungen der Triebwerke beweisen. Echte Probleme kamen erst gegen Ende des Flugs auf. Die Kapsel landete etwa achtzig Kilometer vom anvisierten Ziel entfernt, und die ruckartige Öffnung des Raumschifffallschirms schleuderte die Astronauten gegen das Instrumentenbrett, wobei Grissoms Visier brach.

Armstrong und die anderen Mitglieder der Gemini-V-Besatzung legten in knapp fünf Monaten fast 100 000 Kilometer zurück. Manchmal nahmen sie Linienflüge, doch einen beträchtlichen Teil der Strecke flogen sie selbst, damit ihre Pilotenfähigkeiten nicht verkümmerten.

Für das Mercury-Programm hatte Tony Jenzano, der geniale Direktor des Morehead-Planetariums in Chapel Hill, Sondermodelle eines Link-Flugsimulators entwickelt und gebaut, die den Blick aus der Raumfahrkapsel nachbildeten. In diesem »Raumfahrzeug« aus Sperrholz, Stoff, Schaumgummi und Papier steuerten die Astronauten von zwei Friseurstühlen aus die Bewegungen einer Projektion des Sternenhimmels, die das Rollen und Nicken des Fahrzeugs simulierte. Die Stühle kippten leicht hin und her, um die Auswirkungen von Raketentriebwerken nachzuahmen.

Armstrong war viele Male im Morehead-Planetarium. Sein letzter Besuch fand am 21. Februar 1969 statt, fünf Monate vor dem Start von Apollo 11. Neil sagte, dass die Zeit in Morehead den Astronauten dazu verhalf, Sterne und Sternbilder zu erkennen, was im Rahmen des Gemini-Programms sehr wichtig für die Navigationsberechnungen und die astronomischen Experimente war. Bei den Apollo-Flügen mit ihren leistungsstärkeren Computern benötigten die Besatzungsmitglieder nur »einen guten Überblick«, um anhand aller 36 Sterne, die die NASA als Grundlage für die Astronavigation benutzte, Messungen mit den Sextanten und Navigationsberechnungen durchzuführen.

Wenn Armstrong und Dave Scott zur Vorbereitung auf die im März 1966 stattfindende Gemini-VIII-Mission gemeinsam in einer T-38 über das Land flogen, prüften sie regelmäßig ihre Sternenkenntnisse. »Wir flogen auf einer Höhe von 12 000 Metern und schalteten alle Lichter im Cockpit aus«, erinnerte sich Neil. »Der Blick auf den Sternenhimmel war toll, und es war eine gute Gelegenheit zum Üben.« Im März 1969, auf der Apollo-9-Mission, sollte Scott sein Wissen über die Sterne unter Beweis stellen, als seine exzellente Arbeit für die richtige Ausrichtung des an Bord befindlichen Navigationscomputers sorgte.

Das Gemini-V-Team, bestehend aus Cooper, Conrad, Armstrong und See, sowie die Gemini-VIII-Besatzung – Armstrong, Scott und ihre Ersatzmänner Pete Conrad und Dick Gordon – entwickelten schnell ein starkes Gemeinschaftsgefühl. Gemini V startete am 21. August 1965. Wenige Sekunden vor neun Uhr Ortszeit stieg das Raumschiff auf der Titan-II-Rakete von der Startrampe LC-19 in die Luft.

Wie für die Ersatzmannschaft vorgesehen, waren Armstrong und See während des Starts in Cape Canaveral und kehrten danach ins Manned Spacecraft Center zurück. Bei der dritten Erdumkreisung bemerkte Conrad, dass der Sauerstoffdruck in der Brennstoffzelle von 55 auf knapp fünf bar gesunken war, gerade als »wir einen Zielsatelliten ausgesetzt hatten, ihn per Radar verfolgten und uns darauf vorbereiteten, ihn wieder einzufangen – ein Experiment, das uns entscheidende Informationen über ein noch nie zuvor versuchtes Rendezvous im Weltraum liefern sollte«. Der Druck normalisierte sich schließlich wieder, doch da war es für das Rendezvous bereits zu spät. Dem Flug von Gemini V fehlten am Ende nur eine Stunde und fünf Minuten, um die geplante Dauer von acht Tagen zu erreichen, als die Kapsel ins Meer stürzte, fast 150 Kilometer vom Rettungsschiff entfernt, weil ein Mitglied der Bodencrew den Bordcomputer mit falschen Navigationskoordinaten gefüttert hatte. Die Mission brachte eine große Menge an Daten über die Auswirkungen der Schwerelosigkeit auf den menschlichen Körper ein (es dauerte zwei Tage, bis sich das Herz-Kreislauf-System von Cooper und Conrad wieder erholt hatte), was jedoch durch den enttäuschenden Ausgang des Rendezvous-Manövers in den Hintergrund trat.

Drei Wochen nach der Landung von Gemini V, am 20. September 1965, verkündete die NASA offiziell die Besatzung für Gemini VIII. Armstrong sollte die Position des Kommandanten einnehmen, wie schon in der Ersatzmannschaft für Gemini V. Anstelle von Elliott See, der zuvor Neils Partner gewesen war, ernannte Slayton nun Dave Scott, der somit als erstes Mitglied der dritten Astronautenklasse einen Flug zugeteilt bekam. Als Ersatz waren Pete Conrad, der Pilot der gerade abgeschlossenen Gemini-V-Mission, und Dick Gordon, ebenfalls ganz neu im Gemini-Programm, vorgesehen.

Mit der Ernennung zum Kommandanten von Gemini VIII endete im September 1965 die erste Phase von Armstrongs Astronautenlaufbahn. In den folgenden sechs Monaten bis zum Start von Gemini VIII am 16. März 1966 bereiteten sich Armstrong und Scott fast ununterbrochen auf ihren ersten Raumflug vor, den bis dahin komplexesten in der Geschichte der amerikanischen Raumfahrt – der sie fast das Leben kostete.

KAPITEL 14

Gemini VIII

Cape Kennedy, Florida, 9:41 Uhr, Mittwoch, 16. März 1966. Hier spricht das Gemini-Startkontrollzentrum. Es verbleiben noch 114 Minuten bis zum Start von Gemini VIII auf Rampe 19 und neunzehn Minuten bis zum Atlas/Agena-Start auf Rampe 14. Die vorgesehenen Piloten für die Mission, die Astronauten Neil Armstrong und David Scott, sind um 9:38 Uhr durch die Luke in das Gemini-VIII-Fahrzeug eingestiegen. Sie werden gerade an die Geräte angeschlossen ...

Dreieinhalb Jahre nach Beginn seiner Astronautenlaufbahn stieg Neil Armstrong, 35 Jahre alt, endlich in ein Raumfahrzeug oben auf einer voll betankten Titan-II-Rakete, bereit zu seiner ersten Reise ins All. Gemini VIII, der vierzehnte bemannte Flug der amerikanischen Raumfahrt, war das Warten definitiv wert gewesen. Es hatte bisher nur ein einziges Rendezvous-Manöver im All gegeben, erst vier Monate zuvor, und die Russen hatten es noch gar nicht geschafft. Im Dezember 1965 hatten die Astronauten Wally Schirra und Tom Stafford ihr Fahrzeug Gemini VI aus seiner Umlaufbahn gebracht und bis auf wenige Meter an die Gemini-VII-Kapsel herangeführt, in der sich Frank Borman und Jim Lovell befanden. Nun sollte die Besatzung von Gemini VIII nicht nur ein Rendezvous, sondern die erste echte Kopplung im Weltall durchführen, indem sie an einen eigens dafür gebauten, unbemannten Zielsatelliten (Gemini Agena Target Vehicle, GATV) andockte.

Ebenfalls vorgesehen war ein Außenbordeinsatz des 33-jährigen Piloten Dave Scott aus Texas, der deutlich komplizierter werden würde als der erste amerikanische Weltraumspaziergang, den Ed White im Rahmen der Mission Gemini IV im Juni 1965 durchgeführt hatte. Außerdem würde sich die Crew während des für siebzig Stunden und 55 Erdumkreisungen angesetzten Flugs mit Experimenten an Bord beschäftigt halten, die Aufnahmen des Zodiakallichts, das Wachstum von Froschlaich, Fotografien von bestimmten Bereichen der Erde, Kernemulsionen und Spektralaufnahmen atmosphärischer Wolken umfassten. »In der altgriechischen Mythologie steht der Begriff Gemini für die Zwillinge Castor und Pollux«, erklärte Armstrong. Armstrong und Scott entwarfen das Emblem für die Mission, auf dem »Lichtstrahlen von Castor und Pollux ausgehend auf ein Prisma fallen und das ganze Spektrum der Raumfahrt widerspiegeln«. Das Hauptziel der Mission war die Vorbereitung auf die Mondlandung. Als die NASA im Sommer 1962 beschloss, dass ein Rendezvous in der Mondumlaufbahn die einzige Möglichkeit darstellte, bis zum Ende des Jahrzehnts zum Mond zu gelangen, wurde es unerlässlich, zu lernen, wie man ein solches Rendezvous durchführte und ein Raumfahrzeug an ein anderes ankoppelte.

Als Kommandant war es Armstrongs Aufgabe, diese schwierigen Manöver zum ersten Mal zu bewältigen.

Die von Lockheed ursprünglich für die Air Force entwickelte Agena war eine Raketenoberstufe, die sich als so zuverlässig erwies, dass die Missionsplaner bei der NASA schon 1961 erwogen, sie als Zielsatelliten in einem Rendezvous-Experiment einzusetzen – eine Idee, aus der das Projekt Gemini hervorging. Die umfunktionierte Agena benötigte eine Drei-Wege-Datenkommunikation, einen Transponder für Radar und andere Hilfsmittel zur Bahnverfolgung, ein Lageregelungsystem und einen Kopplungskragen. Am kompliziertesten war jedoch, dass das GATV über ein wiederstartbares Triebwerk verfügen musste, das in der Lage war, im Weltraum fünf separate Zündungen durchzuführen, damit die Agena-Gemini-Kombination in alle Richtungen gesteuert werden konnte. Die modifizierte Agena wurde nur elf Tage vor Beginn der Mission zum Start zugelassen.

Ein kleineres Problem kurz vor dem Start kostete Neil und Dave fast die Chance, der Agena zu folgen, die vor ihnen ins All aufstieg. »Gleich nachdem Dave und ich durch die Luken in unsere Sessel geglitten waren, fand einer der Männer von der Flugvorbereitungscrew etwas Epoxidharz im Schließmechanismus von Daves Fallschirmgurtzeug. Unsere Bewegungsfreiheit war in den Sitzen so eingeschränkt, dass wir kaum etwas tun konnten, doch Pete Conrad, unser Ersatzkommandant, und der Startrampenchef Guenter Wendt konnten die Schließe lösen.«

Janet war mit den beiden kleinen Söhnen zu Hause in Houston geblieben und verfolgte den Start nervös im Fernsehen. Für seine Eltern hatte Neil ein Hotelzimmer reserviert, sie wurden gemeinsam mit anderen VIP-Gästen in einem Bus der NASA zur Zuschauertribüne von Cape Kennedy gefahren. Auch June und ihr Mann sowie Dean und seine Frau waren dort. Neil selbst ging etwas durch den Kopf, das wie ein Gegenmittel zur steigenden Spannung und Nervosität wirkte: »Wenn man in ein Flugzeug steigt, das man fliegen soll, fliegt man meistens auch. Doch bei Raumfahrzeugen kommt man oft zur Startrampe, sitzt nur ein paar Stunden lang in der Kapsel und muss dann wieder aussteigen und in die Unterkunft zurückkehren. Das geschah so oft, dass es immer eine Überraschung war, wenn der Start tatsächlich stattfand. Man rechnete im Grunde nicht damit«, bis man spürte, wie sich die Rakete von den Verankerungsbolzen darunter losriss.

»Dass die Atlas/Agena rechtzeitig abhob«, erinnert sich Armstrong, »war ein sehr gutes Zeichen. Dann stiegen auch wir pünktlich mit der Titan auf, was ebenfalls ein gutes Zeichen war, weil es bedeutete, dass der Zeitplan für das Rendezvous wie eingeübt bestehen blieb.«

»Der Flug mit der Titan II verlief ziemlich ruhig«, weiß er noch, »viel ruhiger als die erste Phase der Saturn V später auf den Apollo-Missionen. Der Start war klar zu spüren, man wusste, dass man unterwegs war, wenn die Rakete zündete. Die g-Kräfte waren während der ersten Stufe recht hoch – um die sieben g. Erst sieht man nur den blauen

Himmel, und dann beginnt das Pitch-over-Manöver, das Einschwenken in den Orbit – man steht auf dem Kopf und kippt so schnell, dass die Füße Richtung Himmel schießen und der Horizont von oben im Fenster erscheint. Es ist ein spektakulärer Anblick, weil man über die Karibik fliegt und lauter Blau- und Grüntöne sieht, mit der einen oder anderen Insel dazwischen. Es wäre schön, wenn man die Aussicht genießen könnte, aber man ist zu sehr damit beschäftigt, die Triebwerke am Laufen zu halten.«

Als die Gemini-VIII-Kapsel in östlicher Richtung um die Erde kreiste, stand sie immer wieder für ein paar Minuten mit Houston in Kontakt. Die Kommunikation lief über ein weltweites Satellitenbeobachtungsnetzwerk. Erst als sich die Astronauten über Hawaii befanden, wagten sie einen längeren Blick aus dem Fenster. Beide Männer hielten nach der Küste von Texas Ausschau, in der Hoffnung, Houston und ihre Wohnorte entdecken zu können. Doch ihr Auftrag lautete, die Agena einzuholen, die momentan knapp 2000 Kilometer von ihnen entfernt in einer anderen, höheren Umlaufbahn flog.

Armstrongs erste Aufgabe bestand darin, die Trägheitsplattform des Raumfahrzeugs auszurichten, eine feste Platte, die in der Leere des Alls, wo alle Richtungen relativ sind, Winkel – und dadurch Richtungen – maß.

Durch eine fünfsekündige Zündung erreichte das Raumschiff eine Position, in der die Bahnneigung – der Winkel zwischen der Ebene der Umlaufbahn und der des Äquators – exakt der der Agena entsprach. Dieser kritische Augenblick war eine Stunde und 34 Minuten nach dem Start erreicht (um 1:34 MET, »Mission Elapsed Time«).

»Eine entscheidende Voraussetzung eines Rendezvous bestand darin, die eigene Umlaufbahn auf die gleiche Ebene zu bringen wie die des Zielobjekts, denn wenn man nur ein paar Grad danebenlag, hätte das Raumschiff nicht genügend Treibstoff, um das Zielobjekt zu erreichen«, erklärte Armstrong. »Daher war geplant, von Anfang an nur wenige Zehntel Grad von der Umlaufbahn des Zielobjekts abzuweichen. Das

1 Armstrongs Großvater väterlicherseits, Willis Armstrong.

2 »Oma Laura« Koenig.

3 Der früh verstorbene Martin August Engel hatte nur eine Tochter, Viola.

4 Caroline Katter Engel Korspeter.

5/6 Viola Engel Armstrong als Sechsjährige bei ihrer Erstkommunion (*links*) und als junges Mädchen (*rechts*).

7 Hochzeitsfoto von Stephen (*links*) und Viola (*sitzend*). Stephens jüngere Schwester Mary Barbara war die Trauzeugin, Guy Briggs der Trauzeuge. 8. Oktober 1929.

8 Viola mit dem sechs Wochen alten Neil in Warren, Ohio, im September 1930.

9 Dean, Neil und June Armstrong 1936.

10 Neils erster Geburtstag, 5. August 1931.

11 Die »Wolfspatrouille« aus Upper Sandusky (Pfadfinderstamm 25 in Ohio). Oben von links nach rechts: Jim Kraus, Gene Blue, Dick Tucker, Jack Stecher, Neil Armstrong. Unten: Kotcho Solacoff und Jack Strasser, Oktober 1943.

12 Die »Mississippi Moonshiners« (*von links nach rechts*): Jerre Maxson, Posaune; Neil Armstrong, Baritonhorn; Bob Gustafson, Posaune; und Jim Mougey, Klarinette.

13 Midshipman Armstrong, mit seiner Großmutter Caroline Korspeter, auf Urlaub in Ohio im Frühjahr 1950.

14 Der zwanzigjährige Ensign Neil Armstrong steigt in einen Panther-Jet, um einen Einsatz über Nordkorea zu fliegen.

15 Auf Armstrongs Piloten-Lederjacke prangt der »Kreischende Adler«, das Symbol der Kampfstaffel 51.

16 Bei der Tour auf der *Essex* war Armstrong (*vordere Reihe, Dritter von links*) einer von vierzehn VF-51-Piloten, die auf hundert oder mehr Trägerlandungen kamen: Bill Bowers, Bob Kaps, Neil, Wiley Scott, Bill Mackey, Danny Marshall, Bob Rostine, (*hinten*) Tom Hayward, Skipper Ernie Beauchamp, Benny Sevilla, Don McNaught, Ernie Russell, Frank Jones und Herschel Gott.

17 Im Bereitschaftsraum der *Essex* bereiten sich Neil, »Wam« Mackey und Ken »K.C.« Kramer auf einen Start mit dem Geschwaderkommandanten Marshall Beebe (*Zweiter von links*) vor.

18 Armstrong in einem heiteren Augenblick mit Hersh Gott, einem Pilotenkameraden aus der Kampfstaffel 51.

19 Armstrong tat gerade Dienst unter Deck, als ein Banshee-Jet am 16. September 1951 gegen Abend in einige vollbetankte Flugzeuge raste, die auf der *Essex* parkten – ein Unfall mit tödlichen Folgen.

20 Armstrong in einem innovativen Flugsimulator namens »Eisernes Kreuz« auf der High-Speed Flight Station.

21 Armstrong flog alle vier Maschinen der »Century-Reihe«: die North American F-100 Super Sabre (*unten Mitte*), die McDonnell F-101 Voodoo (*oben Mitte*), die Convair F-102 Voodoo (*rechts*) und die Lockheed F-104 Starfighter (*links*).

22 Abwurf der X-15 aus einem B-52-Flugzeug auf 13 500 Metern Höhe.

23 Armstrong im Cockpit der X-15-1, Dezember 1961.

24 Die 27 Jahre alte Janet Shearon Armstrong macht 1961 das Beste aus der Küche in ihrer Berghütte in den Juniper Hills, Kalifornien.

25/26 (*links*) Neil trägt Karen, genannt »Muffie«, auf einem Familienausflug 1959; (*rechts*) Karen an Weihnachten 1961, wenige Wochen vor ihrem Tod.

erreicht man, indem man zu einem präzisen Zeitpunkt abhebt, damit man in die gleiche Bahnebene eintritt wie das Zielgefährt.« Doch egal wie präzise die Startzeit berechnet ist, ein geringer Unterschied in der Bahnneigung der beiden Raumschiffe war nicht zu vermeiden. Im Fall der Gemini VIII musste eine Abweichung von 0.05 Grad überwunden werden.

Selbst unter idealen Bedingungen waren außergewöhnlich gute Pilotenfähigkeiten nötig, um ein Ziel im Weltraum zu verfolgen. Es ist zu bezweifeln, ob überhaupt ein Astronaut es je hätte schaffen können, ohne ausgiebiges Training im Simulator ein Rendezvous-Manöver durchzuführen. Um die Position der beiden Raumschiffe zu berechnen, die beste Transferbahn in die Umlaufbahn des GATV zu ermitteln und während der letzten Phase des Rendezvous präzise mathematische Probleme der automatischen Radarerfassung zu lösen, war ein Steuerungscomputer nötig. Der Gemini-Digital-Computer, der von der IBM Federal Systems Division in Oswego, New York, gebaut worden war, zählte zu den ersten Computern der Welt, der mithilfe von digitaler Halbleiterelektronik in Echtzeit zur Navigation und Steuerung einer fliegenden Maschine beitrug. »Es war ein winzig kleiner Computer«, erzählte Armstrong. Mit einer Breite von neunzehn Zoll und einem Gewicht von gut zwanzig Kilo passte der Computer in die Vorderwand des Raumschiffs. Innerhalb des kompakten Gehäuses speicherten kleine, ringförmige Magneten, die den Kernspeicher des Geräts bildeten, 159 744 Bits mit binären Informationen – weniger als zwanzig Bytes. Unwesentlich mehr Platz bot ein Bandspeicher, über den die Astronauten zusätzliche Befehle eingeben konnten. Gemini VIII war die erste Mission ins Weltall, die von dieser Technik profitierte. Doch selbst mit der zu damaligen Zeiten hochmodernen Computertechnik oblag es den Missionsplanern, das Rendezvous möglichst einfach zu halten.

Wie mathematische Modelle, Simulationen und Erfahrungen früherer Gemini-Flüge ergaben, betrugen der optimale Höhenunterschied zwischen den beiden Raumfahrzeugen 25 Kilometer und der ideale

Transferwinkel – der Winkelabstand, den das Gemini-Fahrzeug beim Aufstieg in die höhere Umlaufbahn der Agena durchqueren musste – 130 Grad. Wie Armstrong erklärte: »Die Missionsplaner hatten einen Annäherungspfad ermittelt, der es uns ermöglichte, auf die Agena zuzufliegen, wenn diese wie ein großer Stern wirkte, der fest in der Mitte des Hintergrundes fixiert war, und nicht alles in alle Richtungen davonraste. Das verschaffte uns den Vorteil, dass es die Annäherung an das Zielgefährt erleichterte, weil sich der Hintergrund nicht ständig bewegte. Solange unser Ziel fest vor dem sternenübersäten Hintergrund stand, wussten wir, dass wir uns auf dem richtigen Weg befanden. Wenn sich das Ziel bewegte, teilte uns das automatisch etwas Wichtiges mit – nämlich dass wir eine Geschwindigkeitskomponente hatten, die wir eliminieren mussten.« Die besten Lichtbedingungen bestanden, wenn die Sonne während der Bremsphase vor dem Rendezvous hinter dem Gemini-Raumfahrzeug stand. Ausgehend von diesen Vorgaben erarbeiteten die Missionsplaner die Startzeiten, die Aufstiegsbahnen und die Parameter der Umlaufbahn, aus denen sich optimale Bedingungen für die Endphase des Rendezvous mit anschließender Kopplung ergaben.

Der Zeitraum zwischen der ersten Triebwerkszündung eine Stunde und 34 Minuten nach dem Start und dem Beginn der abschließenden Phase betrug etwa zwei Stunden und fünfzehn Minuten. Armstrong und Scott beschlossen, etwas zu essen. Das mit »Tag 1/Mahlzeit B« beschriftete Päckchen enthielt gefriergetrocknetes Hähnchen mit Bratensoße. Doch eine Meldung des CapCom Jim Lovell aus Houston, übermittelt über die Bodenstation auf Antigua, teilte der Besatzung mit, sie müsse sich auf die nächste Zündung vorbereiten – ein »Phasing«-Manöver, also einen geringen Positionswechsel auf der Ebene, der eine erneute Ausrichtung der Plattform verlangte. Armstrong und Scott befestigten ihr Essen in seiner Verpackung mit Klett an der Decke des Raumschiffs, bis die Zündung abgeschlossen war. Als sie eine halbe Stunde später wieder danach griffen, war es an einigen Stellen immer noch trocken. Als Nächstes probierte Armstrong ein Päckchen Brownies, doch das sorgte nur dafür, dass überall in der Kabine Krümel umherflogen.

Das nächste Manöver, ein Ebenenwechsel, erfolgte kurz vor dem Abschluss der zweiten Erdumkreisung über dem Pazifik, um 2:45:50 MET. Armstrong zündete die hinteren Triebwerke und erzeugte so eine horizontale Geschwindigkeit von 7,99 Metern pro Sekunde, wodurch sich die Spitze der Gemini VIII nach unten neigte, aber vielleicht nicht präzise genug:

2:46:27   Armstrong: *Ich glaube, wir haben es ein bisschen übertrieben.*

Erst als sich das Raumfahrzeug über Mexiko befand, bestätigte sich Neils Verdacht. Lovell wies ihn an, die Geschwindigkeit durch eine weitere sehr kurze Zündung um 0,6 Meter pro Sekunde zu erhöhen. Die Männer beförderten das Raumschiff auf die richtige Ebene und in eine Umlaufbahn unterhalb der Agena, sodass sie das Zielgefährt einholten. Als sie die Umlaufbahn des GATV erreichten, berechneten sie, wie groß die Entfernung war und wie schnell sie sich veränderte. Nach einer Reihe von Anpassungen konnten sie »das Ziel hoffentlich erreichen, wenn es sich völlig unbeweglich vor den Sternen befand und wir mit einem vernünftigen Tempo unterwegs waren, das uns ermöglichte, in der letzten Phase der Annäherung möglichst wenig Treibstoff beim Abbremsen zu verbrauchen.«

Diese Endphase konnte erst beginnen, wenn die Gemini VIII die Agena verlässlich auf dem Radar erfasst hatte. Kommandant Armstrong behielt die Entfernung und die Entfernungsänderung ständig im Blick, um nicht über das Ziel hinauszuschießen, weil man sich ihm zu schnell näherte. Um 3:08:48 MET verkündete Armstrong: »Wir haben eine unregelmäßige Zielerfassung auf dem Radar.« 35 Minuten später, als sich das Raumfahrzeug über Afrika befand, meldete er eine zuverlässige

Verbindung. Als Nächstes stand eine weitere Triebwerkszündung an. Die Transferbahn, auf der sich die Gemini-VIII-Kapsel in den vergangenen Stunden bewegt hatte, um die Agena einzuholen, war elliptisch gewesen, wie es das Gravitationsfeld *eines* Körpers gebot. Nun bewegte Armstrong die Spitze des Fahrzeugs nach unten und zündete die hinteren Schubdüsen. Das veränderte die Geschwindigkeit um achtzehn Meter pro Sekunde, was dazu führte, dass die Umlaufbahn der Gemini VIII sich einem Kreis annäherte und das Fahrzeug noch exakter auf die Ebene der Agena ausgerichtet war.

Es dauerte eine Weile, bis die Besatzung das Ziel sehen konnte. Armstrong erklärte: »Wir wussten, dass wir es irgendwann entdecken würden. Aber dafür mussten wir ziemlich nah dran sein. Laut dem Missionsplan sollten wir etwa 130 Grad der Transferbahn im Dunkeln zurücklegen – oder zumindest 125 Grad oder so. Wenn wir noch gut fünfzehn Kilometer vom Ziel entfernt waren, sollte es ins Tageslicht eintreten. In dem Augenblick leuchtete es wie ein Weihnachtsbaum. Wir konnten es wie eine riesige Fackel vor dem dunklen Himmel sehen. Als das geschah, verloren die Sterne im Hintergrund an Bedeutung, weil wir uns auf einer guten Flugbahn befanden und die letzten Anpassungen visuell vornehmen konnten.« Kurze Zeit später meldete Scott, dass die Crew in 122 Kilometern Entfernung ein Objekt gesichtet hatte, das in der Sonne glänzte. Sie ging davon aus, dass es sich dabei um die Agena handelte. Da sich das Ziel zehn Grad oberhalb der Gemini VIII befand, musste Armstrong in Vorbereitung auf eines der letzten Translationsmanöver erneut die Trägheitsplattform ausrichten. Er würde die Spitze des Raumfahrzeugs um etwa dreißig Grad hochziehen und es rund siebzehn Grad nach links kippen lassen. Danach hatte er Zeit, einen weiteren Blick auf die Agena zu werfen.

Wenige Minuten später verschwand das Zielfahrzeug aus dem Blickfeld, als es in die Dämmerung eintauchte, nur um kurze Zeit später wieder sichtbar zu werden, als die Positionslichter des GATV durch einen Befehl der Gemini VIII aufleuchteten. »Sobald wir die

Transferbahn abgeschlossen hatten«, erklärte Armstrong, »mussten wir ein paar letzte Ausrichtungen vornehmen, die uns in die exakt gleiche Position und auf die gleiche Geschwindigkeit wie die Agena bringen würden, sodass wir in Formation flogen. Von da an musste die ›Position gehalten‹ werden, wie man es nannte. Das bedeutete, dass wir knapp fünfzig Meter Abstand zum Zielfahrzeug hielten. Wir umkreisten es, entfernten uns aber nie allzu weit von ihm. Wir mussten auf der gleichen Umlaufbahn bleiben, denn wenn wir nur geringfügig davon abwichen, vermehrten sich die Fehler. Also mussten wir im Grunde in Formation fliegen.«

Hoch über dem Bahnverfolgungsschiff, das sich in der Nähe der karibischen Insel Antigua befand, bereitete sich die Besatzung der Gemini VIII auf den Bremsvorgang vor, der dafür sorgen sollte, dass sich ihr Raumfahrzeug nicht zu schnell auf die Agena zubewegte und daran vorbeiflog. Dafür zündete Armstrong ganz behutsam immer wieder ganz kurz die hinteren Schubdüsen, während Dave Scott die Entfernung und die Geschwindigkeit der Gemini VIII durchgab. Zwei Minuten und 21 Sekunden später tauchten die strahlenden Lichter der Agena auf. Im Schneckentempo von 1,5 Metern pro Sekunde flog die Gemini VIII auf die Agena zu. Armstrongs Begeisterung war spürbar:

5:53:08	Armstrong:	*Ich kann es kaum fassen!*
5:53:10	Scott:	*Ich auch nicht. Kompliment, Chef!*
5:53:13	Armstrong:	*Gute Arbeit, Partner!*
5:53:16	Scott:	*Das ist dein Verdienst, Mann! Du hast es geschafft.*
5:53:17	Armstrong:	*Das war Teamwork.*

Zwei Minuten später meldete sich CapCom Lovell, der bisher geschwiegen hatte, um Armstrong und Scott während der kritischen Bremsphase nicht zu stören, und bat die Besatzung um ein Update zum Rendezvous.

5:56:23   Armstrong: *Houston, hier ist Gemini VIII. Der Abstand zur*
                         Agena beträgt etwa fünfzig Meter, wir halten die
                         Position.

Da die relative Geschwindigkeit zwischen den beiden Gefährten neut-
ralisiert war, war das Rendezvous – erst das zweite überhaupt in der
kurzen Geschichte der Raumfahrt – gelungen.

Die Position zu halten fiel Armstrong nicht besonders schwer. »Es
war leicht, in der Nähe der Agena zu bleiben. Wir flogen um sie herum
und machten Fotos aus verschiedenen Blickwinkeln, in unterschiedlichen Lichtverhältnissen.« Armstrong sprach immer von »wir«, wenn
es um das Fliegen eines Luft- oder Raumfahrzeugs ging, doch die Herausforderungen der Gemini-Mission waren zu groß, um sich bei der
Steuerung des Raumschiffs mit Scott abzuwechseln, zumindest zu
dem Zeitpunkt. Neil hatte vor, im weiteren Verlauf der Mission irgendwann Scott das Fahrzeug fliegen zu lassen, nach der Abkopplung oder
nach Scotts EVA. Armstrong und Scott hielten die Rendezvous-Posi-
tion fast den ganzen »Tag« lang, sie wussten, dass das Docking-Manöver erfolgen sollte, bevor sie in die nächste »Nacht« eintraten, da die
Bedingungen für die Kopplung dann alles andere als ideal wären. In der
Umlaufbahn, in der sie unterwegs waren, dauerte ein Tag etwa 45 Minuten.

Das Rendezvous begann direkt westlich von Hawaii. Zu der Zeit befand sich die Gemini VIII über der USS *Rose Knot Victor*, die das Raumschiff von ihrer Position vor der nordöstlichen Küste Südamerikas aus
verfolgte, genau in dem Augenblick, in dem Armstrong für das Andockmanöver mit der kaum merklichen Geschwindigkeit von weniger als
acht Zentimetern pro Sekunde auf das Zielobjekt zuhielt.

6:33:40   CapCom: *Okay, Gemini VIII. Hier vom Boden aus sieht es*
                         gut aus. Wir haben die Anzeige CONE RIGID.
                         Gute Voraussetzungen zum Andocken.

6:33:52   Armstrong: *Houston, wir haben angedockt! Es ist alles glatt gelaufen.*

Für ein paar wilde Sekunden lang brach im Kontrollzentrum Jubel aus. Der CapCom gratulierte den Astronauten und berichtete, die Agena sei stabil, es gäbe keine spürbaren Bewegungen.

Während der ersten Minuten der Docking-Phase konzentrierten sich sowohl die Besatzung als auch die Flugüberwachung auf das Verhalten der Agena, da sie in der Vergangenheit so viele Probleme bereitet hatte. Houston hatte Schwierigkeiten, sicherzustellen, dass das GATV die Befehle erhielt und speicherte, die für ein bevorstehendes Giermanöver hinaufgeschickt wurden. Außerdem wunderte sich die Bodencrew, warum der Geschwindigkeitsmesser der Agena nicht zu funktionieren schien. Diese beiden Rätsel legten eine Fehlfunktion des Lageregelungssystems der Agena nahe. Der CapCom wies Armstrong an, es abzuschalten und das Zielobjekt über das Raumfahrzeug zu steuern, falls es Probleme gab. Sechs Minuten nach dieser Warnung verlor die Bodenstation in Antananarivo den Kontakt zum Raumschiff, als es in den Funkschatten eintrat. In den nächsten 21 Minuten war keine Kommunikation mit der Gemini-Kapsel möglich, die nun gemeinsam mit der angekoppelten Agena ein einziges Raumfahrzeug bildete.

Dann meldete sie sich mit einer erschreckenden Nachricht zurück:

7:17:15   Scott: *Es gibt schwerwiegende Probleme hier. Wir … wir drehen uns wie wild im Kreis. Wir lösen uns von der Agena.*

Armstrong erinnerte sich so an die Abfolge von Ereignissen, die zum Notfall während der Mission führten, dem ersten mit möglicherweise fatalem Ausgang im Rahmen des US-Raumfahrtprogramms: »Kurz nach dem Docking-Manöver traten wir in eine Nachtphase ein. Man konnte nicht viel sehen, nur die Sterne oben und unten zwischendurch die Lichter einer Stadt oder die Blitze eines Gewitters, aber sonst kaum etwas. Dave bemerkte anhand der Lagekontrollanzeige, dass wir nicht gerade ausgerichtet waren, wie es hätte sein sollen, sondern eine Schräglage von dreißig Grad hatten, und wies mich darauf hin.«

Als das Raumschiff in die nächtliche Umgebung eingetaucht war, hatten die Astronauten alle Lichter im Cockpit eingeschaltet, was es fast unmöglich machte, Verschiebungen der Horizontlinie zu bemerken, wenn man nicht direkt auf die Instrumente schaute. »Ich versuchte die Schräglage auszugleichen, hauptsächlich durch kurze Zündungen des Orbit Attitude and Maneuvering Systems [OAMS]. Dann legte sich das Raumschiff wieder quer, also wies ich Dave an, die Steuerung der Agena abzuschalten. Die entsprechenden Elemente dafür befanden sich alle auf seiner Seite.«

Scott schaltete per Fernsteuerung das Lageregelungssystem des Zielgefährts ab, er rüttelte an den Schaltern für die Agena und legte sie immer wieder um, er kappte die Stromversorgung des gesamten Agena-Instrumentenbretts und stellte sie wieder her, doch nichts brachte etwas. Armstrong erzählte: »Ich hatte wirklich geglaubt, dass das Andocken kein Problem werden würde, weil wir es im Simulator trainiert hatten.« Doch niemand hatte eine Simulation entwickelt, in der sich die *miteinander verbundenen* Raumfahrzeuge derart falsch bewegten. »Hätten wir eine solche Situation üben können«, meinte Armstrong, »wären wir sicherlich auch viel schneller damit zurechtgekommen.«

»Wir hatten zu dem Zeitpunkt schon eine ganze Reihe von Flügen in der Gemini-Kapsel absolviert«, merkte er an. »Daher vermuteten wir natürlich, dass die mögliche Problematik oder Fehlfunktion von der Agena ausging, weil es bei ihrer Entwicklung eine Menge Schwierigkeiten gegeben hatte.«

Untermauert wurde diese Annahme durch die Anweisung von Lovell nur wenige Minuten vor der Kopplung, Armstrong und Scott sollten ihr Raumschiff beim geringsten Anzeichen von Problemen von der Agena lösen und es unter Kontrolle bringen. Also sagte Neil zu seinem

Kollegen: »Wir lösen die Verbindung und koppeln ab«, und Dave willigte sofort ein.

»Und los«, wies Armstrong ihn an. »Die Abkopplung verlief erfolgreich«, erklärte er Jahre später, »aber ich war etwas angespannt, weil ich verhindern wollte, dass wir direkt danach wieder gegen die Agena stießen. Also steuerte ich uns rasch von ihr weg, in der Hoffnung, einige Entfernung zwischen uns zu bringen, bevor einer von uns in den anderen hineinrotierte. Das klappte gut. Danach versuchten wir sofort, die Kontrolle über unser Raumfahrzeug zu erlangen, doch wir schafften es nicht. Da wurde uns klar, dass das Problem nicht von der Agena ausgegangen war. Sondern von uns.«

Der Übeltäter war in Wahrheit eine der OAMS-Düsen der Gemini VIII – genauer gesagt, die Düse Nummer acht, ein kleines Triebwerk mit einem Schub von 102 Newton, das für die Rollbewegung des Fahrzeugs zuständig war. Als Armstrong das OAMS genutzt hatte, um damit die Gemini-Agena-Kombination zu steuern, hatte sich die Düse anscheinend durch einen Kurzschluss verklemmt.

»Ich wusste zu der Zeit nicht«, erklärte Armstrong, dass man »eine Düse nur hört, wenn sie zündet – wenn sie durchgehend läuft, hört man das nicht«.

Die Gemini VIII drehte sich nun gefährlich schnell. Armstrong beschrieb es so: »Die Rotationsgeschwindigkeit stieg immer weiter, bis sie einen Punkt erreicht hatte, wo sie eine Kopplung der Bewegungsrichtungen erzeugte. Das Problem war jetzt also nicht mehr nur das bedrohlich starke Rollmoment, sondern auch das Gieren und Nicken, das sich daraus ergab.« Es handelte sich also um das gleiche Dilemma wie bei der Trägheitskopplung, die den Ingenieuren bei der Entwicklung der frühen Überschallflugzeuge so viel Kopfzerbrechen bereitet hatte.

»Unser Raumfahrzeug verwandelte sich in ein sich überschlagendes Gyroskop, am allerhöchsten war die Rollgeschwindigkeit. Unsere Rollgeschwindigkeitsanzeigen gingen nur bis zwanzig Grad pro Sekunde, und sie waren alle am Anschlag, daher lagen wir an allen Achsen bei deutlich über zwanzig Prozent – obwohl die Anzeigen manchmal aus mysteriösen Gründen kurz Richtung null ausschlugen.« Als die Drehungen 360 Grad pro Sekunde überschritten, »machte ich mir große Sorgen, dass wir die klare Sicht einbüßen könnten«, erinnerte sich Armstrong. »Als ich nach oben zu den Anzeigen für die Triebwerke hinaufschaute, merkte ich, dass alles vor meinen Augen verschwamm. Ich meinte, ich könnte den Blick darauf fokussieren, wenn ich den Kopf in einem bestimmten Winkel neigte, doch ich wusste, dass wir schnell etwas unternehmen mussten, damit wir das Problem angehen konnten, ohne die Sehfähigkeit oder das Bewusstsein zu verlieren.«

Armstrong stand nur noch eine Option offen: »Das Raumfahrzeug zu stabilisieren, um es wieder unter Kontrolle zu bringen. Das ging nur mithilfe des anderen Steuerungssystems.« Dieses andere System war das »Reentry Control System« (RCS), das sich in der Spitze des Raumschiffs befand und eigentlich für den Wiedereintritt vorgesehen war. Da das RCS aus zwei gekoppelten Ringen bestand, »wurden die Treibstofftanks erst kurz vor dem Einsatz auf den passenden Druck gebracht. Es gab einen Knopf, über den die Sprengventile aktiviert wurden, die dafür sorgten, dass das Hochdruckgas Druck auf die $UMDH/N_2O_4$-Tanks ausübte. Sobald die Tanks unter Druck gesetzt waren, konnte jeder der redundanten Ringe (A und B) einzeln über elektrische Schalter angesteuert werden. Sobald wir die Sprengventile gezündet hatten, nutzten wir beide Ringe, um die Kontrolle zurückzuerlangen. Dann schalteten wir einen der Ringe ab, um Treibstoff für den Wiedereintritt zu sparen. Die Missionsregeln besagten, dass wir nach der Zündung dieser Ventile verpflichtet waren, den nächsten verfügbaren Landeplatz anzusteuern.«

»Wir schalteten die anderen Steuerungssysteme am hinteren Ende ab und stabilisierten das Raumschiff nur über das vordere System«, berichtete Neil. »Das verbrauchte zwar keine Unmengen Treibstoff, der für den Wiedereintritt vorgesehen war, aber doch genug.«

Da das Raumschiff jetzt dank der Zündung des RCS stabil lag, aktivierte Armstrong die Düsen, eine nach der anderen. Als er den Schalter für die achte betätigte, begann die Gemini VIII sofort, erneut zu rotieren. »Wir hatten den Schuldigen gefunden«, meinte Armstrong, »aber da war schon nicht mehr viel Treibstoff im hinteren System übrig.«

»Murphys Gesetz besagt, dass Schwierigkeiten immer zum schlimmsten Zeitpunkt auftreten«, sagte er später. »In diesem Fall befanden wir uns auf Umlaufbahnen, die nicht über Bodenstationen führten. Wir hatten fast die ganze Zeit über keine Verbindung zur Erde, und in den kurzen Abschnitten, in denen wir Kontakt hatten, waren die Schiffe auf See nur begrenzt in der Lage, unsere Nachrichten oder Daten nach Houston zu übermitteln. Bis wir uns über einer Bodenstation oder zweien befanden und unser Problem schildern konnten, damit das Kontrollzentrum wusste, was los war, hatte die Bodencrew keine Möglichkeit, uns zu helfen.« Als er dem verrückten Kreiseln endlich Einhalt geboten hatte, nutzte Armstrong die erste Gelegenheit, zu berichten, was passiert war, und Scott teilte Houston mit, dass sie die Agena seit der Abkopplung nicht mehr gesehen hatten.

Über seine Entscheidung, das Reentry Control System zu zünden, sagte Neil: »Ich kannte die Missionsregeln. Sobald wir das RCS aktiviert hatten und die beiden RCS-Ringe nicht mehr unversehrt waren, mussten wir landen – bei der nächsten Gelegenheit. Ich musste auf die Grundvorgaben zurückgreifen, die besagten: ›Rette das Fahrzeug, rette die Besatzung, kehre zurück und sei enttäuscht, dass du einige Ziele nicht erreichen konntest.‹« Houston teilte den Astronauten mit, dass man den Flug beenden und die Kapsel im westlichen Pazifik niedergehen lassen würde. Ein Zerstörer befinde sich etwa sechs Stunden von der Wasserungsstelle entfernt und sei dorthin unterwegs. Neil und Dave wussten, dass Bergungsaktionen auf offener See nicht immer schnell gingen. Selbst an Land und mit modernen Kommunikationsmitteln war es schwer, etwas so Kleines wie eine Raumkapsel zu finden. Bei der NASA ging das Gerücht um, dass die Russen manchmal

18 Stunden brauchten, um ihre Kosmonauten zu finden, die mit dem Fallschirm irgendwo in Kasachstan oder Sibirien gelandet waren.

Die beiden Astronauten hatten einiges zu tun, um den vorgezogenen Wiedereintritt und die Wasserung vorzubereiten. »Dave und ich verstanden, dass wir wahrscheinlich ein paar Stunden Zeit hatten. Vom Boden erhielten wir den Zeitpunkt für das Zünden der Bremsraketen, es sollte über Afrika und auf der Nachtseite der Erde stattfinden, also bereiteten wir uns entsprechend vor. Wir flogen gerade über die Bodenstation in Kano in Nigeria, als Houston mit dem Countdown für die Bremsraketen begann. Mittendrin verloren wir den Kontakt zur Bodencrew, daher wusste sie nicht, ob wir die Zündung durchgeführt hatten oder nicht. Aber die Bremsraketen funktionierten zuverlässig, und der Geschwindigkeitsverlust war für das Ziel, das wir ansteuerten, genau richtig. Unser Steuerungssystem schien korrekt zu funktionieren, also nahmen wir Kurs auf Okinawa.«

Als die Gemini VIII ins Tageslicht eintrat, »waren wir mit gewaltigen Tempo Richtung Boden unterwegs«, erinnerte sich Neil. »Wir konnten fast sehen, wie die riesigen Berge des Himalaja auf uns zurasten.« Der Hauptfallschirm des Raumfahrzeugs öffnete sich pünktlich und drehte die Kapsel herum, sodass die Astronauten nun nach oben statt nach unten schauten. »Wir hatten einen kleinen Handspiegel, und den nutzte ich, um über die Seite nach unten zu schauen. Zum Glück befanden wir uns über Wasser.« Mit einem Lächeln erinnerte sich Armstrong: »Als alter Navy-Mann zog ich es eindeutig vor, im Wasser zu landen statt im roten China.«

Während sie unter dem Fallschirm Richtung Erde sanken, vernahm Armstrong als Erster das Geräusch von Propellerflugzeugen in der Nähe. »Wir gingen davon aus, dass es Verbündete waren.«

Die Wasserung selbst verlief, wie Neil es ausdrückte, »nicht allzu schlimm«. Schon bald erschien ein C-54-Rettungsflugzeug und setzte Navy-Taucher im aufgewühlten Wasser ab, die einen großen Rettungsring rund um die Kapsel anbrachten. Nun mussten sie nur noch auf den Zerstörer *Leonard Mason* warten. Das stellte sich als Tortur für den Magen heraus.

»Die Gemini-Kapsel war ein furchtbares Boot«, erklärte Neil, »ein gutes Raumfahrzeug, aber kein gutes Boot.« Zu ihrem großen Bedauern hatten weder Armstrong noch Scott ihre Tabletten gegen Übelkeit eingenommen. »Also wurden wir beide extrem seekrank.« Zum Glück hatten sie nicht viel im Magen, was wieder herauskommen konnte.

Nach mehr als zwei Stunden öffneten die Froschmänner, denen der Gestank des verbrannten Hitzeschildes der Gemini-Kapsel selbst den Magen umdrehte, die Luken des Raumfahrzeugs, und die Astronauten kletterten heraus. Neil schüttelte widerstrebend die Hände der Besatzung. »Ich war zu dem Zeitpunkt ziemlich deprimiert. Wir hatten nicht alles geschafft, was wir uns vorgenommen hatten. Wir hatten Daves EVA verpasst, auf dem er so viele tolle Dinge hätte tun sollen. Wir hatten eine Menge Geld der Steuerzahler verbraucht und sie dafür nicht entsprechend belohnt. Ich war traurig, und ich wusste, dass es Dave genauso ging.« Das Schiff brauchte etwa vierzehn Stunden, um sie nach Okinawa zu bringen.

Nach einer Nacht zur Erholung flogen die Astronauten weiter nach Hawaii. Am 19. März, drei Tage nach dem Start in Cape Canaveral, kamen Armstrong und Scott wieder im Kennedy Space Center an. Nach Hause nach Houston fuhren sie erst am 25. März. Am Tag darauf berief die NASA die erste Pressekonferenz mit der Besatzung nach dem Flug ein. Neil hatte die technischen Details zu diesem Zeitpunkt schon mehrere Tage lang mit seinen Kollegen besprochen, doch das änderte nichts an seiner Niedergeschlagenheit.

Die internationale Presse widmete dem Martyrium im Weltraum viel Aufmerksamkeit. In den USA unterbrachen alle Fernsehsender ihr Abendprogramm für Sondersendungen. Die *New York Daily News* brachte am nächsten Tag die Schlagzeile »Albtraum im All!« Selbst die seriösere Zeitschrift *Life*, die über Exklusivrechte verfügte, überhöhte die Ereignisse zum Melodram.

Schlimmer als der Hype in den Medien waren die Kommentare mancher anderer Astronauten. Laut Gene Cernan »dauerte es nicht lange, bis einige im Astronautenbüro Neils Verhalten zu kritisieren begannen. ›Er ist ja ein Zivilist – vielleicht ist er nicht mehr in Topform. Warum hat er nicht dieses oder jenes getan? Hätte er das Raumfahrzeug nicht von der Agena abgekoppelt, hätte es sich nicht gedreht.‹ In unserer extrem auf Wettbewerb ausgerichteten Gemeinschaft wurde kein Versagen akzeptiert, und wer einen Fehler machte, musste teuer dafür bezahlen. Wer wusste schon, ob die Kritik bis zu Deke durchdrang und sich auf die Auswahl zukünftiger Besatzungen auswirken würde, zugunsten desjenigen, der sie geäußert hatte? Niemand kam ungeschoren davon, wenn es auch nur den kleinsten Ansatzpunkt für Kritik gab. Niemand.«

Gene Kranz war gerade dabei gewesen, John Hodge im Rahmen eines Schichtwechsels im Kontrollzentrum als Flugdirektor abzulösen, als Scotts dringende Funkmeldung hereinkam. Im Nachhinein sagte er: »Es wäre für die Flugüberwachung schwierig gewesen, in dieser sehr dynamischen Situation festzustellen, dass das solide Fahrzeug das Problem war. Aber vielleicht wäre es geglückt.« Statt der Besatzung irgendeine Schuld zuzuweisen, sieht Kranz die Verantwortung bei sich selbst und den anderen Flugdirektoren und -planern in Houston: »Ich war verdammt beeindruckt von Neil, wie auch praktisch jeder andere, der etwas mit dem Programm zu tun hatte.« In der Nachbesprechung mit dem Flugüberwachungsteam im Anschluss an die Mission versicherte Kranz: »Die Besatzung hat so reagiert, wie man es ihr beigebracht hat, und sie hat falsch reagiert, weil wir es ihr falsch beigebracht haben. Wir hatten verdammt viel Glück und dürfen diese Lektion nie vergessen.« Im Nachhinein hielt Kranz es für eine der wichtigsten Lehren des gesamten Gemini-Programms, dass gekoppelte Fahrzeuge als ein System betrachtet werden mussten: »Das hatte tief greifende Auswirkungen auf die weiteren Erfolge unserer Flugüberwachung.« Die Lektion erwies sich als unschätzbar wertvoll, als 1970 die zweite potenziell lebensgefährliche Notsituation im Flug eintrat, auf der Mission Apollo 13.

Die härteste und ehrlichste Kritik an der technischen Pilotenleistung übte Armstrong selbst: »Ich habe immer das Gefühl gehabt, wenn ich ein bisschen klüger gewesen wäre, hätte ich die richtige Diagnose stellen und schneller auf eine Lösung kommen können. Aber das war eben nicht so. Ich tat, was ich glaubte, tun zu müssen, und musste mit den Folgen leben. Man tut, was man kann.« Nach seiner Rückkehr nach Houston erfuhr er, dass es nur einen Tag vor dem Start ein Problem mit dem Lebenserhaltungssystem des Raumschiffs gegeben hatte. Deshalb hatten die Techniker die Anlage ausgebaut, um einige Teile zu ersetzen. Interessanterweise war die Leitung, an die die schadhafte Anlage angeschlossen war, auch Teil des Kabels, das zu der Düse führte, die sich als fehlerhaft herausstellte. »Ich tippe daher«, sagte Neil, »dass die Techniker bei der Aktion das Kabel irgendwie beschädigt haben, was dann zu einem Kurzschluss führte. Meines Wissens ist es nie gelungen, die Sache abschließend zu klären. Denn das hintere Ende des Raumfahrzeugs – der Adapter – kehrte natürlich nicht mit uns zur Erde zurück. Wenn es also wirklich irgendetwas dort im hinteren Bereich der Gemini VIII gewesen war, hatten wir keine Chance, es zu untersuchen.«

Dave Scott verteidigte das, was er und sein Kommandant im All getan hatten, deutlich vehementer als Neil: »Ich hatte nie den geringsten Zweifel daran, dass wir alles richtig gemacht haben. Ansonsten hätten wir niemals überlebt.« Wenn die Mission einen tragischen Ausgang genommen hätte, mutmaßte Neil später, »wäre es wohl für immer ein Geheimnis geblieben, was uns widerfahren war.« Scott sah das genauso: »Sie hätten nicht gewusst, was passiert ist, weil sie keine Informationen von oben gehabt hätten. Sie hätten nie erfahren, dass die Gemini-Kapsel das Problem war, da die Daten nicht bei ihnen ankamen, weil sich das Raumfahrzeug so schnell drehte.« Solch eine mysteriöse Katastrophe »hätte einen harten Schlag für das Programm bedeutet. Wir hätten lange gebraucht, um herauszufinden, was passiert war, wenn wir es je geschafft hätten.« Ohne dieses Wissen wäre es schwer gewesen, zum Apollo-Programm überzugehen. Und wenn dann nur zehn Monate später der Apollo-Brand gefolgt wäre, der drei weitere Astronauten das Leben kostete, wäre die allgemeine Unterstützung für die bemannte Raumfahrt wohl geschwunden und mit ihr die Aussichten auf eine Mondlandung. Wie Dave Scott sagte: »Hätten wir uns von der Kreisel-Sache nicht erholt, hätte das das Ende bedeuten können.«

Da die Mission ein so gutes Ende genommen hatte, hielten sich die Auswirkungen für die beiden Astronauten in Grenzen. »Im Flug haben sich beide ziemlich genau so verhalten, wie wir sie vorher eingeschätzt haben«, erklärte Mike Collins. »Es hat sich im Nachhinein sicher nicht auf ihre Einsatzchancen ausgewirkt, absolut nicht. Und das wäre der Fall gewesen, wenn sie grobe Fehler begangen hätten.«

Zwei Wochen nach dem Flug ergab die offizielle Evaluation der Mission Gemini VIII, dass ein Pilotenfehler als Einflussfaktor auf die Gefahrensituation »positiv ausgeschlossen« werde. Bei der Präsentation der Befunde erklärte Bob Gilruth: »Die Besatzung bewies bei der Bewältigung dieses ernsthaften Problems und der Einleitung der sicheren Landung ein bemerkenswertes Geschick im Umgang mit dem Fahrzeug.« Es gab keine Zweifel daran, dass Armstrong erneut als Missionskommandant eingesetzt werden würde. Am 21. März 1966, nur zwei Tage nach der Rückkehr von der Gemini-VIII-Mission, ernannte ihn die NASA zum Ersatzkommandanten und William Anders zum Ersatzpiloten für Gemini XI, einen Rendezvous- und Dockingflug, der sechs Monate später von Pete Conrad und Dick Gordon durchgeführt wurde. Das war Armstrongs letzter Einsatz vor Apollo.

KAPITEL 15

Die Frau des Astronauten

Für die 7000 Bewohner von Wapakoneta war der Sohn der Stadt ein »Weltraumheld«. Am 13. April 1966, drei Wochen nachdem sie nervös vor ihren Fernsehern gesessen und auf die Nachricht gewartet hatten, dass »ihr« Junge mit der Gemini-Kapsel im Wasser gelandet sei, veranstaltete die kleine Stadt in Ohio eine Parade mit 15000 Gästen zu Ehren von Neil.

Armstrong war nicht in Feierlaune, aber Wapakoneta hatte die Anfrage gestellt, und die NASA hatte zugestimmt – damit war die Entscheidung gefallen. Für seine alten Freunde und Nachbarn setzte der Astronaut seine strahlendste Miene auf. Obwohl es ein nasskalter Tag zu Frühlingsbeginn war, lächelten und winkten Neil und Janet sich in einem offenen Sportwagen vom Flughafen bis zur Veranstaltungshalle durch die Stadt. Nach einer kurzen Pressekonferenz führte die Parade durch das flaggengesäumte Einkaufsviertel im Stadtzentrum zur Blume Highschool, wo Neil seinen Abschluss gemacht hatte. Neil begeisterte alle mit den Worten: »Ihr seid meine Leute, und ich bin stolz auf euch.« Anwesend war auch der Gouverneur von Ohio, James Rhodes, der verkündete, dass der Staat gemeinsam mit Auglaize County einen Flughafen bauen werde, der Neils Namen tragen sollte. Neils Eltern strahlten vor Stolz, erleichtert, dass ihr Sohn heil aus der Beinahekatastrophe hervorgegangen war.

Ohne die ungeschriebene Regel der NASA, dass die Ehefrauen der Astronauten beim Start möglichst nicht am Kap sein sollen, wäre Janet Armstrong in jener schrecklichen Nacht möglicherweise in Florida gewesen. Stattdessen verbrachte sie sie zu Hause in El Lago, kümmerte sich um die kleinen Söhne (Mark Stephen Armstrong war am 8. April 1963 zur Welt gekommen) und bewirtete ihre Schwester und ein paar weitere Gäste. Die NASA meinte, sie »schütze« die Frauen, wenn sie sie vom Start fernhielt. Wenn es auf der Startrampe zu einer Katastrophe kam, wollte niemand, dass eine Ehefrau Millionen von Fernsehzuschauern ausgeliefert war.

»Wenn sich die Männer auf einen Flug vorbereiten«, erklärte Janet in einem Interview mit Dodie Hamblin von der Zeitschrift *Life* im März 1969, »sind sie kaum je zu Hause. Sie kommen am Wochenende und müssen dann trotzdem noch arbeiten. Wir haben schon Glück, wenn sie kurz vorbeischauen, sich hinsetzen und Hallo sagen, bevor sie am nächsten Tag wieder weg sind.«

Über die Gefahren, die Neils Beruf mit sich brachte, sagte sie: »Natürlich ist mir klar, dass seine Arbeit mit Risiken verbunden ist. Wir bereiten uns vermutlich jahrelang auf eine mögliche Tragödie vor, weil die Gefahr stets präsent ist. Doch ich habe ein enormes Vertrauen in das Raumfahrtprogramm. Ich weiß, dass Neil davon überzeugt ist, also bin ich es auch.«

Doch bei Neils erstem Flug ins All im März 1966 war die Situation anders gewesen, extremer. Bei der Gemini-VIII-Mission waren keine Kameras im Inneren des Hauses der Armstrongs erlaubt gewesen, doch sobald Janet das Haus verließ, wurde sie gefilmt. Im Wohnzimmer saß ein Fotograf von *Life*. Janet war klar, dass sie ständig unter Beobachtung stand, so wie alle Frauen von Astronauten, die sich auf einer Mission befanden. Als Neil und Dave in Schwierigkeiten gerieten, hatte Janet sich auf den Weg zum Kontrollzentrum gemacht, begleitet vom PR-Berater, den die NASA der Familie für die Mission zur Seite gestellt hatte. Sobald die NASA von den Problemen der Gemini VIII erfuhr, hatte sie die Mithörboxen abgeschaltet, die sie den Familien der Astronauten überließ, sodass sowohl Janet als auch Lurton Scott, die in ihrem Haus im nahe gelegenen Nassau Bay saß, über die weiteren

Geschehnisse im Ungewissen blieben. Der NASA-Berater fuhr die hartnäckige Janet zum Manned Space Center, doch dort verweigerte man ihr den Zutritt. Janet war verständlicherweise außer sich, dass die Frau eines Astronauten nicht an einen sicheren Ort vorgelassen wurde, um mitzuverfolgen, was im Kontrollzentrum vor sich ging.

»Machen Sie das nicht noch einmal mit mir!«, sollte Janet Deke Slayton im Anschluss an die Mission entgegenschleudern. »Wenn es ein Problem gibt, will ich im Kontrollzentrum sein, und wenn Sie mich nicht reinlassen, erzähle ich das der ganzen Welt!« Das Abschalten der Mithörboxen konnte Janet verstehen: »Die NASA wusste nicht, wer bei uns zu Hause war und zuhörte. Es hätten Informationen an die Öffentlichkeit gelangen können, die die NASA in einer kritischen Situation für sich behalten wollte, und deshalb lautete die Anweisung, die Kommunikation bei uns zu Hause im Krisenfall auszuschalten. Das war in Hinblick auf die Sicherheit völlig verständlich.« Was für Janet nicht verständlich war, war die Frage, warum die Frau eines Astronauten nicht ins Kontrollzentrum kommen durfte, um die Geschehnisse an diesem Ort zu verfolgen. »Klar, die Leute hätten sich unwohl gefühlt, wenn unseren Männern etwas Schlimmes zugestoßen wäre, und es hätte ihnen unangenehm sein können, uns dort zu sehen, doch ich habe zu Deke gesagt: ›Ja, aber was ist mit den Frauen?‹«

Angesichts der tragischen Todesfälle von Elliot See und Charlie Bassett nur wenige Tage vor der Gemini-VIII-Mission hätte die NASA deutlich mehr Rücksicht auf die Frauen der Astronauten nehmen müssen. See und Armstrong, die beiden Zivilisten, die die NASA 1962 für die Neuen Neun ausgewählt hatte, standen sich recht nahe, seit sie gemeinsam die Ersatzmannschaft für Gemini V gebildet hatten. Damals hatten sie viel Zeit zusammen verbracht, genauso wie Janet und Elliots Frau Marilyn. Seit Chet Cheshire in Korea hatte Neil keinen so engen Freund mehr gehabt: »Elliot war ein harter Arbeiter, sehr gewissenhaft. Bei Gemini V hat er sich sehr reingehängt. Er hatte gute Ideen und sprach sie aus. Ich habe von anderen gehört, dass seine Flugkünste nicht so gut waren, wie sie hätten sein sollen. Ich bin oft mit ihm geflogen und erinnere mich an nichts, das mir größere Sorgen bereitet hätte.«

Elliot und sein Gemini-XI-Besatzungskollege Charlie Bassett waren am 28. Februar 1966 ums Leben gekommen, als sie in einem T-38-Flugzeug auf dem Lambert-Flughafen von St. Louis landen wollten. Die beiden Männer kamen aus Houston, gemeinsam mit Tom Stafford und Gene Cernan in einer weiteren T-38; die vier sollten ein Training im Rendezvous-Simulator der McDonnell Aircraft Corporation absolvieren. Als sie bei schlechtem Wetter den Landeanflug einleiteten, schossen beide Flugzeuge über die Landebahn hinaus. Stafford stieg wieder auf, bis über den Nebel hinaus, drehte dort eine Schleife und landete sicher. See hingegen drehte nach links ab, um unter den Wolken zu bleiben, in der Hoffnung, die Landebahn im Blick zu behalten. Dabei sank seine Maschine zu tief. Sie krachte in das Gebäude 101, in dem die Techniker von McDonnell am Gemini-IX-Raumfahrzeug arbeiteten. Elliot und Charlie waren sofort tot, ansonsten starb niemand.

Am 2. März 1966, genau zwei Wochen vor dem Start von Gemini VIII, besuchten Neil und Janet gemeinsam mit vielen weiteren Gästen zwei getrennte Trauerfeiern für die verstorbenen Kameraden. Am folgenden Tag wurden die beiden Astronauten in Gegenwart all ihrer Kollegen auf dem Nationalfriedhof in Arlington vor den Toren von Washington beerdigt. Theodore C. Freeman war 1964 der erste US-amerikanische Astronaut gewesen, der ums Leben gekommen war, als sein T-38-Trainingsjet in einen Gänseschwarm geriet und abstürzte. Der Familie war die schreckliche Nachricht von einem Reporter überbracht worden. Als Faith Freeman hörte, dass ihr Mann tot war, war sie untröstlich. Mit Marilyn See und Jeannie Bassett ging die Presse kaum rücksichtsvoller um. Obwohl die NASA Jeannie Bassett die grausamen Details seines Todes ersparte und sie fast rund um die Uhr von einer Riege Astronautenfrauen umgeben war, musste sie in der Zeitschrift *Time* lesen, dass ihr Mann bei dem Unfall geköpft worden war.

Sechs Monate vor Freemans tragischem Tod, am 24. April, war Janet um drei Uhr morgens aufgewacht, weil es nach Rauch roch. Sie weckte Neil, der aus dem Bett sprang, um der Sache auf den Grund zu gehen. Sekunden später schrie er, dass das Haus brenne. Da Janet per Telefon weder die Vermittlung noch die Notrufzentrale erreichte, lief sie in den Garten und rief nach ihren Nachbarn und Freunden, Ed und Pat White.

Die Whites und die Armstrongs waren im Herbst 1962 zusammen nach Houston gekommen, da beide Männer zu den Neuen Neun gehörten. In ihrer Nachbarschaft wohnten noch mehrere weitere Astronauten sowie eine Reihe von NASA-Führungskräften. Die Bormans, Youngs, Freemans und Staffords hatten allesamt Häuser in El Lago vor den Toren von Houston gebaut, gleich um die Ecke von den Whites und Armstrongs. Die Sees, Carpenters, Glenns, Grissoms und Schirras lebten ebenfalls nicht weit weg. Diese beiden Gruppen bildeten eine Art Astronauten-Kolonie.

Zwischen Neil und Janet und ihren direkten Nachbarn, den Whites, entstand eine enge Freundschaft. Die Gärten trennte ein zwei Meter hoher Holzzaun. Ed und Pat hörten Janets Rufe durch das Schlafzimmerfenster. Zum Glück hatten auch die Armstrongs in dieser Nacht bei offenem Fenster geschlafen. Wie Janet erklärte: »Die Kinder sind nur nicht erstickt, weil unsere Klimaanlage kaputt war und es eine warme Nacht war, sodass ich die Türen geschlossen und die Fenster geöffnet hatte.«

Janet hat noch genau vor Augen, wie der frühere Hürdenläufer Ed White über den Zaun gesprungen kam. Er eilte mit einem Wasserschlauch zu Hilfe. Neil holte den zehn Monate alten Mark aus dem Haus, während es Pat gelang, die Feuerwehr zu rufen. Die Wand des Wohnzimmers glühte rot, und die Fensterscheiben begannen zu springen. Ed drückte Janet den Schlauch in die Hand, nahm Neil Mark ab und reichte das Kind über den Zaun an Pat weiter, damit er einen weiteren Schlauch holen konnte. Die Hitze war jetzt so stark, dass Janet den Wasserstrahl auf den Beton vor ihren nackten Füßen richten musste, nur um dort stehen zu können. In der Garage schmolz der Glasfaserkunststoff von Neils neuer Corvette.

Neil lief noch einmal ins brennende Haus, um Rick zu retten, der – ohne dass seine Eltern es wussten – eingekauert in seinem Zimmer verharrt hatte, nachdem sein Vater ihn geweckt und ihn angewiesen hatte, das Haus sofort zu verlassen. »Beim ersten Mal hatte ich einfach die ganze Zeit die Luft angehalten, doch beim zweiten Mal musste ich mich stärker bücken und mir ein nasses Handtuch aufs Gesicht drücken. Ich versuchte immer noch, die Luft anzuhalten, aber so ganz schaffte ich es nicht. Wenn man auch nur einen Zug von diesem dicken Rauch einatmet, ist das furchtbar.« Zu Janet sagte er später, dass die acht Meter, die er zurücklegen musste, um Rick zu retten, »der längste Weg« seines Lebens gewesen seien, weil er sich so sehr vor dem fürchtete, was er vorfinden würde. Doch dem sechsjährigen Rick war nichts passiert. Neil nahm das nasse Handtuch von seinem Gesicht, legte es über das seines älteren Sohnes und krabbelte mit dem Kind auf dem Arm in den Garten hinaus. Dann ergriff er einen Schlauch und kämpfte weiter gegen die Flammen. »Super«, der Hund der Armstrongs, tauchte unversehrt bei Nachbarn auf.

Die freiwillige Feuerwehr traf etwa acht Minuten nach Pat Whites Anruf ein und brauchte die ganze Nacht, um das Feuer zu löschen. Die Armstrongs kamen ein paar Tage lang bei den Whites unter, bevor sie alles, was sich zu retten lohnte, in ein gemietetes Haus in der Nähe brachten. Sie verloren viele wertvolle Gegenstände bei dem Brand, darunter auch Familienfotos und insbesondere Bilder von Karen. Sie blieben so lange in dem gemieteten Haus, bis auf dem gleichen Grundstück ein neues Haus gebaut worden war, dieses Mal von einem Brandspezialisten. Den Auslöser für das Feuer hatten die Ermittler schnell ausfindig gemacht, allerdings mit Neils Hilfe. Der Bauunternehmer hatte die Wandvertäfelung nicht richtig versiegelt, sodass die Feuchtigkeit das Holz verkrümmt hatte. Als die verbogenen Bretter repariert wurden, hatte jemand unwissentlich einen Nagel in eine

Leitung geschlagen. Das führte zu einem Kurzschluss, was einen monatelangen Kriechstrom verursachte. Die Temperatur stieg langsam an, bis schließlich das Feuer ausbrach. Das neue Haus war erst an Weihnachten 1964 fertig. Neil verlor bei dem Brand den Großteil seiner geliebten Sammlung von Flugzeugmodellen aus Kindheitstagen und all seine Notizbücher voller Flugzeugzeichnungen und Designideen für Luftfahrzeuge, neben ganzen Kartons mit alten Ausgaben von Flugzeugzeitschriften.

Janet gab sich keinen Illusionen hin: »Wir hätten alle an einer Rauchvergiftung sterben können. Es war schlimm.« Selbst Neil hielt die Situation für sehr gefährlich: »Es hätte katastrophal enden können. Hätten wir den Rauch eingeatmet, bevor wir aufwachten, hätten wir keine Chance gehabt.«

Doch das war noch nicht die letzte Katastrophe: Knapp drei Jahre später, am 27. Januar 1967, sollte der wachsame Nachbar Ed White gemeinsam mit seinen Besatzungskollegen Gus Grissom und Roger Chaffee bei einem Feuer auf der Startrampe in der Apollo 1 ums Leben kommen.

»Ich werde immer gefragt, wie es ist, mit einem Astronauten verheiratet zu sein«, erzählte Janet dem Magazin *Life* im Rahmen der Interviews, die zwischen 1966 und 1969 geführt wurden. »Die passendere Frage wäre aber, wie es für *mich* ist, die Frau von *Neil Armstrong* zu sein. Ich bin mit Neil Armstrong verheiratet, und dass er Astronaut ist, gehört zu seiner Arbeit. Für mich, die Kinder, unsere Familien und engen Freunde wird er immer Neil Armstrong sein, ein Ehemann und Vater zweier Söhne, der mit den Problemen des modernen Lebens, mit unserem Haus, mit Konflikten in der Familie zurechtkommen muss, so wie jeder andere auch.«

Janet verhätschelte Neil nicht, aber sie sorgte dafür, dass seine Kleidung sauber war und Essen auf dem Tisch stand. »Neil lässt sich niemals anmerken, dass er einen schweren Tag hatte. Er bringt seine

Sorgen nicht mit nach Hause. Ich frage ihn nicht gern nach seiner Arbeit, weil sie ihn ohnehin schon zu sehr in Anspruch nimmt«, erzählte Janet. »Doch ich mag es, wenn andere ihn danach fragen, dann kann ich dabeisitzen und ihm zuhören. Wir Frauen können an dem, was die Männer machen, nur teilhaben, indem wir schon im Voraus so viel darüber wissen wie möglich und die Ereignisse dann im Radio, im Fernsehen und über die Funkkommunikation verfolgen.«

Janet bemühte sich sehr darum, dass die Söhne nicht abhoben, ebenso wie Neil. »Man will ja nicht, dass die eigenen Kinder herumstolzieren und prahlen: ›Mein Vater ist Astronaut.‹ Deshalb versuchen wir, ganz normal und bodenständig zu leben. Wir halten es für sehr wichtig, dass die Jungs nicht zu viel Aufmerksamkeit von ihren Klassenkameraden bekommen. Wir wollen, dass sie ganz gewöhnlich aufwachsen und ein normales Leben haben. Kinder sind Kinder, und das sollen sie auch sein, auch wenn das Programm unseren beiden furchtbar viel abverlangt. Wenn man seine Kinder der Öffentlichkeit ausliefert, müssen sie sehr reif sein.«

Janets Mantra lautete: »Am wichtigsten ist es, in der Gegenwart zu leben. Wir leben von Tag zu Tag. Die Zukunft zu planen und zu organisieren ist sehr schwierig. Ich bin mit einem Mann verheiratet, dessen Zeitplan sich jeden Tag ändert, manchmal von einer Minute auf die andere, und ich weiß nie, ob er gerade kommt oder geht, vor allem zu Missionszeiten, wenn er Teil einer Besatzung ist.«

Der Druck, dem die Frauen von Astronauten ausgesetzt waren, war enorm. Auf jeder lastete eine schwere Bürde, wenn sie sich bemühten, vor der Öffentlichkeit als Mrs. Astronaut und Inbegriff der amerikanischen Mutter aufzutreten. Sie wussten, was die NASA und sogar das Weiße Haus von ihnen erwarteten. Bei Astronautenfrauen war die Entscheidung, was sie anzogen, nicht nur eine Frage des Kleidungsstils und vielleicht der eigenen Eitelkeit. Es ging immer auch darum, das mustergültige, geheiligte Bild des gesamten amerikanischen Raumfahrtprogramms und der USA selbst aufrechtzuerhalten.

»Unser Leben war auf ein Ziel ausgerichtet – bis Ende 1969 einen Mann auf den Mond zu bringen. Das verlangte den vollen Einsatz aller Beteiligten. Es waren nicht nur die Astronautenfamilien, die ihr gemeinsames Leben auf Eis legten, sondern auch Tausende andere.« Angesichts der Tatsache, dass dreizehn der 21 Ehen von Astronauten, die zum Mond flogen, zerbrachen, wäre es vonseiten der NASA vielleicht ein kluger Schachzug gewesen, eine offizielle Beratungsstelle für die Familien einzurichten.

Janet brachte sich niemals sonderlich aktiv in irgendeinem »Club der Ehefrauen« ein, sie war wie Neil eher einzelgängerisch veranlagt. In den folgenden Jahren sollte sich ihr Ringen um ihre eigene Identität noch verstärken, da sie nicht mehr nur die Frau *irgendeines* Astronauten war, sondern die Frau des ersten Mannes auf dem Mond.

KAPITEL 16

Für ganz Amerika

Noch bevor die Nachbesprechungen der Gemini-VIII-Mission Ende März 1966 abgeschlossen waren, hatte man Armstrong zum Ersatzkommandanten für Gemini XI ernannt. Er nahm sich dieser neuen Aufgabe so schnell und gewissenhaft an, dass er am Tag seines feierlichen Empfangs in Wapakoneta nicht einmal eine Nacht bei seiner Familie verbrachte.

Die Gemini-IX- und Gemini-X-Missionen fanden im Juni und Juli 1966 statt, innerhalb von nur sieben Wochen. Die Agena für Gemini IX schaffte es erst gar nicht ins All. Sie stürzte in den Atlantik ab, als ihre Atlas-Rakete kurz nach dem Start versagte. Für den Flug von Gemini X vom 18. bis zum 21. Juli diente Armstrong als CapCom in Houston. Dieses Mal gelang die Kopplung, Kommandant John Young führte sein Raumfahrzeug so geschickt an eine brandneue Agena heran, dass die beiden fest miteinander verbunden werden konnten. Das war das erste Mal seit Armstrongs Gemini-VIII-Flug, dass ein bemanntes Raumfahrzeug an einen Zielsatelliten andockte, und das erste Mal überhaupt, dass es angedockt *blieb*. Im weiteren Verlauf der Mission absolvierte der Pilot Mike Collins einen anderthalbstündigen Weltraumspaziergang – ein äußerst willkommener Erfolg.

Armstrong war bei der Vorbereitung von Gemini XI eher Lehrer als Schüler, da er das Prozedere nach Gemini V und Gemini VIII nun zum dritten Mal durchlief. Was ihn an der Mission am meisten interessierte, waren die noch ungetesteten Aspekte, insbesondere in Bezug auf die Steuerungsmanöver. Das Rendezvous mit der Agena sollte während der ersten Erdumkreisung stattfinden, und für den Start galt ein Startfenster von nur zwei Sekunden. Die Mission simulierte die Art von Rendezvous, über die eine Mondlandefähre nach der Rückkehr von der Mondoberfläche wieder mit dem Kommandomodul zusammengebracht werden könnte. Aufgrund des eingeschränkten Treibstoffvorrats der Aufstiegsstufe der Fähre war Eile geboten. Manche der Missionsplaner nannten das eine »Holzhammertechnik«, da das Raumfahrzeug mit hoher Geschwindigkeit auf das Zielgefährt zukommen würde, während die Annäherung bei allen vorherigen Rendezvous-Flügen eher gemächlich abgelaufen war. Dort hatte man erst mit Beginn der vierten Erdumkreisung angefangen, die Position zu halten. Das zweite große Novum der Gemini-XI-Mission war das Experiment, das Gemini-Fahrzeug über ein dreißig Meter langes Polyesterseil mit der Agena zu verbinden. Eines der Ziele dieses Experiments war es laut Armstrong, »herauszufinden, ob man zwei Fahrzeuge in Formation halten konnte, ohne Treibstoff zu verbrauchen oder sie steuern zu müssen«. Außerdem sollte überprüft werden, ob die Verbindung über das Seil die Stabilität beider Raumfahrzeuge verbesserte und somit das Risiko verringerte, dass die beiden zusammenstießen.

In den Sommermonaten vor dem Start halfen Armstrong und Anders der ersten Besatzung Pete Conrad und Dick Gordon dabei, sich die nötigen Techniken anzueignen, um alle Elemente der Gemini-X-Mission durchzuführen. Einen Großteil der Zeit verbrachten die vier Männer gemeinsam in einem Haus am Strand in der Nähe des Kaps. Neil erzählte: »Wir gingen an den Strand und feilten an Bahnverläufen und Rendezvousprozessen, indem wir Diagramme in den Sand malten, um die Zeichnungen herumliefen und dabei die Abläufe durchgingen und die schwierigen Abschnitte austüftelten, die wir noch nicht ganz verstanden. Das war sehr erholsam, aber gleichzeitig nützlich. Manchmal ließen wir den Koch aus der Astronautenunterkunft ein Picknick vorbereiten, das wir dann mit nach draußen nahmen, sodass wir ein paar Stunden ohne störende Telefone hatten und uns ganz auf eine Sache konzentrieren konnten.«

Der Start von Gemini XI fand am 12. September 1966 statt. Das Rendezvous verlief reibungslos. Das Raumschiff brach den Höhenrekord von 764 Kilometern, der nur zwei Monate zuvor von John Young und Collins bei Gemini X aufgestellt worden war, als es auf ein Apogäum von rund 1370 Kilometern aufstieg. Das Experiment mit dem Verbindungsseil sorgte für einige nervöse Momente. Dick Gordons Versuch, die Agena darüber mit der Gemini-Kapsel zu verbinden, erwies sich als echte sportliche Herausforderung. Fast blind vor lauter Schweiß saß Gordon auf der Spitze des Raumfahrzeugs und versuchte das Seil am angedockten Zielgefährt zu befestigen. Conrad beorderte Gordon nach nur dreißig der geplanten 107 Minuten wieder ins Fahrzeug zurück, so erschöpft wirkte dieser. Schon die Entnahme der dreißig Meter langen Leine aus dem Aufbewahrungsbehälter war schwierig, da sie an einem Stück Klett festhing. Sobald die Verbindung zwischen beiden Fahrzeugen hergestellt war, rotierte das Seil auf seltsame Weise, was sich gelegentlich so stark auf die Gemini auswirkte, dass Conrad sie per Steuerung stabilisieren musste. Nachdem die beiden Fahrzeuge drei Stunden lang miteinander verbunden waren, waren Conrad und Gordon froh, das Experiment beenden zu können, indem sie den Kopplungsbolzen abstießen. Auf der Gemini-XII-Mission schlossen Buzz Aldrin und Jim Lovell das Seilexperiment erfolgreich ab und bewiesen, dass der Schwerkraftunterschied zwischen zwei in der Umlaufbahn befindlichen Fahrzeugen, die auf leicht unterschiedlicher Höhe miteinander verbunden sind, es ermöglicht, die Position zu halten, ohne Treibstoff zu verbrauchen.

Neil verfolgte die Gemini-XI-Mission von der CapCom-Station im Kontrollzentrum in Houston aus. Mit dem erfolgreichen Abschluss des Flugs am 15. September und mehreren Nachbesprechungen, an denen er teilnahm, endeten Neils Aufgaben innerhalb des Programms Gemini.

Die letzte Gemini-Mission, Gemini XII, fand vom 11. bis zum 15. November 1966 statt. Jim Lovell, der Kommandant, und Buzz Aldrin, der Pilot, führten einen beeindruckenden Flug einschließlich Rendezvous und Docking durch, bei dem sie die Erde 59 Mal umrundeten. Die größte Leistung war Aldrins äußerst erfolgreicher fünfstündiger Außenbordeinsatz.

Die meisten Raumfahrtanalysten sind der Meinung, dass Gemini eine entscheidende Brücke zwischen Mercury und Apollo bildete. Alle festgelegten Ziele des Programms wurden erreicht und sogar noch einige mehr: Man zeigte, dass das Rendezvous und die Kopplung mit einem Zielgefährt möglich waren, stellte den Wert der bemannten Raumfahrt für wissenschaftliche und technische Experimente unter Beweis, ließ Astronauten im All bestimmte Aufgaben durchführen, demonstrierte, dass ein mit einem Antrieb und Treibstoff ausgestatteter Satellit als Haupt- und Nebentriebwerk für ein angekoppeltes Raumfahrzeug dienen konnte, dass Langzeitflüge ins Weltall keine schwerwiegenden Auswirkungen auf die Gesundheit der Astronauten hatten und dass die präzise Landung von Raumfahrzeugen möglich war. Zu den wichtigsten Rekorden, die im Rahmen von Gemini erreicht wurden, zählten der längste bemannte Raumflug (330 Stunden und 35 Minuten), die größte Höhe (1 370 Kilometer) und die längste Zeit, die je ein einzelner Astronaut außerhalb eines Raumfahrzeugs verbracht hatte (die insgesamt 5 Stunden und 28 Minuten, auf die Buzz Aldrin auf seinen drei Weltraumspaziergängen im Rahmen von Gemini XII kam). Als Lovell und Aldrin den Wiedereintritt in die Atmosphäre durchführten und somit die Mission Gemini XII und das gesamte Programm zum Abschluss brachten, hatten bemannte amerikanische Raumfahrzeuge zusammen 1 993 Stunden im All verbracht.

Es wurmte Neil Armstrong, dass davon nur etwa zehn Stunden auf seinen abgekürzten Gemini-VIII-Flug entfielen.

Solche Enttäuschungen waren aber völlig bedeutungslos im Vergleich zu den tragischen Verlusten, die Neil und Janet weiterhin erlitten. Am 8. Juni 1966 kam Neils ehemaliger Chef und bester Freund aus Edwards-Zeiten, Joe Walker, bei einer kuriosen Kollision über der

Mojave-Wüste ums Leben. Aus unerfindlichen Gründen war seine F-104N Starfighter zu nah an ein Flugzeug herangekommen, mit dem er in Formation flog – die XB-70A Valkyrie, ein 500 Millionen Dollar teurer Versuchsbomber von North American Aviation, der auf Geschwindigkeiten von mehr als Mach 3 ausgelegt war –, und in die Luftverwirbelungen an der Tragflächenspitze der gewaltigen Maschine geraten. Walker war sofort tot. Einer der Valkyrie-Piloten, der Luftwaffenmajor Carl S. Cross, starb in den Wrackteilen des Bombers. Der andere, Al White, ein Testpilot von North American, überlebte dank der Rettungskapsel, erlitt aber schwere Verletzungen.

Armstrong, der sich in Houston befand, erfuhr kurz nach dem Unfall durch einen Anruf vom Edwards-Stützpunkt davon. Es waren keine drei Monate vergangen, seit sein guter Freund Elliot See zusammen mit Charlie Bassett ums Leben gekommen war. Zwischen diesen beiden tödlichen Unfällen hatte Neil die Beinahekatastrophe von Gemini VIII überlebt. Neil und Janet zählten zu den 700 Gästen, die Walkers bewegende Beerdigung besuchten. »Mein gesamtes Erwachsenenleben war durch den Verlust von Freunden geprägt«, bemerkte Neil.

Anfang Oktober 1966 begab sich Neil auf eine 24 Tage andauernde Goodwillreise durch Lateinamerika. Mit dabei waren auch Dick Gordon, der gerade erst die Gemini-XI-Mission abgeschlossen hatte, und Dr. George Low, der ehemalige stellvertretende Direktor für den bemannten Raumflug im NASA-Hauptquartier, der einige Monate zuvor zum Leiter der Apollo-Anwendungsabteilung im MSC ernannt worden war, mitsamt ihrer Frauen sowie weitere NASA-Mitarbeiter und Vertreter anderer Behörden, unter anderem des US-Außenministeriums. Die Gruppe legte fast 25 000 Kilometer in elf Ländern zurück und absolvierte Auftritte in vierzehn Städten. Wohin die Astronauten auch kamen, säumten Menschenmengen die Straßen und jubelten ihnen zu. Die Gäste empfanden die Menschen in ganz Lateinamerika als »lebhaft, freundlich und extrem warmherzig«.

Diese Reise war Neils erste Erfahrung mit dem Kultstatus, der sein Leben später so dramatisch verändern sollte. In Kolumbien, dem zweiten Land, das sie besuchten, »war der Empfang überwältigend«, schrieb George Low in sein Tagebuch. In Quito, der Hauptstadt von Ecuador, »begnügten sich die Menschen nicht damit, auf den Bürgersteigen zu bleiben«, und ließen der Fahrzeugkolonne »kaum genug Platz, um hindurchzufahren«. Im brasilianischen São Paulo sah der Tross Leute aus fast allen Fenstern hängen. In Santiago de Chile klatschten kleine, ältere Damen über den Köpfen in die Luft und riefen »Viva!« Zu einem formellen Abendessen in Rio de Janeiro erschienen mehr als 2 500 Gäste, von denen jeder einzelne den Astronauten die Hand schütteln wollte. In der Universität von Brasilia drängten sich 1 500 Menschen in einen Hörsaal mit 500 Plätzen, um die Astronauten sprechen zu hören. Im Verlauf der dreieinhalbwöchigen Reise erhaschten viele Millionen Menschen einen Blick auf die US-amerikanischen Astronauten. »Wann immer es möglich war«, schrieb Low, »stiegen Neil und Dick aus dem Wagen, schüttelten Hände, gaben Autogramme und suchten den persönlichen Kontakt.«

Abgesehen von regelmäßigen Überfällen von Autogrammjägern und einigen Protesten gegen den Vietnamkrieg gab es überraschend wenige Zwischenfälle. Als Neil von der Reise erfahren hatte, hatte er sich sofort für einen Spanischkurs angemeldet. Außerdem hatte er viele Abende über Nachschlagewerken gebrütet, um so viel wie möglich über die elf Länder, die sie besuchen würden, in Erfahrung zu bringen. Er und die anderen Astronauten hielten Präsentationen und beantworteten alle möglichen Fragen, teilweise zu technischen Sachverhalten, aber auch etwa dazu, ob der Raumflug ihr Bild von Gott verändert habe.

Was George Low an Neil am meisten beeindruckte, waren nicht die erfolgreichen Präsentationen. »Neil hatte ein Talent dazu, auf Trinksprüche, auf die Verleihung von Medaillen und auf alle möglichen Fragen mit kurzen, knackigen Ansprachen zu reagieren«, erinnert er sich. »Er fand immer die richtigen Worte.« In seinem Reisetagebuch fasste

Low es so zusammen: »Ich kann nur sagen, dass ich beeindruckt bin. Neil kam bei den Menschen unheimlich gut an.«

Angesichts der wichtigen Rolle von George Low in kommenden Gesprächen über die Auswahl der Apollo-Besatzungen und später des Astronauten, der als Erster den Mond betreten sollte, war seine äußerst positive Einschätzung ein wichtiger Faktor für Neils weitere Erfolge als Astronaut.

Die eher politisch denkenden Vertreter des Außenministeriums und der NASA hatten den Eindruck, dass die Reise durch Lateinamerika ein deutliches Zeichen für den »American Way« gesetzt habe.

TEIL FÜNF

Apollo-Kommandant

»Als es auf den Start zuging, sind Sie da jeden Abend nach draußen ge-schlichen und haben zum Mond hinaufgeschaut? Ich meine, gab es so ein Gefühl von ›Meine Güte‹?«
»Nein, das habe ich nie getan.«

– NEIL ARMSTRONG AUF EINE FRAGE DES HISTORIKERS DOUGLAS BRINKLEY
IN EINEM INTERVIEW IN HOUSTON, TEXAS, AM 19. SEPTEMBER 2001

KAPITEL 17

Aus der Asche

An Neujahr 1967 glaubten viele, dass die Mondlandung ein paar Jahre vor der von John F. Kennedy ausgegebenen Frist »bis Ende des Jahrzehnts« erreicht werden könnte. Das Gemini-Programm war ein voller Erfolg gewesen. Ein Großteil der Hardware für das Apollo-Raumschiff stand kurz vor der Fertigstellung. Die gewaltige Saturn-Rakete, die die Kapsel in Richtung Mond schießen sollte, war fast einsatzbereit. Obwohl einige Astronauten bei Flugzeugabstürzen ums Leben gekommen waren, hatte es im Raumfahrtprogramm selbst keine Unglücksfälle gegeben. Alles schien glatt zu laufen. Die Russen zu schlagen und vor ihnen auf dem Mond zu landen erschien wie eine sichere Sache. Doch am 27. Januar 1967 ereignete sich am Kennedy Space Center in Florida ein verheerender Unfall.

Um 18:31 Uhr Ortszeit brach im Kommandomodul der Block-I-Apollo, das sich oben auf der modifizierten Saturn-IB-Rakete auf Startrampe 34 befand, ein Feuer aus. Im Cockpit saßen die Astronauten der Apollo-1-Mission, Gus Grissom, Roger Chaffee und Ed White. Sie führten gerade einen Testlauf für den Start durch, der noch mindestens drei Wochen in der Zukunft lag, als ein frei fliegender Funke ein Inferno auslöste. Sekunden später waren alle drei Männer tot. Als die Uhr Mitternacht schlug, läuteten sie den elften Hochzeitstag der Armstrongs und den Jahrestag von Karens Tod ein.

Ein Kabel auf dem Boden im unteren Ausrüstungsbereich der Kapsel war durchgescheuert, wahrscheinlich weil in den Tagen zuvor so viele Techniker ein und aus gegangen waren. Ein Funke aus diesem Kabel sprang auf brennbares Material über, wahrscheinlich Schaumstoff oder ein Stück Klett. In der Umgebung aus hundertprozentigem Sauerstoff bedeutete selbst ein kurzes Aufflackern eine Brandbombe. Die drei Astronauten erstickten in kürzester Zeit.

Einen kurzen, schrecklichen Augenblick lang erkannten sie, was mit ihnen geschah. Roger Chaffee meldete sich als Erster über Funk: »Feuer im Raumschiff!«, dann White, der rief: »Feuer im Cockpit!« Anschließend hörte man erneut Chaffee: »Wir brennen! Holt uns hier raus!«

Fünfzehn Sekunden nach Chaffees erstem Funkspruch explodierte das Kommandomodul der Apollo 1.

Armstrong war zum Zeitpunkt des Brandes gerade im Weißen Haus, als Teil einer Delegation von Astronauten, zu der auch Gordon Cooper, Dick Gordon, Jim Lovell und Scott Carpenter gehörten, um der Unterzeichnung eines internationalen Abkommens beizuwohnen, das unter dem komplizierten Titel »Vertrag über die Grundsätze zur Regelung der Tätigkeiten von Staaten bei der Erforschung und Nutzung des Weltraums« lief. Die Astronauten nannten es das »Kein-Anspruch-Abkommen«, weil es einzelnen Staaten untersagte, einen Anspruch auf den Mond, den Mars oder andere Himmelskörper zu erheben. Der Vertrag – der zeitgleich in Washington, London und Moskau unterschrieben wurde und noch heute gültig ist – verbot die Militarisierung des Weltalls. Außerdem sicherte er allen Astronauten, die ungeplant in einem fremden Land landeten, die sichere Rückkehr in ihre Heimat zu.

Nach der Unterzeichnung hatten Präsident Johnson und seine Frau Lady Bird zu einem Empfang im Green Room des Weißen Hauses geladen, den viele Würdenträger aus der ganzen Welt besuchten. Die Astronauten »arbeiteten sich durch die Menge«, wie es die NASA angeordnet hatte. Anschließend fuhren sie ins Hotel.

Als sie gegen Viertel nach sieben ihre Hotelzimmer betraten, sahen sie das rote Licht auf ihren Telefonen blinken. Die Rezeption teilte Neil mit, er solle dringend im Manned Spacecraft Center anrufen. Als er die

Nummer wählte, landete er im Büro des Apollo-Programms. Der Mann am anderen Ende rief: »Die Einzelheiten sind noch unklar, aber es gab heute Abend einen Brand auf der Startrampe 34. Einen schlimmen Brand. Die Besatzung hat wahrscheinlich nicht überlebt.« Dann wies er Neil an, das Hotel nicht zu verlassen, um den Medienvertretern zu entgehen.

Die Astronauten traten auf den Flur hinaus, um zu erfahren, was die anderen gehört hatten. Der umsichtige Hotelbesitzer überließ ihnen eine große Suite neben ihren Zimmern, in der sie sich zusammensetzen konnten.

Doch zuvor versuchte jeder von ihnen, zu Hause anzurufen. Neil konnte Janet nicht erreichen. Der Astronaut Alan Bean hatte sie kurz nach dem Unfall per Telefon gebeten, zu den Whites hinüberzugehen. Pat White war nicht da, als Janet kam; sie holte gerade ihre Tochter Bonnie vom Ballettunterricht ab. Janet wartete neben dem Carport der Whites, als Mutter, Tochter und der Sohn Eddie auf die Auffahrt gefahren kamen. Janet erinnerte sich: »Ich wusste nichts, als ich rüberging. Ich wusste nur, dass es ein Problem gegeben hatte. Als Pat und die Kinder kamen, konnte ich nur sagen: ›Es hat ein Problem gegeben. Ich weiß nicht, was‹, denn so war es.«

Die NASA schickte den Astronauten Bill Anders, um Pat die schlimme Nachricht zu überbringen. Janet erinnerte sich daran, dass eine Reihe weiterer Freunde vorbeikamen und bis drei Uhr morgens blieben, um die verstörte Familie zu trösten. In der Suite im Hotel leerten Neil und die anderen Astronauten eine Flasche Scotch. Bis spät in die Nacht sprachen sie darüber, was eine solche Katastrophe hatte auslösen können.

Keiner der Astronauten mochte das Block-I-Raumschiff, das North American Aviation für die NASA gebaut hatte, die frühe Version des Apollo-Kommandomoduls, die vor der ersten Mondmission in der Erdumlaufbahn getestet werden sollte. Das galt ganz besonders für Gus Grissom, der nach einem Probelauf im Herstellerwerk im kalifornischen Downey eine Zitrone auf dem Kommandomodul-Simulator hinterlegt hatte. Im Verlauf der langen Nacht im Georgetown Inn wechselte das Gespräch, wie sich Jim Lovell erinnerte, »von der Sorge um die Zukunft des Programms zu Prophezeiungen, ob es jetzt noch möglich wäre, vor dem Ende des Jahrzehnts auf dem Mond zu landen, zu Groll der NASA gegenüber, weil sie das Programm so sehr vorangetrieben hatte, nur um die künstlich gesetzte Frist einzuhalten, zu Wut auf die NASA, weil sie überhaupt einen solchen Schrotthaufen von Raumschiff hatte bauen lassen und sich geweigert hatte, auf die Astronauten zu hören, als diese den Chefs sagten, sie müssten viel Geld in die Hand nehmen, um es noch einmal zu überarbeiten«. »Ich werfe niemandem etwas vor«, meinte Neil. »So etwas passiert eben in der Welt, in der wir leben, und man muss damit rechnen. Man versucht einfach alles, um es zu vermeiden. Und wenn es doch passiert, hofft man, dass man über die nötigen Abläufe, Geräte, Kenntnisse und Fähigkeiten verfügt, um zu überleben. Ich bin niemand, der anderen die Schuld in die Schuhe schiebt.«

Über den Tod von Grissom, Chaffee und insbesondere seines engen Freundes und Nachbarn Ed White sagte er: »Man kann es wahrscheinlich viel besser akzeptieren, jemanden im Flug zu verlieren; es tat sehr weh, dass es bei einem Bodentest passierte.« Er betrachtete es als »Anklage unserer selbst. Es geschah, weil wir irgendwo nicht das Richtige getan hatten. Das ist gleich doppelt traumatisierend. Wenn bestimmte Dinge im Flug passieren, kann man einfach nichts dagegen tun. Da man gerade das tut, was man am liebsten tut, sind Verletzungen und sogar Todesfälle leichter hinzunehmen als bei einem Bodentest, wo es bei jedem Unfall, der sich ereignet, einen Notausgang geben sollte. Warum die gesammelte Intelligenz der NASA und der Raumfahrtindustrie nicht erkannte, wie gefährlich es war, Bodentests in einer Umgebung aus 100 Prozent Sauerstoff durchzuführen, na ja, das war ein schlimmer Lapsus. Wir waren eine Zeit lang damit durchgekommen, das ganze Gemini-Programm über, und wohl einfach zu selbstgefällig geworden.«

Vier Tage nach dem Feuer wurden zwei getrennte Beerdigungen für die drei verstorbenen Astronauten abgehalten. Neil und Janet besuchten beide. Grissom und Chaffee wurden feierlich und mit militärischen Ehren auf dem Nationalfriedhof in Arlington begraben. Ed Whites Beerdigung fand später am gleichen Tag in der Old Cadet Chapel der Militärakademie in West Point statt, wo sowohl Ed als auch sein Vater studiert hatten. Neil war einer der Sargträger, neben vier weiteren Mitgliedern der ehemaligen Neuen Neun: Borman, Conrad, Lovell und Stafford. Auch Buzz Aldrin war dabei.

So sehr die Todesfälle den Kameraden auch zusetzten – noch härter traf es natürlich die Witwen der umgekommenen Astronauten. Pat White besuchte als einzige von ihnen beide Trauergottesdienste. Sie konnte sich hinterher an fast nichts mehr erinnern. Noch schlimmer machte es, dass die NASA sie gedrängt hatte, Ed gemeinsam mit Gus und Roger in Arlington begraben zu lassen statt in West Point, wie es – das wusste die Familie – sein Wunsch gewesen war. Es dauerte viele Monate, bis sie wieder halbwegs zurechtkam. Ihre Nachbarin und beste Freundin Janet wusste, dass Pat Ed »absolut vergötterte«. Sie kochte ihm Feinschmeckermahlzeiten und kümmerte sich um seine Korrespondenz. Sie war »die perfekte Ehefrau und genoss es jede Minute«. Als Pat Ende 1968 einmal nicht zu einem Sportkurs kam und telefonisch nicht zu erreichen war, befürchteten Janet und Jan Evans (die Frau von Ronald Evans, einem Astronauten der Gruppe 5, der später Pilot des Kommandomoduls von Apollo 17 war), die beide von Pats chronischen Depressionen wussten, das Schlimmste. Sie brachen in Pats Haus ein und fanden sie mit einer Dose Tabletten in der Hand, die sie so fest umklammert hielt, dass sie sie ihr entringen mussten. Von da an erhielten Pat und ihre beiden Kinder viel Unterstützung von anderen Mitgliedern des »Clubs der Astronautenfrauen«, und Janet blieb bis zu Pats Tod 1983 eine enge Vertraute.

Am Tag nach dem Brand verkündete Dr. Robert Seamans, der stellvertretende Verwaltungsleiter der NASA, die Einberufung eines Untersuchungsausschusses. Der einzige Astronaut in diesem Komitee war

Frank Borman. Die Regierung unter Lyndon B. Johnson gestattete der NASA, die Untersuchung komplett selbst durchzuführen. Der Ausschuss ermittelte schnell, was den Unfall ausgelöst hatte. Am 5. April legte er den offiziellen Bericht vor, der besagte, dass ein Lichtbogen an der beschädigten Leitung im Ausrüstungsbereich das Feuer im Kommandomodul ausgelöst hatte. In der Atmosphäre aus reinem Sauerstoff war die Besatzung durch das Einatmen von giftigen Gasen erstickt. Der Bericht schloss mit einer Liste von elf Empfehlungen für Veränderungen an der Hardware und den Abläufen.

Es sollte die NASA zwei Jahre kosten, alle Probleme der Apollo-Kapsel auszuräumen. Das eigens dafür eingerichtete Kontrollgremium unter der Leitung von George Low beaufsichtigte schließlich 1 341 Änderungen am Aufbau des Raumfahrzeugs. Nie wieder würde ein am Boden befindliches Fahrzeug das Risiko der hoch entzündlichen reinen Sauerstoffatmosphäre eingehen. Auf der Startrampe würde die Kabine von nun an mit einem Gemisch aus sechzig Prozent Sauerstoff und vierzig Prozent Stickstoff gefüllt sein, während die Astronauten über die Anzüge reinen Sauerstoff atmen würden. Der Stickstoff aus der Kabine würde beim Aufstieg abgelassen. Es nahm Monate in Anspruch, nicht nur das Raumfahrzeug umzubauen, sondern auch frühere Entscheidungen des Programms zu überdenken und viele Dinge zum Besseren zu ändern.

Am Montagmorgen, nachdem der Bericht des Untersuchungsausschusses eingegangen war, rief Deke Slayton einige Astronauten zu einer Konferenz im Manned Spacecraft Center zusammen. Er hatte dazu nur achtzehn Personen eingeladen, obwohl es mittlerweile fast fünfzig Astronauten gab. Aus der ersten Schar von Mercury-Astronauten saß nur einer am Tisch, Wally Schirra. Die übrigen stammten aus der zweiten und dritten Gruppe. Fünf von ihnen waren bisher noch nicht ins All geflogen: Bill Anders, Walt Cunningham, Donn Eisele, Rusty Schweickart und Clifton Williams. (Williams kam ein paar Monate später bei einem Absturz einer T-38-Maschine ums Leben.) Die dreizehn anderen hatten mindestens einen Gemini-Flug mitgemacht: John Young, Jim McDivitt, Pete Conrad, Schirra, Tom Stafford, Frank Borman, Jim Lovell, Gene Cernan, Armstrong, Dave Scott, Mike Collins, Dick Gordon und Buzz Aldrin.

Slayton erklärte ihnen unumwunden: »Hier im Raum sitzen die Männer, die die ersten Mondmissionen fliegen werden.«

Damit wusste jeder Astronaut am Tisch, dass er sich für die letzte Runde im Rennen um die erste Mondlandung qualifiziert hatte. Die wahrscheinlichsten Kandidaten waren die sieben der Neuen Neun, die bereits Kommandant einer Gemini-Mission gewesen waren: McDivitt, Borman, Stafford, Young, Conrad, Lovell und Armstrong. Wally Schirra hatte Slayton gegen sich aufgebracht, als er sich über die Apollo-2-Mission beschwerte, für die er 1966 eigentlich eingeteilt worden war. Deke hatte reagiert, indem er Schirras Team von der Hauptcrew von Apollo 2 zur Ersatzmannschaft von Apollo 1 degradiert hatte.

Bei dem Treffen umriss Slayton den Verlauf des gesamten Apollo-Programms. Die erste bemannte Mission, die durch das fatale Feuer verhindert worden war, sollte nun in etwa anderthalb Jahren stattfinden, nach einer Reihe wichtiger Gerätetests. Die NASA nannte diese Mission jetzt Apollo 7. In Gedenken an Grissom, White und Chaffee würde es keine neue Apollo-1-Mission geben, ebenso wenig wie Apollo 2 oder Apollo 3. Slayton teilte seinen Astronauten mit, dass die anstehenden Flüge die Missionen A bis J durchlaufen würden. Die A-Mission, die auf den unbemannten Flügen Apollo 4 und 6 durchgeführt werden sollte, testete die dreistufige Saturn-V-Startrakete sowie die Wiedereintrittstauglichkeit des Kommandomoduls. Die B-Mission umfasste einen unbemannten Test der Mondlandefähre im Rahmen von Apollo 5. Die C-Mission – die Apollo 7, der erste bemannte Flug, erfüllen sollte – bestand aus einem Test des Kommando- und Servicemoduls (CSM), des Besatzungsbereichs und des Navigationssystems in der Erdumlaufbahn. D sah einen Test der Kombination aus CSM und der Mondlandefähre vor, ebenfalls in der Erdumlaufbahn. Das Gleiche sollte auf der

E-Mission erfolgen, aber in den Tiefen des Weltraums. F bestand aus einem kompletten Testlauf der Mondlandung, während G die Landung selbst sein sollte. Dann folgten die H-Mission mit einer umfassenderen Anzahl von Instrumenten an Bord der Mondlandefähre, um die Mondoberfläche besser erforschen zu können, und schließlich die I-Mission, die ursprünglich als reiner Flug in der Mondumlaufbahn geplant war, ohne Landefahrzeug, aber dafür mit Fernerkundungsinstrumenten im CSM. Über die J-Mission hinaus, die eine Wiederholung von H war, aber mit einer Landefähre, die längere Zeit auf der Mondoberfläche bleiben konnte, hatte die NASA keine weiteren Pläne gemacht.

Dann verkündete Slayton die ersten drei Apollo-Besatzungen. Nicht wenige waren überrascht, dass er Schirra zum Kommandanten von Apollo 7 ernannte, er sollte mit Eisele und Cunningham fliegen. Die Ersatzmannschaft bildeten Tom Stafford, John Young und Gene Cernan. Nachdem Schirras Crew 1966 von Apollo 2 abgezogen worden war, um bei Apollo 1 als Ersatz zu dienen, war Staffords Team als Ersatz für Jim McDivitts Apollo-2-Besatzung nachgerückt. Doch jetzt wurde McDivitt Kommandant der Apollo-8-Mission, dem geplanten ersten Test der Mondlandefähre. Den Rest der Crew bildeten Dave Scott und Rusty Schweickart, während die Ersatzmannschaft aus Pete Conrad, Dick Gordon und C.C. Williams bestand. (Nach Williams‹ Tod im Dezember 1967 wurde er durch Al Bean ersetzt.) Für Apollo 9, den bemannten Test des CSM und der Mondlandefähren in einer hohen Erdumlaufbahn, waren Frank Borman, Mike Collins und Bill Anders vorgesehen. Das Ersatzteam bestand aus Armstrong, Jim Lovell und Buzz Aldrin.

Damit waren die Flüge bis zur D-Mission abgedeckt. Für Armstrong war klar, dass er frühestens bei Apollo 11 als Kommandant zum Einsatz kommen würde, da noch nie ein Astronaut aus einer Ersatzmannschaft in die erste Besatzung des folgenden Flugs berufen worden war. Angesichts der Tatsache, dass zunächst noch die Missionen E und F absolviert werden mussten, bevor die NASA zur eigentlichen Mondlandung, der G-Mission, übergehen konnte, schien es so, als könnte der historische erste Schritt auf den Mond frühestens im Rahmen von Apollo 12 erfolgen. Würde Neil tatsächlich als Kommandant für Apollo 11 ausgewählt, würde er den Testlauf für die Mondlandung durchführen, nicht die Landung selbst.

KAPITEL 18

Ohne Flügel auf den Mond

Armstrong hatte schon siebeneinhalb Jahre vor seiner Ernennung zum Kommandanten von Apollo 11 damit begonnen sich damit auseinanderzusetzen, wie man eine fliegende Maschine auf dem Mond landen könnte. »Wir wussten, dass die Mondgravitation deutlich anders war – etwa ein Sechstel der Erdanziehungskraft«, erinnert sich Armstrong an die Aufgabe, der sich die Ingenieure in Edwards nach Kennedys Ankündigung im Mai 1961 gegenübersahen. »Wir wussten, dass unser Wissen über Aerodynamik sich nicht im Vakuum anwenden ließ. Wir wussten, dass die Flugeigenschaften eines solchen Gefährts sich klar von dem unterscheiden würden, was wir gewöhnt waren.«

Die Astronauten mussten mit den speziellen Stabilitäts- und Steuerungsproblemen einer Maschine zurechtkommen, die in einem Raum ohne Atmosphäre durch ein völlig anderes Schwerefeld flog. »Die Aufgabe war wie für uns gemacht«, vielleicht ganz besonders für Neil, »weil Flugsimulationen in Edwards genau unser Ding waren. Wir setzten Flugsimulationen ein, um das Verhalten bestimmter Fahrzeuge darzustellen, oder auch bestimmte Flugbahnen.«

Der assistierende Forschungsdirektor des Flugforschungszentrums, Hubert Drake, stellte eine kleine Gruppe zusammen. Anfang der 1950er-Jahre hatte er bei der Konzipierung von Methoden, wie sich in einem Forschungsflugzeug Geschwindigkeiten von Mach 3 und Höhen von über 30 000 Metern erreichen ließen, eine ähnlich wegweisende Rolle gespielt – aus der Initiative entstand später das X-15-Programm für Überschallflüge. Darüber hinaus widmeten sich auch die häufig zusammenarbeitenden Forschungsingenieure Gene Matranga, Donald Bellman und Armstrong, der einzige Testpilot der Gruppe, dem Bau eines Testfahrzeugs für die Mondlandung.

Als Erstes zog das Drake-Team eine Art Helikopter in Erwägung, da Helikopter in der Luft stehen und senkrecht starten und landen konnten. Doch leider waren die Fluggeräte nicht in der Lage, die Auswirkungen der Mondanziehungskraft zu reproduzieren. Eine weitere Idee bestand darin, ein kleines Mondlandefahrzeug unter ein riesiges Gerüst zu hängen und es »aufgehängt« zu fliegen. Deutlich sicherer war die Option, einen elektronischen, statischen Simulator zu benutzen. Letzten Endes setzte die NASA alle drei Methoden ein – Helikopter, die aus einem Aufhängungssystem bestehende Lunar Landing Research Facility (LLRF) am Langley-Zentrum der NASA in Virginia und verschiedene Simulatoren –, um die Probleme der Mondlandung zu erforschen und die Apollo-Astronauten vorzubereiten. Drakes Gruppe entschied sich schließlich für eine Technik mit Senkrechtstart und -landung. Dabei flog ein Luftfahrzeug, das mit speziellen Triebwerken ausgerüstet war, mit gewissen helikopterähnlichen Eigenschaften.

Das Drake-Team montierte ein Düsentriebwerk in einer kardanischen Aufhängung so unter dem Testfluggerät, dass der Schub stets nach oben wirkte. Das Triebwerk würde das Vehikel auf die gewünschte Höhe bringen, woraufhin der Pilot es so weit drosseln sollte, dass es nur noch fünf Sechstel des Gewichts trug und so die Schwerkraft auf dem Mond nachbildete. Die Sinkgeschwindigkeit und die horizontalen Bewegungen würden über das Zünden zweier drosselbarer Wasserstoffperoxid-Raketen gesteuert. Eine Reihe kleinerer Wasserstoffperoxid-Düsen ermöglichte dem Pilot die Lageregelung. Wenn der Hauptantrieb versagte, konnten Hilfstriebwerke einspringen und das Gefährt in der Höhe halten, um es vorübergehend zu stabilisieren. Das Radikale an diesem Konzept war, dass die Aerodynamik – auf der alle Flugvorgänge auf der Erde basierten – absolut keine Rolle spielte. In diesem Sinne war das Testfahrzeug für die Mondlandung, zu dessen

Entwicklung Armstrong 1961 beitrug, der erste Flugapparat, der je darauf ausgelegt war, in der Umgebung eines anderen Himmelskörpers zu funktionieren, obwohl er auch hier auf der Erde benutzt werden konnte.

Angesichts der Komplexität des Projekts entschied man sich laut Armstrong, »zunächst ein kleines Ein-Mann-Gerät zu bauen, das die Eigenschaften und Herausforderungen des Flugs in der Mondumgebung erst einmal ermittelte. Daraus ließ sich eine Datenbank erstellen, mithilfe derer wir das größere Fahrzeug bauen konnten, das ein Modell des echten Raumfahrzeugs trug.« Das Drake-Team nutzte den Sommer und den Herbst 1961 dazu, ein solches Gefährt zu konzipieren. Neil meinte: »Es sah aus wie eine große Konservenbüchse auf Beinen, mit einem kardanischer aufgehängten Triebwerk darunter.«

Was die Drake-Gruppe nicht wusste, war, dass in Buffalo im Staat New York ein weiteres Team aus Ingenieuren des Unternehmens Bell Aeronautics daran saß, einen frei fliegenden Mondlandesimulator zu entwickeln. Als Nachfolgefirma des Unternehmens, das die X-1 und andere frühe Flugzeuge der X-Serie gebaut hatte, war Bell der einzige amerikanische Flugzeugbauer mit Erfahrung in der Konzeption und dem Bau von Senkrechtstartern, die ein Düsentriebwerk zum Start und zur Landung nutzten. Als Drake durch einen NASA-Mitarbeiter von diesem Projekt erfuhr, reisten Bellman und Matranga nach Buffalo und führten dort simulierte Mondanflüge in den Model-47-Helikoptern von Bell durch. Was die Ingenieure vom Flugforschungszentrum dort sahen, bestätigte ihre Vermutung, dass Hubschrauber nicht die richtige Anflugbahn und Sinkrate fliegen konnten, die für die Mondlandung nötig waren.

Die NASA beauftragte Bell damit, ein kleines, relativ günstiges Testfahrzeug für die Mondlandung zu entwerfen, unabhängig von der tatsächlichen Apollo-Konfiguration, da diese noch gar nicht feststand. Bells Aufgabe bestand darin, eine Maschine zu konzipieren, mit der die NASA die Probleme ermitteln konnte, die sich bei einem Mondanflug aus einer Höhe von bis zu 600 Metern mit einer Vertikalgeschwindigkeit von bis zu sechzig Metern pro Sekunde ergeben würden.

Erst im Juli 1962 entschied die NASA, wie sie auf den Mond gelangen wollte. Viele fähige Ingenieure und Wissenschaftler stellten sich einen Hin- und Rückflug in einer gewaltigen Rakete so groß wie das Empire State Building vor. Sie sollte zum Mond fliegen, mit der Unterseite zuerst auf der Oberfläche aufsetzen und am Ende die Triebwerke zünden, um den Rückweg anzutreten – ein Missionsmodus, der »direkter Aufstieg« genannt wurde. Mit einem Schub von über 50 000 Kilonewton war die angedachte Nova-Rakete die bei Weitem gewaltigste Rakete, die je gebaut wurde. Eine zweite Option für die Mondlandung – die viele Raumfahrtexperten, darunter Dr. Wernher von Braun, favorisierten – war das Rendezvous in der Erdumlaufbahn (Earth Orbit Rendezvous, EOR). Dieser Plan sah vor, dass eine Reihe der kleineren Saturn-Raketen, die von Brauns Team im Marshall-Raumflugzentrum in Alabama entwickelte, einzelne Komponenten des Mondlandefahrzeugs in die Erdumlaufbahn brachten, wo diese Teile zusammengefügt und mit genügend Treibstoff für die Reise zum Mond und zurück betankt würden. Diese Option verlangte deutlich weniger komplexe Startraketen, die fast schon einsatzbereit waren. Zur Überraschung vieler entschied sich die NASA jedoch weder für den direkten Aufstieg noch für das Rendezvous in der Erdumlaufbahn. Am 11. Juli 1962 verkündete die Behörde, dass man auf ein Rendezvous in der Mondumlaufbahn (Lunar Orbit Rendezvous, LOR) setzte. Dieser Missionsmodus war der einzige, der eine eigens angefertigte Mondlandefähre voraussetzte.

Die LOR-Entscheidung wurde gegen den heftigen Widerstand des wissenschaftlichen Beraters von John F. Kennedy, Dr. Jerome Wiesner, durchgesetzt. Wie andere Kritiker war auch Wiesner der Meinung, dass ein Rendezvous, wenn es für die Mondmission unerlässlich war, nur in der Erdumlaufbahn durchgeführt werden sollte. Wenn es dort scheiterte, konnte man die gefährdeten Astronauten auf die Erde zurückholen, einfach indem man die Umlaufbahn ihres Raumfahrzeugs verringerte. Letzten Endes bestimmten die Missionsplaner der NASA, dass ein Rendezvous in der Mondumlaufbahn nicht gefährlicher war als die anderen beiden Optionen, vielleicht sogar weniger gefährlich, und dass es mehrere entscheidende Vorteile mit sich brachte. Es benötigte weniger Treibstoff, nur halb so viel Nutzlast und etwas weniger technische Neuerungen. Man brauchte keine riesige Nova-Rakete dafür und kam mit einem Start von der Erde aus, während das zuvor bevorzugte Rendezvous in der Erdumlaufbahn mindestens zwei verlangte. Ein Monstrum wie die Oberstufe einer Nova auf der von Kratern übersäten Mondoberfläche zu landen war geradezu unmöglich. Die Mondlandung per EOR schien kaum einfacher. Nach monatelangen Überlegungen hatte man keine andere Wahl, als sich für das LOR zu entscheiden.

Der größte technische Vorteil des LOR war, dass aus dem Landefahrzeug ein »Modul« wurde. Statt des gesamten Apollo-Raumfahrzeugs müsste nur eine kleine, leichte Mondlandefähre (das »Lunar Module«, LM) auf dem Mond landen. Und da sie nach dem Einsatz nicht zur Erde zurückkehren würde, konnte die NASA das Design ausschließlich auf den Flug in der Mondatmosphäre und eine kontrollierte Mondlandung ausrichten. Das Rendezvous in der Mondumlaufbahn ermöglichte es der NASA, alle Module des Raumfahrzeugs unabhängig voneinander zu entwickeln – das Kommandomodul, das Servicemodul und die Mondlandefähre. Letztere wäre ein zweistufiges Gefährt, das mithilfe eines drosselbaren Raketentriebwerks zur Mondoberfläche hinunterfliegen würde. Der untere Teil, der die Landebeine, das Abstiegstriebwerk und die entsprechenden Treibstofftanks enthielt, würde auf dem Mond verbleiben und als Startrampe für die obere Stufe, die Aufstiegsstufe dienen, die über ein eigenes Triebwerk mit fixer Schubleistung, den nötigen Treibstoff, Lageregelungsraketen und ein Cockpit verfügte.

Am wichtigsten war, dass das LOR der einzige Missionsmodus war, der es ermöglichte, Kennedys Frist einzuhalten. Das war für die NASA entscheidend. Armstrong erinnerte sich an den Ausspruch: »Das LOR spart uns zwei Jahre und zwei Milliarden Dollar.« Über Nacht wurde das Landemodul zu einem der wichtigsten Systeme des Programms. Die mächtige Saturn-V-Rakete konnte Astronauten in ihrem gemütlichen Kommandomodul in die Mondumlaufbahn befördern, doch bei Apollo drehte sich alles um die Landung.

Die Mondlandefähre hatte nun höchste Priorität. Im November 1962 erhielt die Grumman Corporation von Long Island in New York den Zuschlag für das Projekt. Auf dem Weg zum fertigen Modul kam es zu vielen Änderungen. Aufgrund einer langen Reihe von gescheiterten Tests nahmen der Bau und der Feinschliff des außergewöhnlichen Gefährts fast sieben Jahre in Anspruch. Erst im März 1969 stand die erste Mondlandefähre für einen Testflug bereit. Er fand in der Erdumlaufbahn statt und war der Hauptzweck der Apollo-9-Mission.

Die Entscheidung für das Rendezvous in der Mondumlaufbahn bestimmte auch die Anforderungen an das Testfahrzeug für die Mondlandung (LLRV, »Lunar Landing Research Vehicle«) des Flugforschungszentrums. Durch puren Zufall entsprachen die Eigenschaften, die Größe und die Trägheitsmomente der ursprünglichen Konstruktion des LLRV ziemlich genau dem, was Grumman beim Bau der Mondlandefähre umsetzen musste. Die Firma Bell begann im Februar 1963, zwei Exemplare des LLRV zu bauen. Am 15. April 1964 trafen die in Kisten verpackten Einzelteile in Edwards ein, weil die FRC-Techniker ihre eigenen Forschungsinstrumente einbauen wollten. Das LLRV war über drei Meter groß, wog 1 680 Kilogramm und hatte vier Beine aus Aluminiumgestänge, die in einem Abstand von knapp vier Metern angebracht waren. Der Pilot saß im Freien, geschützt durch eine Plexiglasscheibe, in einem Raketen-Schleudersitz von Weber Aircraft. Der Sitz von Weber war so effektiv, dass man ihn sogar noch bei »Null/Null« auslösen konnte, bei null Geschwindigkeit auf null Meter Höhe, und er auch sicher funktionierte, wenn das LLRV mit einer Geschwindigkeit von zehn Metern pro Sekunde Richtung Boden raste. Einen besseren Schleudersitz hatte es nie gegeben, was gut war, weil er im Rahmen des LLRV-Programms mehr als einmal zum Einsatz kam.

Der erste Pilot, der das LLRV fliegen durfte, war Joe Walker, Neils ehemaliger Chef. Der Premierenflug fand am 30. Oktober 1964 statt. Er umfasste drei kurze Starts und Landungen innerhalb von insgesamt weniger als einer Minute Flugzeit.

Zwischen 1964 und dem Abschluss des LLRV-Testprogramms Ende 1966 wurden in Edwards rund 200 Forschungsflüge durchgeführt. Die Piloten konnten das Gefährt in zwei verschiedenen Modi fliegen – als konventionellen Senkrechtstarter mit einem fixierten Düsenantrieb, der für Auftrieb sorgte (»Erdmodus«), oder im »Mondmodus«, in dem das Triebwerk im Flug so angepasst wurde, dass es das effektive Gewicht des LLRV entsprechend der Verhältnisse auf dem Mond reduzierte. Im Mondmodus wurde der Auftrieb von einem Paar drosselbarer Raketen mit einem Schub von 2,2 Kilonewton besorgt, die außerhalb der kardanischen Aufhängung am Rumpf befestigt waren. Der Pilot konnte den Winkel und den Schub der Triebwerke so einstellen, dass sie den Luftwiderstand auf allen Achsen kompensierten. Im Allgemeinen zogen es die Piloten vor, im Erdmodus zu fliegen. Andererseits machte das empfindliche Drosselventil des Raketenantriebs die Höhensteuerung in der Mondsimulation viel einfacher.

Das LLRV stellte die Flugbedingungen auf dem Mond exakt nach, obwohl es eine Maximalhöhe von knapp 250 Metern erreichte und der längste Flug weniger als neuneinhalb Minuten dauerte. Erstaunlicherweise ereigneten sich während des LLRV-Programms keine schweren Unfälle.

Armstrong war im September 1962 von Edwards nach Houston gewechselt und konnte sich daher nicht so detailliert über das Projekt auf dem Laufenden halten, wie er es sich gewünscht hätte. Doch er wurde von Houston zum Verbindungsmann für die Ingenieure bestimmt, der sicherstellen sollte, dass das Gefährt den Bedürfnissen der Astronauten entsprach. Die NASA wollte nicht, dass ein Astronaut das riskante

Fahrzeug flog. Bodensimulatoren stellten eine große Hilfe dar. Wie Neil erklärte:»Starke Nick- und Rollbewegungen dauerten länger oder verlangten mehr Steuerungskraft. Man ging davon aus, dass Steuerbedingungen, die auf der Erde ideal waren, auf dem Mond unzumutbar sein könnten.« Die Astronauten fanden heraus, dass sich das Gerät mithilfe von ein- und abschaltbaren Triebwerken steuern ließ, aber sie hatten, wie Neil es formulierte, immer noch »einige Probleme, präzise Landungen durchzuführen und Restgeschwindigkeiten beim Aufsetzen zu verhindern, wahrscheinlich weil es Piloten von Natur aus widerstrebt, in geringer Höhe starke Lageveränderungen vorzunehmen«.

Die Lunar Landing Research Facility (LLRF, »Mondlandeforschungsanlage«) am Langley-Zentrum war ein 75 Meter hohes und 120 Meter breites Gebilde, das seit Juni 1965 in Betrieb war und fast vier Millionen Dollar gekostet hatte. »Es funktionierte überraschend gut«, sagte Armstrong. »Der Flugbereich war mit einer Höhe von 55 Metern, einer Breite von 110 Metern und einer Tiefe von knapp dreizehn Metern angemessen, um den Piloten an die Flugbedingungen auf dem Mond zu gewöhnen.« Um die Landesimulationen authentischer zu machen, bedeckten die Designer den Boden der enormen, achtbeinigen, rot und weiß lackierten Anlage mit Sand und modellierten ihn so, dass er der Mondoberfläche ähnelte. Da die Tests oft bei Nacht durchgeführt wurden, installierten sie Flutlichter in einem Winkel, der die Lichtverhältnisse auf dem Mond wiedergab, und brachten eine schwarze Wand an, um den luftlosen »Himmel« auf dem Mond nachzubilden. Die Techniker sprühten die falschen Krater schwarz an, damit die Astronauten die Schatten kennenlernten, die sie bei der Mondlandung sehen würden. Obwohl »die Ingenieure im Langley-Zentrum tolle Arbeit leisteten, um ein flexibles System aus Drahtseilen und Flaschenzügen einzurichten, das dafür sorgte, dass man sich wirklich wie in einem Raumfahrzeug fühlte«, konnte die Steuerung der Nick- und Rollwinkel, wie Neil es ausdrückte, »übermäßig träge« sein. »Die LLRF war eine kluge Anlage«, meinte er. »Man konnte dort Dinge ausprobieren, die man sich in einem frei fliegenden Fahrzeug nie getraut hätte, weil man vor sich selbst geschützt war.«

1964 hielt das Astronautenbüro nach Senkrechtstartern Ausschau, die sich für Mondlandungssimulationen einsetzen ließen. Deke Slayton bat Armstrong, die X-14A von Bell zu testen, ein kleines und wendiges Flugzeug, dass die Ingenieure im Ames-Forschungszentrum der NASA nutzten, um Flugbahnen für den Mondanflug zu simulieren. Im Februar 1964 unternahm Armstrong zehn Probeflüge, kam aber zu dem Schluss, dass eine andere Art von Trainingsfahrzeug benötigt wurde.

»Es war frustrierend, kein Gefährt zu haben, mit dem wir die Flugbedingungen auf dem Mond nachstellen konnten«, erinnert er sich. Die einzige effektive Alternative bestand darin, das LLRV des Flugforschungszentrums zu fliegen, für wie riskant das einige auch halten mochten. Der Leiter des LLRV-Programms in Houston war Dick Day, der Simulationsexperte aus dem Flugforschungszentrum, der Neil 1962 dazu verholfen hatte, Astronaut zu werden.

Die Entscheidung, aus dem Forschungsfahrzeug ein Trainingsfahrzeug zu machen (ein »Lunar Landing Training Vehicle«, LLTV) wurde Anfang 1966 getroffen, kurz vor Armstrongs Gemini-VIII-Flug. Zu dem Zeitpunkt hatte Grumman das Konzept der Mondlandefähre schon fast abgeschlossen. Obwohl das LLRV schon fünf Jahre älter war, unterschied es sich in der Größe und dem Aufbau der Steuerrakete nicht sonderlich von dem Gefährt, das Grumman baute. Also brachte die NASA Bell dazu, relativ schnell und günstig eine Weiterentwicklung des LLRV zu produzieren, deren Eigenschaften noch stärker denen der Mondlandefähre entsprachen. Der erste Testflug der Fähre, die Apollo-5-Mission, war für Januar 1968 vorgesehen.

Die Entscheidung, LLTVs bauen zu lassen, führte dazu, dass Neil sich nun wieder ausgiebig mit den Umständen der Mondlandung beschäftigte. Im Sommer 1966, als er gerade im Training als Ersatzmann für Gemini XI steckte, bestellte Houston drei LLTVs für rund 2,5 Millionen Dollar pro Stück. Zur gleichen Zeit wies das Manned Spacecraft Center das Flugforschungszentrum an, die beiden vorhandenen LLRVs nach Houston zu schicken, sobald die FRC-Ingenieure damit fertig waren. Neil nahm an Treffen mit Bell teil, in denen der Aufbau der LLTVs besprochen wurde. Er war vor Ort, als das erste Gefährt aus Edwards am 12. Dezember 1966 in Houston eintraf. Als der FRC-Testpilot Jack Kleuver nach Houston kam, um zu überprüfen, ob die Maschine funktionierte, sah Armstrong ihm dabei zu. Und auch als die ersten Eingewöhnungsflüge auf dem Luftwaffenstützpunkt Ellington stattfanden, war Neil als Zuschauer dabei und sog die Grundregeln auf. Vom 5. bis zum 7. Januar 1967 nahm er an der LLTV-Konstruktionsinspektion bei Bell teil. Ein paar Tage später half er bei der Beurteilung der Abschlussergebnisse des LLRV-Programms mit. In Kalifornien flog Neil ein paar Mondlandungsflugkurven in einem H-13-Helikopter von Bell. Außerdem war er Zeuge eines LLRV-Flugs. Direkt nach den Beerdigungen der Besatzungsmitglieder der Apollo-1-Mission Ende Januar flogen Armstrong und Buzz Aldrin in einer T-38 nach Langley Field, um dort Simulationen der Mondlandung in der LLRF durchzuführen. Neil benutzte dieses Spielzeug zum ersten Mal, doch es sollte nicht das letzte Mal sein. Am 7. Februar 1967 begaben sich Buzz und er in einer T-38 nach Los Angeles, damit die Firma Weber Aircraft dort LLRV-Schleudersitze nach Maß für sie anfertigen konnte. Später in jenem Monat kehrte er in die Stadt zurück, um dieses Mal gemeinsam mit Bill Anders North American zu besuchen und die Entwürfe für den Tunnel zu begutachten, durch den die Astronauten sich zwischen dem Kommando- und Servicemodul (CSM) der Apollo-Kapsel und der Mondlandefähre hin und her bewegen sollten. Im März 1967 schaute er sich an, was Ryan Aircraft in Los Angeles und San Diego für das in der Mondlandefähre vorgesehene Landeradar geplant hatte. Während dieser Monate absolvierte er zudem einige Stunden im Helikopter, um sich auf den Flug des LLTV vorzubereiten. Die Umwandlung des Forschungsfahrzeugs in ein Trainingsfahrzeug war eine Herausforderung, für die sich Armstrong als Ingenieur, Testpilot und Astronaut hervorragend eignete. Schließlich hatte er 1961 schon am ursprünglichen Entwurf für das Gefährt mitgearbeitet. Bell baute das LLTV im Grunde ganz ähnlich auf wie das LLRV, doch nun bestand das Hauptziel darin, die Flugbahn und die Steuerungssysteme der Mondlandefähre möglichst genau nachzubilden. Doch bestimmte Flugeigenschaften ließen sich nicht reproduzieren. Vor allem war es unpraktisch, wenn nicht unmöglich, das LLTV so zu bauen, dass die Sinkgeschwindigkeit der der Mondlandefähre entsprach.

Ein weiteres Ziel bestand darin, die entscheidenden Bauelemente der Mondlandefähre beim LLTV möglichst genau nachzubilden. So baute Bell ein geschlossenes Cockpit in die neuen Gefährte ein, aus dem die Sicht der aus der Mondfähre heraus entsprach. Außerdem wurde das Steuerpult entsprechend der Vorgabe für die Mondlandefähre aus der Mitte des Cockpits auf die rechte Seite verlagert und die gleiche Anzahl von Anzeigen angebracht. Das LLTV wurde mit einem auf drei Achsen beweglichen, seitlich angebrachten Steuerknüppel versehen, der mit dem vergleichbar war, den Grumman in die Mondlandefähre einbaute. Außerdem verfügte das LLTV über ein Ausgleichssystem, das alle Luftbewegungen und –widerstände registrierte und sie automatisch mithilfe des Triebwerks und der Lageregelungsraketen korrigierte. So glichen die Bewegungen des LLTV eher einem Flug im Vakuum. Es wurden Verbesserungen an der Elektronik vorgenommen, um die winzig kleinen, federleichten Komponenten nutzen zu können, die auch in der Mondlandefähre Verwendung fanden. Zu den weiteren Veränderungen gehörte ein verbesserter Schleudersitz, mehr Peroxid für die Raketen, damit sie länger brannten, ein leicht modifizierter Düsenantrieb und eine veränderte Fluglage, die eher der der Mondlandefähre entsprach.

Im Training der Astronauten kamen auch zwei ältere, umgebaute LLRVs, die unter den Bezeichnungen A1 und A2 liefen, zum Einsatz. Die drei neuen Maschinen, von denen die erste im Dezember 1967 von Bell geliefert wurde, erhielten die Namen LLTV B1, B2 und B3. Bevor die Astronauten sie fliegen durften, erhielten sie eine mehrmonatige Ausbildung. Für diejenigen, die Slayton als potenzielle Besatzungsmitglieder der Mondmission ausgewählt hatte, darunter auch Armstrong, folgten ein dreiwöchiger Helikopterkurs, eine Woche in der LLRF am Langley-Zentrum und schließlich fünfzehn Stunden in einem Bodensimulator, bevor der erste LLTV-Flug auf dem nahe gelegenen Ellington-Stützpunkt stattfand. Da Neil bereits 1963 einen Helikopter-Kurs gemacht und seitdem einige Zeit im »Heli« verbracht hatte, musste er seine Kenntnisse nur auffrischen. Obwohl das Fliegen eines Hubschraubers keine optimale Vorbereitung auf den Mondflug war, half es dennoch beim Verständnis der Flugkurven und –bahnen.

Als erfahrener Ingenieur und Testpilot zeigte Armstrong ein besonderes Talent dafür, die Anforderungen eines Flugs in der ungewohnten Mondumgebung zu durchdenken – oft entgegen der Intuition – und seine Flugentscheidungen nicht vom Helikoptertraining beeinflussen zu lassen. Anfangs trainierten alle Erst- und Ersatzkommandanten der Apollo-Mondlandemissionen im LLTV, doch im späteren Verlauf des Programms reichte die Zeit nicht aus, und die Ersatzkommandanten mussten zurückstecken.

Neils erster Flug im Trainingsvehikel fand am 27. März 1967 statt, als die Maschine gerade in Ellington eingetroffen war, er absolvierte an jenem Tag zwei Flüge im LLTV A1. Aufgrund von technischen Problemen musste das Gerät nach ein paar weiteren Runden im März am Boden bleiben. (Keines der drei neuen LLTVs war vor dem Sommer 1968 einsatzbereit.) Als es wieder in Betrieb genommen wurde, war Armstrong der Erste, der es ausprobierte. Zwischen dem 27. März und dem 25. April 1968 absolvierte er zehn Flüge in dem umgebauten Fluggerät. Das war eine gefährliche Angelegenheit, wie Buzz Aldrin erklärte: »Ohne Tragflächen konnte es nicht sicher zu Boden gleiten, wenn das Haupttriebwerk oder die Düsen versagten. Und um richtig zu trainieren, musste man auf über 150 Meter aufsteigen. In der Höhe hätte jede Panne tödlich enden können.« Armstrong durfte am 6. Mai erfahren, wie erbarmungslos die Maschine sein konnte, nur vierzehn Monate vor der Mondlandung.

»Ich würde es nicht als Routineflug bezeichnen, da es so etwas wie Routine beim LLTV nicht gab, aber ich führte an jenem Nachmittag die üblichen Landeanflüge durch, und bei einem bemerkte ich, wie mir in der letzten Phase, als ich noch gut dreißig Meter über dem Boden war, die Kontrolle entglitt. Schon bald konnte ich nichts mehr ausrichten. Das Fahrzeug begann sich zu drehen. Wir hatten kein Ersatz-Steuerungssystem, das wir hätten aktivieren können – kein Notsystem, um das Fahrzeug zu stabilisieren. Als es einen Querneigungswinkel von etwa dreißig Grad erreicht hatte, wusste ich, dass ich nichts mehr ausrichten konnte. Mir blieb nur noch sehr wenig Zeit, um rauszukommen, also löste ich die Sprengladungen des Schleudersitzes aus. Ich befand mich in einer Höhe von etwa fünfzehn Metern, schon ziemlich niedrig, aber die Sprengladungen schossen mich hoch in die Luft. Das Fahrzeug krachte zuerst auf den Boden, und ich trieb unter dem Fallschirm von den Flammen weg und landete erfolgreich in einem Gestrüpp mitten auf dem Luftwaffenstützpunkt Ellington.«

Bei der Auslösung des Schleudersitzes, der ersten, die er erlebte, seit er siebzehn Jahre zuvor über Korea aus seiner zerschossenen Panther ausgestiegen war, hatte sich Neil kräftig auf die Zunge gebissen. Das war bis auf eine Menge Kratzer durch das Gestrüpp die einzige Verletzung, die er davontrug, doch es war knapp gewesen.

Wer den Unfall miterlebte oder danach davon hörte, war der Meinung, dass Armstrong Glück hatte, noch am Leben zu sein. Als Unfallursache stellte sich ein fehlerhaft konstruiertes Düsensystem heraus, durch das Treibstoff ausgetreten war. Der Rückgang des Heliumdrucks im Treibstofftank sorgte dafür, dass sich die Lageregelungsraketen abschalteten, was zum Kontrollverlust führte. Auch dass die NASA das Gefährt bei sehr windigen Verhältnissen aufsteigen ließ, war ein bedeutender Faktor. Die Ingenieure in Edwards hatte eine Windgeschwindigkeit von 28 km/h als Grenzwert festgelegt, doch in Houston meinte man, diese Grenze auf 55 km/h hochsetzen zu müssen, um das Gerät regelmäßig nutzen zu können.

Nach dem Unfall benahm sich Armstrong, als wäre absolut nichts vorgefallen, wie es seine Art war. Wie schon beim Gemini-VIII-Flug untermauerte Neils Verhalten in dieser Lage erneut und zu Recht seinen Ruf, gut mit Notsituationen umgehen zu können. Houston verbot weitere LLTV-Flüge, bis nicht nur die Unfallermittlungen durch das MSC abgeschlossen war, sondern auch ein spezieller Untersuchungsausschuss seine Ergebnisse formuliert hatte. Mitte Oktober 1968 lagen beide Berichte vor. Darin wurden dringend bestimmte Verbesserungen am Aufbau und in der Handhabung angeraten, aber das Programm konnte fortgeführt werden.

Vier Minuten nach Beginn eines auf sechs Minuten ausgelegten Flugs am 8. Dezember 1968 war der oberste Testpilot des MSC, Joe Algranti, gezwungen, sich aus LLTV 1 zu »schießen«, als sich beim Abstieg aus einer Maximalhöhe von fast 170 Metern eine starke Querschwankung entwickelte. Nachdem Algranti, der das LLTV schon mehr als dreißig Mal geflogen war, auf etwa sechzig Metern den Schleudersitz aktiviert hatte, segelte er unverletzt am Fallschirm zu Boden, während das 1,8 Millionen Dollar teure Gefährt hundert Meter weiter abstürzte und in Flammen aufging. Erneut berief Houston einen Untersuchungsausschuss ein, dieses Mal unter der Leitung des Astronauten Wally Schirra.

Der MSC-Direktor Bob Gilruth und Chris Kraft, der Leiter des Flugbetriebs beim MSC, hatten beide das Gefühl, dass es nur eine Frage der Zeit sei, bis ein Astronaut in dem Gefährt ums Leben kam. »Gilruth und ich waren bereit, das Ding komplett aus dem Verkehr zu ziehen«, bemerkte Kraft, »aber die Astronauten weigerten sich. Sie wollten das Training.«

Die LLTV-Flüge wurden im April 1969 wiederaufgenommen. Als auf den ersten Runden, die ausschließlich von MSC-Testpiloten durchgeführt wurden, nichts passierte, führten die Astronauten die regelmäßigen Trainingsflüge fort. Selbst nach dem Beginn der Mondlandungen hörten Kraft und Gilruth nicht auf, »sich jeden wiederkehrenden Astronauten vorzuknüpfen, in der Hoffnung, etwas zu finden, was das LLTV für immer am Boden halten würde«. Sie scheiterten jedes Mal, weil die Astronauten das Gerät wollten.

Mitte Juni 1969, weniger als einen Monat vor dem Start von Apollo 11, trainierte Armstrong an drei aufeinanderfolgenden Tagen in einem der neuen LLTVs, während Kraft und die restliche Führungsebene der NASA kaum zu atmen wagten. Im Verlauf dieser drei Tage führte er acht Mondanflüge durch. Insgesamt absolvierte er neunzehn Touren in umgewandelten LLRVs und acht in den neuen LLTVs – mehr als jeder andere Astronaut.

KAPITEL 19

Freundlich gesinnte Fremde

Das Trio Frank Borman, Jim Lovell und Bill Anders war weiter von der Heimat entfernt als je ein Mensch vor ihnen. Die Besatzung von Apollo 8, die kurz zuvor noch in der Maximalgeschwindigkeit von über 40 000 km/h unterwegs gewesen war und nun langsamer wurde, hatte soeben den Punkt passiert, an dem sich die Anziehungskraft der Erde und die seines Trabanten ausgleichen. Von nun an »fiel« Apollo 8 in Richtung Mond.

Das war am 23. Dezember 1968, mitten am Nachmittag, kurz nach einer Fernseh-Liveschaltung aus dem Raumschiff, bei der die Zuschauer einen Blick auf die Erde hatten werfen können, die sich über 320 000 Kilometer entfernt befand – mehr als vier Fünftel der Strecke zum Mond – und körnig, aber klar zu erkennen war. Im Kontrollzentrum in Houston bereitete sich ein neues Flugüberwachungsteam, das sogenannte »Braune Team« unter der Leitung von Flugdirektor Milton L. Windler, auf den kritischen Augenblick vor, in dem die Astronauten zum ersten Mal ein Raumfahrzeug in eine Mondumlaufbahn steuern würden. Wenn die Zündung fehlschlug, würde die Apollo 8 automatisch durch ein Vorbeischwungmanöver rund um den Mond herum zurück zur Erde befördert.

Armstrong stand ganz hinten im Kontrollzentrum und dachte schweigend über den anstehenden Einschuss in die Mondumlaufbahn nach. Als Ersatzkommandant für Apollo 8 hatte sich bei ihm jede Minute der vergangenen zweieinhalb Tage um die Details der Mondumkreisung gedreht. Am Tag des Startes, am 21. Dezember, war er um drei Uhr morgens am Kap aufgestanden, um mit der ersten Mannschaft zu frühstücken. Während Borman, Lovell und Anders sich in die Druckanzüge zwängten, eilte Neil zur Startrampe 39A hinüber. Es war üblich, dass ein oder zwei Mitglieder des Ersatzteams die Startvorbereitungen aus dem Cockpit heraus verfolgten und dort alle Hebel und Schalter in die richtige Position brachten.

Der Start erfolgte nur wenige Minuten später als geplant, um 7:51 Uhr. Der erste bemannte Flug mit der Saturn-V-»Mondrakete« bot einen beeindruckenden Anblick. Neil verfolgte das langsame, feurige Abheben der gewaltigen Rakete gemeinsam mit Buzz Aldrin und Fred W. Haise Jr., den anderen Ersatzleuten, durch ein großes Fenster im Startkontrollzentrum.

Bis in den frühen Nachmittag hinein beobachtete Armstrong das Raumfahrzeug – die beiden Erdumkreisungen, den Einschuss auf die translunare Flugbahn und den Flug Richtung Mond. Dann stieg er mit Aldrin und Haise in eine Gulfstream-Maschine der NASA und flog zurück nach Houston, wo sie gegen 19 Uhr landeten. Im Flugzeug saßen auch die Ehefrauen, Janet, Joan Aldrin und Mary Haise. Die Frauen hatten den Start von der VIP-Zuschauertribüne aus verfolgt, als moralische Unterstützung der Frauen der Erstbesatzung, die ebenfalls vor Ort waren.

Nach einem kurzen Abstecher nach El Lago fuhr Neil zum Kontrollzentrum. Obwohl er bis spätabends dort blieb, kehrte er am nächsten Morgen schon früh zurück. Als Deke Slayton Neil in dem großen Raum voller Schaltpulte entdeckte, ging er auf ihn zu und sprach ein wichtiges Thema an: Neils nächsten Einsatz.

Natürlich wusste noch niemand, welchen Auftrag Apollo 11 erfüllen sollte. Damit man auf diesem Flug die erste Mondlandung angehen konnte, war es nicht nur nötig, dass Apollo 8 den gewagten Versuch, um den Mond herumzufliegen, erfolgreich zu Ende brachte, auch Apollo 9 und Apollo 10 mussten reibungslos ablaufen. Sollte irgendetwas schiefgehen, konnte die G-Mission, die erste Mondlandung, bis zu Apollo 12 oder Apollo 13 aufgeschoben werden. Wenn die Zeit bis zum

Ablauf von Kennedys Frist zu eng wurde, zog die NASA die Landung vielleicht sogar auf Apollo 10 vor. Das kühne Programm von Apollo 8 schien derartig verwegene Überlegungen zu erlauben. Dennoch standen Neils Chancen nicht schlecht. Er verließ das kurze Treffen mit Deke mit dem Wissen, dass er der Kommandant des ersten Mondlandeversuchs sein könnte.

Dass sich die Dinge so entwickelten, wie es der Fall war, lag an einer Verkettung außergewöhnlicher Umstände bei den Apollo-Missionen. Im ursprünglichen Zeitplan, den Slayton den Astronauten im April 1967 vorgestellt hatte, war keine Mondumkreisung vorgesehen. Nach diesem Plan sollte auf den ersten bemannten Apollo-Flug, die C-Mission – die Schirra, Eisele und Cunningham im Oktober 1968 im Rahmen von Apollo 7 durchgeführt hatten –, die D-Mission folgen, ein Test der Kombination von CSM und LM im Erdorbit. Doch die Mondlandefähre war noch nicht fertig. Damit das Programm nicht ins Stocken geriet, schlugen ein paar risikofreudige Mitarbeiter der NASA, allen voran George Low, einen radikalen Lückenfüller vor. Da das LM noch nicht bereit war, warum dann nicht die Flugserie fortführen, indem man das CSM um den Mond flog?

Die Idee war so verwegen, dass die NASA-Chefetage in Washington sie zunächst rigoros ablehnte. Doch als sich Apollo 7 im Oktober 1968 als uneingeschränkter Erfolg erwies, beschloss die NASA, den Vorschlag doch umzusetzen. Die Tatsache, dass der Sowjetunion im September 1968 mit der Sonde Zond 5 ein Vorbeiflug am Mond gelungen war und dass sie die Zond 6 für einen ähnlichen Flug im November vorbereitete, trug zur Entscheidung bei. Die Zond war groß genug, um einen Kosmonauten zu transportieren, und in den Köpfen der Amerikaner spukte seit Sputnik die Idee herum, dass die Sowjets alles in ihrer Macht Stehende tun würden, um den Amerikanern im All die Schau zu stehlen. Innerhalb der NASA traf die Mondumkreisung nicht unbedingt auf uneingeschränkte Zustimmung. Armstrong unterstützte die radikale Neuausrichtung von Apollo 8 zwar, so wie fast alle

Astronauten, doch erst als er sicher war, dass die Probleme mit der Saturn V ausgeräumt waren.

Am 23. Dezember 1968, als sich die Lage nach der Fernsehübertragung von der Apollo 8 wieder ein bisschen sortiert hatte, zogen sich Armstrong und Slayton für ein Gespräch, das später historisch genannt werden konnte, in einen Nebenraum des Kontrollzentrums zurück.

»Deke teilte mir seine Überlegungen zu Apollo 11 mit und fragte, wie ich es fände, mit Mike Collins und Buzz Aldrin zu fliegen. Das besprachen wir ein wenig, und ich hatte kein Problem damit. Deke wandte ein, dass die Zusammenarbeit mit Buzz manchmal nicht ganz einfach sei, und ich sagte: ›Nun, ich habe die letzten Monate über mit ihm zusammengearbeitet, und es scheint alles gut zu laufen.‹ Aber ich wusste, was Deke meinte. Er sagte, er könne auch Jim Lovell für Apollo 11 verfügbar machen, selbst wenn das von der Reihenfolge her nicht ganz passte; er würde es tun, wenn ich das für richtig hielt. Ich hätte mich gefreut, wäre Lovell in meinem Team gewesen. Jim war ein sehr zuverlässiger Kerl, sehr beständig. Ich vertraute ihm voll und ganz. Es wäre zwar sehr ungewöhnlich gewesen, ihn in die Besatzung zu berufen, aber Deke räumte mir die Möglichkeit ein, Jim Lovell und Mike Collins in meine Crew zu holen.«

Armstrong gab Deke erst am nächsten Tag eine Antwort. Da war die Besatzung von Apollo 8, mit Jim Lovell als Piloten des Kommandomoduls, schon in die Mondumlaufbahn eingetreten. Lovell sollte nie erfahren, dass er zur Besatzung von Apollo 11 gehört hätte, wenn Neil sich anders entschieden hätte. »Jim war bereits Kommandant von Gemini XII gewesen«, erklärte Neil, »und ich glaubte, dass er sein eigenes Kommando verdiente. Ich hielt es nicht für richtig, ihm diese Chance zu nehmen, also bekam er letzten Endes Apollo 13. Er weiß bis heute nichts von der ganzen Sache. Ich habe nie jemandem von den Gesprächen mit Slayton erzählt. Soweit mir bewusst ist, weiß auch Buzz nichts davon.« Hätte Armstrong sich für Lovell entschieden, wäre Aldrin einer späteren Mission zugeteilt worden, wahrscheinlich der unglückseligen Apollo 13.

Neil gab Slayton also die Antwort, die er ihm gab, weil er kein Problem damit hatte, mit Aldrin zusammenzuarbeiten, und der Meinung war, dass Lovell ein Flug als Kommandant zustand.

Man mag sich fragen, was Fred Haise von den Entwicklungen hielt – schließlich war er in Armstrongs Ersatzmannschaft bei der Mission Apollo 8 der Pilot der Mondlandefähre gewesen. »Deke war der Meinung, dass Fred noch nicht bereit war für eine erste Mannschaft«, erinnerte sich Armstrong. »Wir hatten kurz über die Mission gesprochen, und Deke sagte, dass wir möglicherweise eine Mondlandung versuchen würden – möglicherweise –, obwohl ich das zu dem Zeitpunkt für unwahrscheinlich hielt.« Wäre Haise in Neils Apollo-11-Crew berufen worden, hätte Aldrin die Position als Pilot des Kommandomoduls behalten. Der entscheidende Faktor war aber, dass Slayton Collins, der wegen einer Nackenoperation ausgefallen war, wieder in die Abfolge aufnehmen wollte. Vor dem Einsatz als Ersatzmannschaft für Apollo 8 hatte Armstrong wenig mit Aldrin oder Haise zu tun gehabt. Sie hatten noch nie zusammen einer Besatzung angehört. Neil war mit Gemini XI beschäftigt gewesen, als Lovell und Aldrin Teil der Mission Gemini XII waren, daher waren Neil und Buzz oft gleichzeitig am Kap gewesen und sich häufig begegnet. Fred Haise hatte er deutlich seltener gesehen. Es gehörte unter anderem zu Haises Aufgaben, sich eingehend mit der Mondlandefähre zu beschäftigen, und Neil war klar, dass Fred sich in diesem Bereich gut auskannte. Haise wurde als Pilot der Mondlandefähre in die Ersatzcrew von Apollo 11 berufen. Die weiteren Mitglieder stammten aus der Besatzung von Apollo 8: Jim Lovell war der Ersatzkommandant und Bill Anders der Ersatzpilot des Kommandomoduls. Frank Borman war da bereits aus dem Dienst ausgeschieden.

Armstrong war mit der Auswahl von Mike Collins und Buzz Aldrin für Apollo 11 zufrieden.

Der Heilige Abend war in diesem Jahr etwas ganz Besonderes, nicht nur für Armstrong, sondern für jeden, der gebannt vor dem Fernseher saß und die Liveübertragung aus der Apollo 8 in der Mondumlaufbahn verfolgte. Viele Leute behielten diesen Tag für den Rest ihres Lebens in Erinnerung.

Während der Übertragung an jenem Abend lasen Borman, Lovell und Anders abwechselnd die ersten zehn Verse aus dem Buch Genesis vor, während die Zuschauer einen wunderbaren, fast göttlichen Blick auf die Mondoberfläche hatten, die auf surreale Weise unter dem Raumschiff entlangglitt. Dann richteten die Astronauten ihre Leichtgewichtkamera auf den Heimatplaneten, um die erstaunliche und zerbrechliche Schönheit der nur halb erleuchteten Erde zu zeigen, die glorreich am Mondhorizont »aufging«. Die Astronauten beendeten ihre Mondvigil mit der hoffnungsvollen Botschaft: »Frohe Weihnachten und Gott segne Sie, Sie alle auf der guten Erde.« Wenige Stunden später, am Morgen des ersten Weihnachtstages, zündete die Apollo 8 das Servicemodul-Triebwerk, das Haupttriebwerk der Kombination aus Kommando- und Servicemodul, und beschleunigte so, dass sie die Mondumlaufbahn verließ. Voller Freude darüber, sich auf dem Heimweg zu befinden, bemerkte Lovell, als das Raumfahrzeug hinter dem Mond hervorkam: »Ich möchte Sie darauf hinweisen, dass es einen Weihnachtsmann gibt.«

Die Apollo 8 landete am Morgen des 27. Dezember sicher im Meer, sechs Tage und drei Stunden, zwei Erdumkreisungen und zehn Mondumkreisungen nach dem Start. Es war ein wahrhaft historischer Flug gewesen. Nicht nur waren Borman, Lovell und Anders die ersten Menschen, die sich von den Fesseln der Erdanziehungskraft befreit hatten, ihr Flug bewies auch, dass Astronauten die rund 400 000 Kilometer überwinden konnten, die zwischen der Erde und ihrem nächsten Nachbarn lagen. Die Mission zeigte, dass Kurskorrekturmanöver ohne Sichtverbindung und Funkkontakt zur Erde durchgeführt werden konnten, dass man ein Raumfahrzeug auch in extremer Entfernung orten konnte und dass es erfolgreich um den Mond kreisen und wieder zur Erde zurückkehren konnte.

Das Jahr 1968 war ziemlich traumatisch für die USA verlaufen. Die Probleme begannen im Januar 1968, als die Nordkoreaner das amerikanische Aufklärungsschiff USS *Pueblo* kaperten, unter dem Vorwand, es sei in ihre Gewässer eingedrungen, um dort zu spionieren. Der Vietcong startete die Tet-Offensive, und im März erfuhr die Welt vom Massaker in My Lai. Im gleichen Monat verkündete Lyndon B. Johnson, er werde sich nicht zur Wiederwahl stellen. Innerhalb von neun Wochen wurden Martin Luther King Jr. und Senator Robert F. Kennedy ermordet. Auf internationaler Ebene eskalierte eine Grenzstreitigkeit zwischen Israel und Jordanien, in Nordirland kam es zu Gewaltausbrüchen zwischen Protestanten und Katholiken, die den Beginn der »Troubles« markierten, in Paris hätten Demonstranten fast die Regierung gestürzt, und in der Tschechoslowakei rollten sowjetische Panzer ein. Inmitten all dieser Krisenherde schien es vielen Leuten falsch, Milliarden Dollar für Flüge zum Mond auszugeben. Ein beliebter Satz in jener Zeit begann mit den Worten »Wenn wir sogar zum Mond fliegen können, warum können wir dann nicht ...« und ließ sich um jeden beliebigen Wunsch ergänzen: für Gerechtigkeit sorgen, die Armut in der Welt besiegen, Krebs heilen, Kriege abschaffen oder die Umwelt schützen.

Doch trotz allen Gezeters, aller Kritik und der nachlassenden Unterstützung für das Raumfahrtprogramm wurden die Astronauten weiterhin allgemein bewundert.

Am 4. Januar 1969 bestellte Slayton Buzz Aldrin und Mike Collins in sein Büro, wo Armstrong bereits wartete, und teilte ihnen mit, dass sie die erste Besatzung von Apollo 11 bildeten. Deke sagte, es sei »denkbar und könnte sich so ergeben, dass dies der erste Versuch einer Mondlandung wird«. Dann fügte er hinzu, er wolle, dass sie bei ihrer Vorbereitung davon ausgingen, dass es tatsächlich zu der Mondlandung käme, damit sie im Zweifelsfall dafür bereit wären.

Die Öffentlichkeit wurde fünf Tage später, am 9. Januar, über die Besatzung von Apollo 11 informiert. Die Ankündigung folgte auf eine Zeremonie für die Apollo-8-Besatzung, die im Weißen Haus von Präsident Johnson eine Medaille verliehen bekam und bei einer Plenarversammlung des Kongresses, der auch das Kabinett, die Richter des Obersten Gerichtshofes und das diplomatische Korps beiwohnten, stehende Ovationen erntete. Armstrong, Collins und Aldrin waren nicht in Washington, als – wie es viele Zeitungen formulierten – die »Mondmannschaft verkündet wurde«. Sie gaben am nächsten Tag eine Pressekonferenz in Houston. Mike Collins bezeichnete sich selbst, Armstrong und Aldrin später als »einander freundlich gesinnte Fremde«, eine Beschreibung, die zeigt, wie ungewöhnlich das Verhältnis der Besatzung untereinander war.

Collins war der Unbeschwerteste der drei. Sein Vater, General James Collins, hatte im Ersten Weltkrieg mit General Pershing auf den Philippinen gekämpft und war mit dem Silver Star ausgezeichnet worden. Mikes Bruder, James Jr., hatte im Zweiten Weltkrieg ein Feldartilleriebataillon angeführt und war später zum Brigadegeneral aufgestiegen. Als Kind eines Army-Soldaten zog Mike mit seiner Familie regelmäßig von einem Staat in den anderen um. Trotzdem war er bei seinen Klassenkameraden und Lehrern immer beliebt. Er war ein geborener Anführer, der gut mit anderen zurechtkam, stets den Durchblick hatte und sich gewandt ausdrücken konnte. 1952 machte er seinen Abschluss an der Akademie in West Point, im gleichen Jahrgang wie Ed White, zwei Jahre nach Frank Borman und ein Jahr vor Buzz Aldrin. Anschließend ging er zur Air Force und gehörte 1956 als First Lieutenant Collins zu einer F-86-Kampfstaffel, die in Frankreich stationiert war. 1957 heiratete er Patricia, eine junge Frau aus Boston. Noch von Europa aus bewarb Collins sich für die Testpilotenschule der Air Force in Edwards, wo er aber erst 1961 aufgenommen wurde. Die Schule hatte ihren Namen mittlerweile zu »USAF Aerospace Research Pilot School« (ARPS) geändert und mit dem Aufbau eines Programms begonnen, das Testpiloten des Militärs für die Raumfahrt ausbilden sollte. Collins erhielt einen Platz im dritten Jahrgang dieses Programms, ebenso wie Charlie Bassett, der Astronaut, der 1966 gemeinsam mit Elliot See ums Leben kam, und Joe Engle, der später zum einzigen Menschen wurde, der in zwei verschiedenen Fluggefährten in den Weltraum flog, mit der X-15 und im Spaceshuttle. Insgesamt erlangten 26 Absolventen der ARPS die »Astronaut's Wings« (»Astronautenschwingen«), weil sie im Rahmen des Gemini-, des Apollo- oder des Spaceshuttle-Programms ins All flogen. Als die NASA 1963 die dritte Gruppe Astronauten auswählte, zählte Collins dazu, als Fachmann für Druckanzüge und Außenbordaktivitäten. Bei der Mission Gemini VII im Dezember 1965 war er der Ersatzmann von Jim Lovell. Sein erster Flug ins All fand dann im Juli 1966 im Rahmen von Gemini X statt, einer spannenden Mission, bei der ein erfolgreiches Dockingmanöver mit einem Agena-Zielsatelliten durchgeführt wurde und Collins auf einem Weltraumspaziergang Proben von Mikrometeoriten einsammelte, die Dave Scott bei Gemini VIII nicht hatte mitbringen können. Mikes erster Apollo-Einsatz erfolgte im Rahmen von Apollo 2, er war der Ersatzmann von Walt Cunningham. Infolge der Umstrukturierungen nach dem Brand auf der Startrampe sollte Collins als Pilot des Kommandomoduls bei Apollo 8 mitfliegen, wo er jedoch aufgrund einer Operation an einer Knochenwucherung in der Wirbelsäule von Jim Lovell ersetzt wurde. Da er sich schnell wieder erholte, bildete er nun gemeinsam mit Armstrong und Aldrin die Crew für Apollo 11.

Collins stieg innerhalb von acht Jahren vom Testpiloten, der Schwierigkeiten hatte, in die Testpilotenschule aufgenommen zu werden, zum Piloten des Kommandomoduls für die erste Mondlandung auf. Armstrong mochte den fröhlichen und stets zu Scherzen aufgelegten Collins, der aber gleichzeitig aufmerksam, wortgewandt und belesen war, von Beginn an. Lange nach der Apollo-11-Mission erklärte Mike: »Eine engere Beziehung wäre mir, auch wenn sie für den Erfolg oder den zufriedenstellenden Abschluss eines Raumflugs sicherlich nicht nötig war, ›normaler‹ erschienen. Selbst ich als bekennender Eigenbrötler finde unsere Neigung, uns nur über grundlegende Informationen auszutauschen, nicht über Gedanken und Gefühle, heute etwas sonderbar.«

Der am 30. Januar 1930 in Glen Ridge, New Jersey, geborene Edwin Eugene Aldrin Jr. war das dritte Kind und der einzige Sohn eines Piloten, der im Ersten Weltkrieg für das Army Air Corps, den Vorläufer der Air Force, geflogen war. Gene Aldrin Senior war ein hochgebildeter Mann, der vor seiner Zeit beim Militär am angesehenen Massachusetts Institute of Technology (MIT) in Naturwissenschaften promoviert hatte. Als er 1928 aus dem Air Corps ausschied, wurde er Börsenmakler, schaffte aber noch kurz vor dem Crash den Absprung.

Seine spätere Frau Marion, die Tochter eines Armeepfarrers, lernte Gene Aldrin als Soldat auf den Philippinen kennen. In Buzz Aldrins Autobiografie, die 1973 unter dem Titel *Return to Earth* erschien und vor allem für die offenen Schilderungen seines Kampfes gegen Alkoholismus und Depressionen in den Jahren direkt nach dem Mondflug bekannt ist, wirkt seine Kindheit wie der klassische Fall eines Jungen, der sich verzweifelt um die Anerkennung seines autoritären Vaters bemüht. Gene Aldrin ließ sich mit seiner Familie in Montclair nieder, trat eine Stelle als Manager bei Standard Oil of New Jersey an und war kaum zu Hause. Als er Standard Oil 1938 verließ, betätigte er sich als selbstständiger Luftfahrtberater. Zu seinen beruflichen Kontakten gehörten Charles Lindbergh, Howard Hughes und Jimmy Doolittle.

Da das Fliegen im Hause Aldrin ein so großes Thema war, entwickelte auch Buzz ein natürliches Interesse dafür. Als die Vereinigten Staaten in den Zweiten Weltkrieg eintraten, war er elf Jahre alt. Aldrin Senior ging zurück zum Militär, er wurde zunächst als Colonel in den Südpazifik geschickt und später in Europa zum Spezialisten für U-Boot-Abwehr ausgebildet. Nach Kriegsende diente Buzz' Vater als

Leiter des Allwetterflugzentrums auf dem Stützpunkt Wright in Ohio. Buzz selbst besuchte nach der Highschool die Akademie in West Point und schloss sein Studium als Drittbester seines Jahrgangs ab – sein Vater wollte sofort wissen, wer der Beste und der Zweitbeste gewesen waren. Buzz kämpfte mit dem 51. Kampfgeschwader in Korea, seine Einheit aus F-86-Abfangjägern traf 1951 am Tag nach Weihnachten in Seoul ein. Am gleichen Tag, an dem der kalte Wind mit fast 160 km/h über das Japanische Meer fegte, lief Neil Armstrong auf dem Flugzeugträger *Essex* aus Yokosuka aus, um seine dritte Runde als Kampfpilot über Nordkorea zu absolvieren. Als 1953 der endgültige Waffenstillstand ausgehandelt war, hatte Aldrin insgesamt 66 Einsätze geflogen und dabei drei sowjetische MiGs abgeschossen.

Zurück in den Staaten, fing Aldrin als Luftkampfausbilder auf dem Luftwaffenstützpunkt Nellis in Nevada an. Er heiratete 1954 und bewarb sich im folgenden Jahr für eine dreimonatige Ausbildung an der Squadron Officer School in Alabama, für die er auch zugelassen wurde. Nach dem Abschluss zogen die Aldrins nach Colorado Springs, wo Buzz als Assistent von General Don Z. Zimmerman tätig war, dem Dekan der neuen Air-Force-Akademie. Im August 1956 stieß er zum 36. Fighter-Day-Geschwader, das im deutschen Bitburg stationiert war, und lebte dort drei Jahre lang. Er flog die F-100, den anspruchsvollsten Kampfbomber der Air Force, und trainierte Atomschläge gegen Ziele hinter dem Eisernen Vorhang. Mittlerweile hatten die Aldrins drei Kinder. In Bitburg freundete sich Buzz unter anderem mit Ed White an. 1958, als White seinen Dienst in Bitburg abgeleistet hatte, schrieb er sich an der University of Michigan für ein Graduiertenstudium in Luftfahrttechnik ein. Aldrin hatte in der Zwischenzeit die Testpilotenschule der Air Force in Edwards ins Auge gefasst, wollte aber wie White zunächst weiter an seiner Bildung arbeiten. Er bat die Air Force um eine Entsendung ans MIT, wo er innerhalb von drei Jahren in Naturwissenschaften promovierte. Im Frühjahr 1962, in der Anfangsphase seiner Doktorarbeit, hatte Aldrin sich für die zweite Klasse der Astronauten beworben, in die Ed White und Neil Armstrong aufgenommen wurden. Als die NASA verkündete, es werde noch eine dritte Gruppe rekrutiert, hatte Buzz eigentlich gerade den Auftrag, für das Verteidigungsministerium Experimente zu erarbeiten, die an Bord des Gemini-Raumfahrzeugs ins All fliegen sollten, doch er gelangte auf anderem Wege nach Houston. Nachdem er erfolgreich die endlose Reihe von psychologischen und körperlichen Untersuchungen durchlaufen hatte, zählte Major Edwin E. Aldrin Jr. – ebenso wie Mike Collins – zu den vierzehn Astronauten, die am 17. Oktober 1963 der Öffentlichkeit präsentiert wurden. Aldrin wurde schon zu Beginn des Trainings der Missionsplanung zugeteilt und war Mitglied einer MSC-Kommission für Rendezvous und Wiedereintritt.

Als Astronaut legte Aldrin eine ungewöhnliche Mischung aus Ehrgeiz und Naivität, aus Taktiererei und absoluter Direktheit an den Tag. Da er sich unsicher war, wie Deke Slayton die Besatzungen auswählte, fragte er ihn einfach. Doch das erwies sich als Eigentor, Aldrin wurde zum Ersatzmann hinter Cernan für die Mission Gemini X ernannt. Nach der gängigen Praxis hätte er für die folgenden zwei Flüge nicht berücksichtigt und dann zum Mitglied der Hauptbesatzung von Gemini XIII erklärt werden müssen. Aber da das Programm mit Gemini XII endete, gab es diese Mission nicht.

Der Tod von Elliot See und Charlie Bassett, der vorgesehenen Crew von Gemini IX, im Februar 1966 warf die Ordnung durcheinander. Jim Lovell und Buzz wurden von der Ersatzmannschaft für Gemini X zur Ersatzmannschaft für Gemini IX. Da sich alle Einteilungen verschoben, rückten sie damit in die Position der ersten Besatzung von Gemini XII vor, dem letzten Flug des Programms. Der Garten des Hauses der Familie Aldrin in Nassau Bay grenzte an den Garten von Charlie und Jeannie Bassett. Zwischen den beiden Familien und ihren Kindern war eine enge Freundschaft entstanden. Eines Tages nahm Jeannie Bassett Buzz zur Seite und versicherte ihm, dass »Charlie meinte, du hättest ohnehin dabei sein sollen. Ich weiß, dass er zufrieden wäre.«

Buzz absolvierte einen der erfolgreichsten Flüge des Gemini-Programms, zu dem auch sein bemerkenswerter fünfstündiger Außenbordeinsatz gehörte.

Armstrong kannte Aldrin immer noch nicht sonderlich gut, als die beiden Männer zusammen mit Jim Lovell als Ersatzmannschaft für die Mission Apollo 9 eingeteilt wurden, deren erste Crew ursprünglich aus Frank Borman, Mike Collins und Bill Anders bestand. Als die NASA schließlich beschloss, Apollo 8 mit der Mondumkreisung zu betrauen, wurde Apollo 9 zu Apollo 8 und Apollo 8, geplant als erster Flug mit der Mondlandefähre, zu Apollo 9. Dann brachte Mike Collins' Halswirbeloperation die Besatzungseinteilung durcheinander. Lovell ersetzte Collins bei Apollo 8, und Fred Haise nahm Lovells Platz im Ersatzteam neben Armstrong und Aldrin ein. In Aldrins Augen war es ganz klar, dass er und Armstrong zusammen in eine Hauptbesatzung aufrücken würden, wenn sie an der Reihe waren, wahrscheinlich bei Apollo 11. Und dennoch stellte Slayton Armstrong vor die Wahl, Aldrin durch Lovell zu ersetzen.

Vielleicht hatte Slayton Aldrin gemeinsam mit Armstrong für die Ersatzmannschaft von Apollo 9 (später Apollo 8) eingeteilt, weil er das Gefühl hatte, dass die anderen Kommandanten nicht so gut mit Buzz zusammenarbeiten würden wie Neil. Deke war klar, dass Aldrins Art einigen der anderen Astronauten auf die Nerven ging. »Ich bin mir nicht sicher, ob ich damals etwas bemerkte, das man als Verschrobenheit bezeichnen könnte«, erzählte Armstrong. »Buzz und ich waren beide in Korea geflogen, und er war ein guter Pilot, davon war ich überzeugt. Er war sehr intelligent und ein kreativer Kopf, immer bereit, Vorschläge zu machen. Ich hatte den Eindruck, man konnte gut mit ihm zusammenarbeiten. Zu der Zeit hatte ich keinerlei Bedenken, was ihn anging.« Als Cheftechniker, der dafür verantwortlich war, die Kapsel nach dem Einstieg der Astronauten abzudichten, erlebte Guenter Wendt alle Apollo-Besatzungen in Aktion. »Die Crew von Apollo 11 schien nicht zu einem Team zusammenzuwachsen. Meist waren die

Mitglieder einer Mannschaft, wenn sie erst einmal benannt waren, unzertrennlich. Wenn man einen sah, sah man alle drei. Aber diese drei! Wenn die Mittagspause begann, fuhren sie immer getrennt weg. Zwischen ihnen schien nicht viel Kameradschaft zu herrschen. Ich habe immer gesagt, sie waren die erste Crew, die nicht wirklich eine Crew bildete.«

KAPITEL 20

Die große Frage

Die erste Frage, die ein Reporter auf der Pressekonferenz zur Vorstellung der Besatzung von Apollo 11 am 9. Januar 1969 in Houston stellte, traf direkt den Kern der Sache: »Welcher der Herren wird als Erster den Mond betreten?« Deke Slayton antwortete für die Astronauten: »Die Entscheidung darüber steht noch aus. Wir haben viele Simulationen durchgeführt, und wer als Erster hinausgeht, wird von weiteren abhängen, die diese Besatzung absolviert.«

So trat ein entscheidendes Thema in Neil Armstrongs Leben, das seit 1969 bis heute zu vielen Fragen, Spekulationen und Auseinandersetzungen geführt hat. Wie genau entschied die NASA, welcher der beiden Astronauten in der Mondlandefähre den Mond als Erster betreten sollte?

Während der ersten Monate des Jahres 1969 glaubte Aldrin zweifellos, er werde derjenige sein. Wie Buzz erklärte: »In der kurzen Geschichte des Raumfahrtprogramms war es immer so gewesen, dass der Kommandant des Flugs im Raumfahrzeug blieb, während sein Partner hinausging. Ich war davon ausgegangen, dass ich vor Neil das LM verlassen und den Mond betreten würde.« Führende Zeitungen veröffentlichten eine Geschichte eines Raumfahrtkorrespondenten, deren Überschrift »Aldrin soll erster Mensch auf dem Mond werden« lautete. Während der Apollo-9-Mission wenige Wochen später verkündete Dr. George E. Mueller, Leiter der Abteilung für bemannte Raumfahrt bei der NASA, einer ganzen Reihe von Leuten, auch einigen Reportern, dass Aldrin als Erster aus der Mondlandefähre aussteigen werde.

Buzz war zuversichtlich, bis er in den Tagen nach der Wasserung von Apollo 9 Gerüchte über einen anderen »Ablauf« hörte. Im MSC wurde gemunkelt, dass es beschlossene Sache sei, Armstrong zuerst hinauszuschicken. Anfangs war Buzz nur verwundert. Doch als er hörte, dass die NASA sich angeblich für Neil entschieden habe, weil dieser Zivilist sei, im Gegensatz zu ihm, der immer noch dem Militär angehörte, wurde er sauer.

Einige Tage lang grübelte er verdrossen über die Sache nach und sprach nur mit seiner Frau darüber. Da er das Gefühl hatte, »das Thema war möglicherweise zu explosiv, um auch nur das geringste Taktieren zu erlauben«, entschied sich Buzz für den direkten Weg. Er sprach Neil darauf an.

Wenn Aldrin eine klare Aussage von Armstrong erwartet hatte, wurde er bitter enttäuscht. »Neil kann undurchschaubar sein, wenn er will, so auch in diesem Fall«, erinnerte sich Buzz. »Das Thema beschäftigte ihn ganz offensichtlich ebenfalls, aber ich dachte, dass wir uns zu dem Zeitpunkt schon ausreichend kannten und mochten, um es offen zu besprechen.« In seiner Autobiografie schrieb Aldrin, dass Neil »eine Minute lang um den heißen Brei herumredete und dann mit einer Abgeklärtheit, die ich noch nie bei ihm erlebt hatte, verkündete, dass die Entscheidung durchaus von historischer Bedeutung sei und er nicht ausschließen wolle, als Erster hinauszugehen«. Später behauptete Aldrin, dass der Co-Autor seines Buches bei der Beschreibung dieses Gesprächs übertrieben habe. »Ich wusste, dass es typisch für Neil war, keine klare Antwort zu geben, vor allem, wenn er die Entscheidung nicht selbst zu treffen hatte. Seine Bemerkung über die historische Bedeutung des Schrittes, die er so geäußert hat, war absolut zutreffend, und so verstand ich sie auch. Außerdem war mir klar, dass Neil das Thema nicht weiter vertiefen wollte. Er sagte absolut nichts in Richtung: ›Ja, ich glaube, du hast recht. Ich mach mal ein bisschen Druck, damit sie sich entscheiden.‹ Es gab keinerlei Hinweis darauf.«

Aldrin bemühte sich vergeblich, seinen wachsenden Frust zu zügeln, und »kämpfte die ganze Zeit damit, nicht sauer auf Neil zu sein«. Großen Druck übte wie immer Buzz' Vater aus. In einem Telefonat mit ihm hatte Buzz angedeutet, dass die Entscheidung womöglich zugunsten von Neil ausfallen würde. Aldrin Senior wurde »sofort wütend« und erklärte seinem Sohn, dass er »etwas dagegen unternehmen« werde. Laut Buzz »war viel Überredungskunst nötig, doch am Ende rang ich ihm das Versprechen ab, sich aus der Sache herauszuhalten«. Dieses Versprechen wurde jedoch nicht gehalten – Gene Aldrin meldete sich bei einigen seiner einflussreichen Freunde, die über Verbindungen zur NASA und zum Pentagon verfügten.

Wie um seinem Vater zuvorzukommen, sprach Buzz ein paar seiner Astronautenkollegen an, insbesondere Alan Bean und Gene Cernan, bei denen er davon ausging, dass sie ihn unterstützen würden, da sie sich als Piloten der Mondlandefähren von Apollo 10 und 12 in der gleichen Situation befanden. Doch statt zu konstruktiven Überlegungen zu führen, erzeugten diese vertraulichen Gespräche allgemein den Eindruck, Aldrin arbeite hinter den Kulissen daran, als Erster den Mond betreten zu dürfen. Laut Gene Cernan hatte Aldrin sich in die Frage »hineingesteigert«, er erzählte: »Eines Tages kam er wie ein zorniger Storch in mein Büro im Manned Spacecraft Center geflattert, mit Diagrammen und Graphen und Statistiken beladen, und erklärte, was ihm völlig offensichtlich erschien – er, der Pilot der Mondlandefähre, müsse der Erste sein, der die Leiter hinabstieg, nicht Neil Armstrong. Da ich mir ein Büro mit Neil teilte, der an jenem Tag ein Training anderswo absolvierte, fand ich Aldrins Initiative sowohl unangemessen als auch lächerlich. Seitdem er erfahren hatte, dass Apollo 11 den ersten Versuch einer Mondlandung durchführen sollte, gab sich Buzz alle Mühe, sich seinen Weg in die Geschichtsbücher zu erschleichen, und erntete an jeder Ecke wütende Blicke von den anderen Astronauten. Wie Neil diesen Unsinn so lange ertragen konnte, bevor er Buzz mitteilte, er solle endlich aufhören, sich so zum Narren zu machen, ist mir ein Rätsel.«

Das dritte Besatzungsmitglied von Apollo 11, Mike Collins, erinnerte sich an einen ähnlichen Vorfall: »Buzz sprach mich einmal vorsichtig auf die Ungerechtigkeit dieser Situation an, aber ich habe ihn direkt abblitzen lassen. Ich hatte schon genügend Probleme, ohne mich auch noch in die Sache hineinziehen zu lassen. Obwohl Buzz es nie klar und deutlich sagte, hatte er wohl ein Problem damit, dass Neil als Erster einen Fuß auf den Mond setzen würde.« Aldrin beharrte darauf, dass die anderen Astronauten seinen Beweggrund missverstanden hätten. »Ich wollte gar nicht der Erste sein«, erklärte er, »aber ich wusste, dass eine Entscheidung her musste.«

Da im MSC mittlerweile in höchst unschmeichelhaften Tönen über das geredet wurde, was viele für Aldrins Versuch einer Einflussnahme hielten, versuchte Slayton der Sache ein Ende zu bereiten. Er suchte Buzz in seinem Büro auf und teilte ihm mit, dass wahrscheinlich Neil den Mond als Erster betreten werde. Immerhin brachte er aber ein etwas besser verdauliches Argument für diese Reihenfolge vor: »Neil war ein Mitglied der zweiten Gruppe von Astronauten, der Gruppe, die vor meiner rekrutiert worden war«, erklärte Aldrin. »Daher war es nur richtig, dass er den Mond zuerst betrat, so wie Kolumbus und andere Anführer historischer Entdeckungsreisen. Wenn die Entscheidung andersherum ausgefallen wäre, wenn der Kommandant aus dem Fahrzeug heraus hätte zusehen müssen, wie sein nachrangiger Kollege aussteigt, den Staub aufwirbelt, eine Bodenprobe nimmt, die berühmten Worte sagt und all das, dann wäre die Mission von allen möglichen Leuten kritisiert worden. Es wäre einfach unangemessen gewesen.«

Glaubt man Aldrins Worten, hatte er nichts gegen diese Entscheidung einzuwenden; was ihn zuvor frustriert hatte, waren die Folgen der allgemeinen Ungewissheit: »Ob ich nun als Erstes einen Fuß auf den Mond setzen würde oder nicht, war für mich persönlich nicht von großer Bedeutung. Aus technischer Perspektive bestand die große Leistung darin, die erste Mondlandung durchzuführen, und daran waren wir beide beteiligt.« Buzz verstand vollkommen, dass »demjenigen von uns, der diesen ersten Schritt tat, ein Großteil des Applauses und der Aufmerksamkeit zuteilwerden würde«, und es war laut eigener Aussage völlig in Ordnung für ihn, wenn das Neil war, weil er selbst nicht auf Ruhm aus war. Was ihn jedoch gestört hatte, war die Tatsache, dass »die Entscheidung immer wieder aufgeschoben wurde, bis sie schließlich das Thema von Klatsch, Spekulationen und unangenehmen Zusammentreffen war«, bei denen Freunde, Verwandte und Reporter immer wieder fragten: »Wer geht zuerst raus?« Armstrong war so stoisch veranlagt, dass ihm die Ungewissheit nicht weiter zusetzte, Aldrin hingegen nicht.

Buzz sah sich zu einem letzten Versuch veranlasst, sich Klarheit zu verschaffen: »Schließlich ging ich zu George Low, dem Leiter des Apollo-Programms, und erklärte ihm, was ich gehört hatte. Ich sagte, ich verstände das Bestreben, die Entscheidung sorgfältig abzuwägen, und fügte hinzu, dass mir jeder Ausgang recht sei. Es sei kein großes Problem für mich, doch es wäre besser für die Stimmung und das Training, wenn sie so bald wie möglich eine Entscheidung treffen könnten.« Das versprach Low Aldrin.

Auf einer Pressekonferenz im MSC am 14. April deutete Low an, dass »gewisse Umstände verlangen, dass Mr. Armstrong den Mond nach der Landung als Erster betreten wird. ... Wenige Minuten später wird Colonel Aldrin ihm folgen.« Aldrin war seitdem davon überzeugt, dass die NASA die Entscheidung über die Ausstiegsreihenfolge letzten Endes ganz vom inneren Aufbau der Mondlandefähre und der Position der beiden Astronauten im Cockpit abhängig gemacht hatte – eine technische Überlegung, die absolut sinnvoll erschien und mehr Rücksicht auf Aldrins Befindlichkeit nahm. Laut eigener Aussage hatte Buzz mit Neil über das Thema gesprochen, sie hatten gemeinsam »darüber spekuliert«, wonach entschieden werden solle. »Wir kamen zu dem Schluss«, erklärte Aldrin, »dass die Entscheidung, wer als Erster raus ging, von der Aufteilung der Aufgaben, die auf der Mondoberfläche zu erledigen waren, und von unserer Position in der Mondlandefähre abhing. Wenn sich nichts änderte, säße ich als Pilot auf der rechten Seite, der üblichen Pilotenposition, und Neil links, neben der Ausstiegsluke. Es wäre nicht praktisch gewesen und hätte alles komplizierter gemacht, wenn wir nach der Landung die Plätze hätten tauschen müssen. Und das war, soweit ich weiß, dann auch die Grundlage der letztendlichen Entscheidung.« Aldrin behauptete weiterhin, dass er mit der Entscheidung zufrieden gewesen sei, sobald sie verkündet wurde. Mike Collins hatte es anders in Erinnerung: »Buzz' Auftreten veränderte sich kurz darauf merklich, er war viel trübsinniger und in sich gekehrt.« Und auch einige weitere NASA-Mitarbeiter meinten, dass Buzz extrem enttäuscht war, darunter auch der Leiter der Startvorbereitungen am Kap, Guenter Wendt: »Buzz war der Meinung gewesen, dass er als Erster aus der Mondlandefähre aussteigen und den historischen Fußabdruck im Mondstaub hinterlassen sollte. Durch seine Diskussionen verscherzte er es sich mit vielen, der Führungsebene und anderen Astronauten gleichermaßen. Neil, der Kommandant der Mission, machte einfach seine Arbeit, er rackerte sich ab und versuchte sich ganz auf seine Aufgaben zu konzentrieren.«

Neil versicherte immer, dass er die Sache nie im Detail mit Buzz erörtert habe, er habe in den Wochen vor der Entscheidung mit niemandem darüber gesprochen, nicht einmal mit Janet. Seine Version dieser Geschichte unterscheidet sich in mehreren auffälligen Punkten von Aldrins. Der erste ist, dass Neil sich niemals so viele Gedanken über die Frage machte, wie Aldrin glaubte. Und in Bezug auf das Gespräch, das in Aldrins Autobiografie geschildert wird, sagte er: »Ich kann mich an den genauen Gesprächsverlauf nicht mehr erinnern. Ich weiß nur noch, dass er mich einmal fragte – und ich weiß nicht, ob er diese Unterhaltung meint –, wie ich die Sache sah, und meine Antwort lautete: ›Ich beziehe da keine Stellung. Das müssen die Simulationen und andere Leute entscheiden.‹ Ich hielt die Frage in Wahrheit gar nicht für sonderlich wichtig. Es hat mich immer überrascht, dass die Öffentlichkeit so ein großes Interesse am Betreten der Mondoberfläche hatte, vor allem daran, wer es zuerst tat. Für mich war wichtig, dass wir die vier Aluminiumbeine sicher auf dem Mond zum Stehen brachten, während wir noch im Raumfahrzeug saßen. In meinen Augen war es kein großer Unterschied, ob sich zwischen dem Boden des Raumfahrzeugs, in dem wir standen, und der Mondoberfläche drei Meter lange Aluminiumbeine befanden, oder ob es nur ein paar Zentimeter Neoprenkautschuk oder Plastik unter den Sohlen unserer Stiefel waren.«

»Im Gemini-Programm«, erzählte Neil, »war der Co-Pilot immer derjenige gewesen, der den EVA durchführte, und das lag im Grunde daran, dass der Kommandant stets so viel zu tun hatte, dass es unpraktisch gewesen wäre, ihm auch noch die ganzen Vorbereitungen dafür aufzubürden. Der Co-Pilot hatte viel mehr Zeit zur Verfügung, daher war es logischer, dass er das übernahm. Als wir am Boden die ersten Simulationen für den Mondspaziergang durchführten, gingen wir wieder so vor, wahrscheinlich nur aus der Gemini-Gewohnheit heraus. Wir haben versucht, es genauso zu machen. Daher hat Buzz vielleicht gedacht, dass es immer so ablaufen müsste, weil es eben bei Gemini so gemacht wurde, und es deshalb seine Aufgabe wäre. Vielleicht hat er gedacht, dass es wichtig für ihn war.« Doch je mehr Bodensimulationen durchgeführt wurden, desto klarer wurde allen Beteiligten, dass es einfacher und sicherer wäre, wenn der Kommandant die Mondlandefähre zuerst verließ. Letzten Endes zeigten die Probedurchläufe, dass es schlicht nicht gut funktionierte, den rechts sitzenden Piloten, also Aldrin, zuerst aussteigen zu lassen. Neil erklärte: »Ich glaube, dass die meisten Leute es für ein Risiko hielten, den LM-Piloten um den Kommandanten herum als Ersten durch die Luke zu schicken, das sich vermeiden ließ, wenn man es andersherum machte.« Als die Hauptverantwortlichen für die Simulationen, allen voran die MSC-Ingenieure George Franklin und Raymond Zedekar, zu dem Schluss kamen, dass das Risiko deutlich geringer war, wenn der Kommandant zuerst ausstieg, strichen die Missionsplaner die erprobten Gemini-Abläufe und entwickelten neue für das Apollo-Programm. »Und so machten wir es dann auch«, sagte Armstrong. »Auf den folgenden Apollo-Flügen, wo es keinerlei symbolische oder historische Bedeutung hatte, welcher Astronaut zuerst ausstieg, lief es immer genauso, der Kommandant ging vor.«

Doch in Wahrheit waren die Vorgaben durch die Position der Luke und den Aufbau des Innenraums der Mondlandefähre nicht der ausschlaggebende Grund für die Verantwortlichen des Programms für bemannte Raumfahrt. Diese Details waren nicht entscheidend, wie Alan Bean, der Pilot der Mondlandefähre auf der Mission Apollo 12, klar und deutlich zum Ausdruck brachte: »Egal, was die NASA damals sagte, Buzz hätte leicht als Erster rausgehen können; es hing nur davon ab, wo man den EVA-Rucksack aufsetzte.« Was Bean hier andeutet, ist, dass die NASA die Gegebenheiten der Luke und im Innenraum als Vorwand genutzt hat, um die ganze »Wer zuerst?«-Diskussion beenden zu können – und den aufgebrachten Aldrin dabei zu beruhigen: »Ich bin der Meinung, dass sie nach technischen Gründen gesucht haben, weil sie Buzz und auch sonst niemandem einfach ins Gesicht sagen wollten: ›Wir wollen, dass Neil vorgeht.‹«

Ungeachtet dessen, was Al Bean erzählte, gab es auch strategische Gründe, sich für Armstrong zu entscheiden. Irgendwann Mitte März 1969, in den aufgekratzten Tagen nach dem erfolgreichen Abschluss von Apollo 9, kam es zu einem inoffiziellen Treffen zwischen Deke Slayton, zuständig für die Besatzungsabläufe, Bob Gilruth, dem Leiter des MSC, George Low, dem Chef des Apollo-Programms (der 1966 mit Armstrong durch Südamerika gereist war) und Chris Kraft, verantwortlich für den Flugbetrieb. Laut Kraft ging es dabei um Folgendes: »Etwa zur Zeit von Apollo 9 hatten George Low und ich dieselbe Erkenntnis: Dass es wohl Aldrin sein würde, der den Mond als Erster betrat, weil er der Pilot war und das ganze Training mit den Wissenschaftlern und den Experimenten absolvierte, die auf dem Mond durchgeführt werden sollten, und Buzz wusste darüber genau Bescheid. Als uns das klar wurde, beriefen wir ein Treffen ein, um die Sache zu besprechen. Zu der

Zeit war es bei solchen Fragen meist so, dass nur wir vier zusammen-kamen – Gilruth, Slayton, Low und ich. Schauen Sie, wir wussten nur zu gut, dass der erste Mann auf dem Mond ein neuer Lindbergh sein würde. Er wäre auf unabsehbare Zeit als der Mann bekannt, der als Erstes den Mond betreten hatte. Und wer sollte das in unseren Augen sein? Der erste Mensch auf dem Mond würde eine Legende sein, ein amerikanischer Held. Es musste Neil Armstrong sein. Neil war ruhig, zurückhaltend und absolut vertrauenerweckend. Wir alle wussten, dass er ein Lindbergh-Typ war. Er war nicht vom Schlag: ›Hey, ich wer-de der erste Mensch auf dem Mond sein!‹ So etwas beschäftigte ihn nicht. Hätte man zu ihm gesagt: ›Du wirst für den Rest deines Lebens der berühmteste Mensch auf Erden sein‹, hätte er geantwortet: ›Dann will ich nicht der erste Mensch auf dem Mond sein.‹ Andererseits war Aldrin total erpicht auf die Ehre und ließ das auch alle wissen. Neil sag-te nichts. Es war nicht seine Art, sich ins Rampenlicht zu drängen. Neil Armstrong, zurückhaltend, heldenhaft und ein Mann der leisen Töne, war die offensichtliche Wahl.

Die Entscheidung fiel einstimmig. Wir alle sagten: ›Verändern wir den Plan so, dass der Pilot der Mondlandefähre nicht als Erstes aus-steigt.‹ Bob Gilruth gab unsere Entscheidung an George Mueller und Sam Phillips im NASA-Hauptquartier weiter, und Deke teilte es der Be-satzung mit. Das hatten wir Deke beim Treffen aufgetragen. Er tat es, und ich bin mir sicher, dass er es möglichst diplomatisch formulierte.

Buzz Aldrin war am Boden zerstört, aber er schien es stoisch zu neh-men. Neil Armstrong akzeptierte die Aufgabe, ohne schadenfroh oder überrascht zu wirken. Er war der Kommandant, und vielleicht hätte es immer schon zu den Aufgaben des Kommandanten gehören sollen, den Mond als Erstes zu betreten. Buzz war vermutlich der Meinung, dass er besser für einen EVA ausgebildet war und eher als Neil über die nötigen Fähigkeiten verfügte, die für den Mondspaziergang nötig wa-ren – und ehrlich gesagt stimmt das vielleicht sogar. Im Endeffekt über-trug Neil Buzz eine Menge Verantwortung für die Aufgaben auf der

Mondoberfläche. Er ging davon aus, dass Buzz sie gut ausführen würde, und wusste, dass Buzz besser dafür geeignet war als er selbst. Doch
das hatte rein gar nichts mit unserer Entscheidung zu tun, wer als Erster den Mond betreten sollte.«

Während Slayton, Gilruth, Low und Kraft die Situation von allen Seiten beleuchteten, wurden der Innenaufbau der Mondlandefähre und
die Position der Luke mit keinem Wort erwähnt. Wie Kraft bestätigte,
war das »ein technischer Aspekt, den wir nicht in Betracht zogen. Es
erwies sich als guter Vorwand.« Insbesondere Slayton wollte eine technische Begründung für die Entscheidung. »So war Deke eben«, erklärte
Kraft. »Er wollte nicht der Kerl sein, der die Entscheidung für Neil und
gegen Buzz getroffen hatte.«

Buzz wusste nichts von dem Treffen zwischen Gilruth, Slayton, Low
und Kraft, bis Chris Kraft seine Autobiografie herausbrachte – ebenso
wie Armstrong. Doch selbst als die verborgenen, konstruktionsunab-
hängigen Gründe für die Entscheidung auf dem Tisch lagen, war Neil
immer noch davon überzeugt, dass die technischen Überlegungen in
Verbindung mit dem inneren Aufbau der Mondlandefähre bei der Entscheidung, wer den Mond zuerst betrat, eine Hauptrolle gespielt hatten: »Ich halte die Tatsache, dass alle sechs Mondlandungen auf die
gleiche Weise abliefen, für ein ziemlich starkes Indiz dafür, dass dies
eben das richtige Vorgehen war. Ansonsten hätten sie es doch geändert. Ich kann mir nicht vorstellen, dass die anderen Kommandanten,
vor allem so jemand wie Al Shepard [der Kommandant von Apollo 14],
einem Ablauf zugestimmt hätten, der nicht der richtige war. Ich weiß,
wie sie sind; sie hätten es anders gemacht oder es zumindest versucht,
wenn sie geglaubt hätten, dass es eine bessere Lösung gab. Mir selbst
wäre es genauso gegangen.«

KAPITEL 21

Vorbereitungen auf die Mondmission

Buzz Aldrins Umgang mit der Frage, welcher Astronaut als Erster den Mond betreten würde, trug nicht gerade zur Verbesserung der Beziehungen innerhalb der Apollo-11-Besatzung bei. Dennoch stellte seine Verstimmung keine große Beeinträchtigung für das Training für die historische Mission dar, da Armstrongs stoische Art das nicht zuließ. Wäre er eher ein Kommandant gewesen, der die Konfrontation suchte, wie Frank Borman oder Alan Shepard, hätte die Situation zwischen ihm und Aldrin die Mission ernsthaft gefährden können.

»Neil hätte diese Art von Machtkampf als unter seiner Würde betrachtet«, erklärte Mike Collins. »Ich habe Neil nie ein böses Wort über Buzz verlieren hören. Ihr Arbeitsverhältnis war, soweit ich es miterlebt habe, immer sehr von Höflichkeit geprägt, Neil hat sich nie kritisch über Buzz geäußert. Was er über ihn gedacht hat, weiß Gott allein.«

Das Training für die erste Mondlandung war intensiv genug, um die Geduld und das Wohlwollen des gesamten NASA-Teams auf die Probe zu stellen, nicht nur der Besatzung. Neben den Astronauten musste auch der gesamte Bodenapparat vorbereitet werden, einschließlich des Kontrollzentrums, des Ortungsnetzwerks und der Quarantäneunterkunft für eine Besatzung, die möglicherweise »Mondbazillen« mitbrachte, ganz zu schweigen von der Saturn-V-Rakete, dem Kommandomodul Nr. 107 und der Mondlandefähre Nr. 5. Armstrong, Collins und Aldrin trainierten sechs Monate lang vierzehn Stunden am Tag, sechs Tage pro Woche. Sonntags kamen oft acht weitere Stunden hinzu.

Das vorrangige Ziel von Apollo 11 bestand darin, auf dem Mond zu landen. Das Training für die Aktivitäten auf der Oberfläche machte weniger als vierzehn Prozent der Vorbereitung aus. In dieser Zeit lernten Armstrong und Aldrin, geologische Proben zu nehmen und die geplanten Experimente aufzubauen sowie den Umgang mit dem Raumanzug für den Mondspaziergang. Dieses lebenswichtige Hilfsmittel, genannt EMU (»Extravehicular Mobile Unit«), enthielt die Schutzausrüstung und die Gerätschaften, die sie bei den Arbeiten auf der Mondoberfläche brauchen würden. Während des EMU-Trainings testeten die Astronauten jedes Element dieses komplexen Gefüges.

»Wir übten die Tätigkeiten auf der Mondoberfläche, bis wir uns ziemlich sicher waren, dass wir unsere Vorhaben dort durchführen konnten«, sagte Armstrong. »Wenn man den Abstieg aus der Mondumlaufbahn und den Endanflug zur Landung von der Schwierigkeit her mit neun von zehn Punkten bewertet, waren die Aufgaben auf der Oberfläche wohl nur eine Zwei. Nicht dass es dabei keine Risiken gegeben hätte. Wir waren natürlich völlig abhängig davon, dass unsere Druckanzüge heil blieben und funktionierten, und auch die Umgebungstemperatur warf Fragen auf – ob wir Überhitzungsprobleme bekommen würden, weil es auf der Mondoberfläche heiß war, über neunzig Grad. Ein Teil der Oberflächensimulationen fand in einer Höhenkammer statt, unter den entsprechenden Temperaturen, und das funktionierte gut. Deshalb waren wir zuversichtlich, dass alles glatt laufen würde. Das Einzige, was uns wirklich beunruhigte, waren die unbekannten Faktoren, die wir nicht simulieren konnten, weil wir sie nicht kannten. Letzten Endes stellten sich die Bodensimulationen als ziemlich zutreffend heraus, obwohl sie die Bedingungen der Mondgravitation nicht abbilden konnten.«

Seit die Neuen Neun im Jahr 1962 ausgewählt worden waren, »erhielten wir jahrelang Geologieunterricht. Wir hatten hervorragende

Lehrer, die sich sehr gut mit Astrogeologie und Selenologie, also der Astronomie des Mondes, auskannten. Wir flogen nach Hawaii und nach Island, tolle Orte, um sich mit Vulkangestein zu befassen. Man ging davon aus, dass wir auf dem Mond hauptsächlich tektonische Formationen finden würden, oder Überreste von vulkanischen und tektonischen Lavaflüssen, so etwas in der Art. Ich war stark versucht, ein Stück Kalkstein in der Apollo 11 hinaufzuschmuggeln und es als Fundstück auszugeben. Das hätte für viel Kopfzerbrechen gesorgt! Aber wir taten es nicht.«

Es war klar, dass Armstrong und Aldrin auf der Mondoberfläche nicht viel Zeit haben würden. »Das lag im Grunde daran, dass wir nicht wussten, wie lange unser Wasservorrat zur Kühlung der Anzüge reichen würde«, erklärte Armstrong. »Weder das noch die Reaktion unseres Stoffwechsels auf die Mondanziehungskraft ließen sich auf der Erde ermitteln. Wie sich herausstellte, konnten wir etwas länger draußen bleiben als zunächst vorgesehen. Nach unserer Rückkehr in die Fähre leerten wir unsere Wassertanks aus, um zu schauen, wie viel Wasser noch darin war. Daraus ließen sich im Abgleich mit der Zeit, die wir draußen verbracht hatten, nützliche Daten ableiten.« Obwohl Neil sich durchaus für Geologie interessierte, fand er die Denkweise dieses Wissenschaftszweiges etwas verwunderlich. »Die Geologen hatten eine wunderbare Theorie, die sie die ›Theorie des geringsten Erstaunens‹ nannten. Demnach stellt man, wenn man auf eine außergewöhnliche Steinformation trifft, Thesen dazu auf, wie sie entstanden sein könnte, und ersinnt auf diese Weise so viele Szenarien wie möglich. Der Ablauf, der einem am wenigsten erstaunlich erscheint, wird dann als Grundlage für weitere Analysen verwendet. Das fand ich faszinierend. Es war ein Ansatz, der mir im Ingenieurswesen nie untergekommen war.« Und dennoch war es genau Armstrongs systematische Ingenieursarbeitsweise, die Harrison »Jack« Schmitt, der in Harvard ausgebildete Geologe und spätere Pilot der Apollo-17-Mondlandefähre, der Neil und Buzz beibrachte, welche Steine sie auf dem Mond einsammeln sollten, mit Neils geologischen Fähigkeiten verband, als er Neils Gesteinsprobensammlung als »die beste, die wir je vom Mond bekamen« bezeichnete.

Jeder Aspekt des Apollo-Trainings war wichtig, doch nichts war für den Erfolg der Mission so entscheidend wie die Arbeit in den Flugsimulatoren. Die zwei Hauptsimulatoren stellten das Kommandomodul und die Mondlandefähre nach und waren von North American bzw. von Grumman, der Firma, die auch für die Entwicklung der Mondlandefähre zuständig war, gebaut worden. Collins verbrachte einen Großteil seiner Zeit im ersten, Armstrong und Aldrin im zweiten. Der CSM-Simulator, dessen Anzeigen und Instrumente mit einer Reihe von Computern in einem Nebenraum sowie mit den Schaltpulten im Kontrollzentrum verbunden waren und dessen Spitzname aufgrund des wilden Durcheinanders aus unterschiedlich geformten Kästen und Fächern »das große Zugunglück« lautete, war dynamisch und absolut interaktiv. Wenn die Astronauten auf einem Simulationsflug aus dem Fenster schauten, sahen sie grobe Darstellungen von Erde, Himmel, Mond und Sternen. »Alles in allem waren die Simulationen ziemlich gut«, erinnerte sich Neil, obwohl bekannt war, dass sie die Realität nicht ganz genau abbildeten. Sie »reichten aus, um uns das nötige Selbstvertrauen zu vermitteln«.

Während des Trainings für Apollo 11 verbrachte Armstrong insgesamt 581 Stunden in Simulatoren. Aldrin übertraf Neils Leistung um achtzehn Stunden im CM-Simulator und 28 Stunden im LM-Simulator. Anders als Neil nutzte er während der sechsmonatigen Vorbereitung jedoch weder das LLTV noch die LLRF. »Man versucht, die Simulatoren so zu bauen, dass sie genau der Realität entsprechen, aber man kriegt es nie bis ins letzte Detail hin, dass sie sich so frei fliegen lassen wie die echten Maschinen. Die Leute, die in ihrer Laufbahn nie mit der Entwicklung von Simulatoren zu tun hatten, versuchten meist zu ›gewinnen‹. Sie bemühten sich, einen perfekten Flug hinzulegen und

Probleme mit dem Simulator zu vermeiden. Ich tat das Gegenteil. Ich versuchte aktiv, Simulatorenprobleme zu provozieren, damit ich sie untersuchen und daraus lernen konnte. Ich bin mir sicher, dass so mancher sich dessen sehr bewusst war« – insbesondere nach einem Vorfall bei einem extrem anspruchsvollen »Lauf« im LM-Simulator, der schnell die Runde machte.

Mike Collins erzählt die Geschichte so: »Neil und Buzz saßen im LM-Simulator und führten gerade einen Sinkflug durch, als sich irgendeine Katastrophe ereignete und Houston den Abbruch anordnete. Neil hatte den Befehl wohl aus irgendwelchen Gründen infrage gestellt oder einfach zu langsam reagiert, auf jeden Fall zeigte der Computerausdruck, dass die Mondlandefähre bis unter das Niveau der Mondoberfläche gesunken war, bevor sie wieder aufstieg. Mit anderen Worten: Neil hatte die Maschine zum Absturz und sich selbst und Buzz ums Leben gebracht.

Am Abend regte sich Buzz im Mannschaftsquartier fürchterlich darüber auf und hielt mich mit seinen Klagen viel zu lange wach. Ich konnte nicht ausmachen, ob er sich tatsächlich Sorgen um seine Sicherheit machte, falls Neil dieser Fehler auf der Mission erneut unterlaufen sollte, oder ob es ihm einfach peinlich war, vor einem ganzen Raum voller Experten im Kontrollzentrum einen Absturz hingelegt zu haben. Wie auch immer, Buzz hatte ein lautes Organ, und als sich die Scotch-Flasche immer weiter leerte und seine Vorwürfe immer lauter und konkreter wurden, tauchte Neil im Schlafanzug auf, mit zerzausten Haaren und ziemlich ungehalten, und stieg in die Auseinandersetzung ein. Ich entschuldigte mich höflich und kroch dankbar ins Bett, da ich mich nicht in einen internen Streit über technische oder charakterliche Fragen einmischen wollte.

Neil und Buzz diskutierten bis spät in die Nacht, aber da beim Frühstück am nächsten Morgen keiner von beiden anders als sonst, aufgewühlt, verlegen oder wütend wirkte, ging ich davon aus, dass es sich um einen offenen und zuträglichen Austausch gehandelt hatte, wie es im Außenministerium immer so schön heißt. So einen Ausbruch habe ich während der Vorbereitung nicht noch einmal erlebt.«

Aldrin stellt die nächtliche Auseinandersetzung etwas anders dar: »Mike und ich saßen noch bei einem Drink zusammen und unterhielten uns, während Neil schon ins Bett gegangen war. Mike sagte so etwas wie: ›Wie ist es gelaufen? Was habt ihr heute im Simulator gemacht?‹, und ich erzählte: ›Wir haben während eines Abbruchs die Kontrolle verloren.‹ Wie laut ich das genau gesagt habe, kann ich nicht beurteilen. Aber ich betrachtete es als Gespräch unter vier Augen, zwischen Mike und mir. Wir waren beide überrascht, als Neil aus seinem Zimmer kam und sagte: ›Ihr seid zu laut. Ich versuche zu schlafen.‹«

Neil verteidigte in dem Augenblick mit keinem Wort, was er während der Simulation getan hatte, warum er den Flug nicht abgebrochen hatte. »Das war nicht seine Art«, meinte Aldrin.

So manche Version der Simulationsgeschichte, die über die Jahre erzählt wurde, stellt es so dar, dass auch Aldrin Armstrong zum Abbruch drängte, doch Neil erklärte: »Ich wüsste nicht, dass Buzz mich jemals bat, die Landung abzubrechen, ich kann mich nicht daran erinnern. Woran ich mich allerdings erinnere, ist, dass die Anflugbahn, auf der wir uns in der Simulation befanden, und die Informationen, die uns zur Verfügung standen, sich deutlich verschlechtert hatten, und ich hielt es für einen guten Zeitpunkt, um das Kontrollzentrum zu testen: ›Okay, Jungs, schauen wir mal, was ihr damit anfangt.‹ Ich wusste, dass ich jederzeit – und wahrscheinlich erfolgreich – abbrechen konnte, aber dann wäre die Mission, der Rest der Simulation verloren. Buzz glaubte, das bringe uns eine schlechte Bewertung ein. Ich sah es ganz anders. Wir waren komplett unterschiedlicher Ansicht, und er teilte mir seine Bedenken später an jenem Abend mit.«

In Bezug auf den nächtlichen Austausch zwischen ihm und Aldrin sagt Neil: »Ich erinnere mich nicht mehr an Einzelheiten, aber ich weiß noch, dass Buzz seine Unzufriedenheit zum Ausdruck brachte. Er hatte eine andere Sichtweise auf die Simulationen. Er mochte es nicht, in

Simulationen einen Absturz zu fabrizieren, während ich das für eine Lernerfahrung für uns alle hielt. Nicht nur für die Besatzung, sondern auch für das Team im Kontrollzentrum. Wir saßen alle in einem Boot.«

Interessanterweise erinnert diese Geschichte über die Simulation, die Armstrong nicht abbrechen wollte, an Neils Flug in der X-15 im April 1962, auf dem seine Maschine immer weiter aufstieg und gefährlich weit Richtung Pasadena abtrieb. In beiden Fällen bemühte sich Neil um technische Erkenntnisse durch dialektische Versuche. »Wenn uns und der Flugüberwachung keine Lösung einfiel, nahm ich das vor allem als Hinweis darauf, dass ich diesen Teil der Flugbahn besser verstehen musste.« Und tatsächlich erschuf Neil infolge dieses Absturzes auf der Mondoberfläche »ein neues Diagramm, in dem ich die Höhe und die Sinkgeschwindigkeit gegenüberstellte und bestimmte Bereiche markierte, sodass ich sehen konnte, wann es kritisch wurde. Hätte ich den Flug an der Stelle abgebrochen, wo es alle verlangten, hätte ich mir die Mühe wahrscheinlich nie gemacht.« Zur gleichen Zeit veranlasste die »verpatzte« Simulation den Flugdirektor und seine Leute dazu, ihre Analyse der Situation neu zu bewerten. »Ich bin mir sicher, dass auch sie dadurch besser verstanden und erkannt haben, wann sie in einen gefährlichen Bereich vordrangen«, sagte Armstrong. »Es brachte also einen Nutzen mit sich. Ich war etwas enttäuscht, dass wir es nicht früh genug begriffen hatten, aber man lernt eben durch den Prozess. Es waren die weitreichendsten Simulationen, die ich je gesehen habe – und das war auch nötig. Die Mondlandung war ein größeres Projekt, ein umfassenderes Projekt, mit mehr Beteiligten, als irgendjemand von uns je erlebt hatte.«

* * *

Vier Monate nach Beginn des Trainings flog die Apollo 10 zum Mond. Die achttägige Mission, die am 18. Mai 1969 mit einer Besatzung aus drei erfahrenen Veteranen der Gemini-Rendezvous-Missionen – Tom Stafford als Kommandanten, John Young als Piloten des Kommandomoduls und Gene Cernan als Piloten der Mondlandefähre – gestartet war, führte einen äußerst erfolgreichen Probedurchlauf der Mondlandung durch. Apollo 10 gelang eine Reihe von Premieren im Weltraum, darunter der erste Einsatz von CSM und LM im cislunaren und lunaren Bereich, die erste Kopplung von CSM und LM in einer translunaren Flugbahn, die erste Abkopplung der Mondlandefähre in der Mondumlaufbahn, die erste Stufentrennung der Mondlandefähre in der Mondumlaufbahn und die erste bemannte Kopplung von LM und CSM in der Mondumlaufbahn. Quasi das Einzige, was Apollo 10 nicht durchführte, war die Mondlandung selbst, obwohl die Mondlandefähre – die den Spitznamen »Snoopy« trug – sich dem anvisierten Landeplatz von Apollo 11 bis auf gut fünfzehn Kilometer annäherte, bevor sie zurück auf die Umlaufbahn einschwenkte und wieder an »Charlie Brown«, das Kommandomodul, andockte.

Die Mission Apollo 10 erleichterte die Vorbereitungen auf Apollo 11 in mehreren Hinsichten. Zunächst waren da, wie Armstrong erklärte, »die Fragen, wie sich das LM handhaben ließ, wie es reagierte und wie die Triebwerke funktionierten. Wir wollten wissen, wo die Ähnlichkeiten und Unterschiede zwischen dem Flug in der echten Mondlandefähre und dem im Simulator oder im LLTV lagen.«

Ein weiteres Thema war die Mondlandschaft selbst, vor allem die möglichen Auswirkungen, die die Gravitation der »Mascons« auf die Flugbahn haben könnte. »Mascons« waren Bereiche unterhalb der sichtbaren Mondoberfläche, meist in den Maria, den dunklen Tiefebenen, die aufgrund der höheren Dichte des inneren Gesteins über eine etwas stärkere Anziehungskraft verfügten als die Umgebung. Telemetrische Daten, die fünf unbemannte Lunar Orbiter auf ihren Flügen 1966 und 1967 erhoben hatten, wiesen darauf hin, dass die Schwerkraft des Mondes nicht überall gleich war. Wahrscheinlich von den Mascons verursachte Störungen hatten zu leichten Dellen in den Flugbahnen der Lunar Orbiter geführt. Apollo 10 dokumentierte den Einfluss dieser Massenkonzentrationen auf den genauen Weg von Apollo 11.

»Dank der vielen guten Fotografien von Apollo 10 konnten Buzz und ich uns ziemlich sicher sein, unsere Flugbahn und die Hauptmerkmale auf dem Weg zu erkennen. Als wir im Juli starteten, kannten wir alle wichtigen Orientierungspunkte auf der Anflugroute auswendig, und – genauso wichtig – wir waren mit allen Punkten vertraut, die wir vor dem Zünden der Abstiegstriebwerke passieren mussten. Das war eine wichtige Gegenprobe, um festzustellen, dass wir uns tatsächlich geografisch exakt über der Stelle befanden, über der wir uns befinden wollten – und das möglichst genau zu der im Flugplan vorgesehenen Zeit.«

Zu guter Letzt bedeutete der Erfolg der Mission Apollo 10 noch, dass Apollo 11 sicher die erste Mondlandungsmission werden würde. Nur das Startdatum war noch unklar. Ein paar Wochen nach Apollo 10 fragte Deke Slayton Armstrong, ob er bereit sei. Armstrong antwortete: »Na ja, es wäre ganz nett, noch einen weiteren Monat Training zu haben, aber ich kann nicht aufrichtig sagen, dass wir es brauchen würden. Ich glaube, dass wir für ein Startfenster im Juli bereit sind.« Am 11. Juni 1969 verkündete die NASA, dass die Apollo-11-Astronauten die Freigabe für einen Landeversuch erhalten hätten. Die Mission solle am 16. Juli starten, die historische Mondlandung sei für Sonntagnachmittag, den 20. Juli, geplant.

Durch die gewissenhafte, hoch professionelle und eifrige Weise, in der Armstrong, Collins und Aldrin jeden Punkt des sechsmonatigen Trainingsplans abarbeiteten, hatte die NASA großes Vertrauen in die Besatzung. Dennoch ging die Apollo-11-Mission mit lauter Unbekannten, Ungewissheiten und unerforschten Gefahren einher – manche eher technischer, andere menschlicher Natur. Wie würden sich die einzelnen Astronauten im Fall einer Krise verhalten? Beim Kommandanten Neil Armstrong ging die Führungsebene der NASA ein kalkuliertes Risiko ein, dass er die Grenzen der Flugenveloppe, seines Glücks oder seiner Fähigkeiten überstrapazieren könnte, um eine Landung durchzuführen.

Mit den »Missionsregeln« verfügte die NASA über ein System aus vorbeugenden Kontrollen. Das Konzept hatten erfahrene Ingenieure von der Space Task Group in der Frühphase des Mercury-Programms ersonnen. Sie hatten sich schon früh überlegt, dass es gut wäre, alle wichtigen Überlegungen und Beobachtungen zur Mercury-Kapsel, zur Rakete, die sie hinauftragen sollte, zu allen Steuersystemen und zu jeder möglichen Situation im Flug offiziell aufzuzeichnen. Wie Chris Kraft erzählte: »Wir brachten auch eine Reihe von ›Was passiert, wenn...‹-Situationen und die richtigen Reaktionen zu Papier. Dann druckten wir das Ganze in Heftform aus und nannten es ›Missionsregeln‹.« Im Rahmen der Vorbereitung von Apollo 11 dauerte es viele Monate, bis mehrere Teams aus Missionsplanern, Flugdirektoren, Simulationsexperten, Ingenieuren und Astronauten die Regeln für das, was die erste Mondlandung werden sollte, besprochen, diskutiert, überprüft, umgeschrieben und zum Abschluss gebracht hatten. Der erste komplette Regelsatz lag erst am 16. Mai 1969 vor, zwei Monate vor dem Start. Ab da wurden die Regeln wöchentlich aktualisiert, wenn die laufenden Simulationen zeigten, dass Änderungen nötig waren. Obwohl die 330 Seiten umfassende dritte Überarbeitung, die »C-Version«, fünf Tage vor dem Start herauskam, waren die Änderungen damit noch nicht abgeschlossen. Noch am Tag des Starts fügte das Kontrollzentrum sieben »Nachträge« ein. Eine dieser allerletzten Änderungen, von denen die Besatzung von Apollo 11 nichts wusste, besagte, dass es nicht nötig war, die Landung abzubrechen, wenn der Bordcomputer der Mondlandefähre bestimmte Programmalarme anzeigte.

Das Buch enthielt einen umfangreichen Abschnitt zum Thema »Flugbetriebsregeln«, in dem es um die allgemeinen Vorgaben für die Durchführung der Mission, den Umgang mit Risiken in verschiedenen Phasen und die Verwaltung der Redundanzen ging. Außerdem gab es Regeln zum Start, für die Flugbahn und die Navigation, die Kommunikation, für Triebwerkszündungen, Kopplungsmanöver, Außenbordeinsätze, die Elektronik und medizinische Notfälle. Jede denkbare

Schwierigkeit und Notsituation war durch Regeln abgedeckt. Eine weitere wichtige Regel – der während Armstrongs und Aldrins Abstieg zur Mondoberfläche große Bedeutung zukam – besagte, dass die Astronauten, sobald das Treibstoff-Warnlämpchen in der Mondlandefähre aufleuchtete, nur noch eine Minute hatten, um entweder zu landen oder die Landung abzubrechen.

Die Anzahl der Missionsregeln, die für Apollo 11 und die folgenden Apollo-Missionen verfasst wurden, war so groß, dass sie nach einem Nummerncode angeordnet werden mussten. Sich alle Regeln zu merken war unmöglich; das hätte dem Auswendiglernen eines Wörterbuchs geähnelt. Während eines Raumflugs musste die Flugüberwachung ihre Exemplare des Regelwerkes immer greifbar haben.

Bei vielen Regeln gab es etwas Spielraum. Doch erst wenn alle Anforderungen der Missionsregeln zur Zufriedenheit des Flugdirektors erfüllt waren, durften wichtige Entscheidungen getroffen und Handlungen durchgeführt werden. Manche Missionsregeln konnten so ausgelegt werden, dass die endgültige Entscheidung den Astronauten überlassen war, doch solche unabhängigen, spontanen Urteilsbildungen wurden von der NASA-Führung nicht gern gesehen.

Laut Gene Kranz, einem der Flugdirektoren im Kontrollzentrum, war »Buzz Aldrin das Besatzungsmitglied, das am meisten über die Missionsregeln diskutierte und dabei seine Kenntnisse in verschiedenen Bereichen demonstrierte, er dominierte auf Crewseite unsere Gespräche. Neil wirkte eher wie ein Beobachter als wie ein aktiver Teilnehmer, doch wenn man ihm in die Augen sah, war sofort klar, dass er der Kommandant war und alle Faktoren im Blick hatte. Ich glaube nicht, dass er jemals die Stimme erhoben hat. Er sparte sich seine Energie einfach für die Zeiten auf, wenn sie gebraucht wurde. Er lauschte unseren Wortwechseln, und wenn es Uneinigkeiten gab, testeten Aldrin und er unsere Ideen im Simulator und ließen der Flugüberwachung dann über Charlie Duke eine Rückmeldung zukommen. [Duke sollte während der Mondlandung als CapCom der Mission dienen.] Mike Collins ging anders vor. Er arbeitete direkt mit dem Schützengraben und den Systemleuten zusammen.« (»Der Schützengraben« war der Spitzname für das Flugdynamikteam im Kontrollzentrum, angeführt vom »Flight Dynamics Officer«, dem FIDO.)

Armstrong stimmte Kranz' Charakterisierung im Grunde zu: »Es stimmte, dass Buzz an allen Unterhaltungen beteiligt war, ich hingegen war eher zurückhaltend. Ich glaube, das entsprach eben unserem Naturell.«

Fast alle Missionsregeln wurden schriftlich festgehalten und offiziell abgestimmt, nur für sehr wenige galt das nicht. Die wichtigsten ungeschriebenen Regeln von Apollo 11 betrafen die Landung.

»Um die ungeschriebenen Regeln der Landung abzusprechen, hielt ich ein letztes Strategietreffen mit Neil, Buzz, Mike und Charlie Duke ab, bevor die Simulationen begannen«, erinnerte sich Kranz. »In diesem Treffen präsentierte ich ihnen die Landungsstrategie. Wir hatten nur zwei aufeinanderfolgende Umkreisungen lang Zeit, um den Landeversuch anzugehen. Wenn es auf der ersten Runde Probleme gab, würden wir ihn auf die zweite verschieben. Wenn wir dann immer noch Probleme hatten, würden wir den Anflug auf den Mond starten und uns so fünf weitere Minuten erkaufen, um das Problem zu lösen. Sollte uns dann immer noch keine Antwort eingefallen sein, müssten wir die Landung abbrechen und ein Rendezvous-Manöver vorbereiten, um die Mondlandefähre wieder zum Kommandomodul zurückzubringen, sie dann abzuwerfen und nach Hause zu fliegen. Wenn nach diesen fünf Minuten Probleme auftraten, würden wir versuchen, zu landen und nach einem kurzen Aufenthalt auf der Mondoberfläche wieder abzuheben. Wir würden die Landung selbst dann durchführen, wenn wir nur kurz den Boden berühren könnten und zwei Stunden später wieder abheben müssten, sobald sich das CSM in der Mondumlaufbahn über uns befand und die richtigen Bedingungen für ein Rendezvous vorlagen.

Ich erwartete, dass Armstrong sich zu dieser Strategie äußern würde, tat er aber nicht. Als wir die Regeln durchgingen, lächelte oder nickte

Neil meist nur. Ich glaube, dass er sich eigene Vorgaben für die Landung gesetzt hatte, aber ich wollte wissen, wie die aussahen. Mein Bauchgefühl sagte, er würde die Sache durchziehen und dabei alle Risiken in Kauf nehmen, solange auch nur die geringste Chance auf eine Landung bestand. Ich glaube, dass wir da gleich tickten, ich hatte mir etwas Ähnliches überlegt. Ich würde die Besatzung weitermachen lassen, solange noch eine Chance bestand.«

Armstrong erinnerte sich: »Ich hatte großen Respekt für die Missionsregeln und wie sie entwickelt wurden. Doch ich muss zugeben: Wenn alles gut zu laufen schien und dann plötzlich eine Missionsregel gegriffen hätte, die besagte, dass wir dieses und jenes tun mussten, wäre ich bereit gewesen, mein Vorrecht als Kommandant vor Ort auszuüben und mich über die Regel hinwegzusetzen, wenn ich das für das sicherste Vorgehen gehalten hätte. Schließlich wussten wir nicht allzu viel über Abbrüche – es hatte noch nie jemand einen durchgeführt. Man stellte die Triebwerke ab, zündete Sprengladungen an den Trennvorrichtungen und zündete mitten im Flug andere Triebwerke. All das in nächster Nähe zur Mondoberfläche tun zu müssen war mir nicht gerade geheuer. Daher ist an Genes Worten etwas Wahres dran, ich hätte gesagt: Solange es gute Aussichten auf eine Landung gibt, mache ich weiter.«

Wie Kranz machte es auch Chris Kraft nervös, dass er nicht sicher wusste, was Armstrong unternehmen würde, um die Missionsregeln zu ignorieren und eine Mondlandung zu erzwingen. »Im letzten Monat hatten wir Neil ins Kontrollzentrum geholt, um die Regeln für den Mondanflug, die Landung, die Aktivitäten auf der Oberfläche und den Neustart durchzugehen«, erklärte Kraft. »Die Missionsregeln überließen die letztendliche Entscheidung manchmal dem Astronauten, aber das sahen wir nicht gern. Jetzt wollte ich sicherstellen, dass wir alle genau wussten, wo wir standen. Wir besprachen alles bis ins kleinste Detail. Besonders viel Aufmerksamkeit widmeten wir dem Computer und dem Landeradar. Wir würden noch in letzter Minute Aktualisierungen zur Flugbahn der Mondlandefähre, ihrer Triebwerksleistung und der Position über dem Mond an den Computer schicken. Bis sich die *Eagle* auf etwa 3 000 Metern befand, wurde ihre Höhe durch Radargeräte auf der Erde gemessen, das System konnte Hunderte oder sogar Tausende Meter danebenliegen. Dann sollte der Landeradar des LM übernehmen und für akkurate Zahlen sorgen.

Das führte zu hitzigen Diskussionen. Neil befürchtete, dass ein übereifriges Mitglied der Flugüberwachung einen guten Anflug aufgrund von falschen Informationen abbrechen könnte. ›Ich werde mich in einer besseren Position befinden, um das zu beurteilen, als die Leute in Houston‹, sagte Neil immer wieder.

›Und ich werde keine unnötigen Risiken eingehen‹, gab Kraft zurück. ›Dafür haben wir die Missionsregeln.‹«

Beim Thema Landeradar beharrte Kraft darauf, dass zwingend abgebrochen werden müsste, wenn das Gerät versagte: »Ich traute keinem Astronauten zu, nicht einmal einem so erprobten und erfahrenen wie Armstrong, exakt einschätzen zu können, wie hoch er sich über einer von Kratern übersäten Mondoberfläche befand. Das war unerforschtes Terrain, und niemand kannte die genaue Größe der Orientierungspunkte, die man für eine solche Berechnung normalerweise benutzt hätte.« Schließlich kamen Kraft und Armstrong dann doch überein. »Die Missionsregel blieb, wie sie war«, erinnerte sich Kraft. »Aber Neils gerunzelte Stirn sagte mir, dass er nicht überzeugt war. Ich fragte mich damals, ob er uns in der Mondumlaufbahn einfach alle ignorieren und versuchen würde, ohne Radarsystem zu landen.«

Er fuhr fort: »Diese Gespräche kamen mir wieder in den Sinn, als ich Neil ein paar Tage vor dem Start traf. Ich fragte Neil: ›Haben wir noch irgendetwas übersehen?‹ – ›Nein, Chris, wir sind bereit. Bis auf den Countdown ist alles erledigt.‹ Er hatte recht. Wenn noch irgendetwas zu klären war, wusste niemand von uns, was es war. Wir waren am Ende angekommen, und einen Augenblick lang bekam ich weiche Knie.«

27 Der Astronaut Armstrong unterzieht sich im Februar 1966 im Pyrotechnic Installation Building am Kennedy Space Center einigen Gewichts- und Gleichgewichtstests.

28 Das Emblem für die Mission Gemini VIII entwarfen Armstrong und Dave Scott selbst, es zeigt zwei Lichtstrahlen, die von den mythologischen Zwillingen Castor und Pollux ausgehen und durch ein Prisma gebrochen werden.

29 Der Kommandant Armstrong (*vorne*) und David R. Scott, der Pilot, begeben sich für den Start der Mission Gemini VIII am 16. März 1966 zur Rampe 19.

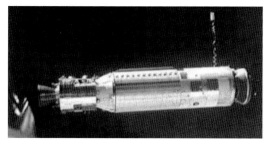

30 Blick auf den Agena-Zielsatelliten aus der Gemini VIII vor dem allerersten Dockingmanöver im All.

31 Scott (*links*) und Armstrong auf dem Deck des Bergungsschiffes, dem Zerstörer USS *Leonard F. Mason.*

32 Neil hält bei der Feier zu Ehren seines Gemini-VIII-Fluges in Wapakoneta eine Zeitung mit seinem Bild darauf in der Hand.

33 Die »einander freundlich gesinnten Fremden« von Apollo 11: (*von links nach rechts*) Armstrong, Collins und Aldrin.

34 Das offizielle Apollo-11-Porträt, signiert von den drei Crewmitgliedern.

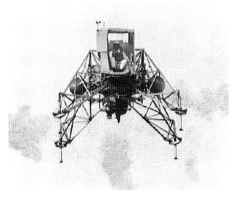

35 Armstrong fliegt am 16. Juni 1969 das LLTV, genau einen Monat vor dem Start von Apollo 11.

36 Durch das Auslösen des raketenbetriebenen Schleudersitzes rettet sich Armstrong am 6. Mai 1968 aus einem defekten LLTV.

37 Armstrong trainiert in einem EMU-Raumanzug, Proben von der Mondoberfläche zu nehmen. Manned Spacecraft Center, Houston, 18. April 1969.

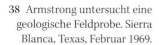

38 Armstrong untersucht eine geologische Feldprobe. Sierra Blanca, Texas, Februar 1969.

39 Die »neutral gestimmten Fremden«: Neil und Buzz beim Training in Houston am 22. April 1969.

40 Einer der seltenen ruhigen Augenblicke zu Hause: Familie Armstrong – Janet, Neil, Mark und Rick – in der Zeit vor dem Start von Apollo 11.

41 Fünf Tage vor dem Start führen Neil und Buzz LM-Simulationen am Kap durch.

42 Beim Frühstück vor dem Start geht Deke Slayton die Positionen der Bergungsschiffe für die frühen Phasen der Apollo-11-Mission durch.

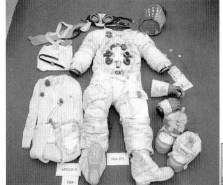

43 Zu Neils Raumanzug für die Mondoberfläche gehörten flüssigkeitsgekühlte Unterwäsche (*links*) sowie Handschuhe und Stiefel für den Mondspaziergang (*rechts*).

44 Kommandant Armstrong überquert am Morgen des Starts den Schwenkarm, der zum Apollo-11-Raumfahrzeug führt.

45 Steve und Viola Armstrong betrachten stolz eine maßstabsgetreue Replik der Saturn-V-Mondrakete.

46 Für den Start am 16. Juli 1969 gab der Leiter des Kennedy Space Center, Dr. Kurt H. Debus, Presseausweise heraus, auf denen das Missionsemblem, der Mond und die Umrisse dreier Astronautenköpfe zu sehen waren.

47 Die Presse wird Zeuge, wie die Kombination aus Apollo 11 und Saturn V von der Startrampe 39 abhebt.

48 Apollo 11 beim Aufstieg direkt nach dem Pitch-over-Manöver.

49 Janet Armstrong schaut sich den Start der Apollo 11 an.

50 »Der Adler hat Flügel«: Die *Eagle* kurz nach der Abkopplung von der *Columbia*.

Armstrongs Mondspaziergang ist auf nur fünf Fotografien festgehalten:

51 1. Das berühmte Foto, auf dem Neil sich in Buzz' Helmvisier spiegelt.

52 2. Neils Rücken und Beine sind zu sehen, als er sich vor Buzz befindet.

53 3. Dieses unterbelichtete Bild der Aufstiegsstufe zeigt Neil am MESA.

54 4. Neils Beine, als er unter dem Vorsprung der Mondlandefähre steht.

55 5. Dieses Panoramabild, das Buzz mit der Hasselblad angefertigt hat, ist das einzige Foto, auf dem Neils gesamter Körper auf dem Mond zu sehen ist.

56 Das Kontrollzentrum verfolgt den historischen Mondspaziergang der Apollo-11-Astronauten.

57 Das Aufstellen der amerikanischen Flagge wurde mithilfe der Sechzehn-Millimeter-Filmkamera durch das Fenster der Mondlandefähre dokumentiert.

58 Präsident Richard M. Nixon übermittelt den Mondfahrern seine Glückwünsche per Telefon.

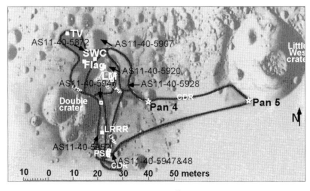

59 »Wo die Jungs waren«: Eine Übersicht der Laufwege beim Apollo-11-EVA.

60 Zurück in der Landefähre, fotografiert Buzz Neil mit der »Snoopy«-Kappe auf dem Kopf.

61 Das »Raumschiff Erde« über der Mondlandefähre im Meer der Ruhe.

62 Die *Eagle* nähert sich der *Columbia* beim Rendezvous an.

63 »Auftrag erfüllt ... Juli 1969.« Das Kontrollzentrum feiert nach der Wasserung.

64 Die *Columbia*, der die Hitze beim Wiedereintritt stark zugesetzt hat, wird von Navy-Tauchern von der USS *Hornet* geborgen.

65 Bei der Bergung trugen die Astronauten biologische Schutzanzüge, um die Erde vor »Mondbazillen« zu schützen.

66 Der Slogan »Hornet + 3« stand sowohl auf der mobilen Quarantäneeinheit der Astronauten als auch auf der mehrstöckigen Torte, die ihnen zu Ehren serviert wurde.

67 Collins, Aldrin und Armstrong bei der Parade
durch New York am 13. August 1969.

68 Collins, Armstrong und
Aldrin gemeinsam mit dem
Vorsitzenden der amerikanischen Post, Winton M. Blount,
bei der Enthüllung der
Apollo-11-Gedenkmarke
am 9. September 1969.

69 Bei ihrem Besuch in Mexiko-Stadt am
29. September 1969 im Rahmen der »Ein großer
Schritt«-Tour trug die Apollo-11-Besatzung
Ponchos und Sombreros.

70 Professor Armstrong als Dozent für Ingenieurswissenschaft an der University of Cincinnati 1974.

71 1979 war Armstrong als Repräsentant der Chrysler Corporation in Werbeanzeigen zu sehen.

72 Am dreißigsten Jahrestag der Mission im Jahr 1999 kam die Apollo-11-Besatzung erneut zusammen.

73 Neil kehrt am 4. April 1987 mit seiner Frau Carol zur Startrampe 39A zurück, um den Start des Space Shuttle *Columbia* (STS-83) zu verfolgen.

74 Neil fliegt im Oktober 2003 mit Carol zusammen eine Cessna 421, um seine Pilotenlizenz nicht zu verlieren.

Da selbst der NASA-Administrator Dr. Thomas Paine befürchtete, dass die Besatzung unnötige Risiken eingehen könnte, um die Landung durchzuführen, mischte auch er sich in die Sache ein. In der Woche vor dem Start traf er sich noch einmal mit Armstrong. Laut Neil versicherte Paine ihm in diesem Gespräch: »Wenn wir keine Gelegenheit zur Landung hätten und zurückkämen, würde er uns noch einmal hochschicken, gleich auf dem nächsten Flug. Ich glaube, er meinte es zu dem Zeitpunkt so.« In Wahrheit versprach Paine das Gleiche auch jeder folgenden Apollo-Besatzung. Das war seine Art, sie davon abzubringen, unüberlegt zu handeln, bloß weil sie nur diese eine Chance hatten. Wäre die Mondlandung im Rahmen von Apollo 11 abgebrochen worden, wäre Armstrong auf dieses Angebot zurückgekommen.

Am 26. Juni bezog die Besatzung das Astronautenquartier am Kap. Am 27. um Schlag Mitternacht begann ein eine Woche andauernder Probecountdown. Der simulierte Start fand am Morgen des 3. Juli um 9:32 Uhr statt, exakt dem vorgesehenen Zeitpunkt für den echten Start. Schon vor dem Probedurchlauf begaben sich die drei Männer in eine strenge Quarantäne, die zwei Wochen vor dem Start begann und sich nach dem Flug noch drei Wochen fortsetzen sollte. Das war nötig, damit die Astronauten möglichst wenig ansteckenden Keimen ausgesetzt waren. Dr. Charles E. Berry, der leitende Arzt der Astronauten, checkte sie am Tag, an dem der simulierte Countdown begann, ein letztes Mal gründlich durch.

Am 5. Juli kehrte die Besatzung von Apollo 11 für einen Tag aus Florida nach Houston zurück, um sich den Medien zu stellen. Als Erstes stand eine Pressekonferenz an. Danach folgten Termine mit den Nachrichtenagenturen, einer Gruppe von Zeitschriftenjournalisten und den drei großen US-Senderverbünden für eine Abendsendung.

Bei der morgendlichen Pressekonferenz erschienen Armstrong, Collins und Aldrin mit Gasmasken. Da sie sich durchaus bewusst waren, wie albern das aussah, grinsten sie, als sie die Bühne betraten. Dort nahmen sie in einer nach drei Seiten durchsichtigen Plastikbox Platz, die knapp vier Meter breit war. Um sicherzustellen, dass kein Keim von den Journalisten in die Atemluft der Astronauten gelangte, befand sich an der hinteren Seite des Würfels ein Gebläse, das die Luft von dort Richtung Publikum beförderte. Sobald sich die Astronauten in dieser Schutzbox befanden, nahmen sie die Masken ab und setzten sich in Lehnstühle hinter einem Tisch, vor dem das bekannte Logo der NASA – genannt »Fleischbällchen« – und das Emblem der Apollo-11-Mission prangten: ein Adler, das Symbol der USA, der zur Landung auf der Mondoberfläche ansetzt und dabei einen Ölzweig, das Zeichen des Friedens, in den Klauen hält.

Als Kommandant der Mission ergriff Armstrong zuerst das Wort. Der Schriftsteller Norman Mailer, der im Auftrag der Zeitschrift *Life* im Publikum saß, hatte das Gefühl, dass Neil sich »am unbehaglichsten« fühlte. Allerdings wusste Mailer vielleicht nicht, dass Armstrong bei offiziellen Anlässen oft im Sprechen innehielt, um nach den richtigen Worten zu suchen.

»Wir sind heute hier, um ein bisschen über den anstehenden Flug zu sprechen, Apollo 11, der hoffentlich die Krönung des nationalen Ziels der Apollo-Mission darstellen wird. Dass wir überhaupt über diesen Versuch reden können, ist dem Erfolg der vorausgehenden vier bemannten Apollo-Missionen und einer Reihe von unbemannten Flügen zu verdanken. Jeder von ihnen hat in beträchtlichem Ausmaß zu diesem Flug beigetragen. Jeder Einzelne hat eine große Anzahl von neuen Zielen erreicht und hohe Hürden genommen, sodass für uns jetzt nur noch eine kleine Aufgabe – der letztendliche Anflug auf die Mondoberfläche – zu meistern ist. Wir sind den Leuten hier im MSC und im ganzen Land, die diese ersten Flüge zu Erfolgen machten und uns ermöglichten, heute hier zu sitzen und mit Ihnen über Apollo 11 zu sprechen, sehr dankbar für ihre Bemühungen. Mike wird Ihnen nun zunächst etwas über die Neuerungen am Kommandomodul erzählen, die Ihnen auf dem Flug auffallen könnten.«

Neil fasste sich wie immer kurz. Collins nahm sich etwas mehr Zeit, er betonte, dass er länger allein im Kommandomodul verbringen würde als jeder Pilot vor ihm und dass es zum ersten Mal ein Rendezvous zwischen einem stationären Mondmodul, das sich unten auf der Oberfläche des Trabanten befand, und einem CSM, »das um den Mond schwirrte«, geben werde. Zu guter Letzt kam Aldrin, der eine Menge zu sagen hatte. Er beschrieb den gesamten Anflug auf die Mondoberfläche und die Landung, entscheidende Elemente der Mission, die so viele neue Faktoren enthielten, dass es länger dauerte, sie zu erklären.

Während dieser Konferenz verkündete Armstrong die Spitznamen für das Apollo-Kommandomodul und die Mondlandefähre: »Ja, wir werden andere Rufzeichen verwenden als die, die Sie vielleicht schon aus den Simulationen kennen. Die Mondlandefähre wird unter der Bezeichnung ›Eagle‹ laufen, das Kommandomodul unter ›Columbia‹. Columbia ist ein Nationalsymbol. Sie steht auf der Spitze unseres Kapitols und, wie Sie wissen, lautete so auch der Name des Raumschiffs, das Jules Verne vor hundert Jahren in seinem Roman auf den Mond schickte.«

Natürlich wollte die Presse wissen, was Armstrong sagen würde, wenn er den Mond betrat. Ein Reporter fragte ihn danach. Nicht einmal Neils engstes Umfeld oder die Führungsriege des Programms für bemannte Raumfahrt hatten Neil dazu bewegen können, seine Überlegungen zu den historischen ersten Worten preiszugeben, die er auf der Mondoberfläche aussprechen wollte. Der interne Druck bei der NASA hatte Julian Scheer, den Leiter der Öffentlichkeitsarbeit, zwischenzeitlich sogar dazu gebracht, eine kurz angebundene Hausmitteilung zu verfassen, in der er fragte, ob König Ferdinand und Königin Isabella von Spanien etwa Christoph Kolumbus vorgeschrieben hätten, was er bei der Ankunft in der Neuen Welt zu sagen habe. Auf die Frage des Reporters nach den ersten Worten auf dem Mond antwortete Armstrong schlicht, er habe sich noch nicht entschieden. So schwer das auch zu glauben war, es war die Wahrheit. »Der wichtigste Teil des

Flugs, über den ich mir Gedanken machte, war die Landung«, erklärte Armstrong später. »Ich glaubte, wenn etwas von Bedeutung war, dann das, was direkt nach der Landung passierte, wenn die Triebwerke abgestellt waren. Ich hatte darüber nachgedacht, wie wir die Landestelle nennen sollten. Ich hatte auch darüber nachgedacht, was ich bei der Landung sagen wollte; ich glaubte, das würde es sein, was in die Geschichtsbücher eingeht. Aber nicht einmal darüber hatte ich lange nachgegrübelt, da ich ungeachtet aller Statistiken das Gefühl hatte, dass unsere Chancen zwar bei neunzig Prozent lagen, heil zur Erde zurückzukehren, aber nur bei fünfzig Prozent, tatsächlich eine Landung zu schaffen.«

Einen Namen für die Stelle im Mare Tranquillitatis, im Meer der Ruhe, an der er und Aldrin landen würden, hatte Neil sich schon überlegt: Tranquility Base; er hatte Charlie Duke bereits unter vier Augen eingeweiht, da Duke während der Landung als CapCom diente und Neil ihn nicht aus dem Konzept bringen wollte, wenn er diese Bezeichnung direkt nach dem Aufsetzen benutzte. Niemand außer Duke wusste über den Namen Bescheid, bis die *Eagle* gelandet war.

Ein eigens eingerichtetes Komitee aus hohen Regierungsbeamten hatte beschlossen, dass Armstrong und Aldrin drei Objekte auf der Mondoberfläche zurücklassen sollten, die symbolisch für die Ankunft des Menschen dort standen. Das erste war eine Plakette an dem Bein der Mondlandefähre, an dem sich die Leiter befand, die die Astronauten hinunterklettern würden. Auf dieser Plakette waren die beiden Hemisphären der Erde abgebildet, begleitet von der Inschrift: HIER HABEN MENSCHEN VOM PLANETEN ERDE IM JULI 1969 N. CHR. DEN MOND BETRETEN. WIR KAMEN IN FRIEDEN FÜR DIE GANZE MENSCHHEIT. Der zweite Gegenstand war eine kleine Scheibe von weniger als vier Zentimetern Durchmesser, die stark verkleinerte Bilddateien von Grußbotschaften verschiedener Staatsführer der ganzen Welt enthielt. Das dritte Mitbringsel war eine amerikanische Flagge. »Manche Leute meinten, es hätte eine Flagge der Vereinten Nationen sein sollen«, erklärte Armstrong Jahre später, »andere glaubten, es hätten Flaggen vieler Länder sein müssen. Letzten Endes entschied der Kongress, dass es sich um ein Projekt der USA handelte. Wir würden keine Gebietsansprüche anmelden, doch wir sollten die Leute wissen lassen, dass wir dort waren und eine US-Flagge aufgestellt hatten.«

Die Reporter gaben sich alle Mühe – meist vergeblich –, Armstrong philosophische Überlegungen zur historischen Bedeutung der Mondlandung zu entlocken. »Welchen Gewinn bringt die Mondlandung Ihnen selbst, Ihrem Land und der Menschheit als Ganzes?« – »Glauben Sie, dass der Mond irgendwann ein Teil unserer Zivilisation sein wird, so wie es die Antarktis heute ist, die auch einst als abgelegener und unwirtlicher Ort galt?«

»Lassen Sie mich zunächst etwas wiederholen, was Sie alle schon einmal gehört haben, das aber wahrscheinlich Ihre Frage beantwortet«, sagte Armstrong. »Das Ziel dieses Flugs ist, Menschen zum Mond zu bringen, dort zu landen und zurückzukommen. Es gibt eine Reihe von Sekundärzielen, darunter auch einige, die Sie in der Frage erwähnt haben, denen wir gern ausgiebig nachgehen wollen. Doch das Hauptziel besteht darin, zu zeigen, dass wir Menschen so eine Aufgabe tatsächlich bewältigen können. Was wir dann in den kommenden Jahrhunderten mit diesem Wissen anfangen, wird die Geschichte zeigen. Ich hoffe, dass wir klug genug sind, mithilfe der Informationen, die wir auf diesen frühen Flügen erlangen, den bestmöglichen maximalen Effekt zu erzielen, und ich habe den Eindruck, dass wir darauf angesichts unserer Erfahrungen des vergangenen Jahrzehnts auch hoffen dürfen.«

Genauso wenig Erfolg hatten die Journalisten beim Versuch, Armstrong zu einer emotionalen, nicht technisch geprägten Antwort auf die Frage nach den gewaltigen Risiken des Flugs zu bewegen. »Was ist in Ihren Augen die gefährlichste Phase des Flugs von Apollo 11?« – »Nun ja, es sind wie bei jedem Flug die Dinge, die noch nie gemacht wurden, die uns das meiste Kopfzerbrechen bereiten. Ich hoffe, dass wir Ihnen in unserer Erklärung zu Beginn zumindest eine Idee davon vermitteln konnten, was auf diesem Flug alles neu ist. Außerdem gibt es noch weitere Situationen, die uns sehr beschäftigen, nämlich die, in denen es keine Alternative gibt, in denen wir nur eine Chance haben. Bei unseren ersten Mondflügen musste der Raketenantrieb des Servicemoduls funktionieren, um aus der Mondumlaufbahn zurückzukehren. Es gab keine Alternative. Der anstehende Flug enthält mehrere solche Situationen. Das Triebwerk der Mondlandefähre muss uns von der Mondoberfläche in die Umlaufbahn befördern, und auch das Triebwerk des Servicemoduls muss natürlich wieder funktionieren, um uns zur Erde zurückzubringen. Je weiter wir mit unseren Raumflügen vordringen, desto mehr dieser kritischen Situationen wird es geben. Aber wir haben großes Vertrauen in diese Systeme.«

»Wie sehen Ihre Pläne für den höchst unwahrscheinlichen Fall aus, dass die Mondlandefähre nicht von der Mondoberfläche abhebt?« – »Nun, darüber nachzudenken ist ziemlich unschön«, antwortete Neil knapp, »und wir haben beschlossen, es zu diesem Zeitpunkt nicht zu tun. Wir halten es nicht für wahrscheinlich, dass das passiert. Es ist nur eine Möglichkeit, doch im Moment verfügen wir über keine Alternative, sollte dieser Fall eintreffen.«

Reporter: »Wie viel Zeit haben Sie maximal zwischen der ausbleibenden Zündung und dem Zeitpunkt, an dem Mike Collins zur Erde zurückkehren müsste, die Sie nutzen könnten, um an der Mondlandefähre zu arbeiten und das zu reparieren, was kaputt ist, oder es zumindest zu versuchen?« Neil: »Die genauen Zahlen kenne ich nicht. Wahrscheinlich ein paar Tage.«

Diese leidenschaftslos wirkenden Antworten auf Fragen über die menschlichen Dimensionen der Raumfahrt und über die historische und existenzielle Bedeutung der Reise zum Mond kränkten Norman Mailers rasiermesserscharfes Gespür für herablassende Erkenntnisse. Der mit dem Pulitzer-Preis ausgezeichnete Autor von *Die Nackten und die Toten* hätte gern mehr von Armstrong bekommen, wie andere Journalisten auch. In seinem Buch *Auf dem Mond ein Feuer* schrieb Mailer später, dass Armstrong »seine Worte mit ungefähr derselben Bereitwilligkeit herausrückte, mit der ein Jagdhund sich ein Stück Fleisch zwischen den Zähnen hervorzerren lässt«, dass seine Antworten sich durch eine »charakteristische Mischung aus Bescheidenheit und technischer Arroganz, aus entschuldigendem Ton und schmallippiger Überlegenheit« auszeichneten. Er verfüge über »die verschmitzte Undurchschaubarkeit eines Mannes, dessen Gedanken niemand erraten kann« und scheine wie ein eingesperrtes Tier nach einem Weg zu suchen, »um aus Räumen wie dem zu entkommen, in welchem er jetzt im Augenblick in der Gesellschaft von Psyche-Schluckern, von Seelen-Fressern gefangen saß, und um der Pflicht zu entgehen, auf hundertmal gehörte Fragen immer wieder Antworten zu geben«. Gleichzeitig sei Armstrong »ein Profi«, der »gelernt hatte, sich in der Praxis und mit angemessener Sprache selbst zu helfen«, und seine Worte und Sätze immer so wählte, dass sie ihn »beschützten«.

Von allen Astronauten schien Armstrong »derjenige zu sein, dem man am ehesten die Eigenschaften eines Heiligen zusprechen mochte«. Als Redner war Neil »gelinde gesagt, schwach«. Dennoch machte Armstrong insgesamt durchaus Eindruck auf Mailer. »Sicherlich half dabei das Wissen, dass er einer von den jungen Astronauten war«, erkannte Mailer.

Armstrong war kein gewöhnlicher Held, stellte Mailer fest. »Wenn die Welt darauf bestand, einen Helden aus ihm zu machen, dann war er eben ein Held – aber er wollte ganz klarmachen, wie sich das verhielt«, bemerkte er.

Collins und Aldrin entrangen die Reporter ein paar Kommentare über ihre Familie und ihren persönlichen Hintergrund (Buzz erwähnte den Erbschmuck, den er auf der Reise zum Mond dabeihaben wollte). Doch von Armstrong kam nichts in der Art. »Werden Sie persönliche Erinnerungsstücke zum Mond mitnehmen, Neil?«

»Wenn ich da wirklich die Wahl hätte, würde ich stattdessen wahrscheinlich lieber mehr Treibstoff mitnehmen.«

»Werden Sie ein Stück vom Mond für sich selbst behalten?«

»Zum gegenwärtigen Zeitpunkt bestehen keine Pläne«, lautete die steife Antwort.

»Werden Sie nach dieser Leistung auf Ihr Privatleben verzichten müssen?«

»Ich glaube sicher, dass auch im Rahmen einer solchen Errungenschaft Platz dafür sein wird.«

Auf eine Bemerkung Neils über die wirtschaftlichen Vorteile des Raumfahrtprogramms hin warf ein Journalist ein: »Fliegen wir also aus rein ökonomischen Gründen zum Mond, nur um uns aus einem teuren Loch der Stagnation zu befreien? Sehen Sie keinen philosophischen Grund dafür?« – »Ich bin der Auffassung, dass wir deswegen zum Mond fliegen«, gab Armstrong vorsichtig zurück, »weil es in der menschlichen Natur liegt, sich von schwierigen Aufgaben herausgefordert zu fühlen. Es liegt dies beim Menschen an der Natur seiner tiefsten, inneren Seele. Wir müssen diese Dinge einfach tun, so wie der Lachs zur Laichzeit die Flüsse hinaufziehen muss.«

Was genau Armstrong selbst in seiner tiefsten, inneren Seele bewegte, wenn er an die Mondlandung dachte – oder an irgendetwas anderes, seine wahren Gefühle über seinen Vater, seine religiösen Ansichten – offenbarte dieser Kommentar nicht, genauso wenig wie seine anderen Aussagen. Das war einfach nicht seine Art. Vielleicht war seine äußerst besonnene verbale Zurückhaltung ein tief sitzendes Ergebnis einer Vermeidungstaktik, die er in Kindheitstagen entwickelt hatte. Oder sie entsprang, wie seine erste Frau Janet zögerlich andeutete, einem sozialen Minderwertigkeitsgefühl aufgrund der bescheidenen Herkunft seiner Familie aus dem ländlichen Ohio.

Da Armstrong sich kurz vor der Mondlandung bewusst allen Definitionen und Erklärungen entzog, versuchten andere in den Tagen vor dem Start fast verzweifelt, diese selbst zu finden. Norman Mailers kreativer Geist war erst zufrieden, als er seinen eigenen Mythos rund um Armstrong erschaffen hatte. Es spielte keine Rolle, dass Mailer nie direkt mit Armstrong sprach und ihm keine einzige Frage stellte. Auch Mailer hatte das Orakel aufgesucht, den Astronauten mit den »Eigenschaften eines Heiligen«, jemanden, der »einfach anders war, als Männer sonst sind«, der »offensichtlich über einen eigenen roten Faden mit dem Universum in Verbindung stand, an dessen Entwirrung andere nicht einmal denken konnten«.

Armstrong hatte der Journalistin Dodie Hamblin von einem wiederkehrenden Traum aus der Kindheit erzählt, in dem er über dem Boden schwebte. Mailer war von der Schönheit des Traums in den Bann geschlagen: »Ein wundervoller Traum, schon deshalb, weil er sich ja vielleicht bald als prophetischer Traum erwies, und auch wundervoll, weil er tief und geheimnisvoll war, und noch einmal wundervoll, weil er so gut zu einem Mann passte, der in der allernächsten Zukunft den Mond betreten sollte.« Für Mailer war das eine Art Erleuchtung, aus der er »die Psychologie der Astronauten« ableiten und das gesamte Raumfahrtzeitalter interpretieren konnte: »Ein Traum daher, auf dem sich vielleicht eine neue Traumtheorie aufbauen ließe, denn jede andere Theorie, die etwa für dieses nächtliche Erlebnis keine Erklärung hatte, musste ja nun als ungenügend betrachtet werden – es sei denn, sie schlösse den Schwebezustand, das Luftanhalten und den Mond von vornherein aus den Bereichen des Traumes aus.«

Die Vorstellung, dass so ein nüchterner Kerl wie Armstrong als Junge vom Fliegen geträumt hatte, löste bei Mailer einen »Rausch« aus, »zeigte sie doch, welche gewaltigen Gegensätze in Armstrongs Persönlichkeit ... einander gegenüberstehen«. Auf der bewussten Seite war Armstrong, der typische Astronaut und Ingenieur, »konventioneller, praktischer und rein technisch orientierter, harter Arbeit« verhaftet. Andererseits war das, was Armstrong und die anderen Astronauten im Weltraum taten, »von einem alle Vorstellungen überschreitenden Unternehmungsgeist getragen«. Armstrong war der Lancelot der schweigenden Mehrheit, »von der Menschheitsgeschichte dazu bestimmt, uns zu den Sternen zu führen«.

Mailers Darstellung ist unverkennbar brillant. Dennoch war ihm Armstrong als Mensch im Grunde egal, er diente nur als Gefäß, in das der Autor seine geistige Energie und seinen Tiefsinn gießen konnte. Was Mailer in »Die Psychologie der Astronauten« schrieb, war eine höchst provokante und tief blickende Gesellschaftskritik, doch betrachtet man es als historische Abhandlung, Biografie oder im Licht wahrer Psychologie, sorgte es eher für Irritation als für Klarheit.

Dabei hatten die Mythologisierung und der Kultstatus Armstrongs gerade erst ihren Anfang genommen. Fünfzehn Tage nach der Pressekonferenz betrat er den Mond. Ab da war er nicht mehr einfach nur ein Mensch, sondern der »erste Mensch«.

TEIL SECHS
Mondfahrer

Wer Reichtümer aus Ostindien mitbringen will, muss sie auch tragen.

– INSCHRIFT AUF DER FASSADE DES HAUPTBAHNHOFS IN WASHINGTON D.C.

Es hieß immer: Rettet als Erstes das Mondgestein. Wir haben nur eine Tasche mit Steinen. Wir haben viele Astronauten.

– MIKE MALLORY, MITGLIED DER NAVY-TAUCHEREINHEIT, DIE DIE APOLLO-11-KAPSEL NACH DER WASSERUNG AM 24. JULI 1969 IM PAZIFIK BARG

KAPITEL 22

Unterwegs

Für Armstrong, Collins und Aldrin fing der Raumflug bereits drei-einhalb Stunden vor dem Start im Besatzungsquartier an, um kurz nach sechs Uhr morgens, als die Techniker die Helme in den Halsring einrasten ließen. Von dem Augenblick an atmeten die Crewmitglieder der ersten Mondlandung keine Außenluft mehr. Sie hörten keine menschliche Stimme mehr, die ihnen nicht elektronisch durch die Barriere des Druckanzugs hinweg direkt ins Ohr übertragen wurde. Sie sahen die Welt nur noch durch das Plexiglas des Visiers und konnten nichts mehr riechen, hören, fühlen oder schmecken, das sie nicht durch moderne Technologie im Inneren ihrer Schutzhülle wahrnehmen konnten.

Für Armstrong war diese Isolation vertrauter als für seine Kameraden. Als Testpilot in Edwards hatte er sich an die Enge von Druckanzügen gewöhnt. Im Vergleich zu den Teildruckanzügen und dem Kopfschutz, die er auf Flügen in der F-104 oder bis zum Rand des Weltalls in der X-15 hatte tragen müssen, war der Apollo-Anzug weit geschnitten und ließ sich gut bewegen.

Doch als die Besatzung von Apollo 11 das Manned Spacecraft Operations Building um 6:27 Uhr verließ und in den gelben Gummiüberschuhen in den klimatisierten Kleintransporter stieg, der sie die dreizehn Kilometer bis zur Startrampe 39A fuhr, spürten die Astronauten trotzdem in jeder Faser ihres Körpers, dass sie das normale Reich der Natur verlassen hatten und in die absolut künstliche Welt eingetreten waren, die sie im Weltall am Leben erhalten würde.

Zu diesem Zeitpunkt hatten Neil, Mike und Buzz großes Vertrauen in die Saturn-Rakete, doch bei Raketen konnte man sich nie ganz sicher sein, wie gut sie funktionierten. »Es war sicherlich ein sehr leistungsstarkes Gerät«, versicherte Armstrong. »Aber nicht perfekt.« Die Saturn V war in sehr kurzer Zeit entstanden. Die phänomenal kurze Entwicklungsphase ergab sich durch eine neue Testmethode, den »All-up-Test«, für die der Chef der bemannten Raumfahrt, Dr. George Mueller, sich eingesetzt hatte. Er hatte den Bau beschleunigt, indem er von Anfang an alle drei Stufen zusammen testete, in startbereiter Form, statt die Stufen getrennt auszuprobieren und sie erst nach erfolgreichen Einzelergebnissen zusammenzufügen.

Ohne diese Testmethode hätte Kennedys Frist nicht eingehalten werden können. Dennoch war es nicht der sicherste Weg, um sich zu vergewissern, dass man eine solide Rakete entwickelt hatte, vor allem, wenn es sich dabei um eine solch gewaltige und komplexe neue Maschine mit knapp 34 000 Kilonewton Schub handelte.

Als die Besatzung nun oben auf der Spitze der enorm leistungsstarken Rakete saß und auf die Zündung wartete, dachte sie allerdings nicht mehr über die Gefahren nach. Außerdem bestand immer die Möglichkeit, dass in letzter Minute ein kleiner Fehler in einem der mehreren Hundert Subsysteme entdeckt wurde, aus denen die Rakete, das Raumfahrzeug und der Startkomplex bestanden, sodass der Start abgesagt werden musste.

Der erste Astronaut, der an jenem Morgen in die *Columbia* stieg, war Fred Haise, Aldrins Ersatzmann auf der Position des Landefährenpiloten. »Freddo« war etwa neunzig Minuten vor der Besatzung in der Kapsel, um eine aus 417 Schritten bestehende Checkliste durchzugehen, die sicherstellen sollte, dass sich alle Schalter und Hebel in der richtigen Stellung befanden. Um 6:54 Uhr gaben Haise und die restliche »Close-Out-Crew«, wie man die Astronauten nannte, die das Raumfahrzeug für den Start vorbereiteten, das Zeichen, dass alles in Ordnung war. Also griff Armstrong, der im Aufzug zur in fast hundert

Metern Höhe befindlichen Kapsel hinaufgefahren war, nach dem Handlauf oben an der Luke und glitt hinein. Direkt vor dem Einstieg hatte er noch ein kleines Geschenk von Guenter Wendt, dem Startrampenchef, erhalten: eine Mondsichel, die Wendt aus Styropor geschnitzt und mit Alufolie umhüllt hatte. Wendt erklärte Armstrong, das sei »der Schlüssel zum Mond«, und Neil bat ihn lächelnd, darauf aufzupassen, bis er wieder da sei. Im Gegenzug überreichte er dem Startrampenchef eine kleine Karte, die er unter dem Armband seiner Uhr aufbewahrt hatte. Es war ein Ticket für eine Fahrt im »Weltraumtaxi«, gültig »zwischen zwei beliebigen Planeten«.

Im Inneren der Kapsel nahm Armstrong im Sitz des Kommandanten ganz links Platz. Fünf Minuten später, nachdem ein Techniker die Kabel und Schläuche an Neils Anzug angeschlossen hatte, kletterte Collins, der Pilot des Kommandomoduls, in den rechten Sitz, gefolgt von Aldrin, dem Piloten der Mondlandefähre, der den Platz zwischen den beiden einnahm.

Links von Neil befand sich der Abbruchhebel. Eine Drehung dieses Hebels würde den soliden Rettungsturm an der Spitze des Kommandomoduls aktivieren und die Apollo 11 von der Rakete absprengen. Im Gemini-Programm hatten die Raumschiffe über Schleudersitze statt über einen Rettungsturm verfügt, doch die Titan-Trägerrakete von Gemini verwendete hypergolischen Treibstoff und hätte daher nicht so eine Sprengkraft entwickelt wie die Saturn, die mit Kerosin, Wasserstoff und Sauerstoff gefüllt war. Schleudersitze hätten die Astronauten nicht weit genug von der Explosionsstelle entfernt. Der Aufstieg mit der Saturn V lag dem ehemaligen Forschungsingenieur Neil ganz besonders, weil die Rakete aus der Kapsel heraus gesteuert wurde: »Die früheren Modelle der Saturn-Rakete ließen sich nicht vom Cockpit aus steuern. Hätte beispielsweise das Trägheitssystem der Saturn beim Start von Apollo 9 versagt, hätten McDivitt, Scott und Schweickart im Atlantik wassern oder vielleicht in Afrika landen müssen, was wahrscheinlich zu Verletzungen geführt hätte. Auf unserem Flug gab es ein alternatives Steuersystem im Kommandomodul, sodass wir, wenn bei der Saturn irgendetwas versagte, auf dieses Alternativsystem umschalten und die Rakete vom Raumfahrzeug aus fliegen konnten.« Schaltete man den Autopiloten ab, konnte der Pilot die Trägerrakete manuell in die Umlaufbahn lenken.

Der Aufstieg der Apollo 11 in die Erdumlaufbahn setzte sich aus einer Reihe unterschiedlicher Phasen mit jeweils unterschiedlichen Abbruchmethoden zusammen. Armstrong erklärte: »Wir mussten uns ganz darauf konzentrieren, jede Phase zu durchlaufen und dafür bereit zu sein, das Richtige zu tun, wenn in der folgenden Phase etwas schieflief.« Seine wichtigsten Aufgaben während des feurigen Aufstiegs bestanden, wie er sagte, »aus einer Kombination daraus, auf den künstlichen Horizont zu schauen, den Flug auf dem Computer zu verfolgen und den über Funk vermittelten Hinweisen darauf, in welcher Phase man sich gerade befand oder welche bevorstand, zuzuhören«.

In der Zeit, die es dauerte, bis nur ein kleiner Teil des dichten Autoverkehrs es aus der direkten Umgebung von Cape Kennedy hinausgeschafft hatte, war die Apollo 11 bereits anderthalb Mal um die Erde geflogen und befand sich auf dem Weg zum Mond. Neils Eltern waren da schon von einer kleinen Horde von Reportern auf dem Rasen vor ihrem Haus in Ohio interviewt worden: »Mr. Armstrong, wie fanden Sie den Start?« und »Mrs. Armstrong, wie haben Sie sich gefühlt, als Sie die Rakete am Himmel verschwinden sahen?« Viola rief, ihr fehlten vor Dankbarkeit die Worte. Wie immer projizierte sie ihre religiösen Überzeugungen auf ihren Sohn und versicherte: »Neil glaubt, dass Gott dort oben bei den drei Jungs ist. Ich glaube es, und Neil glaubt es.« Steve bemerkte: »Es ist fantastisch und wunderbar. Wir werden den ganzen Flug über vor dem Fernseher kleben.« Violas Mutter, die 82-jährige Caroline Korspeter, erklärte vor den Fernsehkameras: »Ich halte es für gefährlich. Ich habe Neil gesagt, er solle sich gut umschauen und nicht rausgehen, wenn es nicht gut aussieht. Er sagte, das werde er tun.«

Im Banana River blieben Janet Armstrong und die beiden Söhne auf der Jacht und lauschten über eine Mithörbox der NASA dem Funkverkehr mit dem Raumschiff, bis sich die Menschenmenge zerstreut hatte. Obwohl Janet extrem erleichtert war, dass der Start so gut verlaufen war, wurden auf ihren Wunsch hin an Bord keine Sektflaschen geöffnet. Sie wollte lieber feiern, wenn die Männer sicher wieder zu Hause angekommen waren. Bevor sie nach Hause fuhr, gab es noch ein kurzes Treffen mit Journalisten. »Wir konnten die Rakete nicht sofort sehen«, berichtete Rick schüchtern, »und ich habe mir zuerst ein bisschen Sorgen gemacht. Aber dann sahen wir sie plötzlich, sie war wunderschön.« Janet erklärte der Presse: »Es war ein sagenhafter Anblick. Ich war einfach nur begeistert«, obwohl sie hauptsächlich Erleichterung verspürte, dass der Start sicher erfolgt war. Was ihr tatsächlich durch den Kopf ging, war: »Bald ist es überstanden«. Sie hatte in der Nacht zuvor kaum geschlafen. Als sie am späten Nachmittag in Houston ankam, wartete die Presse bereits im Vorgarten auf sie. »Ich fühle mich nicht historisch«, erklärte Janet kurz und knapp und scheuchte die Jungen ins Haus. Das Warten hatte gerade erst begonnen. Es würde noch zweieinhalb Tage dauern, bis die Apollo 11 die Mondumlaufbahn erreichte, einen weiteren, bis Neil und Buzz die Landung versuchten, und danach noch vier Tage, bis die Männer zur Erde zurückkehrten.

Es konnte noch so viel schiefgehen.

Um 10:58 Uhr Houstoner Zeit, zwei Stunden und 26 Minuten nach dem Start, erteilte das Kontrollzentrum der Apollo 11 die Freigabe für das TLI-Manöver, den Einschuss auf die translunare Flugbahn, der das Raumschiff aus dem Erdorbit tief in den Weltraum hinaus befördern würde. Die Astronauten zündeten das Triebwerk der dritten Stufe der Saturn V, der einzigen Stufe, die noch mit dem Kommando- und Servicemodul verbunden war. Diese Zündung, die etwa fünfeinhalb Minuten andauerte, brachte die Apollo 11 auf eine Geschwindigkeit von rund 39 000 km/h, um sie aus dem Klammergriff der Erdanziehungskraft zu befreien.

Obwohl Armstrong berichtete, der Flug sei »wunderbar« verlaufen, hätte er ihn insgeheim gern etwas ruhiger gehabt: »Die erste Stufe der Saturn V war ungeheuer laut, vor allem bei geringer Höhe, weil man dann den Lärm von 33 Millionen Newton Schub plus das Echo vom Boden hörte, das ihn noch verstärkte. Nach etwa dreißig Sekunden ließen wir dieses Echo hinter uns, und es wurde bedeutend leiser. Aber in diesen ersten dreißig Sekunden war es schwierig, die Funknachrichten zu verstehen. Außerdem war der Flug auf der ersten Stufe viel unruhiger als bei der Titan. Man hatte das Gefühl, auf allen drei Achsen gleichzeitig durchgerüttelt zu werden.«

Sobald die erste Stufe ausgebrannt war, wurde der Flug deutlich ruhiger und leiser, so sehr, dass die Astronauten keine Vibration mehr verspürten und nicht einmal mehr die Triebwerke hörten. Der Aufstieg auf der zweiten und der dritten Stufe der Rakete erwies sich als angenehmer als jede Stufe der Titan. Mike Collins beschrieb den ruppigen Beginn des Aufstiegs auf der Saturn V so: »Es war, als würde ein nervöser Fahranfänger in einem breiten Auto durch eine enge Gasse fahren und dabei das Lenkrad hektisch hin und her bewegen.« Bei der Zündung der höheren Stufen verwandelte sich die Saturn V dann in einen »sanften Riesen«, der Austritt aus der Atmosphäre verlief »butterweich, so ruhig und entspannt, wie ein Raketenflug nur sein kann«.

Durch die Fenster konnten die Astronauten in den ersten drei Minuten nach dem Start nichts sehen, bis das Raumfahrzeug eine Höhe von 95 Kilometern erreicht hatte. Dort warf die Besatzung die ungenutzte Rettungsrakete ab und befreite das Kommandomodul von der Schutzkappe, die es umgeben hatte. Da die Rakete immer noch in die Höhe stieg, wenn auch nicht mehr in gerader Linie, konnte die Crew nichts sehen, nur »einen kleinen Flecken blauen Himmel, der langsam das Tiefschwarz des Weltraums annimmt«, wie Collins es formulierte.

Nach zwölf Minuten und einer ersten Zündung des einzigen Triebwerks der dritten Saturn-Stufe, welche das Raumfahrzeug auf die nötige Geschwindigkeit von 28 000 km/h brachte, war die Erdumlaufbahn erreicht. Jetzt hatten die drei Männer anderthalb Erdumkreisungen Zeit, um zu überprüfen, ob alle Geräte ordnungsgemäß funktionierten, bevor sie das Triebwerk der dritten Stufe erneut zündeten und sich auf den Weg aus dem Schwerefeld der Erde machten.

Armstrong erklärte:»Es gab zwei Gründe für die anderthalb Erdumkreisungen. Zum einen ermöglichte uns das etwas mehr Flexibilität beim Startzeitpunkt, und zum anderen konnten wir so alle Hauptsysteme des Raumschiffs – des Kommandomoduls, nicht der Mondlandefähre – prüfen, bevor wir den Erdorbit auf einer translunaren Flugbahn verließen. Dieser Systemcheck war der Hauptgrund dafür, dass wir in die Parkbahn einschwenkten, die Aufgaben waren zwischen der Besatzung an Bord und den Leuten am Boden aufgeteilt. Das Bodenteam verfügte über deutlich mehr Informationen zum Systembetrieb, und die anderthalb Umkreisungen verschafften ihm genügend Zeit, sie durchzugehen. Wenn irgendetwas nicht lief im Raumfahrzeug, hätten wir entscheiden können, dass wir die ganze Sache vergessen und den Flug abbrechen.«

Anfangs hatte die Besatzung kaum Zeit, den spektakulären Anblick der Erde unter ihnen zu genießen. Der erste Sonnenaufgang nach einer Stunde und neunzehn Minuten löste eine wilde Suche nach der Hasselblad-Kamera aus. Fünfzehn Sekunden später fand Collins sie, sie schwebte am hinteren Schott.

Zum ersten Mal seit ihren jeweiligen Gemini-Flügen kamen Armstrong, Collins und Aldrin wieder in den wundersamen Genuss der Schwerelosigkeit. In diesem Zustand fließt die Flüssigkeit im Innenohr frei umher. Die Gefahr, dass den Astronauten übel wurde, war im Apollo-Raumschiff deutlich größer als in der Gemini-Kapsel, weil es viel geräumiger war. Die Missionsplaner der folgenden Apollo-Missionen wiesen die Besatzungen an, sich so langsam und vorsichtig wie möglich umherzubewegen und den Kopf möglichst stillzuhalten, bis sie sich an die Schwerelosigkeit gewöhnt hatten. Armstrong war sich der Problematik deutlich bewusst. Eine Stunde und siebzehn Minuten nach dem Start fragte er Mike und Buzz: »Was macht die Schwerelosigkeit? Fühlt sich euer Kopf komisch an?« Mike antwortete: »Nein, es wirkt nur so, als würden wir verkehrt herum fliegen.«

Neil berichtete: »Wir hatten großes Glück, dass keinem Besatzungsmitglied zu irgendeinem Zeitpunkt des Flugs schlecht wurde. Manche der Leute, die für ihren eisernen Magen berühmt waren, litten unter Weltraumübelkeit. Zu der Zeit wusste niemand genau, wodurch sie ausgelöst wurde. Man testete verschiedene Dinge.« Neils Hang zur Übelkeit, unter dem er als Kind gelitten hatte, hatte sich ausgewachsen, nur bei Kunstflügen bemerkte er seinen Magen noch.

Da das Kontrollzentrum der Meinung war, Apollo 11 sei bereit, die Erdumlaufbahn zu verlassen, erteilte es zwei Stunden und fünfzehn Minuten nach dem Erreichen des Orbits die Freigabe für das TLI-Manöver. Die Flugvorschriften sahen vor, dass die Besatzung zum Schutz während dieser Zündung ihre Helme aufsetzte und die Handschuhe anzog – so befänden sich die Astronauten im Fall einer Explosion der dritten Saturn-Stufe, bekannt als S-IVB, in einem geschlossenen Druckanzug. »Die Schwachstelle bei dieser Überlegung war«, laut Collins, »dass jede Explosion, die so massiv war, dass sie die Außenwand unseres Raumschiffs zerstörte, auch zum Ausfall einer Reihe von Geräten führen würde – wir wären nie heil zurückgekehrt. Doch Vorschriften sind Vorschriften, also saßen wir mit Helmen und Handschuhen da, bereit, uns zu einem anderen Himmelskörper befördern zu lassen.«

Als der Punkt für den Einschuss in die translunare Flugbahn auf der Hälfte der zweiten Erdumkreisung erreicht war, löste eine vorprogrammierte Sequenz die letzte Zündung des Triebwerks der dritten Raketenstufe aus, die das Raumschiff auf Fluchtgeschwindigkeit brachte. Die TLI-Zündung dauerte knapp sechs Minuten. Das Raumfahrzeug befand sich zu dieser Zeit über dem Pazifik, etwa 150 Kilometer oberhalb einer Formation aus KC-135-Flugzeugen – umgebauten Tankflugzeugen der Air Force voller elektronischer Ausrüstung –, die Telemetriedaten vom Raumschiff nach Houston übertrugen. Diese Daten ergaben, dass die Saturn V ihre letzte Aufgabe erfolgreich erledigt hatte, sie flog mit einer Geschwindigkeit von über 9,5 Kilometern pro Sekunde davon – schneller als eine Pistolenkugel.

Zu Beginn des Flugs Richtung Mond hatte Collins deutlich mehr zu tun als Armstrong oder Aldrin. Als Pilot des Kommandomoduls war es seine Aufgabe, die *Columbia* von der S-IVB zu trennen und das Kommando- und Servicemodul zu drehen. Dann würde er das CSM so steuern, dass es an die Mondlandefähre *Eagle* andockte, die bis hierher sicher in einem massiven, kastenförmigen Behälter oben auf der S-IVB gesteckt hatte, um trotz ihrer fragilen Beine, Düsen und Antennen, die in seltsamen Winkeln aus ihr hervorragten, und dem extrem empfindlichen Gehäuse den Start zu überstehen. Das war ein kritisches Manöver. »Wenn die Trennung und die Kopplung nicht funktioniert hätten«, erklärte Aldrin, »wären wir zur Erde zurückgekehrt. Außerdem bestand die Gefahr einer Kollision mit darauf folgendem Druckabfall in unserer Kabine, deshalb trugen wir weiterhin unsere Raumanzüge, als Mike uns von der dritten Saturn-Stufe trennte.«

Weder Aldrin noch Armstrong machten sich Sorgen wegen des Manövers. »Mike übernahm die Kopplung«, erzählte Neil, »weil er ein ähnliches Manöver auch mit dem LM durchführen musste, wenn wir von der Mondoberfläche zurückkamen. Dieser Ablauf war bereits im Rahmen von Apollo 9 und Apollo 10 erprobt worden, deshalb war ich ziemlich zuversichtlich.«

Das Manöver verlief perfekt. Sprengbolzen lösten den oberen Teil des großen Behälters ab und ermöglichten den Zugang zur Mondlandefähre in ihrer Garage oben auf der Rakete. Collins brachte das CSM mithilfe der Triebwerke in etwa dreißig Meter Entfernung zur Landefähre. Nachdem er die Kapsel gedreht hatte, steuerte er vorsichtig auf die Fähre zu und führte erfolgreich eine Kopf-an-Kopf-Kopplung durch. Die

Columbia und die *Eagle* waren nun miteinander verbunden; wenn es so weit war, könnten Neil und Buzz durch eine innenliegende Kombination aus Tunnel und Luke in die Landefähre hinüberwechseln. Um das Trennungsmanöver abzuschließen, musste das LM aus der Halterung gelöst und die Verbindung aus CSM und LM von der S-IVB entfernt werden. Dann blieb nur noch eines: die S-IVB aus dem Weg zu schaffen. Durch einen Befehl aus dem Cockpit der Apollo 11 stieß sie allen verbleibenden Treibstoff aus, was für den nötigen Schub sorgte, um sie auf eine lange Flugbahn rund um die Sonne zu schicken, wo sie dem Apollo-Raumschiff nicht in die Quere kommen konnte.

In Houston war es mittlerweile 13:43 Uhr, seit dem Start waren fünf Stunden und elf Minuten vergangen. Apollo 11 war mit einer Geschwindigkeit von 3 936 Metern pro Sekunde unterwegs und bald 40 000 Kilometer von der Erde entfernt.

Da die Trennung, die Kopplung und die Post-TLI-Manöver nun vorbei waren, zogen die Astronauten die Druckanzüge aus und schlüpften in deutlich bequemere, zweiteilige Overalls aus weißem Teflongewebe. In der Schwerelosigkeit waren manche Dinge einfacher als auf der Erde, aber das galt nicht für drei Männer, die sich in einem Raum, der ungefähr so groß war wie das Innere eines kleinen Kombis, ihrer Raumanzüge entledigten. Sich auszuziehen, die steifen, schweren Anzüge in Taschen zu packen und diese Taschen dann unter den Sitzen des Raumschiffs zu verstauen war ein mühseliger Prozess, der, wie Aldrin sagte, »für viel Verwirrung sorgte, weil überall in der Kabine Teile herumflogen, während wir versuchten, den Überblick zu behalten«. Collins verglich die Aktion mit »drei Albinowalen in einem kleinen Becken, die trotz ihrer Bemühungen, sich langsam zu bewegen, gegen das Instrumentenbrett prallten ... Jedes Mal, wenn wir gegen die Wände des Raumfahrzeugs stießen, trieben wir in eine ungewollte Richtung davon und mussten uns per Muskelkraft wieder zurückarbeiten.«

Als die Anzüge endlich abgelegt waren, war die Besatzung froh, auch die Vorrichtungen im Intimbereich loszuwerden. Da Astronauten möglicherweise ihre Blase oder ihren Darm entleeren müssen, bevor sie die Anzüge ausziehen können, werden vor dem Anziehen entsprechende Hilfsmittel an ihrem Körper angebracht. Aldrin erinnerte sich an die Details: »Wir trugen eine spezielle Creme auf den Hintern auf und zogen etwas an, das euphemistisch als ›Koteinschlusshilfe‹ bezeichnet wurde.« Diese abgewandelte Windel reduzierte den Geruch der Ausscheidungen auf ein Minimum, während die Salbe dafür sorgte, dass sich die Männer keinen wunden Hintern holten. Uriniert wurde in eine kondomartige Vorrichtung, aus der ein Schlauch in einen Beutel führte, der wie ein Bikini um die Hüfte hing. Damit keine Flüssigkeit austreten konnte, musste der Kondomkatheter sehr eng sitzen, ein für Männer sehr unbequemer Umstand, über den die Besatzung insgeheim ihre Witze riss. Sobald sich die Astronauten gesäubert und die Overalls mitsamt frischer Unterwäsche angezogen hatten, war es deutlich einfacher, sich zu erleichtern. Kot wurde in Spezialbehältern verwahrt und Urin in den Weltraum abgegeben.

Da sie nun sicher Richtung Mond unterwegs waren, entspannten sich die Astronauten zum ersten Mal. Wie Collins später erklärte, war es unmöglich, sich auf das neuartige, fast unwirkliche Gefühl im cislunaren Raum zwischen Erde und Mond einzustellen: »Anders als auf der Achterbahnfahrt im Erdorbit waren wir in einer Zeitlupenwelt angekommen, wo Zeit und Entfernung eine größere Rolle zu spielen schienen als die Geschwindigkeit.

Um ein Gefühl dafür zu bekommen, wie schnell man unterwegs ist, muss man etwas vorbeirasen sehen – die Telefonmasten an der Autobahn, ein Flugzeug, das die eigene Flugbahn kreuzt. Im Weltall sind die Objekte zu weit voneinander entfernt, um vorbeizurasen, außer beim Rendezvous oder bei der Landung, die aber beide sehr langsam ablaufen. Doch auch wenn ich die Geschwindigkeit nicht spüre, wenn ich aus dem Fenster schaue, kann ich doch die Entfernung einschätzen, weil die Erde in immer weitere Ferne rückt. Irgendwann sieht man sie dann ganz.«

Der Anblick des »Raumschiffs Erde« sollte alle Mond-Astronauten zutiefst beeindrucken. »Das Panorama veränderte sich langsam, aus dem einfachen Horizont wurde ein immer größerer Bogen und schließlich die ganze Kugel«, beschrieb Armstrong. »Je nachdem, welche Fluglage gerade verlangt war, hatte man nicht immer alles im Blick. Aber wir sahen tatsächlich, wie die Erde eine Kugel wurde. Es war ein beeindruckendes Erlebnis, den Planeten zu verlassen und zu erkennen, dass es von allein keinen logischen Grund für das Raumschiff gab, je wieder auf ihn zurückzustürzen. Das zeigte uns, welch eine herausragende Leistung wir erbringen mussten, um heimzukehren.«

Um zu verhindern, dass die Rohre des Raumfahrzeugs auf einer Seite einfroren, während der Tankdruck auf der anderen Seite durch zu große Hitze stieg, begann die Apollo 11 sich langsam zu drehen, damit die Sonnenstrahlen alle Seiten des Raumschiffs gleichermaßen trafen. »Wir glichen einem Hähnchen auf dem Grillspieß«, erklärte Collins. »Wenn wir zu lange in einer Position blieben, konnten alle möglichen schlimmen Dinge passieren.« Visuell sorgte die Drehspieß-Methode für einen überwältigenden Panorama-Blick, alle zwei Minuten zogen die Sonne, der Mond und die Erde an den Fenstern vorbei. Beliebt war auch der Blick durch ein einfaches Hilfsmittel namens Monokular – ein halbes Fernglas. Die Astronauten verwendeten es wie eine Lupe und wechselten sich dabei ab, verschiedene Bereiche ihres Heimatplaneten in Augenschein zu nehmen.

Es ist seither zu einer Legende der Raumfahrt geworden, dass man vom Weltraum aus nur zwei menschengemachte Objekte auf der Erde ausmachen könne – die Chinesische Mauer und den gewaltigen Fort-Peck-Staudamm in Montana. »Ich würde beides bestreiten«, erklärte Armstrong. Im cislunaren Raum »sahen wir die Kontinente, wir sahen Grönland. Grönland war klar zu erkennen, so wie auf dem Globus in der Bibliothek, es war ganz weiß. Die Antarktis konnten wir nicht sehen, weil sie unter einer Wolkendecke lag. Afrika war gut sichtbar, und die Sonne wurde in einem großen See reflektiert. Aber ich glaube nicht, dass man irgendein von Menschenhand errichtetes Objekt sehen konnte, zumindest nicht mit meinen Augen.«

Ob mit bloßem Auge oder durch das Monokular – was Neil besonders auffiel, war, wie zerbrechlich die Erde aussah: »Ich weiß nicht, warum es so wirkt, aber sie ist so klein. Und sehr bunt, wissen Sie? Man sieht einen Ozean und eine gasförmige Schicht, ein bisschen – nur ein kleines bisschen – Atmosphäre drum herum, und im Vergleich zu all den anderen Himmelskörpern, die meist viel massiver und furchterregender sind, sieht sie aus, als hätte sie einem Angriff aus dem Weltall nicht viel entgegenzusetzen.« Buzz und Mike empfanden das Gleiche. Buzz ging durch den Kopf, wie verrückt es war, dass die Erde politisch und kulturell so gespalten war: »Aus dem Weltraum heraus wirkte sie fast gütig. Auch wenn man wusste, dass dort Kriege geführt wurden, war es vom Gefühl her unvorstellbar. Ich musste immer wieder daran denken, dass Kriege meist durch Gebietsfragen oder Grenzstreitigkeiten ausgelöst werden. Vom Weltraum aus sind die willkürlich gezogenen Grenzen auf der Erde nicht sichtbar.«

Als Nächstes stand Essen auf dem Programm. Die Astronauten mussten genügend Wasser und zwischen 1 700 und 2 500 Kalorien am Tag zu sich nehmen. Schon vor dieser ersten Hauptmahlzeit, die für die Mitte des ersten Nachmittags vorgesehen war, hatte die Besatzung Sandwiches mit Aufstrich aus der Tube gegessen. Der Snackschrank enthielt Erdnusswürfel, Karamellbonbons, Speckhappen und Trockenfrüchte.

Zum ersten Mal in der Geschichte der amerikanischen Raumfahrt umfasste das Getränkeangebot nicht nur Saft und Wasser, sondern auch reichlich Kaffee. Heißes und kaltes Wasser konnte aus zwei biegsamen, zwei Meter langen Schläuchen entnommen werden. An ihrem Ende befand sich ein Zapfhahn mit einem Druckknopf. Wenn ein Astronaut ein kaltes Getränk wollte, hielt er sich den Zapfhahn in den Mund, drückte den Knopf, und schon strömte ein Schluck Wasser aus dem Schlauch. Zur Essenszubereitung steckte er den Warmwasserhahn in die Plastikverpackung der Mahlzeit und drückte drei Mal auf den Knopf. Nun musste man das Essen nur noch durchkneten, um die Flüssigkeit zu verteilen, und es dann durch einen Schlauch in den Mund saugen. Leider funktionierte das Gerät, das den Wasserstoff aus dem Wasser filtern sollte, nicht allzu gut. So gelangte eine beträchtliche Menge Gas ins Essen, was den Astronauten einen aufgequollenen Bauch und Blähungen bescherte. Aldrin witzelte, es sei so schlimm gewesen, dass »wir die Lageregelungsdüsen abschalten und die Sache selbst übernehmen hätten können!«

Die Speisen stellten sich als relativ schmackhaft, wenn auch etwas fad heraus. Eine Mahlzeit aus Truthahn mit Bratensoße wurde mit heißem Wasser vermischt und gelöffelt. »Feuchtrationen«, darunter Schinken und Kartoffeln, aß man so, wie sie waren. Manchmal bekam die Besatzung das gleiche Essen – etwa an Tag zwei, als es Hotdogs, Apfelmus, Schokoladenpudding und ein Zitronengetränk gab. Zu anderen Gelegenheiten erhielt jeder etwas anderes. Neils Lieblingsessen waren Spaghetti mit Hackfleischsoße, gebackene Kartoffeln, Würfel aus Ananasfrüchtebrot und Traubensaft.

Elf Stunden nach dem Start war es Zeit für die erste Schlafphase. Schon um 19:52 Uhr Houstoner Zeit, zwei Stunden vor der geplanten Uhrzeit, wünschte die Bodencrew der Besatzung eine gute Nacht und schaltete den Funkverkehr ab. Die Astronauten hatten schon deutlich früher den Drang verspürt, die Augen zuzumachen. Nur zwei Stunden nach dem Start, bevor die Vorbereitungen für das TLI-Manöver begannen, hatte Neil gegähnt und zu seinen Kameraden gesagt: »Oh, Mann, ich wäre fast eingeschlafen«, worauf Collins zurückgab: »Ich auch. Ich gönn mir eine kleine Pause.« Die folgenden neun Stunden über kämpften sie gegen die wiederkehrende Schläfrigkeit an, bis es Schlafenszeit war.

Neil und Buzz schliefen in Hängematten aus leichtem Netzgewebe, die große Ähnlichkeit mit Schlafsäcken hatten und sich zwischen der rechten und linken Sitzcouch aufspannen ließen – die mittlere Couch war eingeklappt worden und bedeckte weiterhin die Raumanzüge der

Besatzung. »So konnten wir nicht versehentlich durch eine Armbewegung einen Hebel umlegen«, erklärte Neil. Wer Wache hielt – in der ersten Nacht war das Collins – schwebte über dem linken Couchsitz, gesichert durch einen Beckengurt und mit einem kleinen Funkknopf im Ohr, für den Fall, dass Houston sich in der »Nacht« meldete. »Es war ein seltsames, aber angenehmes Gefühl, einzuschlummern, ohne dass der Körper an irgendeiner Stelle auflag«, berichtete Collins. Es war, »als hinge man in einem ganz leichten Spinnennetz – so schwebten wir dort und fielen in Richtung Mond.« Buzz durfte diese Erfahrung ebenfalls machen, Neil aber nicht, weil er immer in der Hängematte schlief.

Da die Männer nach der Aufregung während des Starts und des TLI-Manövers noch ziemlich viel Adrenalin im Blut hatten, schliefen sie in jener Nacht nur fünfeinhalb Stunden. Als der CapCom Bruce McCandless vom grünen Team im Kontrollzentrum um 7:48 Uhr Houstoner Zeit den Weckruf tätigen wollte, waren alle drei bereits wach. Nachdem die Astronauten die »Checkliste nach dem Schlafen« durchgegangen waren und die Aktualisierungen des Flugplans entgegengenommen hatten, gab McCandless ihnen einen kurzen Überblick über die Nachrichten des Tages, die hauptsächlich aus weltweiten begeisterten Reaktionen auf den Start bestanden.

Die erste Neuigkeit betraf den Flug der sowjetischen Luna 15: Laut dem, was die Astronauten vorgelesen bekamen, hatte das Raumfahrzeug der Russen gerade die Mondumlaufbahn erreicht und war darin eingeschwenkt. In einem letzten verzweifelten Versuch, den Amerikanern die Schau zu stehlen, hatten die Russen am 13. Juli, drei Tage vor dem Start von Apollo 11, ein kleines, unbemanntes Raumschiff ins All geschossen; es sollte nicht nur auf dem Mond landen, sondern dort eine Bodenprobe nehmen und sie zur Erde bringen, bevor dies Apollo 11 gelang. Überall in den amerikanischen Zeitungen war zu lesen, dass die Russen absichtlich versuchten, die Amerikaner mithilfe ihrer »geheimnisvollen Sonde« in den Hintergrund zu drängen, und es gab Unterstellungen, dass sie den Flug der Amerikaner auch technisch stören wollten. Mitarbeiter der US-Raumfahrtbehörden befürchteten, dass die Flugbahn der Sonde und die Kommunikation mit der Luna 15 die Apollo behindern könnten – das war im Verlauf der Jahre gelegentlich vorgekommen, wenn die Russen auf oder in der Nähe einer Frequenz der NASA funkten.

Also rief Chris Kraft vom MSC Frank Borman an, den Kommandanten von Apollo 8, der gerade von einer neuntägigen Reise in die Sowjetunion zurückgekehrt war, die er als erster US-Astronaut überhaupt besucht hatte. »Am besten fragen Sie sie einfach«, meinte Borman. Also schickte er mit Nixons Erlaubnis über das berühmte Rote Telefon zwischen Moskau und Washington, das von den beiden Supermächten nach der Kubakrise 1962 eingerichtet worden war, um einen Atomkrieg zu verhindern, eine Nachricht an den Leiter der sowjetischen Akademie der Wissenschaften, Mstislaw W. Keldysch, und bat um die genauen Bahnparameter der russischen Sonde. Man versicherte Borman, dass der Orbit von Luna 15 sich nicht mit der Flugbahn der Apollo 11 überschnitt.

Im Endeffekt stellte die Luna 15 gar kein Problem für Apollo dar, die sowjetische Mission scheiterte kläglich. Die sowjetische Sonde stürzte am 21. Juli, am Tag nach der erfolgreichen Landung der Apollo 11, auf den Mond ab.

Erst viele Jahre später wurde die gewaltigste Explosion der Raumfahrtgeschichte bestätigt, die sich am 3. Juli 1969, nur neun Tage vor dem Start von Luna 15, auf einer Startrampe im Kosmodrom von Baikonur in Kasachstan ereignet hatte. An jenem Tag hatten die Sowjets eine eigene Mondrakete getestet: ein riesiges Ungetüm namens N-1. Hätte der unbemannte Testflug der N-1 funktioniert, hätten die Sowjets ihr geheimes Programm für eine bemannte Mondlandung vorantreiben können. Doch nur Sekunden nach dem Start sackte die Rakete wieder auf die Startrampe zurück und explodierte – manche Experten schätzen, mit einer Sprengkraft von über 225 Tonnen TNT. Nur durch viel Glück gab es keine Toten. Erst im November 1969 drangen

Gerüchte über diesen Unfall bis in die westlichen Medien vor; der amerikanische Geheimdienst hatte mittlerweile durch geheime Satellitenfotos von der Sache erfahren. Die N-1-Katastrophe bedeutete das Aus für das sowjetische Mondprogramm. Erst nach dem Zusammenbruch der Sowjetunion im August 1991 gaben die Beteiligten an diesem Programm zu, dass es überhaupt existiert hatte, ganz zu schweigen davon, dass sich die N-1-Katastrophe ereignet hatte.

Das wichtigste Ereignis des zweiten Flugtages fand um 10:17 Uhr Houstoner Zeit statt, eine dreisekündige Zündung, die den Kurs der Apollo 11 korrigierte und das CSM-Triebwerk testete, das gebraucht würde, um das Raumfahrzeug in die Mondumlaufbahn und wieder hinaus zu befördern. Zum Zeitpunkt dieser geringfügigen Kurskorrektur befanden sich Armstrong und seine Kameraden 175765 Kilometer von der Erde entfernt – zwei Fünftel des Weges zum Mond lagen hinter ihnen – und waren mit einer Geschwindigkeit von 1541 Metern pro Sekunde unterwegs. Da sich die Apollo immer noch im Wirkungsbereich der Erdanziehungskraft befand, würde ihr Tempo stetig nachlassen, bis sie nur noch 65000 Kilometer vom Mond entfernt war. An diesem Punkt sollte sich die Geschwindigkeit vom Spitzenwert über 40000 km/h auf nur 3200 km/h reduziert haben. Später würde sie dann durch die Anziehungskraft des Mondes wieder zunehmen.

Einen Großteil der Zeit der Astronauten während dieses Flugabschnitts nahmen verschiedene kleinere Aufgaben in Anspruch, die für den ordnungsgemäßen Betrieb des CSM nötig waren: Die Besatzung reinigte Brennstoffzellen, lud Batterien auf, ließ Abwasser ab, tauschte Kohlendioxidkanister aus, bereitete Speisen zu, chlorte das Trinkwasser und so weiter. Um die meisten dieser Dinge kümmerte sich Collins, damit Armstrong und Aldrin sich ganz auf die Details der anstehenden Landung konzentrieren konnten – sie arbeiteten Checklisten ab und spielten Landevorgänge durch. »Der Plan für den Flug zum Mond hatte mehrere leere Seiten«, erinnerte sich Aldrin, »Zeiträume, in denen wir nichts zu tun hatten. Trotzdem kann ich mich nicht daran erinnern, je faul herumgesessen zu haben. Alles musste verstaut, weggepackt oder an einer der vielen Klettwände befestigt werden. Jeder von uns verfügte über kleine Stoffbeutel, in denen wir Gegenstände aufbewahrten, die wir häufig nutzten, wie Stifte, Sonnenbrillen und – in meinem Fall – einen Rechenschieber. Es kam nicht selten vor, dass einer oder zwei von uns auf dem Boden herumkrochen und nach einer verlorenen Sonnenbrille, dem Monokular, einem Film für die Kamera oder einer Zahnbürste suchten.«

In den Ruhephasen entspannten sie sich bei Musik. An Bord befand sich ein kleiner, tragbarer Kassettenrekorder, der hauptsächlich dafür vorgesehen war, Kommentare und Beobachtungen der Besatzung aufzuzeichnen. Neil und Mike hatten darum gebeten, eine bestimmte Musikauswahl auf die Kassetten zu spielen – vornehmlich Unterhaltungsmusik. Neil hatte sich insbesondere zwei Stücke gewünscht: Zum einen die Symphonie »Aus der Neuen Welt« von Antonín Dvořák aus dem Jahr 1895, die Neil mit dem Blasorchester in Purdue gespielt hatte und die ihm passend erschien, und zum anderen »Music Out of the Moon« von Samuel Hoffman.

Das Highlight des zweiten Tages war die erste Fernsehübertragung live aus der Apollo 11, die um 19:30 Uhr Ostküstenzeit beginnen sollte. Genau genommen war es schon die dritte auf diesem Flug, die ersten beiden hatten dazu gedient, die Kamerafunktionen, die Bildqualität von Innen- und Außenaufnahmen und die Stärke des Signals zur und von der Goldstone-Bodenstation in Kalifornien zu testen. So konnten mögliche Probleme behoben werden, bevor am Donnerstagabend mehrere Millionen Menschen auf der ganzen Welt den Fernseher einschalteten.

Das erste verschwommene Bild, das auf den Fernsehgeräten zu sehen war, zeigte den Heimatplaneten, laut Armstrong »etwas mehr als eine halbe Erde«. In einfachen, aber von Staunen durchdrungenen Worten wies Neil auf die »tiefblauen Formen« der Meere, die »weißen

Bänder der großen Wolkenformationen über dem Pazifik«, »die Braun-töne der Landschaft« und »die grünen Flecken an der Nordwestküste der USA und Kanadas« hin. Er erklärte, dass die Farben aus der aktuellen Distanz – etwa 257 000 Kilometer – nicht ganz so kräftig wirkten wie aus der Erdumlaufbahn oder sogar noch aus einer Höhe von 90 000 Kilometern. 36 Minuten lang unterhielten die Astronauten ihr Publikum. Aldrin machte in der Schwerelosigkeit ein paar Liegestütze und Neil sogar einen Kopfstand. Der Chefkoch Collins demonstrierte, wie man ein Hühnchengericht zubereitete, wenn man mit einem Tempo von 1 341 Metern pro Sekunde unterwegs war. Die Übertragung endete mit einem bewegenden Moment, als Neil sagte: »Und mit einem erneuten Schwenk auf die Erde in der Ferne verabschiedet sich die Apollo 11 nun von Ihnen.« Die folgenden drei Stunden verbrachte die Besatzung mit Routineaufgaben und einem erfolglosen Experiment mit dem Teleskop, bei dem es ihr nicht gelang, einen blaugrünen Laserstrahl zu finden, der vom McDonald-Observatorium bei El Paso aus auf das Raumfahrzeug gerichtet wurde. Es war schon nach halb zwölf, als sie schlafen gingen, dieses Mal mit Aldrin in der schwebenden »Wache«-Position. Auf dem Plan stand eine lange Schlafphase, zehn Stunden. Die Daten des Flugarztes ergaben, dass »die Mannschaft die ganze Nacht lang recht gut schlief« – so gut sogar, dass das Kontrollzentrum den Männern eine Stunde mehr gewährte, bevor es sie schließlich weckte, damit sie sich wieder Aufgaben wie dem Aufladen von Batterien, dem Ablassen von Abwasser und der Überprüfung von Treibstoff- und Sauerstoffvorräten zuwenden konnten.

Laut dem vorläufigen Flugplan sollten Aldrin und Armstrong erst gegen Mittag des dritten Tages eine erste Inspektion der *Eagle* vornehmen, wenn die Apollo 11 die Mondumlaufbahn erreicht hatte, aber Aldrin setzte bei den Missionsplanern durch, dass sie sich schon einen Tag früher in die Landefähre begeben durften, um sicherzustellen, dass sie beim Start und auf dem langen Flug keinen Schaden genommen hatte. Dieser Ausflug begann um kurz nach sechzehn Uhr Houstoner

Zeit, etwa zwanzig Minuten nach dem Beginn der Fernsehübertragung mit den schärfsten Bildern aus dem All, die es laut der NASA je gegeben hatte. Nachdem Collins die Luke geöffnet hatte, quetschte sich Armstrong durch den 75 Zentimeter breiten Tunnel und gelangte von oben in die Mondlandefähre, gefolgt von Aldrin. Sowohl Neil als auch Buzz haben diesen Übergang in die *Eagle*, bei dem sie vom Boden des Kommandomoduls zur Decke aufstiegen, um dann von oben durch die Decke in das angedockte LM hinabzugleiten, als eines der seltsamsten Erlebnisse des gesamten Mondflugs in Erinnerung.

Obwohl Neil der Erste war, der einen Blick in die *Eagle* warf, war es Buzz als Pilot der Fähre, der alles für die Abkopplung von der *Columbia* vorbereitete, die 45 Stunden später erfolgen sollte. Buzz und Neil hatten die Film- und die Fernsehkamera mitgenommen und schickten nun erste Aufnahmen aus dem LM zur Erde. Das Kontrollzentrum hatte davon gewusst, doch für die Fernsehsender, die erst um 19:30 Uhr Ostküstenzeit – zur gleichen Zeit wie am Tag zuvor – mit neuen Bildern aus der Apollo 11 gerechnet hatten, kam diese Übertragung überraschend. CBS sorgte eilig für die nötigen technischen Vorkehrungen, um dann um zehn vor sechs auf Sendung zu gehen. Die ersten Bilder – die live in den USA, Japan, Westeuropa und weiten Teilen von Südamerika ausgestrahlt wurden – zeigten Aldrin bei einer Bestandsaufnahme der Geräte in der Mondlandefähre. Später gewährte Buzz dem internationalen Fernsehpublikum einen Blick auf den Raumanzug mit der lebenserhaltenden Ausrüstung, den er und Neil auf dem Mond tragen würden.

Ein Bericht über den Flug der Apollo 11 wäre nicht vollständig, ginge er nicht auf die später verbreiteten Geschichten ein, die Besatzung hätte Ufos gesehen. Demnach entdeckten die Astronauten einige Dinge, die sie sich nicht erklären konnten, von mysteriösen Lichtern bis hin zu Raumschiffformationen. Wie die meisten versponnenen Geschichten enthielten auch diese ein Körnchen Wahrheit. Die erste angebliche

Ufo-Sichtung ereignete sich früh am ersten Tag, zu Beginn der Zündung im Rahmen des TLI-Manövers, als den Männern Lichtblitze vor Fenster 5 auffielen. Der Bodencrew gegenüber verschwiegen sie diese Beobachtung, obwohl sie die Blitze, wie sich Aldrin erinnerte, »mindestens zwei oder drei Mal« sahen – und nicht nur auf dem Flug von der Erde weg. Das Phänomen war so ungewöhnlich, dass die NASA später die Besatzung der folgenden Mission, Apollo 12, darüber informierte. Und auch diese nahm die Lichter unterwegs wahr – sie berichtete nach der Rückkehr sogar: »Wisst ihr was? Wir haben sie selbst mit geschlossenen Augen gesehen!« Die Blitzlichter stellten sich als ein Phänomen heraus, das sich in der ganz besonders dunklen Umgebung des Weltalls *im menschlichen Augapfel* abspielte. Es handelte sich um eine optische Erscheinung, die mit einem psychologischen Zustand zusammenhing – man musste die Lichter sehen *wollen*, damit man sie bemerkte. Die Fachleute haben seitdem festgestellt, dass die Wahrnehmungsschwelle für manche Astronauten so niedrig liegt, dass sie die Blitze selbst in der Nähe der Erde unter dem Van-Allen-Strahlungsgürtel sehen.

Eine zweite »Sichtung« fand am Abend des dritten Tages statt, dem Tag des ersten Ausflugs in die Mondlandefähre, um kurz nach 21 Uhr. Aldrin bemerkte es als Erstes: »Ich schaute gerade gedankenverloren aus dem Fenster der *Columbia*, als ich etwas Ungewöhnliches entdeckte. Es wirkte heller als alle anderen Sterne, und das Licht war nicht so punktförmig wie bei ihnen. Außerdem bewegte es sich. Ich wies Mike und Neil darauf hin, und wir fanden es alle drei sehr merkwürdig. Mithilfe des Monokulars schätzten wir, dass das Ding, was auch immer es war, nur rund 150 Kilometer von uns entfernt war. Beim Blick durch den Sextanten erkannten wir, dass es gelegentlich Zylinderform annahm, doch wenn wir den Sextanten genau darauf ausrichteten, bildete es eher eine Art leuchtendes ›L‹. Es bestand aus einer geraden Linie, vielleicht mit einer kleinen Delle darin, und einem kleinen Stück, das seitlich herausragte. Es hatte eine bestimmte Form – darüber waren wir uns alle einig –, aber was genau es war, erkannten wir nicht.«

Die Besatzung fragte sich irritiert: »Was sollen wir darüber sagen?« Aldrin erinnerte sich: »Wir wollten es auf keinen Fall der Bodencrew melden, denn das hätte nur für Aufsehen gesagt. Wäre es herausgekommen, hätte irgendjemand gesagt, die NASA sei gezwungen gewesen, die Mission abzubrechen, weil wir auf Aliens gestoßen seien! Unsere Zurückhaltung in dem Augenblick war eine reine Vorsichtsmaßnahme. Wir wollten nichts unternehmen, was den Ufo-Spinnern neues Material lieferte, weil es im Lauf der Jahre schon genügend wilde Gerüchte darüber gab, was für seltsame Dinge Astronauten angeblich gesehen hätten.« Anfangs überlegte die Besatzung, ob es sich bei dem Gegenstand um die Schutzhülle der dritten Saturn-Raketenstufe handeln könnte, die mehr als zwei Tage zuvor abgetrennt worden war. Doch als Neil Houston danach fragte, lautete die Antwort, dass die S-IVB mehr als 11 000 Kilometer weit entfernt sei.

Die Astronauten kratzten sich am Kopf. Da sich das fragliche Objekt deutlich näher an ihrem Raumfahrzeug befand, konnte es nicht das Raketenteil sein, sondern eher eines der vier Bleche, die rund um das Startbehältnis der Mondlandefähre angebracht gewesen waren. Als die Fähre an das Kommandomodul gekoppelt aus der Verschalung gezogen worden war, waren die Seitenwände in verschiedene Richtungen davongetrieben. Das Kontrollzentrum kam schließlich zu dem Schluss, dass es sich tatsächlich um eines dieser Bleche handelte, das zu rotieren begonnen hatte, als es von der S-IVB getrennt wurde. Die Reflexion der Sonnenstrahlen auf dem Blech erzeugte den Eindruck, dass es blinkte.

In der dritten Nacht schliefen die Apollo-11-Astronauten unruhiger – sie wussten, dass der vierte Tag, der ihnen nach dem Aufwachen bevorstand, anders werden würde. Die stetige Rotation zu stoppen und in die Mondumlaufbahn einzuschwenken war kein Selbstläufer. Wenn das Raumfahrzeug nicht ausreichend abbremste, würde es in einem gewaltigen Bogen rund um den Mond und dann wieder Richtung Erde zurückfliegen. Als das Kontrollzentrum die Astronauten an jenem

Morgen um 7:32 Uhr Houstoner Zeit weckte, wurden ihnen erneut zuerst die Nachrichten des Tages vorgelesen. »Zunächst einmal lässt sich wohl nicht leugnen, dass ihr sämtliche Nachrichten hier auf der Erde dominiert«, sagte Bruce McCandless, der nun die Rolle des CapCom übernommen hatte. »Selbst in der russischen *Pravda* seid ihr der Aufmacher, Neil wird als ›Zar des Raumschiffs‹ bezeichnet. Da haben sie sich wohl in der Mission vertan.«

Die Sonne stand nun direkt hinter dem Mond, rund um seine Ränder leuchtete die Corona. Die riesige, dunkle Masse des Mondes, der nur noch 20 094 Kilometer entfernt war, füllte alle Fenster. Der von hinten kommende Erdschein war so hell, dass die plastischen Details der Mondoberfläche hervortraten. Collins schrieb später: »Das Erste, was einem ins Auge fällt, ist der starke Kontrast zwischen der Erde und dem Mond. Man muss den zweiten Himmelskörper von Nahem gesehen haben, um den ersten wirklich wertzuschätzen. Ich bin mir sicher, dass der Mond für Geologen ein faszinierender Ort ist, doch dieser monotone Steinhaufen, dieser verwitterte, sonnenversengte Pfirsichkern dort vor meinem Fenster kann absolut nicht mit dem Juwel mithalten, das er umkreist. Ah, die Erde mit ihren grünen Tälern, den nebelverhangenen Wasserfällen. Ich will einfach nur unsere Aufgabe hier erledigen und wieder zurückkehren.«

Ein wichtiger Schritt auf dem Weg zur Landung war das »LOI-1«, eine sehr exakte Zündung, welche das Raumfahrzeug in die Mondumlaufbahn bringen sollte. Dafür würden die Astronauten das Triebwerk des Servicemoduls knapp sechs Minuten lang laufen lassen, wodurch die Apollo 11 auf eine Geschwindigkeit abgebremst würde, die es der Mondanziehungskraft ermöglichte, auf das Fahrzeug zu wirken und es auf eine Umlaufbahn zu ziehen. Wie Mike Collins es formulierte: »Wir müssen unser Tempo um 3 200 km/h reduzieren, von 8 000 auf 4 800, und das erreichen wir durch eine sechs Minuten dauernde Zündung des Servicemodul-Triebwerks. Wir sind äußerst vorsichtig und befolgen jeden Punkt der Checkliste ganz genau.« Der Bordcomputer und das Kontrollzentrum waren eine große Hilfe, doch es lag in der Hand der Astronauten, alles richtig zu machen: »Wenn im Computer nur eine Ziffer falsch ist, und zwar an der ungünstigsten Stelle, könnten wir uns drehen und uns in einen Orbit befördern, der Richtung Sonne führt.«

Anscheinend verlief das LOI gut, doch mit Sicherheit konnte das Kontrollzentrum das erst sagen, wenn das Fahrzeug von der Rückseite des Mondes zurückkehrte. 23 Minuten nach dem Manöver sollte die Kommunikation wiederhergestellt sein.

»Wir wissen nicht, ob in der Apollo 11 alles im Lot ist«, verkündete Walter Cronkite in seiner Livesendung auf CBS, »weil sie sich zum ersten Mal hinter dem Mond befindet und nicht mit der Erde in Verbindung steht. Vor acht Minuten hat die Besatzung das große Servicemodul-Triebwerk gezündet, um in eine Umlaufbahn um den Mond einzuschwenken. Mehr wissen wir erst in etwa fünfzehn Minuten. Dann kommen sie hinter dem Mond hervor und können den Kontakt wiederaufnehmen, um zu berichten, wie es gelaufen ist. Wir hoffen, dass sie erfolgreich in die Mondumlaufbahn eingetreten sind und dass der Rest der historischen Mission so gut laufen wird wie die ersten drei Tage.«

Im Kontrollzentrum gab es ein paar vereinzelte Wortwechsel, aber nicht viele; die meisten hier warteten schweigend auf die Signalerfassung, das sogenannte AOS (»Acquisition of Signal«). Im Fernsehen unterstrich Cronkite die Dramatik der Situation mit dem Kommentar: »Die ganze Welt schweigt, während sie darauf wartet, ob Apollo 11 es erfolgreich in die Mondumlaufbahn geschafft hat.« Die Anspannung löste sich, als Houston ein schwaches, undeutliches Signal vom Raumfahrzeug empfing, genau zum erwarteten Zeitpunkt.

Neil lieferte umgehend einen Bericht über den Ablauf der Zündung. Er gab eine lange Reihe von Zahlen durch, doch als Houston ihn aufforderte, »das Ganze bitte noch einmal« zu wiederholen, rief er: »Es war – perfekt!«

Zwanzig Minuten bevor die Apollo hinter dem Mond hervorkam und wieder Kontakt mit Houston aufnahm, hatten sich die Astronauten darüber gefreut, wie präzise sie die geplante Umlaufbahn getroffen hatten:

03:03:58:10   Armstrong: *Das war ein brillantes Manöver.*
03:03:58:12   Collins: *Verdammt gut, würde ich sagen.*
03:03:58:37   Armstrong: *Gut, dann lasst uns – wir haben jetzt einiges zu tun ...*
03:03:58:48   Aldrin: *Okay, legen wir los.*
03:03:59:08   Collins: *Ich weiß zwar nicht, ob wir auf 110 Kilometer gekommen sind oder nicht, aber zumindest sind wir nicht in das Monster hineingerast.*
03:03:59:11   Aldrin: *Schaut euch das an! 314,1* [Kilometer] *mal 112,8* [Kilometer].
03:03:59:15   Collins: *Super, super, super, super! Willst du das aufschreiben oder so? Teufel, dann schreib einfach: 315 mal 110. Der Hammer!*
03:03:59:28   Aldrin: *Wir haben die Vorgabe nur ganz knapp verfehlt.*
03:03:59:36   Collins: *Hallo, Mond!*

Auf der felsigen Rückseite des Mondes, die von der Erde aus niemals sichtbar ist und von den Meteoroideneinschlägen der letzten 4,6 Milliarden Jahre übersät ist, hatten Aldrin und Collins aufgeregt auf eine spektakuläre Formation nach der anderen gezeigt, während Armstrong seine Begeisterung weniger offen zur Schau stellte.

03:04:05:32   Aldrin: *Oh, Mann, gib mir die Kamera zurück. Da drüben ist ein riesiger, toller Krater. Ich wünschte, wir hätten das andere Objektiv drauf, das ist echt eine Schönheit. Willst du sie dir angucken, Neil?*

03:04:05:43	Armstrong:	*Ja, ich sehe es ... Willst du das Objektiv wechseln?*
03:04:06:07	Collins:	*Willst du die aufgehende Erde mit drauf haben? In neun Minuten ist es so weit.*
03:04:06:11	Aldrin:	*Ja. Aber lasst uns hier erst ein paar Bilder machen.*
03:04:06:15	Collins:	*Vergiss nicht den ersten da drüben ...*
03:04:06:27	Armstrong:	*Wir kommen hier noch ein paarmal öfter vorbei.*
03:04:06:30	Aldrin:	*Ja, stimmt.*
03:04:06:33	Collins:	*Und Erdaufgänge wird es auch noch genügend geben.*
03:04:06:37	Armstrong:	*Eben. Junge, schaut euch den Krater an. Ihr könnt ihn bestimmt dort drüben sehen. Was für ein spektakulärer Ausblick!*
03:04:08:48	Collins:	*Fantastisch. Schaut mal dort hinter uns. Ein echt gigantischer Krater. Seht ihr die Berge, die drum herum stehen? Himmel, das sind ja wahre Monster!*
03:04:09:58	Armstrong:	*Seht ihr den großen ...*
03:04:10:01	Collins:	*Ja, da unten ist ein Elch, wie es kaum zu glauben ist. Das ist bisher der größte. Gott, er ist riesig! Enorm! Größer als das ganze Fenster. Schaut doch nur! Ist das der größte Berg, den du je in deinem Leben gesehen hast, Neil? Mein Gott, guckt euch den Gipfel in der Mitte an! Ist der nicht gewaltig?*
03:04:11:01	Aldrin:	*Ja, hier ist auch ein Riesenmonster.*
03:04:11:07	Collins:	*Mann, Buzz, jetzt sag doch nicht »Riesenmonster« dazu. Gib ihnen wissenschaftliche Namen. Verdammt, ein Geologe würde hier einfach nur durchdrehen!*

Im Mondorbit versuchte die Besatzung, eine Frage zu klären, die nach den vorausgegangenen beiden Mondumkreisungen intern zu Diskussionen geführt hatte. Der Mannschaft von Apollo 8 war die Mondoberfläche grau erschienen, der von Apollo 10 hingegen größtenteils braun. Sobald Neil, Mike und Buzz die Chance dazu hatten, schauten sie nach draußen, um die Frage zu beantworten. »Grau wie das Pariser Straßenpflaster, wenn man mich fragt«, bemerkte Collins, noch bevor sie die Umlaufbahn erreicht hatten. »Ich schließe mich der 10-Crew an«, sagte Aldrin kurz nach dem LOI-Manöver. »Für mich sieht sie hellbraun aus«, meinte Armstrong. »Aber auf den ersten Blick, als der Winkel der Sonne anders war, wirkte sie wirklich grau«, fuhr Buzz fort, und seine Kameraden stimmten ihm zu, obwohl sie die Farbe des Mondes noch mehrere Umkreisungen lang weiter diskutierten. Schließlich einigte man sich darauf, dass niemand falsch gelegen hatte. Es kam ganz auf die Lichtverhältnisse an. Die Farbe des Mondes wechselte fast stündlich, von Dunkelgrau in der Dämmerung bis zu einem rötlichen Hellbraun um die Mittagszeit.

Die Anflugbahn zur Landestelle konnte Armstrong zum ersten Mal um 11:55 Uhr Houstoner Zeit in Augenschein nehmen. »Apollo 11 wirft einen ersten Blick auf den Landeanflug«, meldete er. »Dieses Mal fliegen wir über den Tarantius-Krater, und die Bilder und Karten, die Apollo 8 und 10 geliefert haben, haben uns einen guten Eindruck davon vermittelt, wonach wir Ausschau halten. Die Landschaft sieht ganz ähnlich aus wie auf den Bildern, aber der Unterschied ist ungefähr so, wie wenn man bei einem Footballspiel im Stadion sitzt oder es im Fernsehen verfolgt. Vor Ort zu sein ist durch nichts zu ersetzen.« Houston antwortete: »Da stimmen wir zu, wir wünschen uns sehr, es mit eigenen Augen sehen zu können.«

Die erste Fernsehübertragung aus der Apollo 11 in der Mondumlaufbahn begann um 15:56 Uhr Ostküstenzeit – an einem Samstagnachmittag im Juli. Daher schalteten viele Amerikaner nach den Baseballberichten auf die Übertragung aus dem All um. Da für 17:44 Uhr an jenem Nachmittag ein Manöver geplant war, durch das die Umlaufbahn in Kreisform gebracht werden sollte, hatten die Astronauten wenig Lust auf einen Fernsehauftritt – wäre es nach ihnen gegangen, wäre die Sache ganz abgeblasen worden.

Die Sendung dauerte 35 Minuten. Die Astronauten richteten die Kamera erst auf ein Seitenfenster und dann auf das Lukenfenster, während das Raumfahrzeug in einer Höhe von gut 150 Kilometern von Westen nach Osten über die Mondoberfläche flog, und boten den Fernsehzuschauern so eine geführte Tour über die sichtbare Seite des Mondes. Sie beschrieben die Strecke, die Neil und Buzz in weniger als 24 Stunden in der Mondlandefähre zurücklegen würden. Neil zeigte den »PDI-Punkt«, den Punkt der »Powered Descent Initiation«, wo das Triebwerk der Landestufe gezündet würde, und dann erklärten Collins und Aldrin spontan im Wechsel alle wichtigen Orientierungspunkte auf dem Weg zur Landung der *Eagle*: den Doppelgipfel des Mount Marilyn (den Jim Lovell auf der Mission Apollo 8 nach seiner Frau benannt hatte), den großen Maskelyne-Krater, die kleinen Hügel namens Boothill und Duke Island, die die Mondlandefähre nur zwanzig Sekunden nach dem Beginn des Landeanflugs passieren würde, die beiden Bachbetten, die man auf die Namen »Seitenwinder-Klapperschlange« und »Diamant-Klapperschlange« getauft hatte, weil sie sich wie Wüstenschlangen durch die Landschaft wanden, die Spalten, den Letzten Grat und schließlich die Landestelle im Mare Tranquillitatis, die zu der Zeit so gerade im Dunkeln lag.

Es war auch das erste Mal, dass die Astronauten selbst einen Blick auf die Landestelle erhaschten – auf der vorherigen Umkreisung hatte sie jenseits des »Terminators« gelegen, der Tag-Nacht-Grenze. Dieses Mal war sie dank des Erdenscheins so gerade sichtbar.

Jeder, der vor dem Fernseher oder im Raumfahrzeug saß, gab sich wie Neil alle Mühe, sie möglichst genau in Augenschein zu nehmen. Collins gefiel nicht sonderlich, was er dort sah, obwohl er das für sich behielt. »Im Mare Tranquillitatis ist der Morgen gerade erst angebrochen, die Sonnenstrahlen treffen in einem sehr flachen Winkel auf die Landestelle. Unter diesen Bedingungen werfen die Krater lange, gezackte Schatten auf die Oberfläche, und die ganze Umgebung wirkt extrem unwirtlich auf mich. Ich kann keinen Ort entdecken, der eben genug wäre, um dort einen Kinderwagen abzustellen, geschweige denn eine Mondlandefähre.«

Jenseits der Tag-Nacht-Grenze richtete die Besatzung die Fernsehkamera noch einmal auf das Fenster, um ein letztes Bild der Landestelle einzufangen, bevor sie sich verabschiedete. »Und während der Mond langsam im Westen versinkt«, sagte Collins, »wünscht Ihnen Apollo 11 noch einen schönen Tag.«

Eine Stunde und dreizehn Minuten später zündete die Apollo 11 das Triebwerk des Servicemoduls ein zweites Mal an jenem Nachmittag. Dieses Mal war es noch wichtiger als beim ersten Mal, die vorgegebene Dauer präzise einzuhalten. »Wenn wir das Triebwerk nur zwei Sekunden zu lange laufen ließen«, erklärte Aldrin, »befänden wir uns auf Kollisionskurs mit der Rückseite des Mondes.« Die Astronauten waren hoch konzentriert, als sie in Zusammenarbeit mit dem Kontrollzentrum eine systematische Abfolge von Sternpeilungen, Ausrichtungen der Trägheitsplattform und Navigationsberechnungen mithilfe des Bordcomputers durchführten. Collins verwendete eine Stoppuhr, um sicherzustellen, dass die Zündung siebzehn Sekunden dauerte, nicht mehr und nicht weniger. Sie gelang perfekt. Die Apollo 11 stieg in einen niedrigeren Orbit hinab, statt 312,6 mal 113,5 Kilometern betrug die Umlaufbahn nun 122,4 mal 100,7 Kilometer und bildete fast eine perfekte Ellipse. Diese Präzision begeisterte sogar den Kommandanten:

03:08:13:47   Armstrong: *122,4 mal 100,7 – das ist nicht zu schlagen.*
03:08:13:52   Collins: *Das ist eine Punktlandung.*
03:08:14:00   Aldrin: *Die Bahn ist jetzt elliptischer, oder?*
03:08:14:05   Collins: *Viel näher kann man nicht drankommen.*

Da die Apollo-11 nun sicher auf ihrer Umlaufbahn um den Mond kreiste, war es Zeit, die Mondlandefähre für ihre Aufgabe bereit zu machen. Die Inbetriebnahme, die umfassende Überprüfung der Kommunikationssysteme und das Voreinstellen einer Reihe von Schaltern und Knöpfen sollte eigentlich drei Stunden in Anspruch nehmen, doch dank Aldrins Vorarbeiten am Tag zuvor konnten Neil und Buzz eine halbe Stunde einsparen. Um 20:30 Uhr Houstoner Zeit war die *Eagle* bereit, ebenso wie die beiden Astronauten, die in die *Columbia* zurückkletterten, um eine vierte Nacht im Raumfahrzeug zu verbringen, die erste in der Mondumlaufbahn. Der Kommandant und der Pilot der Mondfähre legten sich sorgfältig die Ausrüstung und Kleidung zurecht, die sie am nächsten Morgen brauchen würden. Dann deckten sie die Fenster ab, um nicht nur das direkte Sonnenlicht abzuschirmen, sondern auch den Mondschein, der hier viel heller war als auf der Erde, und begaben sich in ihre Schlafpositionen. Neil wollte gern, dass sie sich vor dem Landeanflug beide eine gute Mütze Schlaf gönnten, das wusste Buzz und glitt daher wie Neil in eine der schwebenden Hängematten. Collins löschte das Licht in der Kabine und setzte einen Schlusspunkt hinter den Tag: »Der heutige Tag ist in meinen Augen sehr gut verlaufen. Wenn das morgen und übermorgen so bleibt, kann nichts passieren.«

Um drei Minuten nach Mitternacht verkündete der diensthabende Pressesprecher im Kontrollzentrum den Medien: »Die Apollo-11-Besatzung befindet sich momentan in der Ruhephase.« Aldrin wusste später zu berichten, dass er eine unruhige Nacht erlebt habe; Neil meinte, ruhig geschlafen zu haben, wenn auch nicht sehr lange. Der Weckruf aus Houston erfolgte um sechs Uhr morgens. Gegen Mitte des Vormittags mussten Aldrin und Armstrong in der Mondlandefähre sein, bereit, die *Eagle* von der *Columbia* abzukoppeln, um zum Mond hinabzufliegen.

KAPITEL 23

Die Landung

Die entscheidende Phase der Apollo-11-Mission – und sicherlich ein Wendepunkt in Neil Armstrongs Leben – bestand darin, die Mondlandefähre zur Landestelle zu steuern.

Die erste Mondlandung fand für die Amerikaner, Europäer, Afrikaner und einen Teil der Asiaten an einem Sonntag statt. Armstrong und Aldrin befanden sich noch keine halbe Stunde in der *Eagle*, als CBS um elf mit der ausführlichen Berichterstattung begann. Die nervöse Anspannung angesichts dessen, was ihnen bevorstand, hatte selbst die Ausführung der alltäglichsten Aufgaben an jenem Morgen erschwert. Buzz erinnerte sich: »Die Aktivitäten dreier Männer im Weltall verlangen notwendigerweise eine gewisse Kooperation. Mittlerweile hatten wir bestimmte Abläufe für das Zusammenleben entwickelt, doch an jenem Morgen ging das System vor lauter Aufregung in Auflösung über.« Der Essensrhythmus, der sich bewährt hatte – ein Mann holte das Päckchen mit der Mahlzeit, ein anderer schnitt es auf, und der dritte füllte mit der Spritzvorrichtung Wasser hinein –, geriet ein bisschen aus dem Takt. Als besonders unangenehm erwies sich das Anlegen neuer »Koteinschlusshilfen«, Urinkatheter und Sammelbeutel vor dem Anziehen der Anzüge. Die Nerven lagen blank, als sich die drei Männer nacheinander im Navigationsbereich des CSM ankleideten, wo so wenig Platz war, dass sich immer nur einer dort anziehen konnte, während ein anderer ihm beim Verschließen der Knöpfe und Reißverschlüsse half. Auch Collins musste den Raumanzug anlegen, für den Fall, dass beim Abkoppeln etwas schieflief.

Die Astronauten gingen beim Anziehen der Anzüge immer sehr sorgfältig vor, doch am Morgen der Landung achteten sie noch genauer auf alle Details als sonst. Neil und Buzz mussten mehr als dreißig Stunden in den Druckanzügen verbringen. Die erste Schicht, in die sie vorsichtig hineinschlüpften, war die flüssigkeitsgekühlte Unterwäsche. Sie bestand aus einer Netzstruktur aus Hunderten dünnen, durchsichtigen Plastikschläuchen, die eine Form ähnlich einer langen Unterhose bildeten. Auf dem Mond würde Kühlwasser aus dem Rucksack der Astronauten durch die Schläuche gepumpt, doch bis zu diesem Zeitpunkt stellte das enge Gewebe nur eine weitere Unannehmlichkeit der Raumkleidung dar. Nur in Unterwäsche glitt Aldrin als Erster in die Mondlandefähre hinüber, er wollte mit ein paar Kontrollen beginnen. Eine halbe Stunde später kletterte auch der voll bekleidete Armstrong in das Modul. Daraufhin begab sich Buzz erneut in den Navigationsbereich des CSM, um sich fertig anzuziehen, und kehrte wieder in die Landefähre zurück. Er und Neil verriegelten die Luke von ihrer Seite, Mike von der anderen.

Im Inneren der *Eagle* schalteten Neil und Buzz mehrere Systeme ein, bevor sie sich den spinnenartigen Landebeinen der Fähre zuwandten. Um kurz vor zwölf Uhr Ostküstenzeit wurden die Beine erfolgreich ausgeklappt. Da immer noch eine Reihe von Kommunikations- und Gerätechecks anstanden, dauerte es noch eine weitere Stunde und 46 Minuten, bevor die Mondlandefähre bereit war für die Trennung, die mithilfe der Triebwerke der *Columbia* durchgeführt wurde. Die Funkkommunikation erfolgte hauptsächlich durch Collins und Aldrin.

»Wie geht es dem Zaren dort drüben?«, fragte Mike im Kommandomodul. »Er ist so still.«

»Ich bin hier – fleißig am Tippen«, kam die Antwort von Neil, der den Hauptcomputer des LM mit Daten fütterte. »Ihr lasst es auf dem Mond ruhig angehen, ja?«, sagte Collins noch schnell, bevor er den Schalter betätigte, der die Trennung auslöste. »Wenn ich euch keuchen und schnaufen höre, setzt es was.«

04:04:10:44	Collins:	*Noch ungefähr eine Minute. Seid ihr so weit?*
04:04:10:48	Armstrong:	*Ja, ich glaube schon ... Wir sind bereit, Mike.*
04:04:11:51	Collins:	*Fünfzehn Sekunden ... Okay, das war's. Wunderbar!*
04:04:12:10	Aldrin:	*Sieht nach einer guten Trennung aus.*
04:04:12:10	Collins:	*Sieht gut aus, finde ich.*

Mit der Nase gegen das Fenster gepresst sah Collins zu, wie die beiden davontrieben, und wartete darauf, dass Neil ihm Informationen über die relative Bewegung der beiden Raumfahrzeuge zueinander lieferte. Es war eine gute Idee, die Entfernung nicht allzu groß werden zu lassen, bis Mike die Mondlandefähre genau in Augenschein genommen hatte; es war ganz wichtig, dass alle vier Landebeine richtig ausgeklappt waren. Um Mike die Inspektion zu erleichtern, führte Neil eine kleine Pirouette aus, er drehte das Fahrzeug einmal um die eigene Achse. Ein paar Monate vor dem Start war Mike in die Grumman-Fabrik nach Long Island gereist, nur um sich anzuschauen, wie das LM mit korrekt ausgeklappten Beinen aussah. Wichtig war vor allem, dass Collins sich die zwei Meter langen Bodenfühler ansah, die aus dem linken, dem rechten und dem hinteren Fußteller hingen. Außerdem musste er überprüfen, ob sich der Fußteller am vorderen Bein, der einzige ohne Fühler, in der richtigen Position befand. An diesem Bein hing die Leiter, über die die Astronauten zur Mondoberfläche hinabklettern würden. Ursprünglich war auch an diesem Bein ein Fühler vorgesehen, doch der war entfernt worden, nachdem Armstrong und Aldrin darauf hingewiesen hatten, dass sie darüberstolpern könnten.

04:04:12:59	Armstrong:	*Okay. Ich habe meine Geschwindigkeiten eliminiert, Mike, du kannst dich also so weit wegtreiben lassen, wie du willst, und deine dann auch rausnehmen ... Ich starte das Gieren ... Im Simulator war die Sicht echt besser.*

04:04:13:38	Collins:	*Ich bin etwas ins Rollen geraten, das stoppe ich jetzt.*
04:04:14:22	Armstrong:	*Einverstanden, wenn ich jetzt mit der Drehung beginne, oder bist du noch nicht weit genug weg, Mike?*
04:04:14:31	Collins:	*Warte besser noch ein paar Sekunden, Neil.*
04:04:14:34	Armstrong:	*Okay, ich warte, bis du bereit bist, bis du die Geschwindigkeit ganz rausgenommen hast.*
04:04:14:39	Collins:	*Okay, ich bin dabei.*
04:04:15:26	Collins:	*So, jetzt sieht es gut aus.*
04:04:15:30	Armstrong:	*Okay.*
04:04:16:34	Collins:	*Genau wie im Simulator, ihr treibt zur Seite und ein bisschen nach unten weg.*
04:04:16:39	Armstrong:	*Ja.*
04:04:17:06	Collins:	*Die Beine sehen gut aus, ich habe drei gesehen.*
04:04:17:20	Armstrong:	*Gut.*
04:04:17:49	Collins:	*Ihr seht gut aus.*
04:04:17:59	Armstrong:	*Roger. Die* Eagle *ist abgekoppelt. Sie hat Flügel.*

Ein solcher Vogel war zuvor noch nie irgendwo geflogen, und ein spöttischer Collins konnte es sich nicht verkneifen, das Aussehen der Mondlandefähre zu kommentieren: »Ich finde, ihr habt da ein hübsches Fluggerät, *Eagle*, bis auf die Tatsache, dass ihr auf dem Kopf unterwegs seid.«

»*Einer von uns* ist auf dem Kopf unterwegs«, gab Neil den Scherz zurück.

Armstrong und Aldrin standen aufrecht in der Mondlandefähre, die nun in einer Höhe von weniger als 115 Kilometern über der Mondoberfläche entlangzog. Ohne Sitze war in der Kabine mehr Platz. Im Boden befanden sich Fußhalterungen mit Klettverschlussstreifen, und an der Hüfte wurden die Astronauten von einem federgelagerten Flaschenzugsystem fixiert. Wenn das nicht reiche, konnten Neil und Buzz zudem Haltegriffe und Armlehnen nutzen. Die stehende Position der Astronauten bedeutete, dass die dreieckigen Fenster kleiner sein konnten und die Besatzung trotzdem einen guten Blick auf den Landebereich hatte.

Bevor die *Eagle* mit dem Landeanflug beginnen konnte, mussten Neil und Buzz, die im Augenblick mit den Füßen nach vorn und dem Gesicht zur Mondoberfläche unterwegs waren, den Orbit auf gut 15 000 Meter verringern. Das erreichten sie, indem sie zum ersten Mal auf dieser Mission das Abstiegstriebwerk der Mondlandefähre zündeten. Diese Zündung zum Eintritt in den Landeorbit (»Descent Orbit Insertion«, auch DOI-Manöver genannt) erfolgte 56 Minuten nach der Trennung von der *Columbia*, um 15:08 Uhr Ostküstenzeit. Das DOI-Manöver fand statt, als beide Raumfahrzeuge sich auf der Rückseite des Mondes befanden und keinen Kontakt zur Erde hatten. Die Zündung dauerte 28,5 Sekunden und brachte die *Eagle* auf einen Sinkflug in Richtung Vorderseite des Mondes, wo die Landung stattfinden sollte. Im Verlauf dieses Sinkflugs überprüften Neil und Buzz, wie sich die Entfernung veränderte, damit sie mithilfe des »Abort Guidance Systems«, des Reserveleitsystems, wieder zur *Columbia* zurückkehren konnten, falls das Hauptnavigationssystem ausfiel oder ein anderes größeres Problem auftrat. Die *Eagle* befand sich nun in einer beträchtlich niedrigeren Umlaufbahn als die *Columbia* und war daher deutlich schneller. Dadurch hatte sie etwa eine Minute Vorsprung vor dem CSM. Da die *Columbia* in einem höheren Orbit und in einem Winkel unterwegs war, der eine direkte Linie zur Erde ermöglichte, trat sie etwa drei Minuten vor der *Eagle* wieder mit der Erde in Verbindung. In beiden Fällen war der Funkkontakt in weniger als einer Minute nach der Signalerfassung wiederhergestellt.

04:06:15:02	CapCom:	Columbia, *Houston. Wir warten, over ...* Columbia, *Houston. Over.*
04:06:15:41	Collins:	*Houston,* Columbia. *Höre euch laut und deutlich. Und andersrum?*

04:06:15:43	CapCom:	*Roger. Laut und deutlich. Wie ist das DOI-Manöver gelaufen? Over.*
04:06:15:49	Collins:	*Baby, hier läuft alles glatt. Wunderbar.*
04:06:15:52	CapCom:	*Super. Wir warten auf die* Eagle.
04:06:15:57	Collins:	*Okay. Sie kommt gleich.*

Anderthalb Minuten später meldete Aldrin, dass der Eintritt in den Landeorbit äußerst erfolgreich verlaufen sei und die *Eagle* fast genau in die vorherbestimmte Position gebracht hatte, aus der heraus das Landemanöver gestartet werden sollte. Wenn alles rund lief, würde die Mondlandefähre in weniger als dreißig Minuten aufsetzen.

Vor dieser letzten Flugphase mussten Armstrong und Aldrin noch die an Bord befindlichen Navigationsgeräte überprüfen. Die Mondlandefähre verfügte über zwei einzigartige und voneinander unabhängige Systeme. Das erste war das »Primary Navigation, Guidance and Control System«, PNGS oder kurz »Pings« genannt. Dieser kleine Digitalcomputer, der im Instrumentenpult vor und zwischen den Astronauten angebracht war, verarbeitete die Daten der eingebauten Trägheitsplattform, die durch Gyroskope in Position gehalten wurde, welche jede Bewegung registrierten und die Plattform davon abhielten, in eine Richtung zu kippen. Das PNGS, das auf weit entfernte Sterne ausgerichtet war, zeigte auf einem digitalen Display ständig gelbgrüne Zahlen an, die die Position der Mondlandefähre beschrieben.

Das zweite System war das »Abort Guidance System«, das AGS. Hier basierte die Navigation nicht auf der Trägheitsplattform, sondern das Raumschiff selbst diente als Messstation, mit am Fahrzeug befestigten Beschleunigungsmessern, die die entsprechenden Flugdaten lieferten. Sowohl das PNGS als auch das AGS ermittelten aus der Beschleunigung die Geschwindigkeit des Fahrzeugs, wobei die Ergebnisse des PNGS im Allgemeinen deutlich exakter ausfielen. Im Idealfall ergaben die mathematischen Berechnungen, die in den zwei Systemen abliefen, die gleichen Antworten auf die Frage, wo sich das Raumschiff gerade befand und in welche Richtung es flog, doch kleinere Fehler bei den Messungen waren unvermeidbar. Wenn sie sich summierten, konnten sich bei der Berechnung des Kurses und der Position grobe Abweichungen ergeben.

Zwischen dem Eintritt in den Landeorbit und der Zündung zum Beginn des Landemanövers (dem PDI, »Powered Descent Initiation«) führten Neil und Buzz eine Reihe Gegenproben der beiden Systeme durch. Die genaue Übereinstimmung war essenziell, damit das PNGS sie nicht auf eine unerwünschte Flugbahn brachte. Die größte Fehlerursache beim PNGS waren Plattformverschiebungen, ein konstantes Problem bei allen Trägheitssystemen. Diese Verschiebungen mussten korrigiert werden, indem man die Plattform mithilfe von computergestützter Astronavigation neu ausrichtete, gefolgt von einer mechanischen Neujustierung durch die Motoren und Apparate, die mit den Gyroskopen verbunden waren.

Die Plattform war auf dem Flug bis hierher schon mehrere Male ausgerichtet worden, doch das kostete Zeit und ging nur, wenn das Raumfahrzeug sehr ruhig lag. Auf der letzten halben Mondumkreisung vor dem DOI-Manöver hatten Neil und Buzz, die zu der Zeit mit anderen Aufgaben beschäftigt waren, grob überprüft, ob die letzte Ausrichtung noch passte. »Das taten wir«, erklärte Armstrong, »indem wir das Raumschiff in eine Position brachten, in der der Sextant direkt auf die Sonne ausgerichtet war. Wenn das Fadenkreuz im Mittelpunkt der Sonne lag, wussten wir, dass sich die Plattform nicht verschoben hatte. Wenn es ein Achtel oder ein Viertel danebenlag, war die Ausrichtung immer noch in Ordnung.« Neil führte diese Sonnenkontrolle kurz vor dem PDI durch. Obwohl seit der letzten Überprüfung ein paar Stunden vergangen waren, war er mit dem Ergebnis zufrieden, die Plattform hatte sich nur um einen Bruchteil eines Grades verschoben. »Ich ging davon aus, dass es wohl für die nächsten dreißig bis fünfundvierzig Minuten, bis wir gelandet waren, reichte.«

Plattformverschiebungen waren nicht der einzige kritische Faktor bei der Steuerung der Mondlandefähre. Sowohl das PNGS als auch das

AGS mussten beim Abstieg eingeschaltet sein, und das konnte sich als Problem erweisen, wenn die Astronauten bei der Nutzung der beiden Systeme nicht ganz genau aufpassten. Während nur das PNGS auf den Abstieg zur Mondoberfläche ausgelegt war, musste das AGS jederzeit bereitstehen, um die Fähre im Notfall zum Kommandomodul zurückzuführen. Erst in den letzten Sekunden vor dem Aufsetzen konnte es auch die Aufgaben des PNGS übernehmen, sollte dieses ausfallen. Mit Armstrongs Worten: »Wir konnten das AGS nicht zur Landung einsetzen, bevor wir ganz dicht über der Oberfläche waren, weil es mit ihm nicht möglich war, die richtige Flugbahn zu fliegen.« Dennoch mussten beide Systeme durchgehend laufen, weil die Besatzung jederzeit vom einen auf das andere umschalten können musste. Neil erklärte: »Beide Systeme funktionierten unabhängig voneinander, und es wurde jeweils nur eines zur Steuerung des Raumschiffs eingesetzt. Außerdem gaben beide Informationen aus, die miteinander verglichen werden mussten.«

Ein weiterer wichtiger Faktor war der Treibstoffvorrat. Es war von größter Bedeutung, genau zu erkennen, wann die *Eagle* den Punkt erreicht hatte, an dem das Landemanöver beginnen musste; wenn Neil und Buzz zu weit oben ansetzten, wäre der Treibstoff verbraucht, bevor sie das Raumschiff in die richtige Position für eine sichere Landung bringen könnten. Das Höhenfenster dafür umfasste laut Neil »einen Bereich von etwa 1 200 Metern«.

Die Höhe zu berechnen war fast genauso sehr Kunst wie Wissenschaft. Gängige Höhenmesser konnten den Astronauten nicht anzeigen, wann sie das Periselenum erreicht hatten, weil sie die Höhe auf der Grundlage von Veränderungen des atmosphärischen Drucks ermittelten und der Mond keine Atmosphäre hat. Die Mondlandefähre verfügte über einen Radarhöhenmesser, doch der war vom Cockpit aus gesehen nach vorn und unten gerichtet. In der Frühphase des Abstiegs, in der die vertikale Achse der Fähre fast waagerecht lag – die Piloten also nach unten schauten –, zeigte dieser Radarhöhenmesser nicht zur

Mondoberfläche, sondern nach oben und konnte keine Landedaten ermitteln. Den Punkt für das PDI anhand der Höhe der unten aufragenden Mondgebirge zu schätzen war unmöglich, weil Neil und Buzz zwar grob erkennen konnten, wie hoch die Berge am Rand der Mondkugel waren, für die in der Mitte aber keine Anhaltspunkte hatten.

Die Methode, die Armstrong und der MSC-Ingenieur Floyd Bennett entwickelt hatten, um den PDI-Punkt zu ermitteln, war relativ simpel. Sie bestand aus einem schlichten Blick mit dem bloßen Auge auf die Mondoberfläche in Verbindung mit etwas, wie Armstrong es formulierte, »Scheunen-Mathematik«. »Die Geschwindigkeit kannten wir durch die Radardaten von der Erde und unser eigenes Navigationssystem ziemlich genau, daher brauchten wir nur noch die Winkelgeschwindigkeit, um die Höhe auszurechnen. Die konnten wir ermitteln, indem wir einen Punkt auf dem Boden mit dem Blick verfolgten.« Zu Beginn der Abstiegsphase flog das LM mit den Fenstern nach unten, sodass Armstrong ohne Probleme Orientierungspunkte auf der Mondoberfläche ausmachen konnte. Diese Lage war auch praktisch, wenn man die Höhengleichung lösen wollte. Auf dem zweigeteilten Fenster auf Neils Seite der Landefähre befand sich eine senkrechte Linie mit waagerechten Markierungen. Neil nutzte eine Stoppuhr, um zu ermitteln, wie viele Sekunden zwischen zwei Markierungen verstrichen. So errechnete er die Winkelgeschwindigkeit des Raumschiffs. Außerdem hatte er eine Tabelle, anhand derer er die ermittelten Geschwindigkeiten mit den erwarteten Werten an verschiedenen Stellen in der Umlaufbahn abgleichen konnte. Die Unterschiede zwischen den beobachteten und den vorausgesagten Werten ermöglichten ihm sowohl die Höhe des Periselenums der Mondlandefähre als auch die Zeit, zu der sie es erreichen würden, zu bestimmen.

04:06:26:29 Armstrong: *Unsere Radardaten ergeben ein Periselenum von gut 15 000 Metern. Die Beobachtungswerte pendeln sich auf 16 150 Meter ein.*

Anderthalb Minuten später teilte Houston der *Eagle* mit: »Ihr habt die Freigabe für das Landemanöver.« Bevor das Kontrollzentrum den Astronauten grünes Licht erteilte, stellte es sicher, dass alle Druckwerte, Temperaturen und Ventile stimmten. Die Missionsregeln erlaubten eine Fortführung des Anflugs, auch wenn unwichtigere Geräte nicht ganz korrekt liefen, doch im Allgemeinen verlangten die Flugdirektoren, dass alles optimal funktionierte, bevor der PDI begann. Was die Bodenkontrolle hingegen nicht genau kennen konnte, war die Höhe der Mondlandefähre. »Die Scheunen-Mathematik war etwas, auf das ich selbst gekommen war und das ich allein durchführte. Ich bin mir nicht sicher, ob überhaupt noch andere Astronauten darauf zurückgriffen.«

Collins übermittelte die Freigabe für die Abstiegszündung an seine Kollegen, weil die *Eagle* immer noch keinen Funkkontakt hatte. Auch nachdem sie wieder auf der Vorderseite des Mondes aufgetaucht war, blieb die Verbindung unerwarteterweise unterbrochen. »Wir hatten eine kleine Parabolantenne oben auf dem LM, die recht gut war«, bemerkte Armstrong. »Sie war beweglich, musste aber ziemlich genau auf die Erde gerichtet werden, um ein vernünftiges Signal zu erhalten. Außerdem hatten wir eine Rundstrahlantenne. Das war einfach eine Stabantenne, wie man sie von Automotorhauben kennt; sie war weder sehr genau noch sehr wirksam. Es war wichtig, die Schüssel direkt auf die Erde auszurichten, aber das war gar nicht so leicht, wenn man sich in der Waagerechten befand. Schon ein geringer Gierwinkel bewirkte, dass man schnell das Signal verlor.«

Es dauerte fast fünf Minuten, bis Neil und Buzz die letzten Vorbereitungen für das Landemanöver getroffen hatten. »Wir mussten das richtige Programm im Computer aktivieren«, erklärte Neil, »und sicherstellen, dass alle Hebel und Schalter so eingestellt waren, dass die Systeme liefen und die Triebwerke für das Landemanöver bereit waren.« Buzz konzentrierte sich ganz auf die Anzeigen der Navigationscomputer, während Neil sich darum kümmerte, dass alles – von der Triebwerksleistung bis zur Lageregelung – so war, wie es sollte. Als die *Eagle* sich auf den Weg nach unten machte, schalteten die beiden Männer die Sechzehn-Millimeter-Filmkamera ein, die so neben Buzz über dem rechten Fenster montiert war, dass sie nach vorn und unten ausgerichtet war und jeden Meter des historischen Abstiegs aufzeichnete.

Auf der Erde stieg die Spannung, als man sich in der Fernsehübertragung auf das PDI und den Countdown bis zum Aufsetzen auf der Mondoberfläche vorbereitete. Der CBS-Berichterstatter Walter Cronkite sagte zu Wally Schirra: »Eine Minute bis zur Zündung und dreizehn bis zur Landung. Ich weiß nicht, ob wir es aushalten, wenn sie sich doch für eine weitere Umkreisung entscheiden.«

Der PDI erfolgte um 16:05 Uhr Ostküstenzeit. Da Neil und Buzz durch Gurte und Halterungen gesichert waren, die wie Stoßdämpfer wirkten, spürten sie die Bewegung gar nicht und warfen einen schnellen Blick auf den Computer, um sicherzustellen, dass das Triebwerk tatsächlich lief. In den ersten 26 Sekunden – der »Zoomphase« – war es auf nur zehn Prozent des Maximalschubs gedrosselt. Dieser sanfte Auftakt verschaffte dem Navigationscomputer den nötigen Spielraum, um zu ermitteln, wann die Mondlandefähre sich in der richtigen geometrischen Position befand, um voll durchzustarten. »Eigentlich war es gut, möglichst viel Schub zu geben, um den Treibstoff optimal zu nutzen«, bemerkte Armstrong. »Doch wenn etwas nicht passte und das Triebwerk zu lange zu stark lief, war keine Ausrichtung auf das Ziel möglich. Also hatten wir eine Drosselstrategie – zu Beginn an Punkt A wurde das Triebwerk gedrosselt, um dann bis zu Punkt B die maximale Effizienz zu erreichen.«

Als das Triebwerk an Schub zulegte, spürten auch die Astronauten die Bewegung – doch obwohl das LM pro Sekunde zehn Meter an Höhe verlor, fühlte es sich nicht schlimmer an als eine Fahrt über mehrere Stockwerke in einem ruhigen Hotelaufzug. Während des Sinkflugs behielt Armstrong die Anzeigen der Instrumente im Blick, während

Aldrin darauf achtete, dass die Zahlen des PNGS und des AGS den im Voraus berechneten Werten entsprachen, die auf einem Stapel Kartei-karten notiert waren, den Buzz zwischen sich und Neil deponiert hatte.

Buzz gestand später selbst ein, er habe den gesamten Abstieg über »wie eine Elster« geschwatzt, da er kontinuierlich Daten vom Compu-ter ablas, während von Neil in den Minuten vor der Landung wenig zu hören war.

Wenn es nach Neil gegangen wäre, hätte die Außenwelt kein Wort da-von mitbekommen. Gegen Ende der Vorbereitungszeit hatte er gefragt, ob es möglich sei, den Wortwechsel, der in den letzten Minuten des Land-eanflugs in der Mondlandefähre stattfand, nicht per Funk zu übertra-gen, um die Ablenkung minimal zu halten. Das Kontrollzentrum wies dieses Anliegen umgehend zurück, weil es mithören wollte, was die bei-den sagten; die Flugdirektoren wollten, dass ihre Teams an den Instru-mentenpulten alle verfügbaren Informationen hatten. Dahinter steckte der Gedanke, dass einer der vielen Spezialisten am Boden der Besatzung möglicherweise noch in den allerletzten Sekunden helfen könnte, wenn ein Problem auftrat. »Wenn ich mit der Außenwelt kommunizieren woll-te«, sagte Neil, »nutzte ich meist den Push-to-Talk-Modus«, das heißt, er drückte auf einen Knopf. »Wir hatten auch ein sprachaktiviertes System, das Buzz beim Abstieg verwendet hat, glaube ich.«

In den ersten Minuten nach dem PDI, solange das Raumschiff mit dem Triebwerk nach vorn und den Fenstern nach unten unterwegs war, behielt Neil die Orientierungspunkte auf der Oberfläche im Blick, um die Flugbahn der *Eagle* und den Zeitplan abzugleichen. Drei Minu-ten nach Beginn des Abstiegs fiel ihm auf, dass sie den Krater, der als Maskelyne W bezeichnet wurde, ein paar Sekunden zu früh passierten:

04:06:36:03 Armstrong: *Okay, sind am Drei-Minuten-Punkt etwas zu früh dran. Leichte Abweichung.*

04:06:36:11 Aldrin: *Die Sinkgeschwindigkeit sieht gut aus. Die Lage – passt.*

04:06:36:16 Armstrong: *Unsere Position entlang der Flugbahn scheint ein bisschen zu weit zu sein.*

Weder Neil noch Buzz wussten, warum sie etwas zu früh über den Krater geflogen waren. Sie vermuteten, dass das PDI ein wenig spät begonnen hatte. »Drei Minuten und eine Minute vor der Zündung schien die Position entlang der Flugbahn noch gut zu sein«, berichtete Neil bei der Nachbesprechung der Mission. Auf einem Schaubild, das in der Fähre vor den Astronauten hing, hatte er markiert, wo der PDI beginnen sollte, doch als es tatsächlich so weit war, war alles so hektisch, dass er nicht im Detail darauf achten konnte, wo das Manöver tatsächlich erfolgte. »Ich habe den Zündungsbeginn nicht genau mitbekommen, weil ich mich auf die Triebwerksleistung konzentrierte. Aber wir schienen den Punkt gut erwischt zu haben, es passte ungefähr. Unsere Position seitlich zur Flugbahn war schwer zu bestimmen, weil wir das Raumfahrzeug aufgrund der Kommunikation in einem schrägen Gierwinkel halten mussten. Doch die Positionsmarkierungen entlang der Flugbahn auf meinem Fenster ergaben nach der Zündung, dass wir zu weit waren.« Sie erreichten die einzelnen Markierungen zwei bis drei Sekunden zu früh, wobei jede Sekunde gut anderthalb Kilometern Strecke entsprach. »Die Tatsache, dass die Drosselung im Grunde pünktlich erfolgte, nicht zu spät, deutete darauf hin, dass der Computer unsere Position nicht ganz klar hatte. Hätte er sie gekannt, hätte er die Triebwerksleistung später stärker gedrosselt, um ein bisschen Geschwindigkeit rauszunehmen. Die Sicht auf die Orientierungspunkte war sehr gut. Wir konnten das gesamte Landemanöver über, als wir mit dem Gesicht nach unten unterwegs waren, problemlos unsere Position bestimmen.«

Der Grund für die leichte Verzögerung des PDI wurde von der NASA erst nach Abschluss der Mission untersucht: Sie ergab sich wohl durch sehr geringe Störungen in der Bewegung der Mondlandefähre, die bei der Trennung von LM und CSM entstanden waren. Sehr wahrscheinlich versetzte ein kleiner Rest an Druck im Tunnel zwischen den beiden Modulen der *Eagle* einen kleinen Extra-»Kick«, der zu einem Positionsfehler führte, durch den die *Eagle* sich ein beträchtliches Stück von der vorgesehen Stelle entfernt befand. Die unvollständige Entlüftung des Tunnels war vor der Apollo-11-Mission kein großes Thema gewesen, danach hingegen schon. Auf allen folgenden Apollo-Flügen ließ das Kontrollzentrum den Status des Tunneldrucks doppelt überprüfen, bevor es die Freigabe für die Abkopplung erteilte.

Armstrong hatte keine Zeit, sich darüber Gedanken zu machen, dass er sich auf dem Anflug topografisch betrachtet etwas zu weit vorn befand. »Es war nicht einmal gesichert, dass es so war, weil wir nicht wussten, wie exakt die Markierungen auf dem Fenster waren. Außerdem war die Frage, wo genau wir aufsetzten, kein großes Ding. Es war ja nicht so, als würde uns dort ein Willkommenskomitee erwarten.«

Der erste Hinweis darauf, dass die *Eagle* über die Landestelle hinausschießen könnte, kam kurz nachdem Armstrong begonnen hatte, die Mondlandefähre in eine aufrechte, nach vorn ausgerichtete Stellung zu bringen. Der Grund für die Drehung in diese ungewohnte Position war, dass die Radarantennen Richtung Mondoberfläche zeigen sollten. »Wir mussten den Landeradar jetzt rasch in die Gleichung holen, weil die Erde nicht wusste, wie nahe wir der Mondoberfläche waren und wir den Abstand ohne den Radar nicht zu gering werden lassen wollten. Wenn wir herausfanden, dass sich unsere tatsächliche Position stark von der vorausgesagten unterschied, hätten wir vielleicht ein paar wilde Manöver durchführen müssen, um wieder auf die richtige Bahn zu kommen, und das wollten wir vermeiden. Also mussten wir uns so drehen, dass unser Landeradar die nötigen Informationen übermitteln konnte. Es handelte sich um einen Dopplerradar, der drei Geschwindigkeits- und Höhenwerte lieferte, ein ziemlich einzigartiges Gerät.« Wie sich herausstellte, war das eine gute Idee, denn der Radar zeigte eine Höhe von 10 000 Metern an, knapp 900 weniger als das PNGS, weil dieses auf das mittlere Oberflächenniveau programmiert war, nicht auf das tatsächliche Niveau der Oberfläche an einem bestimmten Punkt. Nach Abschluss der Drehung sah die Besatzung ihren Heimatplaneten vor sich, ein prachtvoller Anblick, der Sicherheit ausstrahlte. »Die Erde steht direkt vor unserem Vorderfenster«, sagte Buzz zu Neil, als er vom Computer aufsah. »Ich sehe es«, entgegnete Neil.

Da sie nun über verlässliche Radardaten verfügten, stellte Neil den Bordcomputer so ein, dass das LM nach vorn kippte, bis es fast aufrecht unterwegs war. So hatte er einen exzellenten Blick auf die Orientierungspunkte unten, die ihn wie Straßenschilder über den »US-Highway 1« führten, wie die Astronauten die Flugbahn zur Landestelle im Mare Tranquillitatis nannten.

In jenem Augenblick – um 04:06:38:22 Uhr MET – leuchtete ein gelbes Warnlämpchen auf, und es ertönte ein Programmalarm des Computers – wie sich herausstellte, der erste einer ganzen Reihe. Neil drückte den Funkknopf und meldete Houston mit einem kaum vernehmlichen Hauch von Dringlichkeit in der Stimme: »Programmalarm«. Drei Sekunden später fügte er hinzu: »Es ist Nummer 1202.« Dann bat er um eine Erklärung dieses Alarms, weil er nicht im Kopf hatte, auf welche der Dutzenden möglichen Situationen der Alarm 1202 hinwies.

Das Kontrollzentrum brauchte nur fünfzehn Sekunden, um zu antworten: »Verstanden ... ihr habt die Freigabe für diesen Alarm.« Das Computerproblem war nicht weiter kritisch. Der Abstieg der *Eagle* konnte fortgesetzt werden.

»Wir waren so weit gekommen und wollten unbedingt landen«, versicherte Neil. »Wir hatten keine Lust auf ein Abbruchtraining. Also konzentrierten wir uns ganz auf die Durchführung der Landung.«

Der Auslöser des Alarms war eine Überlastung des Bordcomputers durch die Daten des Landeradars. Zum Glück fand der 26-jährige Steve Bales – der führende Spezialist für die LM-Navigation und die Computersoftware in Flugdirektor Gene Kranz' weißem Team – schnell heraus, dass diese Überlastung die Landung nicht gefährdete, weil der

Computer darauf programmiert war, Informationen des Landeradars zu ignorieren, wenn wichtigere Berechnungen anstanden.

In den folgenden vier Minuten leuchtete der 1202-Alarm noch zwei weitere Male auf. Die *Eagle* befand sich nur gut 900 Meter über der Mondoberfläche. Sieben Sekunden nach dem dritten Mal spitzte sich die Lage weiter zu, als ein neuer Alarm auftrat – 1201.

04:06:42:15   Aldrin: *Programmalarm – 1201.*
04:06:42:22   Armstrong: *1201! ... Okay, 610 bei 15.* [Das bedeutete, dass sich die Mondlandefähre nun 610 Meter über der Mondoberfläche befand und fünfzehn Meter pro Sekunde sank, bedeutend langsamer als zuvor.]

Das Kontrollzentrum brauchte nur einen Augenblick, um zu erkennen, dass auch der Alarm 1201 kein gefährliches Problem darstellte.

04:06:42:25   CapCom: *Roger. Alarm 1201. Freigabe. Ist der gleiche Typ. Freigabe.*

Das riesige internationale Fernsehpublikum, das die Landung verfolgte, wusste nicht im Geringsten, was die Alarme zu bedeuten hatten. Auf CBS erklärte Cronkite seinen Zuschauern auf die Aussagen der Besatzung hin: »Das sind typische Wortwechsel für einen Raumflug, es geht nur um die Anzeigen.« Schirra korrigierte ihn nicht. Man kann sich vorstellen, wie reißerisch die Liveübertragung geworden wäre, wenn die Berichterstatter auch nur die geringste Ahnung gehabt hätten, was die Alarme bedeuteten.

Für Armstrong stellten die Alarme hauptsächlich eine Ablenkung dar, die die Landung nur geringfügig gefährdeten, weil sie seinen Blick von den Orientierungspunkten ablenkten. »Die Geschwindigkeiten und die Höhenwerte passten, der Hauptgrund für meine Zuversicht zu jenem Zeitpunkt war, dass die Navigation gut funktionierte. Es gab keine Anomalien bis auf die Tatsache, dass der Computer sagte: ›Hey, ich habe ein Problem.‹ Alles andere lief, und die Berechnungen schienen zu stimmen.

Meine Tendenz war, weiterzumachen, solange alles gut aussah. Es hatte noch nie einen Abbruch an dieser Stelle gegeben, und bei dieser geringen Höhe wäre das auch kein ungefährliches Manöver gewesen. Ich wollte es vermeiden, bis uns absolut keine andere Option mehr blieb – und so weit war es zu dem Zeitpunkt noch nicht. Also erschien es mir am besten weiterzumachen. Aber ich hörte der Bodencrew genau zu, weil ich ihre Hilfe und die Informationen sehr zu schätzen wusste. Wenn man so nah am Ziel ist, warum sollte man sich dann bewusst in eine riskante Lage bringen – den Abbruch –, nur weil ein Warnlämpchen leuchtet, das besagt, es könne ein Problem geben?«

Armstrong machte sich zu dem Zeitpunkt keine Gedanken darüber, ob die Alarme Aldrin in Unruhe versetzten. »Ich weiß nicht, ob er genauso zuversichtlich war wie ich, dass wir weitermachen sollten.«

Die Computeralarme hätten Neil weniger abgelenkt, wenn er mehr über eine Simulation gewusst hätte, die nur wenige Tage vor dem Start im Kontrollzentrum durchgeführt worden war. Das verantwortliche Genie hinter der »Sim« war Richard »Dick« Koos gewesen, der sogenannte »SimSup« (»simulation supervisor«) am Manned Spacecraft Center. Im Rahmen des Apollo-Programms ersann er die intensivsten Trainingseinheiten, die man sich vorstellen konnte, und unterzog jeden Aspekt der lebenswichtigen Beziehung zwischen der Besatzung im Raumfahrzeug und der Bodencrew im Kontrollzentrum einer Feuerprobe.

Am späten Nachmittag des 5. Juli, elf Tage vor dem Start, hatte Koos seine Techniker angewiesen, den »Fall Nr. 26« in den Simulator zu laden. Diese Übung fand nicht im Rahmen des Astronautentrainings statt, denn an jenem Nachmittag saßen Dave Scott und Jim Irwin im LM-Simulator, die Ersatzmannschaft für Apollo 12. Das Ziel dieser

Simulation war, das weiße Team von Flugdirektor Gene Kranz aus dem Konzept zu bringen. Dieses Team würde auch während der Landung von Apollo 11 im Kontrollzentrum sitzen, und Koos wusste, dass er die Mitglieder am besten darauf trainieren konnte, auch unter hohem Druck gute Arbeit zu leisten, indem er sie ordentlich in die Mangel nahm. Mit einem hinterhältigen Grinsen im Gesicht erklärte er seinen Leuten:»Okay, seid auf Zack. Wir haben diesen Fall noch nie durchgespielt, daher ist höllisch präzises Timing gefragt. Es muss wie am Schnürchen laufen, also achtet auf meine Zwischenrufe. Wenn wir das Ding vor die Wand fahren, habt ihr hoffentlich eine Menge Kleingeld dabei, denn dann geht das Bier heute Abend wohl auf unsere Rechnung.«

Drei Minuten nach Beginn der Landesequenz spielte der teuflische SimSup seinen Joker aus:»Okay, Leute, jetzt geben wir es ihnen und schauen mal, wie gut sie sich mit Programmalarmen auskennen.«

Der erste Alarm, den er Kranz' Team hinwarf, war Alarm 1201, einer der ersten, mit dem auch die Apollo-11-Besatzung später konfrontiert war. Steve Bales, der Spezialist für die Computersysteme des LM, hatte keine Ahnung, was das bedeutete. Hastig blätterte er ein mehr als einen halben Zentimeter dickes Buch durch, das ein Glossar der LM-Software enthielt, und las vor:»1201 – überlastetes System – kein freier Speicher«. Das bedeutete, dass der Bordcomputer zu viele Daten verarbeiten musste, so viel war Bales klar, aber welche Auswirkungen das hatte, wusste er nicht.

Gene Kranz erinnerte sich noch lebhaft an die Überlegungen, die das Kontrollzentrum schließlich dazu brachten, die simulierte Landung abzubrechen:»Bales hatte keine Missionsregeln zu Programmalarmen. Es schien alles zu funktionieren, der Alarm ergab keinen Sinn. Während er zusah, traten eine Reihe weiterer Alarme auf. Also kontaktierte Bales Jack Garman, seinen Software-Experten, der in einem der Nebenräume saß:›Jack, was zur Hölle ist mit diesen Programmalarmen los? Siehst du irgendwelche Probleme?‹ Steve zählte die Sekunden, bis

Garman reagierte, und war froh, dass die Besatzung in der Zwischenzeit keine Antworten forderte. Garmans Erklärung half ihm nicht weiter. ›Es ist ein Notalarm. Der Computer ist aus irgendwelchen Gründen höllisch überlastet, er kommt nicht dazu, alle Aufgaben auszuführen.‹ Bales musste die Computerregeln nicht zu Rate ziehen, er hatte jede einzelne davon selbst geschrieben. Aber es gab keine Regeln für Programmalarme. Wo zum Teufel kam dieser Alarm her? Bales fühlte sich entblößt, verletzlich, tief in unbekanntem Terrain. Der Computer im LM war darauf ausgelegt, innerhalb genau definierter Grenzen zu arbeiten – er hatte eine beschränkte Leistungsfähigkeit, und wenn er Aufgaben gestellt bekam, für die er nicht die Zeit oder die Kapazität hatte, konnte das schlimme Folgen haben.

Steve starrte auf die Anzeigen und Grafiken und suchte verzweifelt nach einem Ausweg aus dem Dilemma. Der Computer teilte ihm mit, dass er etwas nicht schaffte, und Steve fragte sich, was zum Teufel das war. Nachdem eine Reihe weiterer Alarme losgegangen war, rief Steve: ›Jack, ich habe einen Leistungsabfall. Was auch immer hier passiert, es ist nicht gut. Ich finde nicht heraus, was nicht passt, aber der Computer startet die Software ständig neu und meldet Alarme. Ich glaube, es ist Zeit für einen Abbruch!‹«

Sekunden später ordnete Kranz den Abbruch an. Charlie Duke, der bei der Simulation als CapCom diente, so wie auch später bei der tatsächlichen Landung, wies die Astronauten Scott und Irwin im LM an, den Abbruch durchzuführen, was ihnen erfolgreich gelang.

In der Nachbesprechung der Übung äußerte Koos scharfe Kritik am Ausgang: »DAS WAR KEIN ABBRUCH. IHR HÄTTET MIT DER LANDUNG FORTFAHREN SOLLEN. Der 1201-Alarm bedeutete, dass der Computer nach einem internen Prioritätensystem arbeitete. Wenn die Navigation funktioniert, die Steuerdüsen laufen und die Displays der Besatzung alle Aktualisierungen anzeigen, werden alle für die Mission entscheidenden Aufgaben erledigt.« Dann wandte er sich Bales zu und erklärte ihm in eher väterlichem Tonfall: »Steve, ich habe dein

Gespräch mit Garman verfolgt und dachte, du hättest die Sache im Griff. Ich dachte, du würdest durchziehen, doch dann hast du aus unerfindlichen Gründen eine Kehrtwende hingelegt und dich für den Abbruch entschieden. Das war echt ein Schock für mich!« Koos' letztes schmerzhaftes Argument richtete sich gegen Kranz: »Ihr habt die grundlegendste Regel des Kontrollzentrums missachtet. Es wird nur abgebrochen, wenn es zwei Anhaltspunkte dafür gibt. Ihr hattet nur einen und habt trotzdem einen Abbruch angeordnet!«

Direkt nach der Besprechung versammelte Bales sein Team, um zu ermitteln, wo die Fehler gelegen hatten. Später an jenem Abend rief er Kranz zu Hause an: »Koos hatte recht, Gene, und ich bin verdammt froh, dass er uns diesen Durchlauf vorgesetzt hat.«

Am nächsten Tag, dem 6. Juli, ließ Koos sie ein zusätzliches vierstündiges Training durchführen, das sich nur um Programmalarme drehte. Nach einer gründlichen Analyse des Computerverhaltens und der Reaktionszeiten unter verschiedenen Alarmbedingungen, ein Unterfangen, das bis zum 11. Juli dauerte, fügte Bales der ohnehin schon langen Liste von Gründen für einen Abbruch der Mondlandung eine weitere Regel hinzu. Sie trug die Bezeichnung »5-90, Punkt 11« und lautete: »Das Landemanöver wird abgebrochen, wenn das Hauptsteuersystem die folgenden Programmalarme anzeigt – 105, 214, 402 (dauerhaft), 430, 607, 1103, 1107, 1204, 1206, 1302, 1501 und 1502.«

Die Alarme 1201 und 1202 standen nicht auf Bales' Liste. Im unwahrscheinlichen Fall, dass einer oder der andere bei der eigentlichen Landung auftrat, würde sich das Team im Kontrollzentrum an die Lektion, die der SimSup ihm erteilt hatte, erinnern.

Als Armstrong und Aldrin um 16:10 Uhr Ostküstenzeit den ersten Programmalarm meldeten, waren Bales und sein Team aus LM-Computerfachleuten gerade im Nebenraum damit beschäftigt, die Daten des Landeradars auszuwerten. Es dauerte ein paar Sekunden, bis Jack Garman Bales auf den Alarm aufmerksam gemacht hatte. »Wartet kurz«, wies dieser Kranz über die Funkverbindung des Flugdirektors an. Charlie Duke wiederholte, dass es sich bei dem Alarm um Nummer 1202 handelte. Dann erklärte er fast ungläubig: »Das ist der gleiche wie im Training.« Der Zufall fiel Kranz sofort ins Auge: »Es waren exakt die Alarme, die uns im abschließenden Trainingsdurchlauf, als der SimSup die letzte Runde gewann, zur falschen Schlussfolgerung verleitet hatten, einem Abbruchbefehl. Dieses Mal würden wir uns nicht überrumpeln lassen.«

Das Kontrollzentrum wusste, dass es jedem Alarm auf den Grund gehen musste, denn wenn er anhielt, konnte sich der Bordcomputer irgendwann aufhängen, was den Landeversuch möglicherweise beendet hätte. Doch an sich, ohne weitere Probleme, erforderten weder der Alarm 1202 noch der später einsetzende 1201 einen Abbruch. »Ihr habt die Freigabe, weiterzumachen«, meldete Bales nach dem ersten Alarm so schnell, aber deutlich, wie er konnte, aus dem Nebenraum an Kranz. »Er kriegt die Radardaten rein.« Als 1202 erneut auftrat, reagierte Bales sogar noch schneller. »Freigabe. Sagt ihm, wir behalten die Höhenwerte im Blick. Ich glaube, das löst den Alarm aus.« Als der neue 1201-Alarm angezeigt wurde, lautete die umgehende Antwort von Bales erneut: »Freigabe ... gleicher Typ ... Freigabe.«

Trotz der Entschlossenheit des Kontrollzentrums, mit der Landung fortzufahren, wäre es für Armstrong und Aldrin hilfreich gewesen, wenn sie im Rahmen des Trainings eine Programmalarm-Simulation absolviert hätten. »Wir hatten ein paar Computeralarme in den Simulationen, die wir durchlaufen hatten, aber nicht diese«, merkte Armstrong an. »Ich kann nicht sagen, wie viele Alarme es gab, aber es waren eine ganze Menge – vielleicht hundert. Ich konnte sie nicht alle auswendig und bin froh, dass es so war.« Die Details zu derart vielen Alarmen hätten sein Gehirn nur mit Informationen verstopft, die er nicht unbedingt kennen musste – solange die Männer im Kontrollzentrum wussten, was zu tun war, wenn einer der unzähligen Programmalarme ertönte.

Dennoch sollte man meinen, dass irgendjemand die Apollo-Besatzung über wichtige Ergebnisse von Simulationen, die erst nach deren Abreise aus Houston zum Kap stattgefunden hatten, informiert oder Neil und Buzz zumindest inoffiziell darauf hingewiesen hätte. Doch das war, soweit sich die Astronauten erinnerten, nicht passiert.

»Neil, hat Ihnen in den Tagen vor dem Abflug irgendjemand, vielleicht Charlie Duke, von der Simulation in Houston erzählt, in der es um eine mögliche Überlastung des LM-Computers *in den letzten Minuten des Landeanflugs ging?«*

»Ich meine, irgendwo gehört zu haben, dass diese Probleme Teil einer Simulation war.«

»Aber hatte man Sie darüber informiert, dass das Kontrollzentrum die simulierte Landung in diesem Fall unnötigerweise abgebrochen hatte und später herausfand, dass dieser Abbruch ungerechtfertigt war, wenn der Computeralarm XY eintrat, es aber sonst keine Probleme gab? Hatten Sie davon gehört?«

»Nein.«

»Hätten Sie dann anders auf die Alarme reagiert, als sie bei Apollo 11 tatsächlich auftraten?«

»Na ja, es wäre schon hilfreich gewesen, das zu wissen.«

Aldrin erinnert sich überhaupt nicht daran, irgendetwas von der Simulation kurz vor dem Start mitbekommen zu haben: »Ich hatte keine Ahnung, bis ich ein oder zwei Jahre nach dem Flug davon hörte. Erst da erfuhr ich, dass die gleiche Situation im Training vorgekommen war.«

So wie die Lage war, bewirkten die Alarme vor allem, dass Armstrong ihnen mehr Zeit und Aufmerksamkeit widmete, als ihm lieb war: »Es war meine Pflicht, sicherzustellen, dass ich verstand, was da los war, und dass wir nichts Wichtiges übersahen; in dem Sinne war es natürlich eine Ablenkung und nahm Zeit in Anspruch. Als die Alarme aufleuchteten, konnte ich mich nicht mehr gänzlich auf die Orientierungspunkte konzentrieren. Hätte ich mehr Zeit gehabt, um aus dem Fenster zu schauen und die Punkte auszumachen, hätte ich vielleicht besser einschätzen können, wo genau unsere Landestelle war.« Aber er überlegte keine Sekunde lang, die Landung abzubrechen, da er instinktiv wusste, dass die Alarme das nicht rechtfertigten, wenn sonst alles in Ordnung war. »Für mich war entscheidend, wie das Raumschiff flog und welche Daten die Instrumente anzeigten. Wenn alles gut aussah, so wie erwartet, ließ ich mich nicht von einem gelben Lämpchen am Computer einschüchtern.«

Als Neil seine Aufmerksamkeit wieder auf die Mondoberfläche richtete, die rasch näher kam, sah er keine Krater oder Kraterformationen, die er erkannte, aber das war unter den Umständen kein Anlass zur Sorge. Im Training hatte er stundenlang verschiedene Landkarten des Mondes, Dutzende Orbiter-Bilder von der Oberfläche und viele hochauflösende Fotos studiert, die Apollo 10 von der Strecke des Landeanflugs gemacht hatte, von jedem einzelnen Orientierungspunkt auf dem Weg zum Mare Tranquillitatis. »Die Punkte, die ich dort draußen sah, waren nicht die, die ich mir eingeprägt hatte, ich erinnerte mich nicht gut genug an sie, um zu wissen, wo genau wir uns befanden, aber ich sah das pragmatisch. Ich fand es weder überraschend noch besorgniserregend, wenn wir an einem anderen Ort herauskamen. Es wäre ja eher überraschend gewesen, wenn wir beim ersten Versuch einer Mondlandung auch nur in der Nähe der Stelle gelandet wären, die wir uns ausgesucht hatten. Ich rechnete überhaupt nicht damit. Objektiv betrachtet, war es mir auch relativ egal, wo wir landeten, solange es sich um eine ungefährliche Stelle handelte. Wo das war, spielte keine große Rolle. Am besten wäre es gewesen, wir wären in irgendjemandes Garten gelandet.«

Da Armstrong mit der Klärung der Programmalarme beschäftigt gewesen war, konnte er den Landebereich erst ungestört in Augenschein nehmen, als die Mondlandefähre nur noch 600 Meter über der Oberfläche schwebte. Was er auf den folgenden 450 Metern Abstieg sah, war nicht gut:

04:06:43:08 Armstrong: *Ziemlich felsige Gegend.*

Der Bordcomputer leitete sie direkt auf den nahe gelegenen Hang eines Kraters von der Größe eines Footballfeldes zu. Rund um diesen später als »Westkrater« bezeichneten Krater erstreckte sich ein großes Feld voller Steinbrocken, von denen einige so groß wie Kleinwagen waren.

»Anfangs hielt ich es für eine gute Idee, kurz vor dem Krater zu landen, weil es wissenschaftlich wertvoller gewesen wäre, nah an einem großen Krater zu sein. Doch die Neigung des Abhangs war beträchtlich, und ich glaubte nicht, dass wir an einer so steilen Stelle landen sollten.

Dann dachte ich, dass ich die großen Felsbrocken auf dem Feld wahrscheinlich umgehen könnte, aber ich wusste nicht genau, wie gut ich zwischen ihnen und um sie herum auf einen bestimmten Landepunkt zusteuern konnte, weil ich noch nie mit dem Fahrzeug gelandet war. Es wäre wohl kein großes Vergnügen, eine ziemlich eng bemessene Stelle treffen zu müssen. Außerdem kam der Bereich rasch näher, und schon bald war klar, dass ich nicht früh genug heruntergehen konnte, um eine sichere Landestelle zu finden; es war für mich einfach nicht der richtige Ort für eine Landung. Eine größere, offenere Fläche, auf der nicht von allen Seiten Gefahren drohten, wäre besser.«

04:06:43:10 Aldrin: *183 Meter, sechs runter. 165 Meter, neun runter. 4,5 runter.*
04:06:43:15 Armstrong: *Ich werde jetzt …*

Bei gut 150 Metern schaltete Armstrong auf die manuelle Steuerung um. Als Erstes richtete er das Fahrzeug vollständig auf, was den Abstieg verlangsamte, aber das Tempo nach vorn – etwa fünfzehn bis achtzehn Meter pro Sekunde – beibehielt, sodass er wie ein Helikopterpilot über den Krater hinwegfliegen konnte.

Jetzt, da Armstrong den Krater hinter sich ließ, musste er eine gute Landestelle ausfindig machen, ein potenziell schwieriges Unterfangen angesichts der speziellen Lichtverhältnisse auf der Mondoberfläche, die sich auf der Erde nicht hatten nachstellen lassen. »Eine große Sorge war«, erinnerte sich Neil, »dass das vom Mond reflektierte Licht beim Näherkommen so stark wäre, dass wir ganz unabhängig vom Anflugwinkel wenig sehen könnten, weil es unsere Tiefenwahrnehmung ernsthaft beeinträchtigte.«

Zum Glück hatten die Missionsplaner sich im Vorfeld viele Gedanken über die Lichtbedingungen gemacht. Sie waren zu dem Schluss gekommen, dass die *Eagle* in einem Zeitabschnitt des »Tages« und in einem Winkel landen musste, in denen die Schatten am längsten waren. Ohne Schatten wirkte der Mond flach, doch waren sie lang, präsentierte sich ein dreidimensionales Bild. Dann konnten die Astronauten die räumlichen Bedingungen auf der Oberfläche gut erkennen: Sie nahmen Höhenunterschiede wahr und konnten die Konturen und Formen von Gipfeln, Tälern, Kämmen und Kanten ausmachen. Die idealen Bedingungen für den Anflug der Mondlandefähre waren gegeben, wenn die Sonne 12,5 Grad über dem Horizont stand. Dann hätten Armstrong und Aldrin genügend Licht zur Verfügung, und die Raumwahrnehmung wäre trotzdem gut.

Da Armstrong den Bereich hinter dem Krater recht gut einsehen konnte, hing die Landung des LM nun schlicht und einfach von seinen Pilotenfähigkeiten ab. Nun zahlte sich die Zeit im LLTV aus, denn Neil konnte die *Eagle* nicht einfach zu Boden bringen, indem er durch die Luft schwebte und dann senkrecht runterging, sondern musste sie noch 450 Meter in einem relativ schnellen Tempo absinken lassen. »Solche Manöver hatte ich schon im Lunar Lander Training Vehicle geflogen. Diese Techniken musste ich nun nutzen, um über den Boden zu gleiten. Hätte ich etwas mehr Erfahrung mit der Maschine gehabt, wäre ich die Überquerung des Kraters etwas aggressiver angegangen, aber es erschien mir nicht sehr vernünftig, ausgeprägte Lageveränderungen vorzunehmen. Ich hatte einfach nicht genügend Erfahrung mit dem Gefährt unter diesen Bedingungen, um zu wissen, wie es reagierte und wie gut ich damit umgehen konnte. Zum Glück flog das LM besser, als ich erwartet hätte. Daher hätte ich sicher mit etwas mehr Tempo über den Krater und aus dem schlechten in ein besseres Gebiet fliegen können, was uns ein bisschen Treibstoff eingespart hätte.«

Normalerweise ist es keine schlechte Idee, »lang« zu landen, vor allem wenn man ein Rollfeld ansteuert, wo man die Bedingungen vor sich auf eine gewisse Entfernung überblicken kann. Doch auf der felsigen, schartigen Mondoberfläche brachte eine »lange« Landung mehr ungeklärte Fragen mit sich als eine »kurze« in einem Bereich, in dem der Pilot bereits alle Gefahren erfasst hatte. »Wenn dir das, was du siehst, nicht gefällt«, erklärte Aldrin, »gibt es vier Optionen: links, rechts, runterzugehen bzw. ›kurz‹ zu landen oder weiterzufliegen. In den allermeisten Fällen ist die letzte die am wenigsten schlimme, auch wenn sich Fragen ergeben können wie: ›Wenn ich weiterfliege, weiß ich nicht, was dort kommt. Bei einer kurzen Landung ist das klar. Ich bin nicht über der Stelle, ich bin davor.‹ Soweit ich mich erinnere, wäre es rechts haarig geworden, links ebenfalls und runterzugehen und kurz zu landen ... war einfach übel.« Armstrong stimmte zu: »Manchmal geht man runter und stellt fest: ›Himmel, das sieht furchtbar aus.‹« »Daher ist es ganz natürlich weiterzufliegen«, fuhr Aldrin fort. »Die Flugbahn zu verlängern«, fügte Neil hinzu. »Wir mussten eine Stelle finden und wussten nicht, wie sehr sich die Sicht verschlechtern würde, wenn wir uns der Oberfläche näherten. Daher suchten wir lieber aus einer Höhe von knapp fünfzig Metern einen Punkt, der sich gut eignete.«

04:06:43:46   Aldrin: *90 Meter* [Höhe]*, eins* [Meter pro Sekunde] *runter, fünfzehn* [Meter pro Sekunde] *nach vorn. Langsamer. Ein halber runter. Bring sie sanft runter.*
04:06:43:57   Armstrong: *Okay, was sagt der Treibstoffstand?*

04:06:44:00   Aldrin: *Geh runter.*
04:06:44:02 Armstrong: *Okay. Hier ... Sieht ganz gut aus, die Gegend.*
04:06:44:04   Aldrin: *Ich kann den Schatten erkennen.*

Den Schatten der Mondlandefähre ausmachen zu können war ein zusätzlicher optischer Hinweis darauf, wie hoch sie unterwegs waren. Buzz schätzte, dass er ihn das erste Mal auf rund achtzig Metern entdeckte: »Ich hätte gedacht, dass er bei achtzig Metern weit vor uns auftauchen würde, aber das stimmte nicht. Ich konnte die Landebeine erkennen, und die Auf- und die Abstiegsstufe. Hätte ich früher hinausgeschaut, hätte ich bestimmt schon auf 120 Metern so etwas wie einen Schatten finden können, vielleicht sogar von noch weiter oben. Wie auch immer, auf der niedrigen Höhe stellte er einen nützlichen Hinweis dar, aber man musste ihn natürlich vor dem Fenster haben«, was auf Neil nicht zutraf. Für die letzte Phase des Landeanflugs hatte Armstrong die Fähre etwas nach links gekippt. Daher versperrte ihm das Verdeck über der Luke die Sicht auf den Schatten der Mondlandefähre.

Während des Abstiegs von sechzig auf fünfzig Meter fand Armstrong die Stelle, auf der er landen wollte – eine ebene Fläche direkt jenseits eines weiteren, kleineren Kraters hinter dem Westkrater:

04:06:44:18   Aldrin: *Dreieinhalb nach vorn. Ruhiger Sinkflug. Sechzig Meter, 1,35 runter.*
04:06:44:23 Armstrong: *Wir fliegen direkt über den Krater.*
04:06:44:25   Aldrin: *1,65 runter.*
04:06:44:27 Armstrong: *Ich habe eine gute Stelle.*
04:06:44:31   Aldrin: *Fünfzig Meter, zwei runter. 1,65 runter, drei nach vorn. Sieht gut aus.*

Unter sich sah Neil eine Schicht aus Mondstaub, der vom Abstiegstriebwerk der Mondlandefähre auf seltsame Weise in Bewegung versetzt worden war. Genau genommen zeichnete sich auch der Schatten, den Buzz entdeckt hatte, auf dieser Staubschicht ab, nicht auf der Mondoberfläche selbst. Wie Neil sagte: »Die Sicht schwand, als wir auf unter dreißig Meter hinabgesunken waren. So langsam gerieten wir in den Staub – und zwar nicht in eine normale Staubwolke, wie man sie von der Erde kennt. Der Staub von der Mondoberfläche bildete einen Schleier, der sich von der Landefähre aus in alle Richtungen ausbreitete. Er bedeckte fast die gesamte Oberfläche, obwohl die größten Felsbrocken herausragten. Diese sehr schnelle Staubschicht, die sich fast waagerecht bewegte, wirbelte nicht im Geringsten auf, sie breitete sich einfach überall hin aus.«

Neil erzählte weiter: »Als wir tiefer sanken, wurde die Sicht immer schlechter. Ich glaube nicht, dass die visuelle Höhenbestimmung ernsthaft vom Staub beeinträchtigt war, aber was mich verwirrte, war, dass wir unsere Geschwindigkeit zur Seite und geradeaus nur schwer einschätzen konnten. Einige der größeren Steinbrocken zeichneten sich im Staub ab, und man musste durch den Schleier hindurchschauen, um die Steine auszumachen und danach die Translationsgeschwindigkeit zu bestimmen. Das fand ich ziemlich schwierig. Ich verbrachte mehr Zeit damit, die Translationsgeschwindigkeiten zu reduzieren, als ich für nötig gehalten hätte.

Als wir dann einen Bereich für die Landung gefunden hatten, drehte sich alles darum, die Mondlandefähre relativ langsam Richtung Boden zu bringen und größere Vorwärts- oder Seitwärtsbewegungen zu vermeiden. Als wir die Fünfzehn-Meter-Marke passiert hatten, meinte ich, dass wir auf der sicheren Seite waren, auch wenn uns der Treibstoff langsam ausging. Ich rechnete damit, dass das Landefahrzeug den Aufprall dank des stauchbaren Schaums in den Landebeinen überstehen würde. Ich *wollte* zwar nicht aus der Höhe zu Boden stürzen, doch sobald wir unter fünfzehn Metern waren, war ich ziemlich zuversichtlich, dass wir auf der sicheren Seite waren.«

Aus der Perspektive des Kontrollzentrums hingegen war die Situation durchaus brenzlig – an den Instrumentenpulten war die

Anspannung wegen des Dramas um die Treibstoffreserven deutlich zu spüren.

Noch in einer Höhe von 82 Metern, kurz bevor Buzz den Schatten des LM entdeckte, hatte Armstrong gefragt: »Was sagt der Treibstoffstand?« Als die Mondlandefähre auf fünfzig Meter hinabgesunken war, hatte Bob Carlton, der Steuersystemingenieur aus Gene Kranz' weißem Team, über die Flugdirektorenverbindung gemeldet, dass der Treibstoffvorrat nun offiziell »gering« sei. Das bedeutete, dass sich in den Tanks des LM nun so wenig davon befand, dass die Menge nicht mehr gemessen werden konnte, so wie die Tankanzeige in einem Auto manchmal auf »leer« steht, der Wagen aber trotzdem noch fährt. Kranz versicherte später: »Ich hätte nie damit gerechnet, dass wir mit so wenig Treibstoff noch in der Luft wären.«

Auf einer Höhe von knapp dreißig Metern hatte Aldrin gemeldet, dass die Tankleuchte nun aktiv sei, ein Hinweis darauf, dass nur noch fünf Prozent der ursprünglichen Treibstoffmenge verblieben. Im Kontrollzentrum löste diese Nachricht einen 94 Sekunden dauernden Countdown aus. Danach hätte Armstrong bei seiner Abstiegsgeschwindigkeit nur noch zwanzig Sekunden, um zu landen. Wenn er das nicht für machbar hielt, würde er die Landung sofort abbrechen müssen – obwohl er das auf dieser geringen Höhe, dreißig Meter über der Mondoberfläche, keineswegs vorhatte.

Bei 23 Metern teilte Bob Carlton Kranz mit, dass nun nur noch sechzig Sekunden verblieben. Charlie Duke wiederholte diese Meldung, sodass auch Neil und Buzz sie hörten. Kranz erinnerte sich: »Von der Besatzung kam keine Reaktion. Sie war zu beschäftigt. Ich hatte das Gefühl, dass die beiden alles auf eine Karte setzen würden. Das ahnte ich schon, seit sie auf die manuelle Steuerung umgeschaltet hatten: ›Sie sind die Richtigen für die Aufgabe.‹ Ich bekreuzigte mich und sagte: ›Bitte, Gott.‹«

Armstrong meinte später: »Auf einer Höhe von mehr als dreißig Metern hätten wir sicher abbrechen müssen. Aber weiter unten war es das

Sicherste weiterzumachen. Die Treibstoffsituation war uns durchaus bewusst. Wir hörten, wie Charlie den Countdown begann, und sahen die Tankleuchte im Cockpit, doch das spielte keine Rolle mehr. Ich wusste, dass wir zu dem Zeitpunkt schon ziemlich weit unten waren. Und unterhalb von dreißig Metern wollten wir nicht mehr abbrechen.«

Um 04:06:45:07 Uhr MET las Aldrin vor: »Achtzehn Meter, 0,75 runter. 0,6 nach vorn, 0,6 nach vorn. Das ist gut.« Armstrong wollte im Vorwärtsflug bleiben, damit er sicher sein konnte, dass er nicht in einem Loch landete, das er übersehen hatte. »Ich wollte gern, dass wir uns während des gesamten Endanflugs leicht vorwärts bewegten, denn sobald man senkrecht runtergeht, sieht man nicht, was sich direkt unter einem befindet. Man will erst ziemlich nah an den Grund herankommen, um zu sehen, dass es sich um einen guten Bereich handelt. Dann kann man die Vorwärtsbewegung einstellen und das Gefährt aufsetzen lassen.«

»Noch dreißig Sekunden«, ertönte Carltons nächste Meldung. Im Kontrollzentrum war mittlerweile jedes Gespräch verstummt. Alle, die vor den Bildschirmen und in den Beobachtungsräumen saßen, schluckten schwer, während sie angespannt abwarteten, was als Nächstes kam – die Landung der *Eagle* oder Carltons nächste Treibstoffmeldung.

Am Steuerpult der Mondlandefähre machte sich Neil keine großen Gedanken um den Treibstoffvorrat. »Im LLTV war es nicht ungewöhnlich, erst zu landen, wenn der Treibstoff nur noch für fünfzehn Sekunden reichte – das kam ständig vor. Mir erschien die Situation beherrschbar. Es wäre zwar schön gewesen, noch eine Minute länger zu haben, um noch ein bisschen herumzutüfteln, doch ich wusste, dass die Zeit knapp wurde, dass wir runtergehen, das LM unter fünfzehn Meter bekommen mussten. Aber ich verlor wegen der Treibstoffsituation nicht den Kopf.«

04:06:45:26   Aldrin: *Sechs Meter, 0,15 runter. Bewegen uns ganz leicht nach vorn. Gut. Okay. Kontaktleuchte.*

Die Kontaktleuchte schaltete sich ein, sobald mindestens einer der Bodenfühler, die von drei der vier Fußteller herabhingen, die Mondoberfläche berührte.

Neil war so sehr auf das konzentriert, was zu tun war, um das Gefährt sicher zu landen, dass er weder hörte, wie Aldrin klar und deutlich den Kontakt verkündete, noch das blaue Licht aufleuchten sah. Er hatte vorgehabt, das Triebwerk abzuschalten, sobald die Kontaktleuchte an war, doch das gelang ihm nicht. »Ich hörte, wie Buzz etwas über Kontakt sagte. Doch da befanden wir uns noch über dem Sandschleier, und ich war mir nicht ganz sicher, ob der Kontakt wirklich hergestellt war. Das Kontrolllämpchen hätte auch ein Fehlalarm sein können, daher wollte ich uns noch ein bisschen weiter nach unten bringen. Vielleicht hatten wir schon aufgesetzt, als ich das Triebwerk abschaltete – es war auf jeden Fall knapp davor. Die einzige Gefahr bestand darin, mit der Glocke des Triebwerks zu nah an die Oberfläche heranzukommen, während es noch lief, dann hätte es beschädigt werden können. Das hätte keine Explosion ausgelöst, davor hatten wir keine Angst. Aber im Rückblick hätte es schlimme Auswirkungen haben können. Wenn wir mit ausgefahrenem Triebwerk direkt auf einem Felsbrocken gelandet wären, wäre das gar nicht gut gewesen.«

04:06:45:41 Armstrong: *Abschalten.*
04:06:45:42   Aldrin: *Okay, Triebwerkstopp.*

Die Mondlandefähre setzte sehr sanft auf, so sanft, dass die Astronauten kaum sagen konnten, wann sie wirklich gelandet waren. »Soweit ich es spüren konnte, standen wir nicht schräg«, erklärte Neil. »Es war wie eine Hubschrauberlandung.« Genau betrachtet, wäre es vielleicht sogar hilfreich gewesen, etwas kräftiger aufzusetzen, wie es die späteren Apollo-Besatzungen dann auch absichtlich taten. »Man versucht immer, weich zu landen«, meinte Neil, »aber wenn wir mit etwas mehr Schwung aufgesetzt hätten, wäre der Schaum in den Landebeinen der

Fähre stärker zusammengedrückt worden, wodurch die untere Seite des Fahrzeugs näher an der Mondoberfläche und der Sprung von der Leiter zum Boden nicht so hoch gewesen wäre. Also hatte eine härtere Landung durchaus ihre Vorteile.«

04:06:45:58   Armstrong: *Houston, hier Tranquility Base. Die* Eagle *ist gelandet.*

Aldrin wusste, dass Neil vorhatte, die Landestelle »Tranquility« Base zu nennen, aber Neil hatte ihm nicht mitgeteilt, wann er den Namen zum ersten Mal verwenden wollte. Das Gleiche galt für Charlie Duke. Neil hatte Charlie vor dem Start über den Namen in Kenntnis gesetzt, doch als Charlie ihn nun zum ersten Mal hörte, hatte der normalerweise sehr schlagfertige Mann aus South Carolina plötzlich einen Knoten in der Zunge:

04:06:46:06   CapCom: *Roger, Twan ...* [korrigiert sich] *Tranquility. Haben verstanden, dass ihr aufgesetzt habt. Ihr habt eine Reihe Kerle hier unten blau anlaufen lassen. Jetzt können wir wieder durchatmen. Vielen Dank dafür.*
04:06:46:16   Aldrin: *Danke ebenfalls.*
04:06:46:18   CapCom: *Von hier sieht alles gut aus.*

Im Rückblick ist klar, dass die Treibstoffsituation der *Eagle* nie so kritisch war, wie das Kontrollzentrum zu der Zeit glaubte – oder wie es die Historiker gern darstellen. Die Nachfluganalyse ergab, dass Armstrong und Aldrin bei der Landung noch 300 Kilogramm nutzbaren Treibstoff im Tank hatten, der für weitere fünfzig Sekunden Schwebeflug ausgereicht hätte. Es waren etwa 225 Kilogramm weniger nutzbarer Treibstoff, als bei den folgenden fünf Apollo-Landungen verblieben.

Armstrong sagte später: »Das Wichtigste war, dass wir uns schon so nah an der Oberfläche befanden, dass es im Grunde egal war. Wir hätten auch dann nicht die Kontrolle über die Lage des Gefährts verloren, wenn uns der Treibstoff ausgegangen wäre. Das Triebwerk hätte sich abgeschaltet, aber aus der Höhe hätten wir trotzdem sicher auf dem Boden aufgesetzt.«

* * *

Die Landung erfolgte am 20. Juli 1969 um 16:17:39 Uhr Ostküstenzeit (21:17:39 Uhr in Mitteleuropa). Sobald die Menschen auf der Erde begriffen hatten, dass die *Eagle* sicher auf dem Mond aufgesetzt hatte – im Fernsehen rief Cronkite: »Meine Güte. Mann auf dem Mond!« –, brachen Jubelstürme aus. Überall auf der Welt verspürten die Leute eine enorme Erleichterung. Sie saßen sprachlos da oder applaudierten wie wild. Sie lachten, während ihnen die Tränen über die Wangen liefen. Sie schrien, brüllten und jauchzten. Sie reichten sich die Hand und umarmten sich, stießen an und brachten Trinksprüche aus. Die Gläubigen beteten. In einigen Teilen der Welt hieß es: »Die Amerikaner haben es endlich geschafft.« Natürlich war man in den USA besonders stolz auf diesen Erfolg. Selbst diejenigen, die nicht gut auf ihr Land zu sprechen waren – und das waren in den Tagen des Vietnamkriegs viele –, hielten die Mondlandung für eine außergewöhnliche Leistung.

In der Mondlandefähre, 385 000 Kilometer entfernt, taten Armstrong und Aldrin in diesem ganz speziellen Augenblick nach der Landung ihr Bestes, ihre Gefühle, wie auch immer diese aussehen mochten, zu unterdrücken. Die beiden Astronauten nahmen sich nur kurz die Zeit, einander die Hand zu schütteln und sich gegenseitig auf die Schulter zu klopfen. Auch wenn es ein entscheidender Moment im Leben beider Männer und vielleicht auch in der Geschichte der Menschheit im 20. Jahrhundert war, hatten die beiden ersten Menschen auf dem Mond keine Zeit, ihn zu genießen.

»So weit, so gut«, war die einzige Reaktion, an die sich Neil später erinnerte. Er wandte sich wieder seiner Checkliste zu und sagte zu Buzz: »Okay, weiter geht's.«

KAPITEL 24

Ein kleiner Schritt

Janet Armstrong, die sich mit ihren beiden Söhnen zu Hause in El Lago aufhielt, zog es vor, das Ereignis nicht im Fernsehen zu verfolgen. Stattdessen hockte sie vor einer von zwei Mithörboxen der NASA. Sie hatte eine der beiden für alle Hausgäste im Wohnzimmer platziert und die andere ins Schlafzimmer gestellt, wo sie dem Funkverkehr allein lauschte. »Während des Flugs schaute ich nicht fern. Es stimmt zwar, dass wir während der Landung den Fernseher eingeschaltet hatten, wegen der Landung, und auch als die Männer auf der Mondoberfläche herumliefen, denn so konnte man alles gut hören und sehen, weil sie Kameras dort vor Ort hatten. Aber die Spekulationen der Kommentatoren – die dramatischen Dinge, die passieren konnten, falls es Probleme gab –, all das musste ich mir nicht anhören. Das machte mich nur wahnsinnig.« Janets Haus war bis obenhin voll mit Nachbarn und Gästen, auch ihre Schwestern waren da, eine davon mit Mann und Kindern. Im Haus befanden sich die allgegenwärtigen Journalisten von *Life*, draußen ein Schwarm Reporter. Neils Bruder Dean war mit seiner Frau und seinem Sohn gekommen. Den ganzen Tag über kamen und gingen Leute. Janet hatte ein Klemmbrett vor die Tür gehängt, mit einem Kugelschreiber an einem Band und einer Liste, in die sich die Besucher eintragen konnten. Ansonsten hätte sie gar nicht mitbekommen, wer alles da war. »Meine Aufmerksamkeit war auf den Flug gerichtet, das war am wichtigsten. Ich gab ja schließlich keine Party.«

Wie immer waren auch die anderen Astronauten und ihre Frauen vor Ort, zur emotionalen Unterstützung der Familien der Besatzung.

Janet war über die Mission voll im Bilde. Im Schlafzimmer hatte sie Karten vom Mond und andere technische Unterlagen ausgebreitet, die Neil ihr gegeben hatte. Sie studierte Graphen, die den Verlauf des Landemanövers beschrieben, und hakte die Orientierungspunkte ab, wenn dem Funkverkehr zu entnehmen war, dass die *Eagle* sie passiert hatte. Nach der Ernennung der Besatzung von Apollo 11 hatte Janet Flugstunden genommen, zum Teil, damit sie die Beech Bonanza, die Neil gerade gemeinsam mit anderen gekauft hatte, im Notfall sicher zu Boden bringen konnte, wenn ihre Familie darin saß. Außerdem hatte sie sich bemüht zu verstehen, was ihr Mann im All so tat, um es der Presse und den Söhnen zu erklären.

»Rick war zwölf, fünf Jahre älter als Mark. Er interessierte sich sehr für das Ganze, aber Mark war zu jung. Mark erinnert sich kaum noch an irgendetwas davon.« Zu der Zeit sagte der kleine Junge immer wieder: »Mein Papa fliegt zum Mond. Er braucht drei Tage, bis er da ist. Ich will auch mal mit meinem Papa zum Mond fliegen.«

Janet erinnerte sich noch an ein »Gespräch mit Neil kurz vor dem Apollo-Flug. Ich bat ihn, mit den Kindern zu reden und ihnen zu erklären, was er tat. Ich sagte zu ihm: ›Es besteht die Möglichkeit, dass du nicht wiederkommst.‹ Das war direkt vor den Jungs. ›Ich möchte, dass *du* es ihnen sagst.‹ Ich glaube, das hat nicht viel gebracht.«

Für die Kinder war der Tag der Landung, als das ganze Haus voller Gäste war, eine große Party. Da Janets Schwestern und ihre Schwägerin da waren, hatte sie Unterstützung: »Es waren genug Leute da. Ich musste mir keine Gedanken um die Jungs machen. Sie gingen schwimmen, und die Leute behielten sie im Auge. Außerdem waren ein paar von ihren Freunden da. Ich versuchte ihr Leben so normal wie möglich zu gestalten, auch wenn der Tag wohl nicht sehr normal war.«

Während der Fernsehübertragungen aus der Kapsel auf dem Weg zum Mond drängte sie stets: »Beeil dich, Mark. Gleich sehen wir Papa.« Wenn Neils Arm auf dem Bildschirm erschien, zeigte sie sofort darauf: »Das da muss Papa sein. Da ist er!« Rick sah aufmerksam zu, aber der jüngere Mark war abgelenkt. Die Vorbereitungen auf den Besuch hatten Janet so in Atem gehalten, dass sie in der Nacht vor der Landung kaum geschlafen hatte. Die Anspannung machte ihr zweifellos zu schaffen, und sie rauchte eine Zigarette nach der anderen, um sich etwas Erleichterung zu verschaffen. Als das Kontrollzentrum die Erfassung des Signals von der *Columbia* am Nachmittag vor der Landung erst mit etwas Verspätung verkündete, schlug Janet mit der Faust auf einen Couchtisch.

Zum Zeitpunkt des PDI-Manövers hatten die Armstrongs bereits einen langen Tag hinter sich. Die ungewissen Augenblicke der Landung wollte Janet gern allein durchleben, daher zog sie sich in ihr Schlafzimmer zurück. Bill Anders gesellte sich zu ihr. Es waren Bill und Janet gewesen, die Pat White in jener grauenvollen Nacht im Januar 1967, als ihr Mann Ed beim Brand der Apollo 1 ums Leben kam, die schlimme Nachricht überbracht hatten, und Bill hatte das Gefühl, dass er Janet im Moment des Aufsetzens beistehen sollte. Rick, ein sehr intelligenter und sensibler Junge, wollte ebenfalls bei seiner Mutter sein. Rick und Janet hatten jeden Schritt der Landung auf der Flugkarte der NASA verfolgt und erhielten nun Unterstützung durch Anders. Rick machte es sich auf dem Fußboden neben der Mithörbox bequem, und Janet kniete sich neben ihren Sohn und hielt ihn fest im Arm, als die *Eagle* die letzten 75 Meter hinabstieg.

Janet wusste noch, dass sie im Augenblick der Landung einen gewaltigen Seufzer der Erleichterung ausstieß. Die Besucher drängten ins Zimmer, umarmten sie, küssten sie und gratulierten ihr. Zurück im Wohnzimmer, gab es zur Feier des Tages einen Drink. Doch es war noch nicht vorbei: »Über die Landung hatte ich mir keine allzu großen Sorgen gemacht. Wenn das jemand hinbekam, dann Neil. Aber Himmel, niemand wusste, ob das Aufstiegstriebwerk am nächsten Tag zünden würde! Im Fernsehen – später am Abend schaltete ich die Übertragung ein – drehte sich die ganze Aufregung nur um die Landung. Vergessen Sie die Landung! Würden sie wieder von dort wegkommen?«

Im Rückblick gibt es zwei technische Aspekte direkt nach der Landung von Apollo 11, die merkwürdig erscheinen mögen. Der erste ist, dass die NASA nicht wusste, wo genau die *Eagle* nun aufgesetzt hatte. »Man hätte glauben können, dass der Radar gut genug war, um uns schneller zu finden«, meinte Neil. Wenn sich ein Raumfahrzeug auf einer Flug- oder einer Umlaufbahn befand, hatten die Bodencrew und die Besatzung durch die Vielzahl an optischen Messungen und Radardaten stets eine recht exakte Vorstellung davon, wo es sich befand, doch es war etwas ganz anderes, wenn das Gefährt an einem Punkt verharrte und man immer wieder die gleichen Werte erhielt. »Es bestand eine Ungewissheit, die größer war, als ich angenommen hätte.«

Oben in der *Columbia*, die in einer Höhe von hundert Kilometern über die Tranquility Base hinwegflog, spähte Collins angestrengt in den Sextanten, um die Mondlandefähre zu entdecken. Er hatte die Landung über Funk verfolgt und meinte zu Recht, einen Anteil am Erfolg zu haben. »Tranquility Base, es hat sich toll angehört von hier oben«, hatte er zu seinen Kameraden gesagt. »Ihr habt fantastische Arbeit geleistet.« – »Danke«, gab Neil herzlich zurück. »Halt die Station da oben im Orbit für uns bereit.« – »Mache ich«, antwortete Collins. Das rechte Auge ans Okular gepresst, hatte er die *Eagle* so lange wie möglich auf dem Abstieg verfolgt, bis sie als »winziger Punkt« etwa 185 Kilometer von der Landestelle entfernt verschwand. Nun fand er sie selbst dann nicht wieder, als die Bodencrew ihm Positionsdaten hinauffunkte, die er in die DSKY-Einheit (eine Kombination aus Anzeige und Tastatur) eingab, damit der Steuercomputer des Kommandomoduls den Sextanten genau darauf ausrichten konnte, und das frustrierte ihn.

04:07:07:13	Collins:	[*An Houston*] *Habt ihr eine Ahnung, ob sie links oder rechts von der Mittellinie gelandet sind? Ein bisschen zu lang – ist das alles, was ihr wisst?*
04:07:07:19	CapCom:	*Anscheinend ist das alles, was wir dir sagen können. Over.*

Diese spärlichen Informationen aus Houston waren Mike keine große Hilfe: »Ich sehe nichts außer verdammte Krater. Große Krater, kleine Krater, runde und längliche, aber keine Mondlandefähre dazwischen. Der Sextant ist ein mächtiges optisches Instrument, er vergrößert alles mit dem Faktor 28, aber der Preis, den man dafür zahlt, ist ein sehr begrenztes Sichtfeld von nur 1,8 Grad (das entspricht rund einem Kilometer auf der Oberfläche), sodass es fast so ist, als schaue man in einen Gewehrlauf. Die Mondlandefähre könnte sich ganz in der Nähe befinden, und ich bewege den Sextanten auf der Suche danach hektisch hin und her, aber in der wenigen Zeit, die mir zur Verfügung steht, kann ich nur ungefähr zweieinhalb Quadratkilometer der Mondoberfläche absuchen, und dieses Mal habe ich nicht den richtigen Bereich erwischt.«

Collins entdeckte die *Eagle* nicht, bei keinem seiner Überflüge, doch das störte vor allem ihn selbst. Den Geologen im Kontrollzentrum war es ziemlich egal, wo genau das LM gelandet war – sie waren vollends damit zufrieden, dass die *Eagle* irgendwo im Mare aufgesetzt hatte. »Sie wollten einfach nur, dass wir rausgingen und anfingen, Steine zu sammeln!« Doch die Frage, wo genau sich die Mondlandefähre befand, bereitete dem Kontrollzentrum durchaus einiges Kopfzerbrechen, wie Neil erklärte: »Viele Leute wollten gern wissen, wo wir gelandet waren, vor allem die, die für die Navigation auf der Abstiegsflugbahn zuständig waren. Schließlich wollten wir auf den folgenden Missionen gezielt bestimmte Punkte auf der Oberfläche ansteuern und brauchten dafür alle verfügbaren Informationen darüber, wie sich die Präzision steigern ließ. Unsere Mission hingegen beeinträchtigte es nicht sonderlich, dass wir unsere genaue Landeposition nicht kannten. Auch die Leute am Boden empfanden es nicht als katastrophal. Aber es blieb dabei, dass sie nicht exakt wussten, wo wir uns befanden, es aber wenn möglich gern gewusst hätten.«

Damit verwandt war die Frage, wie sich die Mascons auf die Flugbahn der *Eagle* Richtung Mondoberfläche ausgewirkt hatten. Obwohl die NASA bereits ermittelt hatte, welchen Einfluss die Störungen, die von Mascons in der Nähe des Mondäquators ausgelöst wurden, auf ein Raumfahrzeug hatten, versuchte sie laut Armstrong bei der Mission Apollo 11, »die Abweichungen durch diese Ungewissheiten so zu reduzieren, dass wir zuversichtlicher einen bestimmten Punkt auf der Oberfläche ansteuern konnten«.

Deutlich dringlicher war die Frage, ob Neil und Buzz überhaupt auf dem Mond bleiben konnten. Es bestand immer die Gefahr, dass ein System des Raumschiffs nicht richtig funktionierte, was ein rasches Abheben der Aufstiegsstufe verlangt hätte. »Wenn wir Probleme bekämen, die darauf hindeuteten, dass ein weiterer Aufenthalt auf der Mondoberfläche nicht sicher war, hätten wir sofort wieder starten müssen«, erzählte Neil.

Innerhalb der Lebenszeit des Stromversorgungssystems der Mondlandefähre gab es drei Zeitpunkte, zu denen das Gefährt frühzeitig von der Mondoberfläche abheben und eine zufriedenstellende Flugbahn für ein Rendezvous mit dem Kommandomodul erreichen konnte. Der erste, der unter der Bezeichnung T-1 lief, war nur zwei Minuten nach der Landung. T-2 folgte acht Minuten später, während T-3 erst eintrat, wenn die *Columbia* zwei Stunden später eine weitere Mondumkreisung absolviert hatte. Sollte es durch einen Notfall erforderlich sein, dass die *Eagle* zu einem anderen Zeitpunkt als diesen dreien aufstieg, wäre es an Armstrong und Aldrin in der Mondlandefähre und Collins im Kommandomodul gewesen, irgendeinen Weg zu finden, die Gefährte in eine kopplungsfähige Position zu bringen.

Nach einem ersten raschen Blick auf die LM-Systeme schien alles in Ordnung zu sein. Gene Kranz' weißes Team traf umgehend seine »Bleiben/Nicht bleiben«-Entscheidung, die Charlie Duke an Neil und Buzz übermittelte.

04:06:47:06   CapCom: Eagle, *ihr seid »Bleiben« für T-1.*
04:06:47:12 Armstrong: *Roger. Verstanden. Bleiben für T-1.*

Fünf Minuten später, nach einigen weiteren Überprüfungen der Raumfahrzeugsysteme, meldete Duke an die *Eagle*: »Ihr seid ›Bleiben‹ für T-2.« Die Astronauten würden also zumindest bis zur letzten Bleiben/Nicht bleiben-Entscheidung auf dem Mond verharren.

Eine kritische technische Frage in den ersten Minuten nach der Landung war, ob der Druck auf die Treibstoffleitungen der Fähre durch die hohen Tagestemperaturen auf der Mondoberfläche zu stark anstieg. »Diese Treibstoffleitungen waren kein neues Thema«, erinnerte sich Armstrong. In den letzten Tagen vor dem Start hatte die Besatzung mit Hydraulikexperten darüber diskutiert, was passieren könnte, wenn die Tanks zu heiß wurden und ein Überdruck in den Leitungen entstand. »Wenn wir alle Ventile schlossen und die Flüssigkeit in manchen Leitungen festsaß«, erklärte Neil, »hockten wir im 100 Grad heißen Sonnenschein auf der Oberfläche, die zudem noch eine Menge Wärme in Richtung der Unterseite des LM abstrahlte – das heizte die Leitungen auf. So konnte es zu einem Überdruck kommen, und dann hätten wir ein echtes Problem. Wir sprachen vor dem Start über Optimierungstechniken und wussten, dass das etwas war, worauf wir nach der Landung achten mussten, aber es handelte sich nicht um eine unkontrollierbare Situation. Wir hatten eine Reihe von Optionen, die wir im Zweifelsfall ziehen konnten, und wir wussten, dass die Leute am Boden ihre Arbeit machen würden, daher bereitete uns das keine großen Sorgen.«

Wie vorhergesagt, schoss der Druck in den Treibstoffleitungen der Abstiegsstufe direkt nach dem Abschalten des Triebwerks rapide in die Höhe. »In den zwei Minuten nach der Landung«, erzählte Neil, »entlüfteten wir wie geplant sowohl die Treibstoff- als auch die Oxidatorentanks. Doch der Druck stieg weiter an, wahrscheinlich aufgrund von Treibstoffresten im Tank, die wegen der hohen Temperatur auf der Oberfläche verdunsteten. Dann entlüfteten wir erneut. Die Bodencrew erhielt andere Daten als wir, weil ihr Messgerät an einer anderen Stelle platziert war – ich glaube, in einer geschlossenen Leitung. In meinen

Augen war das Schlimmste, was passieren konnte, dass eine Leitung oder ein Tank platzten. Da wir die Abstiegsstufe nicht mehr brauchten, war das ein untergeordnetes Problem, fand ich. Ich machte mir keine großen Sorgen.«

Doch Houston hielt die Situation für gefährlich. Wenn Treibstoff auf das noch heiße Triebwerk spritzen sollte, könnte ein Feuer ausbrechen, auch wenn das im Vakuum unwahrscheinlich war. Zum Glück verringerte sich der Druck durch das Entlüften, und das Problem war gelöst.

Armstrong und Aldrin hatten keine Zeit, die Landung zu feiern. Sobald sie die Freigabe zum Bleiben hatten und noch bevor sie einen ersten ausgiebigen Blick auf die Mondlandschaft werfen konnten, mussten sie den Start von der Mondoberfläche, der am nächsten Tag stattfinden sollte, einmal komplett durchspielen. Neil sagte darüber: »Dahinter steckte die Absicht, die Abläufe eines normalen Starts durchzugehen und zu schauen, ob alles glattlief. Das umfasste eine Ausrichtung der LM-Plattform, was ein absolutes Novum war, weil so etwas noch nie auf der Oberfläche eines Himmelskörpers durchgeführt worden war. Wir machten uns die Schwerkraft zunutze, um die lokale Vertikale zu ermitteln, und fanden den Azimut durch einen Blick auf die Sterne. So richteten wir die Plattform aus und bereiteten sie für den Abflug vor. Obwohl alle das Prozedere als reine Simulation betrachteten, gingen wir dennoch alle Systemchecks genauso durch, wie wir es auch im Fall eines echten Starts gemacht hätten.«

Neil war der Meinung, dass das Kontrollzentrum die Dauer dieser Simulation dazu nutzte, eine gründliche Evaluation des Missionsfortschritts durchzuführen. »Unsere Datenquellen auf der Mondoberfläche waren begrenzt. Wenn wir ein Problem feststellten, mussten wir den Leuten im Kontrollzentrum maximal viel Zeit verschaffen, um daran zu arbeiten und eine Lösung zu finden. Daher hielt ich es für eine gute Vorgehensweise, den simulierten Start gleich am Anfang hinter uns zu bringen.«

Erst als Collins ein zweites Mal über Buzz und Neil hinweggeflogen war und sie den simulierten Countdown abbrechen konnten, weil auch für T-3 die Entscheidung für »Bleiben« gefallen war, atmeten die beiden Astronauten in der Mondlandefähre durch. Während der ersten beiden Stunden auf dem Mond funkte Aldrin akribisch eine Vielzahl von Messdaten an die Erde, die er zu Navigationszwecken erhob, während Armstrong zum ersten Mal dazu kam, zu beschreiben, was er draußen sah:

04:07:03:55 Armstrong: *Die Gegend vor dem linken Fenster ist eine relativ ebene Fläche mit einer recht großen Anzahl von Kratern mit einem Durchmesser von anderthalb bis fünfzehn Metern, einigen eher kleinen Kämmen, die so sechs bis neun Meter hoch sind, würde ich schätzen, und buchstäblich Tausenden kleinen Kratern mit rund einem halben Meter Durchmesser. Mehrere Dutzend Meter vor uns sehen wir ein paar kantige Felsblöcke, die gut einen halben Meter groß sind und Kanten haben. Außerdem befindet sich ein Hügel in Sichtweite, in gerader Linie vor uns. Die Entfernung ist schwer zu schätzen, es könnten 800 bis 1 500 Meter sein.*

04:07:04:54 CapCom: *Roger, Tranquility. Verstanden, over.*

04:07:05:02 Collins: *Klingt deutlich besser, als es gestern aussah, als die Sonne so tief stand. Da wirkte es so uneben wie ein Maiskolben.*

04:07:05:11 Armstrong: *So war es auch, Mike. Der anvisierte Landebereich war extrem uneben, mit Kratern übersät und voller Steine, von denen einige – viele – wohl mehr als zwei, drei Meter groß waren.*

04:07:05:32 Collins: *Im Zweifelsfall landet man besser lang.*

Neil ging erneut auf die Farbe des Mondes ein: »Ich würde sagen, die Farbe der Oberfläche hier vor Ort ist sehr vergleichbar mit der, die wir bei diesem Sonnenwinkel von etwa zehn Grad auch aus der Umlaufbahn wahrgenommen haben. Sie ist relativ farblos, im Grunde grau. Sehr hell, kreideweiß, wenn man mit dem Gesicht zur Sonne steht, und deutlich dunkler, eher aschgrau, wenn man sich im rechten Winkel zur Sonne befindet. Einige der Steine hier in der Nähe, die durch den Triebwerksstrahl geborsten oder durcheinandergewirbelt worden sind, sind außen von einer solchen hellgrauen Schicht umgeben, doch an der Bruchkante erkennt man ein sehr dunkles Grau im Inneren – es sieht aus, als könnte es Basalt sein.« Laut dem Flugplan sollte auf die Startsimulation eine Essenspause und dann offiziell eine vierstündige Ruhephase folgen. Aldrin erinnerte sich: »Es nannte sich Ruhephase, doch es handelte sich auch um einen eingebauten Puffer, falls wir vor der Landung eine zusätzliche Mondumkreisung hätten einschieben müssen oder wenn sich irgendwelche Schwierigkeiten ergeben hätten, die für eine Verzögerung der Landung sorgten. Da wir pünktlich gelandet und nicht übermäßig müde waren, beschlossen wir, die vierstündige Ruhephase zu überspringen. Wir waren ohnehin zu aufgewühlt, um zu schlafen.«

Die Idee, die Ruhephase auszulassen, war schon vor dem Start ausgiebig diskutiert worden. »In den ersten Gesprächen darüber, wie wir die verfügbare Zeit auf die Aktivitäten aufteilen sollten«, erzählte Neil, »kamen wir zu dem Schluss, dass wir, wenn alles gut lief, am besten so schnell wie möglich rausgehen und die Aufgaben auf der Oberfläche abarbeiten sollten, bevor wir uns eine Schlafpause gönnten. Uns war klar, dass die Chancen, sicher hinunterzukommen – dass alles gut klappte und die Systeme eine Landung zuließen –, eher gering waren. Hätten wir den Außeneinsatz für so früh wie möglich eingeplant, gleich nach der ersten Umkreisung der *Columbia* und der Startübung, wären dann aber nicht dazu gekommen, hätte uns die Öffentlichkeit ans Kreuz genagelt. So sah die Realität nun einmal aus. Also versuchten wir es mit einer List und sagten, wir würden uns schlafen legen, führten stattdessen aber den EVA durch.

Aber fest geplant war das nicht. Wir hatten mit Slayton und Kraft – und ein paar anderen Leuten – darüber gesprochen. Soweit ich mich erinnere, hielten es alle für eine vernünftige Vorgehensweise. Also willigten sie ein, dass wir es wenn möglich so machen würden. Wir wussten, dass das eine unerwartete Abweichung vom Plan wäre, aber das hielten wir für das geringere Übel.«

Da alles glatt lief, schlug Armstrong um siebzehn Uhr Ostküstenzeit per Funk vor, den EVA drei Stunden später, gegen zwanzig Uhr, anzugehen, früher als geplant. Charlie Duke, der mit den Absprachen vertraut war, gestattete die Änderung.

Doch zunächst stand eine Mahlzeit auf dem Programm, allerdings erst, nachdem Aldrin in sein »Personal Preference Kit« gegriffen hatte, die kleine Tasche für persönliche Gegenstände, die jeder Astronaut mitführen durfte, und zwei kleine Päckchen hervorgeholt hatte, die ihm sein presbyterianischer Priester zu Hause in Houston mitgegeben hatte. Eines enthielt eine Phiole mit Wein, das andere eine Hostie. Aldrin goss den Wein in einen kleinen Kelch, der ebenfalls im Kit gewesen war, und bereitete das Abendmahl vor. Um 04:09:25:38 MET funkte Buzz: »Houston, hier spricht der Pilot der Mondlandefähre. Ich möchte gern um ein paar Augenblicke Ruhe bitten und lade jeden Zuhörer, wo und wer er auch sein mag, dazu ein, sich auf die Ereignisse der letzten Stunden zu besinnen und auf seine eigene Weise dafür zu danken.« Dann las er bei abgeschaltetem Mikrofon von einer kleinen Karte einen Bibelvers vor, Johannes 15:5, der in der presbyterianischen Kirche fester Bestandteil der Kommunion ist.

Buzz hatte vorgehabt, den Vers öffentlich vorzutragen, doch Slayton hatte ihm davon abgeraten, und Buzz hatte eingewilligt. Die Weihnachtslesung aus dem Buch Genesis bei Apollo 8 hatte für genügend Aufregung gesorgt, dass die Raumfahrtbehörde nun lieber von öffentlichen Glaubensbekundungen absah. Madalyn Murray O'Hair, die gefeierte amerikanische Atheistin, hatte den Staat wegen der Bibellesung durch Borman, Lovell und Anders verklagt. In der Zwischenzeit hatte sie zudem eine Beschwerde darüber eingelegt, die NASA halte absichtlich »Fakten« über Armstrongs angeblichen Atheismus zurück. Obwohl der Oberste Gerichtshof der USA die Klage letztlich abwies, wollte die NASA verständlicherweise keine weitere Auseinandersetzung dieser Art riskieren. Doch zu ihrem Bedauern war die Nachricht von Buzz' religiöser Zeremonie zur Presse durchgesickert. Cronkite informierte seine Zuschauer im Voraus darüber: »Buzz Aldrin hat heute etwas höchst Ungewöhnliches im Gepäck, wie nun bekannt wurde – und zwar durch den Priester seiner Gemeinde vor den Toren von Houston. Er hat ein Stück des Abendmahls dabei, sodass er bei der Mahlzeit vor dem Essen in gewisser Weise gemeinsam mit seiner Gemeinde die heilige Kommunion einnehmen kann, indem er dieses Stück Brot dort oben auf dem Mond verzehrt. Die erste Kommunion auf dem Mond.«

Neil reagierte auf Buzz' religiöses Ritual, wie es zu erwarten gewesen war – mit höflichem Schweigen. »Er hatte mir erzählt, dass er eine kleine Feier des Abendmahls plante«, erinnerte sich Neil, »und mich gefragt, ob ich ein Problem damit hätte, und ich sagte: ›Nein, mach das ruhig.‹ Ich hatte genug zu tun, um mich beschäftigt zu halten. Ich ließ ihn einfach machen.«

Nach dem Essen und einigen Routineaufgaben richteten die Astronauten ihre ganze Aufmerksamkeit auf die Vorbereitungen für den Mondspaziergang. Egal, wie oft sie die Abläufe in den Probedurchgängen geübt hatten, in der Realität waren sie viel komplizierter und zeitaufwendiger. »Bei den Simulationen der EVA-Vorbereitung«, erläuterte Neil später bei den Nachbesprechungen der NASA nach der Mission, »hat man ein aufgeräumtes Cockpit vor sich mit all den Dingen, die man braucht, und sonst nichts. Aber in der Realität stapeln sich dort Checklisten, Daten, Essensverpackungen, in den Stauräumen liegt alles Mögliche herum, das Fernglas, Stoppuhren und verschiedene Dinge, bei denen man sich jeweils zu der Überlegung gezwungen sieht, ob sie sich für den EVA am richtigen Platz befinden oder ob man den Plan, der vor dem Flug erstellt wurde, noch abändern möchte. Wir befolgten die Checkliste für die EVA-Vorbereitung – was wir wo anbrachten und was wir wo verstauten – sehr genau, so wie auch in den Trainingsläufen, wir arbeiteten jeden Punkt ab, wie er auf der Liste stand. Das passte alles gut. Es waren die anderen Kleinigkeiten, an die man vorher nicht denkt, die länger dauerten, als wir erwartet hatten.«

Buzz und Neil brauchten anderthalb Stunden, bis sie mit der eigentlichen EVA-Vorbereitung beginnen konnten, die dann weitere drei Stunden in Anspruch nahm, obwohl nur zwei dafür vorgesehen waren. Es kostete viel Zeit, die Rucksäcke und die Helme aufzusetzen, die Handschuhe anzuziehen und alle Einstellungen für den Aufenthalt draußen vorzunehmen. Einer der Hauptgründe dafür, dass alles so lange dauerte, waren die beengten Verhältnisse in der Mondlandefähre. Aldrin erinnerte sich: »Wir fühlten uns wie zwei Footballspieler, die in einem Igluzelt die Plätze wechseln wollten. Außerdem mussten wir sehr vorsichtig sein, wenn wir uns bewegten. Beim Bau der Mondlandefähre war das Gewicht noch entscheidender gewesen als bei der *Columbia*. Die Außenhaut war so dünn, dass wir mit einem Stift ein Loch hätten hineinstechen können.«

Neil erklärte: »Mit aufgeblasenen Anzügen war es ziemlich eng da drinnen. Das Cockpit war zwar größer als das der Gemini-Kapsel, wir hatten darin mehr Platz, als ich gewöhnt war, aber trotzdem mussten wir sehr vorsichtig sein und uns langsam bewegen. Man stieß ganz leicht irgendwo gegen. Der Rucksack stand nach hinten fast dreißig Zentimeter vor und war aus sehr hartem Material; wenn man sich zu rasch bewegte, kam es schnell zu einem Zusammenstoß.« Und das geschah auch. So brach zum Beispiel der Hebel eines Schalters zur Aktivierung des Aufstiegstriebwerks ab – aber Buzz gelang es vor dem Start, den Schalter mit einem Filzstift zu drücken.

Da sie so vorsichtig vorgingen, brauchten die Männer länger als vorgesehen zum Anziehen. Außerdem kostete es mehr Zeit als erwartet, die Kühleinheiten im Rucksack mit dem Lebenserhaltungssystem zum Laufen zu bringen, und noch länger, vor dem Austritt den Druck aus der Mondlandefähre abzulassen. Neil erklärte später: »Wir mussten den Druck aus der Kabine ablassen und wollten die Mondoberfläche vor Erdbakterien schützen, daher waren alle Entlüftungsöffnungen mit Filtern versehen. Wir hatten die Tests immer ohne Filter durchgeführt, und die Aktion nahm deutlich mehr Zeit in Anspruch als geplant.« Als sie bereit waren, die Luke zu öffnen und Neil auf die Mondoberfläche zu schicken, war es eine Stunde später als berechnet, obwohl sie immer noch fünf Stunden vor dem eigentlichen Zeitplan lagen.

Das Öffnen der Luke stellte eine Herausforderung dar. »Es war vor allem eine Geduldsprobe«, erklärte Neil. »Die Luke war nicht gerade klein – zwischen einem viertel und einem halben Quadratmeter oder so. Als wir den Kabinendruck auf ein sehr geringes Maß reduziert hatten, brauchte es trotzdem noch einen Druck von etwa hundert Kilogramm, um sie zu öffnen. Es ist nicht leicht, so kräftig an einem Hebel zu ziehen – nicht in diesen sperrigen Anzügen. Also mussten wir warten, bis der Druckunterschied zwischen innen und außen extrem gering war, sodass sich die Luke öffnen ließ. Wir versuchten mehrere Male, sie aufzukriegen, aber wir wollten nichts verbiegen oder abbrechen. Meistens war es Buzz, der zog, weil sich die Tür in seine Richtung öffnete; für ihn war es leichter, sie zu sich zu ziehen, als für mich, dagegenzudrücken.«

Als sie es schließlich geschafft hatten, begann Neil rückwärts durch die relativ kleine Öffnung zu kriechen. Buzz half ihm dabei, indem er nach unten und in alle Richtungen schaute. Neil erklärte: »Um herauszukommen, musste man rückwärts mit den Füßen voran durch die Luke krabbeln. Die Technik bestand darin, die Tür weit zu öffnen und sich mit dem Gesicht zur Rückwand der Landefährenkabine zu drehen, dann auf die Knie zu gehen und sich nach hinten zu schieben, sodass die Füße als Erstes durch die Luke gelangten. Dann musste man den Rucksack hinausbugsieren. Man musste sich weit nach unten beugen, hatte aber gleichzeitig auch vor der Brust Ausrüstung, die nicht zu Schaden kommen durfte. Es war also eine ziemliche unbequeme Prozedur, die man so vorsichtig wie möglich durchführen musste.«

Armstrong war so sehr auf den Ausstieg konzentriert, dass er draußen auf dem kleinen Vorsprung der Mondlandefähre ganz vergaß, an der Schlaufe neben der Leiter zu ziehen, die das MESA herausschwingen ließ. Das Band aktivierte auch die Fernsehkamera, welche die Bilder von Neils Abstieg die Leiter hinab und seinen ersten Schritt auf die Mondoberfläche zur Erde übertragen sollte. Houston bemerkte dieses Versäumnis sofort und erinnerte Neil daran, und er trat einen Schritt zurück, um an der Vorrichtung zu ziehen.

Die Kamera war eine Schwarz-Weiß-Kamera. »Wir hatten zwar eine Farbkamera im Kommandomodul«, erklärte Neil, »aber die war ziemlich groß und sperrig, und Gewicht war in der Mondlandefähre ein kritischer Faktor. Letzten Endes waren es das Gewicht und der Energiebedarf, die zur Entscheidung für die deutlich kleinere Orthicon-Kamera führten.« Diese Kamera war im Grunde nur eine Bildaufnahmeröhre, in der ein auf niedrige Geschwindigkeit gebremster Elektronenstrahl ein fotoaktives Mosaik abtastete.

»Als ich aus der Landefähre auf den Vorsprung hinaustrat und am Griff zog, um den MESA-Tisch runterzuklappen, schaltete Buzz über einen Knopf die Kamera ein, wenn ich mich recht erinnere. Ich fragte Houston, ob sie ein Bild empfingen, und sie sagten Ja, aber es stände auf dem Kopf. Das überraschte mich wahrscheinlich am meisten von allen, die diesen Austausch verfolgten, weil ich nicht erwartet hätte, dass die Bilder ankamen – das war während der Simulationen vor dem Flug nie gelungen.«

Oben an der Spitze der Leiter zu stehen war nicht im Geringsten gefährlich: »Man ist dort oben so leicht und fällt so langsam, dass man in der Lage ist, einen Sturz abzufangen, wenn man sich irgendwo festhalten kann. Daher machte ich mir nie Gedanken darüber, dass ich von der Leiter fallen könnte.«

Auf dem Stuhl des CapComs saß nun Bruce McCandless, er hatte den Posten für den Außenbordeinsatz von Owen Garriott übernommen:

04:13:22:48 McCandless: *Okay, Neil, wir sehen dich jetzt die Leiter hinuntersteigen.*

04:13:22:59 Armstrong: *Okay, ich habe gerade probiert, wieder auf die erste Stufe zu kommen, Buzz. Das Landebein hat sich nur wenig zusammengeschoben, aber es reicht, um wieder hinaufzukommen.*

04:13:23:10 McCandless: *Roger. Verstanden.*

04:13:23:25 Armstrong: *Aber ein ordentlicher kleiner Sprung ist schon nötig.*

04:13:23:38 Armstrong: *Ich stehe am Fuß der Leiter. Die Fußteller sind nur ein paar Zentimeter tief eingesunken, obwohl die Oberfläche sehr, sehr feinkörnig zu sein scheint, wenn man sie aus der Nähe betrachtet. Fast wie Puder. Die Masse, die den Boden bedeckt, ist sehr fein.*

04:13:24:13 Armstrong: *Ich steige jetzt vom Landeteller hinab.*

Keiner der Millionen Zuschauer auf der ganzen Welt, die diese Ereignisse verfolgten, wird je den Augenblick vergessen, in dem Armstrong den ersten Schritt auf die Oberfläche des Mondes hinaus machte. Auf den verschwommenen Schwarz-Weiß-Aufnahmen von einem Ort, der über 400 000 Kilometer entfernt war, schien es eine Ewigkeit zu dauern, bis Neil schließlich – die rechte Hand an der Leiter – den linken Fuß im Stiefel vorstreckte und den Mond betrat.

Der historische erste Schritt fand um 22:56:15 Uhr Ostküstenzeit statt, um 03:56:15 Uhr MEZ. Wenn man die »Mission Elapsed Time« zugrunde legt, die Zeit, die seit dem Start verstrichen war, erfolgte er laut einer offiziellen Presseerklärung der NASA nach vier Tagen, dreizehn Stunden, 24 Minuten und zwanzig Sekunden.

348

In den Vereinigten Staaten schauten die allermeisten Zuschauer, darunter auch die Armstrongs und ihre Gäste in Wapakoneta und El Lago, den Sender CBS, wo Cronkite – ein seltener Augenblick in seiner Fernsehkarriere – buchstäblich sprachlos war. Er hatte die Brille abgenommen und wischte sich die Tränen aus den Augen, als er erklärte: »Armstrong ist auf dem Mond! Neil Armstrong, ein 38-jähriger Amerikaner, steht auf der Mondoberfläche! An diesem 20. Juli 1969!«

Die Fernsehbilder gaben den Zuschauern das Gefühl, mit Armstrong gemeinsam auf den Mond hinauszutreten. Ohne sie wäre der erste Schritt eines Menschen auf dem Mond zwar trotzdem ein bedeutendes Erlebnis gewesen, aber auf ganz andere Weise. Wie Neil später meinte: »Die Bilder waren surreal, nicht weil die Situation an sich surreal war, sondern weil die Fernsehtechnik und die Qualität der Aufnahmen sie aufgesetzt und unwirklich erscheinen ließen.« In Bezug auf all die lächerlichen Verschwörungstheorien der vergangenen vier Jahrzehnte, die behaupteten, die Mondlandung sei getürkt gewesen und in einem abgelegenen Filmstudio irgendwo in der Wüste aufgezeichnet worden, räumte Armstrong selbst ein: »Ich muss schon sagen, dass es fast gestellt aussah. Das war nicht geplant. Wäre es möglich gewesen, schärfere Aufnahmen zu machen, hätten wir uns sicherlich dafür entschieden.«

Er erinnerte sich: »Von einem technischen Standpunkt aus war das Fernsehen für verschiedene Leute innerhalb und außerhalb der NASA immer noch ein wertvolles Gut.« Doch keine Information war bedeutender – oder besser gehütet – als die Worte, die Armstrong beim Betreten des Mondes äußern wollte. Niemand kannte sie, nicht einmal seine Mannschaftskameraden. Buzz wusste noch: »Auf dem Weg zum Mond fragten Mike und ich Neil, was er sagen wollte, wenn er den Mond betrat. Er antwortete, darüber denke er noch nach.«

Armstrong blieb immer dabei, dass er kaum Gedanken auf diese Frage verschwendete, bis sie die Landung erfolgreich abgeschlossen hatten.

Um 04:13:24:48 Uhr MET, wenige Sekunden vor 22:57 Uhr Ostküstenzeit, sprach Neil die berühmten Worte aus:

»That's one small step for man, one giant leap for mankind.«
(*»Ein kleiner Schritt für einen Menschen, ein großer Schritt für die
Menschheit.«*)

In El Lago soll Janet, während Neil die Leiter herunterkletterte, gerufen
haben: »Ich kann nicht glauben, dass es wirklich passiert«, und dann,
als er auf die Mondoberfläche hinaustrat: »Das ist der große Schritt!«
Auf seinen ersten Metern auf dem Mond drängte sie ihn: »Beschreib,
was du siehst, Neil!« In Wapakoneta dankte Viola, die Sessellehnen fest
umklammert, Gott dafür, dass ihr Sohn nicht im Mondstaub einsank,
wie viele Leute auch nach der Landung des LM noch befürchtet hatten.
Janet erklärte ihren Gästen immer wieder, dass sie keine Ahnung habe,
was ihr Mann beim Betreten des Mondes sagen werde. Eine Stunde zuvor, als alle ungeduldig darauf warteten, dass Neil und Buzz endlich mit
dem Mondspaziergang begannen, hatte sie gewitzelt: »Es dauert so lange, weil Neil sich noch überlegen muss, was er gleich sagt, wenn er den
Mond betritt. Entscheidungen, Entscheidungen, Entscheidungen!«
Janets Scherz war gar nicht so weit von der Wahrheit entfernt, wie
Neil später erklärte: »Als wir gelandet waren und mir klar wurde, dass
der Augenblick nun kurz bevorstand, hatte ich zum Glück ein paar
Stunden Zeit, um mir Gedanken zu machen. In meinen Augen handelte es sich um eine ziemlich schlichte Aussage: Was kann man schon
sagen, wenn man etwas betritt? Nun ja, etwas über einen Schritt. Der
Satz entstand während der Startsimulation und der EVA-Vorbereitung
und den ganzen anderen Aktivitäten, die in dieser Phase auf dem Plan
standen, irgendwie in meinem Kopf. Ich hielt es nicht für sonderlich
wichtig, was ich sagte, aber andere Menschen anscheinend schon.
Dennoch habe ich nie geglaubt, eine besonders erhellende Formulierung gefunden zu haben. Es war eine recht einfache Aussage.«

In den ersten paar Minuten auf dem Mond beschränkte Armstrong seine Erkundungen auf die Umgebung der Leiter. Die ungewöhnlichen Eigenschaften des Mondstaubs faszinierten ihn. Er meldete an Houston: »Die Oberfläche ist feinkörnig und pulvrig. Ich kann sie mit der Fußspitze aufwirbeln lassen. Die Substanz lagert sich in einer dünnen Schicht wie Kohlenstaub auf der Sohle und den Seiten meiner Stiefel ab. Ich sinke nur wenige Millimeter ein, vielleicht drei, aber ich sehe den Abdruck meiner Stiefel in den feinen, sandigen Partikeln.« Wie erwartet, war es kein Problem, sich zu bewegen. »Es ist vielleicht sogar noch leichter als in den Simulationen von einem Sechstel g, die wir auf der Erde durchgespielt haben. Es kostet keinerlei Anstrengung herumzulaufen.« Außerdem bemerkte Neil, immer noch ganz in der Nähe der Mondlandefähre, dass das Abstiegstriebwerk keinen nennenswerten Krater erzeugt hatte. »Der Abstand zum Boden beträgt etwa dreißig Zentimeter. Wir befinden uns hier auf einer ziemlich ebenen Fläche. Ich sehe ein paar durch den Triebwerksausstoß verursachte strahlenförmige Spuren, aber nur in sehr geringem Ausmaß.«

Dann wollte er unbedingt die Fotokamera der Mission, eine Siebzig-Millimeter-Hasselblad, aus der Kabine haben. Dafür musste Buzz sie direkt hinter der Luke in eine Vorrichtung einhaken, die offiziell LEC (»Lunar Equipment Conveyor«) hieß, von den Astronauten aber als »Brooklyner Wäscheleine« bezeichnet wurde, weil sie im Grunde genauso funktionierte wie die Schnüre, die zwischen den Mietshäusern in New York aufgespannt waren, um darauf Kleidung zu trocknen. Ursprünglich war sie gar nicht dafür gedacht gewesen, die Kamera und andere Gegenstände aus der Landefähre zur Oberfläche zu befördern, sondern dafür, nach dem Abschluss des Mondspaziergangs Objekte vom Mond in die Kabine zu transportieren. Neil sagte: »Wir hatten den letzten Abschnitt unseres Ausflugs auf die Mondoberfläche, in dem wir die Gesteinskisten, die Kameras und verschiedene Ausrüstungsteile, die in die Kabine gehörten, hinaufbrachten, ein paarmal durchgespielt. Es war sehr beschwerlich gewesen. Wir fanden es ziemlich schwierig, die Sachen hochzuschleppen und sie in die richtige Position zu bringen, damit der andere sie oben entgegennehmen konnte. Ich glaube, es war mein Vorschlag, es mit der Wäscheleinentechnik zu versuchen. Also taten wir es, und es klappte gut.«

Armstrong nahm die schwere Kamera vom LEC und schob sie in die dafür vorgesehene Schiene seines Fernsteuergeräts, das nach seinen eigenen Vorgaben vor der Brust in seinen Anzug integriert worden war. Sobald das geschafft war, war Armstrong so darauf fixiert, ein paar Bilder zu machen, dass er es versäumte, eine »Notprobe« von der Mondoberfläche zu nehmen, obwohl das eine vorrangige Aufgabe war, die er als Allererstes erledigen sollte, für den Fall, dass etwas schiefging und er umgehend ins LM zurückkehren musste. Die NASA wollte nicht auf dem Mond gewesen sein, ohne eine Bodenprobe für wissenschaftliche Untersuchungen zur Erde zu holen. Houston musste Neil, der sich ungern scheuchen ließ, mehrere Male an diese Probe erinnern. »Es war aufwendiger, die Ausrüstung und den Behälter für die Probe zu holen, als ein paar Bilder zu schießen. Meine Überlegung war, schnell einige Fotos zu machen – eine Folge von Bildern, die das Panorama rund um die Mondlandefähre zeigten –, während ich dort war, und dann die Probe zu nehmen.«

In der technischen Nachbesprechung nach der Mission erklärte Neil seine Beweggründe dafür, die Reihenfolge dieser beiden Punkte zu verändern. Er sagte, dass er anfangs im Schatten der Mondlandefähre stand, ein guter Ort zum Fotografieren. Um die Probe zu nehmen, musste er das LEC verstauen und mehr als drei Meter weit in einen Bereich gehen, der nicht im Schatten lag, daher drehte er die Reihenfolge um. Außerdem musste er eine kleine Schaufel mit klappbarem Griff und einem austauschbaren Beutel am Ende zusammenbauen. Nachdem er eine kleine Menge Material gesammelt hatte, deponierte er den Beutel in einer umschnallbaren Tasche am linken Oberschenkel. Das Graben in der obersten Schicht stellte kein Problem dar, dort war der Boden sehr locker. Obwohl die Probe gar nicht verlangte, Material aus größerer Tiefe einzuholen, versuchte Neil, mehr als ein paar Zentimeter

75 2004 besuchte Neil nach einem Aufenthalt in Botswana Nelson Mandela in Johannesburg, Südafrika.

76 Biograf James R. Hansen gemeinsam mit Neil vor dessen Haus in Indian Hill an dem Tag im Juni 2004, an dem die beiden Männer die Durchsicht von Hansens Manuskript für *First Man* abschlossen.

77 Ursprünglich hatte Neil eingewilligt, drei Interviews im Zusammenhang mit dem Erscheinen von *First Man* im November 2005 zu geben. Als der Sender CBS um ein Interview in der Sendung *60 Minutes* bat, sagte Neil zu, unter der Bedingung, dass dies dann das einzige zum Buch bliebe. Das Interview wurde Mitte Oktober von Ed Bradley (*links*) am Kennedy Space Center der NASA in Florida durchgeführt. Die CBS-Legende Walter Cronkite (*rechts*), dessen Berichterstattung über das US-Raumfahrtprogramm und insbesondere die Apollo-11-Mission Millionen von Amerikanern in Erinnerung blieb, kehrte aus dem Ruhestand zurück, um dem Gespräch beizuwohnen.

78 Die NASA überreichte Neil im April 2006 im Rahmen ihrer »Botschafter der Welterforschung«-Auszeichnung ein eigenes Stück Mondgestein. Neil stiftete es dem Naturgeschichtemuseum von Cincinnati, wo die Veranstaltung stattfand.

79 Neil bei einem Besuch der Vorschulklasse seiner Enkelin Piper Van Wagenen an der Ox-Ridge-Grundschule in Darien, Connecticut, im Dezember 2007. Piper (das blonde Mädchen im Pullover hinter dem Jungen mit dem Yale-T-Shirt), die Tochter von Brodie Van Wagenen und seiner Frau Molly (Carol Knight Armstrongs Tochter aus erster Ehe), nannte Neil »Pop Pop«. Neben Piper hatte Neil noch zehn weitere Enkelkinder: zwei weitere durch Brodie und Molly, jeweils drei durch Neils Söhne und ihre Frauen und zwei durch Andrew Knight und seine Frau (Andy war Carols zweites Kind aus ihrer ersten Ehe mit Ralph Knight).

80 Diejenigen, die glauben, dass Neil nie aus sich herausging und sich nie amüsierte, sollte dieses Foto, das 2008 auf der Hochzeit seines Stiefsohns Andrew Knight in Brasilien entstand, vom Gegenteil überzeugen.

81 Präsident Barack Obama mit den Apollo-11-Astronauten im Oval Office des Weißen Hauses am 20. Juli 2009, dem vierzigsten Jahrestag der ersten Mondlandung.

82 Bei der Feier zum vierzigsten Jahrestag der Apollo-11-Mondlandung im National Air and Space Museum in Washington hielt Neil eine Rede mit dem Titel »Goddard, Governance, and Geophysics«, der »derart akademisch klang, dass das Publikum laut auflachte«.

83 Bild von der Überraschungsparty zu Neils achtzigstem Geburtstag am 5. August 2010. Von links nach rechts: Dave Scott (Gemini VIII, Apollo 9, Apollo 15), Jim Lovell (Gemini VII, Gemini XII, Apollo 8, Apollo 13), Ken Mattingly (Apollo 16), Carol Armstrong, Neil, Bill Anders (Apollo 8) und Gene Cernan (Gemini IXA, Apollo 10, Apollo 17).

84 Auf dieser Feier ließ sich Neil dazu breitschlagen, sich ans Klavier zu setzen und »September Song« vorzutragen.

85 Neil mit seinen Söhnen Rick (*links*) und Mark (*rechts*) auf seinem Stammgolfplatz, dem Camargo Club in Indian Hill, Ohio, einem Vorort im Nordosten von Cincinnati, im Jahr 2010.

86 2010 und erneut 2011 äußerte sich Neil vor Ausschüssen des US-Kongresses zur Situation des bemannten Raumfahrtprogramms der USA und sprach sich dabei ebenso wie zwei weitere Kommandanten von Apollo-Missionen, Neils Kameraden Jim Lovell und Gene Cernan (hier im Gespräch mit Neil), gegen eine Einstellung des Constellation-Programms der NASA aus.

87 Neil und Carol unternahmen in den letzten Jahren seines Lebens viele Reisen, unter anderem in die Antarktis.

88 Im August 2011 nahm Neil (*links*) bei einem Besuch in Sydney die Einladung an, den Airbus-A380-Simulator von Qantas Airlines zu fliegen. Ausgesprochen hatte sie Kapitän Richard Champion de Crespigny (*Mitte*), der Qantas-Pilot, der seinen Airbus A380 im November 2010 vor einer Katastrophe bewahrte, als kurz nach dem Start vom Changi-Flughafen in Singapur ein Teil eines Triebwerks zerbrach. Die dritte Person im Bild ist Kapitän de Crespignys Vater Peter (*rechts*).

89 John Glenn (*links*) und Neil Armstrong (*rechts*), zwei Astronauten aus Ohio, schauen bei einem Galadinner in Columbus am 20. Februar 2012 zum fünfzigsten Jahrestag von Glenns historischer Erdumkreisung in der *Friendship 7* gemeinsam gen Himmel.

90 Die Flaggenzeremonie bei der privaten Trauerfeier für Neil Armstrong im Camargo Club, ganz in der Nähe von Neils Haus in Indian Hill, am 31. August 2012. Neils Frau Carol steht zwischen ihren Enkelkindern in der ersten Reihe, sie ist die Dritte von rechts. Neils Söhne stehen in der ersten Reihe auf der anderen Seite des Mittelgangs, zwischen ihnen ihre Mutter, Janet Armstrong (Neils erste Frau). Zu der Trauerfeier kamen so viele prominente Gäste, darunter die meisten der noch lebenden Apollo-Astronauten, dass es unmöglich ist, sie alle aufzuzählen, doch wer genau hinschaut, erkennt John Glenn und seine Frau Annie (*zweite Reihe, links*), Jim Lovell und seine Frau Marilyn (*dritte Reihe, links*), Buzz Aldrin (*dritte Reihe, links*), Bill Anders (*dritte Reihe, links*), Mike Collins (*vierte Reihe, links*), den ehemaligen NASA-Administrator Mike Griffin, den Astrophysiker Neil de Grasse Tyson (*fünfte Reihe, links*) und Harrison »Jack« Schmidt (*sechste Reihe, links*). Neils Biograf, James R. Hansen, ist direkt hinter Dr. Tysons Schulter zu sehen.

91 Am Eingang standen Blumen und ein Gedenktext, den die Smithsonian Institution geschickt hatte.

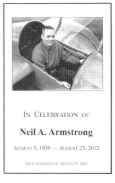

92 Das Gedenkheft »In Celebration of Neil A. Armstrong« wurde an alle Gäste ausgeteilt.

93 Der Gedenkgottesdienst für Armstrong in der Nationalkathedrale in Washington am 13. September 2012. Auf der linken Seite direkt hinter dem Mittelgang stehen in der ersten Reihe (*von rechts nach links*) Rick Armstrong, Carol H. Armstrong und Carols Tochter Molly Van Wagenen. Mark Armstrong und seine Frau Wendy (mit Familie) stehen in der zweiten Reihe direkt hinter Marks Bruder. Zu den prominenten Gästen in der ersten Reihe auf der Seite vor dem Mittelgang zählt auch der damalige NASA-Administrator Charles Boden. Der weißhaarige Mann in der Mitte dieser Reihe ist der Kommandant von Apollo 17, Eugene Cernan, ein enger Freund von Neil.

94 Die Seebestattung für Neil Armstrong, die am 14. September 2012 an Bord der USS *Philippine Sea* (CG 58) auf dem Atlantik vor dem Navy-Stützpunkt Mayport bei Jacksonville, Florida, abgehalten wurde. Hier überreicht der Navy-Captain Steve Shinego, der befehlshabende Offizier des Schiffes, Carol Armstrong die US-amerikanische Flagge. Links von ihr sitzen Neils Sohn Rick, seine Schwester June Hoffman, sein Bruder Dean und sein Sohn Mark, rechts von ihr Lieutenant Commander Paul Nagy.

95 Commander Nagy und Carol Armstrong verstreuen Neils Asche im Meer.

vorzustoßen, musste aber feststellen, dass der Boden schnell sehr hart wurde. Bevor er den Beutel schloss, warf er noch ein paar kleine Steine hinein. Zum Abschluss der Notprobe führte er ein kleines Bodenmechanikexperiment durch, indem er das Griffende seines Werkzeugs zehn bis fünfzehn Zentimeter tief in den Boden rammte.

Als die Probe vollständig war, nahm sich Neil einen Augenblick Zeit, um die Mondlandschaft zu betrachten. »Sie hat eine eigene Schönheit«, berichtete er. »Ganz ähnlich der Hochwüste in den Vereinigten Staaten. Es ist fremdartig, aber sehr schön hier.« Dann überlegte er, was er noch ausprobieren konnte, löste den Ring, mit dem der Sammelbeutel an der Probenschaufel befestigt gewesen war, und schleuderte ihn zur Seite, um zu schauen, wie weit er flog. »Ich wusste gar nicht, dass du so weit werfen kannst«, neckte ihn Aldrin, der aus dem Fenster zugeschaut hatte. Schmunzelnd antwortete Neil: »Hier oben sind echt große Weiten drin!«

Sechzehn Minuten nach dem Beginn von Neils Mondspaziergang stieg auch Aldrin, der schon darauf brannte, aus der Mondlandefähre.

Neil machte von seinem Standort südwestlich der Leiter aus eine Reihe bemerkenswerter Bilder von Buzz, wie er langsam aus der Luke kroch, vorsichtig die Leiter hinabkletterte, sich auf den Vorsprung kniete, zur letzten Stufe hinabstieg und auf den Fußteller und von dort auf die Mondoberfläche sprang. Das sind die Aufnahmen, die die Menschen später sahen und für immer mit dem ersten Betreten des Mondes verbinden werden – Bilder von Buzz statt von Neil, da es bei ihm niemanden gegeben hatte, der seinen Ausstieg von unten hätte dokumentieren können. Genau genommen kletterte Buzz sogar zwei Mal die letzte Stufe hinab, bevor er den Mond betrat – das erste Mal war ein Test.

04:13:41:28   Aldrin: *Okay. Jetzt gehe ich noch mal hoch und lehne die Luke an ... Nicht dass sie beim Aussteigen aus Versehen zufällt!*
04:13:41:53 Armstrong: [Lacht] *Sehr gute Idee.*

Die zwei Männer befürchteten nicht ernsthaft, sie könnten sich ausschließen, da sich die Luke wenn nötig auch von außen öffnen ließ. Der Grund, warum Aldrin die Luke anlehnte, war wohl eher, dass er ein Abstrahlen der Wärme aus der Kabine verhindern wollte.

Dabei bestand unter gewissen Umständen sogar tatsächlich die Gefahr, dass die beiden Astronauten sich ausschlossen, nämlich wenn das Druckventil der Luke versagt und die Kabine wieder unter Druck gesetzt hätte. »Haben wir die Frage je untersucht?«, fragte Aldrin später. »Wahrscheinlich wäre es eine gute Idee gewesen, einen Klotz oder eine Kamera in den Spalt zu klemmen. Irgendjemand muss das durchdacht haben. Es gab draußen einen Griff, um die Tür zu öffnen, aber angesichts der Schwierigkeiten, die wir damit schon hatten, als in der Kabine nur ein Bruchteil bar herrschte, hätte man das wohl nie geschafft. Oder man hätte sie aufbekommen, sie dabei aber so verbogen, dass sie sich nicht wieder hätte schließen lassen!«

Unten auf der Oberfläche bezeichnete Buzz die einzigartige Schönheit des Mondes als »prachtvolle Einöde«. Neil lehnte sich so weit zu ihm herüber, dass ihre Helme fast aneinanderstießen, und klopfte ihm mit behandschuhter Hand auf die Schulter.

Danach zogen sie in verschiedene Richtungen davon und testeten ihre Beweglichkeit. Obwohl sie sich während der beträchtlichen Anzahl von Trainingsstunden unter einem Sechstel g nicht sehr viel bewegt hatten, hatten sie in der Mondlandefähre schon längere Zeit gestanden, sich vorgebeugt und sich angelehnt und daher laut Neil »schon einen ziemlich guten Eindruck davon, wie sich ein Sechstel g anfühlt, bevor wir hinausgingen«. Nicht gewöhnt waren sie an komplexere und sehr rasche Körperbewegungen. In den Bodensimulationen und im Ein-Sechstel-g-Flugzeug hatten sie eine Reihe verschiedener Gangarten ausprobiert. Neil erinnert sich noch an eine solche Simulation: »Man hing in einer Aufhängung seitlich über einer Schräge und lief seitwärts darüber.«

Während des EVA war es Aldrins Aufgabe, die verschiedenen Gangarten auf dem Mond auszuprobieren. Dazu gehörte der »springende

Gang« – Neils bevorzugte Variante –, bei dem der Astronaut sich abwechselnd mit einem der Füße abstieß und ein Stück weit durch die Luft schwebte, bevor er aufsetzte, der »tänzelnde Gang«, in dem er stets denselben Fuß vorn behielt und mit dem hinteren einen Bruchteil einer Sekunde vor dem vorderen auf dem Boden aufkam, bevor er sich wieder mit beiden zum nächsten Schritt abstieß, sowie das »Känguruhüpfen«, das nur wenige Astronauten je ernsthaft einsetzten, weil die Bewegung gekünstelt war.

Mit dem großen Rucksack und dem schweren Anzug hätten die Männer auf der Erde je über 160 Kilogramm gewogen, doch auf dem Mond waren es wegen der reduzierten Schwerkraft nicht einmal dreißig. Da sie sich so leicht fühlten, mussten sie bei allen Bewegungen gut aufpassen, vor allem wegen der Rucksäcke, deren Masse einen Einfluss auf ihr Gleichgewicht hatte, wie sie schnell herausfanden, und für eine leichte Beugung nach vorn sorgte. Wenn die Männer zum Horizont schauten, egal, in welche Richtung, spürten sie eine gewisse Orientierungslosigkeit. Da der Mond so viel kleiner war als die Erde, war die Krümmung deutlich sichtbarer, als sie es gewöhnt waren. Außerdem mussten sie konstant aufmerksam sein, weil sich die Bodenbeschaffenheit durch die ungewohnte Beweglichkeit der Astronauten so schnell änderte. »Auf der Erde denkt man immer nur ein oder zwei Schritte voraus«, erinnerte sich Buzz. »Auf dem Mond musste man die nächsten vier oder fünf Schritte im Blick haben.« Die meiste Zeit über behielten die beiden, die stets gelernt hatten, sich auf Außeneinsätzen zurückhaltend zu bewegen, beim Laufen immer einen Fuß flach auf dem Boden.

Armstrong sprang allerdings ein paarmal ohne Anlauf in die Höhe. Dabei stellte er fest, dass er jedes Mal nach hinten zu kippen drohte. »Einmal wäre ich fast gestürzt, und da beschloss ich, dass es nun reichte.« Nachdem er und Buzz das Kamerakabel ausgerollt hatten, damit die Fernsehkamera an der vorgesehenen Stelle rund fünfzehn Meter vom LM entfernt aufgestellt werden konnte, stolperte Neil über das

Kabel. »Das Kabel war aufgerollt verstaut gewesen, daher ringelte es sich auf dem Boden, nachdem wir es ausgebreitet hatten, und die geringe Schwerkraft verstärkte den Effekt noch. Man stolperte leicht darüber, was mir auch ein paarmal passierte.« Dieses Problem wurde dadurch verstärkt, dass die Astronauten ihre Füße schlecht sehen konnten. »Durch die Anzüge war es sehr schwer, gerade nach unten zu schauen. Der Blick auf die Füße war kaum möglich, denn sie befanden sich ja genau dort.« Die Tatsache, dass die Kabel fast sofort mit einer Staubschicht überzogen waren, trug ebenfalls zum Problem bei.

Beide Männer hatten eine Übersicht der Aufgaben auf dem EVA in den linken Handschuh eingenäht. Obwohl Neil und Buzz die Reihenfolge durch die wiederholten Simulationen auswendig kannten, griffen sie doch ständig auf diese Liste zurück, wie alle professionellen Piloten, egal, wie gut sie mit den Abläufen vertraut waren.

Die nächste Aufgabe der Astronauten bestand darin, die Plakette zu enthüllen, die am Leiterbein der Mondlandefähre angebracht war. »Für alle diejenigen, die die Inschrift noch nicht kennen«, erklärte Neil der Welt um 04:13:52:40 Uhr MET, »lesen wir die Worte auf der Tafel am vorderen Landebein des LM jetzt vor. Sie zeigt zwei Hemisphären, die beiden Hemisphären der Erde. Darunter steht: ›Hier haben Menschen vom Planeten Erde im Juli 1969 n. Chr. den Mond betreten. Wir kamen in Frieden für die ganze Menschheit.‹ Unterschrieben ist der Text von den Besatzungsmitgliedern und dem Präsidenten der USA.«

Ein weiterer Punkt, der zwar nicht auf der Checkliste stand, aber auf Wunsch der NASA zu einem frühen Zeitpunkt des Mondaufenthalts erledigt werden sollte, war das Errichten der amerikanischen Flagge. Wie bereits erwähnt, sorgte die Entscheidung, eine solche auf dem Mond aufzustellen, für Diskussionen. Armstrong erinnerte sich: »Es gab vor dem Flug eine hitzige Debatte darüber, welche Flagge es sein sollte. Zur Wahl standen die amerikanische Flagge und die der Vereinten Nationen.« Sobald die Verantwortlichen sich für die amerikanische entschieden hatten, überlegte Neil, ein ehemaliger Pfadfinder, *wie* die

Flagge befestigt sein sollte. »Ich meinte, dass die Flagge einfach am Mast hinabhängen sollte, wie es auch hier auf der Erde der Fall wäre. Sie sollte nicht ausgebreitet oder mithilfe eines starren Rahmens fixiert werden, wie es letzten Endes der Fall war. Doch schon bald beschloss ich, dass diese Frage zu einem derart großen Thema geworden war, das so weit über meinen Blickwinkel hinausging, dass es sich für mich nicht mehr lohnte, mir darüber Gedanken zu machen. Das sollten andere Leute entscheiden, ich würde alles hinnehmen.«

Alle anderen Aufgaben auf dem EVA hatten Buzz und er bis ins letzte Detail durchgespielt, nur die Flaggenzeremonie nicht, da sie, wie die Enthüllung der Plakette, erst ganz am Schluss in die Liste aufgenommen worden war. Wie sich herausstellte, war es deutlich beschwerlicher als erwartet, die Flagge etwa zehn Meter von der Mondlandefähre entfernt im Boden zu verankern – so viel beschwerlicher, dass die ganze Sache fast zu einem PR-Desaster geworden wäre.

Zuerst gab es ein Problem mit der kleinen ausziehbaren Teleskopstange, die als Querbalken am oberen Ende der Fahnenstange angebracht war. Ihre Funktion bestand darin, die Flagge in der windfreien Mondumgebung ausgebreitet zu halten. Armstrong und Aldrin schafften es schnell, sie in ihre waagerechte Position zu bringen, doch so sehr sie sich auch bemühten – es gelang ihnen nicht, sie vollends auszuziehen. Daher hing die Flagge später nicht glatt und faltenfrei da, sondern bildete, wie Buzz es nannte, eine »einzigartige ewige Welle«. Dann scheiterten die beiden Männer – zu ihrem großen Ärger, denn sie waren sich voll darüber im Klaren, dass die Fernsehkamera, die sie gerade aufgestellt hatten, ihr Tun in die ganze Welt übertrug – daran, den Fahnenmast so tief in den Grund zu drücken, dass er aufrecht stehen blieb. »Wir hatten Probleme damit, ihn in den Boden zu bekommen«, erinnerte sich Neil. Da der Mast schließlich kaum fünfzehn Zentimeter im Boden steckte, fürchteten die Männer die ganze Zeit über, die amerikanische Flagge könne vor den Augen des weltweiten Publikums in den Mondstaub fallen.

Zum Glück blieb der Mast mit der merkwürdig gewellten Flagge daran stehen. Neil machte ein unvergessliches Foto von Aldrin, wie er vor der Fahne salutierte. Laut Aldrin wollten er und Neil gerade die Plätze tauschen, damit Buzz auch ein Bild von Armstrong machen konnte, als das Kontrollzentrum meldete, dass Präsident Nixon in der Leitung sei und mit ihnen sprechen wolle. Das lenkte sie vom geplanten Foto ab, erzählte Buzz, sodass das Bild von Armstrong nie entstand. Doch die NASA-Transkripte des Funkverkehrs zeigen, dass die Astronauten erst fünf Minuten und vierzehn Sekunden nach dem Knipsen des Fotos auf Nixons Anruf hingewiesen wurden; das Foto entstand während einer Funkpause direkt nach 04:14:10:33 Uhr MET, während die Nachricht, Nixon wolle sie sprechen, um 04:14:15:47 Uhr eintraf. Den Großteil dieser Funkstille verbrachten die beiden Männer nicht einmal zusammen. Nach dem Aufstellen der Flagge ging Armstrong zurück zur Mondlandefähre und nahm die Kamera mit. Dort bereitete er am MESA die ersten Gesteinssammlungen vor. Aldrin entfernte sich etwa fünfzehn Meter westlich vom LM, bevor er sich wieder zu Neil am MESA gesellte. In diesem Augenblick teilte Houston den Männern mit, dass Nixon aus dem Oval Office anrufe. Dann war der Präsident zu hören, er gratulierte ihnen und sagte, das Land und die ganze Welt seien stolz auf sie.

Es steht außer Frage, dass Nixons Anruf für Aldrin eine Überraschung war. In seiner Autobiografie schreibt er: »Mein Puls, der den gesamten Flug über recht niedrig gewesen war, schnellte in die Höhe. Neil sagte später, er habe gewusst, dass der Präsident sich möglicherweise bei uns melden würde, wenn wir auf dem Mond waren, aber mir hatte das niemand erzählt. Ich war nie auf den Gedanken gekommen. Das Gespräch war kurz und für mich ziemlich unbehaglich. Ich hatte das Gefühl, etwas Tiefgründiges sagen zu müssen, doch ich hatte nichts vorbereitet. Also ruhte ich mich auf der bequemsten Ausrede aus. Neil war der Kommandant der Mission, daher überließ ich ihm das Wort. Ich redete mir ein, dass jeder Kommentar meinerseits wie eine Einmischung wirken könnte, und schwieg.«

Armstrong erklärte später: »Deke hatte mir kurz vor dem Start mitgeteilt, dass wir mit einem außergewöhnlichen Gesprächspartner rechnen könnten. Er sagte nicht, dass es sich dabei um den Präsidenten handelte, sondern sprach nur von einem besonderen Gespräch über den CapCom. Es war nur ein Hinweis vorab, um mich vorzuwarnen, dass so etwas passieren könnte, aber Deke nannte keine Details. Ich wusste nicht, dass es um den Präsidenten ging, und bin mir auch nicht sicher, ob Deke darüber informiert war, um wen oder was genau es sich handelte.«

Aldrin nahm es seinen Kollegen in späteren Jahren übel, dass er nicht über einen möglichen Anruf des Präsidenten informiert gewesen war – als sei Neil explizit darauf hingewiesen worden. Die Beziehung zwischen diesen beiden Männern, die so eng zusammenarbeiten mussten, um als Erstes eine fremde Welt zu betreten und zu erkunden, war zweifellos höchst ungewöhnlich.

Das unterstreicht auch die Tatsache, dass Armstrong zwar Dutzende prächtige Bilder von Aldrin machte, dieser aber kein einziges explizit von Neil. Von Neil gibt es nur ein Foto, das er selbst schoss und auf dem er sich im Helmvisier von Aldrin spiegelt, und ein paar Aufnahmen, auf denen Neil im dunklen Schatten der Mondlandefähre steht, mit dem Rücken zur Kamera oder nur teilweise im Bild. Ein Foto hätte einen guten Blick auf Neil am MESA gewährt, wäre die Belichtungszeit passender gewählt gewesen.

Es zählt zu den kleineren Dramen der Apollo-11-Mission, dass die Nachwelt keine Bilder vom ersten Menschen auf dem Mond hat. Keines davon, wie er vor der amerikanischen Flagge salutiert. Wie er die Leiter hinunterklettert. Wie er die Mondoberfläche betritt. Kein einziges direktes Foto. Klar, es gibt die grobkörnigen, verschwommenen, schwarz-weißen Fernsehaufnahmen von Armstrong auf dem Mond, und die sind unvergesslich. Außerdem existiert eine Reihe von Einzelbildern aus der Sechzehn-Millimeter-Filmkamera. Doch es ist bedauerlich, dass es kein einziges hochauflösendes, detailgetreues

Farbfoto vom ersten Menschen auf dem Mond gibt, wie sie die Hasselblad lieferte.

Warum nicht? Aldrin sagte, er habe einfach nicht daran gedacht, Neil zu fotografieren – außer in dem Augenblick, in dem sie die amerikanische Flagge aufgestellt hatten und Nixons Anruf dazwischenkam.

»Wir machten uns keine Gedanken darüber, wer die Fotos schoss«, lautete Armstrongs gnädiger Kommentar. »Es kam mir gar nicht in den Sinn, dass das wichtig sein könnte, solange die Bilder gut waren.«

Gleichzeitig erläuterte Armstrong aber auch, wie der Einsatz der Film- und Fotokameras während des Mondspaziergangs vorgesehen gewesen war. »Wir hatten immer einen Plan, wo die Kamera zu übergeben war. Er sollte ein paar Bilder machen, und ich sollte ein paar Bilder machen. Und ich glaube, an diesen Plan haben wir uns auch größtenteils gehalten. Die Kamera befand sich lange Zeit bei mir, meine Aufgabenliste umfasste mehr Fotoaufträge, aber Buzz hatte den Apparat zwischendurch auch einmal und machte ein paar Bilder. So stand es im Flugplan.«

Neben der Hasselblad, die Neil in der Schiene vor seiner Brust trug, befand sich noch ein Ersatzapparat in der Mondlandefähre, der aber nie herausgeholt wurde. Die einzige weitere Fotokamera, die auf dem Mond verwendet wurde, war eine Stereokamera, auch »Gold-Kamera« genannt, nach ihrem Fürsprecher Dr. Thomas Gold, einem bekannten Astronomen von der Cornell University. Diese Kamera war speziell auf Nahaufnahmen der Mondoberfläche ausgelegt und gehörte komplett in Neils Verantwortungsbereich. Aber Buzz knipste definitiv ein paar Bilder mit der Hasselblad. Das bedeutete, dass Neil den Apparat mühsam aus der Schiene löste und ihn vorsichtig an Aldrin übergab. Buzz machte zwei 360-Grad-Panoramaaufnahmen, Bilder von der Erde in der Ferne und von der Mondlandefähre. Von ihm stammen die berühmten Bilder der Fußabdrücke im Mondstaub, aber er machte kein Foto direkt von Neil. Allerdings muss man zugestehen, dass alle Bilder, die durch Buzz entstanden, geplante Aufnahmen waren, die zu seinen

Aufgaben gehörten. Selbst dem Apollo-11-Besatzungskameraden Mike Collins fiel die Ungleichverteilung erst eine gewisse Zeit nach der Rückkehr auf. »Als wir wieder auf der Erde waren, wurden die Fotos entwickelt und aus dem NASA-Fotolabor zu uns gebracht. Ich fand sie toll. Ganz wunderbar. Nicht einmal überlegte ich: ›Wer von den beiden ist hier zu sehen?‹ Es war einfach ein Mann in einem Druckanzug. Erst später hieß es: ›Das ist Buzz‹ und ›Das ist Buzz‹ und ›Das ist Buzz‹, und Neil war nur auf dem Bild zu sehen, auf dem er sich in Buzz' Visier spiegelt. Doch selbst da schob ich es noch auf die Umstände – Sie wissen schon, den Zeitplan, wer welchen Teil der Ausrüstung bei sich hatte, welche Aufgaben zu welchem Zeitpunkt zu tun waren, Experimente auf der Mondoberfläche und so weiter.« Der Flugdirektor Gene Kranz schüttelte nur traurig den Kopf, als er nach einer Antwort suchte: »Ich habe keine Erklärung dafür. In den vergangenen Jahren habe ich jedes Jahr vor etwa 100 000 Menschen gesprochen, auf sechzig bis siebzig öffentlichen Auftritten. Und das einzige Bild von Neil, das ich bei diesen Vorträgen präsentieren kann, zeigt nur sein Spiegelbild in Buzz' Gesichtsschutz. Ich finde es fürchterlich. Es ist inakzeptabel für mich.« Chris Kraft und andere, die in die Missionsplanung involviert waren, sagten: »Es gab verschiedene wissenschaftliche Gründe, Fotos zu machen, und verschiedene Vorgaben für Bilder der Mondlandschaft, aber ich glaube nicht, dass es je vorgesehen war, dass sie einander fotografierten, wie man es am Strand machen würde. Ich kann mich nicht erinnern, dass das je Thema gewesen wäre.« Gene Cernan sieht es ähnlich: »Neil war die Bedeutung des Augenblicks sicherlich bewusst, aber er wäre nie so arrogant gewesen zu sagen: ›Hier, Buzz, mach mal ein Bild von mir.‹ Ich kann mir allerdings vorstellen, dass er dachte: ›Oh, wir haben keine Zeit für ein Foto von mir, also mache ich ein paar Bilder von Buzz, um allen zu zeigen, dass wir hier waren.‹ Wäre ich an Neils Stelle gewesen, hätte ich allerdings gesagt: ›Buzz, mach ein Foto von mir – schnell.‹«

Nach dem Telefongespräch mit Nixon kehrte Armstrong zum MESA zurück, um das Werkzeug für die geologischen Arbeiten zu holen. Bisher war bis auf die Notprobe noch kein Mondmaterial gesammelt worden. Nun musste er die Mengenprobe nehmen – eine Probe, die so umfangreich war, dass es für Wissenschaftler auf der ganzen Welt reichte – und eine Auswahl von Gesteinsformen zusammentragen.

In den folgenden vierzehn Minuten stieß Armstrong die Schaufel 23 Mal in den Boden. Das dauerte länger als erwartet, weil sich die vakuumverpackten Behälter schwer schließen ließen. Außerdem lag das Gebiet, in dem Neil unterwegs war, tief im Schatten, sodass er kaum etwas sah. Noch schlimmer war, dass er durch die auf ein Sechstel reduzierte Gravitation nicht so viel Kraft auf die Schaufel übertragen konnte wie im Training auf der Erde.

Insgesamt brachte Apollo 11 21,7 Kilogramm Gesteins- und Bodenproben zur Erde, hauptsächlich von Armstrong zusammengetragen. Alle Apollo-Missionen zusammengerechnet, kamen auf 381,69 Kilogramm Mondgestein. Dabei war die Menge von Apollo 11 am geringsten, was angesichts der Ungewissheiten der ersten Mondlandung verständlich war.

Ein Großteil des von Armstrong eingesammelten Gesteins war Basalt: dichtes, dunkelgraues, feinkörniges Erstarrungsgestein, das sich hauptsächlich aus kalziumreichem Kalknatronfeldspat und Pyroxen zusammensetzte. Auf der Erde ist Basalt die gängigste Form erstarrter Lava. Die ältesten Basaltstücke, die Apollo 11 zur Erde brachte, waren vor 3,7 Milliarden Jahren entstanden. Auf späteren Missionen waren auch andere Gesteinsarten dabei, darunter helleres Erstarrungsgestein wie Gabbro und Anorthosit, das noch älter war.

Manche Kritiker waren in den Jahren nach der ersten Mondlandung unzufrieden, weil das Mondgestein keinen Aufschluss über die Geheimnisse des Universums bot, aber das galt nicht für Armstrong: »Ich bin überzeugt, dass es exzellente Hinweise auf die Zusammensetzung des Regoliths lieferte, die Schicht aus losem Gestein, die den

Mondmantel bedeckt. Außerdem zeigte es, welche unterschiedlichen Arten von Gestein es dort gab, bewies dessen plutonische Eigenschaften und den magmatischen Ursprung. Viele der Gesteinsarten enthielten zudem Spuren wertvoller Metallerze.« Bis 1975 hatte man die 2 200 unterschiedlichen Proben, die auf den sechs Apollo-Mondmissionen eingesammelt worden waren, in 35 600 Segmente aufgeteilt. Bis 2015 waren nur siebzehn Prozent des Materials Forschern auf der ganzen Welt zugänglich gemacht worden. Von den verbleibenden 83 Prozent befindet sich ein Großteil im Archiv des Johnson Space Center der NASA in Houston und des Luftwaffenstützpunktes Brooks in San Antonio, Texas. Weniger als fünf Prozent sind an Museen oder Bildungseinrichtungen verliehen oder wurden als Geschenk an andere Länder oder US-Bundesstaaten überreicht.

Neben den Bodenproben stand für die Astronauten eine Reihe von Experimenten auf dem Programm, für die sie herzlich wenig Zeit hatten, da der Mondspaziergang auf zwei Stunden und vierzig Minuten beschränkt war. Insgesamt gab es sechs Experimente, die nach einer strengen Begutachtung durch Experten von einem Wissenschaftsausschuss der NASA ausgewählt worden waren.

Das gewöhnlichste Experiment umfasste eine Untersuchung der Bodenmechanik mithilfe von hauptsächlich von Buzz entnommenen Bohrkernen, die Informationen über die Dichte, Korngröße, Festigkeit und Komprimierbarkeit des Materials einbrachten. Gegen Ende des EVA hämmerte Buzz eine Reihe von Bohrkronen in die Oberfläche, doch der feste Boden ließ ihn nur etwa zwanzig Zentimeter tief eindringen. Dabei ging es nicht nur um wissenschaftliche Erkenntnisse, sondern auch darum, technisch relevante Daten für ein Mondfahrzeug zu erheben, den späteren Lunar Rover, der Ende Juni 1971 mit Apollo 15 zum ersten Mal ins All flog.

Das Experiment zur Zusammensetzung des Sonnenwindes sollte Hinweise auf einen Strom elektrisch geladener Teilchen einbringen, der von der Sonne ausging. Mit Armstrongs Hilfe gelang es Aldrin, gleich zu Beginn des EVA, direkt nachdem die beiden die Plakette am Leiterbein der Mondlandefähre enthüllt hatten, innerhalb von fünf Minuten den Sonnenwindkollektor aufzustellen. Innerhalb der 77 Minuten, die dieses Gestell auf der Mondoberfläche stand, fing der Kollektor Helium-, Neon- und Argonionen ein, was den Wissenschaftlern zu neuen Erkenntnissen über den Ursprung des Sonnensystems, die Geschichte der planetaren Atmosphäre und die Dynamik des Sonnenwindes verhalf.

Die anderen fünf Experimente waren Teil eines Pakets namens EASEP (»Early Apollo Scientific Experiment Package«). Das EASEP bestand aus zwei Einheiten, die je so groß wie ein kleiner Rucksack waren. Ein Experiment mit einem passiven Seismometer (»PSEP«), das Aldrin durchführte, war darauf ausgelegt, die Mondstruktur zu untersuchen und Mondbeben zu verzeichnen. Darin integriert war ein Mondstaubdetektor, der die Auswirkungen des Mondstaubs auf die Experimente ermittelte.

Während Aldrin das Seismometer aufstellte, baute Armstrong das »LRRR« oder »LR^3« zusammen. Dieses Experiment, das die Entfernung zwischen Mond und Erde präzise vermessen sollte, bestand aus einer Reihe von Retroreflektoren, im Grunde speziellen Spiegeln, die einen auftreffenden Lichtstrahl in die gleiche Richtung zurückwarfen, aus der er gekommen war – in diesem Fall einen Laserstrahl, der aus einem großen Teleskop im Lick-Observatorium an der University of California östlich von San José auf das Meer der Ruhe gerichtet wurde. Obwohl Laserstrahlen über eine große Entfernung hinweg eng gebündelt bleiben, hatte das Signal nach den rund 400 000 Kilometern bis zum Mond stark gestreut und traf in einem Bereich mit einem Durchmesser von über drei Kilometern auf. Um möglichst viel davon mit den Reflektoren einzufangen, musste Armstrong sie sehr genau ausrichten.

Neil erinnerte sich: »Wir wollten sichergehen, dass alle Spiegel zur Erde zeigten und dass die Reflektoren auf möglichst stabilem Grund standen, damit sie sich später nicht verschoben. Wir stellten sie mithilfe einer Dosenlibelle – einem runden Gerät, in dem eine Blase schwimmt wie in einer Wasserwaage – aufrecht hin; sobald sich die Blase in der Mitte des Kreises befand, war die Plattform gerade. Dann mussten wir die gesamte Plattform ausrichten, indem wir sie drehten, bis die Spiegel direkt Richtung Erde wiesen.« Dafür nutzte er einen Schattenstab – einen Gnomon –, bei dem der Schatten, den der Stab warf, für die korrekte Ausrichtung sorgte. »Auf der Erde verhielt sich die gewölbte Blase recht ruhig, aber in der Mondgravitation drehte sie sich die ganze Zeit im Kreis.«

Doch irgendwann kam sie auf unerklärliche Weise zur Ruhe. Das LRRR stellte sich als eines der wissenschaftlich ergiebigsten aller Apollo-Experimente heraus, das im Rahmen von Apollo 14 und 15 erneut durchgeführt wurde. Gemeinsam lieferten die drei Instrumente viele wichtige Messdaten, die zu neuen Erkenntnissen über die Umlaufbahn des Mondes, die Schwankungen der Mondrotation, die Geschwindigkeit, mit der sich der Mond von der Erde entfernt (zur Zeit 3,8 Zentimeter pro Jahr) sowie die Rotationsgeschwindigkeit der Erde selbst und die Neigung der Erdachse führten. Außerdem haben Wissenschaftler Daten der Laserreflektoren genutzt, um Einsteins Relativitätstheorie zu überprüfen.

In Bezug auf die Entscheidung, nicht die große S-Band-Parabolantenne einzusetzen, die rechts der Leiter im ersten Quadranten der Mondlandefähre untergebracht war, erinnert sich Armstrong: »Wir mussten sie nicht aufstellen, weil das Signal der LM-Antenne stark genug war, um Fernsehbilder zur Erde zu übertragen.« In Hinblick auf die knappe Zeiteinteilung war Neil recht froh, dass er die S-Band-Antenne mit ihrem Durchmesser von zweieinhalb Metern nicht zusammenbauen musste. Das hätte zwanzig Minuten in Anspruch genommen, und Buzz und er lagen bereits dreißig Minuten hinter dem Zeitplan zurück. Doch andererseits »machte es großen Spaß, das Ding zusammenzusetzen. Ich hätte es gern gemacht, wenn es nötig gewesen wäre, und war gespannt, ob die Antenne wirklich funktionierte. Ich hatte es auf der Erde ein paarmal gemacht und war jedes Mal fasziniert, wenn sie wie eine Blume aufblühte.«

Laut Armstrong war der gesamte EVA zeitlich gut organisiert. »Wir hatten einen Plan. Wir mussten eine beträchtliche Anzahl von Aufgaben erledigen, für die eine bestimmte Reihenfolge galt. Die Einteilung basierte darauf, wie wichtig die jeweilige Aufgabe war und welche Abfolge sinnvoll und praktikabel war. Wir hatten sie oft durchgespielt und den Plan über einen langen Zeitraum hinweg entwickelt. Wir kannten ihn vorwärts, rückwärts und mit verbundenen Augen. Das würde kein Problem darstellen. Ich hätte keine Hemmungen gehabt, davon abzuweichen, wenn die Situation es verlangt hätte.«

Die bedeutendste Planänderung erfolgte gegen Ende des Mondspaziergangs, als Armstrong beschloss, zu einem großen Krater zu gehen, der sich etwa sechzig Meter östlich der Mondlandefähre befand (und heute als »Ostkrater« bekannt ist), um ihn sich anzuschauen. »Dass ich zum Krater lief, stand nicht auf dem Plan, aber ich hatte ja auch nicht gewusst, dass der Krater dort sein würde. Ich hielt es für eine sinnvolle Ergänzung, ihn zu sehen und zu fotografieren, obwohl dafür ein Teil der Zeit draufging, die für die dokumentierte Probe vorgesehen war. Aber ich hatte den Eindruck, das könnte etwas sein, das die Leute interessieren würde.« Es gab Richtlinien, aber keine konkreten Missionsregeln zur Frage, wie weit sich ein Besatzungsmitglied von der Mondlandefähre entfernen durfte. Wäre Neil zu weit weggelaufen, hätte das Kontrollzentrum ihn sicherlich zurückgepfiffen. »Ich hatte sogar selbst einige Bedenken, mir die Zeit zu nehmen, um zum Krater rüberzugehen und ihn zu knipsen. Aber ich meinte, es sei von so großer Bedeutung, dass es sich lohnte.«

Da die Zeit für den Mondspaziergang langsam zu Ende ging, eilte Neil zum Krater und zurück. Eine spätere Analyse der Fernsehaufnahmen ergab, dass er mit ungefähr 3,2 km/h unterwegs war. Insgesamt dauerte der Ausflug drei Minuten und fünfzehn Sekunden. Neil machte acht Fotos von unterschiedlichen Teilen des Ostkraters, darunter von

Felsvorsprüngen auf den Seitenwällen, die seiner Meinung nach für Geologen von Interesse sein könnten.

In dem Augenblick, in dem Armstrong Richtung Krater loszog, setzte Houston Buzz darüber in Kenntnis, dass er so langsam wieder in die Mondlandefähre zurückkehren solle. Neil würde ihm zehn Minuten später folgen. Doch noch bevor einer von beiden die Leiter hinaufklettern konnte, waren die letzten Bohrkerne fertigzustellen und zu verpacken, und Neil musste mit einer langen Greifzange die abschließende Gesteinsprobe nehmen. Dann wurde alles, darunter auch die Filmkassetten, das Sonnenwindexperiment und die Gesteinskisten, zur Leiter gebracht.

In einer Pressekonferenz nach der Mission erklärte Armstrong: »Es war einfach viel zu wenig Zeit, um all die Dinge zu tun, die wir gern getan hätten. Da war das Feld mit den Felsbrocken, das wir vor dem Ausstieg durch Buzz' Fenster fotografiert hatten, die Steine waren einen Meter groß. Dabei handelte es sich sehr wahrscheinlich um Grundgestein. Es wäre äußerst interessant gewesen, dorthin zu gehen und ein paar Proben zu nehmen. Es gab einfach zu viele interessante Dinge zu tun.

Wenn man sich in einer neuen Umgebung befindet, ist alles neu und anders und man neigt dazu, alles genau zu betrachten und zu sagen ›Was ist das?‹ oder ›Ist das wichtig?‹ oder ›Ich schau es mir noch einmal aus einem anderen Winkel an‹, was man in der Simulation nie tun würde. In einer Simulation hebt man den Stein einfach auf und wirft ihn in die Kiste.

Daher überrascht es mich nicht, dass wir etwas länger gebraucht haben, um alles zu erledigen. Auch den Anruf des Präsidenten hatten wir nicht einberechnet – der kam in den Simulationen nicht vor. Außerdem stellte die Bodencrew uns ständig Fragen. Wir beantworteten sie, was immer etwas Zeit kostete. In den Übungsläufen war das nicht vorgekommen.

Aus unserer Perspektive wäre es schön gewesen, mehr Zeit für uns zu haben, um herumzulaufen und uns umzuschauen. Aber viele Leute hatten bestimmte Wünsche, je nach Spezialgebiet, und diese Leute hatten viel Zeit darin investiert, ihre Experimente vorzubereiten. Ich hielt es für unsere Pflicht, zu versuchen, diesen Wünschen nachzukommen, so gut wir konnten, und zwar möglichst rasch. Ich hätte kein Problem damit gehabt, gegen die Regeln zu verstoßen, wenn ich das für das Richtige gehalten hätte.

Ich weiß noch, wie ich dachte: Mann, ich würde gern länger draußen bleiben, weil es noch weitere Dinge gibt, die ich gern sehen und tun würde. Es war aber kein überwältigender Drang. Es war nur ein Impuls, dass ich gern länger draußen geblieben wäre. Aber ich wusste, Houston wollte, dass wir wieder reingingen.«

An der Ostküste der USA war es fast ein Uhr nachts, als Neil und Buzz die Leiter hinaufbeordert wurden. Eigentlich sollte Armstrong Buzz' Anzug abstauben, bevor Buzz wieder in die Landefähre kletterte, doch er vergaß es, vielleicht weil es sinnlos erschien. »Der Staub war so fein, dass wir nie alles abbekommen hätten«, erklärte Neil.

Armstrongs letzte Aufgaben auf der Mondoberfläche waren mühsam und körperlich anstrengend. Da der Auftragnehmer der NASA, der für den Bau der Gesteinskisten zuständig war, eine Kontamination verhindern wollte, hatte er die Scharniere gereinigt, statt sie geölt zu lassen. Um die Deckel zu schließen, musste Neil eine Kraft von über 140 Newton aufbringen. Nachdem ihm das beim Behälter der Sammelprobe schon schwergefallen war, »verlangte es mir alles ab« und kostete »eine übermäßige Menge an Kraft«, die zweite Kiste mit der dokumentierten Probe darin zu schließen. Die geringere Schwerkraft machte es doppelt schwierig: Die Kisten neigten dazu wegzurutschen. Also platzierte Neil sie auf dem MESA-Tisch, dessen Oberfläche leicht nachgab. Allein schon die Kiste so festzuhalten, dass er genügend Kraft aufwenden konnte, um sie zu verschließen, bereitete ihm große Mühe. Dann musste er die Kisten einzeln zum LEC tragen, sie in die »Wäscheleine« einhaken und sie mit Buzz' Hilfe hochziehen.

In Houston zeigte der Herzmonitor, dass Neils Blutdruck in dieser letzten Phase des EVA auf 160 Schläge pro Minute stieg, ein typischer

Wert für einen Rennfahrer zu Beginn des Autorennens in Indianapolis. Fünf Minuten bevor Neil die Leiter hinaufkletterte, zwang Houston ihn unter einem Vorwand zu einer kurzen Pause – man fragte ihn nach dem Status des Tankdrucks und des Sauerstoffvorrats in seinem EMU.

Da die Astronauten ganz darauf fokussiert waren, alle benötigten Gegenstände in die Mondlandefähre zu laden, hätten sie fast vergessen, ein kleines Päckchen mit Erinnerungsstücken auf dem Mond zu hinterlassen. Aldrin erinnerte sich noch an dieses Beinahe-Versäumnis: »Wir waren so beschäftigt, dass ich schon auf halber Höhe der Leiter war, als Neil mich fragte, ob ich die Andenken, die wir mitgebracht hatten, dagelassen habe. Das hatte ich ganz vergessen. Wir hatten gehofft, dafür eine kleine Zeremonie abzuhalten, wenn die Zeit gereicht hätte, doch so verkam es zu einer Nebensache. Ich griff in meine Schultertasche, zog das Päckchen heraus und warf es auf die Mondoberfläche.« In dem Päckchen befanden sich zwei sowjetische Medaillen zu Ehren der verstorbenen Kosmonauten Juri Gagarin, dem ersten Menschen in der Erdumlaufbahn, der im März 1968 in einer MiG-15 abgestürzt war, und Wladimir Komarow, der ein Jahr vor Gagarins Tod am Ende seines Flugs in der Sojus 1 ums Leben kam, weil sich der Fallschirm der Kapsel nicht geöffnet hatte. Außerdem enthielt das Päckchen ein Emblem der Mission Apollo 1, in Gedenken an Gus Grissom, Ed White und Roger Chaffee, und eine kleine goldene Anstecknadel in Form eines Ölzweiges, ein Symbol für die friedliche Absicht des amerikanischen Mondlandungsprogramms.

Um 1:09 Uhr Ostküstenzeit (04:15:37:32 Uhr MET) kletterte Neil auf den Fußteller der Mondlandefähre, griff nach dem Geländer der Leiter und sprang, indem er sich mit den Beinen abdrückte und mit den Armen hinaufzog, bis auf die dritte Stufe hinauf.

»Die Technik, die ich dafür nutzte, bestand darin, beide Knie zu beugen und den Körper so tief Richtung Fußteller zu senken wie möglich. Dann sprang ich senkrecht in die Höhe und ließ die Hände über das

Geländer gleiten, um die Richtung beizubehalten. So kam ich bis zur dritten Stufe, die sich locker anderthalb bis zwei Meter über dem Boden befand.«

Das war keine Angeberei, sondern die typische Experimentierfreudigkeit des Ingenieurs. »Ich war einfach neugierig. Ohne den Anzug hätte man dort wirklich hoch springen können. Man spürte das Gewicht des Anzugs nicht unbedingt, wegen der Druckluft im Inneren, die einen Großteil der Last trug. Aber beim Springen musste man es in die Höhe bringen, und wir wogen auf dem Mond etwa 28 Kilo. Wie hoch kann ein 28 Kilogramm schwerer Mann also springen? Wenn er nicht von einem sperrigen Anzug behindert wird, wahrscheinlich ziemlich hoch. Ich wollte mir einfach einen Eindruck davon verschaffen, wie hoch man so kam, wenn man sich kraftvoll abdrückte.«

Armstrongs Sprung die Leiter hinauf ist wahrscheinlich Mondrekord, da die Astronauten der folgenden Apollo-Missionen meist etwas in den Händen oder auf dem Arm trugen, wenn sie die Leiter hinaufkletterten. Hätte Neil die Stufe beim Sprung nicht erwischt – und der Mondstaub machte die Stufen rutschig –, hätte nur eine geringe Gefahr bestanden, dass er sich verletzte. Mit den Händen auf dem Geländer hätte er sich leicht abfangen können. Außerdem hätte er problemlos wieder aufstehen können, wäre er tatsächlich gestürzt, weil er genau das im Wasserbecken im Manned Spacecraft Center trainiert hatte.

Aldrins Rückkehr in die Fähre wenige Minuten zuvor war relativ problemlos verlaufen, zieht man in Betracht, dass der sperrige Rucksack ihn zu einem Hohlkreuz zwang, um hineinzukommen. Da ihm niemand helfen konnte, zog Aldrin zuerst die Knie ins Cockpit und brachte sich dann aus der knienden in eine aufrechte Position. Bevor er sich umdrehte, musste er dafür sorgen, dass der Abstand zu den Schaltern und anderen Ausrüstungsgegenständen hinter ihm groß genug war. Als Neil in die Fähre kletterte, profitierte er von Aldrins Anleitung:

04:15:38:08   Aldrin: *Halt den Kopf unten. Jetzt drück den Rücken durch. Gut so. Du hast genug Platz. Okay, in Ordnung, jetzt drück den Rücken ein bisschen durch, den Kopf hoch gegen* [unverständlich]. *Dreh dich ein ganz bisschen nach rechts. Kopf runter. Passt.*

Zwischen der Öffnung und dem Verschließen der Luke waren zwei Stunden, 31 Minuten und vierzig Sekunden vergangen. An der Ostküste der USA war es 1:11 Uhr, als die Astronauten sie wieder verriegelten. Der erste Ausflug des Menschen auf die Mondoberfläche hatte weniger lange gedauert als ein Footballspiel.

Auf CBS fassten Eric Sevareid und Walter Cronkite die denkwürdigen Ereignisse zusammen. »Der Mensch ist gelandet und hat die ersten Schritte getan. Was kann da noch kommen?«, fragte Cronkite. Sevareid antwortete: »Ich weiß nicht, was noch kommen kann. Wir haben eine Art ›Geburt‹ miterlebt ... als sie dort oben herumliefen, konnte man ihre Freude spüren. Ich hätte nie erwartet, sie hüpfen zu sehen, du etwa? Es hatte immer geheißen, sie würden sich sehr vorsichtig bewegen. Äußerst bewusst einen Fuß vor den anderen setzen. Man sagte uns, sie könnten stürzen. Und dann hopsen sie herum wie spielende Kinder!«

»Fast wie junge Fohlen«, warf Cronkite ein.

»Und ich hätte nie erwartet, das Wort ›schön‹ zu hören. Er sagte, es sei ›schön‹ dort. Wir haben den Mond für kalt und einsam und unwirtlich gehalten – doch irgendwie haben sie dort eine seltsame Schönheit gefunden, die sie uns wohl niemals richtig werden beschreiben können.«

Cronkite: »Und vielleicht ist es eine Schönheit, die sich zukünftigen Besuchern nicht mehr darbieten wird. Diese ersten Männer auf dem Mond könnten etwas gesehen haben, das den folgenden entgehen wird.«

Sevareid: »Wir werden uns ihnen gegenüber immer irgendwie wie Fremde fühlen. Sie werden sogar ihren Frauen und Kindern ein wenig fremd vorkommen. Sie sind in ein Leben entschwunden, in das wir ihnen nicht folgen können. Ich frage mich, wie ihr Leben von nun an aussehen wird. Der Mond hat sie bisher gut behandelt. Wie die Menschen auf der Erde mit diesen Männern umgehen werden, den Rest ihres Lebens über, macht mir mehr Sorgen, glaube ich, als alles andere.«

Eine der Lücken in der Berichterstattung über Apollo 11 betrifft die persönlichen Gegenstände und Erinnerungsstücke, die Armstrong und seine Besatzungskameraden mit zum Mond nahmen. Alle drei hatten ein »Personal Preference Kit« dabei, das schon beim Start an Bord verstaut war. Es handelte sich um einen Beutel, etwa so groß wie eine große braune Lunchtüte, der sich zuziehen ließ und mit feuerfestem Teflon beschichtet war.

Wie viele solcher PPK-Beutel jeder Apollo-11-Astronaut mit hinaufnahm, ist nicht bekannt. Mindestens einer pro Person verblieb den gesamten Flug über unten im Stauraum des Kommandomoduls. Das Maximalgewicht dieser LM-PPKs betrug 225 Gramm. Neil, Mike und Buzz einigten sich darauf, dass alle Gegenstände an Bord der Apollo 11 als »zum Mond geflogen« gelten sollten, ob sie nun auf der Mondoberfläche gewesen oder im CSM verblieben waren, um den Objekten, die nur mit Collins in der Mondumlaufbahn kreisten, nicht den symbolischen Wert abzusprechen.

Keiner der drei Astronauten 'hat je eine Liste veröffentlicht, was für Souvenirs sich in diesen Beuteln befanden. Was darüber bekannt ist, weiß man nur durch das, was die Astronauten im Lauf der Jahre gesagt und geschrieben haben, und durch die Gegenstände aus ihrem Privatbesitz, die seitdem verkauft oder ausgestellt und als Mond-Souvenirs identifiziert wurden. In Armstrongs Fall ist das fast nichts, da Neil nie darüber sprach, was er zum Mond mitgenommen hatte – und im Gegensatz zu Buzz und Mike auch nie etwas davon zum Verkauf angeboten hat.

Armstrong hat nie publik gemacht, was sich in seinem PPK befand. »Für mich selbst habe ich sonst nichts dabeigehabt«, erklärte Neil in späteren Jahren. »Zumindest nichts, an das ich mich erinnern könnte.«

Der einzige Gegenstand für Janet war der goldene Ölzweig. Es mag überraschend wirken, dass Armstrong nichts für den Rest der Familie einpackte – nicht einmal für seine beiden Söhne, was Janet bis heute ärgert. »Ich war davon ausgegangen, dass er etwas für die Jungs hatte, das er ihnen später geben würde, aber ich glaube, das ist nie passiert. Neil kann aufmerksam sein, aber er nimmt sich wenig Zeit dafür, oder zumindest nicht dafür, diese Aufmerksamkeit zu zeigen.«

Ein weiterer geliebter Mensch, in dessen Gedenken Neil anscheinend nichts mit zum Mond nahm, war seine Tochter Karen. Wäre es nicht eine sehr menschliche Geste gewesen, wenn er als Vater an sein geliebtes kleines Mädchen erinnert hätte, indem er ein Foto oder ein Spielzeug mitgenommen hätte? Was, wenn Neil etwas für Muffie getan, aber nie jemandem davon erzählt hatte, nicht einmal Janet, weil es so eine zutiefst persönliche Angelegenheit war? Wie sehr würde das das Ansehen des ersten Menschen auf dem Mond noch steigern? Eine solche Aktion hätte der ersten Mondlandung eine spezielle Bedeutung verleihen können. So sieht es auch Neils Schwester June, die ihren Bruder besser kannte als viele andere.

»Hat er eine Erinnerung an Karen mit zum Mond genommen?«, fragt sie sich selbst.

»Oh, ich hoffe es so sehr.«

Vielleicht wird sich dieses Rätsel lösen lassen, wenn die Menschen zur Tranquility Base zurückkehren, was sicherlich irgendwann geschehen wird.

KAPITEL 25

Rückkehr zur Erde

Am meisten Sorgen hatte Neil immer die letzte Phase des Anflugs auf die Mondoberfläche gemacht. »Die Anzahl der Unbekannten war enorm. Die Systeme waren in diesem Modus nur auf der Erde und noch nie in der wahren Umgebung getestet worden. Es gab ungefähr tausend Dinge, über die man sich in diesem Abschnitt den Kopf zerbrechen konnte. Das war die schlimmste Phase für die Systeme und für die Besatzung. Darüber machte ich mir am meisten Gedanken, weil es so schwierig war. Das Herumlaufen auf der Mondoberfläche schätzte ich auf einer Skala von eins bis zehn als eine Eins ein. Der Anflug auf die Mondoberfläche war eher eine Dreizehn.«

Irgendwo dazwischen angesiedelt war, die Aufstiegsstufe der Mondlandefähre wieder zu Mike Collins hinaufzusteuern. Diese heikle Flugphase war, was den Schwierigkeitsgrad anging, vielleicht nur eine Fünf oder eine Sechs, lag dafür aber jenseits der Zehn, was ihre Bedeutung für den letztendlichen Erfolg der Mission anging. Wenn dieser Aufstieg und die anschließende Kopplung nicht funktionierten, warum auch immer, würden der herausragende Erfolg von Apollo 11 bis hierher und auch die eifrigen Bemühungen von 400 000 talentierten Menschen, die daran gearbeitet hatten, Apollo zum Mond zu bringen, als eine einzige Tragödie betrachtet werden. Die erste Mondlandung wäre erfolgt, aber die Astronauten, die das erreicht hätten, wären nie nach Hause zurückgekehrt.

Als Armstrong und Aldrin zurück in der *Eagle* waren und die Luke geschlossen hatten, setzten sie die Kabine unter Druck, legten die Rucksäcke ab und warfen einen Blick auf die Anzeigen im Instrumentenbrett, um sicherzustellen, dass alles in Ordnung war. Sie stopften überflüssiges Material in einen Müllsack, der auf dem Mond verbleiben sollte, um Gewicht einzusparen. Dann schlossen sich die beiden müden und hungrigen Männer wieder an das Lebenserhaltungssystem der Mondlandefähre an und nahmen die Helme und Visiere ab, um etwas essen zu können.

Vor der Mahlzeit verknipsten sie noch den Rest des Films. Die Hasselblad, die sie auf dem EVA benutzt hatten, war bereits draußen geblieben, die Astronauten hatten nur die belichteten Filmrollen eingepackt. Nun nahmen sie den Ersatzapparat aus der Kabine und fotografierten durch die Fenster die amerikanische Flagge, den Kamerastand und die weit entfernte Erde. Jetzt kam Buzz endlich dazu, zwei Bilder von Neil zu machen, auf denen der müde und erleichterte Kommandant mit der Kopfbedeckung zu sehen ist, die die Astronauten »Snoopy-Mütze« nannten – einer elastischen, schwarz-weißen Kappe mit einem Schaumstoffbesatz über den Ohren, die eine gewisse Ähnlichkeit mit dem Hund der *Peanuts* hatte. Neil machte fünf Fotos von Buzz.

Während sie aßen, gratulierte ihnen der hocherfreute Deke Slayton:

04:18:00:02	Slayton:	*Wollte euch nur wissen lassen, da ihr anderthalb Stunden hinter dem Zeitplan liegt und wir alle morgen freihaben, dass wir euch jetzt verlassen. Bis später.*
04:18:00:13	Armstrong:	*Das kann ich euch wirklich nicht vorwerfen.*
04:18:00:16	Slayton:	*Es war echt ein großartiger Tag, Jungs. Ich hab es sehr genossen.*
04:18:00:23	Armstrong:	*Danke. Bestimmt nicht so sehr wie wir.*
04:18:00:26	Slayton:	*Roger.*

Um die überflüssige Last abzuwerfen, mussten die Astronauten erneut den Druck aus der Kabine ablassen und die Helme aufsetzen, damit sie die Luke öffnen konnten. Es war fast, als würden sie einen weiteren

Mondspaziergang vorbereiten, doch dieses Mal dauerte es nur zwanzig Minuten, und sie mussten weder Schläuche umstecken noch die Rucksäcke aufsetzen.

Dann taten sie etwas, das man als Mondverschmutzung bezeichnen könnte: Sie warfen den Müll hinaus. Erst kamen die Rucksäcke mit den lebenserhaltenden Systemen, aus denen die Astronauten das Kühlwasser in eine Plastiktüte abgelassen und diese dann verstaut hatten. »Wir konnten uns in den Druckanzügen weit genug nach unten beugen, dass wir mit den Handschuhen nach den Rucksäcken greifen und sie hinauswerfen konnten, statt sie hinauszutreten, wie es spätere Besatzungen taten«, berichtete Neil. Im Fernsehen konnte man die beiden Rucksäcke fallen sehen. Ihr Auftreffen auf der Mondoberfläche wurde dank des Seismometer-Experiments, das Buzz errichtet hatte, auf der Erde registriert. Neil schmiss beide Paare staubbedeckter Stiefel, eine Tüte mit leeren Essenverpackungen und die Ersatzkamera hinaus, natürlich ohne den belichteten Film. Dann warf er die Lithiumhydroxid-Kartusche hinterher, die Buzz und er ausgetauscht hatten.

Obwohl es im Cockpit nun weniger chaotisch aussah, war es dort keineswegs sauber. Es war unvorstellbar, wie viel Staub sich draußen auf den Männern abgelagert hatte. Als sie in die Schwerelosigkeit zurückkehrten, schwebte ein Teil davon in der Kabine umher. Sogar die Stimmen der beiden Männer klangen durch den eingeatmeten Staub anders. Neil erinnerte sich: »Wir bemerkten einen neuen Geruch in der Kabinenluft, der offensichtlich vom Mondmaterial ausging, das sich auf und in unserer Kleidung befunden hatte. Ich weiß noch, dass ich sagte, wir röchen nach feuchter Asche.«

Nachdem Neil ein paar Fragen des Kontrollzentrums beantwortet hatte, brauchte er eine Pause. Als er um eine detaillierte Beschreibung der Geologie auf dem Mond gebeten wurde, sagte er: »Die Antwort auf diese Frage verschieben wir auf morgen, ja?«

Am 21. Juli um 2:50 Uhr Houstoner Zeit wünschte das Kontrollzentrum den Männern endgültig eine gute Nacht. Oben in der *Columbia* war Mike Collins, kurz nachdem er gehört hatte, dass seine Kameraden wohlbehalten in die Mondlandefähre zurückgekehrt waren, in einen tiefen Schlaf gefallen. Armstrong und Aldrin waren nun seit fast 22 Stunden auf den Beinen. Sie waren erleichtert. »Man bedauert immer, dass man nicht mehr geschafft oder nicht alles erledigt hat, was man wollte, aber wir hatten eine ganze Menge erreicht. Es ist immer sehr befriedigend, Dinge zu schaffen und abzuhaken. Diese Zufriedenheit überwog das eventuelle Bedauern. Außerdem dachten wir: Das sind weitere Hunderte Seiten in den Checklisten, die wir nicht mehr im Kopf haben und über die wir uns keine Sorgen mehr machen müssen.«

Es war die erste und einzige Nacht, die die beiden in der Mondlande-fähre verbrachten, und sie verlief alles andere als angenehm. Neil sagte: »Der Platz auf dem Boden reichte für eine Person – nicht ausgestreckt, aber irgendwo zwischen einer zusammengerollten und einer ausge-streckten Position. Dort schlief Buzz. Der einzige andere Ort, an dem man sich hinlegen konnte, war die Triebwerksabdeckung, eine runde Platte mit einem Durchmesser von etwa 75 Zentimetern. Für meine Beine knüpften wir eine Schlinge aus einer Sicherungsleine. Die befes-tigten wir an einem Rohr, das herunterragte. Das war ein guter Auf-hängungsort für die Schlinge, und ich steckte meine Beine hindurch und legte mich mit dem Oberkörper auf die Triebwerksabdeckung. So hingen meine Beine in der Luft. Hinter der Abdeckung befand sich ein kleines Regalbrett, auf das ich meinen Kopf legen konnte. Es war eine improvisierte Schlafstätte und nicht sehr bequem.«

Keiner der beiden schlief gut. Das lag nicht nur an der ungemütlichen Schlafposition, sondern auch daran, dass sie die Helme und Handschu-he anlassen mussten, um ihre Lungen vor dem hereingetragenen Staub zu schützen. Und dann war da noch die Kälte: Obwohl die Temperatur draußen um die 100 Grad betrug, war es in der Mondlandefähre ziem-lich frisch, etwa sechzehn Grad. »Als wir die Fenster abdeckten, damit es drinnen halbwegs dunkel war«, erklärte Armstrong, »wurde es im Cockpit recht kühl.« Außerdem wurde ihr Schlaf durch die Lichter im

Instrumentenbrett und das laute Geräusch einer Wasserpumpe gestört. Obwohl sieben Stunden Schlaf vorgesehen waren, kam Neil nur auf etwa zwei Stunden wirkliche Erholung gegen Ende dieser Zeit. Beim Versuch, in den Schlaf zu finden, dachte der Kommandant über die Geologie-Frage nach, die er versprochen hatte, am nächsten Tag zu beantworten. Er machte sich keine allzu großen Sorgen darüber, dass der Schlafmangel seine Fähigkeit beeinträchtigen könnte, die Mondlandefähre zu steuern. »Es war völlig klar, dass ich keine Wahl hatte. Der Plan stand fest, und ich musste es tun.« Und er war sicher nicht der Erste, der so etwas durchmachte. »Eine Nacht. Die meisten Menschen kommen sogar mehrere Nächte lang mit wenig Schlaf aus«, sagte er sich. »Ich hatte im Kommandomodul im Allgemeinen gut und erholsam geschlafen. Mike sagte Sachen wie: ›Dieser Teil des Flugs ist einfach. Die anderen haben es auch alle gemacht und keine Probleme gehabt. Entspann dich einfach und genieß es, und spar dir deine Energie für die Zeit auf, wenn du sie brauchst.‹ Und das nahm ich mir zu Herzen.«

Ron Evans, der CapCom, der die Nachtschicht übernommen hatte, weckte die Besatzung um 9:32 Uhr Houstoner Zeit. Nach einem Mondaufenthalt von insgesamt 21 Stunden sollte um kurz nach Mittag der Abflug stattfinden.

Der Großteil der verbleibenden Zeit entfiel darauf, Checklisten zur Vorbereitung des Aufstiegs durchzugehen, Sternpeilungen vorzunehmen, den richtigen Zustandsvektor für den Flug hinauf zu ermitteln, Codes in den Computer einzugeben und einen letzten Versuch zu unternehmen, den genauen Landeort des LM zu ermitteln. Die einzige wichtige Abweichung von der Checkliste bestand darin, dass Houston den Rendezvous-Radar während des Aufstiegs abgeschaltet haben wollte. Wie der CapCom Evans der Besatzung mitteilte: »Wir glauben, dass das einen Teil der Programmalarme verhindern wird, die ihr beim Abstieg erlebt habt.«

Die Wissenschaftler am Boden warteten höchst gespannt auf weitere Berichte darüber, was Neil und Buzz auf der Mondoberfläche gesehen hatten. Jetzt war Neil bereit, es ihnen zu erzählen. »Ich fand es selbst ziemlich spannend und empfand es als Ehre, mein Wissen mit den Leuten zu teilen, die, wie ich wusste, sehr interessiert daran waren, wie es dort oben aussah, ich wollte es ihnen erzählen. Es war ein aufregender Tag für einige von ihnen, sie hatten viele Jahre lang daran geforscht, was wir wohl finden würden. Und nun hatten sie plötzlich die Chance, echte Informationen zu erhalten. Das war wichtig für sie.«

Der Scharfsinn und die Klarheit, mit denen Armstrong an diesem Morgen seine Beobachtungen übermittelte, beeindruckten alle. »Ich kann mich nicht dran erinnern, mir Notizen gemacht zu haben. Ich glaube, ich hatte das Ganze einfach noch so deutlich vor Augen, dass es nicht schwer war, wiederzugeben, was ich gerade erst gesehen hatte.«

»Houston, Tranquility Base wird nun ein paar Dinge zur Geologie-Frage von gestern Abend sagen.

Wir landeten auf einem relativ ebenen Kraterfeld mit runden sekundären Kratern, von denen die meisten erhabene Ränder haben, unabhängig von der Größe. Das gilt nicht für alle. Einige der kleineren Krater haben keine sichtbare Erhebung am Rand. Die Grundmasse in der gesamten Umgebung besteht aus sehr feinem Sand bis hin zu Schluff. Was dem auf der Erde am nächsten kommt, ist wohl Grafitpulver. Eingesunken in diese Grundmasse findet sich eine Vielfalt von Steinen verschiedener Formen, Größen und Beschaffenheit – runde und eckige –, von denen viele eine gemischte Zusammensetzung aufweisen. Wie schon erwähnt glaube ich, einfachen Basalt und blasigen Basalt gesehen zu haben. Außerdem welche ohne Kristalle, manche mit kleinen weißen Einsprenglingen, vielleicht ein bis weniger als fünf Prozent.

Wir befinden uns auf einem Geröllfeld voller Felsbrocken, die meist bis zu sechzig Zentimeter groß sind, manche größer. Einige von ihnen befinden sich oben auf der Oberfläche, manche liegen zum Teil frei, und andere sind fast komplett bedeckt. Auf unseren Streifzügen sind wir – vor allem bei der Arbeit mit der Schaufel – auf Felsen unterhalb der Oberfläche gestoßen; sie befanden sich mehrere Zentimeter tief in der Grundmasse.

Ich vermute, dass der Ursprung des Geröllfeldes auf den großen, scharfkantigen, am Rand von Felsbrocken bedeckten Krater zurückzuführen ist, über den wir kurz vor der Landung geflogen sind. Gestern habe ich gesagt, er sei etwa so groß wie ein Footballfeld, doch ich muss zugeben, dass ich das beim Anflug schwer einschätzen konnte. Aber ich glaubte, er könne ziemlich genau ins Astrodome-Stadion hineinpassen, als wir vorbeiflogen. Und die Felsbrocken in der Nähe des Kraters sind deutlich größer als die hier in unserem Bereich. Manche haben einen Durchmesser von drei Metern oder vielleicht noch mehr, und sie liegen im Umfeld von vielleicht einer Kraterbreite rund um den Kraterrand dicht beieinander. Darüber hinaus werden es weniger, und selbst hier in diesem Bereich rund um die Mondlandefähre scheinen die Steine Reihen und unregelmäßige Muster zu bilden, und zwischen ihnen gibt es Korridore mit deutlich weniger hartem Gestein an der Oberfläche. Ende.«

Als es auf den Countdown zuging, legte Neil das typische Verhalten eines Testpiloten an den Tag: Nüchtern und pragmatisch. »Das Aufstiegstriebwerk der Mondlandefähre war ein Ein-Kammer-System. Die Tanks und der Treibstoff und der Oxidator waren, was sie waren. Wir hatten verschiedene Möglichkeiten, den Schaltkreis der Ventile zu steuern – um den Treibstoffzufluss zum Triebwerk zu öffnen. Da gab es also eine Alternative. Ich hatte vorgeschlagen, einfach ein großes manuelles Ventil einzubauen, um die Treibstoffventile zu öffnen, statt oder als Ergänzung zu dem ganzen elektronischen Schaltkreis. Aber die Führung meinte, das entspräche nicht den technischen Ansprüchen der NASA. Daher kannte ich mich mit diesem Schaltkreis ziemlich gut aus. Aber das war ohnehin kein großes Problem, denn wenn wir das Triebwerk einschalteten und es zündete nicht, lief uns noch nicht die Zeit davon. Wir hatten viel Zeit, um über das Problem nachzudenken und zu überlegen, was wir noch tun könnten. Piloten werden erst dann wirklich unruhig, wenn ihnen gleichzeitig die Optionen und die Zeit ausgehen.

Die Aufstiegsflugbahn war ziemlich simpel. Wir nutzten das PNGS. Bei einer Fehlfunktion hätten wir auf das AGS umschalten und uns in eine sichere Umlaufbahn bringen können – zumindest dachten wir das zu dem Zeitpunkt. Wie hätte Houston uns helfen können? Wenn das PNGS verrückt gespielt hätte oder Fragen aufgekommen wären, wäre die Bodencrew sicher besser in der Lage gewesen, Analysen durchzuführen. Wir befanden uns in einer ziemlich guten Position. Wir waren auf der Ostseite des Mondes und flogen nach Westen, daher würden wir während der Aufstiegsphase den Mittelpunkt des Mondes überqueren und dort ziemlich gute Daten von den Radargeräten auf der Erde erhalten. Vielleicht hätten sie uns sagen können, dass wir auf AGS umschalten müssten. Aber ansonsten konnten sie nicht viel tun. Darüber hinaus würden sie auch ein paar Dinge im Auge behalten – Systemprobleme, die Batterien, das Lebenserhaltungssystem und verschiedene andere Sachen. Ich bin mir sicher, wenn sie etwas Seltsames entdeckten, hätten sie darüber Bescheid wissen wollen, und wir hätten herausfinden müssen, was zu tun war. Aber die Aufstiegsflugbahn an sich war relativ unkompliziert. Das gesamte Rendezvous-Manöver über rechneten wir die verschiedenen Flugbahnanpassungen – die Zündungen – aus, die nötig waren. Die Bodencrew tat dasselbe, mithilfe von anderen Informationsquellen auf der Erde.«

Um 05:04:04:51 Uhr MET erteilte Ron Evans die Freigabe zum Abheben. »Verstanden«, antwortete Aldrin. »Wir sind die Nummer eins auf der Startbahn.« Etwa siebzehn Minuten später, um 12:37 Uhr Houstoner Zeit, war es so weit: Das einfache Triebwerk, für das es keinen Ersatz gab, wurde gezündet. Das war abgesehen von der Landung der angespannteste Augenblick der gesamten Apollo-11-Mission – nein, sogar in der Geschichte der kompletten bemannten Raumfahrt der USA.

Auf CBS meinte Cronkite zu Schirra: »Ich glaube, so nervös waren wir nicht mehr seit den frühen Tagen des Mercury-Programms.« Neils Mutter und seine Frau teilten seine Befürchtungen.

05:04:21:54	Aldrin:	*Neun, acht, sieben, sechs, fünf, Abbruchstufe, Triebwerk scharf, Aufstieg, durchführen.*
05:04:22:00		START ERFOLGT
05:04:22:07	Aldrin:	[Rauschen] [Unverständlich] *Schatten. Traumhaft.*

In Buzz' Autobiografie findet sich eine wortgewandte Beschreibung des Starts: »Die Aufstiegsstufe der Mondlandefähre trennte sich vom klobigen Körper und den dürren Beinen der Abstiegsstufe und ließ dabei einen ganzen Schwarm funkelnder Isolierpartikel aufstieben, die durch den Aufstieg des Aufstiegstriebwerks abgerissen worden waren.«

05:04:22:09	Aldrin:	*Acht Meter, zehn Meter pro Sekunde aufwärts. Bereithalten für Pitch-over.*
05:04:22:14	Armstrong:	*Pitch-over.*

Bei Buzz heißt es: »Wir hatten eigentlich keine Zeit, aus dem Fenster schauen. Ich war ganz auf die Computer konzentriert, und Neil behielt den künstlichen Horizont im Blick, aber ich sah lange genug auf, um die amerikanische Flagge umfallen zu sehen. Sekunden nach dem Start kippte die Mondlandefähre um etwa 45 Grad nach vorn, und obwohl wir mit einem abrupten und vielleicht sogar Angst einflößenden Manöver gerechnet hatten, bewirkten die Seile und Federn, die uns sicherten, und die enorme Beschleunigung, dass wir kaum etwas spürten.«

05:04:22:15	Aldrin:	*Sehr flüssig. Balancekopplung abgeschaltet. Sehr ruhiger Flug. Da unten ist dieser eine Krater.*
05:04:23:04	Evans:	*Eine Minute, sieht gut aus.*

05:04:23:10	Aldrin:	*Roger ... Ein sehr ruhiger Flug, nur ein leichtes Schwanken vor und zurück. Geringe Düsenaktivität.*
05:04:23:31	Evans:	*Roger. Ausgezeichnet.*
05:04:23:37	Aldrin:	*215* [Meter pro Sekunde Vorwärtsgeschwindigkeit], *45* [Meter pro Sekunde Aufwärtsgeschwindigkeit] *hoch. Wunderbar. 2 750 Meter* [Höhe]. *AGS stimmt bis auf einen drittel Meter pro Sekunde mit dem PNGS überein.*
05:04:23:59	Evans:	*Eagle, Houston. Bei zwei* [Minuten] *sieht alles gut aus ...*
05:04:24:06	Aldrin:	*Und schon sind wir bei 300. 50 hoch. Wunderbar. 4 250. Und wieder ein drittel Meter pro Sekunde ...*

Neils Mutter war wohl kaum die Einzige, die in Tränen ausbrach, als Cronkite rief: »Oh, Mann! Sie sagen ›wunderbar‹ ... ›sehr flüssig‹ ... ›sehr ruhiger Flug‹. Armstrong und Aldrin, die gerade knapp 24 Stunden auf dem Mond verbracht haben, befinden sich nun auf dem Weg zum Rendezvous mit Mike Collins in der Mondumlaufbahn.«

In den vorausgegangenen sechs Monaten war es Mike Collins' »heimliche Schreckensvorstellung« gewesen, dass er seine beiden Kameraden auf dem Mond zurücklassen und allein zur Erde zurückkehren müsste. »Die *Columbia* hat kein Landegestell. Wenn sie nicht von der Oberfläche wegkommen oder dabei abstürzen, kann ich ihnen nicht helfen.« In beiden Fällen wäre Mike heimgekehrt, aber für den Rest seines Lebens ein gezeichneter Mann gewesen, das wusste er. Manchmal dachte er, es wäre fast besser, wenn das gar keine Option wäre.

Das Aufstiegstriebwerk musste gut sieben Minuten lang laufen, um auf die nötige Höhe und Geschwindigkeit zum Erreichen der Mondumlaufbahn zu kommen. Im Kommandomodul verfolgte Collins die

Entwicklungen sehr aufmerksam. Er wusste besser als jeder andere, wie heikel der »Rendezvous-Tag« war. Seit er an jenem Morgen aufgewacht war, hatte er »Unmengen von Dingen zu tun« gehabt, darunter ungefähr 850 Computereingaben, »850 Möglichkeiten für mich, es zu vermasseln«. Wenn mit der *Eagle* alles glattlief, wäre er nicht mehr als »der stämmige Betreiber eines Base-Camps, der hier oben kreist, bis sie zu mir stoßen. Doch wenn ... wenn ... wenn nur eines von tausend Dingen bei der *Eagle* danebengeht, werde ich vom Gejagten zum Jäger.« Als die Mondlandefähre abhob, fühlte sich Mike »wie eine nervöse Braut«. Er war seit siebzehn Jahren Pilot und hatte die Erde 44 Mal in der Gemini-Kapsel umkreist, aber noch nie hatte ihm »ein Flug so viel Angst eingejagt« wie der des LMs.

Als die *Eagle* auf dem Weg zu ihm hinauf war, wusste Collins: »Ein kleiner Aussetzer, und sie sind tot. Ich halte die gesamten sieben Minuten über, die sie brauchen, um die Umlaufbahn zu erreichen, den Atem an.« Als ehemaliger Gemini-Astronaut war ihm »schrecklich bewusst, wie schnell ein Rendezvous außer Kontrolle geraten konnte. Ein schiefes Gyroskop, ein sturer Computer, ein Pilotenfehler – ah, vor Letzterem hatte ich am meisten Angst. Sollten Neil und Buzz in eine asymmetrische Umlaufbahn geraten, hätte ich dann genug Treibstoff und Mumm, sie einzufangen?« Neben ihm im Kommandomodul lag ein Notizbuch mit achtzehn verschiedenen Möglichkeiten, wie er zur Mondlandefähre gelangen könnte, wenn sie es nicht direkt zu ihm hinauf schaffte.

Am Steuerpult der *Eagle* griff Armstrong nicht nur auf das Apollo-Training, sondern auch auf seine Erfahrungen im Gemini-Programm zurück, um zum richtigen Rendezvous-Punkt zu fliegen. In Bezug auf die Flugsteuerung und die Düsenaktivitäten ähnelte der Flug des LM zur *Columbia* dem von Gemini VIII: Die Taktik und die eingesetzten Methoden waren die gleichen, ebenso wie die Größenordnung der Tempoveränderungen. »Das war einer der Hauptgründe, warum wir in der Situation ein gutes Gefühl hatten.«

Die Unterschiede zwischen dem Aufstieg und dem Abstieg waren beträchtlich. Beim Landeanflug war das Cockpit der Mondlandefähre die meiste Zeit nach oben gedreht gewesen, die Besatzung hatte die Mondoberfläche nicht sehen können. Jetzt hatten sie freie Sicht darauf. »Ja, wir schauten jetzt aus nächster Nähe darauf und flogen mit den Fenstern nach unten direkt darüber hinweg, sodass wir uns alles sehr genau ansehen konnten. Außerdem fühlte sich der Aufstieg anders an als jeder andere Flugabschnitt. Die richtige Lage des Moduls wurde über die Lageregelungsraketen gesteuert. Normalerweise würde man zum Hochziehen – wenn man die Nase des Raumschiffs nach oben ziehen will – die vorderen Düsen nach oben zünden und die hinteren nach unten, weil beides für eine Aufwärtsdrehung sorgen würde. Doch in der Aufstiegsphase bremste jede Zündung der nach vorn ausgerichteten Raketen das Fahrzeug ab und wirkte der Arbeit des Haupttriebwerks entgegen. Also wurden diese Raketen beim Aufstiegstriebwerk deaktiviert. Für die Nickbewegung setzten wir nur die Hälfte der Raketen ein – nur die, die nach unten wiesen. Da der Schwerpunkt nie genau in der Mitte lag, führte das dazu, dass diese Raketen zündeten und das Gefährt hinaufbeförderten, bevor sie wieder abgeschaltet wurden, weil der Schwerpunkt sich verlagert hatte und wir in die andere Richtung gedrückt wurden. Dann setzten die Düsen wieder ein. Das Ganze glich einem Schaukelstuhl, der während der gesamten Aufstiegsflugbahn hin und her schaukelte.

Das war bei Gemini anders gewesen. Wir hatten versucht, diese Erfahrungen in den LM-Simulator einzubauen, aber da es sich dabei um ein stationäres Gerät handelte, ließ sich die Schaukelbewegung nicht nachbilden. Die Bewegung war wirklich ungewöhnlich. Ich hatte nicht in Erinnerung, dass die vorherigen Besatzungen, die das Aufstiegstriebwerk bereits auf den Missionen Apollo 9 und 10 gezündet hatten, mir je davon berichtet hätten. Wenn doch, habe ich es wohl irgendwie übersehen.«

Neil sagte nicht viel während des Aufstiegs, wie es typisch für ihn war. Da sie nach Westen flogen und dabei genau die Orientierungspunkte passierten, die sie beim Anflug hatten identifizieren wollen, bemerkte er:»Wir befinden uns direkt auf dem US-Highway 1.« Sein einziger weiterer Kommentar lautete:»Ein ziemlich spektakulärer Flug.«

Am 21. Juli um dreizehn Uhr Houstoner Zeit meldete ein Pressesprecher der NASA, dass die *Eagle* die Mondumlaufbahn erreicht habe, eine Bahn mit einem Aposelenum von 87,4 und einem Periselenum von 16,9 Kilometern. Diesen Orbit unterhalb der *Columbia* zu verlassen und an sie anzudocken werde noch fast drei Stunden in Anspruch nehmen. Neil, Buzz und Mike waren in dieser Zeit mit einer langen und kleinteiligen Abfolge von Rendezvous-Abläufen, Navigationsmanövern und Sicherheitschecks beschäftigt. »Drei Stunden mag nach einer langen Zeit klingen«, bemerkte Buzz, »aber wir hatten zu viel zu tun, um das zu bemerken.« Mike erinnerte sich, dass er alle Hände voll mit »den geheimnisvollen, fast an schwarze Magie grenzenden Prozessen« zu tun hatte, die sein Notizbuch voller Rendezvous-Abläufe vorschrieb.

Damit die *Eagle* die *Columbia* einholen konnte, waren drei separate Manöver nötig. Das erste, das um 13:53 Uhr Houstoner Zeit stattfand, ereignete sich auf der Rückseite des Mondes. Durch eine Zündung des RCS-Triebwerks, das für die Lageregelung zuständig war, brachte Armstrong das Fahrzeug in eine höhere Umlaufbahn nur 25 Kilometer unterhalb des Kommandomoduls. Eine Stunde später beförderte eine zweite Zündung es noch näher an sein Ziel heran und verringerte den Höhenunterschied, als es das CSM langsam einholte.

Collins schreibt über die letzte Phase der Annäherung: »Das LM befindet sich jetzt 25 Kilometer unter und etwa 65 Kilometer hinter mir. Es holt mich mit einer guten Geschwindigkeit von 35 Metern pro Sekunde ein. Sie halten mich über ihren Radar im Blick und ich sie durch den Sextanten. Im exakt richtigen Augenblick, wenn ich mich über ihnen befinde, 27 Grad über dem Horizont, werden sie aktiv und fliegen auf mich zu. ›Zündung läuft‹, informiert mich Neil, und ich gratuliere ihm. ›Gut gemacht!‹ Jetzt befinden wir uns auf Kollisionskurs, unsere Flugbahnen werden sich nach 130 Grad des Orbitwegs kreuzen (d. h., nach etwas mehr als einem Drittel der nächsten Mondumkreisung). Ich bin gerade ›über den Berg‹ gekommen, und wenn die Erde das nächste Mal vor mir auftaucht, sollte ich neben der Mondlandefähre schweben. Als wir auf der erdabgewandten Seite ins Sonnenlicht hineinfliegen, verwandelt sich die Fähre aus einem blinkenden Licht in meinem Sextanten in einen sichtbaren Fleck, der golden und schwarz über die Kraterfelder unter uns hinweggleitet.«

So nah beieinander, aber dennoch so weit voneinander entfernt, machen die »freundlich gesinnten Fremden« über Funk Witze darüber, wie sie wieder zusammenkommen:

05:07:22:11   Collins: *Ich sehe, ihr habt gar kein Landegestell.*
05:07:22:15   Armstrong: *Das ist gut ... Das bringt dich jetzt aber nicht so durcheinander, dass du nicht weißt, an welchem Ende du ankoppeln musst, oder?*

Als sie sich immer weiter aufeinander zubewegen, wird sogar das Gespräch zwischen Neil und Buzz etwas lockerer:

05:07:25:31   Armstrong: *Einer dieser beiden hellen Punkte müsste Mike sein.*
05:07:25:36   Aldrin: *Wie wäre es, wenn wir einfach den nehmen, der uns am nächsten ist?*
05:07:25:44   Armstrong: *Gute Idee.*

Bei Neil weckte das Bild des Kommandomoduls, das so nah über ihren Köpfen vorbeiflog, Erinnerungen an seine Zeit als Kampfpilot:

05:07:28:23   Armstrong: *Sieht so aus, als würdest du einen »High-Side-Pass« bei uns versuchen, Michael.*

Auch Buzz erhaschte nun einen ersten richtigen Blick auf die *Columbia*:

05:07:32:25	Aldrin:	*Okay, ich kann jetzt die Form deines Fahrzeugs ausmachen, Mike.*
05:07:32:42	Armstrong:	*O ja ... wir haben deine Hochgewinnantenne im Blick. Dein Positionslicht ... das ganze Fahrzeug. Ich sehe, dass du mir zugewandt bist. Jetzt drehst du dich ein bisschen. Super.*
05:07:33:49	Collins:	*Läuft die Zündung schon?*
05:07:33:50	Armstrong:	*Zündung läuft.*

»Jetzt müssen sie nur noch komplett abbremsen und dabei genau auf die Entfernung und deren Veränderung achten«, schrieb Collins später. »Sie haben sicherzustellen, dass sie genau auf dem vorgeschriebenen Annährungspfad bleiben und weder nach links oder rechts noch nach oben oder unten ausbrechen. Der Sextant ist auf diese geringe Entfernung nutzlos, also verlasse ich den untere Ausrüstungsbereich, begebe mich auf den linken Sitz und drehe die *Columbia* herum, sodass sie der Mondlandefähre zugewandt ist.«

Durch das für die Kopplung vorgesehene Zielfernrohr bewunderte Mike die ruhige, fokussierte Annäherung des LM durch Neil und Buzz:

05:07:43:43	Collins:	*Noch 1,1 Kilometer, ihr seid mit 9,5 Metern pro Sekunde unterwegs. Sieht gut aus ...*
05:07:44:15	Aldrin:	*Ja, ja. Wir sind gut in Form, Mike. Wir bremsen ab ...*
05:07:46:13	Armstrong:	*Okay, wir kommen mit etwa 3,3 Metern pro Sekunde auf dich zu.*
05:07:46:43	Collins:	*Das ist gut ...*

Die Mondlandefähre vor Collins' Fenster wurde größer und größer, und es fiel ihm schwer, sein Hochgefühl im Zaum zu halten. »Zum ersten

Mal, seit ich dieser unglaublichen Mission vor sechs Monaten zugeteilt wurde, zum ersten Mal habe ich das Gefühl, dass es *tatsächlich* geschieht.« In der *Eagle* gingen der Kommandant und der Pilot der Mondlandefähre jedoch nervös durch, was alles noch getan werden musste – und was noch schiefgehen konnte.

05:07:47:05	Aldrin:	*Hoffe, wir kippen nicht nach unten weg.*
05:07:47:16	Armstrong:	*Wir haben noch eine Nick- und eine Gierbewegung vor uns ... der Flug ist gut ... Okay, wenn ich jetzt nach vorn kippe, gucke ich direkt in die Sonne.*
05:07:50:09	Aldrin:	*Ich hoffe, du weißt, in welche Richtung du rollen musst.*
05:07:50:11	Armstrong:	*Ja.*
05:07:50:23	Aldrin:	*Am Ende soll dieses Fenster gegenüber von seinem rechten Fenster liegen, also willst du nicht nach rechts rollen. Richtig?*
05:07:50:32	Armstrong:	*Ja.*
05:07:50:34	Aldrin:	*Das einzige Problem ist, die Rollbewegung geht gegen – gegen neunzig Grad, oder? Du könntest ... Du ...*
05:07:50:58	Armstrong:	*Wenn ich 120 rolle – rollt es nach links.*
05:07:51:06	Aldrin:	*Neunzig, was? ... Sechzig?*
05:07:51:21	Armstrong:	*Na ja, warum fange ich nicht mit ...*
05:07:51:24	Aldrin:	*Ja, ich glaube, wenn du sechzig hochrollst ...*
05:07:51:29	Armstrong:	*Dann schaue ich in sein linkes Fenster, wenn ich hochziehe.*
05:07:51:32	Aldrin:	*Das glaube ich nicht. Wenn du es jetzt gleich machst, würdest du ...*

Da die Mondlandefähre nur noch fünfzehn Meter vom Kommandomodul entfernt war, galt das Rendezvous als offiziell abgeschlossen. Nachdem

Neil sie herumgedreht hatte, befand sich der Fangtrichter der *Eagle* direkt vor der Dockingvorrichtung der *Columbia*. Collins konnte sich nicht zurückhalten, als er einen traumhaften Blick auf den Erdaufgang erhaschte:

05:07:51:36   Collins: *Die Erde geht jetzt vor mir auf. Es ist fantastisch!*

In diesem entscheidenden Augenblick meldete sich Houston, um den Stand der Dinge einzuholen:

05:07:52:00   Evans: Eagle *und* Columbia, *Houston. Warten.*
05:07:52:05   Armstrong: *Roger. Wir halten die Position.*

Neils knappe Antwort und sein scharfer Tonfall machten deutlich, dass er die unwillkommene Einmischung schwer erträglich fand.

05:07:52:24   Aldrin: *Zieh hoch ... rechts ein bisschen höher. Du hast eine bessere Sicht ... unten ... zurück.*
05:07:52:45   Collins: *So passt es.*
05:07:53:08   Armstrong: *Okay, ich habe jetzt gleich die richtige Lage erreicht, glaube ich ...*
05:07:53:18   Aldrin: *Ja.*
05:07:53:21   Armstrong: *Ich rolle ziemlich weit. Ich weiß nicht genau, wie weit ... Daher ist das ... O nein, es BLOCKIERT!*

Obwohl die Ausrichtung der *Eagle* und der *Columbia* gut zu sein schienen, als sie sich aufeinander zubewegten, trat ein Phänomen auf, das schlimme Auswirkungen haben konnte – der sogenannte »Gimbal Lock«. Einfach ausgedrückt, bedeutete das, dass zwei der drei Drehungen der kardanischen Aufhängungen, die sich zwischen der Trägheitsplattform des LM-Steuersystems und dem Raumfahrzeug selbst befanden, versehentlich zusammenfielen und sich zeitweilig blockierten, was zu einem Stabilitätsverlust der Plattform und der Zündung einiger

Lageraketen führte. Armstrong erinnerte sich, was damals passierte: »Die Kopplungstechnik bestand darin, die Mondlandefähre in der Nähe des Kommandomoduls zu stabilisieren und sie in eine Stellung zu manövrieren, in der das Kommandomodul die Kopplung gut durchführen konnte. Dann sollte Mike durch eine Bewegung des Kommandomoduls den Dockingmechanismus auslösen. Im Grunde war es ähnlich wie beim Gemini-Raumschiff und der Agena, weil Mikes Position im Kommandomodul der Position des Kommandanten einer Gemini-Kapsel ähnelte. Er schaute aus dem vorderen Fenster und durch sein Kopplungsfernglas, ein Gerät, mit dessen Hilfe er überprüfen konnte, ob die Gefährte passend ausgerichtet waren. Wir hingegen schauten nach oben. Die Kopplungsluke befand sich in der Decke der Mondlandefähre, als guckten wir hinauf, durch ein kleines, flaches Fenster in der Decke.

Um das LM in eine Lage zu bringen, in der die Kopplung für Mike möglichst einfach war, schaute ich durch das obere Fenster und nahm die nötigen Lagekorrekturen im Verhältnis zum Kommandomodul vor. Leider verpasste ich es dabei, auf den künstlichen Horizont zu schauen, der mir angezeigt hätte, das wir auf einen Gimbal Lock zusteuerten. Beim Versuch, das LM durch das obere Fenster zu fliegen, führte ich es direkt in die Blockade.

Das hatte aber keine schlimmen Folgen, vor allem nicht, weil der Flug der Mondlandefähre zu dem Zeitpunkt abgeschlossen war. Wir würden nicht länger in ihr bleiben, sondern sie zurücklassen. Es gab andere Möglichkeiten, das System zu stabilisieren, und wir waren zu dem Zeitpunkt ungefähr in der richtigen Position, sodass Mike die Kopplung abschließen konnte.

Man würde so eine Blockade nie absichtlich herbeiführen. Aber bei uns löste sie keine beträchtlichen Bewegungen oder Ausschläge aus.«

Vielleicht lag es daran, dass Collins die Kopplung von seiner Seite aus steuerte, oder daran, dass er so lange ganz allein darauf gewartet hatte, sein entscheidendes letztes Manöver erfolgreich durchzuführen, aber

Mikes Reaktion auf den Gimbal Lock fiel auf jeden Fall deutlich weniger gelassen aus. Sobald die kleinen Schnappriegel zwischen den Raumfahrzeugen eingerastet waren, legte Collins einen Schalter um, der eine Stickstoffflasche zündete, um die beiden Vehikel zusammenzuziehen. In dem Augenblick erfuhr er die »Überraschung seines Lebens«, wie er es später nannte: »Statt an eine friedliche kleine Mondlandefähre bin ich plötzlich an ein wild bockendes Tier gekoppelt, das anscheinend entkommen will.« Genau genommen drehte sich die Fähre nach rechts, was zu einer Ausrichtungsdiskrepanz von etwa fünfzehn Grad führte. Collins versuchte mit der rechten Hand die *Columbia* auszurichten, konnte aber nichts tun, um den Mechanismus zu stoppen, der die *Eagle* in eine innige Umarmung zog. »Ich kann nur darauf hoffen, dass die Ausrüstung alles unbeschadet übersteht, damit ich das LM wieder freigeben kann, falls das Zusammenziehen nicht klappt und wir einen neuen Versuch starten müssen.«

Noch während Collins mit der Steuerung kämpfte, richteten sich die beiden Gefährte wieder aufeinander aus. Die Kopplung war erfolgt. Als Neil und Buzz später ins Kommandomodul zurückkehrten, versuchte Mike das Geschehen zu erklären. »Das war echt seltsam. Wisst ihr, ich habe keinen Aufprall gespürt und glaubte, die Lage sei stabil. Deshalb habe ich das Zusammenziehen gestartet, und da brach plötzlich die Hölle los.« Armstrong bot folgende Erklärung: »Es ging wohl zu dem Zeitpunkt los, als ich den Plus-X-Schub aktivierte, aber da der anscheinend nicht richtig ausgerichtet war, hat sich die Lage verschoben, und das ›Attitude-Hold‹- System hat gezündet.« »Mich hat es auf jeden Fall ein paar Sekunden lang in Atem gehalten«, meinte Mike.

Es war nun 16:38 Uhr Houstoner Zeit. Armstrong und Aldrin brauchten mehr als eine Stunde, um die Spezialsysteme der Mondlandefähre abzuschalten, herumschwebende Gegenstände einzufangen und zu verstauen und die *Eagle* so einzustellen, dass sie abgestoßen werden konnte.

Um 17:20 Uhr öffnete Collins von seiner Seite aus den Lukenmechanismus, und Neil und Buzz kletterten – immer noch staubbedeckt – hinauf, hinunter und in das Cockpit der *Columbia*. »Als Erstes kommt Buzz, er hat ein strahlendes Lächeln im Gesicht«, schreibt Collins. »Ich greife nach seinem Kopf, eine Hand an jeder Schläfe, und will ihm gerade einen dicken Kuss auf die Stirn drücken, wie Eltern ein Kind begrüßen, das sich verlaufen hatte, besinne mich dann aber peinlich berührt eines Besseren und reiche ihm und dann Neil die Hand. Wir tollen ein bisschen umher, grinsend und kichernd über unseren Erfolg, und machen uns dann wieder ganz normal an die Arbeit, da Neil und Buzz die Mondlandefähre auf ihre letzte Reise vorbereiten müssen.«

Auf CBS bringt Walter Cronkite die historischen 32 Stunden mit den folgenden Gedanken zum Abschluss:

Nach endlosem Warten hat der Mensch nun endlich den Mond betreten. Zwei Amerikaner, deren Namen mit dem gleichen Buchstaben anfangen, Armstrong und Aldrin, haben gerade fast einen ganzen Erdentag auf dem Mond verbracht. Sie haben in ihm herumgestochert und ihm Proben entnommen, Experimente durchgeführt und einen Teil von ihm eingepackt, um ihn mit nach Hause zu nehmen.

Über den Männern auf dem Mond kreiste Runde für Runde das dritte Mitglied des Apollo-Teams, Michael Collins. Sein bittersüßer Auftrag bestand darin, das Kommando-Service-Modul zu steuern und zu bewachen, dessen Leistungsstärke und Navigationssystem die einzige Möglichkeit boten, wieder nach Hause zurückzukehren.

Mit diesem Flug hat der Mensch nun wirklich begonnen, die Erde zu verlassen. Damit ergeben sich aber auch neue Herausforderungen für die Menschheit. Zu diesen Herausforderungen zählt die Frage, ob wir unseren jahrhundertealten Freund am Himmel bei unserer Ankunft in einen Feind verwandeln, den wir einnehmen, erobern, ausbeuten und vielleicht eines Tages wieder als Ödnis zurücklassen. Oder wir machen das Beste aus ihm, vielleicht als Zwischenstation auf dem Weg zu den Sternen. Apollo 11 hat noch eine lange Reise vor sich – ebenso wie wir.

So endete die längste ununterbrochene geplante Sendung der Fernseh-geschichte.

* * *

Weit weg in der Mondumlaufbahn half Collins seinen Kameraden da-bei, ihre Ausrüstung, die Filmkassetten und die Gesteinskisten in das Mutterschiff zu tragen. Danach versuchten sie die *Columbia* von Mond-staub zu befreien. Sie holten einen kleinen Staubsaugerkopf aus dem Stauraum, wie von den Fachleuten für Mikroben angewiesen. »Der Staubsauger hat kaum etwas von dem Staub entfernt«, erklärte Buzz. »Wir haben mehr erreicht, indem wir uns gegenseitig mit den Händen abgeklopft haben, aber auch das brachte nicht viel.« Bevor sie die Luke schlossen, räumten Neil und Buzz in der Mondlandefähre auf. Es fiel ihnen schwer, sich von ihr zu verabschieden. Die *Eagle* hatte absolut alles getan, was von ihr verlangt worden war, und noch ein bisschen mehr.

Um 18:42 Uhr Houstoner Zeit war der Moment gekommen, sich vom LM zu trennen. Auf späteren Apollo-Missionen wurde es gezielt auf dem Mond zum Absturz gebracht, um die seismografischen Auswir-kungen zu messen, aber die *Eagle* trieb mehrere Jahre lang durchs All, bis sie auf den Mond stürzte. Buzz und Neil waren beide froh, dass Mike die Hebel betätigte, um die Fähre abzutrennen. Während der folgenden Mahlzeit löcherte Collins seine Kameraden mit Fragen: »Wie hat sich der Start angefühlt? ... Sehen die Steine alle gleich aus? Sie sind unter-schiedlich? Gut, toll. Freut mich, das zu hören ... Zum Glück habt ihr es geschafft, ein bisschen von allem mitzubringen.«

Am 21. Juli um 23:10 Uhr Houstoner Zeit erteilte das Kontrollzent-rum der *Columbia* die Freigabe für den Eintritt in die Flugbahn zurück zur Erde (»Trans-Earth Injection«, TEI). Collins bezeichnete dieses Ma-növer später als »das Holt-uns-hier-raus-wir-wollen-kein-dauerhafter-Mondsatellit-sein«-Manöver. Dafür wurde das Triebwerk des Service-moduls zweieinhalb Minuten lang gezündet, um die Geschwindigkeit des Raumfahrzeugs auf 9 960 km/h zu erhöhen, das nötige Tempo, um aus der Mondumlaufbahn auszubrechen. Wäre das TEI nicht gut verlaufen, erklärte Neil, »wäre es eine lange, einsame Reise geworden«.

Das Manöver fand auf der Rückseite des Mondes statt, ohne Kontakt zur Erde. Neben dem Wiedereintritt in die Erdatmosphäre war es der letzte wirklich kritische Moment, der noch bevorstand. So kompliziert die gesamte Mission auch gewesen war – wirklich wichtig war, dass die Astronauten beim Austritt aus der Mondumlaufbahn die korrekte Ausrichtung ihres Gefährts sicherstellten. Sie versuchten, der Anspannung mit Humor zu begegnen:

05:15:14:12   Collins: *Ich sehe einen Horizont. Anscheinend fliegen wir wirklich vorwärts* [Gelächter].

05:15:14:26   Armstrong: *Das weckt Erinnerungen an Gemini.*

05:15:14:29   Collins: *Es ist sehr wichtig, dass wir vorwärts fliegen* [mehr Gelächter]. *In dieser Situation ist nur ein wirklich schlimmer Fehler möglich.*

05:15:14:50   Aldrin: *Es weckt Erinnerungen an die Gemini-Bremsraketen. Seid ihr sicher, dass wir* [Gelächter] ... *nein, lasst uns schauen, die Motoren zeigen in diese Richtung, und das Gas entweicht in die andere, also wirkt der Schub dorthin.*

05:15:15:03   Collins: *Ja, der Horizont sieht gut aus.*

Es bestand tatsächlich die geringe Gefahr, dass sich die Astronauten in die falsche Richtung katapultierten. »Sie lag wohl nicht bei null«, gab Armstrong zu. »Die Gefahr bestand sicherlich – vor allem, wenn es draußen dunkel ist und man keine externen Bezugspunkte hat und von den Instrumenten abhängig ist. Ist es möglich, die Lage falsch einzuschätzen? Ich würde sagen, ja. Das war etwas, was dem Kontrollzentrum immer große Sorgen bereitete, weil es uns auf der erdabgewandten Seite nicht sehen konnte und keine Daten hatte.«

Sobald das Raumfahrzeug eine halbe Stunde später wieder hinter dem Mond hervorkam, wollte Houston erfahren, was passiert war:

05:15:35:14	Duke:	*Hallo, Apollo 11. Wie ist es gelaufen? Over.*
05:15:35:22	Collins:	*Es ist Zeit, die Türen des LRL* [»Lunar Receiving Laboratory« – »Mondempfangslabor«] *zu öffnen, Charlie.*
05:15:35:25	Duke:	*Roger. Ihr kommt nach Hause. Es ist alles vorbereitet. ... Alle Systeme sehen gut aus. Wir halten euch auf dem Laufenden.*
05:15:36:27	Armstrong:	*Hey, Charlie, mein Junge, hier sieht alles gut aus. Das Manöver ist toll gelaufen. Besser geht es nicht.*

Wie Collins berichtete, wechselten sich die drei Männer mit den Kameras ab, sie richteten sie mal auf den Mond, mal auf die Erde. »Der Mond ist von hier aus sehr voll, eine goldbraune Kugel, die im Sonnenschein erstrahlt. Sein Anblick stimmt optimistisch und heiter, aber gleichzeitig ist es wundervoll, aus dem Fenster zu schauen und den Mond schrumpfen und die Erde größer werden zu sehen.« Nicht nur die Tatsache, dass sie die Erde aus einer derartigen Entfernung betrachteten, sondern auch, dass sie dorthin zurückkehrten, machte den Ausblick »unvergesslich«.

Der Rest der zweieinhalb Tage dauernden Rückreise verlief relativ ereignislos. In der ersten Nacht nach der Wiedervereinigung schlief die Besatzung so tief und erholsam wie in keiner anderen des Flugs, etwa achteinhalb Stunden, bis gegen 12 Uhr Houstoner Zeit am Dienstag, den 22. Juli. Als das Raumfahrzeug rund 72 000 Kilometer vom Mond und 322 000 Kilometer von der Erde entfernt war, kurz nach dem Aufwachen der Astronauten, passierte es den Punkt, an dem die Schwerkraft der Erde wieder zu wirken begann und die Astronauten Richtung Heimat zog. Später am Nachmittag folgte die einzige Kurskorrektur, die im Flug vorgenommen wurde, sie brachte das Fahrzeug auf eine minimal bessere Flugbahn Richtung Erde. Am Nachmittag des folgenden Tages hatte die *Columbia* die halbe Strecke zurückgelegt, bis zur Wasserung lagen noch 187 000 Kilometer vor ihr. Die Astronauten waren so entspannt und hatten so wenig zu tun, dass sie Houston einen kleinen Streich spielten, indem sie über Funk eine Reihe von Geräuschen von einem Band ablaufen ließen, das sie mitgebracht hatten, darunter Hundegebell und der Lärm einer Diesellokomotive.

Was allen auf der Erde von dieser Rückreise am besten in Erinnerung geblieben ist, sind die beiden Farbbildübertragungen aus der Kabine, die abends zur besten Sendezeit stattfanden. In der letzten Sendung aus der Apollo 11 erklärte jeder der Astronauten, wie er die Mondlandung im Gesamtzusammenhang einordnete. Um 19:03 Uhr Ostküstenzeit eröffnete Armstrong die Sendung:

Guten Abend. Hier spricht der Kommandant von Apollo 11. Vor hundert Jahren schrieb Jules Verne ein Buch über eine Reise zum Mond. Sein Raumschiff, die Columbia, hob in Florida ab und landete nach dem Flug zum Mond im Pazifik. Es scheint angemessen, dass wir, die Besatzung, nun ein paar unserer Gedanken und Überlegungen mit Ihnen teilen, während sich unsere heutige Columbia auf dem Weg zum Rendezvous mit dem Planeten Erde und ebendiesem Pazifik am morgigen Tag befindet. Als Erstes hören Sie Mike Collins.

Im Kontrollzentrum sahen Janet und ihre beiden Söhne, Pat Collins und ihre Kinder und eines der Kinder von Aldrin sich die Sendung im Zuschauerraum an.

Mike Collins:

Roger. Dieser Flug zum Mond mag auf Sie einfach oder leicht gewirkt haben. Ich versichere Ihnen, das war nicht der Fall. Die Saturn-V-Rakete, die uns in die Umlaufbahn befördert hat, ist eine unglaublich

*komplizierte Maschine, bei der jedes einzelne Teil fehlerfrei funktio-
niert hat. Der Computer über meinem Kopf hat ein Vokabular von
38 000 Wörtern, von denen jedes einzelne sorgfältig so ausgesucht
wurde, dass es für uns, die Besatzung, von größtem Wert ist. Von diesem Schalter, den ich gerade betätige, gibt es allein im Kommandomodul über 300 Stück ... Wir haben immer darauf vertraut, dass all
diese Apparate funktionieren, und zwar korrekt funktionieren, und
vertrauen darauf auch für den Rest des Flugs. All das ist nur möglich
durch das Blut, den Schweiß und die Tränen einer großen Zahl von
Menschen. Als Erstes sind da die amerikanischen Arbeiter zu nennen,
die die Einzelteile in der Fabrik zusammengesetzt haben. Als Zweites
die Bemühungen der verschiedenen Prüfteams, die während des Zu-
sammenbaus und erneut nach dem Zusammenbau ihre Tests durchgeführt haben. Und zu guter Letzt sind da die Mitarbeiter am Manned
Spacecraft Center ... Diese Operation gleicht in gewisser Weise dem
Periskop eines U-Boots. Sie sehen nur uns drei, aber unter der Oberfläche finden sich Abertausende weitere Menschen, und all diesen
möchte ich hiermit von Herzen danken.*

Buzz nutzte seine Zeit vor der Kamera dafür, eine erste von vielen Reden über den Entdeckergeist zu halten.

*Guten Abend. Ich möchte ein paar der symbolischeren Aspekte unse-
rer Mission Apollo 11 mit Ihnen besprechen. Als wir die Ereignisse der
vergangenen zwei, drei Tage hier an Bord unseres Raumfahrzeugs diskutiert haben, sind wir zu dem Schluss gekommen, dass es sich dabei
um deutlich mehr als die Reise dreier Männer zum Mond gehandelt
hat, um mehr als die gemeinschaftlichen Bemühungen des Staates
und eines Industriezweigs, sogar um mehr als die Bemühungen einer
Nation. Wir haben das Gefühl, es ist ein Symbol des unersättlichen
Strebens der Menschheit danach, das Unbekannte zu erforschen. Der
Satz, den Neil vor drei Tagen beim Betreten des Mondes gesagt*

hat – »Dies ist ein kleiner Schritt für den Menschen, aber ein großer Schritt für die Menschheit« – fasst dieses Empfinden in meinen Augen gut zusammen. Wir haben die Herausforderung, zum Mond zu reisen, angenommen, denn das war unumgänglich. Dass wir die Mission relativ leicht durchführen konnten, ist, so glaube ich, ein Hinweis darauf, dass wir sie genau zum richtigen Zeitpunkt angenommen haben. Heute sind wir absolut in der Lage, eine größere Rolle bei der Erkundung des Weltalls zu übernehmen, meine ich ... Mir persönlich kam beim Gedanken an die Ereignisse der letzten Tage ein Vers aus den Psalmen in den Kopf: »Seh ich den Himmel, das Werk deiner Finger, Mond und Sterne, die du befestigt: Was ist der Mensch, dass du an ihn denkst?«

Der Mann, der immer am wenigsten sagte, Kommandant Armstrong, schloss den Beitrag mit sorgfältig ausgewählten Worten ab. So nachdenklich wie in diesen Minuten erlebte ihn die Öffentlichkeit sonst nie:

Dieser Flug ist zuerst auf die Geschichte und die Größen der Wissenschaft zurückzuführen, die dieser Leistung vorausgegangen sind, dann auf das amerikanische Volk, das durch seinen Willen ein Verlangen ausgedrückt hat, dann auf vier Regierungen und die jeweiligen Kongressmitglieder, die diesen Willen umgesetzt haben, dann auf die Raumfahrtbehörde und die Bereiche der Industrie, die unser Raumfahrzeug gebaut haben: die Saturn, die Columbia, die Eagle und die Kombination aus Raumanzug und Rucksack, die zusammen auf der Mondoberfläche unser kleines Raumschiff gebildet haben. Wir möchten allen Amerikanern, die das Raumfahrzeug gebaut haben, die es konstruiert, entwickelt, getestet und ihr Herz und all ihre Fähigkeiten in dieses Gefährt gelegt haben, unseren ganz besonderen Dank aussprechen. Heute Abend gilt unser Dank ihnen. Und allen anderen Menschen, die zuhören und zuschauen, möchte ich sagen: Gott segne Sie. Gute Nacht von der Apollo 11.

Es waren stolze Augenblicke für alle, die an diesem Sommerabend im Wohnzimmer saßen und zusahen. In seinen Abschlussworten zur Sendung nannte Cronkite die Ansprachen der Besatzung »eine herzerwärmende Würdigung durch die drei Astronauten, die das Unglaubliche geschafft haben – zum Mond zu fliegen und darauf herumzuspazieren«. Der abschließende Erfolg von Apollo 11 hing nun nur noch vom Wiedereintritt, der Wasserung und der sicheren Bergung ab.

Doch auf der Erde gefährdete eine unvorhergesehene Bedrohung die letzten Momente der Mission. Über dem Pazifik braute sich ein starker Sturm zusammen, und ein paar geistesgegenwärtige Meteorologen erkannten, dass er sich direkt auf den geplanten Landungsbereich zubewegte. Deshalb änderte die NASA ihren Plan. Am frühen Morgen des 24. Juli, einem Donnerstag, erhielt das Bergungsschiff, die USS *Hornet*, ein 1943 gebauter Flugzeugträger mit Präsident Nixon an Bord, die Anordnung, sich etwa 400 Kilometer weit nach Nordwesten in ruhigere Gewässer zu begeben. Dann korrigierte die *Columbia* ihre Flugbahn zur Erde. Der Rest des Wiedereintritts verlief ohne Probleme.

Um 11:35 Uhr Houstoner Zeit trat die Apollo-11-Kapsel in die Erdatmosphäre ein. Nordöstlich von Australien traf sie auf einer Höhe von gut 120 000 Metern auf die ersten Luftausläufer. Collins, der die Kapsel steuerte, beschrieb den Wiedereintritt sehr anschaulich: »Es ist vorgesehen, dass wir den Eintrittskorridor in einem Winkel von 6,5 Grad unter dem Horizont erreichen, mit einer Geschwindigkeit von 11 032 Metern pro Sekunde, fast 40 000 km/h. Wir steuern ein Ziel etwa dreizehn Kilometer südwestlich von Hawaii an. Nun werfen wir unser Servicemodul ab, unser treues Lagerhaus, das noch immer zur Hälfte mit Sauerstoff gefüllt ist, und drehen uns so, dass wir mit dem Hitzeschild voran unterwegs sind. Die Geschwindigkeit nimmt langsam ab, was durch eine spektakuläre Lichtshow eingeläutet wird. Wir befinden uns im Zentrum eines Mantels aus Protoplasma, das uns wie ein Kometenschweif aus ionisierten Partikeln und Hitzeschildbestandteilen umgibt. Das tiefe Schwarz des Weltalls ist verschwunden und durch einen zarten Tunnel aus Farben ersetzt worden: blasse Lavendeltöne, ein helles Blaugrün, ein Hauch von Violett, alles rund um den Kern aus Orangerot.« Im freien Fall, der sich wie ein Schwebezustand anfühlt, können die Astronauten die ersten Ausläufer der Erde erkennen, eine dicke Schicht herrlicher Stratokumulus-Wolken. Dann öffnen sich die drei großen Hauptfall-schirme, »wunderbare, orange-weiße Blüten, die uns Beruhigung ver-schaffen«. Bald darauf konnten die Astronauten die Weiten des Meeres unter sich ausmachen. Um 08:03:09:45 Uhr MET meldete der »Air Boss«, der Leiter des Bergungsteams, er habe visuellen Kontakt zur herabkom-menden Kapsel. Über dem südwestlichen Pazifik brach gerade die Mor-gendämmerung an.

Acht Minuten und 33 Sekunden später, um 11:51 Uhr Houstoner Zeit, prallte das Raumschiff wie eine Tonne Backsteine auf die Wasserober-fläche auf, was den Astronauten ein Grunzen entrang. Armstrong mel-dete dem Air Boss: »Drinnen sind alle unversehrt. Die Checkliste ist abgearbeitet. Warten auf die Schwimmer.« Der Air Boss bestätigte, dass sie an der anvisierten Stelle gelandet seien, 1 740 Kilometer süd-westlich von Honolulu und 425 Kilometer südlich von Johnston Island. Die *Hornet* war nicht einmal 25 Kilometer entfernt. Die Hubschrauber der Navy kreisten ganz in der Nähe. Armstrong und seine Kameraden hatten vor dem Wiedereintritt jeweils eine Tablette gegen Übelkeit ge-nommen, entdeckten nun aber, dass sie sich angesichts der Höhe der Wellen und der Tatsache, dass das Kommandomodul auf dem spitzen Ende schwamm, lieber zwei gegönnt hätten. Mike schuldete Neil ein Bier, weil er die Wette darüber, ob sich die Kapsel auf den Kopf drehen würde, verloren hatte. Offiziell hieß diese Position »Stabil 2« – die Luke befand sich unter Wasser, und die Astronauten wurden von den Gur-ten festgehalten. Armstrong erinnerte sich: »Es war ungewöhnlich, auf dem Kopf zu stehen und ins Wasser zu schauen, während man in den Gurten hing. Alles sah ganz anders aus, weil die Schwerkraft nun in eine Richtung zog, wie wir es lange nicht mehr erlebt hatten. Plötzlich gab es einen Schwerkraftvektor, an dem man sich orientieren konnte, aber ganz anders als je zuvor! Alles wirkte, als befände es sich an der falschen Stelle.«

Rasch aktivierte die Besatzung die motorbetriebenen Pumpen, um drei kleine Luftkissen aufzublasen, die den Schwerpunkt der Kapsel verlagerten und sie wieder auf die flache Seite drehten. Es dauerte fast zehn Minuten, bis die Motoren die Kissen gefüllt hatten. Während die Astronauten auf die drei Froschmänner der Navy warteten, schwiegen sie und kämpften mit der Seekrankheit, vor allem Aldrin. »Es war eine Sache, falsch herum zu landen«, merkte er später an, »aber es wäre eine ganz andere gewesen, vor den Fernsehkameras aus dem Raumschiff zu steigen und dabei wild um sich zu reihern.« Die Schwimmer brachten den orangefarbenen Schwimmkragen an und öffneten dann die Luke der Kapsel – um 12:20 Uhr Houstoner Zeit, 6:20 Uhr in Hawaii. Die Astronauten hatten das Gefühl, seit Ewigkeiten im Wasser zu treiben, dabei waren seit der Landung nur 29 Minuten vergangen. Nun wurden ihnen die »Biological Isolation Garments« (BIGs), die biologischen Schutzanzüge, in die Kabine gereicht, grünlich-graue Gummianzüge mit Reißverschlüssen, Kapuzen und Gesichtsschutzschirmen, die die Welt vor den »Mondbazillen« bewahren sollten. Es war nicht einfach, die BIGs in der engen Kapsel anzulegen. Da die Astronauten gerade zum ersten Mal seit acht Tagen wieder die Schwerkraft der Erde erfuhren, litten sie unter Schwindel, und ihre Füße und Beine waren so angeschwollen, dass sie kaum stehen konnten, vor allem bei einer Windstärke von achtzehn Knoten.

Als sie die BIGs endlich anhatten, quetschten sie sich durch die enge Luke; der Kommandant Neil kam als Letzter heraus. Bevor man sie einzeln in das Boot geleitete, das neben der Kapsel auf den Wellen hüpfte, sprühten die Froschmänner sie vorsichtshalber mit einem Desinfektionsmittel gegen Mondmikroben ein. Im Beiboot erhielten sie dann Tücher und zwei verschiedene chemische Reinigungsmittel, um die Säuberungsaktion abzuschließen. Als sie damit fertig waren, banden die Froschmänner Gewichte an die Tücher und versenkten sie im Meer.

Die BIGs sollten eigentlich luftdicht sein, doch es dauerte nur Minuten, bis die Feuchtigkeit in sie eindrang. Die Astronauten sagten während der gesamten Prozedur praktisch nichts, hauptsächlich, weil die Schutzschirme und Kopfbedeckungen der Anzüge es fast unmöglich machten, gehört zu werden, vor allem gegen den Rotorenlärm der vier Helikopter, die über ihnen schwebten.

Hier warteten sie nun erneut eine Viertelstunde, bis ein Helikopter die Weisung erhielt, hinabzufliegen und sie aufzunehmen. Die *Hornet* befand sich mittlerweile in Sichtweite, weniger als 400 Meter entfernt. Da einige der Hubschrauber Fernsehkameras an Bord hatten, wurde jeder Moment der Bergung live in die ganze Welt übertragen. Im Helikopter wartete Dr. William H. Carpentier auf die Männer, der Missionsarzt aus dem Manned Spacecraft Center. Sie gaben ihm schon beim Einstieg das Daumen-hoch-Zeichen.

Um 12:57 Uhr Houstoner Zeit landete der Hubschrauber auf dem Flugdeck der *Hornet*. Dort spielte eine Blaskapelle. Überall drängten sich die jubelnden Matrosen. Auf der Brücke stand – ein breites Grinsen im Gesicht und die Arme über der Reling verschränkt – Präsident Nixon, neben dem Außenminister William P. Rogers und dem NASA-Administrator Thomas O. Paine, die den Präsidenten auf einer zwölftägigen Reise rund um die Welt begleiteten, die auch einen Zwischenstopp in Vietnam umfasste. Die Astronauten nahmen diesen Rummel kaum wahr. Noch immer im Hubschrauber und in den BIG-Anzügen wurden sie in einem Aufzug des Schiffs aufs Hangardeck gebracht. Dort stiegen sie aus und liefen über eine frisch aufgemalte Linie zwischen jubelnden Seeleuten und VIPs hindurch in die mobile Quarantäneeinheit – einen zehn Meter langen umgebauten Wohncontainer –, in der sie bis zur Ankunft in der eigentlichen Quarantänestation in Houston am 27. Juli bleiben sollten.

Neil erinnerte sich so an die Ankunft auf dem Schiff und die ersten Schritte an Bord: »Es ging uns allen ziemlich gut. Wir litten nicht unter irgendeiner Art von Seekrankheit oder so.« Sie konnten direkt in den

Quarantänecontainer gehen, wo sie gleich in Lehnstühlen Platz nahmen, um eine mikrobiologische Probe abzugeben und sich einer schnellen Untersuchung durch Dr. Carpentier zu unterziehen.

Vor dem Treffen mit dem Präsidenten reichte die Zeit gerade noch für eine schnelle Dusche. »Dann standen die Nixon-Feierlichkeiten an«, erinnerte sich Neil. »Das war noch zu erledigen, bevor wir feiern konnten.« Nachdem die Nationalhymne gespielt worden war, wendete sich Nixon, der fast einen Freudentanz aufgeführt hätte, um 14:00 Uhr Houstoner Zeit per Gegensprechanlage an die Astronauten. Die müde, aber aufgekratzte Besatzung drängte sich hinter eine Scheibe am hinteren Ende des Containers, Neil links vom Präsidenten, Buzz rechts und Mike in der Mitte. Nixon begrüßte die Männer im Namen der Menschen auf der ganzen Welt wieder zurück auf der Erde und teilte ihnen mit, dass er am Tag zuvor ihre Frauen angerufen habe, um ihnen zu gratulieren. Außerdem lud er die Astronauten und ihre Frauen zu einem Staatsbankett in Los Angeles ein. Dann schloss er mit den Worten, die acht Tage von Apollo 11 seien »die bedeutendste Woche in der Geschichte der Welt seit der Schöpfung« gewesen. Diese Aussage sorgte für einige Empörung, vor allem bei vielen Christen. Neil betrachtete sie als Übertreibung: »Es war eine aufregende Zeit. Im Überschwang der Gefühle neigt man oft dazu, Dinge zu überspitzen.«

Janet stand auf dem Rasen vor ihrem Haus und dankte den Menschen, die zum Erfolg der Mission beigetragen hatten: »Wir danken Ihnen für alles – Ihre Gebete, Ihre Gedanken, einfach alles. Und wenn mich jemand fragen sollte, wie ich diesen Flug beschreiben würde, kann ich nur sagen: Er war außerirdisch!« In Wapakoneta freuten sich Neils Eltern.

Während die *Hornet* auf Honolulu zusteuerte, konnten sich die Astronauten noch nicht vollständig entspannen, ihnen standen noch weitere medizinische Untersuchungen bevor. Bei Neil hatte sich Flüssigkeit in einem Ohr gesammelt, eine Folge des Stresses beim Wiedereintritt, die am nächsten Tag von selbst verschwand. Da sich die Ärzte dafür interessierten, wie sich acht Tage in der Schwerelosigkeit auf die Körper der Astronauten ausgewirkt hatten, schien es fast so, als liefe die Mission noch – die Männer waren von der Außenwelt isoliert und konnten nicht sehen, ob es Tag oder Nacht war. Als diese Tests überstanden waren, veranstalteten die drei eine spontane Cocktailstunde im kleinen Wohnzimmer der mobilen Quarantäneeinheit, Neil trank Scotch. Dann folgte ein Abendessen mit gegrilltem Steak und Ofenkartoffeln. In jener Nacht schlief die Besatzung dank der weichen Betten mit den echten Kissen fast neun Stunden lang tief und fest. Der Zeitpunkt dieser Ruhephase war so gewählt, dass die Astronauten wieder in einen regelmäßigen Schlafrhythmus kamen, der aber schon bald durch die Zeitverschiebung von sechs Stunden auf der Reise von Hawaii nach Houston erneut durcheinandergebracht wurde.

Nach einem ausgiebigen Frühstück stand Arbeit an. Die *Columbia* war an Bord gebracht worden, und nun mussten die wertvollen Gesteinskisten und anderen Schätze entladen werden. Durch einen Plastiktunnel kletterten Neil, Buzz und Mike in ihr mitgenommenes Raumfahrzeug, dem die Hitze beim Wiedereintritt einige Narben zugefügt hatte, holten mithilfe eines Bergungsfachmannes die Kisten aus der Kapsel und luden sie in eine spezielle Sterilisationseinheit, die ein paar Stunden später nach Houston geflogen wurde.

Am Nachmittag fand eine weitere Zeremonie an Bord des Schiffs statt. Der Kapitän überreichte jedem der drei eine Plakette, bedruckte Becher und Mützen. Armstrong gab weiterhin den Sprecher der Besatzung, wie auch bei allen weiteren öffentlichen Auftritten. Irgendjemand im Container meinte spontan: »Und jetzt geht es los«, ein Kommentar, der in den kommenden Wochen zum geflügelten Wort unter den Astronauten wurde.

Die Crew verbrachte zwei Nächte an Bord der *Hornet*, eine Erfahrung, die nur Neil schon aus seinen Zeiten bei der Navy kannte. Er vertrieb sich einen Teil der Zeit damit, eine Endlospartie Gin Rommé mit Mike zu spielen, während Buzz las oder Patiencen legte. Außerdem signierten sie Autogrammkarten für die NASA und hohe Tiere im Weißen Haus.

Als sie am Samstagmorgen, dem 26. Juli, in Pearl Harbor ankamen, wurden sie stürmisch empfangen. Das erste Mal war Neil auf der *Essex* in Pearl eingelaufen, als Midshipman achtzehn Jahre zuvor. Jetzt jubelten die Menschen, eine Band spielte, und überall wehten Flaggen. Am Mast der *Hornet* hing ein Besenstiel, ein Symbol für die erfolgreiche Mission. Doch Neil erzählte: »Unsere Position war nicht gerade gut, um all das zu sehen.« Der Kommandant der Streitkräfte im Pazifik, Admiral John Sidney McCain Jr., begrüßte die Besatzung bei ihrer Ankunft, wie Nixon es auf der *Hornet* getan hatte, durch das Fenster auf der Rückseite des Containers. Sie blieben nur so lange in Pearl Harbor, wie es dauerte, sie in ein Flugzeug zu verfrachten, das sie nach Houston bringen sollte. Der Container wurde auf einen Pritschenwagen geladen und dann mit einer Geschwindigkeit von 15 km/h zum nahe gelegenen Stützpunkt Hickam Field transportiert. Menschenmengen säumten die Straßen. Endlich in Hickam angekommen, wurde die Quarantäneeinheit in den geräumigen Bauch einer C-141-Starlifter-Maschine geladen. Der lange Flug nach Houston bedeutete nur noch mehr Zeit im Container. Neil sagte darüber: »Es war im Grunde so wie immer. Wir waren auf engem Raum eingesperrt – der aber größer war als in der Zeit vorher. Wir hatten mehr Platz. Wir hatten warme Mahlzeiten. Wir hatten die Cocktailstunde. Wir hatten viel zu tun. Immer wenn uns etwas freie Zeit zur Verfügung stand, gab es eine Menge Dinge, die wir gern aufschreiben oder besprechen wollten.«

Als sie gegen Mitternacht auf dem Luftwaffenstützpunkt Ellington in Houston ankamen, wurden sie wieder auf einen Pritschenwagen verfrachtet. Das Verladen in Pearl Harbor und in Hickam hatte gut geklappt, aber hier waren drei Anläufe nötig, um den Container auf den Wagen zu hieven. Dr. Carpentier, der mit den Astronauten am Fenster hockte, witzelte: »Sie sind in der Lage, Menschen sicher zum Mond zu fliegen und zurück, kriegen diese Menschen dann aber nicht aus dem Flugzeug heraus.«

Als der Container sicher auf der Pritsche des Lastwagens verstaut war, fuhr man sie über das Rollfeld zu einer wartenden Menge aus mehreren Tausend Menschen und einem Schwarm von Fernsehkameras. Der Bürgermeister von Houston hielt eine Rede, ebenso wie der Chef des MSC, Bob Gilruth. »Alle hatten sich dort versammelt, um uns zu begrüßen«, erinnerte sich Armstrong, auch die Frauen und Kinder der Astronauten. Mit ihnen konnte die Besatzung nur über spezielle Wandtelefone sprechen. Neil wusste nicht mehr, was er damals sagte oder hörte, außer: »Schön, dass du wieder da bist.«

Es war 1:30 Uhr, als der Lastwagen den Stützpunkt verließ und langsam über die NASA Road 1 zum Manned Spacecraft Center fuhr. Trotz der späten Stunde wurde auf den Straßen gefeiert. Erst gegen 2:30 Uhr kamen sie im Lunar Receiving Laboratory an, wo sie den Rest der dreiwöchigen Quarantäne verbringen sollten. Durch eine besondere Klimaanlage sollte keine Luft aus dem LRL entweichen, ohne eine Reihe von Filter und Pumpen zu passieren.

Das LRL war sicher und ruhig. Neben Einzelschlafzimmern für jedes Besatzungsmitglied standen eine Küche und ein Essbereich zur Verfügung. Darüber hinaus gab es ein großes Wohnzimmer und einen Freizeitbereich, in dem ein Fernseher stand und kürzlich erschienene Hollywoodfilme auf eine große Leinwand projiziert wurden. Zu den Bewohnern des LRL zählten zwei Köche, ein PR-Mitarbeiter der NASA, ein weiterer Arzt, der auf Labore spezialisiert war, und ein Hausmeister. Die Einrichtung war so groß, dass sie alle sich dort aufhalten konnten, ohne dass es ein Gedränge gab. Die NASA hatte sogar eingewilligt, einen Journalisten dort einzuquartieren, John Macleish, der eine Flut von Meldungen herausgab. Aus dem LRL heraus tätigte Neil die ersten Anrufe bei seiner Familie, auch bei seiner Mutter.

Mike und Buzz langweilten sich irgendwann im LRL, aber Neil nicht. Er genoss es, sich aus dem Tumult zurückziehen zu können, der um sie herum herrschte. »Wir brauchten die Zeit ganz dringend, um die Nachbesprechungen durchzuführen und mit den verschiedenen Systemleuten zu sprechen. Die folgenden Apollo-Crews waren sehr an diversen Fragen interessiert, die mit ihrer eigenen Missionsplanung zu tun hatten – was sie sich realistischerweise vornehmen konnten und ob wir Ideen hatten, was sie auf ihren Flügen verbessern könnten. Die Diskussion drehte sich meist darum, was auf dem Mond machbar war, weil das beträchtlichen Einfluss auf die Planung hatte. Daher war diese Zeit für uns persönlich sehr wertvoll, wie auch für alle anderen.«

Außerdem ermöglichten die Tage im LRL ihnen, die Fotos von der Mission, die in einem eigenen Labor des MSC entwickelt und ausgedruckt wurden, Satz für Satz durchzugehen. »Wir erhielten sie stückweise«, erinnerte sich Neil. »Sie nahmen sich eine Rolle nach der anderen vor, und sobald sie mit einer fertig waren, schickten sie die Aufnahmen zu uns. Als wir die Bilder durchsahen, kamen viele Fragen auf, deren Antworten für die anderen Flugbesatzungen sehr interessant waren. Die Fotos halfen ihnen, die Fragen zu formulieren, und uns, sie zu beantworten.« Für einige der Nachbesprechungen mussten die Astronauten lange Pilotenberichte schreiben, in denen sie auf ihre spezifischen Verantwortungsbereiche auf der Mission eingingen, andere Nachbesprechungen wurden in einem Raum, der einer Regiekabine glich, mit einer Kamera aufgenommen: Die Astronauten saßen den Fragestellern gegenüber an einem Tisch hinter einer Glaswand. Die Mission wurde bis ins kleinste Detail dokumentiert, mit dem Ergebnis, dass das Transkript hinterher 527 eng bedruckte Seiten umfasste.

Am 5. August überraschte der Koch des LRL Neil mit einem Kuchen zu seinem 39. Geburtstag.

Gegen Ende des Aufenthalts im LRL hatte jeder Astronaut in seiner Funktion als Angestellter des öffentlichen Dienstes eine Reisekostenabrechnung für den Flug zum Mond einzureichen. Auf den fertig ausgefüllten Formularen, die nur noch unterschrieben werden mussten, stand: »Von Houston, Tex., nach Cape Kennedy, Fla., zum Mond zum

Pazifik nach Hawaii und zurück nach Houston, Tex.« Insgesamt wurden ihnen 33,31 Dollar pro Person erstattet.

Nur ein einziges Mal kam es in der Quarantäne zu Spannungen zwischen den drei Astronauten, und zwar als sich Aldrin in den Nachbesprechungen wortreich über das Phänomen der blitzenden Lichter ausließ, die alle drei auf dem Weg zum Mond gesehen hatten. Buzz spürte Neils zunehmende Verärgerung und kam nicht mehr auf das Thema zu sprechen.

So zeitaufwendig die Nachbesprechungen auch waren, ließen die Tage in Abgeschiedenheit Armstrong und seinen Kollegen doch genügend Zeit, über ihre Zukunft im Raumfahrtprogramm nachzudenken. An einem Tag forderte Deke sie sogar dazu auf, sich zu überlegen, ob sie für weitere Flüge zur Verfügung standen. Neil meinte, es sei zu früh, um das zu entscheiden, obwohl er hoffte, erneut fliegen zu können.

Außerdem machten sich die Männer Gedanken darüber, wie ihre Bekanntheit und der Ruhm sich auf ihr Privat- und Berufsleben und auf das Leben ihrer Familien auswirken würden. Direkt vor dem Wiedereintritt in die Erdatmosphäre hatte Jim Lovell der Besatzung voller Ernst mitgeteilt: »Die Ersatzmannschaft steht immer noch bereit. Ich möchte euch daran erinnern, dass der schwierigste Teil der Mission erst nach der Bergung beginnt.«

Armstrong verstand Lovells Botschaft, als er Jahre später daran zurückdachte: »Wir waren nicht naiv, aber wir hätten nie geahnt, wie gewaltig das Interesse der Öffentlichkeit an uns tatsächlich war. Natürlich würde es stärker sein, als es jeder von uns bei früheren Flügen erlebt hatte, und so kam es auch.«

Die Quarantäne endete am 10. August um neun Uhr abends. Zu dem Zeitpunkt freute sich selbst Neil, dass sie vorbei war. Die drei Astronauten waren nun seit über einem Monat von der Außenwelt abgeschieden. Vor dem LRL wartete je ein Wagen der NASA mit Fahrer, um sie einzeln nach Hause zu bringen. Hier trennten sich die Wege der Apollo-11-Besatzung, aber nicht für lange.

Die kurze Reise nach Hause an jenem Abend war ein Vorgeschmack auf das, was die Astronauten in den folgenden Jahren erwartete. Sobald die Wagen das Tor der NASA passiert hatten, hefteten sich verschiedene Fernsehteams an ihre Fersen und verfolgten die berühmten Passagiere. Vor ihren Wohnhäusern warteten schon die Reporter und Fotografen.

Neil wollte das alles nicht und sicherlich nicht zu dem Zeitpunkt. Sobald der Wagen, in dem er saß, auf die Auffahrt seines Hauses gefahren war, rannte er zur Eingangstür. Dort wartete Janet schon, um sie schnell wieder hinter ihm zu schließen.

Armstrongs Leben auf der dunklen Seite des Mondes hatte begonnen.

KAPITEL 26

Für die ganze Menschheit

In den Monaten nach der Rückkehr der *Columbia* zur Erde wurden Armstrong und seine beiden Besatzungskameraden immer wieder gebeten, ihre Ansichten zur Mondlandung und deren Bedeutung für die Geschichte und die Welt zum Ausdruck zu bringen. Neil, der dabei im Mittelpunkt stand, meisterte die Aufgabe überragend gut. Noch heute erzählt seine erste Frau Janet, die ihn damals auf allen Goodwillreisen direkt nach dem Flug begleitete, voller Stolz, dass Neil »nie gern in der Öffentlichkeit sprach ... aber er tat es und machte es gut«.

Im Anschluss an die Quarantäne verbrachte Neil einen ganzen Tag zu Hause, um seine Ruhe vor den Reportern zu haben. Die seriöse Presse hatte freundlicherweise eingewilligt, die drei Astronauten bis Mittwoch nicht zu behelligen, aber trotzdem lauerten vor ihren Häusern neugierige Zuschauer und Paparazzi. Ein Auto voller Fotografen verfolgte Aldrin und seine Frau, als sie ihm einen neuen Anzug für die eintägige Tour von der Ostküste zur Westküste kaufen wollten, die zur Feier von Apollo 11 stattfinden sollte, und es blieb ihnen selbst dann noch auf den Fersen, als Aldrin auf den Luftwaffenstützpunkt Ellington abbog. Neil verbrachte den Montag im Haus, er kümmerte sich um die eingegangene Post, erhielt Familienbesuch und sah Janet dabei zu, wie sie die nötigen Vorbereitungen für die Reise quer durchs Land für sich und die Jungs traf. Am folgenden Tag kehrte er in sein Büro im Manned Spacecraft Center zurück, wo große Säcke voller Briefe auf ihn warteten, etwa 50 000 Sendungen pro Woche über mehrere Wochen hinweg.

Am selben Nachmittag fand im Zuschauerraum des MSC die erste Pressekonferenz nach dem Flug statt. Die Fragen drehten sich zunächst hauptsächlich um die Programmalarme des Computers, die Treibstoffsituation beim Anflug und andere Probleme bei der Landung, bevor es um Neils einzigartige Erfahrungen ging. Als jemand wissen wollte, ob es auf dem Mond einen Augenblick gegeben habe, in dem er »von dem, was gerade geschah, auch nur ein bisschen hingerissen« gewesen sei, sagte Neil lächelnd: »Ja, etwa zweieinhalb Stunden lang.« Auf die Frage nach der größten Schwierigkeit während des Mondspaziergangs antwortete er: »Wir hatten die typischen Probleme eines fünfjährigen Jungen im Süßwarenladen. Wir wollten einfach zu viele Dinge auf einmal tun.« Als sich jemand nach seiner Meinung zur bevorstehenden Drei-Städte-an-einem-Tag-Tour nach New York, Chicago und Los Angeles erkundigte, schüttelte Neil langsam den Kopf und gab zu, das sei »sicherlich das Letzte, worauf wir vorbereitet sind«.

Am nächsten Morgen – Mittwoch, 13. August – um fünf Uhr stiegen die vier Armstrongs, die fünf Collins und die fünf Aldrins in den Transportjet *Air Force 2*, den Nixon anlässlich dieser Reise nach Houston geschickt hatte. Mike und Neil nutzten den Flug dazu, ihre Reden vorzubereiten (Buzz fühlte sich bei dem Gedanken daran, eine Ansprache aus dem Ärmel schütteln zu müssen, so unwohl, dass er sie schon Tage im Voraus geschrieben hatte). Auf dem Flughafen La Guardia in New York begrüßten der Bürgermeister John Lindsay und seine Frau die Ehrengäste, bevor sie im Helikopter zu einem Pier nahe der Wall Street geflogen wurden, mit freiem Blick auf eine Flottille aus Feuerlöschbooten, die eine Show für sie veranstalteten. Am Pier wartete eine Reihe von Cabrios auf sie. Die Astronauten setzten sich in den ersten Wagen, dann folgte ein Auto mit Wachleuten, dann eines mit den Ehefrauen, ein weiteres mit Wachleuten, eines mit allen acht Kindern und zum Schluss noch eines mit Wachleuten. Buzz erinnerte sich: »Man hatte uns geraten, keine Hände zu schütteln, weil wir aus dem Auto gezogen und nicht so einfach gerettet werden könnten.«

Nicht einmal das Freudenfest am Ende des Zweiten Weltkrieges oder die Parade für Charles Lindbergh 1927 konnten mit diesen Feierlichkeiten in New York mithalten. Ein Wirbelsturm von Papierstreifen hüllte die Parade ein, als sie sich ihren Weg zwischen den Wolkenkratzern des Finanzdistrikts entlang über den Broadway und die Park Avenue bahnte, vorbei an einer Menge von geschätzt vier Millionen Menschen, einem Rekord für Manhattan.

»Ich hatte noch nie im Leben so viele Leute gesehen«, rief Janet aus, als sie sich daran erinnerte, »sie jubelten und winkten und warfen Konfetti, es schwebte aus allen Gebäuden und vom Himmel herab.«

»Manche warfen auch IBM-Lochkarten«, ergänzte Neil. »Manchmal einen ganzen Stapel davon aus dem 86. Stockwerk eines Gebäudes, und wenn dieser Stapel nicht auseinandertrieb, kam er wie ein Backstein unten an. In unserem Wagen waren hinterher mehrere Dellen von solchen Karten, die sich nicht verteilt hatten.«

Im Rathaus überreichte ihnen Bürgermeister Lindsay die Schlüssel der Stadt, und alle drei Astronauten sagten ein paar Worte. Dann ging es weiter zu den Vereinten Nationen, wo sie dem Generalsekretär U Thant die Hand schüttelten. Die Besatzung erhielt ein Album mit Gedenkbriefmarken aus allen Mitgliedsstaaten der UN. Hier war Neil der Einzige der drei, der eine Ansprache hielt.

Hatte die Menschenmenge in New York schon ausgelassen gefeiert, ging es in Chicago noch wilder zu. Aldrin erinnerte sich daran, wie die Kolonne aus offenen Limousinen auf die ausladende neue Stadthalle zu kroch:»Wir waren von Konfetti und Luftschlangen übersät und schwitzten so stark, dass das Papier an uns klebte. Wir waren taub vor lauter Geschrei, und unser Kiefer schmerzte vom Lächeln.« Nach einer öffentlichen Zeremonie im Rathaus – wo der Bürgermeister Richard J. Daley, bekannt für sein etwas rüdes Auftreten, die Astronauten beim Fototermin mit der Aufforderung »Hey ihr, hier rüber« herumkommandierte – fanden sich die Astronauten überraschend vor etwa 15 000 jungen Leuten im Grant Park wieder, bevor es zum Flughafen ging.

»Es war aufregend, in diesen Städten zu sein, weil die Begeisterung der Menschen die Luft zum Knistern brachte«, bemerkte Janet. Neil erklärte: »Es war vermutlich das erste Mal, dass wir so große Menschenansammlungen sahen ... *wirklich* viele Leute. Eine Veranstaltung folgte auf die andere, große Paraden, und am Ende das Staatsbankett von Nixon in Beverly Hills.«

Als sie auf dem Flughafen von Los Angeles ankamen, erwartete sie der Bürgermeister Sam Yorty schon auf dem Rollfeld. Hubschrauber transportierten die Gruppe zum noblen Century Plaza Hotel. Die Kinder der drei Astronauten sollten dem eleganten Bankett nicht beiwohnen, sie bekamen stattdessen Hamburger, Pommes frites und Kakao vor einem Farbfernseher, auf dem das Geschehen live übertragen wurde.

Präsident Nixon, seine Frau Patricia und die erwachsenen Töchter Julie und Tricia empfingen die Astronauten und ihre Frauen in der Präsidentensuite, bevor sie sich zu den Bankettgästen gesellten, darunter Mamie Eisenhower, die Witwe des früheren Präsidenten, der ehemalige Vizepräsident Hubert H. Humphrey und seine Frau (sie zählten zu den wenigen Demokraten, die eingeladen waren), sowie der aktuelle Vizepräsident Spiro Agnew und seine Frau. In der Banketthalle, einem hohen Kuppelbau voller eleganter Kronleuchter, saßen lauter namhafte Vertreter des Staates: Führende Mitarbeiter der NASA und andere Raumfahrtverantwortliche, mehr Kabinettsmitglieder, als manchmal im Kabinett anzutreffen waren, die Gouverneure von 44 Bundesstaaten (darunter auch der Gouverneur von Kalifornien, Ronald Reagan), Vertreter der Joint Chiefs of Staffs, Diplomaten aus 83 Ländern und eine ganze Reihe von führenden Mitgliedern des Kongresses. Die amerikanischen und internationalen Luftfahrtpioniere waren durch Jimmy Doolittle, den Mann, der die NACA geleitet hatte, als Neil 1955 in den öffentlichen Dienst eingetreten war, und durch Wernher von Braun und Willy Messerschmitt vertreten. Ironischerweise war nicht ein einziges Mitglied der Familie Kennedy anwesend, obwohl das Ereignis in weiten Teilen auf die Ankündigung des ehemaligen Präsidenten John F.

Kennedy zurückzuführen war. Am 18. Juli, dem Tag, an dem die Apollo 11 auf die Mondumlaufbahn zusteuerte, war Edward »Ted« Kennedy, der Senator von Massachusetts, auf der Heimfahrt von einer Party von einer Brücke gestürzt, bei dem Unfall war die 28 Jahre alte Wahlkampfhelferin Mary Jo Kopechne ums Leben gekommen.

Die Kennedys blieben der Veranstaltung also fern, doch das galt nicht für die Friedens- und Antiarmutsdemonstranten. Sie protestierten vor dem Hotel, auf dessen Parkplatz eine Flotte schwarzer Limousinen – glänzende Cadillacs, Imperials, Continentals und Rolls-Royces – standen. In ihren Augen war der Erfolg von Apollo 11 nur zeitweilig oder oberflächlich (oder beides). Die Stimmung im Amerika der Vietnamkriegszeit war weiterhin höchst angespannt, und die vor dem Hotel versammelten Steuerzahler waren nicht damit einverstanden, die Rechnung für Nixons mindestens 43 000 Dollar teure Gala mit ihren 1 440 Gästen zu übernehmen. Der Präsident selbst hatte das Menü abgesegnet, bis hin zum *Clair de lune*-Dessert, einer mit Einkerbungen versehenen Kugel Eis mit einer kleinen amerikanischen Flagge darauf.

Nach dem Essen verlieh Vizepräsident Agnew, der Vorsitzende des Nationalen Luft- und Raumfahrtrates, den drei Astronauten die Freiheitsmedaille, die höchste zivile Auszeichnung des Landes, für ihre Teilnahme an »einem einzigartigen und herausragend wichtigen Abenteuer. Dieses Unterfangen wird in Erinnerung bleiben, solange die Menschen sich Fragen stellen, träumen und nach Wahrheit suchen, auf diesem Planeten und in den Sternen.« Steve Bales, das Mitglied der Flugüberwachung, das laut Agnew »die Entscheidung traf, mit der Mondlandung fortzufahren, als die Computer direkt vor der Landung der *Eagle* im Mare Tranquillitatis versagten«, bekam ebenfalls eine Freiheitsmedaille. Auch wenn diese Aussage sachlich falsch war, war Bales' Auszeichnung doch eine wichtige symbolische Geste, die auf die geschätzt 400 000 Menschen verwies, die zum Apollo-Programm beigetragen hatten.

Als Armstrong an der Reihe war, sich an die versammelte Schar zu wenden, war er dem Vernehmen nach bewegt: »Neil Armstrong kämpfte mit den Tränen, als er nach den richtigen Worten suchte, um Amerika zu erzählen, was die Apollo-11-Astronauten dem Land und der Ehre, die es ihnen erweist, gegenüber empfinden«, lautete der erste Satz der Pressemeldung der Agentur UPI. Und die Zeitschrift *Time* schrieb: »Neil Armstrongs Worte an den Präsidenten in Los Angeles letzte Woche erschienen umso beredter, weil sie nicht einstudiert waren und weil die normalerweise so unbewegte Stimme des ersten Menschen auf dem Mond dieses eine Mal vor Emotionen zitterte.«

»Wir hatten die große Ehre, auf dem Mond eine Plakette zu hinterlassen, die Sie, Mr. President, unterzeichnet haben und auf der stand: ›Für die ganze Menschheit‹. Vielleicht wird im dritten Jahrtausend ein umherreisender Fremder diese Plakette an der Tranquility Base lesen. Lassen wir die Geschichte zeigen, dass dies das Zeitalter ist, in dem das wahr wird. Als wir heute Morgen in New York waren, hat mich ein stolz geschwungenes, wenn auch nachlässig dahingekritzeltes Plakat berührt. Darauf stand: ›Durch euch haben wir den Mond berührt.‹ Es war uns eine Ehre, heute Amerika zu berühren. Ich glaube, das wärmste, echteste Gefühl, das wir alle verspüren durften, haben der Jubel und die Zurufe und vor allem das Lächeln unserer amerikanischen Landsleute ausgelöst. Wir hoffen und sind davon überzeugt, dass diese Menschen unseren Glauben an den Beginn einer neuen Ära teilen – den Beginn einer Ära, in der der Mensch das Universum um ihn herum versteht, und der Beginn einer Ära, in der der Mensch sich selbst versteht.«

Niemand im Publikum war stolzer auf Neil als seine Familie. »Meine Eltern waren als Gäste geladen«, erzählte Neil, »und ebenso meine Großmutter, meine Schwester, mein Bruder und ihre Familien. Ich hatte kaum Zeit für sie, aber sie waren da. Es war ein beeindruckendes Erlebnis für alle.«

Am Samstag versammelten sich rund 250 000 Menschen in Houston – der »Weltraumstadt der USA« –, um Papierstreifen, Konfetti und so viele »Mondzertifikate«, falsche 100- und 1 000-Dollar-Scheine, auf die Straßen zu werfen, dass diese weit über einen halben Meter hoch davon bedeckt waren. Im Astrodome wurde ein riesiges Grillfest für 55 000 geladene Gäste veranstaltet. Auf den Plakaten an den Tribünen stand: »Ihr habt eine lange Reise hinter euch, Jungs. Willkommen zu Hause«, und »Wir sind stolz auf euch«. Frank Sinatra führte durch das Programm und sorgte gemeinsam mit der Sängerin Dionne Warwick für Unterhaltung.

Am Tag vor der Parade hatten Neil, Mike und Buzz die Sendung *Meet the Press* für den Sender NBC aufgezeichnet, die am Sonntagmorgen ausgestrahlt wurde, an dem sie auch live bei *Face the Nation* auf CBS zu Gast waren. Als es um den zukünftigen Einsatz der Crew im US-Raumfahrtprogramm ging, antwortete Neil, dass die folgenden Jahrzehnte noch aufregender werden würden. »Wir können in zehn Jahren deutlich mehr erreichen, als wir glauben. Und wenn wir davon ausgehen, dass das stimmt, werden wir den Blick in zehn Jahren wohl auf die Planeten richten.« Er fügte hinzu, dass er es für möglich halte, zum Mars zu reisen, vielleicht mit einem Zwischenstopp unterwegs, und nahm damit die Empfehlung voraus, welche die vom Präsidenten eingesetzte Space Task Group unter dem Vorsitz von Vizepräsident Agnew zu Beginn des folgenden Monats aussprach. Als Howard Benedict von der Agentur AP fragte, ob der Mensch monatelang im All überleben könne, antwortete Neil: »Ich wäre gern bei einem Flug von bis zu zwei Jahren dabei, vielleicht in einem deutlich größeren Raumfahrzeug, damit wir die Familie mitnehmen können.« Zum Abschluss der Sendung fragte der Korrespondent David Schoumacher von CBS News alle drei Astronauten, ob – und wann – sie ins All zurückkehren würden. Collins verkündete, dass Apollo 11 sein letzter Flug gewesen sei, Aldrin war bereit für eine weitere Apollo-Mission. Neil sagte: »Ich stehe für alles zur Verfügung, wo ich meine Fähigkeiten meiner Ansicht nach am besten einsetzen kann.«

Nach der Rückkehr nach Houston hielt Neil nach einem Ort Ausschau, an dem die Familie eine Woche Urlaub machen konnte. Der Gouverneur von Colorado, John Love, erinnerte sich an die Sleeping Indian Ranch von Harry Combs, dem Chef des Flugzeugvertriebs Combs Gates Denver, der den Apollo-Start gemeinsam mit dem Gouverneur verfolgt hatte. Also machten Neil, Janet und die beiden Jungs Urlaub auf der rustikalen Ranch inmitten einer herrlichen Landschaft mit Bären, Elchen und Rotwild.

Eine Woche fast völliger Erholung an der Gebirgsluft von Colorado ließ Neil und Janet mental und körperlich genügend Kraft tanken, um das unglaublich dicht getaktete Programm, das ihnen bevorstand, zu absolvieren. Den Auftakt bildete Wapakoneta, Armstrongs Heimatstadt, am 6. September 1969. Mehr als 500 Polizeibeamte waren vor Ort. Den Tankstellen ging das Benzin aus. Ein Kino hatte die ganze Nacht lang kostenlos geöffnet, damit sich die Besucher irgendwo ausruhen konnten. Die Parade, die vom aus Cleveland stammenden Bob Hope angeführt wurde, zog zehn Mal mehr Zuschauer an als die 7 000 Einwohner, die das Städtchen damals hatte. Die kleine Stadt war fast vollständig in rote, weiße und blaue Wimpel gehüllt. Die Straßen, durch die die Parade verlief, erhielten zu Ehren des größten Sohnes der Stadt neue Namen – »Lift-Off Lane«, »Apollo Drive«, »Eagle Boulevard« –, ganz in der Tradition des »Neil Armstrong Drive«, der Straße, die zum Haus von Neils Eltern führte. In der Innenstadt begrüßte Charles Brading Jr., der Sohn von Neils ehemaligem Arbeitgeber, die Gäste auf der »Tranquility Base«. Der Vorsitzende des Neil-Armstrong-Willkommenskomitees war Fred Fisher, Neils Freund aus Kindheitstagen. Der Gouverneur James Rhodes verkündete – auch wenn Neil sich noch nicht dazu geäußert hatte –, dass der Bundesstaat Ohio seine Pläne vorantreiben wolle, ein Neil-Armstrong-Museum im Wapakoneta zu eröffnen.

Neil ließ das alles gut gelaunt über sich ergehen und wiederholte gern, was er schon bei seinem Besuch 1966 gesagt hatte: »Ich bin stolz, heute vor euch zu stehen und mich als einen der Euren zu betrachten.«

Dann fügte er zur großen Freude der Zuhörer, die größtenteils aus Ohio stammten, hinzu, dass zwar die meisten Zeitungsartikel behaupteten, er und Buzz hätten kein »organisches Material« auf dem Mond gefunden, »aber ich glaube, ihr wisst es jetzt besser. Dort oben war ein Buckeye [Spitzname für die Bewohner von Ohio, A.d.Ü.].«

Von Wapakoneta aus flogen Neil und Janet nach Washington, die Kinder blieben bei Neils Eltern. Am 9. September besuchten sie die Apollo-11-Landungsparty der NASA im Shoreham Hotel, der die offizielle Enthüllung der Mondlandungsbriefmarke der US-amerikanischen Post vorausgegangen war, der Zehn-Cent-Briefmarke, die die Astronauten nach ihrer Rückkehr zur Erde abgestempelt hatten. In der folgenden Woche kamen die Armstrongs erneut nach Washington, wo mittags eine Ehrung der Apollo-11-Crew durch den Kongress stattfinden sollte. Um Punkt zwölf Uhr wurden die Astronauten von Vertretern beider Parteien zu ihren Stühlen auf dem Rednerpodest geführt. Nach stehenden Ovationen trat Armstrong ans Mikrofon und erklärte der Versammlung, das gesamte Unterfangen habe in diesen Hallen seinen Anfang genommen, mit dem Weltraumgesetz von 1958. Dann übergab er das Wort an Buzz und Mike. Nachdem beide ein paar Sätze gesagt hatten, ging Neil wieder ans Pult und unterstrich die Tatsache, dass es sich um eine friedliche Mission für die gesamte Menschheit gehandelt habe. Er schloss mit den Worten:

»Wir hatten in der Apollo 11 zwei Flaggen dieses Landes dabei, die beide über dem Kapitol geweht hatten, eine über dem Repräsentantenhaus, die andere über dem Senat. Es ist uns eine Ehre, diese Flaggen nun in diese Hallen zurückzubringen, die beispielhaft für das höchste Lebensziel des Menschen stehen – der Gemeinschaft zu dienen. Wir danken Ihnen im Namen aller Männer des Apollo-Programms dafür, dass Sie es uns ermöglicht haben, ebenso wie Sie zu dienen – für die ganze Menschheit.«

Das löste einen donnernden Applaus aus, und der Kongress schien überaus gewillt, die Zukunft des Raumfahrtprogramms nach Kräften zu unterstützen, auch wenn es später anders kam. Direkt nach den Reden folgten Fotoaufnahmen mit den drei Astronauten. Dann erwarteten die Frauen und Familien der Kongressabgeordneten die Astronauten, um ihren Bericht von Apollo 11 zu hören. Aldrin erinnerte sich: »Das hatte niemand von uns vorab gewusst. Ich reagierte durch die Euphorie des Augenblicks eher milde, aber Mike und Neil waren zu Recht außer sich.« Deshalb machten sie der NASA in der Zentrale »die Hölle heiß«, als dieser Termin sich über zwei Stunden zog.

Am nächsten Morgen stand eine Besprechung im Außenministerium an, bei der die Besatzung die ersten Informationen über ihre bevorstehende Welttournee erhielt, auf der sie in 45 Tagen mindestens 23 Länder besuchen sollte. Die Organisation der Reise an Bord der Air Force 2 oblag einem »Unterstützungsteam« aus sechs PR-Mitarbeitern der Raumfahrtbehörde, einem Vertreter des Weißen Hauses, zwei USIA-Beamten, zwei Sekretären, einem Arzt, einem Gepäckträger, zwei Vollzeit-Sicherheitskräften, einem Fotografen und Kameramann und vier Männern von »Voice of America«, dem staatlichen Auslandssender der USA.

Die Astronauten räumten ihrem erklärten Ziel, »sich allen Menschen auf der Welt erkenntlich zu zeigen und zu betonen, dass wir das, was wir getan hatten, für die gesamte Menschheit gemacht hatten«, höhere Priorität ein als dem Vorhaben des Außenministeriums und der NASA, die »amerikanischen Botschaften zu besuchen, die heiß auf gesellschaftliche Highlights waren«. »Um die Amerikaner kümmern wir uns in Amerika«, beharrten die drei Besatzungsmitglieder bei dem Treffen. Die Tour, die unter dem Titel »Ein großer Schritt« lief, sollte »eine Reise um die Welt sein, um zu unterstreichen, dass die USA willens waren, ihr Wissen über den Weltraum zu teilen«. Los ging es am 29. September in Houston, und auf dem Programm standen Mexiko-Stadt, Bogotá, Buenos Aires, Rio de Janeiro, Gran Canaria, Madrid, Paris, Amsterdam, Brüssel, Oslo, Köln, Berlin, London, Rom, Belgrad, Ankara, Kinshasa, Teheran, Bombay, Dhaka, Bangkok, Darwin (Australien),

Sydney, Guam, Seoul, Tokio, Honolulu und dann wieder Houston. Neil führte auf dieser Reise zwar kein Reisetagebuch wie George Low bei der Tour durch Lateinamerika drei Jahre zuvor, aber er nahm seine Eindrücke auf Kassetten auf.

Am 8. Oktober in Paris berichtete er: »Ein Vertreter des Aeroclubs von Frankreich überreichte uns die goldene Medaille des Clubs, die bis auf die Gebrüder Wright und Charles Lindbergh kein Amerikaner zuvor erhalten hat und noch keine Raumflugmannschaft. In meiner Dankesansprache ging ich auf Charles Lindberghs Erinnerungen an diese Ehrung ein.«

Janet, die diese Tour als Repräsentantin ihres Landes genoss und sie als »wunderbare Reise« bezeichnete, erinnerte sich besonders gut an den Aufenthalt in Belgien und den Niederlanden, da sie dort zwei Könige und zwei Königinnen an einem Tag trafen: »Das war etwas ganz Besonderes. Mit dem einen Paar aßen wir zu Mittag, mit dem anderen zu Abend. Man sagte uns, es gehöre sich nicht, einem König oder einer Königin den Rücken zuzukehren. Aber Mike Collins geriet in Belgien in eine Situation, in der der König vor ihm ging und die Königin hinter ihm, und Mike war dazwischen und musste 25 oder 30 Stufen im Palast seitlich hochgehen. Er schlug sich wirklich gut. Wir haben uns hinterher köstlich darüber amüsiert.« Auf dem Rückweg zum Hotel soll Collins gesagt haben: »Ich glaube, ich habe mir den verdammten Knöchel gebrochen.«

Die Besucherzahl bei einer »typischen Pressekonferenz« betrug, wie etwa am 12. Oktober in Köln und Bonn, »tausend oder mehr Menschen«. Am folgenden Tag in Berlin versammelte sich »eine extrem große Menschenmenge, die auf 200 000 bis 300 000 Leute geschätzt wurde, aber ich glaube, es war eher eine Million. Wir gingen die Treppe hinauf zu einem riesigen Empfang.« Am 14. Oktober berichtete Neil aus England: »Wir haben die beiden geplanten Fernsehauftritte bei der BBC und einem unabhängigen Sender abgesagt und nur die im Fernsehen übertragene Pressekonferenz abgehalten, wegen Erkältungen und Halsschmerzen. Jeder Zeitungsartikel begann mit einem Kommentar über unsere trüben Augen und unsere kratzigen Stimmen.« In Bogotá verschrieb Dr. Carpentier Buzz Beruhigungstabletten. An einem Abend in Norwegen fühlte er sich so elend, dass er im Hotelzimmer blieb, während die anderen, auch seine Frau, zu Abend aßen. Buzz schrieb, das sei der einzige Abend der Reise gewesen, an dem er zu viel getrunken habe, doch sein Problem sei gewesen, dass »der Alkohol überall war«, »in jedem Hotelzimmer Flaschen mit Scotch oder Gin und auf dem Frühstückstablett jeden Morgen ein Sekt mit Orangensaft«. In Rom, wo Buzz ohne seine Frau »eine elegante Party, die direkt aus *La Dolce Vita* hätte stammen können, bei Gina Lollobrigida« besuchte, kehrte er erst am nächsten Morgen ins Hotel zurück, was Joan ihm den Rest des Tages über vorhielt. Später, im Iran, hatte das Paar »einen der einprägsameren Streits« seines Ehelebens; Buzz erinnerte sich: »Mir wurde mitgeteilt, ich solle entweder öfter zu Hause bleiben oder ganz ausziehen.«

Sowohl Collins als auch Armstrong spürten, dass ihr Besatzungskamerad ernsthafte Probleme hatte. »Die Reise brachte einige verstörende Symptome bei Buzz zum Vorschein«, schrieb Mike, »die ihn dazu brachten, sich hin und wieder hinter eine unbewegliche Maske des Schweigens zurückzuziehen«, was Joan »offensichtlich zu schaffen machte«. Neil erinnerte sich an andere Hinweise auf eine beginnende Depression, war aber »nicht klug genug, das Problem zu erkennen. Das störte mich damals, und es stört mich heute, dass mir das entgangen ist. Ich denke immer wieder: Wäre ich aufmerksamer oder fürsorglicher gewesen, wäre mir vielleicht etwas aufgefallen, das Buzz in der Situation geholfen hätte, aber ich habe versagt. Einige Zeit nach der Reise bekam er dann richtig Probleme.«

Ob Buzz' Depression auch darauf zurückging, dass Neil zum ersten Menschen auf dem Mond ausgewählt worden war, ist unklar, aber es stand außer Frage, dass ihm diese Entscheidung noch immer zusetzte – und auch seinem Vater. Bei der feierlichen Enthüllung der

Apollo-11-Briefmarke im Gebäude des US Post Office in Washington wenige Wochen zuvor hatte es Buzz gewurmt, dass auf der Briefmarke, auf der Neil beim ersten Schritt auf den Mond hinaus zu sehen war, die Aufschrift »Erster Mensch auf dem Mond« prangte. In seiner Autobiografie erinnerte sich Aldrin: »Gott weiß, was zu dieser Aufschrift geführt hat, aber sie sorgte dafür, dass ich mich ziemlich nutzlos fühlte, und sie brachte meinen Vater in Rage ... ›Menschen‹ im Plural wäre korrekter gewesen, und ich muss zugeben, dass mich das verletzt hat.«

Janet Armstrong meint, die Tatsache, dass Neil die meisten Trinksprüche ausbrachte und seine Aufgaben als Sprecher der Besatzung so hervorragend erledigte, habe Buzz weiter gekränkt. »Es war schwer, mit Neil mitzuhalten – ihm gelang immer alles. Buzz brauchte Notizen, und das störte ihn. Er hielt nicht so gern Reden wie Neil oder Mike. Auch Neil sprach nicht gern in der Öffentlichkeit, aber er tat es, und er machte es gut«, als die Tour sie von Teheran, wo die Astronauten den Schah von Persien besuchten, weiter nach Tokio führte, wo sie von Kaiser Hirohito empfangen wurden.

Und so endete die 45 Tage dauernde »Ein großer Schritt«-Tour rund um die Welt. Nach einem Tankstopp in Anchorage, Alaska, flog die Air Force 2 umgehend in die US-Hauptstadt. Kurz bevor sie dort landete, erhielt jeder Astronaut ein satirisches Memo über die örtlichen Gegebenheiten:

Der nächste Stopp ist Washington, D.C. (USA). Hier sind ein paar hilfreiche Hinweise: 1. Das Wasser ist trinkbar, auch wenn es nicht zu den beliebtesten Getränken in der Bevölkerung gehört. 2. Studentendemonstrationen sind jederzeit zu erwarten. 3. Kehren Sie dem Präsidenten niemals den Rücken zu. 4. Lassen Sie sich niemals mit dem Vizepräsidenten sehen. 5. Wenn Sie Ihre Schuhe vor der Tür stehen lassen, werden sie geklaut. 6. Es ist nicht sicher, nachts durch die Straßen zu gehen. 7. Vermeiden Sie im Gespräch mit der Bevölkerung die folgenden heiklen Themen: den Vietnamkrieg, den Haushalt, die

Entwicklungshilfe, Importe und Exporte. 8. Der Wechselkurs beträgt 0,05 Cent zu einem Dollar (amerikanisch).

Auf dem Rasen vor dem Weißen Haus begrüßten sie Präsident Nixon und seine Frau, während die Marine-Kapelle spielte. An jenem Abend aßen und schliefen die Astronauten und ihre Frauen im Weißen Haus. »Der Präsident war sehr freundlich«, erinnerte sich Neil. »Er hatte großes Interesse an allem, was wir von der Reise zu berichten hatten, über die verschiedenen Staatsführer, die wir getroffen hatten, wie sie reagiert und was sie gesagt hatten. Er hatte seit Jahren versucht, ein Treffen mit dem rumänischen Präsidenten Nicolae Ceausescu zu arrangieren, und nachdem er auf der *Hornet* gewesen war, klappte das endlich. Nixon sagte etwas in Richtung: ›Für dieses Treffen allein haben sich die Kosten des Raumfahrtprogramms gelohnt.‹«

Während des Abendessens fragte Nixon alle drei Männer nacheinander, was sie als Nächstes vorhätten. Collins sagte, er wäre gern weiterhin als Goodwill-Repräsentant für das Außenministerium tätig, woraufhin Nixon noch vom Tisch aus den Außenminister William Rogers anrief und ihn bat, etwas für Mike zu finden. Aldrin erklärte dem Präsidenten, er habe das Gefühl, er könne weiterhin im technischen Bereich seinen Beitrag leisten. Als Nixon Armstrong fragte, ob er nicht auch gern irgendwo als Goodwill-Botschafter arbeiten wolle, antwortete Neil höflich, das wäre ihm eine Ehre, aber er sei sich nicht sicher, in welcher Rolle er dem Land am besten dienen könne. Nixon bat ihn, darüber nachzudenken, und verlangte, dass Neil ihm die Antwort persönlich mitteilte.

Auf der Reise sahen zwischen 100 und 150 Millionen Menschen die Astronauten, und 25 000 davon schüttelten ihnen die Hand oder holten sich ein Autogramm. Direkt im Anschluss an die Tour hatte Neil wohl das Gefühl, sie habe etwas Gutes bewirkt. In einer Rede am Wittenberg-College in Ohio im November 1969 sagte er: »Freundschaft kann gewinnbringender sein als Fachwissen« – ein bemerkenswertes Zugeständnis des passionierten Luftfahrtingenieurs.

* * *

Nach der Weltreise schloss sich Armstrong Bob Hopes USO-Weihnachtstour 1969 an, die zum Ziel hatte, den US-Truppen und ihren Alliierten in Vietnam ein wenig Zerstreuung zu bieten, mit Zwischenstopps in Deutschland, Italien, der Türkei, Taiwan und Guam. Vervollständigt wurde die Gruppe von den Schauspielerinnen Teresa Graves, Romy Schneider, Connie Stevens, der Miss World 1969, den Showgirls »Golddiggers« und Les Brown und seiner Band of Renown. Unter Hopes Anleitung spielte Armstrong – in Freizeithose, einem roten Sporthemd und mit Strohhut – oft den Stichwortgeber.

Hope: *Als du den Mond betreten hast, war das der zweitgefährlichste Schritt des Jahres.*

Armstrong: *Wer hat denn den gefährlichsten gemacht?*

Hope: *Das Mädchen, das Tiny Tim geheiratet hat.* [Tiny Tim war ein langhaariger Ukulele-Spieler mit einer sehr hohen Stimme, der zum Kultstar aufgestiegen war.]

Während einer Show in Vietnam fragte ein Soldat: »Halten Sie es für möglich, dass eines Tages Menschen auf dem Mond leben werden?« – »Ja, ich glaube schon. Wir werden miterleben, wie dort eine bemannte Wissenschaftsstation errichtet wird. Es wird eine Wissenschaftsstation mit einer internationalen Besatzung sein, ganz ähnlich wie in der Antarktis. Aber es gibt eine viel wichtigere Frage als die, ob der Mensch auf dem Mond leben kann. Wir müssen uns fragen, ob die Menschen hier auf der Erde zusammenleben können.«

Armstrong hatte eine ernsthafte Botschaft für die Soldaten: »Ich versuchte, die Gelegenheit zu nutzen und den Truppen in Vietnam die Idee mitzugeben, sich nach ihrer Rückkehr nach Hause weiterzubilden. Ich wollte ihnen klarmachen, dass der Zeitpunkt dafür heute für sie – für viele von ihnen – günstig war, bevor sie zu viele andere Verpflichtungen hatten.«

Die Weihnachtstour 1969 blieb verschont von feindlichen »Angriffen und sogar von weit entfernten Explosionen. Manche der Orte lagen ganz in der Nähe der Kampfzone, aber ich erinnere mich nicht an irgendwelche Auseinandersetzungen.« In Lai Khe trat die Showgruppe vor der 1. Infanteriedivision auf, die einige der bisher schlimmsten Kämpfe des Krieges miterlebt hatte. Die Soldaten waren so kriegsmüde, dass mehr als nur vereinzelte Buhrufe erklangen, als Hope Nixons Versicherung, man arbeite an einem Friedensplan, verlas. Das hatte Bob Hope, der schon im Zweiten Weltkrieg mit der USO aufgetreten war, noch nie erlebt.

Neil fiel zum ersten Mal der skandalhungrigen Presse zum Opfer. In den Klatschspalten erschienen Berichte darüber, dass er und die Schauspielerin Connie Stevens eine Affäre hätten und dass er nach der Rückkehr in die USA im Publikum von Stevens' Show in Las Vegas gesichtet worden sei. Dabei hatten die Künstlerin und der Astronaut auf der Tour nur zusammen Karten gespielt, um Zeit totzuschlagen.

Im Mai 1970 reiste Armstrong zu einem offiziellen Besuch in die Sowjetunion, als zweiter amerikanischer Astronaut. »Ich war eingeladen worden, auf der 13. Jahreskonferenz des Internationalen Komitees zur Weltraumforschung einen Vortrag zu halten.« Am 24. Mai kam er in einem Flugzeug aus Warschau auf dem Flughafen von Leningrad an. Dort erwartete ihn ein roter Teppich, aber keine Menschenmenge, weil die sowjetische Regierung Armstrongs Ankunft geheim gehalten hatte. Seine Gastgeber waren Georgi T. Beregowoi und Konstantin P. Feoktistow, die Kosmonauten, die zwei Monate nach der Apollo-11-Mission die USA besucht hatten. Neil wurde vom hauptsächlich russischen Publikum der Konferenz herzlich aufgenommen und von den Wissenschaftlern um ein Autogramm gebeten. Nach fünf Tagen in Leningrad erhielt er die Erlaubnis, nach Moskau zu reisen. Im Kreml traf er sich eine Stunde lang mit dem Ministerpräsidenten Alexei N. Kossygin. Im Auftrag von Nixon überreichte Neil ihm ein paar Stücke Mondgestein und eine kleine sowjetische Flagge, die an Bord der Apollo 11 gewesen war. Am nächsten Vormittag ließ Kossygin Armstrong Wodka und Cognac zukommen. Der große russische Flugzeughersteller Andrei N. Tupolew und sein Sohn Adrian »nahmen mich mit zu einem Flughafenhangar, in dem die Überschallmaschine TU-144 stand – sie sah der Concorde verblüffend ähnlich. Anscheinend war ich der erste Westler, der das Flugzeug zu sehen bekam. Die Tupolews schenkten mir ein Modell der TU-144, das Andrei signierte. Bei meiner Rückkehr überließ ich es dem Smithsonian Museum.« Außerdem traf Armstrong mehrere sowjetische Astronauten. In einem abgeschiedenen Wald außerhalb von Moskau verbrachte er einen Tag im Kosmonauten-Trainingszentrum, das zum Raumfahrtkomplex Swjosdny Gorodok (»Sternenstädtchen«) gehörte, Russlands Version des Manned Spacecraft Center in Houston. Dort wurde er von Walentina Tereschkowa herumgeführt, der ersten Frau im Weltraum, die er bezaubernd fand. Neil besichtigte die Trainingsbereiche, die Simulatoren und die Nachbauten der Raumfahrzeuge, »die mir funktional, aber in ihrer Art etwas viktorianisch vorkamen«. Außerdem zeigte Tereschkowa ihm das Büro des verstorbenen Juri Gagarin, des ersten Mannes im Weltall, dessen persönliche Gegenstände nach seinem Tod nicht angerührt worden waren und eine Art Schrein bildeten. Als Neil im Zentrum einen Vortrag hielt, hörten ihm viele Kosmonauten zu. Danach »wurden zwei Frauen zu mir geführt – eine war Mrs. Gagarin und die andere Mrs. Wladmir Komarow. Da wir auf dem Mond Gedenkmedaillen für ihre Ehemänner hinterlassen hatten, war es eine bewegende kleine Zeremonie.« Neil erklärte der sowjetischen Presse, das Treffen mit den beiden Witwen habe ihn »zutiefst berührt«.

»An jenem Abend luden mich die Kosmonauten zum Essen ein. Es gab viele Trinksprüche ... Sie schenkten mir ein schönes Jagdgewehr mit meinem Namen auf dem Schaft – eine Zwölf-Kaliber-Doppelflinte, die mich die amerikanischen Behörden behalten ließen.

Nach dem Essen, gegen Mitternacht, lud mich mein Gastgeber, Georgi Beregowoi, auf einen Kaffee in seine Wohnung ein. Irgendwann telefonierte er kurz, dann rief jemand seinen Namen, und er ging zum Fernseher und schaltete ihn ein. Dort war der Start der Sojus IX zu sehen. Es war keine Liveübertragung, sondern eine Aufzeichnung des Starts, der früher an jenem Tag in Baikonur stattgefunden hatte. In der Kapsel saßen Andrijan G. Nikolajew, Walentinas Mann, und Witali I. Sewastjanow. Ich hatte also den ganzen Tag mit Tereschkowa und den ganzen Abend mit den Kollegen dieser zwei Kosmonauten verbracht, und niemand hatte erwähnt, dass an jenem Tag ein Start stattfand. Daraus schloss ich, dass Walentina entweder ungeheuer gut darin war, ein Geheimnis zu bewahren, oder fürchterlich schlecht informiert.«

Der Start verlief erfolgreich, sonst hätte Neil ihn nie zu sehen bekommen. Es wurde Wodka gebracht, um anzustoßen. Beregowoi lächelte breit, als er Armstrong mitteilte: »Der Start hat Ihnen zu Ehren stattgefunden!«

Zwischen Juli 1969 und Juni 1970 absolvierte Armstrong die rund 800 000 Kilometer bis zum Mond und zurück, gefolgt von 150 000 weiteren hier auf der Erde. Er wäre gern weiter ein aktives Mitglied des Astronautenkorps geblieben, doch seine Vorgesetzten in Washington hatten für ihren großen amerikanischen Helden etwas anderes im Sinn als eine weitere gefährliche Weltraummission.

TEIL SIEBEN
Ikone

Ich meine, dass Menschen für ihre Leistungen und deren Wert für die Fortentwicklung der Gesellschaft Anerkennung erfahren sollten. Doch man kann es leicht damit übertreiben. Ich halte große Stücke auf viele Menschen und ihre Erfolge, glaube aber nicht, dass das wichtiger sein sollte als die Leistungen selbst. Ihre Berühmtheit sollte keinen größeren Stellenwert haben als die Dinge, die sie erreicht haben.

– NEIL A. ARMSTRONG ZUM VERFASSER, CINCINNATI, OHIO, 2. JUNI 2004

KAPITEL 27

Am Boden geblieben

Nach der Mondlandung, so erinnerte sich Armstrong, »fragte ich nie nach, ob ich noch einmal in den Weltraum fliegen könnte, aber irgendwann glaubte ich, dass ich keine weitere Gelegenheit mehr erhalten würde, auch wenn mir das nie explizit mitgeteilt wurde«. Sowohl George Low als auch Bob Gilruth »sagten, ich solle eine Rückkehr in die Luftfahrt erwägen und eine Stelle als stellvertretender Abteilungsleiter in Washington annehmen. Ich war nicht davon überzeugt. Vielleicht lag es daran, dass ich die ganze Zeit über in einer der Außenstellen gearbeitet hatte, aber ich betrachtete Jobs in Washington im Grunde nicht als Teil der echten Welt.«

In der privaten Wirtschaft bot sich eine Fülle von Möglichkeiten, von Geschäftsprojekten über Hotel- und Restaurantvorhaben bis hin zum Bankgeschäft. Neil wurde vorgeschlagen, für ein politisches Amt zu kandidieren, wie der ebenfalls aus Ohio stammende John Glenn es getan hatte. Doch er wollte lieber Ingenieur bleiben.

»Als ich darüber nachdachte, kam ich zu dem Schluss, dass die Luftfahrtstelle bei der NASA ganz gut passen könnte.« Janet hatte das Gefühl, dass Neil mit diesem Wechsel nicht unzufrieden war: »Er war Pilot und immer glücklicher, wenn er flog.« Dennoch befürchtete sie, der Schreibtischjob sei nicht das Richtige für ihn.

Armstrongs wichtigster Beitrag zur Luftfahrt während seiner Zeit in Washington war sein Eintreten für die neue Fly-by-Wire-Technologie. Bevor Neil die Stelle als stellvertretender Leiter der Luftfahrtabteilung antrat, hatte das radikale Konzept, Flugzeuge elektronisch zu steuern (bei dem die Instrumente des Piloten nur einen von mehreren Faktoren darstellten), im NASA-Hauptquartier nur wenig Fürsprecher gehabt. Neil hingegen versetzte ein Team aus Ingenieuren vom Flugforschungszentrum in Erstaunen, als es ihn 1970 in seinem Büro aufsuchte und um einen bescheidenen Betrag bat, um Forschungen an einem Flugzeug durchführen zu können, in dem ein *analoges* Fly-by-Wire-System installiert war. Wie der NASA-Historiker Michael H. Gorn schrieb: »Zu ihrer Überraschung erhob Armstrong Einwände. Warum analog?«, fragte er. Anstelle eines Systems, das menschliche Impulse über mechanische Verbindungen aus dem Cockpit zu den Steuerflächen übermittelte, schlug Neil ein fortschrittlicheres Verfahren vor, das auf Zahlen basierte – ein *digitales* Fly-by-Wire (DFBW). Die FRC-Ingenieure kannten aber keinen flugfähigen Digitalcomputer. »Ich bin gerade mit einem solchen zum Mond und zurück geflogen«, erklärte Armstrong. Laut Gorn »mussten die Besucher aus dem Flugforschungszentrum peinlich berührt zugeben, dass sie daran nicht einmal gedacht hatten«.

Aus dieser Initiative ging das innovative F-8C-Crusader-DFBW-Flugtestprogramm der NASA hervor, das zwischen 1972 und 1976 im Dryden-Flugforschungszentrum durchgeführt wurde. Als sich das DFBW als zuverlässig erwiesen hatte, bedeutete es eine Befreiung für die Konstrukteure von Hochgeschwindigkeitsflugzeugen und brachte sie dazu, radikal neue aerodynamische Konzepte zu entwickeln, etwa Flugzeuge, denen ohne das computergestützte Steuerungssystem jegliche Stabilität abging. Das DFBW ist also eine weitere bedeutende Errungenschaft der Luft- und Raumfahrt, die mit Neil Armstrong in Verbindung gebracht werden muss.

Was ihn am meisten frustrierte, war nicht seine Arbeit an sich, sondern die ständigen »Anfragen« der NASA, des Kongresses und aus dem Weißen Haus, die von ihm »Auftritte auf Nachfrage« forderten, die Neil als »große Belastung« empfand. Aber er hatte keine Wahl. Und so verbrachte er viele Abende bei förmlichen Abendessen, wie sie in Washington üblich waren. Janet erinnerte sich: »Wir trafen in Washington eine Menge Leute. Sie waren erfreut, Neil persönlich kennenzulernen, und gratulierten ihm zu dem, was Apollo 11 für unser Land und die Welt erreicht hatte. Da wir immer noch von einem Beamtensold lebten, hatten wir nicht viel Geld. Dottie Blackmun, die Frau des Obersten Richters Harry Blackmun, konnte gut nähen und hatte vor dem Umzug nach D.C. ein Bekleidungsgeschäft in Minnesota betrieben. Sie war eine gute Freundin und half mir mit Abendkleidern aus.«

Armstrong nutzte jede Gelegenheit, Flugzeuge zu fliegen, auch um sie für die NASA ins Ames-, Lewis-, Langley- oder Dryden-Zentrum zu überführen. »Ich schaffte es, in Übung zu bleiben – ich flog nicht so oft, wie ich es gern getan hätte, aber es war besser als gar nicht. Und durch meine Mitarbeit an Forschungsprogrammen in den Außenstellen erhielt ich manchmal die Gelegenheit, spezielle Maschinen zu fliegen« – darunter die englische Handley-Page 115, ein kleines Flugzeug, an dem die stark gepfeilte Tragflächenkonfiguration des Überschallverkehrsflugzeugs Concorde getestet wurde, und das große deutsche Segelflugzeug Akaflieg Braunschweig SB-8, bekannt für den innovativen Einsatz von Strukturverbundwerkstoffen.

Das wichtigste Luftfahrtprojekt der NASA in den 1960er-Jahren fiel der Politik zum Opfer, als der US-Senat am 24. März 1971 in einer der dramatischsten Abstimmungen seiner neueren Geschichte eine weitere Finanzierung des amerikanischen Überschallverkehrsflugs (SST) ablehnte. Obwohl Armstrongs Abteilung nichts mit dem Projekt zu tun hatte, war Neil für eine Fortführung gewesen.

Das Ende des SST hatte aber nichts mit seiner Entscheidung zu tun, seine Stelle bei der NASA 1971 aufzugeben und eine Professur an der University of Cincinnati anzunehmen. »Ich hatte immer schon gesagt, dass ich gern an die Uni zurückkehren wollte. Das war keine neue Idee. Ich hatte die NASA nicht vorzeitig verlassen wollen, aber auch nie die Absicht gehabt, den Bürokratenjob allzu lange zu machen. Ich hatte den Rektor der University of Cincinnati mehrere Male getroffen. Er hieß Walter C. Langsam und war Professor für die Geschichte Europas im frühen 20. Jahrhundert. Walter hatte mit mir gesprochen und mir eine Reihe netter Nachrichten zukommen lassen, in denen er schrieb, wie gern er mich an seiner Universität hätte. Er sagte: ›Wenn Sie kommen, richten wir Ihnen einen Lehrstuhl ein, und Sie können machen, was Sie wollen.‹ Ich beschloss, die Einladung anzunehmen. Ich hatte zu dem Zeitpunkt zwar schon viele solcher Einladungen erhalten, aber bei den mit großem Abstand meisten davon ging es um Rektoratsstellen. Ich wollte einfach nur Dozent werden.« Merkwürdigerweise sträubte sich die NASA nicht gegen Neils Kündigung. Alles in allem hatte er 16,5 Jahre im Staatsdienst gestanden.

Manche Leute aus der NASA und ihrem Umfeld glaubten, Neil müsse »plemplem« sein, um an einem Ort wie Cincinnati zu landen. Seine Freunde und Kollegen erinnerten sich daran, dass er im Lauf der Jahre immer wieder gesagt hatte, er wolle ein Lehrbuch für Ingenieure schreiben. Die meisten glaubten, dass es ihn zurück in seine Heimat zog, was Neil rundheraus verneinte: »Die Rückkehr nach Ohio war kein Argument. Ich fand, dass sie in Cincinnati ein ziemlich gutes Institut hatten, und es war klein, nur ein Dutzend Leute«, was es eher unwahrscheinlich machte, dass Neils direkte Ernennung zum Lehrstuhlinhaber, ohne die übliche einjährige Probezeit, Proteste hervorrief. Der Institutsvorsitzende Dr. Tom Davis war ein recht bekannter Experte im aufstrebenden Bereich der numerischen Strömungsmechanik. Das Programm führte zu einem Doktortitel, obwohl Neil bisher nur einen Masterabschluss erlangt hatte, gerade kurz zuvor, nach mehr als zehn Jahren Studium an der University of Southern California, das er immer wieder unterbrochen hatte. Sein neuer Titel lautete Universitätsprofessor für Raumfahrttechnik. Die Studenten nannten ihn »Professor Armstrong« oder »Dr. Armstrong«, auch wenn er bisher nur Ehrendoktortitel (letzten Endes neunzehn an der Zahl) verliehen bekommen hatte. Die Kollegen, von denen sich viele zu guten Freunden entwickelten, nannten ihn Neil.

Armstrong hätte mit einem geringen Lehrdeputat davonkommen können, doch das war nicht sein Ziel. Er gab einige Grundlagenkurse und unterrichtete neun Monate im Jahr. Im Sommer hatte er frei. »Normalerweise war ich jeden Tag da. Ich verreiste hin und wieder, versuchte aber, die Termine so zu legen, dass sie mich nicht an der Erfüllung meiner Pflichten hinderten.«

Am Ende seines ersten Vorlesungstages drängten sich auf dem Korridor die Reporter. Es brach Chaos aus; Neil knallte die Tür zu und weigerte sich herauszukommen. 1974 tauchte die italienische Schauspielerin Gina Lollobrigida unangekündigt vor der Tür seines Seminarraums auf. »Sie sagte, sie sei in die Stadt gekommen, um ein paar Fotos für ein Buch zu machen, an dem sie arbeitete, aber wie sich herausstellte, waren die gar nicht für ein Buch, sondern für einen Zeitschriftenartikel. Ich mochte Gina, seit wir bei der ›Großer Schritt‹-Tour zusammen in Mexiko und Italien unterwegs gewesen waren, aber ich war sehr enttäuscht, dass sie ihre wahren Absichten verschleiert hatte.«

Armstrong entwickelte zwei neue Kurse für das Institut. Der eine hatte die Flugzeugkonstruktion zum Thema, der zweite die experimentelle Flugmechanik. Beides waren Masterkurse.

Die Studenten waren überrascht, dass ihr prominenter Professor so gut lehren konnte. Obwohl er die Kurse sehr ernst nahm und man sich gute Noten hart erarbeiten musste, war er dafür bekannt, gegen Ende des Trimesters ein paar seiner Lieblingsgeschichten aus Pilotenzeiten zu erzählen.

Letzten Endes scheiterte Armstrong daran, sich im Labyrinth der Universitätspolitik zurechtzufinden. »Ich kam damit einfach nicht zurecht. Ich war entschlossen, keine Kooperation mit der NASA einzugehen; ich stellte dort keine Anträge, weil das so wirken könnte, als nutzte ich meine alten Verbindungen aus, was ich nicht tun wollte. Im Rückblick war das vermutlich falsch. Wahrscheinlich hätte ich aktiver sein sollen, weil ich genau gewusst hätte, an wen ich mich hätte wenden müssen, um zufriedenstellende Forschungsprojekte zu erhalten. Es hätte die Mittelbeschaffung deutlich erleichtert, wenn ich diesen Weg eingeschlagen hätte.«

Zwei größere Veränderungen an der University of Cincinnati führten dazu, dass Armstrong die Hochschule 1980 schließlich verließ. »Sie führten viele neue Regeln ein«, erklärte er in Bezug auf die Umstellung der UC von einer unabhängigen auf eine staatliche Institution. »Um nicht an die Tarifregeln der Fakultät gebunden zu sein, musste ich meinen Vollzeitstatus aufgeben. Also versuchten ein paar von uns, damit durchzukommen, halb als Dozenten, halb als Mitglied eines Forschungsinstituts zu arbeiten.« Im Juli 1975 erlaubte die Uni Armstrong und drei weiteren renommierten Wissenschaftlern – Georg Rieveschl, einem Chemiker, der durch die Erfindung des ersten Antihistaminikums Diphenhydramin zu Bekanntheit gelangt war, Edward A. Patrick, einem Elektrotechnikprofessor, und Dr. Henry Heimlich, dem berühmten Erfinder des Heimlich-Handgriffs, der als Mediziner am Jüdischen Krankenhaus vor Ort tätig war –, das »Institut für Ingenieurswesen und Medizin« zu gründen.

»Das hatte nicht gerade weit oben auf meiner Prioritätenliste gestanden. Es war eben ein notwendiges Übel. Doch sobald wir uns an die Arbeit gemacht hatten, fand ich einen Teil davon wirklich interessant und brachte mich aktiv ein.« Dann fügte er hinzu: »Aber die Regeln der Universität waren immer noch so hinderlich, dass ich auf eine halbe Stelle reduzierte. Das war jedoch im Grunde eine irreführende Bezeichnung – was es wirklich bedeutete, war: ein halbes Gehalt«, und schließlich auch: »ein Konflikt zwischen dem, was mir Rektor Langsam angeboten hatte, und den neuen Vorschriften«. Darüber hinaus »konnte ich nicht davon ausgehen, dass die Anzahl der Anfragen, die mich erreichten, geringer werden würde – bei manchen handelte es sich um gute Gelegenheiten mit guten Leuten und an hochkarätigen Einrichtungen. Mir wurde klar, dass ich die Stelle unter diesen Umständen nicht beibehalten konnte. Auf der anderen Seite ermöglichten mir die Vorstandsposten, die mir angeboten wurden, ein Auskommen, ohne dass ich mich verpflichtete, ständig vor Ort zu sein.«

Die letzten Jahre an der Universität empfand Armstrong nicht als sonderlich stressig, nur als »nervig«. Im Herbst 1979 reichte er ein kurzes Schreiben ein, in dem er zu Jahresbeginn kündigte.

Im Januar 1979 erklärte sich Armstrong, der zuvor eine Reihe lukrativer Werbeverträge abgelehnt hatte, dazu bereit, als Repräsentant der Chrysler Corporation aufzutreten. Sein erster Werbespot für den amerikanischen Autohersteller wurde während der Übertragung des 13. Superbowl ausgestrahlt, den Neil zusammen mit einigen Führungskräften von Chrysler im Stadion verfolgte. Weitere Spots kamen am folgenden Tag heraus, ebenso wie auffällige Anzeigen in fünfzig amerikanischen Zeitungen, in denen Neil für ein neues Servicepaket von Chrysler warb, das für fünf Jahre und 80 000 Kilometer galt. Auf der knapp 75 Hektar großen Farm, die sich die Armstrongs nach dem Umzug aus Bethesda bei Washington in Warren County nordwestlich von Lebanon, Ohio, gekauft hatten, tauchten nun immer wieder Wagen von Chrysler auf – ein New Yorker, ein Fifth Edition, ein Cordoba, ein W-200-Pick-up mit Allradantrieb, zwei verschiedene Omnis mit Frontantrieb und ein Plymouth Horizon –, immer nur für wenige Tage am Stück. Laut Janet hatte Neil zu Chrysler gesagt: »Ich muss eure Produkte erst testen.«

Die Presse stellte Fragen: Warum schließt Armstrong jetzt einen Werbevertrag ab, nach so langer Zeit? Und warum gerade mit Chrysler? Neil erklärte später: »Was Chrysler angeht, das Unternehmen stand schwer unter Beschuss und befand sich in einer schwierigen finanziellen Lage, war aber technisch gesehen der vielleicht bedeutendste amerikanische Autohersteller, sehr beeindruckend. Ich machte mir Sorgen um das Unternehmen, und als der Marketingchef mich ansprach und mir anbot, nicht nur Werbung für sie zu machen, sondern auch in den technischen Entscheidungsprozess mit eingebunden zu werden, reizte mich das. Ich fuhr nach Detroit und sprach mit dem Chef von Chrysler, Lee Iacocca, und anderen Führungskräften. Außerdem schaute ich mir die Projekte an, an denen sie arbeiteten. Ich lernte ein paar der Leute kennen und kam zu dem Schluss, es auszuprobieren. Die Entscheidung fiel mir nicht leicht, weil ich so etwas zuvor noch nie gemacht hatte. Dennoch beschloss ich, es zu versuchen, auf der Grundlage eines Dreijahresvertrags. Die technischen Aufgaben meiner Stelle gefielen mir gut, aber ich glaube nicht, dass ich sonderlich kompetent als Repräsentant der Firma war. Ich gab mein Bestes, aber ich war einfach nicht gut in so etwas. Ich bemühte mich ständig, alles richtig zu machen.«

In den kommenden Monaten schloss Armstrong Werbeverträge mit General Time Corp. und mit der Bankers Association of America ab. Er entschied bei solchen Verpflichtungen von Fall zu Fall, und im Fall von General Time verstand er sein Engagement nicht als Werbung für die »Quartzmatic-Armbanduhr« des Unternehmens, sondern für den technischen Durchbruch. »Der Uhrenhersteller Quartz hatte die Zeitmessgeräte in der Mondlandefähre gebaut, daher gab es dort eine Verbindung – die Technologie war gut. Doch wie sich herausstellte, war die Produktqualität nicht so, wie ich es für richtig hielt. Was die American Bankers Association angeht, das war keine kommerzielle Organisation, es handelte sich eher um Werbung für eine Institution. Wir machten ein paar Anzeigen, aber es passte einfach nicht.« Armstrongs Zeit als Repräsentant verschiedener amerikanischer Produkte war also schnell vorüber, aber von nun an bildeten unternehmerische Belange dauerhaft einen Schwerpunkt seines beruflichen Lebens.

Zeitgleich mit seinem Abschied von der Universität ging Neil eine Geschäftspartnerschaft mit seinem Bruder Dean und ihrem Großcousin Richard Teichgraber ein, dem Besitzer des Ölindustriezulieferers International Petroleum Services mit Sitz in El Dorado, Kansas. Dean, der zuvor eine Getriebefabrik geleitet hatte, wurde nun zum Vorsitzenden von IPS, Neil stieg als Teilhaber in die Firma ein und übernahm den Vorstandsvorsitz von Cardwell International Ltd., einer neuen Tochterfirma, die mobile Bohrtürme herstellte, von denen die Hälfte nach Übersee geliefert wurden. Neil und sein Bruder blieben zwei Jahre bei

IPS/Cardwell, dann verkauften sie ihre Anteile an der Firma. Dean erwarb später eine Bank in Kansas.

1982 war Neil in verschiedene Unternehmen involviert: »Ich glaube, manche Leute holten mich in den Vorstand, eben weil ich *keinen* betriebswirtschaftlichen, sondern einen technischen Hintergrund hatte. Daher nahm ich ein paar dieser Angebote an. Ich lehnte aber deutlich mehr ab, als ich zusagte.«

Der erste Vorstand, in den Neil bereits 1972 eingetreten war, war der von Gates Learjet, damals unter der Leitung von Harry Combs. Als Vorsitzender des technischen Ausschusses und Inhaber einer Fluglizenz für die Learjet-Maschinen probierte Neil die meisten neuen und experimentellen Entwicklungen des Unternehmens in der Geschäftsjet-Sparte auf Testflügen aus. Im Februar 1979 stieg er in einem neuen Learjet auf dem First-Flight-Flugplatz nahe der Kill Devil Hills in North Carolina in die Luft und brachte es über dem Atlantik innerhalb von kaum zwölf Minuten auf eine Höhe von 15 500 Metern – ein neuer Höhen- und Steigflugrekord für Geschäftsflugzeuge.

Im Frühjahr 1973 trat Neil in den Vorstand des Energieversorgers Cincinnati Gas & Electric ein.

Sein Engagement für Taft Broadcasting, einem Rundfunkunternehmen mit Sitz in Cincinnati, begründete Armstrong mit seiner Verbindung zum lebhaften CEO und Vorstandsvorsitzenden von Taft, Charles S. Mechem Jr., der »einer von sieben oder acht Leuten aus Cincinnati war, die ich als Gäste zum Start von Gene Cernans Apollo-17-Flug im Dezember 1972 mitnahm«. Mechem formuliert sehr deutlich, worin Armstrongs Stärken in dem Job bestanden: »Normalerweise fragt man jemanden, ob er in den Vorstand will, und er sagt: ›Wunderbar. Wann findet das erste Treffen statt?‹ Bei Neil war es anders. Nachdem er sich eingehend erkundigt hatte, warum ich ihn wollte und was er für den Vorstand leisten könne, was nichts mit der Tatsache zu tun hatte, dass er der erste Mensch auf dem Mond gewesen war«, sagte Armstrong schließlich zu.

1978 stieß Armstrong zu United Airlines, 1980 zur Eaton Corporation in Cleveland sowie zu deren Tochterfirma AIL Systems, die Anlagen zur elektronischen Kriegsführung baute. Im Jahr 2000 fusionierte AIL mit der EDO Corporation, der Neil vorstand, bis er sich 2002 aus dem aktiven Geschäftsleben zurückzog.

Im März 1989, drei Jahre nach der Explosion des Space Shuttles *Challenger*, schloss sich Armstrong Thiokol an, einem Unternehmen, das die Feststoffraketen für das Shuttle gebaut hatte. Dank Neils Unterstützung gelang es der Firma, nicht nur weiter zu bestehen, sondern sogar zu wachsen und zu expandieren. Unter dem Namen Cordant Technologies entwickelte sie sich zu einem Hersteller von Triebwerken für Feststoffraketen, Strahltriebwerksteilen und leistungsstarken Befestigungssystemen. 2000 wurde Cordant von Alcoa Inc. aufgekauft und der Thiokol-Vorstand, dem Neil elf Jahre lang angehört hatte, aufgelöst.

Armstrong sträubte sich dagegen, auszurechnen, welchen Wert seine dreißigjährige Tätigkeit für die Unternehmen gehabt hatte, und meinte stattdessen: »Ich hatte das Gefühl, dass ich die Probleme in den meisten Fällen verstand und dann für gewöhnlich eine Meinung dazu hatte, wie man sich zu ihnen verhalten sollte. Ich fühlte mich in der Vorstandsetage durchaus wohl.«

Zum ersten Mal in seinem Leben verdiente Armstrong viel Geld. Neben einem ansehnlichen Gehalt erhielt er auch beträchtliche Aktienpakete und legte sein Vermögen klug an. Als Janet und er sich 1994 scheiden ließen, besaß das Paar weit über zwei Millionen Dollar.

Obwohl Neil es selten nach außen dringen ließ, übernahm er viele Ehrenämter, vor allem in und rund um Ohio. 1973 saß er der Easter-Seal-Kampagne des Staates vor, die sich für Behinderte einsetzte. Zwischen 1978 und 1985 war er im Vorstand des YMCA von Lebanon. Von 1976 bis 1985 war er Vorstandsmitglied des Naturgeschichtemuseums von Cincinnati, in den letzten fünf Jahren als Vorsitzender. Von 1988 bis 1991 gehörte er dem »Executive Council« der University von Cincinnati an, einem Beratergremium des Rektors. Bis zu seinem Tod 2012 war er ein aktives Mitglied des »Commonwealth Club« und des »Commercial Club« von Cincinnati, denen er auch vorgestanden hatte. Im Jahr 1992/1993 engagierte er sich in der »Ohio Commission on Public Service«, die sich mit dem öffentlichen Dienst in Ohio beschäftigte.

Der Direktor des Naturgeschichtemuseums von Cincinnati, Devere Burt, sagte: »Sein Name verlieh uns sofort Glaubwürdigkeit. Immer wenn wir versuchten, Geld aufzutreiben, reichte der Briefkopf aus, auf dem stand: ›Vorstandsvorsitzender Neil A. Armstrong‹.«

Am aktivsten setzte sich Neil vielleicht für seine Alma Mater ein. Er war von 1979 bis 1982 Mitglied im Direktorium der Purdue-University-Stiftung, von 1990 bis 1995 im Fachbeirat für Ingenieurswissenschaften und leitete zwischen 1990 und 1994 gemeinsam mit Gene Cernan die größte Spendensammelaktion, die die Universität je durchgeführt hatte, Vision 21. Als Ziel hatte man sich die gewaltige Summe von 250 Millionen Dollar gesetzt, doch die Kampagne brachte sogar 85 Millionen mehr ein, ein neuer Rekord im Bereich der Spendenaktionen für staatliche Universitäten.

Dr. Stephen Beering, der Rektor der Purdue University von 1983 bis 2000, erinnerte sich noch an Armstrongs Engagement für Vision 21: »Neil war der PR-Motor des Ganzen. Er konnte zu einer Alumni-Gruppe sagen: ›Sie müssen wissen, ich konnte im Grunde nur durch meine Erfahrungen in Purdue auf dem Mond landen – das reicht zurück bis in mein erstes Semester, in dem ich einen Physikprofessor hatte, der auch das Lehrbuch geschrieben hatte. Beim ersten Test ging ich davon aus, dass ich das Kapitel nachplappern musste, das die Hausaufgabe gewesen war. Stattdessen sagte der Professor: ›Ich bin neugierig auf *Ihre Meinung* zu dem Thema.‹ In dem Augenblick verstand ich, worum es in Purdue ging: Dort wurde lösungsorientiertes, kritisches Denken gelehrt, man analysierte Situationen und kam zu Schlüssen, die detailgenau und originell waren. Und genau das wurde auch von mir verlangt, als ich die Mondlandefähre auf die Mondoberfläche zusteuerte – ich musste auf der Grundlage meines Trainings Probleme lösen,

Situationen analysieren und selbst eine praktikable Lösung finden. Ohne Purdue hätte ich das nicht gekonnt.‹

Und immer wenn er auf dem Campus war, sah man ihm an, wie sehr er es genoss. In seinen Augen war die pure Freude zu sehen, selbst wenn er einfach bei einem Footballspiel einen Arm um ein Bandmitglied legte. Er freute sich wie ein Kind, als er gefragt wurde, ob er die große Trommel schlagen wolle. ›Das habe ich noch nie gemacht! Das übernehme ich gern.‹ Außerdem marschierte er inmitten der Baritonhörner mit, da er das Instrument zu Studienzeiten selbst gespielt hatte. Er verhielt sich zu keinem Zeitpunkt wie ein Prominenter.«

Auch auf nationaler Ebene setzte sich Armstrong für einige wohltätige Zwecke ein. Von 1975 bis 1977 saß er gemeinsam mit Jimmy Doolittle der Stiftung zum Andenken von Charles A. Lindbergh vor, die im Mai 1977 zum 50. Jahrestag von Lindberghs historischem Flug über fünf Millionen Dollar für junge Wissenschaftler, Forscher und Naturschützer aufbrachte. Im Jahr 1977/1978 diente er in Jimmy Carters Kommission für die »White House Fellows«, eine Reihe junger Leute, die für ein Jahr im Weißen Haus arbeiten durften. 1979 präsentierte er die siebenteilige Dokumentarserie *The Voyage of Charles Darwin* auf PBS. Der »nationale Ehrenrat« des USS-*Constitution*-Museums durfte ihn von 1996 bis 2000 zu seinen Mitgliedern zählen.

Es hieß mehrfach, dass Neil mit Politik nichts am Hut gehabt habe. »Dem würde ich nicht zustimmen, in dem Sinne, dass ich Ansichten habe, mich am politischen Prozess beteilige und so wähle, wie ich es für richtig halte. Doch was tatsächlich stimmt, ist, dass die politische Welt keinerlei Anziehungskraft auf mich ausübt.« Daher lehnte Neil das Angebot ab, 1972 Nixons Wiederwahlkampagne in Ohio zu leiten oder 1980 als republikanischer Kandidat gegen den demokratischen Senator John Glenn anzutreten. Was die traditionellen politischen Linien in den USA anging, identifizierte sich Armstrong am ehesten mit dem moderaten Republikanismus von Thomas Jefferson. »Ich tendiere dazu, dass die einzelnen Staaten ihre Macht behalten sollten, außer wenn es um etwas geht, das nur die Bundesregierung regeln kann und das im Interesse aller ist. Ich habe nicht den Eindruck, dass eine der beiden aktuellen politischen Parteien sonderlich richtig liegt, was das Thema Bildung angeht. Aber es ist nicht klug, diese Ansicht heute irgendjemandem gegenüber anzusprechen. Also tue ich es nicht.«

KAPITEL 28

Ingenieur auf Lebenszeit

»Ich bin ein besessener Ingenieur, mit weißen Socken und einem Stift in der Brusttasche, und werde es auch immer sein. Und ich bin ausgesprochen stolz auf die Leistungen meines Berufsstandes.« Das erklärte Armstrong in einer Rede im Februar 2000 vor dem Nationalen Presseclub anlässlich einer Ehrung der zwanzig größten Ingenieursleistungen des 20. Jahrhunderts, die die Nationalakademie für Ingenieurswesen ausgewählt hatte, eine Organisation, in die Armstrong 1978 gewählt worden war. Er fuhr fort: »In der Wissenschaft geht es darum, was ist; im Ingenieurswesen darum, was sein kann.« Die Raumfahrt nahm auf dieser Liste nur Platz zwölf ein. Doch was die reine Ingenieursleistung anging, so hielt Armstrong den bemannten Raumflug für einen der größten Erfolge des Jahrhunderts, wenn nicht gar den größten.

Armstrong verlor nie den Kontakt zum US-Raumfahrtprogramm. Im April 1970, als er gerade aus dem Astronautenkorps in das Büro für Luftfahrt wechselte, ereignete sich der Apollo-13-Unfall. Auf halbem Weg zum Mond explodierte ein Sauerstofftank im Servicemodul, was zu einem Leck in einem weiteren Tank führte. Der Kommandant Jim Lovell begab sich mit seiner Crew – Fred Haise und Jack Swigert – in die Mondlandefähre, wo die drei Astronauten sich die begrenzten Sauerstoff- und Stromvorräte des Moduls so gut einteilten, dass sie den Flug einmal um den Mond herum und wieder zurück zur Erde überstanden. Das Apollo-Programm konnte nur fortgesetzt werden, wenn die NASA die Ursache des Unfalls herausfand.

Die Behörde bat Armstrong im internen Ermittlungsausschuss mitzuwirken, den Dr. Edgar M. Cortright leitete, der Direktor des Langley-Forschungszentrums der NASA. Neil half F. B. Smith, einem führenden Mitarbeiter der Abteilung für universitäre Angelegenheiten, eine detaillierte und exakte Chronologie der relevanten Ereignisse zu erstellen, für die sie die Telemetriedaten, die Transkripte des Funkverkehrs, die Beobachtungen der Besatzung und der Bodencrew sowie den Flugplan und die Besatzungschecklisten durchgingen. Nach fast zwei Monaten Ermittlungsarbeit veröffentlichte Cortrights Apollo-13-Untersuchungsausschuss am 15. Juni 1970 seinen Bericht. Wie bei so vielen technischen Unfällen war das, was im Raumschiff passiert war, »nicht das Resultat einer zufälligen Fehlfunktion im statistischen Sinne, sondern das Ergebnis eines ungewöhnlichen Zusammentreffens von Fehlern, kombiniert mit einem in gewisser Weise defizitären und unerbittlichen System« – eine komplizierte Beschreibung für das, was Chris Kraft »einen dämlichen und vorhersehbaren Unfall« nannte. Der Tankhersteller Beech Aircraft Co. hätte einen auf 28 Volt ausgelegten Thermostatschalter, über den der flüssige Sauerstoff erhitzt wurde, gegen einen 65-Volt-Schalter austauschen sollen, hatte das aber unterlassen. Die für das Apollo-Programm zuständige Abteilung der NASA hatte nicht sorgfältig genug überprüft, ob ihre Anweisungen auch ausgeführt worden waren, und das Versäumnis daher übersehen.

Zu den fragwürdigsten Schlussfolgerungen von Cortrights Ausschuss gehörte die Empfehlung, den gesamten Tank des Servicemoduls neu bauen zu lassen – was vierzig Millionen Dollar kostete. Eine Reihe von Apollo-Führungskräften hielt diesen teuren Austausch für unnötig, da das Problem bei Apollo 13 nicht der Tank, sondern das Thermostat gewesen war. In den folgenden Wochen fochten Kraft und Cortright diese Auseinandersetzung auf allen Ebenen der NASA-Führung aus. »Nachdem ich meine neue Stelle angetreten hatte«, erinnerte sich Armstrong, »wurde ich von der aktiven Beteiligung an der Apollo-13-Untersuchung freigestellt«, sonst hätte er sich wohl für Krafts Position eingesetzt.

Natürlich interessierte sich die Öffentlichkeit für Armstrongs Ansichten zur amerikanischen Raumfahrt (der gegenwärtigen und der Pläne für die Zukunft), und er wurde oft dazu befragt. In einer Zeit, in der Umweltfragen immer wichtiger wurden, äußerte Armstrong sich nachdenklich zu dem Thema, meist aus der Perspektive des Mondreisenden: »Auf der Mondoberfläche zu stehen und weit über sich die Erde zu sehen hinterlässt einen Eindruck, den man nicht so leicht vergisst. Obwohl unser Blauer Planet wunderschön ist, ist er doch sehr weit weg und wirkt sehr klein. Man könnte meinen, dass der Betrachter ihn in so einer Situation als ziemlich unbedeutend abtäte. Doch jeder Einzelne, der bisher in den Genuss dieses Anblicks gekommen ist, hat den entgegengesetzten Schluss daraus gezogen. Wir alle waren überrascht, wie sehr die Erde einer Oase oder einer Insel gleicht. Noch wichtiger ist: Sie ist die einzige Insel, die wir kennen, die als Heimat für den Menschen taugt. Doch gerade der Erfolg der menschlichen Spezies über die Zeitalter hinweg gefährdet nun unsere Existenz. Eben dieser Drang, der zum Erfolg geführt hat, muss jetzt gedrosselt, umgeleitet oder in ein neues ökologisches Umfeld verlagert werden. Wenn wir Menschen finden konnten, die über die nötigen Fähigkeiten verfügten, um zum Mond zu reisen, können wir sicher auch Menschen finden, die unsere Umweltprobleme lösen.«

Armstrongs typische Zurückhaltung brachte ihm bei einigen verstimmten Pressevertretern den Spitznamen »Mond-Lindbergh« ein. »Kein Kommentar von Armstrong zum letzten Flug«, klagte ein frustrierter Reporter im Dezember 1972 im Rahmen der Vorberichterstattung zu Apollo 17, dem letzten Flug des bemannten Mondprogramms. Armstrongs persönliche Sekretärin an der Universität, Ruta Bankovikis, erklärte: »Mr. Armstrong wünscht keine Gespräche mit Journalisten. Er gibt keine Exklusivinterviews. Er gibt gar keine Interviews. Es wäre indiskret von mir, Ihnen zu erzählen, wo in Cape Kennedy er sich aufhält, um den Start zu verfolgen.«

Armstrongs entschlossener Widerwille dagegen, über die selbst gewählten Aufgaben hinaus in irgendeiner Weise in der Öffentlichkeit aufzutreten, stieß vor allem die Fürsprecher des US-Raumfahrtprogramms vor den Kopf, darunter auch einige seiner Astronautenkollegen. Jim Lovell sagte einmal: »Manchmal werfe ich es Neil vor, dass er den Lindbergh gibt. Ich sage ihm: ›Neil, Charles Lindbergh finanzierte seinen Flug über den Atlantik selbst, er ließ sein Flugzeug und alles andere von einem Privatunternehmen bauen, daher hatte er jedes Recht, sich der Öffentlichkeit zu entziehen. Aber du bist mithilfe von öffentlichen Geldern zum Mond geflogen. Deinen Flug haben die Steuerzahler bezahlt, sie haben dir deine Chancen und den Ruhm verschafft, daher bist du ihnen einiges schuldig.‹ Neils Antwort darauf lautete: ›Ich würde die ganze Zeit belästigt, wenn ich nicht so zurückgezogen lebte.‹ Und er hat wahrscheinlich recht.«

Dennoch trat Armstrong regelmäßig in der Öffentlichkeit auf. »Ich habe eine Menge Pressekonferenzen gegeben, meistens, wenn ich in andere Länder gereist bin. Zu jedem Apollo-Jahrestag findet eine Pressekonferenz statt. Ich fühle mich nicht dazu verpflichtet, Pressekonferenzen zu geben, nur damit es Material für Zeitungsartikel gibt, die eigentlich keine Meldung wert sind, sondern sich nur um persönliche Angelegenheiten drehen. Ich halte das nicht für notwendig und versuche demzufolge, solche Situationen zu meiden.

Ich habe schlechte Erfahrungen mit Einzelinterviews gemacht, bei denen der Journalist nicht ehrlich zugegeben hat, worauf er aus war. Sobald etwas Falsches geschrieben wurde, kann man kaum noch etwas unternehmen, um es wirkungsvoll zu korrigieren. Daher habe ich schon vor langer Zeit beschlossen, keine Einzelinterviews mehr zu geben, sondern nur noch Pressekonferenzen. Denn wenn eine ganze Reihe von Journalisten anwesend sind, die alle das Gleiche hören, neigen sie deutlich seltener dazu, etwas anderes zu erzählen als das, was sie gehört haben.«

In den Klatschspalten der Zeitungen von Cincinnati tauchten regelmäßig Fotos von Armstrong auf, wenn er Wohltätigkeitsbälle oder andere Veranstaltungen besuchte. Hin und wieder fand sich dort auch ein

Sonderbeitrag oder ein Porträt über ihn allein oder als Teil der Gruppe von Männern, die auf dem Mond gewesen waren, auch wenn er sich dafür nur selten auf ein Interview einließ.

Im November 1978 riss sich Neil zu Hause auf der Farm in Lebanon den Ringfinger der linken Hand ab, als er beim Sprung von der Ladefläche eines Wagens mit dem Ehering an einer Tür hängen blieb. Die Verletzung und die erfolgreiche kleine Operation, die ein Facharzteteam am Jüdischen Hospital in Louisville, Kentucky – wohin Neil im Hubschrauber gebracht wurde – daraufhin durchführte, erzeugten eine neue Lawine von Zeitungsmeldungen. Neil konnte den Finger hinterher bis auf das oberste Glied wieder ganz normal bewegen.

Eine bemerkenswerte Aktivität, die er vor der Presse geheim hielt, war eine Reise zum Nordpol, die er im April 1985 unter der Leitung des professionellen Expeditionsführers und Abenteurers Michael Chalmer Dunn aus Kalifornien und in Begleitung des weltberühmten Mount-Everest-Besteigers Sir Edmund Hilary, Hilarys Sohn Peter und Pat Morrow, dem ersten Kanadier auf dem Gipfel des Mount Everest, unternahm. »Ich fand die Reise zum Nordpol unheimlich spannend«, erinnerte sich Armstrong, »vor allem, weil der Ort sich so sehr von den anderen unterschied, die wir im normalen Leben sehen. Es war ganz anders dort und die Mühen der Reise durchaus wert.«

Einen Monat vor der Reise mit der Hilary-Expedition war Neil von Präsident Ronald Reagan zum Mitglied einer vierzehnköpfigen Kommission ernannt worden, die »einen aggressiven Plan für die zivile Raumfahrt entwickeln sollte, um Amerika ins 21. Jahrhundert zu führen«. Den Vorsitz hatte der ehemalige NASA-Administrator Dr. Thomas O. Paine, und unter den übrigen Mitgliedern waren die UN-Botschafterin Jeane J. Kirkpatrick, die Astronautin Katherine Sullivan und der Raumfahrtvisionär Gerard K. O'Neill. Neil sagte darüber: »Wir arbeiteten mehrere Monate lang immer wieder daran, sammelten eine Menge Informationen aus allen möglichen Quellen, hielten Treffen und

Präsentationen ab und versuchten dann, einen langfristigen Plan für die Zukunft unseres Landes im Weltall zu erstellen.«

Doch die Empfehlungen der Kommission blieben größtenteils unbeachtet, da es am 28. Januar 1986 zu einem tragischen Unglück kam, als das Space Shuttle *Challenger* auseinanderbrach. Dabei starben der Kommandant Dick Scobee, der Pilot Mike Smith sowie die drei Missionsspezialisten – der Testflugingenieur Ellison Onizuka, der erste Amerikaner mit asiatischen Wurzeln, der je ins Weltall flog, der Physiker Ron McNair, der zweite Schwarze im Weltraum, und die Elektrotechnikingenieurin Judy Resnik, die zweite amerikanische Frau im All. Mit ihnen kamen auch zwei Nutzlastspezialisten ums Leben, Gregory Jarvis, ein Satellitenkonstrukteur, und Christa McAuliffe, eine Sozialkundelehrerin aus Concord, New Hampshire, die sich gegenüber 11 000 Bewerbern auf die Position als »erste Lehrperson im Weltall« durchgesetzt hatte. Durch den Tod der »Challenger 7«, wie diese sieben Menschen, die ein Abbild der amerikanischen Gesellschaft bildeten, später genannt wurden, trat das US-Raumfahrtprogramm in eine tiefe und lange Phase der Depression ein.

Auf Reagans Aufforderung hin war Armstrong Teil des vom Präsidenten bestellten Untersuchungsausschusses des *Challenger*-Unglücks. Reagan und der ehemalige Außenminister William P. Rogers, der sich bereit erklärt hatte, das Komitee zu leiten, wollten Neil beide zu dessen Stellvertreter machen. »Am Morgen nach dem Unfall erhielt ich die Nachricht, dass das Weiße Haus mit mir in Kontakt treten wolle. Ich rief die Zentrale an und wurde, nachdem ich mit einem Mitarbeiter gesprochen hatte, zu Mr. Reagan durchgestellt. Es ist sehr schwierig, einem Präsidenten etwas abzuschlagen. Unsere Aufgabe war es, ihm den Bericht in vier Monaten – 120 Tagen – ab dem Tag, an dem er uns den Auftrag gab, zuzustellen.«

Die Vereidigung der dreizehn Komiteemitglieder fand am 6. Februar in Washington statt. Armstrong hatte anfangs insgeheim Bedenken, weil die Untersuchung von einem externen Gremium durchgeführt wurde und nicht von der NASA, wie es beim Brand von Apollo 1 und dem Unfall von Apollo 13 der Fall gewesen war. »Doch wie sich herausstellte, konnten die eigentlichen Ermittler ihre Arbeit machen und wurden kaum durch öffentliche Anhörungen und andere Dinge behindert, mit denen sich das Komitee herumschlagen musste. Daher wirkte sich der öffentliche Charakter der Untersuchung auf lange Sicht vielleicht gar nicht so sehr auf den Zeitplan aus.«

Rogers' Beweggrund, die Untersuchung sehr transparent durchzuführen, leuchtete sogar Armstrong ein. »Am Anfang erklärte Bill allen Komiteemitgliedern, was er erwartete und was er für wichtig hielt. Für ihn war es zum Beispiel von sehr großer Bedeutung, dass sie sich darüber im Klaren waren, wie die öffentliche Meinung in den Medien dargestellt wurde. Also forderte er alle dazu auf, jeden Morgen die *Washington Post* und die *New York Times* zu lesen, etwas, woran ich sicherlich nicht gedacht oder wozu ich nie aufgerufen hätte. Er begriff diese Seite der Gleichung.

Er war der festen Überzeugung – und ich sah es definitiv genauso –, dass es nur eine Untersuchung geben sollte und dass wir einen Weg finden mussten, die anderen Institutionen dort draußen, die gern unseren Job gemacht hätten – oder zumindest ein bisschen im Rampenlicht stehen wollten –, zu besänftigen. Daher suchte Bill schon sehr früh das Gespräch mit Ausschussvorsitzenden im Repräsentantenhaus und im Senat.

Der Kompromiss lautete schließlich, dass wir, das Komitee, dem Kongress regelmäßig Bericht erstatten sollten. Wir würden zum Kapitol hinübergehen und den Fortschritt der Ermittlungen und die schwierigen Punkte darlegen, erklären, wo wir weitergekommen waren und wie unsere Prognosen zu dem Zeitpunkt aussahen. So erhielten die Gesetzgeber und das, was sie im Kongress dachten und taten, einen gewissen Teil der Medienaufmerksamkeit, ohne dass es die Arbeit des Komitees groß beeinträchtigt hätte.

Die Anzahl der Anhörungen war deutlich größer als bei allen anderen Untersuchungen von Unfällen, in die ich zuvor involviert war. Das war neu für mich. Die Tatsache, dass das Untersuchungskomitee öffentlich war, hatte Vor- und Nachteile. Der Vorteil war, dass wir so die Allgemeinheit über den Stand der Dinge informieren konnten, aber das bot manchen Leuten auch die Gelegenheit, sich vor der Kamera aufzuspielen.«

Als stellvertretender Vorsitzender des Komitees war Armstrong automatisch auch Mitglied aller Unterausschüsse. »Ich habe wahrscheinlich die meiste Zeit mit dem Unfall selbst verbracht, weil ich das Gefühl hatte, wenn wir ihn nicht genau erklären konnten, war alles andere hinfällig. Daher wollte ich dort ganz nah dran sein.« Jeder Unterausschussvorsitzende entschied, womit man sich befassen sollte, und erstellte einen eigenen Zeitplan mit Anhörungen und Präsentationen sowie Besuchen vor Ort, wo Geräte in Augenschein genommen wurden, um zu verstehen, wie sie funktionierten. »Wir liehen uns ein System zur Archivierung aller Daten und Dokumente vom Justizministerium, damit wir jederzeit Zugriff auf jede beliebige Information hatten. Alles wurde schriftlich und im Computer festgehalten, was eine gute Sache war, da die Untersuchung letztendlich fast 6 300 Dokumente mit insgesamt 122 000 Seiten hervorbrachte sowie 12 000 Seiten Ermittlungsnotizen und 2 800 Seiten Anhörungsprotokolle.« Armstrong ermittelte auch auf eigene Faust, er holte Informationen und Erkenntnisse von den Kontakten ein, die er in seinen mehr als dreißig Jahren bei der NASA und in der Raumfahrtindustrie geknüpft hatte. »Manchmal sprach ich auch privat mit Leuten. Das hatte uns der Vorsitzende nicht verboten, daher hielt ich mich nicht zurück.

Ich glaube, dass wir ohne öffentliche Anhörungen zu ziemlich genau den gleichen Ergebnissen gekommen wären. Zu der Frage, ob die Untersuchung ohne sie schneller abgeschlossen worden wäre, weil wir den Beweis für unsere Hypothese [dass »die Ursache des *Challenger*-Unfalls das Versagen einer Druckdichtung an der hinteren Verbindungsstelle der rechten Feststoffrakete war ... aufgrund einer fehlerhaften Konstruktion, die übermäßig empfindlich auf eine ganze Reihe von Faktoren reagierte«, darunter auch niedrige Temperaturen] erst fanden, als wir schließlich das letzte Stück Schrott vom Meeresboden geborgen hatten, ist zu sagen, dass der Prozess eigentlich nicht hätte beschleunigt werden können.«

Armstrong war mit den abschließenden Erkenntnissen und Empfehlungen des Komitees zufrieden: »Ich glaube, die Schlussfolgerungen und Ergebnisse trafen es auf den Punkt, und unsere Beschreibungen, wie der Unfall ablief, waren sehr nah an der exakten Wahrheit. Es gab nur wenige gegenläufige Meinungen oder Thesen, und keine davon hatte auf Dauer Bestand.« Neil trug entscheidend zur Denkweise bei, die den Abschlussbericht prägte: »Ich legte den anderen Komiteemitgliedern dar, dass die Wirksamkeit unserer Empfehlungen umgekehrt proportional zu ihrer Anzahl sein würde. Je weniger, desto besser. Und zweitens sollten wir sicherstellen, dass wir nichts von der NASA verlangten, was sie nicht leisten konnte.« Das Komitee entwickelte etwa sechzig Empfehlungen, die dann auf neun reduziert wurden.

Was Richard Feynmans berühmten Minderheitsbericht zur Untersuchung des *Challenger*-Unfalls angeht, so hatte Armstrong – anders als die Geschichten verlauten lassen, in denen es heißt, das Komitee habe alles darangesetzt, die Veröffentlichung zu unterbinden (weil der Bericht angeblich eine »Anti-NASA-Haltung« vertrete) – nichts dagegen, dass der quirlige Physiker seine eigenen Ansichten zum Thema niederschrieb und sie an den Abschlussbericht des Komitees anhängte, solange auch der Vorsitzende Rogers damit einverstanden war. Armstrong wusste um den Wahrheitsgehalt dessen, was Richard Feynman am Ende seines Berichts schrieb, weil es seit seinem ersten Flug vierzig Jahre zuvor sein täglich Brot war: »Für eine erfolgreiche Technologie muss die Realität Vorrang vor der Öffentlichkeitsarbeit haben, denn die Natur lässt sich nicht hinters Licht führen.«

Am 1. Februar 2003 sorgte ein morgendlicher Anruf eines Freundes dafür, dass Armstrong den Fernseher in seinem Arbeitszimmer einschaltete. Man hatte ein weiteres Space Shuttle verloren. Wenige Minuten vor der Landung am Kap war die STS-107 *Columbia* nach einer sechzehn Tage dauernden Mission hoch oben in der Atmosphäre über Texas explodiert.

Sobald Neil Berichte darüber hörte, dass Überreste des Shuttles gefunden worden waren, »wusste ich, das Fahrzeug war verloren. Es bestand keine andere Möglichkeit.« Das bedeutete den tragischen Verlust einer weiteren Crew von Astronauten: Kommandant Rick Husband, Pilot Willie McCool, vier Missionsspezialisten – Kalpana Chawla, Laurel Clark, Mike Anderson und David Brown – und Ilan Ramon, der Nutzlastspezialist.

Die *Columbia* war auf einer Höhe von gut 63 Kilometern auseinandergebrochen. Die Ironie der Tatsache, dass das fast genau der Höhe entsprach, die er bei seinem höchsten Flug in der X-15 erreicht hatte – 63 250 Meter –, entging Neil nicht. Dieses Mal lief die Untersuchung ganz anders ab, sie wurde von der NASA intern durchgeführt. Das Weiße Haus, zu der Zeit unter der Führung von George W. Bush, rief an und fragte, ob Neil und Carol, Neils zweite Frau, dem Gedenkgottesdienst für die Besatzung der *Columbia* beiwohnen wollten, der am 3. Februar im Johnson Space Center in Houston stattfinden sollte, und sie sagten sofort zu. Neil erklärte der Presse: »Die *Columbia*-Katastrophe betrübt uns alle und erinnert uns daran, dass es keinen Fortschritt ohne Risiko gibt. Unser Auftrag besteht darin, Ersteren zu maximieren und gleichzeitig Letzteres zu minimieren. Solange wir Menschen über einen unabhängigen, kreativen und wissbegierigen Geist verfügen, werden wir weiterhin an die Grenzen gehen.«

Im Januar 2004 kündigte Präsident George W. Bush eine »neue Vision« für das US-Raumfahrtprogramm an. Er präsentierte ein langfristiges, von Menschen und Robotern durchzuführendes Programm zur Erforschung des Sonnensystems, an dessen Anfang eine Rückkehr zum Mond stehen sollte, die nach Ansicht des Weißen Hauses »letztendlich die zukünftige Erkundung des Mars und anderer Ziele ermöglichen«

werde. Zwei Monate später erklärte Armstrong in Houston, wo er den »Rotary National Award for Space Achievement« (eine Auszeichnung des Rotary-Clubs für Leistungen in der Raumfahrt) entgegennahm, dass er Bushs Plan befürworte. Dieser Plan sollte später viel Kritik hervorrufen, sowohl innerhalb als auch außerhalb der Raumfahrtgemeinschaft, aber Neil sprach sich stets für alles aus, was die Technik vorantrieb.

Neil Armstrong betrachtete sich nie als *Erforscher des Weltalls*: »Mein Streben galt der Fortentwicklung der Fluggeräte. Die Erforschung des Weltraums war ein absolutes Nebenprodukt dessen. Ich flog nicht unbedingt zum Mond, um dort gewesen zu sein, sondern im Rahmen der Entwicklung von Systemen, die das ermöglichten.«

KAPITEL 29

Die dunkle Seite des Mondes

Es ist wenig überraschend, dass zu Armstrongs Helden in Kindertagen auch Charles A. Lindbergh zählte. Das erste Zusammentreffen zwischen Neil und Lindbergh sowie dessen Frau Anne fand beim Start von Apollo 8 statt. »Meine Aufgabe war, ihn herumzuführen und ihm die Einrichtungen zu zeigen. Am Abend vor dem Start sahen wir uns die Saturn V an, sie wurde von Xenonlichtern angestrahlt. Als Ersatzmann von Frank Borman hatte ich nicht viel Zeit für ihn.«

Im Privaten hatte Neil nach der Apollo-11-Mission »mehrere Male« Gelegenheit, mit Lindbergh zu sprechen. »Ende September 1969 waren wir beide bei einem Treffen der Society of Experimental Test Pilots in Los Angeles anwesend. Er wurde dort zum Ehrenmitglied ernannt, und wir saßen beim Essen nebeneinander.« Darüber hinaus gab es einen Briefwechsel zwischen den beiden Piloten, den Neil später mit Anne Morrow fortführte, sowohl vor als auch nach seiner Zeit als Co-Vorsitzender der Lindbergh-Stiftung. Lindbergh stellte Neil eine rhetorische Frage: »Ich frage mich, ob du auf der Mondoberfläche wohl das Gleiche empfunden hast wie ich 1927 nach der Landung in Paris – nämlich dass ich gern mehr Zeit hätte, mich umzuschauen.«

Bei dem Essen im September 1969 hatte Lindbergh Neil einen Rat gegeben: »Er empfahl mir, keine Autogramme zu geben. Leider habe ich das dreißig Jahre lang nicht beherzigt, dabei hätte ich auf ihn hören sollen.«

Die Fanpost rollte über Neil hinweg wie ein Tsunami. In den Monaten nach der Rückkehr der Apollo 11 erhielt er über 10 000 Zuschriften am

Tag. Die NASA tat ihr Bestes, um ihn zu unterstützen, solange er noch dort angestellt war, und wies ihm vier Büromitarbeiter zu, die sich um den Berg an Post kümmerten. Während Neils Jahren an der University of Cincinnati traf ein Großteil der Fanpost über die Poststelle der Universität ein, seiner einzigen offiziell bekannten Adresse. Als er die Universität verließ, wo ihm stets zwei Sekretärinnen beim Beantworten der Briefe geholfen hatten, erkannte er schnell, dass es für ihn allein unmöglich war, die Stapel zu bewältigen. Im Februar 1980 mietete er ein kleines Büro in Lebanon, Ohio, an und stellte eine Hilfskraft ein. Vivian White arbeitete zehn Jahre lang in Vollzeit für ihn und »reduzierte« ihre Arbeitszeit danach auf 4,5 Tage pro Woche.

»In den ersten Jahren nach der Mondlandung unterschrieb Armstrong alles, wenn man ihn darum bat, außer Ersttagsblättern«, berichtete Vivian. »In den Neunzigerjahren bemerkte er dann, dass seine Autogramme über das Internet verkauft wurden. Wie er feststellte, waren viele der Unterschriften gefälscht. Also ließ er es von da an sein. Wir bekommen immer noch viele Briefe, in denen steht: ›Ich weiß, dass Mr. Armstrong keine Autogramme mehr gibt, aber könnten Sie ihn bitten, für mich eine Ausnahme zu machen?‹«

Infolgedessen wurden 99 Prozent der Bitten durch ein Standardschreiben mit Vivians Unterschrift beantwortet. In den wenigen Fällen, in denen Armstrong selbst auf eine Zuschrift einging, verfasste er einen Brief, den er persönlich unterschrieb. Wenn er auf eine technische Frage antwortete, lief das so ab: »Er formulierte seine Antwort, und ich tippte sie ab und schrieb dann darunter: ›Mr. Armstrong hat mich gebeten, Ihnen diese Information zukommen zu lassen‹, und unterschrieb dann. Persönliche Fragen wurden gar nicht beantwortet. Sie drangen einfach zu sehr in die Privatsphäre ein.« In Vivians Ordnungssystem landeten sie in der »Ablage 11«, dem Papierkorb.

Auf dem Flug Richtung Mond hatte Neil aus der *Columbia* heraus einen Gruß abgesetzt: »Hallo an alle Pfadfinder im Farragut State Park in Idaho, die dort diese Woche ein nationales Jamboree abhalten. Apollo 11 lässt sie herzlich grüßen.« In den folgenden Jahren nahm er sich stets die Zeit, Glückwunschschreiben an Jungen zu verfassen, die den höchsten Rang des »Eagle Scout« erreichten. Doch als seine Adresse im Internet veröffentlicht und er von Anfragen überschwemmt wurde, konnte er den Pfadfindern keine persönlichen Schreiben mehr schicken.

Armstrongs verspätete Entscheidung, Lindberghs Rat zu befolgen, sorgte für Enttäuschung und sogar Verärgerung, vor allem bei professionellen oder noch häufiger bei Hobbysammlern von Autogrammen und Weltraumsouvenirs. Armstrongs Unterschrift ist ohne Frage immer noch die gesuchteste aller Astronauten. Dabei ist die Anzahl der Fälschungen deutlich höher als die der Originale, eine Schätzung geht sogar davon aus, dass neunzig Prozent der bei eBay angebotenen Armstrong-Autogramme gefälscht sind.

Am dritten Jahrestag der Apollo-11-Mission im Juli 1972 eröffnete in Wapokoneta das Neil-Armstrong-Museum für Luft- und Raumfahrt. Die Einrichtung war der ganze Stolz von James Rhodes, dem Gouverneur von Ohio, und hatte schon vor dem Abschluss der Mission eine halbe Million Dollar aus dem Staatshaushalt zugesprochen bekommen. Das Äußere des Gebäudes war einem aufgehenden Vollmond nachempfunden, und zur Eröffnung kam auch Tricia Nixon, die 26 Jahre alte Tochter des Präsidenten, und sagte: »Aufgrund dessen, was Sie, Neil, getan haben, ist der Himmel zu einem Teil unserer Welt geworden.« Dann überreichte Tricia dem Museum vor 5000 versammelten Zuschauern einen der Mondsteine aus dem Gepäck von Apollo 11: »Dies ist ein Stein, der für das Vermögen der Menschheit steht, große Leistungen zu vollbringen, um ein besseres Amerika und eine bessere Welt zu erschaffen.«

Armstrong bemühte sich an jenem Tag vor den Zuschauern, unter denen auch viele alte Freunde und Nachbarn waren, um eine heitere Miene, doch er war ganz und gar nicht glücklich darüber, wie das ganze

Museumsprojekt abgelaufen war: »Man hätte mich fragen müssen. Ich habe es von Anfang an so gehandhabt, dass ich die Nutzung meines Namens für öffentliche Gebäude weder förderte noch untersagte, doch ich gab ihn nicht für kommerzielle oder private Projekte her. Wenn das Organisationskomitee mich gefragt hätte, hätte ich sicherlich eingewilligt, da es um die Stadt ging, in der meine Eltern lebten. Dennoch wäre ich glücklicher gewesen, wenn sie meinen Namen nicht verwendet oder zumindest einen anderen Ansatz für das Museum verfolgt hätten. Ich versuchte, sie so gut es geht zu unterstützen, indem ich ihnen Material überließ, das sich in meinem Besitz befand. Doch ich fühlte mich nicht wohl mit dem Museum, da es als ›Neil-Armstrong-Museum‹ gebaut wurde. Viele Menschen glaubten, es sei mein Eigentum und ein Geschäftsunternehmen von mir. Dabei war in Wahrheit die Historische Gesellschaft Ohio, die ihren Sitz in Columbus hatte, für die Leitung des Museums zuständig, und ich sagte dem Direktor, dass ich ein ungutes Gefühl bei der Sache hätte. Ich fragte ihn, ob man an diesem Problem der öffentlichen Wahrnehmung etwas machen könne, und bat um eine Rückmeldung. Er versprach sie mir, aber sie kam nie.«

Armstrongs Verhältnis zur Museumsleitung blieb in den vierzig Jahren bis zu seinem Tod 2012 angespannt. Mitte der Neunzigerjahre beispielsweise kam es zu einem Streit wegen einer Postkarte mit einem Bild von Neil als Astronaut, die im Museumsshop verkauft wurde. Es handelte sich um ein offizielles Foto der NASA, das aufgenommen worden war, als Neil Angestellter im öffentlichen Dienst war. Für ihn war es eine Frage der Eigentümerschaft. In seinen Augen lagen die Rechte am Bild bei den Bürgern selbst, also den Besuchern, die, so Neil, »glauben, der Laden gehöre mir«. Das Emblem der Historischen Gesellschaft Ohio war zwar auf der Eingangstür angebracht, aber Neils Ansicht nach »so unauffällig, dass die meisten Menschen es nicht bemerken«. Schließlich gab Armstrong nach, was die Postkarte anging, und gestand dem Museumsdirektor John Zwez »eine zeitweilige Nutzungserlaubnis« zu.

Über den nach ihm benannten Flughafen in Wapakoneta sagte Armstrong: »Auch sie haben mich nicht gefragt. Es ist ein öffentlicher Flughafen, daher hätte ich bestimmt gesagt: ›Okay, klar.‹ Das Problem war, dass es im Flughafen Läden gab, die den Namen übernahmen, etwa das ›Neil-Armstrong-Elektronikgeschäft‹.«

★ ★ ★

Zudem fand sich Armstrong ganz ohne eigenes Zutun in eine Religionsdebatte verwickelt. Viele religiöse Gruppen bemühten sich um eine Einordnung der Erforschung des Weltalls vor dem Hintergrund ihrer Glaubenssysteme, manche Kritiker des Apollo-Programms versicherten sogar, das Betreten des Himmelskörpers Mond sei ein »gottloser« Akt gewesen. Über Buzz Aldrin gab es das Gerücht, er sei ein Freimaurer, und über Neil Armstrong hieß es immer wieder, er sei zum Islam konvertiert, nachdem er bei seinem Spaziergang im Meer der Ruhe eine Stimme auf Arabisch singen gehört habe. Erst später, nach der Rückkehr auf die Erde, habe er verstanden, dass es sich dabei um den *adhan* gehandelt habe, den muslimischen Gebetsruf. Daraufhin sei er angeblich zum Islam übergetreten, in den Libanon im Nahen Osten gezogen und habe mehrere heilige Stätten des Islams besucht, darunter auch die türkische Moschee, in der einst Malcolm X betete.

Die Geschichte von Armstrongs Religionswechsel hatte sich Anfang der 1980er-Jahre so verbreitet, dass nicht nur Armstrong selbst, sondern auch offizielle staatliche Stellen es für nötig befanden, sich öffentlich dazu zu äußern. Im März 1983 schickte das US-Außenministerium ein ausführliches Dementi an alle Botschaften und Konsulate in der islamischen Welt.

So sehr sich das Außenministerium auch bemühte, diese Frage klärend zu beantworten, es reichte nicht aus. Die Einladungen, in muslimische Länder zu reisen und an muslimischen Veranstaltungen teilzunehmen, nahmen Mitte der 1980er-Jahre ein solches Ausmaß an, dass Neil sich zum Handeln gezwungen sah. »Wir erhielten eine Unmenge von Nachrichten, in denen es vor Fragen danach wimmelte, vor allem aus der muslimischen Welt, aber auch aus nicht-muslimischen Ländern, aus denen es hauptsächlich hieß: ›Das stimmt doch nicht etwa, oder?‹ Letztendlich beschlossen wir, dass wir eine offizielle Meldung brauchten, auf die sich die Journalisten berufen konnten. Also wandten wir uns erneut an das Außenministerium, dieses Mal sollte es eine telefonische Pressekonferenz mit Kairo in Ägypten für uns organisieren, an der eine nicht unbeträchtliche Zahl Journalisten aus dem Nahen Osten teilnahm und aus erster Hand erfuhr, dass an dem hartnäckigen Gerücht nichts dran war. Sie konnten mir Fragen stellen, die ich beantwortete. Wie viel das brachte, kann ich unmöglich sagen, aber komplett hörten die Fragen danach nicht auf.« So mancher blieb bei der Meinung, der amerikanische Staat wolle nicht, dass sein großer Held als Moslem bekannt war, und zwinge ihn daher irgendwie, öffentlich seinen Glauben zu verleugnen.

Armstrong verstand, wie es zu derartigen Fehlannahmen kam. »Ich habe herausgefunden, dass mich viele Organisationen als Mitglied bezeichnen, obwohl ich das gar nicht bin, und viele Familien – die Armstrong heißen oder auch nicht – auf Verbindungen verweisen, von denen die meisten nicht existieren. Es gibt so viele Leute, die sich mit dem Erfolg von Apollo identifizieren. Die Behauptung, ich sei zum Islam konvertiert, ist nur die Extremversion der Leute, die mir unweigerlich erzählen, sie würden jemanden kennen, den ich kennen könnte.«

Da Armstrong so undurchdringlich war, entwickelte er sich zum Inbegriff der mythischen Figur, zu einem Rätsel, das viele Esoteriker mit Bedeutung füllen wollten. Schon zu Zeiten der Apollo-11-Mission glaubten manche Menschen, dass die Mondlandung niemals stattfand – dass es sich um eine Fiktion handelte, die der amerikanische Staat der Welt aus politischen Gründen vorgespielt hatte. Zu den Skeptikern zählte unter anderem die »Flat Earth Society«, die auch die Ansicht vertrat, die Erde sei eine Scheibe. Doch so richtig an Schwung gewann die Theorie der gefälschten Mondlandung erst 1977 durch den

Film *Unternehmen Capricorn*, einer Verschwörungsfantasie aus Hollywood, die nicht von der Mondlandung, sondern von der ersten bemannten Mission zum Mars handelte. Im Film ging es darum, dass die NASA die technischen Mängel eines Raumschiffs dadurch zu vertuschen versuchte, dass sie ihre Astronauten dazu zwang, den Flug zum Mars in einem Filmstudio in der Wüste nachzustellen und die Welt so davon zu überzeugen, man sei tatsächlich dort gewesen. Obwohl es sich um einen eher mittelmäßigen Film handelt, erfreut sich diese Theorie einer staatlichen Verschwörung bei einer kleinen Gruppe von Skeptikern doch immer noch großer Beliebtheit.

Wenn Armstrong schriftlich auf Verschwörungstheorien reagierte, geschah das normalerweise durch seine Sekretärin Vivian White – er verfasste den Text, sie unterschrieb ihn. Seine Ausführungen waren direkt und logisch, wie es von einem Ingenieur zu erwarten war: »In der Welt der Wissenschaft und der Technik sind die Flüge über jeden Zweifel erhaben. Alle angesehenen Forschungsgesellschaften bestätigen sie und ihre Ergebnisse. Die Besatzungen wurden dabei gesehen, wie sie in Florida in das Raumfahrzeug stiegen und wie sie aus dem Pazifik geborgen wurden. Die Flüge wurden auf der Strecke zum Mond und zurück von Satellitenstationen in verschiedenen Ländern verfolgt. Die Besatzung übertrug Fernsehbilder von der Mission zur Erde, darunter Aufnahmen vom Flug über die Mondlandschaft und von der Oberfläche selbst, Bilder von Mondgegebenheiten, die vorher nicht bekannt waren und nun bestätigt sind. Die Besatzungen brachten Proben von der Mondoberfläche mit, darunter einige Mineralien, die auf der Erde nie gefunden wurden.« Vivian fügte noch hinzu: »Mr. Armstrong glaubt, die einzige Leistung, die noch größer einzuordnen wäre als die der Mondflüge, wäre eine erfolgreiche Vortäuschung dieser Flüge.«

»Die Menschen mögen Verschwörungstheorien«, erzählte Armstrong dem Verfasser dieses Buches. »Sie fühlen sich von ihnen angezogen. Ich erinnere mich noch, wie einige Leute nach Franklin D. Roosevelts Tod sagten, er wäre noch irgendwo am Leben. Und dann ist da natürlich:

›Elvis lebt!‹ Solche Randerscheinungen gibt es bei jedem Thema, und als solche ordne ich das hier ein.«

Ein letzter Hinweis auf den herausragenden Ikonenstatus, den Armstrong durch den Flug zum Mond erreicht hatte, war ein Ereignis fünf Jahre nach seinem Tod, als sich ein kleiner leerer Stoffbeutel, an dem ein paar Partikel Mondstaub hafteten und den Neil auf dem EVA benutzt hatte, als »wertvollstes Weltraumartefakt, das je bei einer Auktion verkauft wurde«, erwies. Am 20. Juli 2017, dem 48. Jahrestag der Mondlandung von Apollo 11, ging die »Tasche zur Rückführung einer Mondprobe« beim weltberühmten Auktionshaus Sotheby's in New York für 1,8 Millionen Dollar über den Tisch. Der hohe Preis der Berühmtheit – der sogar für einen Stoffbeutel galt – stellte eindeutig eine schwere Bürde für den ersten Mann auf dem Mond dar.

KAPITEL 30

Herzensangelegenheiten

Die wenigen Wölkchen über den Skipisten in Snowmass waren ein erster Hinweis auf den großen Schneesturm, der sich an jenem Februartag im Jahr 1991 den schneebedeckten Gipfeln von Aspen näherte. Neil, sechzig Jahre alt, fuhr gerade gemeinsam mit Doris Solacoff, der Frau seines Jugendfreundes Kotcho aus Upper Sandusky, zum Start der mittelschweren Piste hinauf, die unter dem Namen »Upper Hal's Hollow« bekannt war. Den vierten Teil des Quartetts, das gerade das Mittagessen beendet hatte, bildete Neils frisch geschiedener Bruder Dean.

Neil war auf der Fahrt nach oben so ruhig, dass es Doris, die von Beruf Krankenschwester war, auffiel. Nach ein paar Hundert Metern Abfahrt sah sie, dass Neil nur sehr langsam unterwegs war. »Mir geht es nicht so gut«, sagte er. Als Doris sein aschfahles Gesicht sah, bestand sie darauf, Hilfe zu holen. »Nein, warte.« Neil zögerte, weil er wusste, was für ein Aufheben dann um ihn gemacht werden würde. »Ich fühle mich ganz schlapp. Ich glaube, ich setze mich hin und ruhe mich kurz aus.«

Doris raste davon, um die Pistenrettung zu alarmieren. »Ich glaube, ein Freund von mir hat gerade einen Herzinfarkt, ich sage Ihnen genau, wo Sie hinkommen müssen.«

Unten am Fuß von Upper Hal's Hollow machten Kotcho und Dean sich langsam Sorgen. Endlich tauchte Doris auf und rief: »Neil hat einen Herzinfarkt gehabt, die Pistenrettung bringt ihn im Rettungsschlitten runter!«

In der Skihütte bestätigte der diensthabende Arzt den Herzinfarkt und verabreichte Neil Atropin, um den Herzschlag zu stabilisieren.

Dann wurde er ins Aspen-Valley-Hospital gebracht, wo er auf die Intensivstation kam. Dort kam es immer wieder zu einer Bradykardie – Phasen, in denen das Herz nur sehr langsam schlug.

Schon bald war Neils Zustand aber so stabil, dass er nach Denver hätte transportiert werden können, doch der Schneesturm hielt ihn drei Tage lang in Aspen fest. Das kleine Krankenhaus im Ferienort, das Erfahrung darin hatte, Prominente von der Außenwelt abzuschirmen, ließ kein Wort nach außen dringen.

Kotcho, der in Ohio als Arzt arbeitete, half dabei, den Transport von Colorado in ein Krankenhaus in Cincinnati zu organisieren. Dort führte ein Team von Herzspezialisten eine Katheteruntersuchung durch, die ergab, dass der Infarkt auf ein kleines blockiertes Blutgefäß zurückzuführen war. Der Rest der Herzarterien war frei, und das Herzgewebe trug kaum dauerhafte Schäden davon.

Als Armstrong am nächsten Tag entlassen wurde, nahm er den Herzspezialisten beim Wort und flog zu einem Geschäftstreffen. Sechs Monate später bestand er den körperlichen Test für Piloten und durfte wieder ins Cockpit zurückkehren. Auch die Skipisten in Colorado besuchte er in den folgenden Jahren noch viele Male, bei einigen Gelegenheiten auch mit Kotcho, Doris und Dean.

Als Neil den Herzinfarkt erlitt, war die Scheidung von Janet gerade in vollem Gange. Welche Rolle Stress bei der Erkrankung spielte, ist nicht bekannt, aber im Jahr zuvor hatte Neil privat viele schwere Schläge hinnehmen müssen. Am 3. Februar 1990 war Neils Vater Stephen Armstrong gestorben. Kaum drei Monate später folgte seine Mutter Viola. Die beiden waren 83 Jahre alt und sechzig Jahre lang verheiratet gewesen. Kurz vor dem Tod der Mutter hatte Janet Neil verlassen, unter Berufung auf die jahrelange emotionale Distanz in der Beziehung.

Als Neil 1971 aus der NASA ausschied, hatte Janet Armstrong auf einen Neuanfang in einem Vorort von Cincinnati gehofft. »Dort arbeitete mein Mann, also zogen wir dorthin. Er wollte ein ruhigeres Leben führen«, nach »all den Jahren im Raumfahrtprogramm mit kaum Zeit für sich selbst.«

Lebanon war eine ländlich geprägte Schlafstadt, deren Bewohner nach Cincinnati und Dayton pendelten. »Ich hatte noch nie in einer Kleinstadt gelebt. Wir gingen zur Eisdiele und nahmen die Stadt in Augenschein. Sie wirkte wie ein sicheres Umfeld und ein guter Ort, um die Kinder großzuziehen.«

Das Bauernhaus aus dem 19. Jahrhundert musste komplett renoviert werden. »Neil war kein Freund von Schulden und wollte keinen weiteren Kredit aufnehmen, daher dauerten die Arbeiten sieben Jahre, und wir bezahlten die Handwerker in bar. Irgendwann ging der Bauunternehmer bei uns ans Telefon, wenn ich nicht da war, und holte die Kinder von der Schule ab! Er war quasi ein Teil der Familie! Es war schwierig für die Kinder und schwierig für mich.«

»Mark hatte es leichter als Rick«, aber beide Kinder wuchsen damit auf, die Söhne von Neil Armstrong zu sein. Rick erzählte: »Es war hart, aber ich lernte, es zu ignorieren.« Seiner Ansicht nach fiel Mark die Eingewöhnung etwas weniger schwer: »Er war viel kontaktfreudiger und extrovertierter als ich.« Rick erinnerte sich an das Farmleben als »eine Isolation, die, glaube ich, vor allem auf Dads Erfahrungen zurückzuführen war und sich auf uns alle auswirkte«. Janet wusste nicht, was ihre Söhne durchmachten: »Es dauerte ein paar Jahre, bis ich es mitbekam, weil die Jungs mir nichts erzählten«, sagte sie später.

Neil übernahm ein paar Aufgaben auf der 120 Hektar großen Farm, aber nicht so viele, wie Janet es sich gewünscht hätte. »Am Anfang hatten wir siebzig bis neunzig Stück Vieh. Wir bauten Mais, Soja, Heu und Weizen an.« Auf die Frage hin, ob ihr die Arbeit als Bäuerin gefallen habe, entgegnete Janet: »Es musste einfach getan werden. Es war ziemlich hart, tagsüber Dung zu schaufeln und abends auf eine elegante Dinnerparty zu gehen.«

1981, ein Jahr nachdem Neil an der Universität gekündigt hatte, sahen Neil und Janet sich einem »leeren Nest« gegenüber, als Mark ein

Studium an der Stanford University aufnahm. »Ich glaube, Neil spürte gar keinen Unterschied, aber ich schon. Ich hatte das Gefühl, nun sei die Zeit gekommen, in der wir gemeinsam Dinge unternehmen könnten.« Doch wie sich herausstellte, war Neil durch seine neuen Aufgaben in den verschiedenen Gremien nicht öfter zu Hause als zuvor. »Die Kinder sind weg, Neil ist nicht da, unser Hund Wendy wurde gestohlen. Wir hatten keine Alarmanlage. Ich saß auf dem Land fest. Irgendwann hatte ich die Nase voll davon. Deshalb eröffnete ich 1987 ein Reisebüro, das ich 1993 wieder verkaufte.«

Je unzufriedener Janet mit ihrem Leben war, desto mehr frustrierte sie Neils Verhalten. Vergeblich versuchte sie ihm dabei zu helfen, sich besser zu organisieren. »Er hatte so viele Anfragen für Vorträge, er wusste gar nicht, wo er anfangen sollte. Er musste lauter Entscheidungen treffen – und das schien ihm in dieser Zeit ganz besonders schwerzufallen.«

Im November 1987 fragte ich ihn, ob wir einen Skiurlaub machen wollten, doch er brauchte über ein Jahr, um dafür einen Termin zu finden.« Ende 1988 schafften sie es dann endlich einmal auf die Pisten in Park City, Utah, wo Janet ihn davon überzeugte, wie schön es wäre, dort ein Ferienhaus zu besitzen. »Er konnte kostenlos reisen, die Kinder könnten uns besuchen, wir hätten einen Ort, der einfach praktisch wäre, und wir liefen alle gern Ski.« Anfang 1989 kauften sie eine nagelneue Berghütte am Rand von Park City, einem der Schauplätze der Olympischen Winterspiele 2002. Das hätte einen Wendepunkt in der Ehe darstellen können, wenn das Paar es als solchen betrachtet hätte, was aber keiner von beiden tat. »Es dauerte ein ganzes Jahr, bis er Zeit für einen Wochenendurlaub hatte! Das nahm ich ihm übel. Im Grunde war das Ende wohl abzusehen.«

Wenige Monate nach dem Kauf des Ferienhauses kehrte Neil von einer Geschäftsreise heim und fand auf dem Küchentisch des Bauernhauses in Lebanon eine Nachricht von Janet. Darin stand, dass sie ihn verließ.

»Wir hatten eine Familie. Wir hatten Enkelkinder. Die Entscheidung war ein langer, harter Prozess. Es fiel mir nicht leicht – ich weinte drei Jahre lang, bevor ich ging.« Janet hatte ihre Entscheidung hinausgezögert, solange »die Kinder noch bei uns wohnten, das Nest nicht leer war, noch Leben im Haus war. Ich hatte immer gehofft, unser Zusammenleben würde sich mit der Zeit verbessern. Mir war klar, dass das eben Neils Art war. Aber ich konnte nicht mehr so weiterleben.«

Für Neil war es ein harter Schlag. »Kannst du nicht irgendetwas dagegen tun, Neil?«, fragte sein Freund Harry Combs. »Nein«, antwortete Neil, »Jan hat unsere Beziehung aufgegeben. Sie will nicht mehr so weitermachen.« Combs meinte später: »Er war so schwermütig, wie ich ihn noch nie gesehen hatte. Es war schrecklich. Er saß einfach da und starrte auf die Tischplatte – ohne sich zu bewegen. Ich fragte ihn immer: ›Gibt es Fortschritte?‹, und er sagte: ›Die Kinder sind mir eine große Stütze, aber es gibt keine Anzeichen dafür, dass sie zurückkommt.‹ So ging es zwei oder drei Jahre lang.«

Durch eine traurige Fügung fiel die Trennung genau zwischen den Tod von Neils Eltern, erst von Stephen, dann von Viola. Die letzten Lebensjahre der beiden waren beschwerlich und schwierig gewesen. Stephen hatte eine Reihe kleinerer Schlaganfälle erlitten und glaubte, sie hätten nicht genügend Geld, um davon zu leben. Die Kinder hatten den Umzug der Eltern in ein Doppelhaus in Bisbee, Arizona, organisiert, wo auch June und ihr Mann Jack Hoffman wohnten. Viola gewöhnte sich gut ein, aber Stephen hasste die Wüste. Im Sommer 1989 brachte Neil die beiden in einer Seniorenresidenz in Sidney, Ohio, wenige Kilometer südlich von Wapakoneta unter.

Stephen verbrachte dort sechs unglückliche Monate in einer Wohnung, in der die beiden ohne fremde Hilfe leben konnten, und machte Viola das Leben noch schwerer. Am 3. Februar 1990, als er eine Reihe weiterer Schlaganfälle erlitt, war Neil bei ihm. »Dad setzte sich aufrecht im Bett auf, sah uns an, legte sich hin und starb«, erinnerte sich Neil.

Ein paar Tage zuvor hatte Stephen seine Frau zu sich gewinkt und geflüstert: »Ich liebe dich.«

Nachdem sie um ihren Mann getrauert hatte, wollte Viola ihr eigenes Leben fortführen. Eine frühere Diagnose von Bauchspeicheldrüsenkrebs stellte sich als Herzproblem heraus. Doch um ihre Gesundheit stand es schlechter, als alle dachten. Am 21. Mai 1990 starb Viola ganz unerwartet in Ohio. Wenige Tage zuvor hatte sie ihre Tochter noch überrascht, als sie sagte: »Ich bin mir nicht sicher, ob es wirklich einen Gott gibt. Aber ich bin sehr froh, dass ich immer an ihn geglaubt habe.« Im Winter nach dem Tod seiner Eltern und der Trennung von Janet erlitt Neil den Herzinfarkt. Davon erholte er sich schnell, doch bis der Herzschmerz abklang, dauerte es länger.

Aus der Asche kann, wenn man Glück hat, ein ganz neues Leben entstehen. Für Neil begann dieses neue Leben – und eine Art persönliche Erlösung –, als er Carol Held Knight kennenlernte.

Die 47-jährige Carol war gerade Witwe geworden, ihr Mann war 1989 beim Absturz eines Kleinflugzeugs ums Leben gekommen. Carol musste ihre beiden Kinder im Teenageralter, Molly und Andrew, allein großziehen und dazu noch das Familienunternehmen führen, eine kleine Baufirma in Cincinnati.

Das Zusammentreffen von Neil und Carol im Sommer 1992 war insgeheim von gemeinsamen Freunden, Paul und Sally Christiansen, in die Wege geleitet worden, es fand bei einem Frühstück im Golfclub vor Beginn eines Turniers statt. Vor lauter Verlegenheit, neben dem berühmten Astronauten zu sitzen, sagte Carol kaum etwas und ging früh, um sich um ihre kranke Mutter zu kümmern. Neil begleitete sie zu ihrem Wagen.

»Ein paar Wochen später waren mein Sohn Andy und ich gerade hinten im Garten, als ich das Telefon klingeln hörte. Am anderen Ende der Leitung sagte eine sehr ruhige Stimme: ›Hallo.‹ Ich fragte: ›Wer ist da?‹, und die ruhige Stimme antwortete: ›Neil.‹ – ›Welcher Neil?‹ – ›Neil

Armstrong.‹ Und ich sagte: ›Oh, weswegen rufen Sie an?‹ – ›Was machen Sie gerade?‹ – ›Mein Sohn und ich versuchen gerade, einen toten Kirschbaum zu fällen.‹

Da wurde Neil ganz lebhaft und sagte: ›Oh, das kann ich doch machen.‹ – ›Sie wissen ja, wo ich wohne‹, gab ich zurück, ›gegenüber von Paul und Sally.‹ – ›Gut, ich bin gleich da.‹ 35 Minuten später parkt ein Pick-up auf der Auffahrt. Mein Sohn Andy macht die Tür auf, und dort steht Neil mit einer Kettensäge in der Hand. Andy kommt zurück in die Küche und fragt: ›Weißt du, wer da an der Tür ist?‹ Und ich sage: ›Oh, ich habe ganz vergessen, es dir zu erzählen.‹«

Carol und Neil heirateten, nachdem die Scheidung von Janet 1994 rechtsgültig wurde. Es gab zwei Hochzeitszeremonien. Als sie die Feier mit der Familie plante, fragte Carol: »›Wie sieht es mit dem 18. Juni aus, Neil?‹ Er warf einen Blick in seinen Terminkalender und sagte mit ernstem Gesichtsausdruck: ›Da habe ich ein Golfturnier.‹ Dann schaute er mich verlegen an und meinte: ›Aber das kann ich sicher verschieben.‹«

Da der Staat Kalifornien für eine Eheschließung einen Bluttest und eine Wartezeit von fünf Tagen voraussetzte, heirateten Carol und Neil zunächst in Ohio. Der Bürgermeister des Ortes, in dem Carol wohnte, führte die Zeremonie am 12. Juni 1994 durch. Als Trauzeugen waren die Christiansens dabei. Die Hochzeit in Kalifornien fand auf der San-Ysidro-Ranch in der Nähe des Calabasas Canyon bei Los Angeles statt. Anwesend waren nur die vier erwachsenen Kinder des Paares sowie Marks Frau Wendy und ihre beiden Kinder.

Das frisch verheiratete Paar beschloss, einen Neubau auf das Grundstück zu setzen, auf dem Carols altes Haus stand. Das eingeschossige Gebäude im englischen Landhausstil war 1997 fertig. »Wir hatten überlegt, ob wir lieber woanders leben wollten. Doch alle unsere Freunde wohnten dort, und wir waren mittlerweile in einer Phase des Lebens angekommen, wo ein solches Netzwerk unbezahlbar war.«

Hatte Carol sich viele Gedanken darüber gemacht, was es bedeutete, Mrs. Neil Armstrong zu sein? »Ich bin mir sicher, dass die

Aufmerksamkeit vor dreißig Jahren deutlich größer war. Am meisten macht es sich bemerkbar, wenn wir ins Ausland reisen. Aber er wird nicht mehr überall erkannt. Und ich gehe auch dazwischen. Dann erkläre ich höflich: ›Neil gibt keine Autogramme mehr.‹ Wir versuchen immer, den Leuten stattdessen etwas anderes zu geben: ›Wie wäre es mit einem Foto?‹ Man muss ja auch ihre Gefühle respektieren.

Es gab ein paar Momente, in denen ich wirklich Angst hatte, vielleicht zweimal in den USA und ein paarmal in anderen Ländern. Ich weiß noch, wie wir einmal nachts um zwei auf einem Flughafen in Übersee ankamen. Ich befürchtete, dass wir es gar nicht zum Wagen schaffen würden, so voll war es! Wir brauchten die Hilfe von einem halben Dutzend Polizisten, nur um ins Auto zu steigen.«

Janet Armstrong wohnt heute ganz in der Nähe ihrer zwei Söhne und ihrer sechs Enkel in einem Vorort von Cincinnati, nachdem sie 25 Jahre lang allein in Utah gelebt hat. In den mehrstündigen Interviews für dieses Buch wurde deutlich, dass Janet immer noch Schwierigkeiten hatte, ihren Exmann zu verstehen:

»*Jeder zollt Neil den größten Respekt dafür, dass er nicht versucht hat, seine Berühmtheit auszunutzen, nicht so wie andere Astronauten.*«

»Ja, aber schauen Sie, was das innerlich mit ihm gemacht hat. Er fühlt sich schuldig, weil er den Ruhm für die Mühen von Zehntausenden Menschen eingeheimst hat. Jemand wie Jim Lovell war ein ganz anderer Typ! Der machte einfach weiter und ließ sich nicht davon stören. Neil hingegen hatte stets Angst, gesellschaftlich einen Fehler zu machen, dabei hat er gar keinen Grund dazu, weil er immer ein Gentleman mit guten Manieren war.

Er mochte es nicht, hervorgehoben zu werden oder das Gefühl zu haben, die Leute wollten ihn ständig berühren oder ein Autogramm von ihm. Dennoch gab er sie zwanzig Jahre lang, wahrscheinlich weil er im Grunde seines Herzens nicht glaubte, dass die meisten Leute damit Geld verdienen wollten.«

»*Wollen Sie damit sagen, dass das Interesse an ihm geringer gewesen*
wäre, wenn er sich im Verlauf der Jahre häufiger in der Öffentlichkeit
gezeigt hätte – dass er sich selbst zu einer Zielscheibe gemacht hat?«
»Dem stimme ich zu.«

In den letzten Jahren seines Lebens wirkte Neil Armstrong sehr glücklich – vielleicht glücklicher als je zuvor. Obwohl er im Frühjahr 2002
theoretisch in den »Ruhestand« ging, war er genauso viel unterwegs
wie immer: Er reiste rund um die Welt, hielt Vorträge, ging zu Veranstaltungen, besuchte seine Kinder und Enkelkinder, las Bücher, schrieb
Essays und spielte Golf. Er wohnte Treffen der American Philosophical
Society bei und nahm regelmäßig an den Jahresversammlungen der
Akademie des Königreichs Marokko teil, der er seit 1980 angehörte.

Was das Fliegen anging, so ergriff er hin und wieder eine Gelegenheit,
sich ins Cockpit eines interessanten Flugzeugs zu setzen. Ende der
1990er-Jahre verkaufte Neil seine Cessna 310, behielt aber seine Pilotenlizenz, falls sich noch einmal die Gelegenheit bot, besondere Maschinen zu fliegen. »Ich habe das Glück gehabt, dass es viele aufregende Veranstaltungen gab, an denen ich teilnehmen durfte«, schrieb Neil
an einen Freund. Bis zu seinem Tod stieg Neil, so oft er konnte, in Segel-
flugzeugen in die Luft; dieses entspannende Hobby betrieb er seit den
frühen 1960er-Jahren. »Er war ein Naturtalent«, erinnerte sich Janet.
»Er konnte die Thermik quasi hören. Er verspürte eine wunderbare
Leichtigkeit, wenn er für sich allein dort oben flog.«

2002 stimmte Neil der Veröffentlichung einer autorisierten Biografie
zu, woraufhin die erste Fassung von *First Man: The Life of Neil A.*
Armstrong in den USA erschien. Viele Leute wunderten sich, warum er
das Angebot, seine Lebensgeschichte zu erzählen, nun annahm, obwohl er es zuvor so oft abgelehnt hatte. Weder Neil noch seine Familie
gaben darauf eine klare Antwort, sie sagten nur: »Es war an der Zeit.«
Das einzige Kompliment, das Neil dem Verfasser des Buches je machte,

lautete: »Jim, du hast das Buch genau so geschrieben, wie du es mir gesagt hast.«

Ursprünglich hatte Armstrong, der damals 75 Jahre alt war, mir zugesagt, drei Interviews für das Buch zu geben, wobei er stets klarmachte, dass er der Gegenstand des Buches war, keinesfalls der Verfasser. Mehrere Fernsehsender suchten das Gespräch mit ihm. Am Ende willigte er ein, als Gast im CBS-Nachrichtenmagazin *60 Minutes* aufzutreten, doch das sollte das einzige Interview sein. Die Sendung wurde am 1. November 2005 ausgestrahlt, am Abend vor dem Erscheinen von *First Man*, und erreichte eine Rekordzahl an Zuschauern. Der Moderator der Sendung war Ed Bradley, und für das Interview, das in Cape Canaveral stattfand, kam Walter Cronkite hinzu, der legendäre Fernsehjournalist, der das CBS-Publikum durch alle Raketenstart-Übertragungen vom Mercury- bis zum Apollo-Programm geführt hatte.

Neils prägnante, kluge und nachdenkliche Antworten auf die Fragen zeigten eine persönliche Seite des Astronauten, die die Zuschauer, von denen viele noch nicht geboren waren, als die *Eagle* 1969 auf dem Mond landete, überraschte: »Ich wusste, das Apollo-Programm würde eine begrenzte Lebenszeit haben. Aber ich muss sagen, dass sie dann doch etwas kürzer ausfiel als erwartet. Ich war davon ausgegangen, dass wir am Ende des 20. Jahrhunderts bedeutend mehr erreicht haben würden, als in Wahrheit der Fall war. Als der Wettbewerb mit den Sowjets verschwand, verloren wir den Willen der Bevölkerung, weiterzumachen.«

Neil erklärte Ed Bradley auch, warum er den Ruhm, den ihm die Mondlandung einbrachte, für nicht gerechtfertigt hielt: »Ich verdiene die Aufmerksamkeit einfach nicht. Ich wurde nicht dazu auserwählt, der Erste zu sein. Ich wurde nur zum Kommandanten dieses Flugs ernannt. In die besondere Rolle bin ich durch einen Zufall geraten. Niemand hat es so geplant.« Dann erläuterte er einen der eher enttäuschenden Aspekte des Daseins als berühmter Astronaut: »Unsere Freunde und Kollegen schauten uns plötzlich anders an und behandelten uns anders als in den Monaten und Jahren zuvor, als wir zusammengearbeitet hatten. Das habe ich nie ganz verstanden.«

Außerdem ging er darauf ein, welche Auswirkungen seine Arbeit als Apollo-Astronaut und der Ruhm, den er als erster Mensch auf dem Mond erfuhr, auf sein Privatleben und seine Familie hatten: »Das Einzige, was ich bedaure, ist, dass meine Arbeit so enorm viel Zeit in Anspruch nahm und mit sehr vielen Reisen verbunden war und ich daher nicht so viel Zeit mit meiner Familie verbringen konnte, wie ich gern gewollt hätte, als die Kinder aufwuchsen.«

Teil der Sendung war auch, dass Neil auf einem kleinen Flugplatz außerhalb von Orlando in einem Segelflugzeug mit einer kleinen Kamera an Bord in die Luft stieg. Der Beitrag endete damit, dass Bradley Neil fragte, ob er in seinem Alter, mit 75, noch einmal in Betracht ziehen würde, mitzufliegen, wenn die NASA, die den nächsten bemannten Mondflug damals für 2018 plante, ihn fragen würde. »Ich glaube nicht, dass ich die Gelegenheit bekomme«, antwortete er und fügte mit einem Lächeln hinzu: »Aber ich will nicht sagen, dass ich nicht zur Verfügung stehe.«

Im März und Oktober 2010 erhielt Armstrong die Gelegenheit, an zwei Reisen in den Nahen Osten teilzunehmen, im Rahmen der »Legenden der Luft- und Raumfahrt«-Tour des Militärs, deren Zweck darin bestand, »zur guten Stimmung unserer mutigen Männer und Frauen in Uniform beizutragen«. Es war ein beeindruckendes Ensemble, das dort unterwegs war: Neben Neil waren Jim Lovell und Gene Cernan dabei, die Kommandanten von Apollo 13 und Apollo 17. Sie wurden von Steve Ritchie, dem einzigen Kampfpiloten-»Ass« der Air Force seit dem Koreakrieg, und dem Testpiloten Robert J. Gilliland begleitet.

Armstrong, Lovell und Cernan verbrachten eine Menge Zeit damit, die Raumfahrtpolitik der Obama-Regierung zu diskutieren. Die ehemaligen Astronauten waren unzufrieden mit Obamas Entscheidung, das bemannte Raumfahrtprogramm »Constellation« einzustellen, das die

NASA zwischen 2005 und 2009 entwickelt hatte und zu dessen Zielen die Fertigstellung der Internationalen Raumstation, eine Rückkehr zum Mond bis spätestens 2020 und irgendwann in der Zukunft ein bemannter Flug zum Mars zählten. Im Rahmen von Constellation, dessen Kosten 2004 auf 230 Milliarden Dollar in den folgenden zwanzig Jahren geschätzt wurden, sollten eine Startrakete, ein Transportraumschiff und ein Mondlandegefährt gebaut werden. Neil war im Lauf der Jahre dazu übergegangen, keine öffentliche Kritik an politischen Entscheidungen hinsichtlich der Raumfahrt zu äußern, doch die Einstellung von Constellation verärgerte ihn sehr. Als Jim und Gene ihn dazu drängten, sich einer Kommission anzuschließen, die vor dem Kongress aussagen würde, willigte Neil ein.

So trat er gemeinsam mit den beiden anderen Apollo-Astronauten am 12. Mai 2010 vor den Senatsausschuss für Handel, Wissenschaft und Verkehr, um sich gegen die Einstellung von Constellation auszusprechen. Es war nicht die Politik – und ganz sicher keine Vorliebe für eine Partei –, die ihn dazu bewegte, seine Bedenken öffentlich zur Sprache zu bringen. Wenn Lovell und Cernan nicht gemeinsam mit dem ehemaligen NASA-Administrator Mike Griffin auf ihn eingewirkt hätten, seine Meinung über die Fehler der NASA-Führung kundzutun, hätte er es wohl nicht gemacht. Doch sobald er sich dazu durchgerungen hatte, war er mit ganzem Herzen dabei und sprach sich wohlformuliert und deutlich für dieses nationale Anliegen aus. Vor dem Ausschuss für Wissenschaft, Raumfahrt und Technik des US-Repräsentantenhaus sagte er am 26. Mai: »Ich glaube, dass unser nationales Engagement für die Erforschung des Weltalls und unser Bestreben, das gewonnene Wissen mit dem Rest der Welt zu teilen, bisher von Klugheit geprägt waren und uns gut gedient haben. Unser Beitrag dazu, das Segeln auf diesem neuen Ozean zu lernen, hat Amerika viel Respekt verschafft. Wenn dieser Führungsanspruch, den wir uns durch unser Engagement erarbeitet haben, nun einfach aufgegeben wird, werden andere Nationen die Lücke sicher füllen. Ich glaube nicht, dass das in unserem Interesse ist.«

Privat vertrat Neil eine deutlich schärfere Haltung gegenüber dem politischen Umfeld, das Einfluss auf die amerikanische Raumfahrtpolitik hatte. An einen befreundeten Air-Force-Colonel im Ruhestand schrieb er im August 2010: »Man konnte vom Präsidenten nicht verlangen, dass er viel über unsere Welt der Raumfahrt weiß, und sie macht natürlich nur einen kleinen Ball zwischen den vielen großen Bällen aus, die er zu jonglieren hat. Daher hatte ich gehofft, er würde sich von guten Beratern leiten lassen. Ich bin zu dem Schluss gekommen, dass er gar keine hat. Der Kreis, der ihn berät, verfolgt seine eigenen Ziele, die er zu erreichen strebte, indem er den Kongress durch ein Ausweichmanöver umgehen und so den üblichen Prozess zur Prüfung des NASA-Haushalts im Zeitraum zwischen Thanksgiving und Februar ausschalten wollte. Ich habe bisher noch keinen Senator, Abgeordneten, Programmdirektor, Air-Force-Vertreter oder National-Academy-Mitarbeiter getroffen, der auch nur eine Ahnung hatte, wie der NASA-Vorschlag aussehen würde. Als der Präsident am 1. Februar 2010 seinen Plan vorstellte, erzürnte das daher viele Kongressmitglieder – auf beiden Seiten des politischen Spektrums. Ich bin mir sicher, dass ihre Reaktion ihn überraschte. Der Beraterkreis nahm ein paar schnelle Veränderungen vor, die in der Rede am 15. März im Johnson Space Center verkündet wurden. Vielen war sofort klar, dass sie schlecht ausgearbeitet waren. Deshalb hat mich die Vorgehensweise des Präsidenten irritiert. Die meisten Initiativen, die er angekündigt hat, lassen sich leicht von zukünftigen Kongressen oder Regierungen verändern oder streichen. Das gilt in gewissem Maße immer, doch der Mangel an Rückgrat im Plan deutet darauf hin, dass der bemannte Raumflug in den nächsten Jahren einfach langsam verschwinden könnte. Ich bin noch beunruhigt, gebe die Hoffnung aber nicht auf. Es ist immer noch viel zu tun.«

In den folgenden Jahren erwiesen sich seine öffentlichen Stellungnahmen in gewisser Weise als Bumerang. Am 25. März 2012, fünf Monate vor seinem Tod, regte sich Armstrong über eine *60-Minutes*-Sendung auf, die von Scott Pelley moderiert wurde und in der es um Elon

Musk von SpaceX und die fortschreitende »Kommerzialisierung der Raumfahrt« ging. In Anspielung auf Neils Auftritt im Repräsentantenhaus behauptete Pelley: »Es gibt amerikanische Helden, die von der Idee nicht viel halten. Neil Armstrong und Gene Cernan haben sich beide öffentlich gegen den kommerziellen Raumflug in der Form, wie Sie daran arbeiten, ausgesprochen ... sie sagen, dass das Bestreben der Obama-Regierung, die Raumfahrt zu kommerzialisieren, die Sicherheit gefährde und den Steuerzahler teuer zu stehen käme ... Ich frage mich, was Sie darüber denken.«

Der emotional sichtlich ergriffene Musk antwortete mit Tränen in den Augen: »Es hat mich sehr traurig gemacht, das zu sehen. Diese Männer zählen zu meinen Helden, daher trifft es mich schwer. Ich wünschte mir, sie würden mich besuchen und die harte Arbeit sehen, die wir hier leisten. Ich glaube, dann würden sie ihre Meinung ändern.«

Armstrong nahm es mit der Wahrheit immer sehr genau und forderte in diesem Fall eine erneute Betrachtung seiner Aussage. In einem Schreiben an *60 Minutes* korrigierte er das, was in der Sendung gesagt wurde: »Ich frage mich, woher Sie diese Information haben. Ich bin die gesamte Aussage vor dem Kongress durchgegangen und habe nichts gefunden, das Ihre Behauptungen belegt. Ich beziehe mich eher auf die Standpunkte anderer als auf meine eigenen. Es ist mir unmöglich, einen Zusammenhang zwischen Ihren Behauptungen und meiner Aussage herzustellen. Es stimmt, dass die Ausschüsse eine gewisse Skepsis gegenüber den Plänen und Programmen der NASA im Zusammenhang mit der kommerziellen Beförderung von Fracht und der Entwicklung kommerzieller Raumkapseln hegen, zu diesem Thema hat es eigens Anhörungen gegeben. Dazu existieren definitiv Aussagen, auf die Sie sich in Ihren Äußerungen hätten beziehen können. Daher war ich sehr überrascht, dass Sie sich dafür entschieden haben, eine ›Anti-Position‹ meinerseits zu kreieren. Ich fordere Sie auf, mir zu erklären, wie Sie auf die falschen Behauptungen gekommen sind, die Sie Ihrem Fernsehpublikum präsentiert haben.« Angehängt an den Brief an CBS waren Ausschnitte aus Neils Aussage vor dem Senatsausschuss, die Neil als »die einzigen Kommentare innerhalb meiner Aussage, die mit den sogenannten ›kommerziellen Raumfahrtprojekten‹ zu tun haben«, bezeichnete.

Scott Pelley antwortete Armstrong im Auftrag von CBS News, aber erst am 12. Juni. Laut diesem Schreiben war Neils Brief »an unserem Ende falsch einsortiert« worden, was zu der zehnwöchigen Verzögerung der Antwort geführt habe. Pelley entschuldigte sich, erklärte aber, warum *60 Minutes* die Schlussfolgerungen, die man in Bezug auf Neils Einstellung zur Kommerzialisierung der Raumfahrt gezogen habe, für gerechtfertigt hielt: »Zur Erklärung sei gesagt, dass wir uns auf den Teil Ihrer Aussage vor dem Kongress gestützt haben, in dem Sie Ihre Sorge über das Programm der Regierung Obama zum Ausdruck bringen. In diesem Teil sagen Sie:

»Es beunruhigt mich sehr, dass der neue Plan, soweit ich ihn verstehe, es uns unmöglich macht, Menschen in unseren eigenen Raketen und Raumfahrzeugen in die niedrige Erdumlaufbahn zu schicken, bis die private Raumfahrtindustrie mit der Hardware, die sie entwickelt, so weit fortgeschritten ist, dass diese bemannt fliegen kann. Ich unterstütze die Förderung dieser Neueinsteiger, die das Ziel verfolgen, einen kostengünstigeren Zugang zum Weltraum zu schaffen. Doch als jemand, der schon vor fünfzig Jahren erste Erfahrungen in Raumschiffen gesammelt hat, bin ich wenig zuversichtlich. Die erfahrensten Raketeningenieure, mit denen ich gesprochen habe, glauben, dass viele Jahre und umfassende Investitionen nötig sein werden, um das nötige Level an Sicherheit und Zuverlässigkeit zu erreichen.«

Jeder, der Neils Stellungnahme las, konnte wie Pelley daraus ableiten, dass Neil nicht unbedingt dafür war, die Konstruktion und den Betrieb bemannter Raumfahrzeuge in die Hände von Privatunternehmen zu legen, nicht auf kurze Sicht und vielleicht auch nicht in vielen Jahren.

Dennoch gestand Pelley Neil zu, dass die Formulierung in der Sendung nicht genau genug war: »Wir hätten deutlich machen müssen, dass Sie zwar ›wenig zuversichtlich‹ sind, dass die Neueinsteiger in naher Zukunft die nötige Sicherheit und die Einhaltung der Kostenziele gewährleisten können, dass Sie sie aber in ihren Bemühungen bestärken wollen. Außerdem hätten wir eindeutiger darauf hinweisen müssen, dass sich Ihre Bedenken gegen die ›Neueinsteiger‹ im Allgemeinen richten, nicht explizit gegen SpaceX.« Pelley lud Neil ein, eine Stellungnahme zu formulieren, die sie »in Gänze und an prominenter Stelle veröffentlichen« wollten, aber Neil akzeptierte stattdessen, dass Pelley im Auftrag von *60 Minutes* eine Korrektur verfasste.

* * *

Viel mehr als die Auftritte vor dem Kongress genoss Armstrong in den letzten Jahres seines Lebens die Ehe mit Carol, ihr ruhiges Zuhause und ihr klar umrissenes Leben im Vorort von Cincinnati sowie im Ferienhaus in Telluride, Colorado, einem Skiort in den Rocky Mountains. Außerdem bereitete es ihm große Freude, das Verhältnis zu Rick und Mark zu vertiefen – oft auf dem Golfplatz, auf dem sich die ganze Familie gern aufhielt, aber auch bei fast jährlich stattfindenden Reisen nach Schottland und Irland mit den Söhnen. Darüber hinaus wurde auch das Verhältnis zu seinen Stiefkindern Andy und Molly und zu dem »bunten Haufen« aus elf Enkeln immer enger. Außerdem reiste Neil immer noch viel, teilweise zu weit entlegenen Zielen, oft mit Carol, manchmal aber auch allein. Im Juli 2007 waren sie in Israel und unternahmen dort einen Ausflug nach Masada und zur Holocaust-Gedenkstätte Yad Vashem. Neil hielt Vorträge in Haifa und Tel Aviv und stellte sich im Wissenschaftsmuseum von Haifa den Fragen von fünfzig Kindern. 2008 unternahm das Paar gemeinsam mit einer Gruppe von Purdue-Alumni eine Kreuzfahrt nach Skandinavien und 2009 eine weitere im Südatlantik, die im Rahmen einer »National Geographic Explorer«-Expedition zu den Falkland-Inseln und in die Antarktis führte.

Fast jedes Jahr im Spätsommer nahm Neil am »Ranch-Treffen« der Conquistadores del Cielo teil, einer äußerst auf Diskretion bedachten Gemeinschaft von Topvertretern der Flugzeugbauerbranche und versierten Piloten.

Armstrongs letzte Auslandsreise führte ihn im August 2011 nach Australien. Viele Leute hielten den Grund für seinen Aufenthalt in Down Under für etwas kurios: Er hatte eingewilligt, zum 125. Jubiläum des Verbands der Buchhalter von Australien (CPAA) nicht nur eine Rede zu halten, sondern auch eines seiner seltenen, gefilmten Interviews zu geben. Die Fragen sollte Alex Malley stellen, der Vorsitzende des Verbands, der Neil auf einer Geschäftsreise nach Ohio im vorausgehenden Jahr dazu gebracht hatte, seine Einladung anzunehmen. »Ich wusste etwas, das viele Leute nicht über Neil Armstrong wussten – dass sein Vater Rechnungsprüfer war«, erklärte Malley seinen Mitgliedern und der interessierten australischen Presse. Neil habe erklärt, zu Ehren seines Vaters vor den versammelten australischen Buchhaltern aufzutreten, verkündete Malley.

Doch auch hier wurde Neils Vertrauen missbraucht. Das fünfzigminütige Interview mit Malley wurde in vier Teilen auf der Homepage des Verbands gepostet, auf die angeblich nur CPAA-Mitglieder Zugriff hatten. Doch es drang schnell an die Öffentlichkeit. Ein australischer Freund, Len Halprin, schrieb ein paar Wochen später an Neil: »Ich muss dir mitteilen, dass die Reihe von Videointerviews, die du Alex Malley vom CPAA letztes Jahr gegeben hast, hier in den letzten 48 Stunden durch alle Medien gegangen ist und sich wie eine Lawine immer weiter ausbreitet. Medienvertreter aus Australien und der ganzen Welt sind hinter Alex her, um ihn zu fragen, wie er zu einem Exklusivinterview mit dir gekommen ist. Ein Lokalsender hier in Melbourne redet seit einer Stunde ununterbrochen über das Thema und hat Alex in Vietnam ausfindig gemacht, um ihn zu interviewen. Ich hoffe, die Medien respektieren deine Privatsphäre, und die Sache bereitet dir keine Unannehmlichkeiten.« Worauf Neil antwortete: »Ja, die Veröffentlichung der

Interviews war eine ziemliche Überraschung, da sie nur zur internen Verwendung der CPAA gedacht waren. Ich erhalte Nachrichten aus der ganzen Welt.«

Neil war sehr verärgert darüber und ließ Malley über seine Anwälte ein Schreiben zukommen, indem er ihm Vertragsbruch vorwarf. Die australischen Medien berichteten später, dass Malley sich nicht nur damit brüstete, das Armstrong-Interview habe eine Milliarde Menschen erreicht, sondern es zudem auch der australischen Sendung *60 Minutes* auf Nine Network und der Australian Broadcasting Corporation angeboten hatte. Die Sprecher der CPAA beharrten, dass der Verband sich in jeder Hinsicht an den Vertrag gehalten habe, doch im Jahr 2017 führte der Widerstand gegen Malley, der zum Teil auf den Armstrong-Skandal zurückging, dazu, dass er als Vorsitzender des Verbands abgelöst wurde. Malley hatte weiterhin versucht, aus der Sache Profit zu schlagen.

Armstrongs letzter öffentlicher Auftritt vor seinem Tod war eine Rede vor rund 730 Gästen im Lowell-Observatorium in Flagstaff, Arizona. Die »First Light«-Gala fand zu Ehren der Eröffnung des neuen Discovery-Channel-Teleskops nach einem Jahrzehnt Bauzeit statt. Der Höhepunkt von Armstrongs Rede bestand darin, dass er in Echtzeit kommentierte, was er am 20. Juli 1969 auf dem Weg aus der Mondumlaufbahn bis hinunter zum Mare Tranquillitatis gesehen hatte. Die dazugehörigen Bilder stammten von den Kameras an Bord des Lunar Reconnaissance Orbiter (LRO), einer Mondsonde der NASA, die im Juli 2009 begonnen hatte, Aufnahmen der sechs Landestellen der Apollo-Missionen zu machen. Im Verlauf der Jahre hatten unzählige Menschen Neil gebeten, im Detail nachzuerzählen, wie die Landung abgelaufen war, fast immer vergeblich. Doch nun nutzte Neil die Gelegenheit, die sich durch die fortschrittliche Nebeneinanderstellung der Bilder ergab – die linke Seite des Bildschirms zeigte den Film, der 1969 aus dem Fenster der Mondlandefähre hinaus entstanden war, die rechte eine hochauflösende Zusammenstellung der Bilder aus der LRO-Kamera –, und erklärte den Ablauf der historischen Landung:

»Das Landemanöver in der Mondlandefähre dauerte genau 12 Minuten und 32 Sekunden, aber hier sind nur die letzten drei Minuten zu sehen, der Teil, der wirklich interessant ist, weil wir uns der Mondoberfläche nähern. ... Die Aufnahmen links sind von vor 42 Jahren, die Bilder rechts stammen aus den letzten zwei Jahren. Sie können hören, was die Besatzung sagt. Vielleicht verstehen Sie, wie mein Co-Pilot die Sinkgeschwindigkeit durchgibt, und im Hintergrund hört man die Leute aus dem Kontrollzentrum auf der Erde. Wir haben etwa 2 000 Meter Abstieg hinter uns und befinden uns jetzt in weniger als 1 000 Metern Höhe. Mein Computer teilt mir mit, dass er eine Landung auf der rechten Seite des großen Kraters oben links anvisiert. Die Hänge sind steil, und die Felsen sehen riesig aus, so groß wie Autos – das ist sicher kein Ort, an dem ich landen will. Also übernahm ich die Steuerung vom Computer – vom Autopiloten – und flog die Fähre wie einen Hubschrauber Richtung Westen, um einen besseren, ebeneren Platz für die Landung zu suchen. Der Computer beschwert sich hin und wieder, Sie hören die Alarme – 1202 und 1201 –, was uns sagt, dass ihm ein paar Abläufe Probleme bereiten. Aber alles sieht gut aus, und die Leute im Kontrollzentrum sagen, wir können weitermachen. Jetzt sind wir auf einer Höhe von etwa 100 Metern und schauen auf diesen Dreißig-Meter-Krater, der etwa acht Meter tief ist. Er sieht aus wie eine geologische Schatzkammer, ich möchte gern dorthin zurückkehren und ihn mir ansehen, sollte ich zu Fuß später die Gelegenheit haben. Wir halten nach einer ebenen Stelle hinter dem Krater Ausschau, und ich sehe eine direkt dort oben auf dem Bildschirm. Das sieht nach einer guten Stelle aus, und mir geht der Treibstoff aus, ich habe keine zwei Minuten mehr. Jetzt gehen wir auf weniger als siebzig Meter runter ... fünfzig Meter, sieht immer noch gut aus ... Links sehen Sie im alten Film, dass das Raketentriebwerk den Staub auf der

Oberfläche aufwirbelt. Wir erhalten die Warnung, dass unser Treib-
stoff nur noch für dreißig Sekunden reicht, wir müssen das Gefährt
jetzt sehr flott zu Boden bringen, bevor der Tank leer ist. Das Bild auf
der linken Seite ist zutreffender, aber darauf ist mehr Staub zu sehen.
Dort sehen Sie den Schatten des Landebeins, wie es sich in Richtung
Oberfläche bewegt, auf dem Staub. Jetzt sind wir ganz nah an der
Oberfläche.«

Als Neil seine Präsentation mit den berühmten Aufnahmen von Buzz
(»Sechs Meter, 0,15 runter. Bewegen uns ganz leicht nach vorn. Gut.
Okay. Kontaktleuchte … Abschalten«) und ihm selbst (»Okay, Triebwerkstopp. … Houston, hier Tranquility Base. Die *Eagle* ist gelandet«)
beendete, brach in Flagstaff tosender Applaus aus, das Publikum erhob
sich von den Plätzen. Der Beifall hätte vielleicht nie geendet, wenn die
Zuschauer gewusst hätten, dass der große Astronaut wenige Wochen
später sterben sollte.

Am Samstag, dem 25. August 2012, starb Neil Armstrong in einem
Krankenhaus in einem Vorort von Cincinnati an Komplikationen infolge einer vierfachen Bypassoperation, die neunzehn Tage zuvor, am
6. August, durchgeführt worden war. Am Tag zuvor, am 5. August, hatte
er seinen 82. Geburtstag gefeiert. Kurz nach seinem Tod gab seine Familie diese Meldung heraus:

»Schweren Herzens teilen wir mit, dass Neil Armstrong an Komplika-
tionen infolge einer Herzoperation verstorben ist. Er war uns ein lie-
bender Ehemann, Vater, Großvater, Bruder und Freund. Außerdem
war Neil Armstrong ein widerwilliger amerikanischer Held, der stets
der Überzeugung war, er habe einfach nur seine Arbeit gemacht. Er
diente seinem Land voller Stolz, als Kampfpilot der Navy, als Testpilot
und als Astronaut. Darüber hinaus war er in seiner Heimat Ohio
als erfolgreicher Geschäftsmann und Universitätsgelehrter tätig und

engagierte sich sehr für die Menschen in Cincinnati. Er war sein ganzes Leben lang ein Fürsprecher des Fliegens und der Erforschung neuer Räume und verlor nie seine kindliche Begeisterung für diese beiden Themen. Obwohl er ein zurückgezogenes Dasein pflegte, freute er sich doch immer über die positiven Rückmeldungen von Menschen aus aller Welt und aus allen gesellschaftlichen Bereichen. Wir bedauern den Verlust eines sehr guten Menschen, feiern aber gleichzeitig sein bemerkenswertes Leben und hoffen, dass es jungen Menschen auf der ganzen Welt als Vorbild dient, um hart an der Erfüllung ihrer Träume zu arbeiten, um bereitwillig die Grenzen zu erkunden und zu verschieben und sich selbstlos in den Dienst der größeren Sache zu stellen. An diejenigen, die sich fragen, was sie tun können, um Neil eine letzte Ehre zu erweisen, richten wir eine einfache Bitte: Würdigen Sie seinen beispielhaften Einsatz, seine Leistungen und seine Bescheidenheit, und wenn Sie das nächste Mal in einer sternenklaren Nacht draußen unterwegs sind und den Mond vom Himmel herablächeln sehen, denken Sie an Neil, und zwinkern Sie ihm zu.«

Die Nachricht seines Todes erschütterte die ganze Welt, sie war auf der ersten Seite praktisch jeder Zeitung zu finden und führte zu emotionalen Bekundungen darüber, welch eine große Persönlichkeit Neil Armstrong gewesen war – nicht nur als Astronaut, Testpilot, Navy-Pilot und Ingenieur, sondern auch als höchst ehrenwerter Mensch. Der NASA-Administrator und ehemalige Astronaut Charles Bolden kommentierte: »Solange es Geschichtsbücher gibt, wird Neil Armstrong in ihnen vorkommen.« Präsident Barack Obama sagte: »Neil Armstrong war nicht nur ein Held seiner Zeit, sondern aller Zeiten.« Der britische Astronom Sir Patrick Moore meinte: »Als erster Mensch auf dem Mond hat er alle Rekorde gebrochen. Er war ein Mann mit größtmöglichem Mut.« Dr. Neil deGrasse Tyson, Astrophysiker an der Harvard University, erklärte: »Bei keiner anderen Gelegenheit haben Menschen auf einer Forschungsreise eine Plakette mit den Worten ›Wir kamen in Frieden für die ganze Menschheit‹ hinterlegt.« Buzz Aldrin ließ verlauten, er sei »zutiefst betrübt über Neils Tod. Ich weiß, dass nun Millionen Menschen ebenso wie ich um einen wahren amerikanischen Helden und den besten Piloten trauern, den ich je gesehen habe. Ich hatte so sehr gehofft, dass Neil, Mike und ich am 20. Juli 2019 zusammen den 50. Jahrestag unserer Mondlandung feiern könnten. Doch das wird leider nicht möglich sein.« Michael Collins sagte über Neil: »Er war der Beste, ich werde ihn schrecklich vermissen.«

Neil war dem Tod im Verlauf seines außergewöhnlichen Lebens in der Luft und im All immer wieder knapp entronnen – im Gefecht über Nordkorea; auf Testflügen in hochgefährlichen, unerforschten Flugzeugen; bei den feurigen Starts auf der Spitze von mächtigen Raketen, die hin und wieder explodierten; als sein außer Kontrolle geratenes Raumschiff sich nach dem Rendezvous und dem Kopplungsmanöver im Erdorbit wie wild drehte und er fast das Bewusstsein verloren hätte; als er sich so gerade noch aus dem LLTV hinauskatapultieren konnte, einen Bruchteil einer Sekunde bevor das skurrile Gefährt in Flammen aufging; als er in der *Eagle* nach einer Landestelle auf der felsigen und von Kratern übersäten Mondoberfläche suchte und ihm dabei der Treibstoff ausging. Dass ein Mann, der dem Tod und schweren Verletzungen in seiner Pilotenlaufbahn so oft im letzten Augenblick entkommen war, in einem Krankenhausbett an den Folgen von Komplikationen bei einer Operation sterben sollte, erscheint unpassend und unfair.

Eine private Trauerfeier fand am Freitag, dem 31. August 2012, im Camargo Golf Club in Indian Hill statt, in dem Vorort von Cincinnati, in dem die Armstrongs seit ihrer Hochzeit 1994 lebten, und in dem Club, dem sie seit Langem angehörten. Es waren etwa 200 Trauergäste da, darunter Neils Verwandte und seine engen Freunde, eine Abordnung der Navy und ein Dudelsackspieler. Außerdem war ein Sicherheitsdienst engagiert worden, der streng darauf achtete, die Presse und nicht geladene Gäste fernzuhalten. Mike und Buzz waren gekommen, ebenso wie John Glenn, Jim Lovell und mehrere weitere Astronauten,

Repräsentanten des Raumfahrtprogramms und einige Größen der Luftfahrt.

Die Trauerreden hielten Rob Portman, der Kongressabgeordnete Ohios, und Charles Mechem, Neils langjähriger Freund, der ehemalige Vorsitzende von Taft Broadcasting. Rick und Mark Armstrong erzählten persönliche Anekdoten über ihren Vater – und ein paar seiner Lieblingswitze –, was die Trauergäste kurz erheiterte. Zum Abschluss der Zeremonie gingen alle gemeinsam zum neunten Fairway des Platzes und schauten zu, wie eine Reihe von F-18-Kampfjets in der »Missing Man«-Formation über sie hinwegflog.

Präsident Obama ordnete nach Armstrongs Tod an, dass alle Flaggen an öffentlichen Gebäuden im ganzen Land auf halbmast gesetzt werden sollten. Am 13. September fand ein Gedenkgottesdienst in der Nationalkathedrale in Washington statt. Das prachtvolle gotische Bauwerk war ein angemessener Ort für die Trauerfeier, denn im »Weltraumfenster« ist die Apollo-11-Mission dargestellt und ein Mondgesteinfragment eingelassen. Vor einer riesigen Menschenmenge sprach Mike Collins ein Gebet. Die Trauerreden hielten Neils guter Freund aus Studienzeiten, Gene Cernan, der Kommandant der Mission Apollo 17 und der letzte Mensch, der bisher auf dem Mond war, sowie Charles Bolden, der Administrator der NASA.

Am folgenden Tag wurde Armstrongs Asche vor Jacksonville, Florida, im Atlantik verstreut, im Rahmen einer Seebestattung auf der am Navy-Stützpunkt Mayport stationierten USS *Philippine Sea*. An Bord waren Neils Frau Carol, seine Söhne Rick und Mark sowie weitere Familienangehörige. Eine Navy-Einheit feuerte zu Ehren von Neil eine Salve ab, gefolgt von einem Zapfenstreich. So blieb Neil bis zum Ende ein Mann der Navy – viele Leute hegten die legitime Vermutung, er habe sich deshalb eine Seebestattung gewünscht. Vielleicht war der Grund aber auch, dass er stets bescheiden und zurückhaltend war und den Rummel vermeiden wollte, den ein traditionelles Grab sicher mit sich gebracht hätte. Der Navy-Minister Raymond E. Mabus versicherte am

Tag der Bestattung: »Neil Armstrong wollte niemals ein lebendes Denkmal sein, und dennoch werden sein historischer Mut und seine stille Demut noch Generationen von Menschen auf der ganzen Welt als großes Vorbild dienen.«

* * *

In den letzten Jahren seines Lebens bekam Neil Armstrong viele bedeutende nationale und internationale Auszeichnungen.

Am 20. Juli 2009 waren Armstrong, Collins und Aldrin anlässlich des 40. Jahrestages der ersten Mondlandung zu Gast bei Präsident Obama im Weißen Haus. Obama bezeichnete die drei als »echte amerikanische Helden« und sagte, »die Männer von Apollo 11 stellen im Bereich der Forschung und Entdeckung stets den Prüfstein für Exzellenz dar«. Neil empfand es stets als große Ehre, dem Präsidenten der USA die Hand zu schütteln, so auch in diesem Fall, auch wenn er und andere herausragende Weltraumexperten die Raumfahrtpolitik der Obama-Regierung in den darauffolgenden Monaten immer kritischer sahen.

Am Abend zuvor hatten Neil und seine Apollo-11-Kameraden gemeinsam die jährliche John-H.-Glenn-Vorlesung zur Weltraumgeschichte im National Air and Space Museum gehalten. Neil wollte anfangs nicht über die Landung von Apollo 11 sprechen – als man ihn 2006 gebeten hatte, die Glenn-Vorlesung allein zu halten, hatte er als Thema sogar seine technische Arbeit an der X-15 gewählt. Bei dieser Rede zum 40. Jahrestag machte er sich nun »ein bisschen über seine professorale Sprechweise lustig«, erinnerte sich Margaret Weitekamp, die Kuratorin des Museums. Er gab seiner Rede den Titel »Goddard, Governance, and Geophysics« (»Goddard, Staatsführung und Geophysik«), der »derart akademisch klang, dass das Publikum laut auflachte«. Neil hielt kurz inne, lächelte, streckte einen Finger in die Höhe und fuhr fort: »Teil eins: Goddard.« Da verstanden die Zuhörer, dass er es ernst meinte. Er hatte einen interessanten Vortrag über den wissenschaftlichen Hintergrund der Mondlandung verfasst. Das Publikum saß laut Weitekamp »völlig still auf seinen Stühlen und hörte zu«. Vor Neils förmlicher Rede hatte Mike Collins ein paar kurze, lockere, lustige und selbstironische Bemerkungen zum Besten gegeben, die das Publikum im Vorführraum des NASM für ihn eingenommen hatten. Als Zweiter war Buzz an der Reihe, er nutzte den Teleprompter, wie es ein Präsident getan hätte, und erläuterte seine Vision der Zukunft Amerikas im Weltraum mithilfe einer langen Reihe detaillierter Power-Point-Folien. Nichts hätte die gewaltigen Charakterunterschiede zwischen den drei Mitgliedern der Apollo-11-Besatzung besser auf den Punkt bringen können als ihr Auftritt im Smithsonian an jenem Abend.

2010 wurde Neil eine Ehre zuteil, die er für die größte seiner gesamten Laufbahn hielt: Er wurde in die Naval Aviation Hall of Honor in Pensacola, Florida, aufgenommen, wo er sechzig Jahre zuvor die Ausbildung zum Navy-Piloten absolviert hatte. Die Ehrenhalle ist in das Nationale Navy-Fliegermuseum integriert und zeichnet Menschen aus, »die durch ihre Taten oder Leistungen einen herausragenden Beitrag zur Navy-Luftfahrt geleistet haben«.

2011 erhielt Neil die Goldene Medaille des Kongresses, die an Menschen vergeben wird, »die eine Leistung erbracht haben, die Auswirkungen auf die amerikanischen Geschichte und Kultur hat und wahrscheinlich noch lange nach ihrer Zeit als großer Erfolg in ihrem Bereich gelten wird«. Bei der Zeremonie, die unter der Kuppel des Kapitols stattfand, bekamen auch Mike Collins, Buzz Aldrin und John Glenn eine solche Medaille, deren erster Empfänger George Washington 1776 gewesen war.

Eine große Anzahl und Bandbreite von Dingen tragen Armstrongs Namen. In den Vereinigten Staaten gibt es mehr als ein Dutzend Grundschulen, Mittelstufen und Highschools, die nach ihm benannt wurden. Im Oktober 2004 gab die Purdue University, Neils Alma Mater, bekannt, dass ihr neues Gebäude für Ingenieurswissenschaften »Neil Armstrong Hall of Engineering« heißen werde. Die Einweihung des 53,2 Millionen Dollar teuren Gebäudes fand am 27. Oktober 2007 statt, und neben Neil waren noch ein Dutzend weitere Astronauten anwesend, die in Purdue studiert hatten.

Passenderweise wurde auch ein Mondkrater nach Neil benannt – das entschied die Internationale Astronomische Union mehrere Jahre vor seinem Tod. Der »Armstrong-Krater« befindet sich fünfzig Kilometer nördlich der Apollo-11-Landestelle im südlichen Teil des Mare Tranquillitatis. Auch Collins und Aldrin haben »ihre« Krater – die drei bilden eine kleine Kette direkt im Norden des hellen Kraters Moltke.

Im September 2012, wenige Wochen nach Neils Tod, verkündete die US Navy, das erste Forschungsschiff aus der »Armstrong-Klasse« werde R/V *Neil Armstrong* heißen. Nach der Taufe am 28. März 2014 lief das Schiff vom Stapel und wurde an die Navy übergeben. Die *Neil Armstrong* ist ein zentrales Hilfsmittel bei der Erforschung der Rolle, die die Ökosysteme des Nordatlantiks und des Nordpolarmeers beim Klimawandel spielen.

Neils letztes Vermächtnis ist sein Apollo-11-Raumanzug. Die NASA übergab ihn 1971 an das National Air and Space Museum, fünf Jahre bevor diese Institution an der National Mall in Washington, D.C. der Öffentlichkeit zugänglich gemacht wurde. Der Anzughersteller – die International Latex Corporation in Dover, Delaware – entschied sich für eine Mischung aus natürlichem und synthetischem Gummi mit einer Lebensdauer von sechs Monaten, weshalb die Anzüge auch nicht zu früh produziert werden durften, sonst wären sie schon vor dem Start der Mission auseinandergefallen.

Die viereinhalb Jahrzehnte nach Apollo 11 hatten dem Anzug stark zugesetzt. Es musste etwas getan werden, um ihn für die Nachwelt zu erhalten – genauer gesagt, für die neue Dauerausstellung »Destination Moon«, die das NASM im Zusammenhang mit dem 50. Jahrestag der Apollo-11-Mission im Jahr 2019 plant. Statt die halbe Million Dollar, die für die Restaurierung nötig war, auf traditionelle Weise aufzubringen, entschied sich das Museum für eine Internet-Kampagne, bei der Interessierte einen Beitrag an das Smithsonian spenden konnten. Die

Aktion erreichte ihr Ziel in weniger als fünf Tagen und hatte am Ende 719 779 Dollar von mehr als 9 400 Unterstützern eingenommen. Dank dieser Spenden konnten die Experten den Anzug restaurieren, bis hin zu den Mondstaubpartikeln, die sich darin festgesetzt hatten, damit ihn sich die ganze Welt zum goldenen Jubiläum der ersten Mondlandung anschauen kann.

Emily Perry war fünf Jahre alt, als sie den ersten Menschen auf dem Mond kennenlernte. Das war im Sommer 2001, und der ehemalige Kommandant von Apollo 11 war 71 Jahre alt. Fast vierzig Jahre waren vergangen, seit seine kleine Tochter Karen im Januar 1962 mit zwei Jahren und zehn Monaten an einem Gehirntumor gestorben war. Emily war die Enkelin eines seiner besten Freunde, Kotcho Solacoff. Die beiden Männer hatten in ihrer Kindheit Anfang der 1940er-Jahre zusammen in Upper Sandusky gelebt. Als sie in die Jahre gekommen waren, verbrachten sie viel Zeit miteinander: Sie besuchten College-Football-spiele, fuhren zusammen Ski und spielten Golf. Abgesehen von seiner Familie, kannte niemand Neil so gut wie Kotcho.

Emily lernte Neil eines Tages kennen, als er ihre Großeltern im Haus ihrer Mutter Kathy, der Tochter der Solacoffs, und ihres Mannes Chris Perry besuchte. Das Mädchen war das jüngste der drei Kinder der Perrys und ein echtes Energiebündel. Neil schloss Emily sofort ins Herz, und sie ihn ebenfalls. Schon bald führte sie ihn an der Hand durchs ganze Haus. »Ich will dir ein Geheimnis zeigen, aber erzähl es keinem. Es ist ein Geheimnis, das niemand kennt.« Auf dem Dachboden angekommen, sagte Emily zu Neil: »Guck mal hinter der Matratze auf den Boden.« Dort lag ein großer, dicker, toter Käfer. »Du darfst keinem etwas davon erzählen«, flüsterte das Mädchen. »Ganz bestimmt nicht«, flüsterte Neil zurück.

Als Nächstes führte Emily ihn in ihr Zimmer. »Das ist meine Uhr, das ist meine Lampe, das ist mein Spiegel, das sind ein paar von meinen Büchern. Dies ist ein Buch über Dornröschen und das hier über

Aschenputtel. Oh, und hier ist ein Buch über Neil Armstrong. Er war der erste Mensch auf dem Mond.« Dann verstummte sie, überlegte kurz, schaute den netten alten Mann an, der bei ihnen zu Besuch war, und sagte: »Oh! Du heißt auch Neil Armstrong, oder? Soll ich dir das Buch vorlesen?« Neil lächelte sie warmherzig an und setzte sich auf die Bettkante. »Ich würde sehr gern ein Buch von dir vorgelesen bekommen, Emily. Aber es muss nicht das über Neil Armstrong sein, wir können auch das Buch über Aschenputtel oder Dornröschen nehmen. Such dir eins aus.« – »Nein, ich will dir das Buch über Neil Armstrong vorlesen, weil du auch so heißt. Es ist nicht sehr dick und echt spannend. Du wirst schon sehen.«

Und so kletterte das Mädchen auf Neils Schoß, strich sich den Rock glatt, schlug das Buch auf und begann vorzulesen. Es war sichtlich stolz darauf, diesem freundlichen Herrn, der ein so guter Freund des Großvaters war, die Geschichte vom ersten Menschen auf dem Mond zu erzählen.

Dank

Auch Historiker können eine Reise von der Erde zum Mond unternehmen. Meine große Reise begann im Juni 2002, als Neil Armstrong einen Vertrag unterschrieb, der mich zu seinem offiziellen Biografen machte. Diese Einwilligung verschaffte mir einen noch nie da gewesenen Zugang, nicht nur zu Neil und seinen persönlichen Unterlagen, sondern auch zu seiner Familie, seinen Freunden und seinen Kollegen. Daher möchte ich als Allererstes Neil Armstrong selbst danken. Ohne seine umfängliche und bereitwillige Unterstützung hätte dieses Buch nie geschrieben werden können. Von Angesicht zu Angesicht bekam ich von Neil nur ein einziges Kompliment zum Buch zu hören. Als ich im Jahr 2004 sein Haus in Cincinnati verließ, nachdem wir das Manuskript gemeinsam durchgegangen waren, gab er mir die Hand und sagte: »Jim, du hast das Buch genauso geschrieben, wie du es mir gesagt hast.«

Meine Dankbarkeit gilt ganz besonders Neils Familie – seinen Söhnen Rick und Mark Armstrong, seinem Bruder Dean und vor allem seiner Schwester June Armstrong Hoffman. Von Anfang an war es mir sehr wichtig, den direkten Austausch mit Neils erster Frau, Janet Shearon Armstrong, zu suchen. Es war unmöglich, Neils Geschichte zu erzählen, ohne auch auf Janet einzugehen. Ihr Beitrag zu diesem Buch ist in meinen Augen von unschätzbarem Wert. Auch Neils zweiter Frau, Carol Held Knight Armstrong, bin ich zu großem Dank verpflichtet, nicht nur für die Interviews, die sie mir über die Jahre gegeben hat, sondern auch für die großzügige Gastfreundschaft, die ich bei jedem Besuch im Hause Armstrong erlebt habe.

Eine enorme Hilfe bei meinen Forschungen war mir eine ganze Schar von Historikern, Bibliothekaren, Archivaren, Kuratoren und anderen Recherchespezialisten in verschiedenen Einrichtungen. Ohne das *Apollo Lunar Surface Journal*, das der Herausgeber Eric P. Jones über viele Jahre hinweg zusammengestellt hat, wäre mein Verständnis dessen, was auf der Apollo-11-Mission ablief, deutlich weniger präzise gewesen. Außerdem möchte ich mich bei David Woods aus England und Ken McTaggert aus Schottland, zweien der Herausgeber des *Apollo Flight Journal*, für ihre großzügige Unterstützung bedanken. Die Offiziere der Kampfstaffel 51 haben es verdient, für ihren Beitrag zu diesem Buch eigens erwähnt zu werden. Ohne die Unterstützung durch meine akademische Heimat, die Auburn University, hätte ich dieses Buch niemals rechtzeitig fertigstellen können. Mein Dank gebührt meinen Kollegen und den Mitarbeitern des Studiengangs »Technologie und Zivilisation« für ihren Beistand, allen voran Dr. Guy V. Beckwith, Dr. Monique Laney, Dr. David Lucsko, Dr. Alan Meyer und Dr. William F. Trimble.

Die Lektoren bei Simon & Schuster, Denise Roy und Emily Graff, haben wundervolle Arbeit geleistet. In der mit einem sprühenden Intellekt gesegneten Laurie Fox von der Linda-Chester-Literaturagentur habe ich eine Seelenverwandte und einen Engel gefunden. Außerdem möchte ich der imposanten Linda Chester selbst für ihre Unterstützung über all die Jahre hinweg danken, ebenso wie meinem Filmagenten Justin Manask.

Meine nächsten Familienmitglieder haben die Neil-Armstrong-Saga fast genauso intensiv »gelebt« wie ich. Oft saß ich abends schweigend am Esstisch, wenn die Gedanken an Armstrong noch in meinem Kopf umherschwirrten, und dann mussten meine Frau Peggy, meine Tochter Jennifer und mein Sohn Nathan mich einfangen und auf die Erde zurückholen. Da ich frühere Fassungen dieses Buches meinen Kindern gewidmet habe, widme ich diese neue Ausgabe meinen drei wunderbaren Enkelkindern.

Zu guter Letzt danke ich Ihnen, lieber Leser, dafür, dass Sie in ein so umfangreiches Buch investiert haben und es – hoffentlich – von der ersten bis zur letzten Seite gelesen haben. Für Sie, für die Nachwelt und für Neil habe ich mein Bestes gegeben.

– James R. Hansen
Auburn (Alabama)
März 2018

Literaturverzeichnis

Aldrin, Buzz, und Malcolm McConnell. *Men from Earth*. 2. Ausg. New York: Bantam Falcon Books, 1991.

Allday, Jonathan. *Apollo in Perspective: Spaceflight Then and Now*. Bristol and Philadelphia: Institute of Physics Publishing, 2000.

Armstrong, Robert Bruce. *The History of Liddesdale*. Bd. I. Edinburgh, 1883.

Arnold, H. J. P. (Hg.). *Man in Space: An Illustrated History of Spaceflight*. New York: Smithmark, 1993.

Baker, David. *The History of Manned Spaceflight*. New Cavendish Books, 1981. Nachdruck. New York: Crown Publishers, 1982.

Ball, John. *Edwards: Flight Test Center of the USAF*. New York: Duell, Sloan and Pearce, 1962.

Barbour, John. *Footprints on the Moon*. New York: Associated Press, 1969.

Bean, Alan. *Apollo: An Eyewitness Account by Astronaut/Explorer Artist/ Moonwalker Alan Bean*. Shelton (Connecticut): Greenwich Workshop, 1998.

Berg, A. Scott. *Charles Lindbergh*. München: Blessing, 1999.

Bilstein, Roger. *Stages to Saturn: A Technological History of the Apollo/ Saturn Launch Vehicles*. Washington, D.C.: NASA SP-4206, 1980.

——. *Orders of Magnitude: A History of the NACA and NASA, 1915– 1990*. Washington, D.C.: NASA SP-4406, 1989.

Borman, Frank, mit Robert J. Serling. *Countdown*. New York: Morrow, 1988.

Bowman, Martin W. *Lockheed F-104 Starfighter*. London: Crowood Press, 2001.

Boyne, Walter J., und Donald S. Lopez. *The Jet Age: Forty Years of Jet Aviation*. Washington, D.C.: Smithsonian Institution Press, 1979.

Brooks, Courtney G., James M. Grimwood und Loyd S. Swenson Jr. *Chariots for Apollo: A History of Manned Lunar Spacecraft*. Washington, D.C.: NASA SP-4205, 1979.

Buckbee, Ed, mit Wally Schirra. *The Real Space Cowb*oys. Burlington (Ontario): Apogee Books, 2005.

Burgess, Colin. *Fallen Astronauts: Heroes Who Died Reaching the Moon*. Lincoln: University of Nebraska Press, 2003.

Burrows, William E. *This New Ocean: The Story of the First Space Age*. New York: Modern Library, 1999.

Carpenter, M. Scott, Gordon L. Cooper Jr., John H. Glenn Jr., Virgil I. Grissom, Walter M. Schirra Jr., Alan B. Shepard, und Donald K. Slayton. *Das Astronautenbuch*. Köln: Kiepenheuer & Witsch, 1962.

Cayton, Andrew R. L. *Ohio: The History of a People*. Columbus: Ohio State University Press, 2002.

Cernan, Eugene, mit Don Davis. *The Last Man on the Moon: Astronaut Gene Cernan and America's Race in Space*. New York: St. Martin's Griffin, 1999.

Chaikin, Andrew. *A Man on the Moon*. 3 Bd. (I: One Giant Leap; II: The Odyssey Continues; III: Lunar Explorers). Alexandria (Virginia): Time-Life Books, 1999.

Collins, Michael. *Carrying the Fire: An Astronaut's Journeys*. New York: Farrar, Straus and Giroux, 1974.

———. *Liftoff: The Story of America's Adventure in Space*. New York: Grove Press, 1988.

Compton, W. David. *Where No Man Has Gone Before: A History of the Apollo Lunar Exploration Missions*. Washington, D.C.: NASA SP-4214, 1989.

Conrad, Nancy und Howard A. Klausner. *Rocketman: Astronaut Pete*

Conrad's Incredible Ride into the Unknown. New York: New American Library, 2005.

Cooper, Gordon, mit Bruce Henderson. *Leap of Faith: An Astronaut's Journey into the Unknown.* New York: HarperTorch, 2000.

Cooper, Henry S. F. Jr. *Apollo on the Moon.* New York: Dial, 1973.

Corn, Joseph J. *The Winged Gospel: America's Romance with Aviation, 1900–1950.* New York/Oxford: Oxford University Press, 1983.

Cortright, Edgar M. (Hg.). *Apollo Expeditions to the Moon.* Washington, D.C.: NASA SP-350, 1975.

Cunningham, Walter, mit Mickey Herskowitz. *The All-American Boys.* New York: Macmillan, 1977.

Dawson, Virginia P. *Engines and Innovation: Lewis Laboratory and American Propulsion Technology.* Washington, D.C.: NASA SP-4306, 1991.

Dethloff, Henry C. *Suddenly, Tomorrow Came . . . : A History of the Johnson Space Center.* Washington, D.C.: NASA SP-4307, 1993.

Dick, Steven J. (Hg.). *NASA's First 50 Years: Historical Perspectives.* Washington, D.C.: NASA SP-2010-4704, 2009.

Dick, Steven J. und Roger D. Launius, *Critical Issues in the History of Spaceflight.* Washington, D.C.: NASA SP-2006-4702, 2006.

———. *Societal Impact of Spaceflight.* Washington, D.C.: NASA SP-2007-4801, 2007.

Duke, Charlie und Dotty. *Moonwalker.* Nashville (Tennessee): Oliver-Nelson Books, 1990.

Emme, Eugene M. *Two Hundred Years of Flight in America: A Bicentennial Survey.* San Diego (Kalifornien): American Astronautical Society, 1977.

Engen, Donald. *Wings and Warriors: Life as a Naval Aviator.* Washington/London: Smithsonian Institution Press, 1997.

Evans, Michelle. *The X-15 Rocket Plane: Flying the First Wings into Space.* Lincoln/London: University of Nebraska Press, 2013.

Farmer, Gene, und Dora Jane Hamblin. *Wir waren die Ersten.* Frankfurt a.M.: Ullstein, 1970.

Fraser, George MacDonald. *The Steel Bonnets: The Story of the Anglo-Saxon Border Reivers*. London: Collins Harvill, 1989.

French, Francis und Colin Burgess. *In the Shadow of the Moon: A Challenging Journey to Tranquility, 1965–1969*. Lincoln: University of Nebraska Press, 2007.

Fries, Sylvia Doughty. *NASA Engineers and the Age of Apollo*. Washington, D.C.: NASA SP-4104, 1992.

Gainor, Chris. *Arrows to the Moon: Avro's Engineers and the Space Race*. Burlington (Ontario): Apogee Books, 2001.

Garber, Stephen J. (Hg.). *Looking Backward, Looking Forward: Forty Years of U.S. Human Spaceflight Symposium, 8 May 2001*. Washington, D.C.: NASA SP-2002-4107, 2002.

Glenn, John, mit Nick Taylor. *John Glenn: A Memoir*. New York/Toronto: Bantam Books, 1999.

Goldstein, Laurence. *The Flying Machine and Modern Literature*. Bloomington: Indiana University Press, 1986.

Gorn, Michael H. *Expanding the Envelope: Flight Research at NACA and NASA*. Lexington: University Press of Kentucky, 2001.

Grandt, A. F. Jr., W. A. Gustafson und L. T. Cargnino. *One Small Step: The History of Aerospace Engineering at Purdue University*. West Lafayette: School of Aeronautics and Astronautics, Purdue University, 1996.

Gray, Mike. *Angle of Attack: Harrison Storms and the Race to the Moon*. New York: W. W. Norton & Co., 1992.

Gunston, Bill. *Attack Aircraft of the West*. London: Ian Allan, 1974.

Hacker, Barton C. und James M. Grimwood. *On the Shoulders of Titans: A History of Project Gemini*. Washington, D.C.: NASA SP-4203, 1977.

Hallion, Richard P. *On the Frontier: Flight Research at Dryden, 1946–1981*. Washington, D.C.: NASA SP-4303, 1988.

———. *Supersonic Flight: Breaking the Sound Barrier and Beyond*, überarb. Ausg., Washington, D.C.: Brassey's, 1997.

———. *Test Pilots: The Frontiersmen of Flight*, überarb. Ausg., Washington/London: Smithsonian Institution Press, 1988.

———. *The Naval Air War in Korea*. New York: The Nautical & Aviation Publishing Co. of America, 1986.

Hansen, James R. *The Bird Is on the Wing: Aerodynamics and the Progress of the American Airplane*. College Station: Texas A&M University Press, 2003.

———. *Engineer in Charge: A History of the Langley Aeronautical Laboratory, 1917–1958*. Washington, D.C.: NASA SP-4305, 1987.

———. *Spaceflight Revolution: NASA Langley From Sputnik to Apollo*. Washington, D.C.: NASA SP-4308, 1995.

Harland, David M. *How NASA Learned to Fly in Space: An Exciting Account of the Gemini Missions*. Burlington (Ontario): Apogee Books, 2004.

———. *The First Men on the Moon: The Story of Apollo 11*. Chichester (UK): Praxis Publishing, 2007.

Henes, Donna. *The Moon Watcher's Companion*. New York: Marlowe & Company, 2002.

Heppenheimer, T.A. *Countdown: A History of Space Flight*. New York: John Wiley & Sons, 1997.

Hersch, Matthew. *Inventing the American Astronaut*. New York: Palgrave Macmillan, 2012.

Hurt, Douglas R. *The Ohio Frontier: Crucible of the Old Northwest, 1720–1830*. Bloomington: Indiana University Press, 1996.

Iliff, Kenneth W. und Curtiss L. Peebles. *From Runway to Orbit: Reflections of a NASA Engineer*. Washington, D.C.: NASA SP-2004-4109, 2004.

Irwin, James B., mit William A. Emerson Jr. *Höher als der Mond*. Neuhausen-Stuttgart: Hänssler, 1982.

Irwin, Mary, mit Madelene Harris. *Der Mond genügt nicht*. Neuhausen-Stuttgart: Hänssler, 1980.

Jenkins, Dennis. *Hypersonics Before the Shuttle: A Concise History of the X-15 Research Airplane*. Monographs in Aerospace History 18. Washington, D.C.: NASA SP-2000-4518, June 2000.

Jones, Robert Leslie. *The History of Agriculture in Ohio to 1880*. Kent (Ohio): Kent State University Press, 1983.

Kelly, Thomas J. *Moon Lander: How We Developed the Apollo Lunar Module*. Washington/London: Smithsonian Institution Press, 2001.

King, Elbert A. *Moon Trip: A Personal Account of the Apollo Program and Its Science*. Houston: University of Houston Press, 1989.

Knepper, George. *Ohio and Its People*. Kent (Ohio)/London: Kent State University Press, 1989.

Knott, Richard C. *A Heritage of Wings: An Illustrated History of Naval Aviation*. Annapolis: Naval Institute Press, 1997.

Koppel, Lily. *The Astronaut Wives Club: A True Story*. New York/Boston: Grand Central Publishing, 2013.

Kraft, Chris. *Flight: My Life in Mission Control*. New York/London: Plume Books, 2001.

Kranz, Gene. *Failure Is Not an Option: Mission Control from Mercury to Apollo 13 and Beyond*. New York/London: Simon & Schuster, 2000.

Lambright, W. Henry. *Powering Apollo: James E. Webb of NASA*. Baltimore/London: Johns Hopkins University Press, 1995.

Launius, Roger D. *Apollo: A Retrospective Analysis*. Monographs in Aerospace History 3. Washington, D.C.: Government Printing Office, Juli 1994.

Lay, Beirne Jr. *Earthbound Astronauts: The Builders of Apollo-Saturn*. Englewood Cliffs (New Jersey): Prentice-Hall, 1971.

Leckey, Howard L. *The Tenmile Country and Its Pioneer Families: A Genealogical History of the Upper Monogahela Valley*. Salem (Massachusetts): Higginson Book Co., 1950.

Leopold, George. *Calculated Risk: The Supersonic Life and Times of Gus Grissom*. West Lafayette (Indiana): Purdue University Press, 2016.

Levine, Arnold S. *Managing NASA in the Apollo Era*. Washington, D.C.: NASA SP-4102, 1982.

Lewis, Richard S. *Appointment on the Moon*. New York: Ballantine, 1969.

——. *The Voyages of Apollo: The Exploration of the Moon*. New York: Times Book Company, 1974.

Light, Michael. *Full Moon*. München: Frederking & Thaler, 1999.

Loftin, Laurence K. Jr. *Quest for Performance: The Evolution of Modern Aircraft*. Washington, D.C.: NASA SP-468, 1985.

Logsdon, John M. *John F. Kennedy and the Race to the Moon*. New York: Palgrave Macmillan, 2010.

Lovell, Jim und Jeffrey Kluger. *Lost Moon: The Perilous Voyage of Apollo 13*. Boston/New York: Houghton Mifflin, 1994.

Mack, Pamela E. (Hg.). *From Engineering Science to Big Science: The NACA and NASA Collier Trophy Research Project Winners*. Washington, D.C.: NASA SP-4219, 1998.

MacKinnon, Douglas und Joseph Baldanza. *Footprints*. Illustriert von Alan Bean. Washington, D.C.: Acropolis Books, 1989.

Mailer, Norman. *Auf dem Mond ein Feuer*. München: Droemer/Knaur, 1971.

Masursky, Harold, G. William Colton und Farouk El-Baz (Hg.). *Apollo Over the Moon: A View from Orbit*. Washington, D.C.: NASA SP-362, 1978.

McCurdy, Howard E. *Space and the American Imagination*. Washington/London: Smithsonian Institution Press, 1997.

McDonald, Allan J., mit James R. Hansen. *Truth, Lies, and O-Rings: Inside the Space Shuttle Challenger Disaster*. Gainesville: University Press of Florida, 2009.

McDougall, Walter A. *The Heavens and the Earth: A Political History of the Space Age*. New York: Basic Books, 1985.

Miller, Ronald und David Sawers. *The Technical Development of Modern Aviation*. New York: Praeger, 1970.

Mindell, David. *Digital Apollo: Human and Machine in Spaceflight*. Cambridge (Massachusetts): MIT Press, 2008.

Mitchell, Edgar und Dwight Williams. *Wege ins Unerforschte. Die äußere und innere Reise eines Apollo-Astronauten*. Freiburg i. Br.: Lüchow, 1997.

Moore, John. *The Wrong Stuff: Flying on the Edge of Disaster*. North Branch (Minnesota): Specialty Press, 1997.

Murray, Charles und Catherine Bly Cox. *Apollo: The Race to the Moon.* New York: Simon & Schuster, 1989.

Mutch, Thomas A. *A Geology of the Moon: A Stratigraphic View.* Princeton: Princeton University Press, 1970.

NASA. *Managing the Moon Program: Lessons Learned from Project Apollo.* Monographs in Aerospace History 14. Washington, D.C.: Government Printing Office, Juli 1999.

NASA. *Proceedings of the X-15 First Flight 30th Anniversary Celebration.* Washington, D.C.: NASA Conference Publication 3105, 1991.

Newell, Homer E. *Beyond the Atmosphere: Early Years of Space Science.* Washington, D.C.: NASA SP-4211, 1980.

Newton, Wesley P. und Robert R. Rea. *Wings of Gold: An Account of Naval Aviation Training in World War II.* Tuscaloosa: University of Alabama Press, 1987.

Norberg, John. *Wings of Their Dreams: Purdue in Flight.* West Lafayette (Indiana): Purdue University Press, 2003.

Oberg, James E. *Red Star in Orbit.* New York: Random House, 1981.

Peebles, Curtis. *The Spoken Word: Recollections of Dryden History, the Early Years.* Washington, D.C.: NASA SP-2003-4530, 2003.

Pellegrino, Charles R. und Joshua Stoff. *Chariots for Apollo: The Making of the Lunar Module.* New York: Atheneum, 1985.

Petroski, Henry. *To Engineer Is Human: The Role of Failure in Successful Design.* New York: Vintage Books, 1992.

Pizzitola, Anthony. *Neil Armstrong: The Quest for His Autograph.* CreateSpace Independent Publishing Platform, 2011.

Pyle, Rod. *Destination Moon: The Apollo Missions in the Astronauts' Own Words.* New York: Collins, 2005.

Rahman, Tahir. *We Came in Peace for All Mankind: The Untold Story of the Apollo 11 Silicon Disc.* Overland Park (Kansas): Leathers Publishing, 2008.

Reid, Robert L. *Always a River: The Ohio River and the American Experience.* Bloomington: Indiana University Press, 1991.

Reynolds, David. *Apollo: The Epic Journey to the Moon*. New York/San Diego: Harcourt, 2002.

Roland, Alex. *Model Research: The National Advisory Committee for Aeronautics*. 2 Bd. Washington, D.C.: NASA SP-4103, 1985.

Rosof, Barbara D. *Wenn ein Kind stirbt. Wie Familien mit Tod und Trauer umgehen*. München: Goldmann, 1998.

Saltzman, Edwin J. und Theodore G. Ayers. *Selected Examples of NACA/ NASA Supersonic Research*. Dryden Flight Research Center, Edwards AFB (Kalifornien): NASA SP-513, 1995.

Schirra, Walter M. Jr., mit Richard N. Billings. *Schirra's Space*. Boston: Quinlan Press, 1988.

Schmitt, Harrison H. *Return to the Moon*. New York: Copernicus Books and Praxis Publishing, 2006.

Scott, David und Alexej Leonow. *Zwei Mann im Mond*. Berlin: Econ, 2004.

Seamans, Robert C. Jr. *Aiming at Targets: The Autobiography of Robert C. Seamans, Jr.* Washington, D.C.: NASA SP-4106, 1996.

Siddiqi, Asif A. *Challenge to Apollo: The Soviet Union and the Space Race, 1945–1974*. Washington, D.C.: NASA SP-2000-4408, 2000.

Slayton, Donald K., mit Michael Cassutt. *Deke! U.S. Manned Space: From Mercury to Shuttle*. New York: Forge, 1994.

Spudis, Paul D. *The Once and Future Moon*. Washington/London: Smithsonian Institution Press, 1996.

Stafford, Tom, mit Michael Cassutt. *We Have Capture*. Washington/ London: Smithsonian Institution Press, 2002.

Sullivan, Scott P. *Virtual Apollo: A Pictorial Essay of the Engineering and Construction of the Apollo Command and Service Modules*. Burlington (Ontario): Apogee Books, 2003.

——. *Virtual LM: A Pictorial Essay of the Engineering and Construction of the Apollo Lunar Module*. Burlington, Ontario: Apogee Books, 2004.

Taylor, Stuart Ross. *Lunar Science: A Post-Apollo View*. New York: Pergamon, 1975.

Thompson, Milton O. *At the Edge of Space: The X-15 Flight Program*. Washington/London: Smithsonian Institution Press, 1992.

Thompson, Neal. *Light This Candle: The Life and Times of Alan Shepard, America's First Spaceman*. New York: Crown Publishers, 2004.

Trento, Joseph J. *Prescription for Disaster: From the Glory of Apollo to the Betrayal of the Shuttle*. New York: Crown Publishers, 1987.

Upton, Jim. *Lockheed F-104 Starfighter*. Minneapolis: Specialty Press, 2003.

Vaughn, Diane. *The Challenger Launch Decision: Risky Technology, Culture, and Deviance at NASA*. Chicago: University of Chicago Press, 1997.

Vincenti, Walter G. *What Engineers Know and How They Know It: Analytical Studies from Aeronautical History*. Baltimore/London: The Johns Hopkins University Press, 1990.

Wachhorst, Wyn. *The Dream of Spaceflight: Essays on the Near Edge of Infinity*. New York: Basic Books, 2000.

Wallace, Harold D. *Wallops Station and the Creation of an American Space Program*. Washington, D.C.: NASA SP-4311, 1997.

Wallace, Lane. *Flights of Discovery: 50 Years at the NASA Dryden Flight Research Center*. Washington, D.C.: NASA SP-4309, 1996.

Waltman, Gene L. *Black Magic and Gremlins: Analog Flight Simulations at NASA's Flight Research Center*. Monographs in Aerospace History 20. Washington, D.C.: NASA SP-2000-4250, 2000.

Wead, Doug. *All the Presidents' Children*. New York/London: Atria Books, 2003.

Wendt, Guenter und Russell Still. *The Unbroken Chain*. Burlington (Ontario): Apogee Books, 2001.

Wiley, Samuel T. (Hg.). *Biographical and Historical Cyclopedia of Indiana and Armstrong Counties, Pennsylvania*. Philadelphia: Gresham & Co., 1891.

Wilford, John Noble. *Der Mensch verlässt die Erde*. Düsseldorf: Econ, 1969.

Wilhelms, Don E. *The Geologic History of the Moon*. Washington, D.C.: US Geological Survey Professional Paper 1348, 1987.

———. *To a Rocky Moon: A Geologist's History of Lunar Exploration*. Tucson/London: University of Arizona Press, 1993.

Wolfe, Tom. *Die Helden der Nation*. München: Eder & Bach, 2015.

Worden, Al und Francis French. *Falling to Earth: An Apollo 15 Astronaut's Journey to the Moon*. Washington, D.C.: Smithsonian Books, 2011.

Yeager, Chuck und Leo Janos. *Yeager: Schneller als der Schall*. München: Goldmann, 1987.

Young, James O. *Meeting the Challenge of Supersonic Flight*. Edwards AFB (Kalifornien): US Air Force Flight Test Center History Office, 1997.

Young, John und James R. Hansen. *Forever Young: A Life of Adventure in Air and Space*. Gainesville, Florida: University Press of Florida, 2012.

Hinweis zu den Quellen

Die Quellen finden Sie zum Herunterladen auf:
www.heyne.de/aufbruchzummond

Bildnachweis

June Armstrong Hoffmann: Bilder 1–10, 12–15, 24–26, 32, 40, 45, 70–71
K. K. Solacoff: Bild 11
William A. Mackey: Bilder 16–19
National Aeronautics and Space Administration: Bilder 20–23,
    27–31, 33, 35–39, 41–44, 47, 48, 50–58, 60–69, 72, 73, 86
Michael Esslinger: Bild 34
Edmund Osinski: Bild 46
Time-Life, Inc.: Bild 49
U.S. Geological Survey: Bild 59
Neil A. Armstrong: Bild 74
Carol H. Armstrong: Bilder 75, 77, 80, 83, 84, 87
James Hansen: Bild 76
Bill Ingalls, NASA: Bilder 78, 81, 82, 89-95
Molly van Wagenen: Bild 79
Rick Armstrong: Bild 85
Richard de Crespigny: Bild 88